O Direito da Família Contemporâneo

O Direito da Família Contemporâneo

2016 · 5ª Edição

Jorge Duarte Pinheiro
Professor da Faculdade de Direito da Universidade de Lisboa

ALMEDINA

O DIREITO DA FAMÍLIA CONTEMPORÂNEO

AUTOR
Jorge Duarte Pinheiro

EDITOR
EDIÇÕES ALMEDINA, S.A.
Rua Fernandes Tomás, nºs 76, 78 e 80
3000-167 Coimbra
Tel.: 239 851 904 · Fax: 239 851 901
www.almedina.net · editora@almedina.net

DESIGN DE CAPA
FBA.

EDITOR
EDIÇÕES ALMEDINA, S.A.

IMPRESSÃO E ACABAMENTO
ARTIPOL - ARTES TIPOGRÁFICAS, LDA.
Outubro, 2016

DEPÓSITO LEGAL
416001/16

ALMEDINA | GRUPOALMEDINA

BIBLIOTECA NACIONAL DE PORTUGAL – CATALOGAÇÃO NA PUBLICAÇÃO

PINHEIRO, Jorge Duarte

O direito da família contemporâneo. – 5ª ed.
– (Manuais universitários)
ISBN 978-972-40-6763-6

CDU 347

E as lágrimas?

Haverá sempre lágrimas, mesmo que não sejam para analisar.

Haverá sempre lágrimas, porque sempre haverá razões para chorar.

Haverá sempre lágrimas. Mas ao menos haja a liberdade de tentar, de tentar ser marido ou mulher, de tentar ser companheiro ou companheira, de tentar ser pai ou mãe. A liberdade de tentar ser feliz, constituindo família, a liberdade de tentar ser.

(Maringá, 12 de Abril de 2012)

À família, em especial à minha.

SIGLAS E ABREVIATURAS

AA.VV. – autores vários
ac. – acórdão
al./als. – alínea/alíneas
art./arts. – artigo/artigos
BFDUC – *Boletim da Faculdade de Direito da Universidade de Coimbra*
BMJ – *Boletim do Ministério da Justiça*
cân./câns. – cânone/cânones
CC – Código Civil
CCom – Código Comercial
CDC – Código de Direito Canónico
CDP – *Cadernos de Direito Privado*
CIRE – Código da Insolvência e da Recuperação de Empresas
cf. – confira
CJ – *Colectânea de Jurisprudência*
CJ-S – *Colectânea de Jurisprudência. Acórdãos do Supremo Tribunal de Justiça*
CNECV – Conselho Nacional de Ética para as Ciências da Vida
cont. – continuação
coord. – coordenação
CP – Código Penal
CPC – Código de Processo Civil
CPP – Código de Processo Penal
CRC – Código do Registo Civil
CRP – Constituição da República Portuguesa

DAR – *Diário da Assembleia da República*
DFP – *Il Diritto di Famiglia e delle Persone*
DL/DLs – Decreto-Lei, Decretos-Lei
DR – *Diário da República*
ed. – edição
ex. – exemplo
FamRZ – *Zeitschrift für das Gesamte Familienrecht*
JO – *Jornal Oficial das Comunidades Europeias/ Jornal Oficial da União Europeia*
LAC – Lei do Apadrinhamento Civil (Lei n.º 103/2009, de 11 de Setembro)
LAT – "Living apart together" (União sem comunhão de habitação)
LEC – Lei que adopta medidas de protecção das pessoas que vivam em economia comum (Lei n.º 6/2001, de 11 de Maio)
Lei de Protecção – Lei de Protecção de Crianças e Jovens em Perigo
LOSJ – Lei de Organização do Sistema Judiciário (Lei n.º 62/2013, de 26 de Agosto)
LPMA – Lei da Procriação Medicamente Assistida (Lei n.º 32/2006, de 26 de Julho)
LUF – Lei que adopta medidas de protecção das uniões de facto (Lei n.º 7/2001, de 11 de Maio)
MP – Ministério Público
n. – nota
n.º/n.ºs – número/números
NRAU – Novo Regime do Arrendamento Urbano
p./pp. – página/páginas
p.e. – por exemplo
PGR – Procuradoria-Geral da República
PMA – procriação medicamente assistida
proc. – processo
RAU – Regime do Arrendamento Urbano
RC – Relação de Coimbra
RDES – Revista de Direito e Estudos Sociais
RE – Relação de Évora
reimpr. – reimpressão
RFDUL – *Revista da Faculdade de Direito da Universidade de Lisboa*

RGICSF – Regime Geral das Instituições de Crédito e Sociedades Financeiras
RGPTC – Regime Geral do Processo Tutelar Cível, aprovado pela Lei n.º 141/2015, de 8 de Setembro
RIDC – *Revue Internationale de Droit Comparé*
RG – Relação de Guimarães
RJ – *Revista Jurídica*
RJPA – Regime Jurídico do Processo de Adoção, aprovado pela Lei n.º 143/2015, de 8 de Setembro
RJPI – Regime Jurídico do Processo de Inventário, aprovado pela Lei n.º 23/2013, de 5 de Março
RL – Relação de Lisboa
RMP – *Revista do Ministério Público*
ROA – *Revista da Ordem dos Advogados*
RP – Relação do Porto
RLJ – *Revista de Legislação e Jurisprudência*
s. – seguintes
SI – *Scientia Ivridica*
STJ – Supremo Tribunal de Justiça
TC – Tribunal Constitucional
v.g. – *verbi gratia*
vol. – volume

Ao longo da presente obra é citada abreviadamente bibliografia que surge referenciada de modo completo no final desta obra, imediatamente antes do índice.

Quando se citar uma disposição legal sem mais referência entende-se que pertence ao Código Civil português, na redacção actual.

Introdução

1. Noção e objecto do Direito da Família[1]

1.1. A família em sentido jurídico

I. Na orientação tradicional, o Direito da Família, enquanto ramo do Direito, identifica-se com o conjunto de normas jurídicas que regulam a instituição "família".

No entanto, o Código Civil não formula uma noção de família.

A ausência de uma noção de família num diploma que geralmente não se inibe quando se trata de apresentar definições (cf., p.e., os arts. 1577.º, 1578.º, 1584.º e 1586.º) talvez possa ser entendida como um sinal da dificuldade do recorte da própria instituição familiar.

II. Seja como for e não obstante ser consensual a ideia de que a realidade familiar varia em função do tempo e do espaço, a doutrina portuguesa tem procurado refúgio numa concepção de família que é mesma desde a entrada em vigor do Código Civil, no dia 1 de Junho de 1967, até aos dias de hoje.

[1] Cf. Mendes, J. Castro/Sousa, M. Teixeira de, *Direito da Família*, Lisboa, AAFDL, 1990/1991, pp. 17-18; Corte-Real, Carlos Pamplona/Pereira, José Silva, *Direito da Família. Tópicos para uma reflexão crítica*, 2.ª ed., Lisboa, AAFDL, 2011, pp. 117-119; Coelho, F. Pereira/Oliveira, Guilherme de, *Curso de Direito da Família*, vol. I, *Introdução. Direito Matrimonial*, 5.ª ed., com a colaboração de Rui Moura Ramos Coimbra, Imprensa da Universidade de Coimbra, 2016, pp. 31-37, 158-168; Campos, D. Leite de/Campos, Mónica Martinez de, *Lições de Direito da Família*, 3.ª ed., Coimbra, Almedina, 2016, pp. 23, 35-36; Pereira, Margarida Silva/Pereira, Rui Soares, *Memória e presente de Direito da Família*, que inclui trabalhos de alunos da licenciatura, Lisboa, AAFDL, 2010, pp. 15-35.

Esta noção jurídica de família, que, graças ao seu carácter formal, atravessou incólume várias décadas de evolução social, inspira-se no primeiro artigo do Livro IV do Código Civil: a família é entendida como o grupo de pessoas unidas entre si por qualquer uma das relações jurídicas familiares que se extraem do art. 1576.º[2]. É família em sentido jurídico, nomeadamente, o grupo constituído por duas pessoas que casaram uma com a outra (relação matrimonial), por pai e filho (exemplo de relação de parentesco), por sogro e genro (exemplo de relação de afinidade) ou por adoptante e adoptado (relação de adopção). À família de uma pessoa pertencem o seu cônjuge, os seus parentes, afins, adoptantes e adoptados. E uma pessoa poderá ter várias famílias: uma família conjugal, uma família parental, uma família por afinidade e uma família adoptiva.[3]

III. A lei não confere ao grupo familiar personalidade jurídica nem personalidade judiciária. As fórmulas legais "bem da família" (cf. art. 1671.º, n.º 2) ou "interesses da família" (cf. art. 1677.º-C, n.º 1, *in fine*) não traduzem o reconhecimento de um interesse jurídico autónomo de uma entidade colectiva; referem-se necessariamente aos interesses dos próprios membros da família.

No entanto, não estão em causa interesses individuais ou exclusivos das pessoas singulares que compõem o grupo. Nomeadamente, não se pretende aludir aos interesses individuais dos cônjuges, porque a letra da lei distingue estes do "bem ou da família" ou dos "interesses da família" (cf. novamente arts. 1671.º, n.º 2, e 1677.º-C, n.º 1, *in fine*). E as expressões mencionadas também não têm em vista os interesses individuais dos filhos. Quando alude à posição dos descendentes, o texto legal é mais preciso, usando expressões do género "interesse do filho" (arts. 1673.º, n.º 1, 1776.º, n.º 1, 1778.º-A, n.º 2, 1793.º, n.º 1, e 1878.º, n.º 1) ou "interesse do menor" (arts. 1776.º-A, n.º 2, e 1905.º, n.º 1).

Os termos "bem" e "interesses da família" designam os interesses dos membros do grupo familiar enquanto tais, os interesses comuns às pessoas singulares que integram a família. Aliás, é a presença de um interesse comunitário, distinto dos interesses individuais, que permite identificar a existência de um grupo em sentido sociológico.

[2] Sobre tal entendimento, cf. COELHO, F. Pereira/OLIVEIRA, Guilherme de, *Curso de Direito da Família*, vol. I cit., pp. 34-35.

[3] Sobre a noção de família no direito brasileiro, cf. HIRONAKA, Giselda, "O conceito de família e sua organização jurídica", em AA.VV., *Tratado de Direito das Famílias*, sob a coordenação de Rodrigo da Cunha Pereira, Belo Horizonte (Brasil), IBDFAM, 2015, capítulo 1, pp. 52-58.

Mas a família não é um grupo qualquer. A Constituição da República Portuguesa qualifica-a como "elemento fundamental da sociedade" (cf. art. 67.º, n.º 1). E não se trata de uma proclamação vazia: a especial dignidade da instituição no ordenamento jurídico resulta da constante intervenção do Estado no momento da constituição ou extinção do nexo de pertença ao grupo familiar[4]. A qualidade de membro da família é um *status*, o que tem reflexos na natureza das situações jurídicas familiares[5].

IV. A relevância das diversas modalidades de família em sentido jurídico não é idêntica. A importância da relação matrimonial e da relação de parentesco no primeiro grau da linha recta, designada como relação de filiação, ultrapassa largamente a das restantes relações jurídicas familiares.

Uma breve análise formal do Código Civil é reveladora. À afinidade não é atribuído um título autónomo. Nem ao parentesco no seu conjunto. À adopção cabe um título que abarca pouco mais de 20 artigos. O título sobre o casamento compreende perto de 200 artigos e o título sobre a filiação cerca de 175 artigos.

A regulamentação essencial da relação matrimonial e da relação de filiação não tem permanecido imutável desde a entrada em vigor do Código Civil. Em 1967, o divórcio, que tinha de ser litigioso, só podia ser requerido por quem tivesse contraído casamento civil; o marido era o chefe da família; o filho nascido fora do casamento (dito "filho ilegítimo") beneficiava de um estatuto inferior ao do filho nascido dentro do casamento. Após a Revolução de 25 de Abril de 1974, foi conferida a faculdade de divórcio também aos que tivessem celebrado casamento católico e introduzida a modalidade do divórcio por mútuo consentimento; foi abolida a figura do chefe da família e consagrado o princípio da igualdade dos direitos e deveres dos cônjuges "quanto à capacidade civil e política e à manutenção e à educação dos filhos"; e foi eliminada a discriminação dos filhos nascidos fora do casamento.

A isto acresce um conjunto de alterações legais, mais ou menos profundas, da matéria da adopção, levadas a cabo pela Reforma do Código Civil de 1977, pelo DL n.º 185/93, de 22 de Maio, pelo DL n.º 120/98, de 8 de Maio, pela Lei n.º 31/2003, de 22 de Agosto, pelo art. 3.º, al. e), da Lei n.º 135/99, de

[4] Cf. PINHEIRO, J. Duarte, *O núcleo intangível da comunhão conjugal (Os deveres conjugais sexuais)*, Coimbra, Almedina, 2004, pp. 504, 498-499.

[5] Cf., *infra*, Introdução, n.º 10.

28 de Agosto, pela Lei n.º 143/2015, de 8 de Setembro, e pela Lei n.º 2/2016, de 29 de Fevereiro.

A Lei n.º 61/2008, de 31 de Outubro, modificou o regime do poder paternal (agora preferencialmente designado pela expressão "responsabilidades parentais")[6] e do divórcio.

A Lei n.º 9/2010, de 31 de Maio, permitiu o casamento civil entre pessoas do mesmo sexo.

E nada nos garante a futura estabilidade das linhas mestras do regime actual da relação matrimonial e da relação de filiação em sentido amplo[7]. Questiona-se: a imposição legal dos chamados deveres conjugais; o biologismo na constituição do vínculo de filiação; a heteroparentalidade; a própria biparentalidade; e a pouca relevância que a lei confere à relação entre pais e filhos maiores.

O potencial evolutivo e polémico do Direito da Família, mesmo do Direito da Família das relações familiares nominadas, é, portanto, incontestável.

A turbulência em torno do Direito da Família é sinal da sua preponderância não só simbólica como prática. Não é o mero prazer intelectual da discussão e da contestação que anima movimentos e críticas. O Direito da Família influi ou pretende influir, de modo amplo, na vida de cada indivíduo.

O articulado do Código Civil determina quem pode ou não casar (cf. art. 1601.º), com quem se pode ou não casar (cf. arts. 1602.º e 1604.º, als. *c*) a *f*)), quando é que se pode ou não casar (cf. arts. 1604.º, al. *b*), e 1605.º); estabelece deveres íntimos a que os cônjuges estão reciprocamente vinculados, como, p.e., os de fidelidade e coabitação (cf. art. 1672.º); define a titularidade dos bens do casal (cf. arts. 1717.º a 1736.º); indica actos patrimoniais que um cônjuge não pode praticar sem o consentimento do outro (cf. arts. 1678.º a 1683.º); aponta situações em que um cônjuge também responde por dívidas contraídas exclusivamente pelo outro (arts. 1691.º, 1693.º e 1694.º); estabelece quando é que as partes deixam de estar casadas (cf. arts. 1773.º a 1785.º); regula as consequências do divórcio, seja quanto aos apelidos (art. 1677.º-B), quanto à partilha dos bens (art. 1790.º), quanto à casa de morada da família (art. 1793.º) ou quanto à obrigação de alimentos (arts. 2016.º e 2016.º-A).

[6] Na lei, coexistem as expressões "responsabilidades parentais" (arts. 1877.º a 1920.º-B) e "poder paternal" (resto do Código Civil, nomeadamente, art. 124.º, arts. 1921.º e s.), o que autoriza a doutrina a fazer um uso relativamente indiscriminado dos dois termos. Não é, portanto, rigoroso afirmar que a expressão "poder paternal" foi abolida no nosso ordenamento ou que não pode ser utilizada.

[7] A filiação em sentido amplo abarca a filiação biológica, a filiação adoptiva e a filiação por PMA heteróloga.

É igualmente a legislação familiar que diz quem é o pai e quem é a mãe de uma dada pessoa (arts. 1796.º a 1873.º); que impõe deveres mútuos de respeito, auxílio e assistência entre pais e filhos, maiores ou menores (art. 1874.º); que regula a composição do nome do filho (art. 1875.º); que indica a quem compete o exercício das responsabilidades parentais, nomeadamente nos casos de divórcio e de separação de facto (arts. 1906.º e 1909.º); que prevê situações de privação ou limitação do exercício das responsabilidades parentais (arts. 1913.º a 1920.º-A); que concretiza o conteúdo das responsabilidades parentais e as condições do respectivo exercício, dispondo, designadamente sobre aspectos como a educação do menor (arts. 1885.º e 1886.º), a permanência deste na casa paterna (arts. 1887.º e 1883.º) e a administração dos bens do filho (arts. 1888.º a 1900.º); ou que obriga os pais a sustentar o filho maior enquanto ele não houver completado a sua formação profissional (art. 1880.º), o que eventualmente abarca a conclusão de um curso superior.

1.2. O alargamento do objecto do Direito da Família

I. Falar de turbulência para exprimir o estado actual do Direito da Família é capaz de ser, afinal, um eufemismo. Já não é correcta a ideia de que se está perante um ramo que regula a instituição "família", entendida como o grupo de pessoas unidas por relações jurídicas familiares. O objecto do Direito da Família alargou-se de forma a englobar realidades semelhantes às relações familiares nominadas, ditas parafamiliares, *v.g.*, a união de facto.

Mas o que são realidades semelhantes às relações jurídicas familiares nominadas, além da união de facto? Na perspectiva de dois eminentes professores portugueses[8], são ligações parafamiliares, designadamente, a relação entre esposados, a relação entre ex-cônjuges, a vida em economia comum, a relação entre tutor e tutelado, a relação entre uma pessoa e outra que está a seu cargo ou ao seu cuidado, bem como a relação entre uma pessoa e aquela que a cria e sustenta. E a enumeração, sublinhe-se, é elaborada sem intuito exaustivo.

É nítida a incerteza que reina quanto ao objecto do Direito da Família, na sequência do abandono de uma visão que era puramente formal. A defesa de um ramo orientado por uma noção substancial de família, que, consequentemente, passa a disciplinar relações parafamiliares, não é acompanhada pela proposta de um critério claro e consensual. Qual é o critério da relação para-

[8] Cf. Coelho, F. Pereira/Oliveira, Guilherme de, *Curso de Direito da Família*, vol. I cit., pp. 112-118.

familiar? O afecto? Então, a relação de amizade seria uma relação parafamiliar, o que se afigura pouco ajustado. A convivência num mesmo lugar? Então, haveria relações parafamiliares entre colegas que trabalham no mesmo local ou entre alunos de um mesmo estabelecimento de ensino, hipótese que é manifestamente estranha.

Há que explorar a ideia de similitude entre relações jurídicas familiares e relações parafamiliares: serão parafamiliares aquelas relações cuja eficácia jurídica (civil) seja em larga medida idêntica à das relações familiares ou aquelas em que, pelo menos, se verifique *de facto* uma vida em comum análoga à que *de iure* é exigida entre sujeitos de relações familiares.

Por conseguinte, adiante-se[9] que são parafamiliares a relação de tutela (que liga o pupilo ao tutor) e, dentro de certas condições legais, a união de facto e a convivência em economia comum.

II. Todavia, o objecto do Direito da Família extravasa as relações familiares e parafamiliares, englobando também o que designaremos por protecção de crianças, jovens e idosos[10]. O alargamento legitima-se numa lógica de sub-rogação. Dada a inequívoca integração das relações familiares no âmbito do Direito da Família, parece razoável a inclusão no mesmo ramo do Direito das medidas que se destinam a suprir a inexistência ou insuficiência funcional dessas relações (*v.g.*, o incumprimento ou a impossibilidade de cumprimento de deveres paternofiliais de respeito, auxílio e assistência, que são deveres emergentes do parentesco no 1.º grau da linha recta).

2. O Direito da Família enquanto ramo do Direito Civil[11]

2.1. O Direito da Família enquanto Direito

I. Segundo a divisão inspirada na classificação germânica das relações jurídicas, o Direito da Família é um dos quatro ramos do Direito Civil. Na óptica

[9] Cf., *infra*, Introdução, n.º 7.2.

[10] Com a consagração da figura do apadrinhamento civil, o domínio da protecção de crianças, jovens e idosos conta com uma relação jurídica familiar, que, todavia, se afigura, por enquanto, periférica tanto nesse domínio como na generalidade do Direito da Família.

[11] Cf. Mendes, J. Castro/Sousa, M. Teixeira de, *Direito da Família* cit., p. 21; Corte-Real, Carlos Pamplona/Pereira, José Silva, *Direito da Família* cit., pp. 115-117, 120-122; Coelho, F. Pereira/Oliveira, Guilherme de, *Curso de Direito da Família*, vol. I cit., pp. 158-159, 168-173; Campos, D. Leite de/Campos, Mónica Martinez de, *Lições de Direito da Família* cit., pp. 117-119.

tradicional, o Direito da Família e o Direito das Sucessões demarcam-se dos demais ramos do Direito Civil, através da contraposição entre Direito comum e Direito institucional: o Direito da Família e o Direito das Sucessões são ramos de Direito Civil institucional; o Direito das Obrigações e os Direitos Reais são ramos de Direito Civil comum.

A divisão que se inspira na classificação germânica das relações jurídicas pressupõe que o Direito da Família é *Direito* e que se enquadra no Direito Privado.

Mas será o Direito da Família realmente *um Direito*?

Após a Segunda Guerra Mundial, numa reacção até certo ponto compreensível aos horrores do conflito, surgiu um movimento amplo de algum cepticismo perante o Estado, a autoridade e a sociedade, que deu corpo a análises que denunciaram as limitações do Direito na regulamentação da família.

II. Um dos grandes juristas que se levantará para exprimir o novo "sentimento ideológico" será Jemolo[12]: a família, afirma, "não pode ser reduzida a uma construção jurídica", lembra sobretudo "afectos", "diz mais respeito ao coração do que à razão"; é um instituto pré-jurídico, cuja essência não é susceptível de ser abarcada pela lei. O Direito só é plenamente eficaz "quando se trata de prescrever em matéria de valores económicos, do meu e do teu"; ora, pertencendo ao domínio dos valores imateriais, "a família aparece sempre como uma ilha que o mar do Direito pode tocar, mas apenas tocar". E com esta última frase, que é constantemente citada ainda hoje nas obras italianas, Jemolo sustenta a essência metajurídica da família, instituição metaforicamente identificada com uma "rocha sobre a onda", cujo "granito que forma a sua base pertence ao mundo dos afectos, dos instintos primordiais, à moral, à religião, e não ao mundo do Direito".

III. Outra posição digna de menção é a de Carbonnier[13], eminente estudioso da Sociologia do Direito, que é considerado o pai do Direito da Família francês posterior à Segunda Guerra Mundial. Na década de 60 do século passado, ele escreverá sobre o *non-droit*, definindo-o como "a ausência do Direito num certo número de relações humanas em que o Direito teria vocação téc-

[12] JEMOLO, "La famiglia e il Diritto", texto de conferência proferida em 1949, *Pagine sparse di Diritto e Storiografia*, Milão, Giuffrè, 1957, pp. 222 e s.

[13] CARBONNIER, Jean, "L'hypothèse du non-droit" (primeiramente publicado em 1963 nos *Archives de Philosophie du Droit*), *Flexible Droit (Pour une sociologie du droit sans rigueur)*, 7.ª ed., Paris, LGDJ, 1992, pp. 23 e s.

nica para estar presente". Ora, para este autor, o Direito da Família seria justamente a área por excelência do *non-droit*. Na vida familiar, os indivíduos "só praticam o Direito de longe em longe, quando não é possível agir de outra forma (assim, quando é necessário celebrar o seu casamento ou quando um comprador receia a consequência de um regime matrimonial) e, no intervalo, eles vivem como se o Direito não existisse". Ou seja, "há dias longos de *non-droit* para alguns instantes de Direito. Porque o *non-droit* é a essência, o Direito o acidente. Normalmente, o Direito apenas entra em cena quando é chamado pela vontade expressa de pelo menos um dos interessados, ao passo que a sua vontade implícita é suficiente para o manter à parte".

IV. No entanto, nenhuma das posições expostas nega natureza jurídica ao Direito da Família. O autor italiano admite uma regulamentação jurídica da família, embora menos eficaz do que aquela que versa outras realidades: a *ilha* de Jemolo não deixa de ser *tocada* pelo *mar do Direito*. Mediante a construção do *non-droit*, o autor francês mostra que afinal o Direito está presente na vida familiar, ainda que só se torne visível se for invocado pelas partes. Aliás, é o próprio Carbonnier[14] que, perguntando se o Direito da Família é realmente *um Direito*, refere a experiência da União Soviética (que, em 1926, aprovou um Código da Família, apesar da concepção marxista que atribuía ao Direito uma única finalidade – impor e gerir as desigualdades económicas) como prova histórica da absoluta necessidade de uma disciplina jurídica da família.

2.2. O Direito da Família na dicotomia Direito Público-Direito Privado

I. O regime jurídico da família, da união de facto, da convivência em economia comum e da protecção das crianças, jovens e idosos é vasto e heterogéneo, integrando, a par das normas que estão vertidas no Código Civil, outras que, designadamente, descrevem e punem "crimes contra a família", regulam impostos de harmonia com a situação familiar ou parafamiliar dos contribuintes, atribuem direitos e benefícios aos trabalhadores e funcionários da Administração Pública que sejam pais, mães, cônjuges, membros de união de facto ou conviventes em economia comum, e conferem prestações destinadas a assegurar a protecção social de certas pessoas, tendo em conta a respectiva situação familiar ou parafamiliar.

[14] CARBONNIER, Jean, *Droit civil*, tomo 2, *La famille, l'enfant, le couple*, 21.ª ed., Paris, PUF, 2002, p. 18.

II. No seu conjunto, o regime jurídico da família é adverso à qualificação como Direito Privado, em virtude de conter normas de Direito Penal, de Direito Fiscal, de Direito da Função Pública e da Segurança Social. Estas normas, aliadas às do Direito do Trabalho, formam o que se convencionou chamar Direito não civil da família[15], que é parte de um Direito da Família em sentido amplo[16].

III. Ora, aqui não será estudado esse *Direito não civil da família*. Olhemos, pois, para o Direito da Família em sentido restrito, correspondente às normas que se incluem no Livro IV do Código Civil e às normas que, situadas noutros locais, estabeleçam uma disciplina análoga ou complementar. Será *um Direito Privado*?

Vários aspectos sugerem uma resposta negativa: no Direito da Família propriamente dito, proliferam as normas injuntivas; nas enumerações legais, as situações jurídicas familiares principais são referidas como deveres e não como direitos; o Estado intervém constantemente no momento da constituição e da extinção das relações jurídicas familiares; é consagrada a figura das responsabilidades parentais; é apreciável o peso dos processos de jurisdição voluntária, bem como dos processos e providências de cariz administrativo.

São, p.e., injuntivas muitas das normas sobre constituição, efeitos e extinção das relações jurídicas familiares, *v.g.*, as que respeitam aos impedimentos matrimoniais, aos deveres conjugais, às modalidades e causas do divórcio, aos modos de estabelecimento da filiação, ao conteúdo e ao exercício das responsabilidades parentais, à impugnação da paternidade presumida, aos requisitos e revogação da adopção. Tal profusão de normas injuntivas é motivada por razões de interesse público e circunscreve em muito a autonomia privada, princípio que é fundamental no campo do Direito Privado.

No Direito Privado, o direito subjectivo é a situação jurídica paradigmática, emanação da ideia de liberdade, de autonomia privada[17]. Contudo, a lei alude às principais situações jurídicas emergentes do casamento e da relação

[15] Cf. AA.VV., *Le droit non civil de la famille*, Paris, PUF, 1983.

[16] Cf. Cornu, Gérard, *Droit civil. La famille*, 9.ª ed., Paris, Montchrestien, 2006., p. 11, que aponta como principais ramos do Direito da Família em sentido amplo o Direito Social da Família (que agrega as normas do Direito do Trabalho, da Função Pública e da Segurança Social), o Direito Penal da Família, o Direito Fiscal da Família e o Direito do estatuto civil da Família.

[17] Cf. Cordeiro, A. Menezes, *Tratado de Direito Civil Português*, 4.ª ed., vol. I, Coimbra, Almedina, 2012, n.º 292, pp. 888-889; Vasconcelos, Pedro Pais de, *Teoria Geral do Direito Civil*, 8.ª ed., Coimbra, Almedina, 2015, pp. 14-15.

de filiação como deveres e não como direitos (cf. arts. 1672.º e 1874.º), destacando o aspecto da vinculação.

A intervenção de entidades estatais (*v.g.*, juiz e conservador do registo civil)[18] é indispensável para efeitos de celebração e invalidação do casamento, de divórcio e de constituição ou extinção retroactiva do vínculo de filiação decorrente de acto sexual, de PMA ou de adopção. Além disso, não é de excluir a interferência oficiosa do Estado em relações familiares já constituídas (cf. arts. 1915.º, 1918.º e 1920.º).

As responsabilidades parentais atribuem a um sujeito (o pai) poderes de autoridade sobre outro (o filho menor), o que se harmoniza mal com a visão do Direito Privado como área que regula situações em que as partes estão numa posição paritária.

O processo instrumental prototípico do Direito Privado (processo civil comum declarativo) corre nos tribunais e é encarado sobretudo como um assunto das partes, em que o princípio dispositivo predomina sobre o princípio inquisitório, competindo a um juiz resolver o litígio à luz de regras materiais precisas. No entanto, em muitos dos processos aplicáveis a matérias de Direito da Família (cf. arts. 989.º-999.º do CPC e as disposições gerais dos processos de jurisdição voluntária, constantes dos arts. 986.º-988.º do CPC; os arts. 5.º-16.º do DL n.º 272/2001, de 13 de Outubro; os arts. 227.º, 231.º, 271.º a 274.º do CRC), vigora o princípio inquisitório; as providências são adoptadas segundo critérios de conveniência e de oportunidade[19], e não de legalidade estrita; e é reconhecida competência a entidades administrativas, como é o caso do conservador do registo civil.

IV. À primeira vista, os dados favorecem orientações, como a de Cicu, que considerou o Direito da Família um *tertium genus*, ao lado do Direito Público e do Direito Privado[20]. Todavia, o Direito da Família é um ramo de Direito Privado[21]. O único critério atendível é o da *posição dos sujeitos*[22]. Os grupos familia-

[18] Ou de entidades equiparadas, cuja competência resulta de uma determinação estatal (*v.g.*, pároco ou ministro do culto).

[19] Critérios típicos da decisão materialmente administrativa: cf. João Caupers, *Direito Administrativo*, Lisboa, Aequitas/Editorial de Notícias, 1995, pp. 46-47.

[20] Cicu, *Il Diritto di Famiglia. Teoria generale*, Roma, Athenaeum, 1914.

[21] Contra, Corte-Real, Carlos Pamplona/Pereira, José Silva, *Direito da Família* cit., p. 117, sublinhando "o carácter redutor de qualquer explicação simplista que tome o Direito da Família quer como ramo de direito privado, quer como ramo de direito público, apenas".

[22] Cf. Ascensão, José de Oliveira, *O Direito. Introdução e teoria geral*, 13.ª ed., Coimbra, Almedina, 2005, p. 335.

res e parafamiliares não são entes públicos, e os seus membros actuam entre si destituídos de *ius imperii*[23].

O Direito da Família é, pois, Direito Civil ou Direito Privado Comum. As suas regras disciplinam a condição normal das pessoas[24].

3. Plano, fontes e bibliografia

3.1. Plano de leccionação do Direito da Família

I. O programa de Direito da Família compreende uma introdução e quatro partes: a primeira parte é sobre o Direito da Filiação; a segunda intitula-se "Direito Tutelar"; a terceira versa o Direito Matrimonial; e a quarta trata do que designamos Direito Convivencial.

II. A repartição adoptada afasta-se da orientação tradicional, que se cinge à Introdução, ao Direito Matrimonial e ao Direito da Filiação. As matérias da protecção de crianças, jovens e idosos (Direito Tutelar), da união de facto e da convivência em economia comum (Direito Convivencial) são autonomizadas, de harmonia com a evolução social e o objecto que foi assinalado ao ramo de Direito em apreço[25].

A Introdução segue a sistematização clássica, salvo quanto aos seguintes aspectos: o estudo desenvolvido da união de facto não é feito na fase introdutória, mas após o casamento, por se entender que é o melhor momento para se proceder a uma comparação e a um contraste com a união conjugal e também por se considerar que a relação parafamiliar justifica uma divisão específica; o estudo desenvolvido da adopção também não é feito na fase introdutória, já que é inequívoca a relevância autónoma desta matéria; no momento introdutório, é considerada a obrigação de alimentos enquanto efeito importante da generalidade das relações jurídicas familiares, rejeitando-se quer a linha sistemática do Código Civil, que lhe atribui o último título do Livro IV (atitude que é equívoca, levando erroneamente a crer que se está perante uma matéria com natureza idêntica à das figuras dos títulos precedentes – casamento, filiação e adopção), quer a tendência para efectuar unicamente alu-

[23] As responsabilidades parentais não correspondem a um poder de autoridade política (cf. MENDES, J. Castro/SOUSA, M. Teixeira de, *Direito da Família* cit., p. 21, sobre o poder paternal).

[24] Sobre a noção de Direito Civil, cf. ASCENSÃO, José de Oliveira, *O Direito* cit., p. 343.

[25] Cf., *supra*, n.º 1 da Introdução.

sões pontuais à obrigação de alimentos a propósito de cada uma das relações familiares nominadas; a atribuição de um número à problemática do Direito Europeu da Família, o que se impõe tanto pela polémica existente como pelos actos comunitários que já vigoram.

A Parte I cabe ao Direito da Filiação, prioridade que se justifica pela relevância actual deste sector e pela *natureza das coisas*. Afinal, a condição de filho precede a de cônjuge e o vínculo de filiação existe independentemente de ter sido ou não celebrado casamento entre os pais.

A Parte I compreende três capítulos: constituição do vínculo de filiação (Capítulo I); efeitos da filiação (Capítulo II); extinção do vínculo de filiação (Capítulo III).

Na nossa óptica, são três as modalidades de filiação: a filiação biológica, a filiação adoptiva e a filiação por PMA heteróloga. Por conseguinte, nos Capítulos I, II e III da Parte I serão estudados a constituição, os efeitos e a extinção de cada uma destas modalidades de filiação, o que inclui, sublinhe-se, toda a matéria da adopção.

No Capítulo I da Parte I, atinente à constituição do vínculo de filiação, que compreende cinco secções, serão tomadas em conta as particularidades não só das modalidades como das submodalidades da filiação. Deste modo, após a Secção I, sobre noção e modalidades de filiação, depara-se com a Secção II, dedicada ao estabelecimento da filiação derivada de acto sexual; a Secção III, relativa à constituição do vínculo de adopção; e a Secção IV, que se ocupa do problema da constituição da filiação no caso de procriação medicamente assistida.

O regime da impugnação da maternidade, da impugnação da paternidade, da impugnação e anulação da perfilhação, tradicionalmente integrado pela doutrina no domínio do estabelecimento da filiação, será analisado apenas no Capítulo III, em virtude de se estar perante a problemática da extinção (retroactiva) do vínculo de filiação decorrente de acto sexual. Foi atribuída uma secção do Capítulo I a uma submodalidade de filiação, atendendo à singularidade da procriação medicamente assistida, secção essa que é a quarta por se entender que, para melhor compreensão da matéria, é aconselhável um prévio conhecimento de aspectos fundamentais tanto do estabelecimento da filiação derivada de acto sexual como da constituição do vínculo de filiação adoptiva.

O Capítulo II subdivide-se em três secções: a Secção I, para noções sobre efeitos da filiação; a Secção II, para os efeitos gerais da filiação; e a Secção III, das responsabilidades parentais, que é talvez a mais importante de toda a Parte I.

O Capítulo III da Parte I tem uma estrutura dicotómica: a Secção I, que abarca a extinção retroactiva do vínculo da filiação (*v.g.*, da filiação decorrente de acto sexual, abarcando a impugnação da maternidade, a impugnação da paternidade, bem como a impugnação e anulação da perfilhação); e a Secção II, que se refere à extinção não retroactiva do vínculo de filiação.

A Parte II do Direito da Família é dedicada ao regime de protecção das pessoas mais frágeis em razão da idade (crianças, jovens e idosos), quando os seus interesses não possam ser, ou não sejam, adequadamente acautelados no quadro do vínculo de filiação. Esta parte, relativa a um sector que se destina a suprir a inexistência ou ineficiência do vínculo de filiação, o Direito Tutelar civil, de protecção, observa estrutura tripartida: o Capítulo I ocupa-se da protecção de crianças e jovens em perigo; o Capítulo II estuda o apadrinhamento civil; e o Capítulo III refere-se à protecção dos idosos.

A Parte III é atribuída ao Direito Matrimonial, dividindo-se também em três capítulos: constituição do vínculo matrimonial (Capítulo I); efeitos do casamento (Capítulo II); e extinção do vínculo matrimonial (Capítulo III).

A busca de uma gestão mais equilibrada do tempo entre as grandes áreas do Direito da Família impôs uma acentuada atenuação do peso conferido ao tema da constituição do vínculo matrimonial, opção que se afigura racional numa época em que a litigância no domínio da invalidade do casamento está muito aquém da que se verifica no domínio do divórcio (*v.g.*, dos efeitos patrimoniais do divórcio). As matérias da separação de facto e da separação de pessoas e bens são estudadas naquela que é a última secção do capítulo II, "efeitos do casamento em situações de ruptura da vida em comum".

A última parte pertence ao Direito Convivencial, que tem por objecto, fundamentalmente, a união de facto e a convivência em economia comum, figuras em que as partes vivem voluntariamente em comunhão de habitação sem estarem ligadas entre si por um vínculo matrimonial. Nesta edição, também será considerada aqui a chamada "união sem comunhão de habitação" (LAT).

As partes mais importantes são a primeira e a terceira, que, consequentemente, merecerão a maior atenção. No ensino do Direito da Família, haverá a preocupação de dar ao Direito da Filiação uma preponderância não inferior à do Direito da Filiação[26].

[26] Cf., *infra*, Parte I, n.º 1.II.

3.2. Fontes do Direito civil da Família

I. Convém distinguir as fontes estatais das extra-estatais.

Na ordem jurídica portuguesa actual, destacamos as seguintes fontes estatais:

- Os arts. 36.º, 67.º a 70.º e 72.º da Constituição da República Portuguesa (CRP).
- O Livro IV do Código Civil (CC), com as alterações introduzidas pela Lei n.º 143/2015, de 8 de Setembro.
- A Lei n.º 6/2001, de 11 de Maio, sobre medidas de protecção de pessoas que vivam em economia comum, com a alteração introduzida pela Lei n.º 82-E/2014, de 31 de Dezembro (que revogou o art. 7.º).
- A Lei n.º 7/2001, de 11 de Maio, sobre medidas de protecção das uniões de facto, com as alterações introduzidas pela Lei n.º 2/2016, de 29 de Fevereiro.
- O Código do Registo Civil (CRC), com as alterações introduzidas pela Lei n.º 2/2016, de 29 de Fevereiro.
- O DL n.º 272/2001, de 13 de Outubro (Novas competências do Registo Civil), com as alterações introduzidas pelo DL n.º 122/2013, de 26 de Agosto.
- O Regime Geral do Processo Tutelar Cível (RGPTC), aprovado pela Lei n.º 141/2015, de 8 de Setembro.
- O Regime Jurídico do Processo de Adopção (RJPA), aprovado pela Lei n.º 143/2015, de 8 de Setembro.
- A Lei de Protecção de Crianças e Jovens em Perigo (LPCJP), aprovada pela Lei n.º 147/99, de 1 de Setembro, com as alterações introduzidas pela Lei n.º 142/2015, de 8 de Setembro.
- Os arts. 10.º, al. b), 11.º, 19.º, 58.º a 61.º da Lei n.º 16/2001, de 22 de Junho (Lei da Liberdade Religiosa).
- Os arts. 931.º-932.º (divórcio e separação sem consentimento do outro cônjuge), 933.º-937.º (execução especial por alimentos), 989.º-993.º (providências relativas aos filhos e aos cônjuges), 994.º-999.º (separação ou divórcio por mútuo conhecimento), 1017.º-1020.º (conselho de família) do Código do Processo Civil (CPC). O artigo 989.º deste diploma foi alterado pela Lei n.º 122/2015, de 1 de Agosto.
- A Lei da Procriação Medicamente Assistida (LPMA), Lei n.º 32/2006, de 26 de Julho, com as alterações introduzidas pelas Leis n.ºs 17/2016, de 20 de Junho, e 25/2016, de 22 de Agosto.

- A Lei do Apadrinhamento Civil (LAC), aprovada pela Lei n.º 103/2009, de 11 de Setembro e alterada pela Lei n.º 141/2015, de 8 de Setembro. A LAC foi regulamentada pelo DL n.º 121/2010, de 27 de Outubro, alterado pela Lei n.º 2/2016, de 8 de Setembro.

II. A enumeração não é nem pretende ser exaustiva. A fonte principal é o Livro IV do Código Civil. Seja como for, os estudiosos do Direito da Família devem ter o máximo cuidado na consulta das fontes. É preciso verificar se se está perante as versões mais recentes: p.e., as últimas alterações do Livro IV do Código Civil foram introduzidas pela Lei n.º 143/2015, de 8 de Setembro, em matéria de adopção. É indispensável uma boa articulação das várias fontes, designadamente, do ponto de vista da interpretação, da revogação e da hierarquia: p.e., o uso da expressão "descendentes legítimos" no art. 1703.º, n.º 2, colide com o disposto no art. 36.º, n.º 4, 2.ª parte, da CRP. E sobre os ombros do intérprete recai uma tarefa adicional: a superação de insuficiências manifestas decorrentes de uma técnica legislativa por vezes infeliz e desatenta (cf., p.e., o DL n.º 163/95, de 13 de Junho, que modificou os arts. 1604.º, al. a), e 1612.º, n.º 2, passando a conferir ao conservador do registo civil competência exclusiva quanto ao suprimento da autorização dos pais ou do tutor para o casamento do nubente menor, sem tocar na letra do art. 1649.º, n.º 1, na redacção do DL n.º 496/77, de 25/11, que até hoje continua, portanto, a aludir indevidamente a um suprimento *judicial* da autorização).

III. No domínio das fontes extra-estatais, há que distinguir as fontes de Direito Internacional Público das fontes da União Europeia. No seio das numerosas fontes de Direito Internacional Público, merecem especial atenção as seguintes:

- A Convenção para a Cobrança de Alimentos no Estrangeiro, concluída em Nova Iorque, em 20 de Junho de 1956[27].
- A Convenção sobre o Reconhecimento e Execução das Decisões Relativas às Obrigações Alimentares, concluída na Haia em 2 de Outubro de 1973[28].

[27] O respectivo texto foi publicado em anexo ao DL n.º 45.942, de 28 de Setembro de 1964.

[28] O respectivo texto foi publicado em anexo ao Decreto n.º 338/75, de 2 de Julho.

- A Convenção Europeia em Matéria de Adopção de Crianças, aberta à assinatura em 24 de Abril de 1967[29].
- A Convenção Europeia sobre o Reconhecimento e a Execução das Decisões Relativas à Guarda de Menores e sobre o Restabelecimento da Guarda de Menores, aberta à assinatura em 20 de Maio de 1980[30].
- A Convenção sobre os Aspectos Civis do Rapto Internacional de Crianças, concluída na Haia em 25 de Outubro de 1980[31].
- A Convenção sobre os Direitos da Criança, feita em Nova Iorque em 20 de Novembro de 1989[32].
- A Convenção sobre a Protecção das Crianças e a Cooperação em Matéria de Adopção Internacional, feita na Haia em 29 de Maio de 1993[33].
- A Convenção relativa à Competência, à Lei Aplicável, ao Reconhecimento, à Execução e à Cooperação em Matéria de Responsabilidade Parental e Medidas de Protecção das Crianças, adoptada na Haia em 19 de Outubro de 1996[34].
- A Convenção Europeia sobre o Exercício dos Direitos das Crianças, adoptada em Estrasburgo em 25 de Janeiro de 1996[35].
- A Convenção sobre o Reconhecimento dos Divórcios e Separações de Pessoas, concluída na Haia em 1 de Junho de 1970[36].
- A Convenção Relativa à Emissão de Um Certificado de Capacidade Matrimonial, celebrada em 5 de Setembro de 1980 no âmbito da Comissão Internacional do Estado Civil[37].

[29] O respectivo texto foi publicado em anexo à Resolução da Assembleia da República n.º 4/90, *DR* I série, de 31 de Janeiro.

[30] O respectivo texto foi publicado em anexo ao Decreto n.º 136/82, de 21 de Dezembro.

[31] O respectivo texto foi publicado em anexo ao Decreto n.º 33/83, de 11 de Maio.

[32] O respectivo texto foi publicado em anexo à Resolução da Assembleia da República n.º 20/90, *DR* I série, de 12 de Setembro.

[33] O respectivo texto foi publicado em anexo à Resolução da Assembleia da República n.º 8/2003, *DR* I série-A, de 25 de Fevereiro..

[34] O respectivo texto foi publicado em anexo ao Decreto n.º 52/2008, de 13 de Novembro.

[35] O respectivo texto foi publicado em anexo à Resolução da Assembleia da República n.º 7/2014, *DR 1.ª* série, de 27 de Janeiro.

[36] O respectivo texto foi publicado em anexo à Resolução da Assembleia da República n.º 23/84, *DR* I série, de 27 de Novembro.

[37] O respectivo texto foi publicado em anexo ao Decreto n.º 40/84, de 24 de Julho.

- Os arts. 13.º-16.º (casamento católico) da Concordata entre a República Portuguesa e a Santa Sé, assinada em 18 de Maio de 2004, na cidade do Vaticano[38].

IV. No seio das fontes da União Europeia, refira-se:

- O Regulamento (CE) n.º 2201/2003 do Conselho, de 27 de Novembro do mesmo ano[39], designado "Regulamento Bruxelas II *bis*", relativo à competência, ao reconhecimento e à execução de decisões em matéria matrimonial e em matéria de responsabilidade parental, que revoga o Regulamento (CE) n.º 1347/2000, de 29 de Maio de 2000 ("Regulamento Bruxelas II").
- O Regulamento (CE) n.º 4/2009 do Conselho, de 18 de Dezembro de 2008, relativo à competência, à lei aplicável, ao reconhecimento e à execução das decisões e à cooperação em matéria de obrigações alimentares[40].

V. As fontes extra-estatais mencionadas prevalecem sobre as fontes estatais infraconstitucionais, nos termos do art. 8.º da CRP, pelo que, em áreas de regulamentação comum, há que averiguar se a lei portuguesa é ou não compatível com o Direito Internacional e Europeu.

3.3. Bibliografia geral da disciplina de Direito da Família

I. No âmbito da bibliografia portuguesa subsequente à Reforma do Código Civil de 1977 (que alterou profundamente o Direito da Família), avultam as seguintes obras:

- MENDES, J. Castro/ SOUSA, M. Teixeira de – *Direito da Família*, Lisboa, AAFDL, 1990/1991.
- CORTE-REAL, Carlos Pamplona/PEREIRA, José Silva, *Direito da Família. Tópicos para uma Reflexão Crítica*, 2.ª ed., Lisboa, AAFDL, 2011.

[38] O respectivo texto foi publicado em anexo à Resolução da Assembleia da República n.º 74/2004, *DR* I série-A, de 16 de Novembro de 2004.

[39] *JO* L 338, de 23/12/2003, pp. 1 e s. O art. 4.º deste Regulamento foi rectificado no JO L 174, de 28/06/2006, p. 11. O artigo 63.º foi alterado pelo Regulamento (CE) n.º 2116/2004 do Conselho, de 2 de Dezembro de 2004, *JO* L 367, de 14/12/2004, pp. 1-2.

[40] *JO* L 7, de 10/01/2009, pp. 1 e s. O artigo 75.º deste Regulamento foi rectificado duas vezes (*JO* L 131, de 18/05/2011, p. 26, e L 8, de 12/01/2013, p. 19).

- Coelho, F. Pereira/Oliveira, Guilherme de, *Curso de Direito da Família*, com a colaboração de Rui Moura Ramos, vol. I, *Introdução. Direito Matrimonial*, 5.ª ed., Coimbra, Imprensa da Universidade de Coimbra, 2016, e vol. II, *Direito da Filiação*, tomo I, *Estabelecimento da Filiação. Adopção*, Coimbra, Coimbra Editora, 2006.
- Varela, Antunes – *Direito da Família*, vol. I, 5.ª ed., Lisboa, Livraria Petrony, 1999.
- Lima, Pires de/Antunes, Varela– *Código Civil Anotado*, Coimbra Editora, Coimbra, vol. IV, 2.ª ed., 1992, e vol. V, 1995.
- Campos, D. Leite/ Campos, Mónica Martinez de – *Lições de Direito da Família*, 3.ª ed., Coimbra, Almedina, 2016.
- Santos, Eduardo dos – *Direito da Família*, 2.ª ed., Coimbra, Almedina, 1999.
- Proença, J.J. Gonçalves – *Direito da Família*, 4.ª ed., Lisboa, Universidade Lusíada Editora, 2008.
- Falcão, Marta/Serra, Miguel Dinis Pestana/Tomás, Sérgio Tenreiro, *Direito da Família. Da teoria à prática*, 2.ª ed., Coimbra, Almedina, 2016.

Apesar de não ser um manual, é fundamental a obra de Pamplona Corte-Real, C., *Direito da Família e das Sucessões (Relatório)*, Lisboa, Lex, 1996. Trata-se de um trabalho minucioso sobre o ensino da disciplina, em que é feito um levantamento crítico dos problemas e pontos sensíveis do Direito da Família moderno, em Portugal e noutros países europeus. Neste texto, é patente a visão original, viva e profunda de um insigne professor, que, ao longo da sua carreira como docente na Faculdade de Direito da Universidade de Lisboa, pugnou pela elevação do nível científico de uma área que, por vezes, vinha sendo indevidamente esquecida e preterida.

De referir também a obra de Pinheiro, J. Duarte, *O ensino do Direito da Família Contemporâneo*, Lisboa, AAFDL, 2008, sobre o programa, conteúdo e métodos de ensino da disciplina de Direito da Família no curso de licenciatura em Direito.

Embora também não seja um manual, afigura-se útil a consulta da obra de Pinheiro, J. Duarte, *O núcleo intangível da comunhão conjugal (os deveres conjugais sexuais)*, Coimbra, Almedina, 2004, que se não limita a averiguar se a lei continua ou não a impor aos cônjuges o dever de não terem relações sexuais com terceiro e o dever de terem relações sexuais com o outro e, em caso afirmativo, qual o significado de tal imposição. Estudando uma problemática que se insere bem no centro da *tempestade* que atinge uma das grandes partes do Direito da Família, a dissertação de doutoramento encerra uma proposta de clarificação do regime matrimonial no seu todo e de determinação do conteúdo, eficácia, natureza e garantia da generalidade das situações jurídicas familiares.

II. Na vasta bibliografia estrangeira, é de citar:

- LASARTE ÁLVAREZ, *Principios de Derecho Civil*, tomo VI, *Derecho de Familia*, 14.ª ed., Madrid, Marcial Pons, 2015 (Espanha).
- BERCOVITZ RODRÍGUEZ-CANO, Rodrigo, *Manual de Derecho Civil: Derecho de Familia*, 4.ª ed., Madrid, Bercal, 2016 (Espanha).
- MALAURIE, Philippe/FULCHIRON, Hugues, *Droit de la famille*, 5.ª ed., Paris, LGDJ, 2016 (França)
- MALAURIE, Philippe/LAURENT, Aynès, *Droit des regimes matrimoniaux*, 5.ª ed., Paris, LGDJ, 2015 (França; na tradição doutrinária francesa, o direito patrimonial do casamento, a que se refere esta obra, é estudado em separado da restante matéria jusfamiliar, objecto da obra anterior).
- SESTA, Michele *Manuale di Diritto di Famiglia*, 6.ª ed., Pádua, CEDAM, 2015 (Itália; note-se, porém, que as obras italianas mais interessantes de Direito da Família não são propriamente os manuais, mas monografias e obras colectivas sobre determinados sectores da disciplina).
- GERNHUBER/COESTER-WALTJEN, *Familienrecht*, 6.ª ed., Munique, Beck, 2010 (Alemanha; manual que se enquadra plenamente na rigorosa tradição civilística germânica; a relativa antiguidade do texto pode ser mitigada com a consulta da obra subsequente).
- SCHWAB, Dieter, *Familienrecht*, 23.ª ed., Munique, Beck, 2015 (Alemanha).
- HERRING, Jonathan – *Family Law*, 7.ª ed., Harlow, Pearson, 2015 (Inglaterra; obra valiosa que um jurista da Europa Continental lê com gosto e muito proveito).
- KATZ, Sanford, *Family Law in America*, 2.ª ed., Nova Iorque, Oxford University Press, 2015 (Estados Unidos da América; obra que, com clareza, consegue dar ao jurista europeu uma panorâmica do Direito da Família que vigora no território diferenciado de 50 Estados Federados).
- DINIZ, Maria Helena, *Curso de Direito Civil brasileiro*, 5.º vol., *Direito de Família*, 30.ª ed., São Paulo, Editora Saraiva, 2015 (Brasil; manual muito conhecido no maior País de língua portuguesa).

- DIAS, Maria Berenice, *Manual de Direito das Famílias*, 11.ª ed., São Paulo, Editora Revista dos Tribunais, 2016 (Brasil; obra de autora assumidamente vanguardista e controversa).[41]
- MEDINA, Maria do Carmo, *Direito de Família*, 2.ª ed., Escolar Editora, Lobito, 2013 (Angola; um dos melhores textos doutrinários gerais que foi publicado nos Países Africanos de Língua Oficial Portuguesa).

4. A demanda do critério de relação jurídica familiar

4.1. O elenco legal de fontes de relações jurídicas familiares

A relação jurídica familiar é um conceito fulcral no Direito da Família. Além de constituir uma parte substancial do objecto deste ramo, contribui para a delimitação do restante objecto: as relações parafamiliares são consideradas por força da sua semelhança com relações familiares; a inclusão da protecção de crianças, jovens e idosos é produto de uma construção funcional que se inspira nos deveres jurídicos de protecção emergentes de ligações que se reconduzem a relações familiares.

Todavia, a lei renuncia à apresentação de uma noção de relação jurídica familiar. Em vez disso, o art. 1576.º, que abre o Livro IV do Código Civil, enumera aquilo que qualifica como "fontes das relações jurídicas familiares": o casamento, o parentesco, a afinidade e a adopção. O elenco é infeliz: o parentesco e a afinidade não são fontes ou factos constitutivos das ligações jurídicas familiares; são relações jurídicas familiares. A fonte do parentesco é a procriação ou geração. A fonte da afinidade é a conjugação do casamento-acto com a procriação.

Quanto ao casamento e à adopção, podem ser entendidos ou como factos constitutivos (casamento-acto, acto de adopção) ou como relações jurídicas familiares (casamento-estado ou relação matrimonial, vínculo de adopção). Isto quer dizer que um elenco correcto de fontes das relações jurídicas familiares abarcaria o casamento enquanto acto, a procriação, o casamento-acto conjugado com a procriação e o acto de adopção.

[41] Atendendo à dimensão continental do Brasil, justifica-se a indicação de terceira obra: TARTUCE, Flávio, *Direito Civil*, vol. 5, *Direito de Família*, 11.ª ed., São Paulo/Rio de Janeiro, Método/Forense, 2016.

4.2. A qualificação como relação jurídica familiar

I. O elenco legal de fontes conceptualmente rectificado permite a identificação das relações familiares nominadas: o casamento enquanto estado ou relação matrimonial, o parentesco, a afinidade e o vínculo de adopção. Só que a terminologia, que está consolidada, não é rigorosa: as chamadas relações familiares são simples vínculos jurídicos e não verdadeiras relações jurídicas[42]. Uma relação jurídica em sentido técnico acarreta situações jurídicas relativas, um direito de uma pessoa a que corresponde um dever de outra, o que nem sempre acontece nos casos indicados (p.e., não existem direitos e deveres entre parentes no 4.º grau da linha colateral).

II. A doutrina dominante entende que não há mais relações jurídicas familiares para além das que se extraem do art. 1576.º. O problema é normalmente discutido a propósito da união de facto. Certos autores[43] pressupõem, pura e simplesmente, a taxatividade do enunciado legal. Outros consideram que uma relação jurídica familiar implica deveres familiares[44] ou um estado pessoal[45].

Atendendo aos ensinamentos da Teoria Geral do Direito, em princípio, as tipologias legais não são taxativas[46]. Acresce que as deficiências técnicas de que padece o art. 1576.º (confusão de fontes das relações com relações, uso impróprio do termo "relação jurídica") não favorecem a ideia de que o enunciado é fechado só porque foi elaborado por um legislador que não recorreu a expressões que revelassem o carácter meramente exemplificativo do mesmo (*v.g.*, são fontes das relações jurídicas familiares, *entre outras*, o casamento, etc.).

Quanto à opinião que associa relação jurídica familiar e deveres familiares, já se verificou que não é essencial que haja direitos e deveres entre as pessoas ligadas por relações familiares. No que toca à referência ao estado pessoal[47], supomos que seria útil desde que obtivesse uma concretização de cariz material, o que, no contexto, não parece acontecer.

[42] Cf. Mendes, J. Castro/Sousa, M. Teixeira de, *Direito da Família* cit., p. 11.

[43] Cf. Falcão, Marta/Serra, Miguel Dinis Pestana/Tomás, Sérgio Tenreiro, *Direito da Família. Da teoria à prática*, 2.ª ed., Coimbra, Almedina, 2016, p. 21.

[44] Cf. Varela, Antunes, *Direito da Família*, vol. I, 5.ª ed., Lisboa, Livraria Petrony, 1999, p. 31.

[45] Cf. Mendes, J. Castro/Sousa, M. Teixeira de, *Direito da Família* cit., p. 15.

[46] Cf. Ascensão, José de Oliveira, *O Direito* cit., p. 454.

[47] Cf., além da obra citada, *supra*, na nota 45, Mendes, J. Castro, *Teoria Geral do Direito Civil*, vol. I, Lisboa, AAFDL, 1978 pp. 100-101, que considera estados pessoais as qualidades que se encontrem inscritas no registo civil.

De qualquer modo, sabe-se que a lei qualificou certas situações como relações familiares. Não se podendo presumir a arbitrariedade da lei (cf. art. 9.º, n.º 3), haverá certamente um critério que presidiu à qualificação. A detecção do critério exige uma análise prévia das relações familiares nominadas.

4.3. Referência genérica ao casamento e à adopção

I. A primeira das relações familiares nomeadas pelo art. 1576.º é o casamento. O artigo subsequente define o casamento como "o contrato celebrado entre duas pessoas que pretendem constituir família mediante uma plena comunhão de vida, nos termos das disposições deste Código". A noção, que tem em vista o casamento-acto, pode, porém, ser adaptada ao casamento-estado: a relação matrimonial consiste no vínculo entre duas pessoas que celebraram um contrato válido pelo qual se comprometeram a constituir família mediante uma plena comunhão de vida[48].

Mas não se pretende efectuar agora um estudo completo da relação matrimonial, o que seria descabido nesta fase introdutória. Dado o nosso propósito imediato (a apreensão do critério legal de relação jurídica familiar), será suficiente uma análise genérica.

A constituição do vínculo matrimonial faz-se por um contrato que tem de ser celebrado perante entidade com competência funcional para o acto (funcionário do registo civil, pároco ou ministro do culto) ou funcionário de facto, sob pena de inexistência (arts. 1628.º, al. *a*), e 1629.º), a não ser que se trate de casamento urgente. De qualquer modo, para ser juridicamente existente, o casamento urgente carece de um acto posterior, a homologação pelo funcionário do registo civil, salvo se tiver sido considerado como católico pelas autoridades eclesiásticas (arts. 1628.º, al. *b*), e 1624.º, n.º 1, al. *d*)).

O casamento está sujeito a registo civil obrigatório (art. 1651.º, n.º 1). Na falta deste e de disposição legal em contrário, o vínculo matrimonial não pode ser invocado (art. 1669.º, n.º 1).

A relação matrimonial traduz-se na obrigação de plena comunhão de vida, que se concretiza em deveres recíprocos de respeito, fidelidade, coabitação, cooperação e assistência (art. 1672.º) e, de certa forma, num regime diferenciado em matéria de bens e dívidas (arts. 1678.º e s.).

[48] Cf. PINHEIRO, J. Duarte, "Casamento", em AA.VV., *Dicionário Jurídico da Administração Pública*, 3.º Suplemento, Coimbra Editora, Lisboa, 2007, pp. 90-91.

Com a morte de uma das partes, à outra cabe uma posição privilegiada na sucessão legal do *de cuius* (cf. arts. 2133.º, n.º 2, e 2157.º). A extinção do vínculo matrimonial por outro motivo que não a morte (*v.g.*, divórcio, invalidade) exige a intervenção de uma entidade estatal (juiz, conservador do registo civil) ou equiparada (autoridade eclesiástica).

II. As relações de parentesco e de afinidade serão tratadas em números subsequentes próprios, pelo que resta aludir aqui à adopção, cujo estudo circunstanciado ocorrerá na Parte I.

Nos termos do art. 1586.º, a adopção "é o vínculo que, à semelhança da filiação natural, mas independentemente dos laços de sangue, se estabelece legalmente entre duas pessoas nos termos dos artigos 1973.º e seguintes". A constituição do vínculo depende da vontade de uma das partes, o adoptante (cf. art. 1990.º, n.º 1, al. *a)*), e faz-se por sentença judicial (art. 1973.º, n.º 1), que tem de ser proferida num processo próprio (o processo de adopção, regulado no RJPA).

A adopção é equiparada à filiação biológica e extingue normalmente as relações familiares entre o adoptado e a sua família biológica (art. 1986.º).

À semelhança do casamento, é um acto que tem de ser registado (art. 1.º, n.º 1, al. c), do CRC), não se podendo, em princípio, invocar o vínculo adoptivo antes disso (art. 2.º do CRC).

A extinção do vínculo de adopção só pode ter lugar por via judicial (cf. arts. 1989.º, 1990.º, 1991.º) ou por morte.

5. O parentesco

5.1. Noção de parentesco; graus e linhas

I. A lei define parentesco como "o vínculo que une duas pessoas, em consequência de uma delas descender da outra ou de ambas procederem de um progenitor comum" (art. 1578.º).

II. O parentesco, que é uma relação de consaguinidade, ou de laços de sangue, entre duas pessoas, determina-se por linhas e por graus: "cada geração forma um grau, e a série dos graus constitui a linha de parentesco" (art. 1579.º). Quando uma das pessoas descende da outra, diz-se que são parentes na linha recta; quando nenhuma das pessoas descende da outra, mas ambas procedem de um progenitor comum, diz-se que são parentes na linha colateral (art. 1580.º, n.º 1). Na linha recta há tantos graus quantas as pessoas que formam a linha de parentesco, excluindo uma delas (cf. art. 1581.º, n.º 1) – o único progenitor, quando se determina o parentesco entre pai e filho, ou o progenitor pertencente à geração mais antiga, nas restantes hipóteses. Na linha colateral há tantos graus quantas as pessoas que formam a linha de parentesco, não se contando o progenitor comum (art. 1581.º, n.º 2).

Exemplo: Antónia é mãe de Bento e de Carla; Bento é pai de Daniel e Carla é mãe de Eduarda; Antónia e Bento ou Antónia e Carla são parentes no 1.º grau da linha recta (pais e filhos); Bento e Carla são parentes no 2.º grau da linha colateral (irmãos); Carla e Daniel ou Bento e Eduarda são parentes no terceiro grau da linha colateral (tios e sobrinhos); Antónia e Daniel ou Antónia e Eduarda são parentes no 2.º grau da linha recta (avós e netos); Daniel e Eduarda são parentes no 4.º grau da linha colateral (primos direitos).

O parentesco na linha recta pode ser descendente ou ascendente (art. 1580.º, n º 2): é descendente quando se parte do ascendente para o que dele procede; é ascendente quando se parte do descendente para o progenitor. P.e.: Antónia é ascendente no 1.º grau da linha recta de Bento e este é descendente no 1.º grau da linha recta daquela.

Fora do âmbito do Título I do Livro IV do Código Civil, a lei distingue entre linha paterna e materna (cf. art. 1952.º, n.º 3). P.e., Ana é mãe de Berto, Carla e Dionísio; Raul é pai de Berto, Carla e Eduardo; Tânia é mãe de Eduardo; Tomé é pai de Dionísio. Dionísio é parente de Berto e Carla no 2.º grau da linha colateral *materna*; Eduardo é parente de Berto e Carla no 2.º grau da linha colateral *paterna*; Berto é parente de Carla no 2.º grau da linha colateral *materna e paterna*. Quando duas pessoas são parentes quer na linha paterna quer na linha materna fala-se de duplo parentesco ou parentesco bilateral; se elas são, além disso, parentes no 2.º grau da linha colateral (caso de Berto e Carla), diz-se que são irmãos germanos ou bilaterais (cf. art. 2146.º). O parentesco é unilateral se se verifica apenas por via de uma das linhas, a paterna ou a materna; os parentes no 2.º grau da linha colateral só paterna ou só materna são designados como unilaterais. Quando esse parentesco unilateral resulta de terem um progenitor masculino comum, fala-se de irmãos consanguíneos (p.e., Eduardo é irmão consanguíneo de Berto e de Carla); sendo a mãe o progenitor comum, diz-se que são irmãos uterinos (p.e., Dionísio é irmão uterino de Berto e de Carla).

5.2. Efeitos do parentesco

I. A fonte do parentesco é a procriação, mas "os poderes e deveres emergentes da filiação ou do parentesco só são atendíveis se a filiação se encontrar legalmente estabelecida" (art. 1797.º, n.º 2). No entanto, a filiação não legalmente estabelecida releva, excepcionalmente, nos termos do art. 1603.º. E o estabelecimento da filiação tem eficácia retroactiva.

A filiação é um facto sujeito a registo civil obrigatório (art. 1.º, n.º 1, al. *b)*, do CRC), pelo que, em regra, a eficácia do parentesco só opera havendo registo da filiação estabelecida (cf. art. 2.º do CRC).

Nos termos do art. 1582.º, salvo disposição da lei em contrário, os efeitos do parentesco produzem-se em qualquer grau da linha recta e até ao sexto grau da linha colateral. O direito de representação na sucessão legal em benefício dos descendentes do irmão do autor da sucessão (cf. arts. 2042.º, 2133.º, n.º 1, al. *c)*, e 2145.º) constitui um dos raros exemplos em que o parentesco releva na linha colateral para além do sexto grau.

II. A relevância jurídica do parentesco varia em razão da linha e do grau. A mais importante espécie de relação de parentesco é a relação de filiação (maternidade ou paternidade), que será especialmente considerada na Parte I. Os principais efeitos específicos da relação de filiação são a vinculação recíproca dos respectivos sujeitos aos deveres de respeito, auxílio e assistência (art. 1874.º) e a sujeição dos filhos às responsabilidades parentais (ou poder paternal) até à maioridade ou emancipação (cf. arts. 1877.º e s.).

A segunda espécie de relação de parentesco tida como juridicamente mais importante é a que liga outros parentes na linha recta, nomeadamente avós e netos; a terceira, aquela que liga os irmãos entre si. Estas duas espécies de relação de parentesco são expressamente protegidas contra o exercício abusivo das responsabilidades parentais (cf. art. 1887.º-A). Segue-se a relação entre uma pessoa e os descendentes do seu irmão, nomeadamente a ligação entre tio e sobrinho. A última espécie de relação de parentesco que assume algum peso é a do parentesco no 4.º grau da linha colateral.

A referida hierarquia decorre dos principais efeitos do parentesco, aos quais passamos a aludir sem pretensões de exaustividade.

III. Entre os efeitos do parentesco que se produzem em vida de ambos os sujeitos da relação, é de destacar a obrigação de alimentos, que recai sobre os descendentes, os ascendentes, os irmãos e os tios, pela ordem indicada (cf. art. 2009.º). Além disso, o parentesco produz efeitos no domínio do casamento, do estabelecimento da filiação e dos meios de suprir o poder paternal. Em matéria matrimonial, adiante-se que o parentesco na linha recta e o parentesco no segundo grau da linha colateral constituem impedimentos matrimoniais dirimentes (art. 1602.º, als. *a)* e *c)*), enquanto o parentesco no terceiro grau da linha colateral corresponde a um impedimento impediente (art. 1604.º, al. *c)*). No plano do estabelecimento da filiação, não é admitida a averiguação oficiosa da maternidade se, existindo perfilhação, a pretensa mãe e o perfilhante forem parentes na linha recta ou no segundo grau da linha colateral (art. 1809.º, al. *a)*); e também não é admitida a averiguação oficiosa da paternidade se a mãe e o pretenso pai estiverem unidos por idênticos laços de parentesco (art. 1866.º, al. *a)*). No campo dos meios de suprir o poder paternal, os parentes do menor estão entre as pessoas que podem ser chamadas pelo tribunal a exercer o cargo de tutor ou de vogal do conselho de família (arts. 1931.º e 1952.º).

IV. No que toca aos efeitos do parentesco que se produzem por morte de um dos sujeitos da relação, ou seja, os efeitos da extinção do parentesco por morte, assinale-se os que operam no campo da sucessão legal hereditária. Os descendentes, os ascendentes, os irmãos e seus descendentes e os outros parentes na linha colateral até ao 4.º grau integram, respectivamente a 1.ª, a 2.ª, a 3.ª e a 4.ª classes de herdeiros legítimos (art. 2133.º, n.º 1). Os herdeiros de cada uma das classes de sucessíveis têm prioridade sobre os das classes imediatas (art. 2134.º); no seio de cada classe, os parentes de grau mais próximo preferem aos de grau mais afastado (art. 2135.º). Os descendentes e ascendentes figuram ainda no elenco de herdeiros legitimários, sendo chamados a suceder segundo os mencionados princípios da preferência de classes e da preferência de graus de parentesco (art. 2157.º).

O parentesco tem relevância também no campo da legitimidade para requerer providências destinadas a tutelar a memória do falecido (cf. arts. 71.º, n.º 2, 73.º, 75.º, n.º 2, 76.º, n.º 2, e 79.º, n.º 2), da atribuição do direito a indemnização dos danos não patrimoniais causados por morte da vítima (art. 496.º, n.ºs 2 e 3) e da transmissão por morte do arrendamento para habitação (cf. art. 1106.º, n.ºs 1, al. *c)*, e 2, 3 e 4; e art. 57.º do NRAU).

V. No campo dos efeitos não civis do parentesco, avulta a atribuição da nacionalidade portuguesa originária com fundamento no parentesco em linha recta descendente no 1.º grau (cf., *infra*, Parte I, n.º 21.2.) e até no 2.º grau (cf., *infra*, nota 497).

5.3. Extinção do vínculo de parentesco

Os modos de extinção do vínculo de parentesco confundem-se com os de extinção do vínculo de filiação: cf., *infra*, Parte I, Capítulo III. Por conseguinte, a relação de parentesco extingue-se com a morte de um dos sujeitos ou na sequência de uma acção judicial (*v.g.*, de impugnação da maternidade ou da paternidade).

6. A afinidade

6.1. Noção de afinidade; graus e linhas

I. A afinidade é o vínculo que liga cada um dos cônjuges ao parente do outro (art. 1584.º). Ou seja, a constituição desta relação jurídica familiar depende da celebração de um casamento e da existência de uma relação de parentesco entre uma pessoa e um dos cônjuges.

II. A afinidade determina-se pelos mesmos graus e linhas que definem o parentesco (art. 1585.º). Por exemplo, António, filho de Carlos e Diana, casou-se com Berta, mãe de Eduardo, nascido de uma relação anterior; Carlos e Diana (sogros) são afins no 1.º grau da linha recta de Berta (nora); António (padrasto) é afim no 1.º grau da linha recta de Eduardo (enteado); António tem um irmão, Fernando, que será afim no 2.º grau da linha colateral de Berta (cunhado). Note-se, porém, que não há uma relação de afinidade entre os parentes de um cônjuge e os parentes do outro: designadamente, não existe nenhuma relação familiar entre os pais de António e os pais de Berta ("compadres"), entre o filho de Berta e os pais de António, entre o filho de Berta e um filho de António, nascido de outra ligação, ou entre Fernando e um irmão de Berta ("concunhados").

6.2. Efeitos e extinção do vínculo de afinidade

I. Tendo como fontes, cumulativamente, o casamento e a procriação, em regra, a eficácia da afinidade apenas pode ser invocada se a filiação estiver legalmente estabelecida e se este facto e o casamento tiverem sido registados.

II. A espécie de relação de afinidade com maior importância é a afinidade na linha recta, designadamente, a que liga os sogros às noras ou genros e a que liga os padrastos aos enteados. De qualquer modo, os seus efeitos são menores que aqueles que estão associados às principais espécies da relação de parentesco[49]. Na última classe das pessoas obrigadas a alimentos de fonte legal, encontram-se o padrasto e a madrasta, que estão vinculados à prestação de alimentos relativamente a enteados menores que estejam, ou estivessem no momento da morte do cônjuge, a cargo deste (art. 2009.º, n.º 1, al. *f)*)[50]. A afinidade na linha recta é um dos impedimentos dirimentes ao casamento (art. 1602.º, al. *d)*)[51]; constitui um obstáculo à averiguação oficiosa da maternidade ou da paternidade (nos termos dos arts. 1809.º, al. *a)*), e 1866.º, al. *a)*, respectivamente); e, por força da Lei n.º 137/2015, de 7 de Setembro, é susceptível de determinar a atribuição de responsabilidades parentais sobre o enteado menor (cf. artigos 1903.º, 1904.º e 1904.º-A).

O afim, na linha recta ou colateral, pode beneficiar da transmissão por morte do arrendamento para habitação, à luz do art. 1106.º, n.ºs 1, al. c), 2, 3 e 4 (ou só o enteado, nos termos do art. 57.º do NRAU); e estar obrigado a exercer a tutela do menor ou de integrar o conselho da família (arts. 1931.º, n.º 1, e 1952.º, n.º 1).

A afinidade não corresponde a um facto designativo na sucessão hereditária legal, não confere legitimidade para requerer providências destinadas a tutelar a memória do falecido, nem fundamenta atribuição legal do direito a indemnização dos danos não patrimoniais causados por morte da vítima.

III. Por força do art. 1585.º, 2.ª parte, a afinidade não cessa pela dissolução do casamento por morte, o que significa que o vínculo subsiste após a extin-

[49] Cf. Corte-Real, Carlos Pamplona/Pereira, José Silva, *Direito da Família* cit., p. 118, que chegam a criticar o legislador por reconhecer a afinidade como relação familiar, "quando está em causa uma produção de efeitos praticamente nula".

[50] E o cônjuge do progenitor pode também estar vinculado a prestar alimentos à criança, nos termos do art. 1904.º-A, n º 5 (o que significa aqui uma parificação do afim no 1.º grau da linha recta ascendente à figura do progenitor, em matéria de alimentos, como é, destacado por Vítor, Paula Távora, "A carga do sustento e *o pai social*", em AA.VV., *Textos de Direito da Família para Francisco Pereira Coelho* cit.,. p. 650).

[51] Excepcionalmente, o impedimento verifica-se ainda que não tenha sido legalmente estabelecida a filiação, de que depende a relação de afinidade: cf. art. 1603.º, n.º 1.

ção da relação conjugal devida a morte. Mas, *a contrario*, o divórcio põe fim à afinidade. A solução legal é ajustada porque mantém a relação de afinidade nos casos em que normalmente se conservam "os laços afectivos especiais criados pela afinidade"[52] (dissolução por morte e, atendendo à razão de ser da disposição, também na hipótese de celebração de novo casamento após a declaração de morte presumida). Noutras situações de *extinção não retroactiva do vínculo matrimonial* (divórcio e dispensa de casamento rato e não consumado), compreende-se a cessação da afinidade.[53]

O vínculo de afinidade extingue-se *ex tunc* com a anulação e a nulidade do casamento, a não ser que ambos os cônjuges estivessem de boa fé ao celebrar o acto. Então, aquele vínculo produzirá efeitos até ao trânsito em julgado da sentença de anulação ou de declaração de nulidade (cf. art. 1647.º, n.º 1).

A afinidade extingue-se retroactivamente também nas situações de extinção retroactiva do vínculo de filiação do qual decorre o parentesco de um dos cônjuges.

Por fim, a afinidade extingue-se *ex nunc* com a morte de um dos sujeitos da relação e com a adopção do parente do cônjuge, salvo se o adoptado for filho do cônjuge do adoptante (cf. art. 1986.º). Ao determinar a cessação do parentesco entre o adoptado e o cônjuge, a adopção elimina o vínculo de que depende a relação de afinidade.

[52] A expressão é usada por VARELA, Antunes, *Direito da Família* cit., p. 105. Cf., porém, CORTE-REAL, Carlos Pamplona/PEREIRA, José Silva, *Direito da Família* cit., p. 27, que, atendendo à pouca relevância jurídica da afinidade, entendem que "talvez fosse mais lógica uma solução uniforme, fazendo-se extinguir a afinidade como inerência à extinção do vínculo que a gera".

[53] Cf., analogamente, COELHO, F. Pereira/OLIVEIRA, Guilherme de, *Curso de Direito da Família*, vol. I cit., p. 51. De modo diferente, VARELA, Antunes, *Direito da Família* cit., pp. 105-106, considerando que os laços especiais criados pela afinidade tendem a persistir em muitos casos de divórcio; e SOUSA, Rabindranath Capelo de, "As alterações legislativas familiares recentes e a sociedade portuguesa", em AA.VV., *Textos de Direito da Família para Francisco Pereira Coelho* cit., pp. 539-540, que reputa de incorrecta a solução que a lei seguiu de fazer cessar a afinidade por força do divórcio. Mais recentemente, cf. XAVIER, Rita Lobo, *Recentes alterações ao regime jurídico do divórcio e das responsabilidades parentais (Lei n.º 61/2008, de 31 de Outubro)*, Coimbra, Almedina, 2009, pp. 10-13, que pergunta se haverá motivos para distinguir, quanto à sobrevivência da relação de afinidade, a dissolução por morte da dissolução por divórcio.

7. A hipótese de relações jurídicas familiares inominadas

7.1. A identificação do critério de relação jurídica familiar

Já se procedeu a uma análise das relações familiares nominadas. Haverá outras relações jurídicas familiares, p.e., a união de facto e a convivência em economia comum? A pergunta reveste-se de um interesse que não é meramente conceptual, porque a qualificação implica um regime. *V.g.*, as normas da Constituição da República Portuguesa, como o art. 36.º, n.º 1, que reconhece o direito de constituir família, e o art. 67.º, n.º 1, que confere à família um direito à protecção da sociedade e do Estado, aplicam-se somente aos grupos unidos por vínculos jurídicos familiares.

Qual é afinal o critério da relação jurídica familiar? Anteriormente excluiu-se a necessidade de existirem deveres jusfamiliares[54]. E que dizer quanto ao afecto[55] ou quanto à vida em comum, expressões tão frequentes no Direito da Família contemporâneo? Em nossa opinião, são aspectos meramente acidentais na fixação do carácter jusfamiliar de uma ligação. Uma relação de parentesco no segundo grau da linha colateral, p.e., constitui-se e subsiste, ainda que reine a indiferença e o ódio entre os sujeitos desta espécie de relação jurídica familiar e independentemente de entre eles ter havido ou ter deixado de haver comunhão de habitação.

Importa, pois, detectar um elemento que se observe em todos os casos de relações familiares nominadas. Que têm em comum o casamento, o parentesco, a afinidade e a adopção? A presença constante de um acto estatal (praticado pelo conservador do registo civil, juiz ou funcionário de unidade de saúde pública[56]), ou equivalente (cf., no casamento, a intervenção do funcionário de facto, do pároco ou do ministro do culto; ou, no nascimento, funcionário de unidade de saúde privada[57]), que respeita à aquisição ou, pelo menos, à

[54] Cf., *supra*, Introdução, n.º 4.2.II.

[55] Sobre a relevância do afecto no Direito da Família, cf. PINHEIRO, J. Duarte, "Afecto e justiça do caso concreto no Direito da Família: *utopia ao alcance, poesia pura ou porta aberta para o caos?*", *Estudos de Direito da Família e das Crianças*, Lisboa, AAFDL, 2015, pp. 315-321.

[56] Ao abrigo do art. 101.º, n.º 1, do CRC, é competente para lavrar o registo de nascimento qualquer conservatória do registo civil e "a unidade de saúde onde ocorreu o nascimento ou aquela para onde a parturiente tenha sido transferida, desde que seja possível declará-lo na unidade de saúde".

[57] Ao abrigo dos arts. 101.º, n.º 1, 96.º-A, e 101.º-A do CRC, é competente para lavrar o registo de nascimento a unidade de saúde privada onde ocorreu o nascimento, desde que entre aquela e o Governo tenha sido celebrado o necessário protocolo. A Portaria n.º 1370/2008, de 2/12, estabelece as condições de celebração e as cláusulas tipo dos protocolos que permitem a declaração,

perda da qualidade familiar.[58] Na falta de tal acto, a relação familiar nominada ou se não constitui (cf. casamento e adopção) ou não produz os seus efeitos essenciais (sem registo do facto ou factos constitutivos, os vínculos jurídicos familiares relevam, quando muito, em situações marginais, legalmente delimitadas). Na falta de um acto estatal ou equiparado, a relação familiar nominada perdura até à morte das partes. Para a extinção por motivo diverso da morte, não é suficiente a vontade de um ou de ambos os sujeitos. O próprio divórcio por mútuo consentimento tem de ser decretado pelo conservador do registo civil ou pelo juiz (cf. art. 1773.º, n.º 2).

Ao mesmo tempo que restringe o papel da vontade extintiva das partes, conferindo uma certa durabilidade às relações jurídicas familiares, a exigência de um acto estatal, ou equivalente, materializa a especial dignidade que o Estado reconhece à ligação familiar nominada: esta ligação traduz-se num *status*, num nexo orgânico que, unindo o indivíduo ao grupo, justifica, pela sua dimensão social, a intervenção de uma entidade que é tida como intérprete do interesse colectivo[59].

7.2. Relações familiares inominadas e relações parafamiliares

I. Há duas relações familiares inominadas: a filiação por PMA heteróloga, emergente do art. 20.º da LPMA (e dos arts. 23.º, n.º 2, 26.º, 27.º e 47.º) e do art. 1839.º, n.º 3, e o apadrinhamento civil, cujo regime jurídico foi aprovado pela Lei n.º 103/2009, de 11 de Setembro.

A presunção de que o marido da mãe é o pai da criança representa um dos modos de estabelecimento da paternidade e, portanto, de constituição do vínculo de parentesco (cf. arts. 1796.º, n.º 2, e 1826.º, n.º 1). A presunção pode ser ilidida por acção (acção de impugnação de paternidade) em que cabe ao autor demonstrar que, de acordo com as circunstâncias, a paternidade do marido da mãe é manifestamente improvável (cf. art. 1839.º, n.ºs 1 e 2). Não existindo laços de sangue entre o marido da mãe e a criança, a paternidade deve

nas próprias unidades de saúde privadas, dos nascimentos aí ocorridos, nos termos do art. 96.º-A do CRC.

[58] Segundo Corte-Real, Carlos Pamplona/Pereira, José Silva, *Direito da Família* cit., p. 118, "um elemento constante nas situações legais enunciadas é a sua virtual ou efectiva perdurabilidade, que sublinha o carácter presumivelmente afectivo que lhes é inerente".

[59] Sobre o *status* e a qualidade familiar, em particular a conjugal, cf. Pinheiro, J. Duarte, *O núcleo intangível da comunhão conjugal* cit., pp. 485 e s.

ser excluída. Contudo, o referido art. 1839.º, n.º 3, prevê que não é permitida a impugnação de paternidade com fundamento em inseminação artificial ao cônjuge que nela consentiu, sem distinguir consoante o esperma provenha do marido ou de terceiro. Deste modo, o preceito admite que se crie e mantenha um vínculo de filiação entre duas pessoas, ainda que não exista qualquer ligação biológica entre elas: tendo o marido consentido que a mulher fosse inseminada com esperma de terceiro, a criança nascida na sequência da inseminação é tida como filha do marido da mãe (sendo assim registada).

Só que este vínculo não se reconduz nem ao parentesco nem à adopção. A criança não é descendente do marido da mãe, no sentido do art. 1578.º (descendente biológico), e o consentimento para a inseminação não foi prestado no âmbito de um processo de adopção.

Advirta-se, porém, que a qualificação da filiação por PMA heteróloga como relação jurídica familiar inominada, que aqui se defende, está longe de ser pacífica, porque parte da ideia de que a figura traduz uma modalidade autónoma de filiação[60].

Sobre o apadrinhamento civil, cf., *infra*, Parte II, n.ºs 5 e s.

II. A união de facto e a convivência em economia comum não são, por enquanto, relações jurídicas familiares[61]. Actualmente, constituem-se e extinguem-se livremente, sem que se imponha uma intervenção estatal. Basta a vontade de uma das partes. E a aplicação das medidas de protecção das pessoas que vivam em economia comum ou das uniões de facto (cf. Leis n.ºs 6 e 7/2001, ambas de 11 de Maio) não pressupõe um acto de registo.

Em contrapartida, a tutela está sujeita a registo civil obrigatório (cf. art. 1.º, n.º 1, al. h), do CRC) e o tribunal pode determinar a constituição ou extinção de uma relação tutelar (cf. arts. 1927.º e 1949.º). Contudo, outros aspectos tornam questionável a sua qualificação como relação jurídica familiar. A tutela está reduzida a um meio de suprir o poder paternal, o efeito principal da relação de filiação com o menor; e traduz-se, normalmente, numa relação "a termo certo" (cf. art. 1961.º, al. a)), destituída da durabilidade virtual que acompanha as relações familiares nominadas.

[60] Cf., *infra*, Parte I, n.º 15.

[61] Contra, Corte-Real, Carlos Pamplona, "Relance crítico sobre o Direito da Família português", em AA.VV., *Textos de Direito da Família para Francisco Pereira Coelho* cit., pp. 109-110, e Corte-Real, Carlos Pamplona/Pereira, José Silva, *Direito da Família* cit., p. 119, pelo menos quanto à união de facto, afirmando que o critério de relação familiar sujacente ao art. 1576.º é evanescente "perante a dinâmica hodierna do Direito da Família".

Na verdade, as três figuras ora mencionadas – união de facto, convivência em economia comum e tutela – só podem ser relações parafamiliares[62].

A relação tutelar é semelhante à relação de parentesco no 1.º grau em linha recta, uma vez que, em regra, o tutor tem os mesmos direitos e obrigações dos pais que exercem o poder paternal (cf. art. 1935.º, n.º 1). A união de facto traduz-se numa comunhão de leito, mesa e habitação entre duas pessoas, comunhão a que estão obrigados os membros da união conjugal (cf. arts. 1577.º e 1672.º). A convivência em economia comum é a situação de duas ou mais pessoas "que vivam em comunhão de mesa e habitação há mais de dois anos e tenham estabelecido uma vivência em comum de entreajuda ou partilha de recursos" (art. 2.º da Lei n.º 6/2001, de 11 de Maio). A situação em apreço cabe em obrigações que são comuns à relação conjugal (cf. o art. 1672.º, que vincula os cônjuges aos deveres de coabitação, cooperação e assistência) e à relação entre pais e filhos menores (cf. os deveres paternofiliais de auxílio e assistência, impostos pelo art. 1874.º, bem como o dever paternofilial de comunhão de mesa e habitação, na pendência da sujeição às responsabilidades parentais, que decorre dos arts. 1878.º, n.º 1, e 1887.º, na linha do art. 36.º, n.º 6, da CRP).

Contudo, para que ascendam ao patamar das relações parafamiliares, a união de facto e convivência em economia comum têm de preencher requisitos que as tornem ainda mais próximas das relações jurídicas familiares, na falta dos quais não beneficiarão de protecção legal específica. A união de facto e a convivência em economia comum têm de durar há mais de dois anos (cf. art. 1.º, n.º 1, da Lei n.º 6/2001, de 11 de Maio, e art. 1.º, n.º 2, da Lei n.º 7/2001, do mesmo dia), o que é o paralelo possível com a durabilidade tendencial das relações jurídicas familiares[63]. A união de facto só é protegida se não ocorrer um dos casos previstos no art. 2.º da Lei n.º 7/2001, de 11 de Maio, similares aos que obstam à validade do casamento. A convivência em economia comum só é protegida se pelo menos um dos seus membros for uma pessoa maior de idade e desde que não ocorra uma das circunstâncias mencionadas no art. 3.º da Lei n.º 6/2001, de 11 de Maio (entre as quais se contam duas que colocam a figura num domínio puramente obrigacional ou laboral – cf. als. a) e b)).

III. Não parece que se enquadrem no conceito de relações parafamiliares (ou familiares): a relação entre esposados (simplesmente preparatória de uma

[62] Recorde-se que a qualidade de relação parafamiliar depende de uma similitude mínima com as relações familiares nominadas: cf., *supra*, Introdução, n.º 1.2.I.

[63] Cf., *infra*, Introdução, n.º 10.4.

relação conjugal e, portanto, estudada a propósito da constituição do vínculo matrimonial); a relação entre ex-cônjuges (produto da dissolução do casamento, estudada, por isso, no plano dos efeitos do divórcio); a relação entre uma pessoa e outra que está a seu cargo, ou ao seu cuidado, e a relação entre uma pessoa e aquela que a cria e sustenta, quando não coincidam com uma situação de convivência em economia comum protegida[64].

E, em nosso entender, também não assume carácter parafamiliar (nem familiar) a relação entre o credor e o devedor de alimentos, como a seguir se explicará.

8. A obrigação de alimentos enquanto efeito das relações familiares e parafamiliares

8.1. A importância da obrigação de alimentos no Direito da Família

Ao atribuir-lhe o título V do Livro IV do Código Civil, o legislador reconheceu a especial preponderância dos alimentos no Direito da Família.

A obrigação de alimentos é um efeito susceptível de se verificar em todo o tipo de relações familiares (relação matrimonial, parentesco, afinidade, adopção, filiação por PMA heteróloga e apadrinhamento civil). No elenco de pessoas vinculadas à prestação legal de alimentos figuram o cônjuge, parentes e afins (cf. art. 2009.º, n.º 1); à adopção plena aplicam-se as regras do parentesco em matéria de alimentos, por força do art. 1986.º; à filiação por PMA heteróloga aplica-se analogicamente o regime dos efeitos do parentesco, dada a semelhança juridicamente relevante que a lei admite existir, implicitamente, entre aquela modalidade de filiação e a filiação biológica (cf. art. 1839.º, n.º 3); em caso de apadrinhamento civil, há que atender ao disposto no artigo 21.º da LAC.

Além disso, o membro sobrevivo de uma união de facto, relação parafamiliar, pode exigir alimentos nos termos do art. 2020.º. E sobre um tutor recai a mesma obrigação alimentar que caberia aos pais (cf. 1935.º, n.º 1).

Em reforço da importância do tema no domínio jusfamiliar, assinale-se ainda a litigância que se desenrola em torno dos alimentos devidos aos filhos por pais separados ou divorciados e entre cônjuges separados ou ex-cônjuges,

[64] Todas estas ligações são colocadas entre as parafamiliares por COELHO, F. Pereira/OLIVEIRA, Guilherme de, *Curso de Direito da Família*, vol. I cit., pp. 112-118.

bem como os sinais preocupantes de uma menor disponibilidade estatal de recursos financeiros para prestações de índole social.

8.2. Natureza e regime da obrigação de alimentos

I. Não obstante isto, a obrigação de alimentos não tem natureza jurídica familiar. Apesar de ter um título no Livro IV do Código Civil, a par do casamento, da filiação e da adopção (título que a afinidade não tem), a obrigação em apreço pode vincular uma pessoa perante outra sem que entre elas exista ou tenha existido qualquer laço familiar: o art. 2009.º, n.º 1, al. a), inclui o ex-cônjuge no grupo de devedores de uma eventual prestação legal de alimentos; o art. 2014.º, n.º 1, parte inicial, admite a constituição por via negocial da obrigação, independentemente de qualquer nexo orgânico entre as partes.

A relação em que se inscrevem os alimentos tão-pouco corresponde a uma relação parafamiliar[65]: não há necessariamente uma vida em comum entre o credor e o devedor de alimentos; e a respectiva relação jurídica não produz uma eficácia geral idêntica à das relações familiares.

Embora esteja frequentemente ao serviço de interesses familiares, sendo, por isso, designada como *relação acessoriamente familiar*[66], a relação de alimentos é somente um possível efeito de relações familiares (e parafamiliares). As relações jurídicas familiares são essencialmente ligações pessoais, de que decorrem efeitos que tanto podem ser pessoais como patrimoniais. A obrigação de alimentos apresenta estrutura patrimonial, enquadrando-se numa relação creditícia que em muitos casos se encontra funcionalmente associada a uma relação familiar.

II. Os alimentos são prestações[67] que visam prover a tudo o que é indispensável ao sustento, habitação e vestuário de uma pessoa, compreendendo

[65] Contra, MENDES, J. Castro/SOUSA, M. Teixeira de, *Direito da Família* cit., pp. 26-27, que consideram a obrigação de alimentos um exemplo típico de relação parafamiliar. Na perspectiva destes ilustres professores, as relações jurídicas parafamiliares apresentam dois traços característicos: desempenham funções próprias da família e têm, normalmente, por causa *indirecta* uma das figuras qualificadas na lei como fontes das relações jurídicas familiares. Outro é o nosso entendimento de relação parafamiliar: cf., *supra*, Introdução, n.º 1.2.I.

[66] Cf. VARELA, Antunes, *Direito da Família* cit., pp. 21-22.

[67] O direito de alimentos demarca-se, pela sua natureza obrigacional, dos direitos de uso e de habitação (cf. arts. 1484.º-1490.º), que consistem em direitos reais destinados a satisfazer necessidades do titular e da sua família (cf. MENDES, J. Castro, "L'obligation alimentaire en droit comparé", *RFDUL* 1972, pp. 54-55).

também o que é necessário à instrução e educação do alimentado no caso de este ser menor (art. 2003.º).

A obrigação de alimentos pode ter por fonte um negócio jurídico (cf. arts. 2014.º, n.º 1, 2073.º e 2273.º) ou um facto não negocial, nomeadamente, um vínculo familiar (cf. art. 2009.º, n.º 1). A obrigação de alimentos que se constitui por facto não negocial é conhecida por obrigação legal de alimentos.

III. O art. 2009.º, n.º 1, estabelece o elenco geral de pessoas vinculadas à prestação legal de alimentos. Em primeiro lugar, a vinculação recai sobre o cônjuge ou o ex-cônjuge; em segundo lugar, sobre os descendentes; em terceiro lugar, sobre os ascendentes; em quarto lugar, sobre os irmãos; em quinto lugar, sobre os tios, durante a menoridade do alimentando; em sexto lugar, sobre o padrasto e a madrasta, relativamente a enteados menores que estejam, ou estivessem no momento da morte do cônjuge, a cargo deste. Entre os descendentes e os ascendentes, a obrigação defere-se segundo o princípio da preferência de graus de parentesco, sem prejuízo do direito de representação (cf. arts. 2135.º e 2138.º), nos termos do art. 2009.º, n.º 2. P.e.: se A, que carece de alimentos, tiver um filho e um neto, a vinculação recai sobre o filho; se B, que carece de alimentos, tiver um filho, C, e dois netos, E e F, que são, por seu turno, filhos de um filho já falecido, D, a vinculação recai directamente sobre o filho C e, por direito de representação, sobre os netos E e F.

De acordo com o art. 2009.º, n.º 3, se algum dos vinculados não puder prestar os alimentos ou não puder saldar integralmente a sua responsabilidade, o encargo recai sobre os onerados subsequentes. P.e., se o filho de A não tiver meios para prestar alimentos ao seu pai que deles carece, incumbe ao neto o respectivo encargo.

Havendo apadrinhamento civil, o elenco geral tem de ser adaptado em função do que é disposto no art. 21.º da LAC: se o afilhado carecer de alimentos, os padrinhos são obrigados a prestá-los, na falta de pais daquele em condições de satisfazer o encargo (n.º 1); se é o padrinho que necessita de alimentos e não tem filhos que possam satisfazê-los, a obrigação recai imediatamente sobre o afilhado (n.º 2).

O art. 2010.º regula a situação de pluralidade de pessoas obrigadas à prestação de alimentos, determinando que respondem todas na proporção das suas quotas como herdeiros legítimos do alimentando (n.º 1, que implica a aplicação do disposto nos arts. 2136.º, 2138.º, 2139.º, 2140.º, 2142.º, 2145.º e 2146.º); e que se alguma das pessoas assim oneradas não puder satisfazer a parte que lhe cabe, o encargo recai sobre as restantes (n.º 2). P.e.: Se G, que carece de alimentos, tiver três filhos, H, I, J, a cada um deles incumbe a prestação de um terço; mas se H não tiver meios económicos suficientes para satisfazer a sua parte, I e J terão de pagar a totalidade da prestação (metade cada um). No caso de B, que tem um filho, C, e dois netos, E e F, que são, por seu turno, filhos de um filho já falecido, D, a C incumbe metade da prestação de alimentos e aos netos a outra metade (um quarto cada um); mas se o neto E não dispuser de recursos suficientes para pagar a sua parte, o neto F terá de satisfazer a quota de E e a sua própria quota, isto é, a metade que oneraria D se este estivesse vivo, por força das regras do direito de representação na sucessão legal.

O art. 2011.º prevê a hipótese de o alimentando ter disposto de bens por doação que lhe pudessem assegurar meios de subsistência. Neste caso e na medida em que os bens doados pudessem assegurar ao doador meios de subsistência, a obrigação alimentar recai, no todo ou em parte, sobre o donatário ou donatários, segundo a proporção do valor dos bens doados, e não sobre as pessoas designadas nos artigos anteriores; a obrigação alimentar transmite-se aos herdeiros do donatário.

IV. É patente uma certa conexão entre a regulamentação da obrigação legal de alimentos e a regulamentação sucessória legal: cf., nomeadamente, a semelhança entre as classes de pessoas vinculadas à obrigação de alimentos (art. 2009.º, n.º 1) e as classes de sucessíveis legítimos (art. 2133.º, n.º 1); as remissões expressas para as regras da sucessão legítima (arts. 2009.º, n.º 2, e 2010.º, n.º 1); o chamamento dos onerados subsequentes (art. 2009.º, n.º 3), que lembra o chamamento dos "imediatos sucessores" (art. 2137.º, n.º 1); o acrescer na oneração (art. 2010.º, n.º 2), que tem paralelo no direito de acrescer (art. 2137.º, n.º 2); o impacto das doações no regime de alimentos (art. 2011.º), que não deixa de ter alguma correspondência no plano da sucessão legitimária (cf. restituição fictícia do *donatum*, instituto da colação, imputação *ex se*); a inclusão, entre os fundamentos da deserdação, da recusa, sem justa causa, dos devidos alimentos ao autor da sucessão ou ao seu cônjuge (art. 2166.º, n.º 1, al. c)).

Atendendo a isto, já se pretendeu fundar a obrigação legal de alimentos no direito à sucessão: os alimentos seriam um ónus da sucessão legal (designadamente, legítima), a contrapartida do direito de suceder[68]. Todavia, como

[68] Neste sentido, Júlio Vilhena, jurista português do séc. XIX (citado por GUIMARÃES, Maria de Nazareth Lobato, "Alimentos", em AA.VV., *Reforma do Código Civil*, Lisboa, Ordem dos Advogados, 1981, pp. 181-183).

foi brilhantemente demonstrado por uma ilustre professora de Coimbra[69], a obrigação alimentar não tem por fundamento a sucessão: cada instituto tem as suas razões e regras, que não são sobreponíveis. A obrigação alimentar não constitui um ónus em sentido técnico da sucessão; quando muito, detecta-se uma "vaga correlação entre um encargo concreto, imediato, e um direito futuro e eventual". É nas famílias que menos bens têm e que, portanto, menos bens podem transmitir por via sucessória, que mais facilmente se encontram sujeitos carecidos de sustento. Aliás, a transmissão por morte nem sequer é necessariamente apenas e só activo, o que prejudica a ideia da mesma como contrapartida dos alimentos. Por fim, há um desfasamento entre as classes de vinculados à obrigação de alimentos e a de sucessíveis legítimos: o ex-cônjuge, o padrasto e a madrasta não são sucessíveis legítimos; os descendentes dos irmãos e outros colaterais até ao quarto grau não estão obrigados à prestação legal de alimentos.

V. A obrigação legal de alimentos é vista como expressão de um dever de solidariedade entre os membros da família[70]. Contudo, a ideia tem os seus limites, em especial numa sociedade em que o factor trabalho é tão valorizado[71]. Na verdade, certas situações não podem ser justificadas somente com a invocação abstracta de um princípio de solidariedade familiar, *v.g.*, a obrigação alimentar do ex-cônjuge (que já não é membro da mesma família), dos tios perante os sobrinhos (cuja obrigação não é recíproca e só subsiste durante a menoridade dos sobrinhos), dos padrastos relativamente a enteados menores (obrigação que implica que estes estejam ou estivessem a cargo do cônjuge). Aqui pesam forçosamente motivações concretas específicas, que não serão esmiuçadas nesta parte introdutória.

VI. A medida dos alimentos é orientada pelo binómio necessidade do alimentando – possibilidade do obrigado (cf. art. 2004.º): os alimentos destinam-se a prover ao que é indispensável à vida de uma pessoa que não tem bens suficientes nem consegue trabalhar o bastante para assegurar a sua própria subsistência; e hão-de ser proporcionados aos meios económicos do devedor. Há, por conseguinte, dois limites alternativos à fixação dos alimen-

[69] GUIMARÃES, Maria de Nazareth Lobato, "Alimentos" cit., pp. 182-183, 213-214.

[70] Cf. MENDES, J. Castro/SOUSA, M. Teixeira de, *Direito da Família* cit., pp. 27 e 430; MARQUES, J. P. Remédio, *Algumas notas sobre alimentos (devidos a menores)*, 2.ª ed., Coimbra, Coimbra Editora, 2007, pp. 15 e s., em particular p. 22.

[71] Cf. GUIMARÃES, Maria de Nazareth Lobato, "Alimentos" cit., pp. 209-210.

tos: a contribuição de alimentos não pode exceder nem o que é necessário ao credor nem o que é exigível, no contexto, em função da capacidade do devedor.

Importa, porém, destacar as particularidades da figura dos alimentos na relação conjugal e na relação de filiação. Entre cônjuges ou entre pais e filhos, a obrigação de alimentos insere-se no dever de assistência, só adquirindo autonomia quando não haja vida em comum; se houver vida em comum, as partes estão vinculadas à obrigação recíproca de contribuir para os encargos da vida familiar (arts. 1675.º, n.º 1, 1676.º, n.º 1, 1874.º e 2015.º). Ora, a obrigação de contribuir para os encargos da vida familiar demarca-se da obrigação de alimentos em sentido restrito não só por implicar reciprocidade, mas também por ter como medida o critério do nível de vida comum do agregado familiar e não o da necessidade de um dos sujeitos[72].

Na relação entre pais e filhos sujeitos às responsabilidades parentais, ao dever recíproco de assistência acresce o dever de sustento (cf. arts. 1878.º, n.º 1, e 1879.º), que, embora vinculando unicamente os pais, é algo que se distingue novamente de uma pura obrigação de alimentos, nomeadamente, porque os titulares das responsabilidades parentais têm de proporcionar aos filhos um nível de vida idêntico ao seu[73].

VII. Na hipótese de extinção do vínculo matrimonial e de dissolução por morte da união de facto, é preciso ter em conta as disposições especiais constantes dos arts. 2016.º a 2020.º[74].

VIII. Os alimentos são fixados por acordo ou pelo tribunal, sendo, em regra, devidos sob a forma de pensão ou prestação pecuniária mensal (cf. art. 2005.º). Os alimentos constituídos por facto não negocial são devidos desde a proposição da acção ou, se já estiverem fixados pelo tribunal ou por acordo, desde o momento em que o devedor se constituiu em mora (art. 2006.º).

IX. A acção de alimentos é uma acção comum, excepto quando se trate de acção relativa aos alimentos devidos a criança (cf. arts. 45.º-47 do RGPTC) e a filho maior ou emancipado, nos termos do art. 1880.º (cf. art. 989.º do CPC, na redacção da Lei n.º 122/2015, de 1 de Setembro).

[72] Cf. *infra*, Parte III, n.º 15.I.

[73] Cf., *infra*, Parte I, n.º 23.4.II.

[74] Cf., *infra*, Parte III, n.º 32.III, n.º 36.3.III, e Parte IV, n.º 8.1.I, respectivamente.

Como preliminar ou incidente de uma acção de alimentos, podem ser concedidos alimentos provisórios, que serão fixados segundo o prudente arbítrio do tribunal; uma vez prestados, não poderão ser restituídos, ainda que improceda ou não venha a ser instaurada a acção definitiva (cf. art. 2007.º). Os arts. 384.º-387.º do CPC regulam o procedimento cautelar de alimentos provisórios.

X. O direito legal de alimentos é indisponível, impenhorável e insusceptível de se extinguir por compensação. É indisponível porque o próprio direito não pode ser renunciado ou cedido; o credor pode somente deixar de pedir os alimentos ou renunciar às prestações vencidas (cf. art. 2008.º, n.º 1). Sendo indisponível, é em si mesmo imprescritível (art. 298.º, n.º 1); prescrevem unicamente as pensões alimentícias vencidas (no prazo de cinco anos, ao abrigo do art. 310.º, al. *f*)). A lei afasta expressamente a penhorabilidade do crédito legal de alimentos e a possibilidade de este ser compensado pelo obrigado com créditos sobre o alimentado (art. 2008.º, n.º 2).

XI. Mas a protecção específica do crédito de alimentos é muito extensa. O legislador consagrou um processo de execução especial por alimentos (arts. 933.º- 937.º do CPC); integrou regras sobre meios de tornar efectiva a prestação de alimentos no processo especial de alimentos devidos a criança (art. 48.º do RGPTC); atribuiu direitos reais de garantia ao credor de alimentos (cf. arts. 705.º, al. *d*), e 737.º, n.º 1, al. *c*)); instituiu o Fundo de Garantia dos Alimentos Devidos a Menores (Lei n.º 75/98, de 19 de Novembro, regulamentada pelo DL n.º 164/99, de 13 de Maio)[75]; colocou, entre os fundamentos da deserdação, a recusa, sem justa causa, dos devidos alimentos ao autor da sucessão ou ao seu cônjuge (art. 2166.º, n.º 1, al. *c*)); e incriminou, dentro de certas condições, a violação da obrigação legal de alimentos (cf. art. 250.º do CP). Para mais, há várias fontes extra-estatais de Direito da Família que

[75] O Fundo de Garantia assegura o pagamento das prestações de alimentos judicialmente devidas a crianças, desde que estejam preenchidos certos pressupostos. A prestação a suportar pelo Fundo não pode ser fixada em montante superior ao da prestação de alimentos a que está vinculado o devedor originário (Ac. do STJ 5/2015, Uniformização de Jurisprudência, relatado por Sousa Pereira; de 19/03/2015, *DR* I série, de 04/05/2015, pp. 2223 e s.). Discorda desta solução, sustentando que, em casos excepcionais, a prestação pode ser fixada em montante superior, Marques, J. P. Remédio Marques, "O montante máximo da prestação social a suportar pelo Fundo de Garantia de Alimentos Devidos a Menores – Ac. de Uniformização de Jurisprudência n.º 5/2015, de 19.3.2015, Proc. 252/08.8TBSRP-B-A.E1.S1-A", *CDP* n.º 51, 2015, pp. 47-58.

versam o reconhecimento e execução das decisões em matéria de alimentos ou a cobrança de alimentos no estrangeiro[76].[77]

XII. Os alimentos taxados não são imutáveis, sendo susceptíveis de alteração quando as circunstâncias determinantes da sua fixação se modificarem: conforme os casos, a prestação alimentícia pode, então, aumentar, diminuir ou passar a vincular outras pessoas (cf. art. 2012.º).

São causas gerais de cessação da obrigação alimentar (art. 2013.º, n.º 1): a morte de um dos sujeitos da relação de alimentos, a impossibilidade de continuação do cumprimento pelo obrigado, a falta de necessidade do credor e a violação grave dos deveres do credor para com o obrigado. No caso de morte do obrigado ou de impossibilidade superveniente de cumprimento pelo obrigado, não se extingue forçosamente o direito de alimentos: o encargo pode recair sobre outra pessoas que figurem no art. 2009.º (cf. art. 2013.º, n.º 2).

Para os casos de obrigação alimentícia relacionados com o casamento (incluindo divórcio, separação de pessoas e bens, invalidade e viuvez) e com a união de facto, o art. 2019.º (aplicável, com as necessárias adaptações, à união de facto, por força do art. 2020.º, n.º 3) prevê três causas adicionais de cessação: a celebração de casamento pelo alimentado, após a extinção do casamento anterior ou da união de facto; o comportamento moral que torne o alimentado indigno do benefício alimentar; e o início de união de facto.

9. Características do Direito da Família

9.1. Permeabilidade à realidade social

I. O Direito da Família é especialmente permeável à realidade social e às posições ideológicas *lato sensu* (incluindo visões políticas, religiosas ou concepções de vida laicas e apolíticas).[78]

[76] Cf., *supra*, Introdução, n.º 3.2.III e IV.

[77] A preponderância do crédito de alimentos leva MADALENO, Rolf, *Curso de Direito de Família*, 5.ª ed., Rio de Janeiro, Editora Forense, 2013, pp. 1027-1035, a defender a aplicação neste campo da teoria da desconsideração da personalidade jurídica.

[78] Sobre a permeabilidade do Direito da Família à realidade social, cf. PINHEIRO, Jorge Duarte, "Perspectivas de evolução do Direito da Família em Portugal", em AA.VV, *Textos de Direito da Família para Francisco Pereira Coelho* cit., p. 347 e s., "Novos pais e novos filhos: sobre a multiplicidade no Direito da Família e das Crianças, em *Estudos de Direito da Família e das Crianças* cit., pp. 401 e s.

A permeabilidade do Direito da Família ao universo social e ideológico é uma característica que se reflecte, sobretudo, no domínio da actividade legislativa. P.e., a legislação familiar que vigorava no território português durante o período do Estado Novo é muito diferente da que vigorou após a Revolução de 25 de Abril de 1974. Na versão originária do Código Civil de 1966, não podia dissolver-se por divórcio o casamento católico que tivesse sido celebrado a partir de 1 de Agosto de 1940 (antigo art. 1790.º); ao marido era atribuída a qualidade de chefe da família (antigo art. 1674.º); o estatuto (designadamente, sucessório) do chamado filho ilegítimo, filho nascido fora do matrimónio, era menos favorável do que o do chamado filho legítimo (cf., p.e., antigos arts. 2139.º e 2140.º). Na versão resultante da Reforma de 1977, o texto do Código Civil foi ajustado aos princípios da Constituição da República Portugal de 1976: não se restringe o divórcio em função da modalidade, civil ou católica, do casamento; consagra-se o princípio da igualdade entre cônjuges; e não se discriminam os filhos nascidos fora do casamento.[79]

[79] Cf., no entanto, as observações de DUARTE PINHEIRO (Dário Moura Vicente/Duarte Pinheiro/Loureiro Bastos, *O Direito da Família e das Sucessões no Código Civil Português de 1867: Uma Perspectiva do Século XXI/Family and Succession Law in the Portuguese Civil Code of 1867: A 21st Century Approach*, Lisboa, Instituto de Cooperação Jurídica da Faculdade de Direito da Universidade de Lisboa/AAFDL, 2008, pp. 17-18):
"Mas as modificações não terminaram em 1977: nos quinze anos subsequentes foram introduzidas 18 alterações ao Código Civil, algumas importantes, só no domínio do Direito da Família [...]. Em certas áreas, como, por exemplo, na da adopção, não há um único artigo da versão originária de 1966 que tenha sido conservado. Além disso, há regulamentação sobre protecção de crianças e jovens em perigo, união de facto, convivência em economia comum e procriação medicamente assistida, que foi publicada entre 1999 e 2006, sem ter sido integrada no Código de 1966.
"Em 2003, o Governo português manifestou vontade de iniciar um processo de Reforma do Direito Civil, invocando duas razões: o «desconforto em ver o Código Civil sucessivamente esvaziado por diplomas extravagantes» e a «consciência de que, embora indiscutível peça magistral da ciência civilística, o Código Civil tem sofrido algum envelhecimento» [...]. Num dos estudos elaborados nesse contexto, afirma-se que o Direito da Família «está em plena convulsão» [...].
"No entanto, a insatisfação dos homens, juristas e cidadãos comuns, tem levado a alterações que, paradoxalmente, uma vez aplicadas, não melhoram a opinião que eles têm da realidade e da respectiva disciplina normativa. As modificações legislativas sucedem-se, mas a insatisfação permanece ou intensifica-se.
"As sociedades dos continentes europeu e americano, incluindo a portuguesa, têm a *fobia do atraso*, pelo que procuram concretizar já o que imaginam que virá a ser o futuro. Como tenho tido oportunidade de observar, lendo vários trabalhos académicos de Direito da Família, impera um certo preconceito, uma determinada arrogância, relativamente ao passado. É comum deparar com passagens em que se retrata este tempo como sendo uma época de autenticidade e liberdade, por contraposição a outra, não muito longínqua, que viveria *mergulhada num mar de hipocrisia e repressão*.

Veja-se, p.e., o que aconteceu em Espanha, onde em 2004 um Governo socialista (chefiado por Zapatero) sucedeu a um Governo conservador (encabeçado por Aznar). Durante o período do Governo conservador, a legislação familiar sofreu poucas modificações, tendo sido rejeitadas várias iniciativas da Oposição que visavam facilitar a obtenção do divórcio. Após a tomada da posse do Governo socialista, este apresentou duas propostas de lei[80], que foram aprovadas pelo Parlamento e deram origem a duas leis que alteraram de forma profunda o Direito da Família espanhol: a Lei 13/2005, de 1 de Julho, que modifica o Código Civil em matéria de direito a contrair casamento; e a Lei 15/2005, de 8 de Julho, que modifica o Código Civil e a Lei de Processo Civil em matéria de separação e divórcio. Com a Lei 13/2005, passou a ser válido o casamento celebrado entre duas pessoas do mesmo sexo e a adopção conjunta por homossexuais (desde que casados entre si). Com a Lei 15/2005, ocorreu uma mudança estrutural do sistema de modificação e extinção do vínculo matrimonial. Anteriormente, a causa principal de divórcio era a cessação efectiva da convivência conjugal, que se podia traduzir na separação de facto ou na separação de pessoas e bens. Tal como no direito italiano, a separação de pessoas e bens permitia uma obtenção mais rápida do divórcio; na falta de mútuo consentimento, para decretar a separação de pessoas e bens, exigia-se que o cônjuge não requerente tivesse incorrido numa causa legal de separação. Agora, tal como nos direitos português e francês, a faculdade de acesso ao divórcio não está condicionada pela separação de pessoas e bens. E o legislador espanhol foi mais longe: decorridos três meses da celebração do casamento, qualquer um dos cônjuges, isoladamente, pode conseguir a separação de pessoas e bens ou o divórcio, sem ter de invocar ou demonstrar uma causa de ruptura da vida em comum.

Muitos desses textos sugerem que se caminha para *o paraíso das relações humanas*, quando, afinal, isso é desmentido pelos sentimentos e dados estatísticos contemporâneos.
"Paira a ideia de que a presente legislação da família e das sucessões não serve, que precisa de ser profundamente alterada. Mas talvez convenha parar, reflectir e evitar a introdução *ansiosa* de modificações cuja eficácia é duvidosa."
Só que o legislador português *não parou*, sendo de destacar a Lei n.º 61/2008, de 31 de Outubro (que alterou o regime jurídico do divórcio e das responsabilidades parentais) e a Lei n.º 9/2010, de 31 de Maio (que permitiu o casamento civil entre pessoas do mesmo sexo).

[80] "Proyectos de ley", na terminologia jurídica espanhola.

II. Segundo o critério do modo de conexão com os valores, o Direito da Família pode ser monista, pluralista ou relativista[81].

O Direito da Família será monista se apenas considerar como correcta uma dada categoria de concepções, não aceitando quaisquer outras.

O Direito da Família será pluralista quando admitir a relevância de diferentes ordens de dever-ser social, dentro de certos limites, que são normalmente definidos pelo pensamento da maioria. Ou seja, na matriz pluralista, a regulamentação jusfamiliar é compatível com uma prática que se desenrole quer segundo valores maioritários, quer segundo valores minoritários em aspectos que não colidam com as convicções fundamentais da maioria.

O Direito da Família será relativista quando as respectivas normas permitirem comportamentos que se orientem por quaisquer valores. Nesta perspectiva, todas as concepções são válidas, não havendo fundamento para proibir atitudes assentes em valores de um grupo, ainda que eles se desviem radicalmente daqueles que são dominantes na comunidade.

Advirta-se, porém, que a utilidade concreta da classificação pressupõe que se renuncie a uma construção excessivamente pura. O pluralismo comporta graus, que nem sempre permitem uma demarcação nítida de fronteiras com o monismo ou com o relativismo. E as posições relativistas mais frequentes não chegam ao ponto de atribuir relevância às práticas socioculturais que violem ostensivamente os direitos de personalidade de terceiros.

A dependência do Direito da Família perante os factores sociais e ideológicos[82] torna temerária qualquer tentativa de caracterização muito aprofundada deste ramo do Direito que pretenda ser aplicável a todos os tempos e territórios. Efectivamente, não é desprezível o contraste entre o direito português actual e o direito português do séc. XIX ou o direito da Arábia Saudita. Uma caracterização mais completa tem de ser contextualizada. Por conseguinte, as afirmações subsequentes referem-se ao direito português actual – cuja matriz

[81] A classificação inspira-se na exposição de HERRING, Jonathan, *Family Law*, 6.ª ed., Harlow, Pearson, 2013, pp. 32-36, que enuncia possíveis estratégias do Direito da Família perante a variedade de práticas culturais existentes numa dada sociedade. Em geral, sobre a distinção entre monismo, pluralismo e relativismo, cf. PÉREZ FE LA FUENTE, Oscar, *Pluralismo cultural y derechos de las minorias*, Madrid, Dykinson, 2005, pp. 146 e s.

[82] No entanto, o reconhecimento de tal dependência não significa que os juristas se devam comportar como "seguidores dóceis dos factos", ignorando a diferença essencial entre o "normativo" e o "descritivo" (cf. as observações pertinentes de XAVIER, Rita Lobo, *Ensinar Direito da Família*, Porto, Publicações Universidade Católica, 2008, p. 65).

é pluralista[83] –, sem prejuízo de se adequarem, total ou parcialmente, a outros direitos do sistema romano-germânico, que têm caracteres em comum com o nosso ordenamento.

9.2. Crescente internacionalização

O Direito da Família dos países ocidentais não conhece fronteiras: importa soluções externas, sujeita-se a fontes exta-estatais e regula situações transnacionais mediante normas de outros ordenamentos.[84]

A tendência para importar soluções provenientes de ordenamentos estrangeiros, associada a uma certa homogeneidade das várias sociedades nacionais, levou já à formação, quase espontânea, de um núcleo ocidental comum de Direito da Família[85], que se detecta nomeadamente na consagração do princípio da não discriminação entre cônjuges e entre filhos nascidos dentro e fora do matrimónio.

A sujeição a fontes extra-estatais[86] é outro elemento revelador da internacionalização do Direito da Família.

Por fim, o cidadão português ou aquele que se encontra em território português não está necessariamente subordinado ao Direito da Família do Estado português ou às fontes extra-estatais a que este Estado está vinculado. Os arts. 49.º a 61.º podem determinar a aplicação de normas de ordenamentos estrangeiros.[87]

[83] Sobre o carácter pluralista do Direito da Família em vigor, cf. SOUSA, Miguel Teixeira de, "Do direito da família aos direitos familiares", em AA.VV., *Textos de Direito da Família para Francisco Pereira Coelho* cit., pp. 560-561,

[84] PINHEIRO, J. Duarte, "Direito da Família sem fronteiras", *Estudos de Direito da Família e das Crianças* cit., pp. 389-391.

[85] Cf., *infra*, Parte I, n.º 12.2.I.

[86] Cf., *supra*, Introdução, n.º 3.2.III, IV e V, e, *infra*, Introdução, n.º 12.3.

[87] Sobre o Direito Internacional Privado comum da Família, cf. RAMOS, Rui Moura, em COELHO, F. Pereira/OLIVEIRA, Guilherme de, *Curso de Direito da Família*, vol. I cit., pp. 819 e s., e vol. II, *Direito da Filiação*, tomo I, *Estabelecimento da Filiação. Adopção*, Coimbra, Coimbra Editora, 2006, pp. 316 e s. Do mesmo professor catedrático, refira-se "O Direito Internacional Privado da Família nos inícios do século XXI: uma perspectiva europeia", em AA.VV., *Textos de Direito da Família para Francisco Pereira Coelho* cit., pp. 367-427 (onde se lê, na p. 395, que: "uma última linha de força tem caracterizado o direito internacional privado da família no plano das fontes, a do processo de *europeização* a que estas foram sujeitas").

9.3. Prevalência da dimensão pessoal sobre a patrimonial

No Direito da Família, a dimensão pessoal prevalece sobre a patrimonial. Apesar do peso dos aspectos patrimoniais, é a vertente pessoal que marca o regime da relação familiar. Na óptica legal, a constituição da relação conjugal não é um meio de aumentar o património ou de prover a futuras necessidades económicas; destina-se a criar uma comunhão tendencialmente plena de vidas (cf. arts. 1577.º e 1672.º), uma comunidade de pessoas e não de bens. E a espécie de relação de parentesco juridicamente mais importante, como é a relação de filiação, não é vista essencialmente como um meio de assegurar que certas pessoas sustentem outras nem como um processo de definir a titularidade do património que pertencera a um dos sujeitos entretanto falecido. O que se pretende é que, num primeiro momento, haja um espaço de vivência pessoal comum e, depois, num momento de maior autonomia dos filhos perante os pais, que haja um relacionamento pautado por valores imateriais (cf. art. 1874.º).

9.4. Recurso a conceitos indeterminados

Outro caracter do Direito da Família português actual é o recurso a conceitos indeterminados para definir os efeitos nucleares das mais relevantes relações jurídicas familiares, fenómeno que é patente nos enunciados de deveres conjugais e paternofiliais (cf. arts. 1672.º e 1874.º). Trata-se de uma técnica que, em comparação com a regulamentação por conceitos precisos, tem a vantagem de conferir à lei uma maior aptidão de resposta aos desafios do caso concreto e uma maior capacidade de resistência ao tempo; no entanto, pressupondo uma tarefa de preenchimento ou valoração, acarreta um maior grau de incerteza. Não sendo lícito renunciar ao esforço de preenchimento dos conceitos indeterminados de Direito da Família, porque isso seria negar qualquer conteúdo à lei, ao intérprete exige-se que reduza o risco de arbitrariedade, mediante uma valoração apoiada em parâmetros normativos fundamentais. Como se percebe, a correcta aplicação da lei em domínios centrais do Direito da Família exige bons conhecimentos de Ciência do Direito[88].

[88] Sobre o preenchimento dos conceitos indeterminados do Direito da Família, cf. PINHEIRO, J. Duarte, *O núcleo intangível da comunhão conjugal* cit., pp. 78-85, 108-113, onde se trata da concretização dos deveres conjugais. Note-se que, em certas áreas do Direito da Família, a lei estabelece que o

9.5. Profusão de normas injuntivas

A profusão de normas injuntivas é uma característica do Direito da Família, a que já se aludiu a propósito da integração do ramo no Direito Privado[89]. Acrescente-se, porém, que tal elemento, embora restritivo da margem de autonomia privada, não elimina a liberdade individual dos sujeitos da relação familiar. Por um lado, há até normas jusfamiliares injuntivas que protegem essa liberdade (*v.g.*, o art. 1672.º, quando impõe a cada um dos cônjuges o dever de respeitar o outro, ou o art. 1878.º, n.º 2, quando obriga os pais a reconhecerem aos filhos menores não emancipados autonomia na organização da sua própria vida). Por outro lado, a lei não regula minuciosamente os aspectos da vida pessoal dos membros da família; enumera deveres familiares segundo uma técnica de conceitos indeterminados. A protecção da personalidade e o acordo das partes constituem justamente dois dos parâmetros fundamentais a considerar no momento da concretização dos deveres em apreço[90].

9.6. Oscilação entre institucionalismo e individualismo ético

Não desprezando as aspirações puramente individuais dos que fazem a parte de uma família, pode dizer-se que o Direito da Família se distingue por aliar institucionalismo e individualismo ético. Se este ramo disciplina a instituição familiar, regula os interesses comuns daqueles que estão unidos entre si por laços familiares, a verdade é que não relega para um lugar secundário os respectivos interesses exclusivos. Ao lado de deveres que são em primeira linha de comunhão ou de entreajuda, como os deveres de coabitação, cooperação, auxílio e assistência, a lei consagra, no campo conjugal e paternofilial, o dever de respeito, pelo qual se assegura uma certa vigência intrafamiliar do Direito de Personalidade e dos ramos de direito patrimonial de matriz individual. Ao lado de referências legais ao "bem da família" e à "unidade da vida familiar", coexistem referências aos interesses e às exigências da vida profissional de cada um dos cônjuges, bem como aos interesses dos filhos (arts. 1671.º, n.º 2, e 1673.º, n.º 1). E o art. 67.º, n.º 1, da Constituição da República,

preenchimento daqueles conceitos se realize segundo um critério de conveniência e oportunidade (cf. SOUSA, Miguel Teixeira de, "Do direito da família aos direitos familiares" cit., pp. 566-567)

[89] Cf., *supra*, Introdução, n.º 2.2.III.

[90] Sobre o papel da tutela da personalidade e do acordo na concretização dos deveres conjugais, cf. PINHEIRO, J. Duarte, *O núcleo intangível da comunhão conjugal* cit., pp. 123-161.

não se limita a reconhecer à família o direito à protecção da sociedade e do Estado, reconhece-lhe também o direito à efectivação de todas as condições que permitam a realização pessoal dos seus membros. Afinal, a família é um conjunto de pessoas que, por formarem um grupo, não perderam a sua individualidade. O Direito da Família pugna pelo equilíbrio entre integração e independência. Dentro desta lógica, é plenamente admissível o exercício da liberdade individual, mas um exercício que se faça de uma forma responsável, que não ameace injustificadamente a coesão familiar.

9.7. Lógica de protecção

I. Uma lógica de protecção preside a todo o Direito da Família: tutela de um cônjuge perante o outro, contra a desigualdade e a violência na constância do matrimónio; tutela do ex-cônjuge mais desfavorecido, com base na regulamentação (mais ou menos bem conseguida) da casa de morada de família, da compensação por contribuição excessiva para os encargos da vida familiar, dos alimentos e da posição sucessória; medidas de protecção das pessoas que vivem em união de facto e em economia comum; superlativação do interesse do menor, que funcionaliza as responsabilidades parentais e inspira o Direito da Protecção das Crianças e dos Jovens em Perigo; releitura dos deveres paternofiliais em prol da "segunda adolescência" e da "terceira idade".

II. Tal lógica de protecção desencadeia larga intervenção estatal[91]. Intervenção estatal que se materializa em actividade legislativa que origina e estrutura novas áreas do Direito da Família, como são o Direito Convivencial e o Direito Tutelar; ou que se reflecte em maior dinamismo judicial e administrativo para defesa das crianças e jovens em perigo.

9.8. Grande abertura ao uso da mediação e de outros métodos alternativos de resolução de conflitos

I. O Direito da Família português actual manifesta grande abertura ao uso de métodos alternativos de resolução de litígios, nomeadamente, a intervenção judicial de conciliação ou arbitragem e a mediação.

[91] Como esclarece XAVIER, Rita Lobo (*Ensinar Direito da Família* cit., p. 64), "a acentuação da privaticidade das relações familiares veio expor as fragilidades das famílias e recordar a responsabilidade dos poderes públicos suscitando a sua intervenção no sentido da protecção dos mais vulneráveis".

Os arts. 1673.º, n.º 3, e 1901.º, n.ºs 2 e 3, prevêem situações em que o juiz é chamado a decidir sobre assuntos concretos da vida familiar mediante solicitação de qualquer uma das partes. O primeiro preceito determina que o tribunal decide sobre a fixação ou alteração da residência da família, na falta de acordo entre os cônjuges e a requerimento de qualquer um deles. O respectivo processo é disciplinado pelo art. 991.º do CPC, cujo n.º 3 admite que, antes da decisão, o juiz convoque as partes e quaisquer familiares para uma audiência onde tentará a conciliação. Deste modo, o juiz goza de poderes de arbitragem vinculativa, a que se somam poderes de conciliação de exercício facultativo. O art. 1901.º, n.ºs 2 e 3, aplica-se ao exercício das responsabilidades parentais na constância do matrimónio: na falta de acordo dos pais contitulares do exercício das responsabilidades parentais sobre "questões de particular importância", prevê-se que qualquer um daqueles possa recorrer ao tribunal, que tentará a conciliação; se esta não for possível, o tribunal decidirá, ouvindo previamente o filho, salvo quando circunstâncias ponderosas o desaconselhem. Ao juiz cabem aqui poderes de arbitragem vinculativa e de conciliação de exercício obrigatório.

Não são propriamente insignificantes os poderes de intervenção judicial conciliatória, manifestando-se, p.e., no processo de divórcio sem consentimento de um dos cônjuges (cf. art. 1779.º) e de regulação do exercício das responsabilidades parentais (cf. art. 37.º do RGPTC). Contudo, nota-se uma preferência crescente pela mediação familiar.

II. A mediação constitui um método extrajudicial de resolução de litígios em que um terceiro, que se vincula a agir com neutralidade, procura ajudar as partes a chegarem a um acordo relativamente àquilo que as divide.

O art. 1774.º prevê que "antes do início do processo de divórcio, a conservatória do registo civil ou o tribunal devem informar os cônjuges sobre a existência e os objectivos dos serviços de mediação familiar".

O art. 24.º do RGPTC confere ao juiz a faculdade de determinar a intervenção de serviços públicos ou privados de mediação, em qualquer estado dos processos tutelares cíveis e sempre que o entenda conveniente, designadamente em processo de regulação do exercício das responsabilidades parentais.

E o Despacho n.º 18.778/2007, do Ministério da Justiça, criou um sistema alargado de mediação em matéria familiar[92].

[92] *DR* II série, n.º 161, de 22/8/2007, pp. 24.051-24.052. O despacho, que regula a actividade do Sistema de Mediação Familiar (SMF), atribui, no art. 4.º, competência ao SMF para mediar conflitos

Em confronto com os métodos judiciais, a mediação é elogiada por ser menos morosa, menos dispendiosa e por diminuir a predisposição para a conflitualidade, graças a uma estrutura informal e flexível, tornando assim mais viável a adopção de soluções consensuais estáveis e satisfatórias para todos os intervenientes[93]. No entanto, não são apontadas apenas vantagens comparativas à mediação[94]. Apesar de o mediador estar entre nós obrigado a conduzir o procedimento de mediação com imparcialidade e independência (cf. art. 26.º, al. f), da Lei n.º 29/2013, de 19 de Abril), tal procedimento oferece garantias de independência e de imparcialidade menores do que as que são proporcionadas pela intervenção judicial.

Mas a assinalada desvantagem relativa da intervenção mediadora é superada pela tese de que o acordo resultante da mediação deve ser submetido a controlo judicial.[95]

familiares, nomeadamente nas áreas da regulação, alteração e incumprimento do regime de exercício do poder paternal; divórcio e separação de pessoas e bens; conversão da separação de pessoas e bens em divórcio; reconciliação dos cônjuges separados; atribuição e alteração de alimentos, provisórios ou definitivos; privação do direito ao uso dos apelidos do outro cônjuge; autorização do uso dos apelidos do ex-cônjuge ou da casa de morada da família. A Portaria n.º 282/2010, de 25 de Maio, aprovou "o regulamento do procedimento de selecção de mediadores de conflitos habilitados para prestar serviços de mediação no âmbito do sistema de mediação familiar" (publicado no anexo II do diploma). No preâmbulo da portaria, diz-se que o SMF abarca todo o território nacional.

[93] Cf., nomeadamente, Farinha, António, "Relação entre a mediação familiar e os processos judiciais", em AA.VV., *Direito da Família e Política Social*, Porto, Publicações Universidade Católica, 2001, pp. 193-196; Quintanilha, Anabela, "Mediação familiar – uma solução para o conflito parental", AA.VV., *I Congresso de Direito da Família e das Crianças (A criança e a família no colo da lei – as causas não se medem aos palmos)*, sob a coordenação de Paulo Guerra, Coimbra, Almedina, 2016, p. 165. Note-se que não há um modelo único de mediação familiar, apontando-se a existência de três modelos principais – o tradicional ou *Harvard*, o transformativo ou *Bush-Folger* e o narrativo ou *Sara Cobb* (cf. Cruz, Rossana Martingo, *Mediação familiar – Limites materiais dos acordos e o seu controlo pelas autoridades*, Coimbra, Coimbra Editora, 2011, pp. 112-116).

[94] Cf. Silvestri, Elisabetta, "Osservazioni in tema di strumenti alternative per la risoluzione delle controversie", *Rivista Trimestrale di Diritto e Procedura Civile* 1999/1, pp. 321-337.

[95] Controlo judicial para assegurar direitos fundamentais, para verificar se o consentimento foi prestado de forma esclarecida, para evitar o sacrifício da parte que na prática é a mais fraca e para tornar exequível o próprio acordo (cf. Xavier, Rita Lobo, *Ensinar Direito da Família* cit., p. 107; Farinha, António H.L., "Mediação *versus* justiça: de uma relação de paixão à separação?", em AA.VV., *Volume comemorativo dos 10 anos do curso de pós-graduação "Protecção de Menores – Prof. Doutor F.M. Pereira Coelho"*, Coimbra, Centro de Direito da Família/Coimbra Editora, 2008, pp. 161-162).

10. Características das situações jurídicas familiares

10.1. Enunciado

As situações jurídicas familiares (*v.g.*, os direitos e deveres conjugais e paternofiliais, previstos nos arts. 1672.º e 1874.º; as responsabilidades parentais, cujo conteúdo decorre do art. 1878.º) caracterizam-se pela natureza estatutária, indisponibilidade, durabilidade virtual, funcionalidade acentuada, oponibilidade *erga omnes* e tipicidade.

10.2. Natureza estatutária

As situações jurídicas familiares emergem de um *status*[96], de uma ligação orgânica entre o indivíduo e o grupo, cuja especial dignidade é sancionada pelo Estado. Elas cabem a uma pessoa não em si mesma mas enquanto membro de um grupo e de um grupo a que o Estado, através da sua intervenção, reconhece eminente interesse social. Desta natureza estatutária resultam outros caracteres das situações jurídicas familiares[97].

10.3. Indisponibilidade

Tal como o *status familiae*, as situações jurídicas que dele derivam são indisponíveis: cf., nomeadamente, os arts. 1618.º, 1699.º, n.º 1, al. b), e 1878.º, n.º 1 (este último na medida em que permite qualificar as responsabilidades parentais como um poder funcional). A lei prevê para elas uma disciplina que os sujeitos não podem, unilateralmente ou por acordo, alterar. A referida indisponibilidade projecta-se naturalmente no regime de extinção das situações jurídicas familiares, que são intransmissíveis e irrenunciáveis. P.e., o dever de fidelidade, que vincula reciprocamente duas pessoas que casaram uma com a outra, extingue-se com a morte de uma das partes, não se transmitindo por morte; o dever de auxílio mútuo, a que estão obrigados cônjuges ou paren-

[96] Sobre o *status* na compreensão dos deveres conjugais, cf. PINHEIRO, J. Duarte, *O núcleo intangível da comunhão conjugal* cit., pp. 485-526.

[97] É justo citar MENDES, J. Castro/SOUSA, M. Teixeira de, *Direito da Família* cit., pp. 22-24, enquanto autores portugueses que dão o devido peso ao *status* na caracterização das situações jurídicas familiares.

tes no 1.º grau da linha recta, não pode ser cedido a terceiro, que substituiria um daqueles familiares no seu cumprimento; os pais não podem abdicar das responsabilidades parentais, embora possam ser privados desta situação jurídica complexa por força de uma sentença de adopção, que pressupõe a inadequação funcional da conservação das responsabilidades parentais pelos pais biológicos (cf. art. 1882.º); e, havendo adopção, não há uma transmissão, mas uma extinção das responsabilidades parentais que cabiam aos pais biológicos, que são atribuídas *ex novo* ao adoptante.

10.4. Durabilidade virtual

I. As situações jurídicas familiares tendem a durar enquanto durar o *status* familiar, e a perda deste só opera com a morte de um dos sujeitos ou com um acto do Estado. P.e., enquanto não houver divórcio, os cônjuges mantêm-se vinculados à generalidade dos deveres matrimoniais, ainda que nenhum deles os respeite ou pretenda vir a respeitá-los; e as situações jurídicas paternofiliais subsistem enquanto se mantiver o vínculo de filiação.

II. Todavia, o quadro de situações jurídicas é susceptível de sofrer modificações ao longo do período de vida da relação familiar: a separação de pessoas e bens extingue alguns deveres conjugais; a maioridade do filho extingue as responsabilidades parentais, reduzindo o núcleo de situações jurídicas emergentes da relação de filiação aos deveres paternofiliais em sentido restrito.

Estas modificações comprovam uma característica das situações jurídicas familiares que é imediatamente mencionada (funcionalidade acentuada): não faria sentido insistir, p.e., na permanência do dever de coabitação entre cônjuges, uma vez certificada formalmente a situação de ruptura da vida em comum; nem prolongar a duração de um poder (dito paternal) que se destina a proteger alguém por causa da sua menoridade.

10.5. Funcionalidade acentuada

Cabendo a uma pessoa enquanto membro de um grupo específico, as situações jurídicas familiares demarcam-se dos direitos de personalidade, dos direitos de crédito e dos direitos reais, pela sua acentuada funcionalidade. As situações jurídicas familiares estão predominantemente ao serviço de interesses que ultrapassam os interesses exclusivos dos seus titulares. As responsabilidades parentais, de que são titulares os pais, são expressamente ordenadas em torno do interesse do filho menor (cf. art. 1878.º, n.º 1) e têm de ser exercidas (os pais que omitam culposamente o cumprimento de deveres decorrentes das responsabilidades parentais podem ser sancionados com a inibição do exercício das mesmas, nos termos do art. 1915.º, n.º 1). E as outras situações jurídicas familiares que, não sendo de exercício obrigatório, são direitos subjectivos[98], como é o caso dos direitos a que correspondem, no pólo passivo, os deveres conjugais e paternofiliais, não podem ser exercidos de uma forma puramente egoísta. Se o titular dos direitos familiares não está obrigado a exercê-los, quando os exercer tem de fazê-lo na perspectiva do interesse comum dos membros do grupo a que ele pertence. Não foi acidental a técnica de consagração legal dos direitos subjectivos familiares. Houve o cuidado de sublinhar o pólo passivo, de aludir a *deveres*, evitando-se a expressão *direitos*, que, normalmente, tem uma conotação individualista. E houve a preocupação de dizer que os deveres são mútuos ou recíprocos, atitude que indicia a finalidade comunitária das situações jurídicas em questão.

10.6. Oponibilidade *erga omnes*

Apesar de terem por fonte uma relação jurídica, as situações jurídicas familiares são eficazes *erga omnes*[99]. A sua natureza estatutária, comunitária, diferencia-as das situações jurídicas relativas comuns (*v.g.*, creditícias), justificando uma hipotética preterição de interesses individuais de terceiros. As situações jurídicas familiares estabelecem-se entre membros de uma espécie de grupo que é reputado de "célula fundamental da sociedade". A existência de um registo organizado das relações familiares revela que o vínculo familiar não tem uma relevância puramente interna, é antes algo que concerne a todos. É correcto que as situações jurídicas familiares impõem comportamentos entre membros de uma mesma família, mas essas situações também têm de ser res-

[98] É incompatível com o conceito de direito subjectivo a existência de um dever jurídico de agir: cf. Cordeiro, A. Menezes, *Tratado de Direito Civil Português*, vol. I, cit., n.º 294, p. 893, e n.º 301, p. 910.

[99] Exclui totalmente a eficácia *erga omnes* dos direitos familiares pessoais, Sousa, Miguel Teixeira de, "Do direito da família aos direitos familiares" cit., pp. 569-570. Menos peremptória é a opinião de Campos, D. Leite de/Campos, Mónica Martinez de, *Lições de Direito da Família* cit., p. 132, para quem os direitos familiares pessoais só assumem eficácia externa em casos excepcionais.

peitadas por terceiros. Os deveres conjugais e paternofiliais dirigem-se, em primeira linha, a cônjuges, pais e filhos, aos quais incumbe o respectivo cumprimento; todavia, são oponíveis a terceiros, que se devem abster de contribuir para o incumprimento ou para a impossibilidade de cumprimento. O instituto das responsabilidades parentais confere poderes funcionais aos pais e impõe obediência aos filhos; no entanto, não são lícitas interferências injustificadas de terceiros na esfera das responsabilidades parentais.

10.7. Tipicidade

O carácter *erga omnes* das situações jurídicas familiares, que é inerente igualmente ao *status familiae*, não se harmoniza com a atipicidade das mesmas: os terceiros devem estar em condições de saber com segurança quais os domínios em que lhes é vedado interferir. Os direitos ou deveres conjugais e paternofiliais são aqueles que a lei prevê, não sendo permitida a constituição de outros por via negocial (cf., nomeadamente, o art. 1699.º, n.º 1, al. b)). As responsabilidades parentais traduzem-se num poder funcional, figura próxima de uma competência de Direito Público, pelo que o seu conteúdo é aquele que está legalmente balizado.

10.8. O problema da garantia

I. Na perspectiva clássica[100], os direitos familiares pessoais têm uma garantia mais frágil do que aquela que cabe aos direitos reais e aos direitos de crédito: aqueles direitos não comportam execução específica e a sua violação não origina responsabilidade civil, mas a aplicação exclusiva de mecanismos de Direito da Família.

Genericamente, pode dizer-se que os direitos familiares pessoais não comportam execução específica[101]. Só que, ao contrário do que é, por vezes, sugerido[102], a regra da impossibilidade de sanções reconstitutivas não é uma

[100] Cf. Costa, Almeida, *Direito das Obrigações*, 11.ª ed., Coimbra, Almedina, 2008, p. 126; Varela, Antunes, *Direito da Família* cit., pp. 370-371.

[101] Como afirma, com espírito, Albuquerque, Pedro de, *Autonomia da vontade e negócio jurídico em Direito da Família (ensaio)*, Lisboa, Centro de Estudos Fiscais, 1986, p. 164, não é lícito coagir o cônjuge que se recusa a ter relações sexuais com o outro a cumprir o dever de coabitação carnal.

[102] Cf. Albuquerque, Pedro de, *Autonomia da vontade* cit., p. 164, que vê no regime da execução específica um ponto que afasta o Direito da Família do Direito das Obrigações.

particularidade do Direito da Família: há deveres familiares patrimoniais, como o de assistência, que podem ser objecto de execução *in natura* (cf., p.e., o que dispõe o art. 1676.º, n.º 4). A regra explica-se pela infungibilidade do comportamento devido. Os direitos de prestação infungível (direitos que também podem ser de crédito) estão subordinados ao princípio "nemo praecise ad factum cogi potest"[103].

Todavia, o cerne da doutrina da fragilidade da garantia dos direitos familiares pessoais consiste na negação da aplicabilidade do instituto geral da responsabilidade civil aos casos de incumprimento dos deveres correspondentes[104]. Neste sentido, são invocados vários argumentos, ocupando posição principal o da protecção da harmonia familiar: uma acção de indemnização entre cônjuges ou entre pais e filhos prejudica o respectivo relacionamento.

II. O certo é que o legislador não excluiu a tutela indemnizatória geral em lado algum. Um anteprojecto do Código Civil que determinava que a violação dos deveres conjugais importava a aplicação de sanções especialmente previstas no Código[105] não passou ao texto definitivo. E o art. 1792.º, n.º 1, situado na subsecção dedicada aos efeitos do divórcio, determina que "o cônjuge lesado tem o direito de pedir a reparação dos danos causados pelo outro cônjuge, nos termos gerais".

Não há razão para afastar a aplicação do instituto geral da responsabilidade civil com fundamento em violação de deveres conjugais ou paternofiliais. Não é razoável negar um princípio de justiça, como é o da reparação dos danos, só porque o lesado e o lesante são familiares. A família não deve ser tida como um mundo à parte, onde reina a imunidade. Já se pensou assim quanto aos

[103] Cf. MALAGÙ, *Esecuzione forzata e Diritto di Famiglia*, Milão, Giuffrè, 1986, pp. 104-105.

[104] Contra, já antes da Lei n.º 61/2008, de 31/10, cf. ac. do STJ de 26/06/1991, BMJ *408*, p. 538 (TATO MARINHO); e, na doutrina, HÖRSTER, Heinrich Ewald. (em 1995, com "A respeito da responsabilidade civil dos cônjuges entre si (ou A doutrina da «fragilidade da garantia» será válida?)", *SI* n.ºs 253/255, 1995, pp. 113-124), CERDEIRA, Ângela (*Da responsabilidade civil dos cônjuges entre si*, Coimbra, Coimbra Editora, 2000), PINHEIRO, Jorge Duarte, (em 2004, com a obra *Núcleo*, em particular pp. 568-575, 662 e s.) e XAVIER, Rita Lobo, (em 2008, com *Ensinar Direito da Família* cit., p. 108). Sobre a responsabilidade civil por danos não patrimoniais, no Direito da Família brasileiro, cf. GALDINO, Valéria, *Dano moral no Direito de Família*, São Paulo, Editora Saraiva, 2012, pp. 65 e s.

[105] Art. 1.º do "Anteprojecto de dois títulos do novo Código Civil referentes às relações pessoais dos cônjuges e à sua capacidade patrimonial", da autoria de LIMA, Pires de, *BMJ* n.º 56, 1956, pp. 5 e s.

direitos de personalidade – era a época da não incriminação dos maus tratos e das ofensas corporais entre cônjuges ou entre pais e filhos[106].

A harmonia familiar não é uma ideia que obste ao uso dos meios comuns para garantia dos direitos familiares pessoais. Um bom relacionamento entre cônjuges ou entre pais e filhos não é uma prioridade absoluta. E, muitas vezes, a propositura de uma acção de indemnização é mais um sintoma do que uma causa de ruptura. É claro que a acção dificilmente levará a uma melhoria do relacionamento entre os litigantes, mas a possibilidade da tutela indemnizatória tem um efeito de prevenção geral. Contribui para uma maior observância dos deveres na generalidade das relações conjugais e paternofiliais.

Não obstante a vida familiar ter as suas particularidades, não há motivo para tratá-la como uma área de excepção. As situações jurídicas familiares (incluindo os direitos subjectivos pessoais), pela sua expressão ética, comunitária, devem gozar até de uma garantia acrescida, de uma garantia superior à que é conferida a outras situações jurídicas.

III. Por tudo isto, as situações jurídicas familiares gozam de uma tutela que não é inferior àquela que cabe às situações jurídicas comuns. E note-se que apenas aludimos aos direitos familiares, pessoais ou patrimoniais. Quanto às responsabilidades parentais, não são legítimas dúvidas. O regime da figura torna estranha a invocação de uma qualquer fragilidade de garantia: se o filho abandonar o lar ou dele for retirado, os pais podem "reclamá-lo" (cf. art. 1887.º, n.º 2), requerendo, se for necessário, a "entrega judicial da criança" (cf. arts. 49.º-51.º do RGPTC); havendo incumprimento da regulação do exercício das responsabilidades parentais por um dos pais, o outro pode requerer ao tribunal as diligências necessárias para o cumprimento coercivo e a condenação do inadimplente ("remisso") em multa e em indemnização a favor da criança ou do requerente ou de ambos (art. 41.º, n.º 1, do RGPTC). Ou seja, a garantia das responsabilidades parentais é "forte", ultrapassando a intensidade da garantia geral.

[106] O Código Penal de 1982 demarcou-se claramente dessa época, ao tipificar como crime os maus tratos de menores ou do cônjuge (art. 153.º). A revisão aprovada pelo DL n.º 48/95, de 15 de Março, reforçou a tutela contra os maus tratos intrafamiliares (que passaram a ser punidos no art. 152.º do CP). A alteração ao Código Penal aprovada pela Lei n.º 59/2007, de 4 de Setembro, voltou a aprofundar a protecção penal intrafamiliar relativamente aos crimes contra a integridade física, ao tipificar como crime a violência doméstica, a par dos maus tratos (cf. arts. 152.º e 152.º-A do CP, respectivamente).

11. O regime constitucional das matérias que são objecto do Direito da Família

11.1. Normas da Constituição da República Portuguesa com relevo jusfamiliar

I. O regime jurídico constitucional da família é formado pelas normas dos arts. 36.º, 67.º, 68.º, 69.º, 72.º e de parte do art. 26.º da CRP[107]. Estas disposições orientam a intervenção do legislador ordinário e, além disso, relevam no plano da interpretação e da integração da lei, bem como no plano do preenchimento dos conceitos indeterminados.

II. Os arts. 36.º e 26.º da CRP consagram princípios constitucionais que são directamente aplicáveis e vinculam entidades públicas e privadas (art. 18.º, n.º 1, da CRP). Tais princípios agrupam-se em três categorias: princípios atinentes à generalidade das relações familiares, princípios de Direito Matrimonial e princípios de Direito da Filiação.

Os princípios constitucionais preceptivos aplicáveis à generalidade das relações familiares abarcam o direito de constituir família e o direito à reserva da intimidade da vida privada e familiar. Nos princípios constitucionais preceptivos de Direito Matrimonial enquadram-se o direito à celebração do casamento, a competência da lei para regular os requisitos e os efeitos do casamento e da sua dissolução, por morte ou divórcio, e o princípio da igualdade dos cônjuges. Os princípios constitucionais preceptivos de Direito da Filiação compreendem o direito à identidade pessoal e genética, a não discriminação dos filhos nascidos fora do casamento, a atribuição aos pais do direito-dever de educação e manutenção dos filhos, a inseparabilidade dos filhos dos seus progenitores e a protecção da adopção.

As normas dos arts. 67.º, 68.º, 69.º e 72.º da CRP, que revestem cariz meramente programático, fundam princípios de protecção da família, de protecção da maternidade e paternidade, de protecção das crianças e jovens, e de protecção dos idosos.

[107] Sobre a aplicação dos preceitos, cf. MARIANO, João Cura, "O Direito da Família na jurisprudência do Tribunal Constitucional português", *Julgar* n.º 21, 2013, pp. 27-45. Concretamente sobre o regime constitucional da filiação, cf. GOMES, Carla Amado, "Filiação, adopção e protecção de menores. Quadro constitucional e notas de jurisprudência", *Lex Familiae* n.º 8, 2007, pp. 15-39.

11.2. Princípios constitucionais aplicáveis à generalidade das matérias que são objecto do Direito da Família, fundados em normas preceptivas

I. O art. 36.º, n.º 1, 1.ª parte, da CRP, reconhece a todos o direito de constituir família em condições de plena igualdade. O direito fundamental compreende qualquer relação familiar – conjugal, de parentesco, de afinidade, de adopção, de filiação por PMA heteróloga e de apadrinhamento civil. No entanto, a autonomização constitucional do direito de contrair casamento e da protecção da adopção reduz o significado específico do direito de constituir família, que, dentro desta lógica, vale basicamente por se desdobrar num direito de procriar e num direito de constituir um vínculo de filiação não adoptiva (e de apadrinhamento civil).

O direito de procriar confere ao seu titular liberdade de procriar ou de não procriar. Beneficiando de tutela penal (cf. art. 144.º, al. b), do CP), a liberdade de procriar está, não obstante isto, sujeita a limites intrínsecos e extrínsecos. Os limites intrínsecos da liberdade de procriar correspondem ao fim do direito em que ela se inscreve, fim que não é meramente egoísta nem imediatista: o direito de procriar é concedido para a formação de um grupo (composto por pai e filho) em que o interesse mais ponderoso é o da criança. Nos limites extrínsecos da liberdade de procriar destaca-se a liberdade de não procriar da outra pessoa que se relaciona com aquela que pretende ter um filho.

O direito de constituir um vínculo jurídico de filiação não adoptiva assiste quer ao pai (que tanto pode ser aquele que contribuiu para a procriação com o elemento biológico como com o elemento volitivo) quer ao filho. Mas é um direito especialmente assegurado ao filho menor, devido à prevalência do interesse da criança. Diga-se a propósito que o regime jusconstitucional da família está muito marcado pela ideia do interesse superior da criança: o art. 36.º, n.º 5, atribui aos pais não só o direito, mas também o dever de educação e manutenção dos filhos; o art. 36.º, n.º 6, admite que os filhos sejam separados dos pais se estes não cumprirem os seus deveres fundamentais; o art. 67.º, n.º 2, al. d), prevê como incumbência do Estado garantir o direito ao planeamento familiar, de forma a permitir o exercício de uma maternidade e paternidade *conscientes*; e a letra do art. 69.º, n.ºs 1 e 2, é suficientemente expressiva.

II. Parte da doutrina tem defendido que o direito de constituir família abrange a união de facto, umas vezes argumentando com a própria distinção que é feita no art. 36.º, n.º 1, da CRP, entre constituir família e contrair casamento[108], outras vezes invocando a existência de um conceito constitucional aberto, pluralista, de família[109].

A lei básica não formula expressamente uma noção de família. Obviamente não se pode traçar a concepção constitucional de família com base na lei ordinária já que isso equivaleria a um erro metodológico grave, de inversão da hierarquia dos actos normativos. No entanto, a Constituição da República Portuguesa não pode deixar de ter tido em vista uma noção substancial de algo que qualifica como "elemento fundamental da sociedade" e que se empenha em proteger. Numa óptica que procura dar sentido ao esforço e às prioridades do poder constituinte, a família tem de ser uma realidade potencialmente dotada de estabilidade e projecção externa. Assim sendo, não parecem caber por enquanto no conceito constitucional de família a união de facto, formada por pessoas de sexo diferente ou do mesmo sexo, nem a convivência em economia comum. Tais relações parafamiliares formam-se e dissolvem-se pela mera vontade das partes, sem os constrangimentos impostos pela necessidade da intervenção do Estado, e não estão sujeitas a publicidade registal. Há nelas, ainda hoje, um factor de incerteza adverso ao investimento que o legislador constituinte faz na tutela da família.

Não significa isto que a união de facto e a convivência em economia comum careçam em absoluto de fundamento constitucional. São formas de organização de vida que traduzem o exercício do direito ao desenvolvimento da personalidade, consagrado no art. 26.º, n.º 1, da CRP.[110]

III. O direito à reserva da intimidade da vida privada e familiar, igualmente previsto no art. 26.º, n.º 1, da CRP, corresponde a uma situação jurídica fundamental relativa à família[111]. Este direito, que, ao contrário daquele que é regu-

[108] Cf. CANOTILHO, Gomes/ MOREIRA, Vital, *Constituição da República Portuguesa anotada*, 4.ª ed., Coimbra, Coimbra Editora, 2007, p. 561; DIAS, Cristina Araújo, "Da inclusão constitucional da união de facto: nova relação familiar", em AA.VV., *Estudos em Homenagem ao Prof. Doutor Jorge Miranda*, vol. VI, Coimbra, Coimbra Editora, 2012, p. 453.

[109] Cf. DUARTE, David, "Perspectivas constitucionais da família", em AA.VV., *Traços da família portuguesa*, Direcção-Geral da Família, 1994, pp. 94-96; MIRANDA, Jorge/MEDEIROS, Rui, *Constituição Portuguesa anotada*, tomo I, *Introdução Geral. Preâmbulo. Artigos 1.º a 79.º*, 2.ª ed., Coimbra, Wolters Kluwer/Coimbra Editora, 2010, pp. 814-817.

[110] O Tribunal Constitucional tem feito a conexão entre o direito a viver em união de facto e o direito ao desenvolvimento da personalidade (cf. MARIANO, João Cura, "O Direito da Família na jurisprudência do Tribunal Constitucional português" cit., p. 31).

[111] Cf. DUARTE, David, "Perspectivas constitucionais da família" cit., p. 109. Para um estudo desenvolvido do tema, mas à luz do art. 8.º da Convenção Europeia dos Direitos do Homem, cf. ALMEIDA,

lado no art. 80.º do CC, envolve directamente a componente familiar, assegura uma esfera de privacidade ao indivíduo, no contexto das suas relações familiares, que ele pode opor ao Estado e a particulares que não sejam sujeitos das mesmas relações. Complementando a existência do direito à reserva da vida familiar, o art. 26.º, n.º 2, da CRP, impõe à lei o encargo concreto de estabelecer garantias efectivas contra a obtenção e utilização abusivas de informações respeitantes às famílias.

11.3. Princípios constitucionais de Direito Matrimonial, fundado em normas preceptivas

I. O direito de celebrar casamento em condições de igualdade, de que fala o art. 36.º, n.º 1, 2.ª parte, da CRP, obsta aos casamentos forçados e às restrições ao casamento fundadas na raça, na religião ou na nacionalidade dos nubentes (cf. art. 16.º, n.º 1, da Declaração Universal dos Direitos do Homem, de harmonia com o qual deve ser interpretado o art. 36.º da CRP, nos termos do art. 16.º, n.º 2, do mesmo texto constitucional).

Tendo em conta o art. 18.º, n.º 1, da CRP, é nula a cláusula de um contrato de trabalho que atribua à entidade patronal a faculdade de despedir o trabalhador que viesse a contrair casamento[112]. Em contrapartida, a maioria dos impedimentos matrimoniais de Direito Civil (cf. arts. 1600.º-1609.º) não viola o disposto no art. 36.º, n.º 1, 2.ª parte, da CRP, porque o preceito não reconhece carácter absoluto à liberdade matrimonial e aqueles impedimentos configuram, em regra, proibições de casar justificadas e proporcionais (*v.g.*, os impedimento de bigamia ou do incesto).[113]

Susana, *O respeito pela vida (privada e) familiar na jurisprudência do Tribunal Europeu dos Direitos do Homem: a tutela das novas formas de família*, Coimbra, Coimbra Editora, 2008.

[112] Cf. COELHO, F. Pereira/OLIVEIRA, Guilherme de, *Curso de Direito da Família*, vol. I cit., p. 131.

[113] Até ao final da primeira década do presente século, vigorou a proibição civil do casamento entre pessoas do mesmo sexo, o que considerámos questionável atendendo ao princípio constitucional da não discriminação em razão da orientação sexual e ao facto de o casamento civil não vincular os cônjuges ao dever de procriação (cf. PINHEIRO, Jorge Duarte, *O Direito da Família Contemporâneo*, 2.ª ed., Lisboa, AAFDL, 2009, pp. 107-108). Com outra opinião, MIRANDA, Jorge/ MEDEIROS, Rui, *Constituição Portuguesa anotada*, tomo I, *Introdução Geral. Preâmbulo. Artigos 1.º a 79.º*, 1.ª ed., Coimbra, Coimbra Editora, 2005, pp. 396-398, entendendo que o casamento de duas pessoas do mesmo sexo colidia com a estrutura nuclear da garantia institucional do casamento resultante da Constituição (mas na 2.ª ed., de 2010, p. 820, já se lê "a Constituição permite o estabelecimento de um regime de casamento homossexual"); e XAVIER, Rita Lobo, *Ensinar Direito da Família* cit., p. 75. O ac. do TC 359/2009 (PAMPLONA DE OLIVEIRA), de 9/7/2009 (disponível em http://www.tribunalcons-

II. À consagração explícita do direito à liberdade matrimonial, separado do direito de constituir família, alia-se a atribuição de competência à lei ordinária para regular os requisitos e os efeitos do casamento e da sua dissolução, por morte ou divórcio, independentemente da forma de celebração (art. 36.º, n.º 2, da CRP) ser civil ou religiosa.

A determinação de que cabe à lei a regulamentação dos requisitos do casamento, qualquer que seja a forma de celebração, tem criado algumas hesitações no que toca ao que se dispõe no art. 1625.º do Código Civil. O artigo reserva aos tribunais eclesiásticos, que aplicam Direito Canónico e não a lei portuguesa, competência para conhecer das causas de nulidade do casamento católico (contraído em território nacional). Apesar de tudo, tem prevalecido na doutrina[114] a tendência da constitucionalidade, que faz interpretação restritiva da referência do art. 36.º, n.º 2, da CRP, aos requisitos do casamento, invocando o seguinte elemento histórico: o art. 1625.º reproduz, quase *ipsis verbis*, o art. XXV, § 1.º, da Concordata de 1940, entre o Estado Português e a Santa Sé, que o art. 2.º do respectivo Protocolo Adicional de 15 de Fevereiro de 1975 expressamente considerou em vigor; tendo sido convencionado esse Protocolo tão pouco tempo antes da aprovação da Constituição de 1976, não é crível que os constituintes tivessem querido derrogar unilateralmente, e em ponto tão importante, o compromisso estabelecido.

Entretanto, a Concordata de 2004, que veio instituir uma disciplina incompatível com o art. 1626.º na redacção de 1966[115], não modificou substancialmente os dados da problemática em evidência: o art. 16.º da nova Concordata continua a reconhecer a competência das autoridades eclesiásticas para conhecer das causas de nulidade do casamento católico.

titucional.pt), pronunciou-se pela conformidade constitucional da proibição do casamento entre pessoas do mesmo sexo, excluindo a existência de uma violação do direito de contrair casamento e dos princípios da dignidade da pessoa humana e da igualdade. Tal proibição viria a ser abolida, pouco depois, pela Lei n.º 9/2010, de 31 de Maio.

[114] Cf., por todos, Coelho, F. Pereira/Oliveira, Guilherme de, *Curso de Direito da Família*, vol. I cit., pp. 140-143.

[115] Vai mais longe Proença, Proença (*Direito da Família*, 4.ª ed., Lisboa, Universidade Lusíada Editora, 2008, pp. 136, 152-154), ao entender que o texto concordatário de 2004 revogou tacitamente os arts. 1625.º e 1626.º. A tese da revogação tácita do art. 1625.º não representa, porém, o fim das dúvidas em torno da constitucionalidade da disciplina estatal do casamento católico. O autor aprecia agora o art. 13.º, n.º 1, da Concordata de 2004 (no qual se estabelece que "o Estado português reconhece efeitos civis aos casamentos celebrados em conformidade com as leis canónicas") à luz do art. 36.º, n.º 2, da CRP.
O art. 1626.º, n.º 1, na redacção de 1966, alterado apenas em 2009, conferia carácter executório às decisões dos tribunais e repartições eclesiásticas, "independentemente de revisão e confirmação".

Seja como for, não conferindo a lei portuguesa eficácia civil às decisões das autoridades de outras confissões religiosas, a solução da Concordata é susceptível de aprovação menos nítida noutra óptica – a do princípio da igualdade.[116]

Como decorre do art. 36.º, n.º 2, da CRP, o legislador constituinte não se desinteressa da matéria dos efeitos e da dissolução do casamento, nem a submete a um princípio de não intervenção do Estado. A matéria está sujeita a uma reserva de lei formal. Se somarmos a isto a autonomização do direito fundamental de liberdade matrimonial, assim como a inevitável inclusão da união conjugal na família que constitui um "elemento fundamental da sociedade" e que goza de um "direito à protecção da sociedade e do Estado" (art. 67.º, n.º 1, da CRP), é imperioso considerar que a Constituição não vê no casamento uma simples "forma jurídica" ou um "instituto vazio". Há um conceito de casamento pressuposto pelo poder constituinte, que coincide com aquele que reúne maior consenso na comunidade e salvaguarda a identidade particular da figura em apreço: compromisso de união ampla, necessariamente íntima e exclusiva, entre duas pessoas[117].

III. O art. 36.º, n.º 3, da CRP, confirma a presença de sinais valorativos na regulação do casamento: os cônjuges têm iguais direitos e deveres quanto à capacidade civil e política e à manutenção e educação dos filhos. Compreensivelmente, foi rejeitado o modelo de união sob direcção do marido (consagrado na versão originária do Código Civil português), o que remete a tese da neutralidade do poder constituinte em assuntos familiares para uma zona mitológica[118].

[116] Cf. VÍTOR, Paula Távora, "A evolução legislativa recente do sistema de casamento português", em AA.VV., *Família, consciência* cit., pp. 173-177.

[117] A garantia institucional do casamento obsta, p.e., à conformidade constitucional de uma lei que viesse admitir a poligamia (cf. XAVIER, Rita Lobo, *Ensinar Direito da Família* cit., p. 75).

[118] Sobre o princípio da igualdade dos cônjuges, cf. PINHEIRO, J. Duarte, *O núcleo intangível da comunhão conjugal* cit., pp. 113-123. Como demonstra a posição de PAWLOWSKI ("Abschied von der «Bürgerliche Ehe»", *Studi in onore di Pietro Rescigno*, II.1., Milão, Giuffrè, 1998, pp. 695 e s.), uma verdadeira neutralidade ética não é compatível com a imposição do casamento igualitário, generalizada nos Estados da União Europeia, imposição que é, por isso, considerada ilegítima por este ilustre autor alemão. Para uma crítica da orientação de Pawlowski e, por conseguinte, do relativismo jusfamiliar, cf. PINHEIRO, J. Duarte, *O núcleo intangível da comunhão conjugal* cit., pp. 385-389.

11.4. Princípios constitucionais de Direito da Filiação, fundados em normas preceptivas

I. Não se pode pensar num Estado eticamente indiferente. Nos aspectos mais cruciais, como são os atinentes à família, a Constituição da República Portuguesa guia-se pelas concepções comuns da comunidade. Deste modo, prevê que os pais têm o direito e o dever de educação dos filhos e que, em regra, os filhos não podem ser separados do pais (arts. 36.º, n.ºs 5 e 6), seguindo uma visão dominante, que em nada coincide com a opinião de Platão, que julgava ser melhor separar os filhos dos pais para educá-los em instituições públicas[119].

II. Do art. 36.º, n.º 4, da CRP, extrai-se o princípio da não discriminação dos filhos nascidos fora do casamento. A proibição de discriminação material dos filhos nascidos fora do casamento não é afectada pela existência de modos diversos de estabelecimento da paternidade, nos casos de filiação fora do casamento (cf. art. 1796.º, n.º 2): trata-se de uma diferenciação que decorre da "própria natureza das coisas"[120]. No entanto, impedindo a lei de usar designações discriminatórias relativas à filiação, a disposição constitucional já não é acatada pelo art. 1703.º, n.º 2, que faz uso da expressão "descendentes legítimos" (mas, abstraindo do aspecto terminológico, o regime do art. 1703.º, n.º 2, não merece objecções).

III. O direito-dever de educação e manutenção dos pais é reconhecido pelo art. 36.º, n.º 5, da CRP, a ambos os pais, sem distinções. À luz desse preceito e do princípio da igualdade, era constitucionalmente suspeita a presunção legal, só ilidível judicialmente, de que é a mãe que tem a guarda do filho (art. 1911.º, n.º 2, na redacção do Decreto-Lei n.º 496/77, de 25 de Novembro)[121], entretanto eliminada pela Lei n.º 61/2008, de 31 de Outubro.

[119] A Lei Fundamental acolhe, portanto, o dogma milenar de que o lugar das crianças é na família (cf. PINHEIRO, J. Duarte, "Critério biológico e critério social ou *afectivo* na determinação da filiação e da guarda dos menores", *Estudos de Direito da Família e das Crianças* cit., pp. 208-210).

[120] Cf. ac. do TC 99/88 (CARDOSO DA COSTA), *DR* II série, de 22/8/1988, p. 7642.

[121] Cf. MIRANDA, Jorge/MEDEIROS, Rui, *Constituição Portuguesa anotada*, 2.ª ed., 2010 cit., p. 829. Diferentemente SOTTOMAYOR, Maria Clara, "Qual é o interesse da criança? Identidade biológica *versus* relação afectiva", em AA.VV., *Volume comemorativo dos 10 anos*" cit., pp. 28-29 (a norma respeitaria o princípio da igualdade, reflectindo "a realidade sociológica, segundo a qual, quando uma criança nasce fora do casamento, há uma maior ligação desta à mãe e à família da mãe do que ao pai e à família deste").

IV. O n.º 6 do mesmo art. 36.º enuncia o princípio de que os filhos não podem ser separados dos pais, salvo quando estes não cumpram os seus deveres fundamentais para com eles e sempre mediante decisão judicial. Por conseguinte, seria inconstitucional a norma que, havendo oposição dos pais, permitisse a atribuição da guarda de criança a terceiros por mera decisão administrativa.[122] E afigura-se duvidoso o preceito contido no art. 1907.º, n.º 1, na redacção da Lei n.º 61/2008, de 31 de Outubro, que admite que um filho menor seja confiado a terceira pessoa por decisão judicial, independentemente de se terem verificado alguma das circunstâncias previstas no art. 1918.º[123].

V. O art. 36.º, n.º 7, da CRP, dispõe que a adopção "é regulada e protegida nos termos da lei, a qual deve estabelecer formas céleres para a respectiva tramitação". O alcance da disposição tem de ser circunscrito com a previsão imediatamente anterior da regra da inseparabilidade dos filhos dos pais (nomeadamente, biológicos)[124].

VI. Embora o art. 36.º da CRP não aluda aos filhos nascidos em resultado da utilização de técnicas de procriação medicamente assistida, estes não podem ser discriminados relativamente aos filhos nascidos na sequência de acto sexual, por força do princípio geral da igualdade (art. 13.º, n.º 1, da CRP).

VII. Fora do art. 36.º da CRP, encontra-se um direito fundamental de aplicação imediata com importância na área da filiação: o direito à identidade pessoal e genética (art. 26.º, n.ºs 1 e 3, da CRP), que, aparentemente, não se coaduna com o segredo da identidade dos pais biológicos perante o adoptado, na adopção plena (eventualmente inferido a partir do art. 1985.º, n.º 2), nem com o anonimato do dador, na procriação medicamente assistida (art. 15.º da LPMA)[125].

[122] Cf. COELHO, F. Pereira/OLIVEIRA, Guilherme de, *Curso de Direito da Família*, vol. I cit., p. 150.

[123] Para BOLIEIRO, Helena/GUERRA, Paulo, *A criança e a família – uma questão de Direito(s). Visão prática dos principais institutos do Direito da Família e das Crianças e Jovens*, Coimbra, Coimbra Editora, 2.ª ed., 2014, pp. 198-199, o preceito é claramente inconstitucional.

[124] Nas palavras de GOMES, Carla Amado, "Filiação, adopção e protecção de menores" cit., p. 36, ao legislador cumpre "disciplinar a adopção em termos que, de forma equilibrada, salvaguardem os interesses das partes do «triângulo adoptivo»" (isto é, a criança, o adoptante e os pais biológicos do adoptado; se o adoptante tiver já filhos, a designação mais correcta seria até "quadrado adoptivo").

[125] Diferentemente, o ac. do TC 101/2009 (FERNANDES CADILHA), de 3/3/2009, em http://www.tribunalconstitucional.pt.

11.5. Princípios de protecção consagrados em normas programáticas

I. No campo das normas programáticas, avulta o art. 67.º, n.º 1, da CRP, no qual se determina que "a família, como elemento fundamental da sociedade, tem direito à protecção da sociedade e do Estado e à efectivação de todas as condições que permitam a realização pessoal dos seus membros". Reitera-se o que se afirmou quanto ao direito de constituir família: na interpretação actual da Constituição portuguesa, a união de facto e a convivência em economia comum não são grupos familiares.

É grande o significado simbólico do art. 67.º, n.º 1, da CRP. É a ideia da família como elemento fundamental da sociedade que legitima a intervenção regulamentadora do Estado, diminuindo o impacto da proclamação do direito à reserva da intimidade da vida privada e familiar.

O art. 67.º, n.º 2, da CRP, enumera exemplificativamente incumbências do Estado para protecção da família[126]. Por força da al. e), aditada na revisão constitucional de 1997, cabe ao Estado regulamentar a procriação assistida em termos que salvaguardem a dignidade da pessoa humana. Até 2006, não entrou em vigor qualquer legislação geral sobre procriação medicamente assistida, motivo pelo qual certos autores consideravam haver uma inconstitucionalidade por omissão[127].

II. O art. 68.º da CRP especifica o princípio da protecção da família no domínio da paternidade e maternidade: a maternidade e a paternidade constituem "valores sociais eminentes" (n.º 2); os pais e as mães gozam do "direito à protecção da sociedade e do Estado na realização da sua insubstituível acção em relação aos filhos" (n.º 1).

III. O art. 69.º da CRP reconhece também às crianças "direito à protecção da sociedade e do Estado", desta feita "com vista ao seu desenvolvimento integral, especialmente contra todas as formas de abandono, de discriminação e de opressão e contra o exercício abusivo da autoridade na família e nas demais instituições" (n.º 1); a protecção estatal visa de modo muito particular as crianças que não têm uma família ou que estão "por qualquer forma pri-

[126] Incluindo deveres de protecção do Estado no sentido da salvaguarda das condições de apoio material à maternidade e paternidade, GOMES, Carla Amado, "Filiação, adopção e protecção de menores" cit., pp. 33-34.

[127] Cf. MIRANDA, Jorge/MEDEIROS, Rui, *Constituição Portuguesa anotada*, tomo I, *Introdução Geral. Preâmbulo. Artigos 1.º a 79.º*, 1.ª ed., Coimbra, Coimbra Editora, 2005, pp. 695-696.

vadas de um ambiente familiar normal" (n.º 2). Embora o legislador constituinte distinga entre crianças e jovens (cf. art. 70.º da CRP), é de crer que os jovens em perigo beneficiam de idêntica protecção[128].

IV. O art. 72.º, n.º 1, da CRP, confere protecção à terceira idade, determinando que "as pessoas idosas têm direito à segurança económica e a condições de habitação e convívio familiar e comunitário que respeitem a sua autonomia social e evitem e superem o isolamento ou marginalização social". O preceito em apreço contém elementos que ligam a protecção dos idosos ao Direito da Família: alude-se expressamente ao convívio familiar; o direito à segurança económica e a condições de habitação tem de ser conjugado com o direito à segurança social na velhice (cf. art. 63.º da CRP), mas não isenta o Estado de zelar pelo cumprimento do dever de assistência ou da obrigação de alimentos, que recai sobre os familiares; a preocupação de assegurar a autonomia e evitar a marginalização das pessoas idosas implica apoio não só a estas como às respectivas famílias, bem como uma acção pública vocacionada para a preservação ou restauração de mecanismos de solidariedade familiar em benefício dos ascendentes.

12. O Direito Europeu da Família

12.1. Os dois níveis

A problemática do Direito Europeu da Família supõe a consideração de dois níveis: o dos trabalhos destinados à uniformização e até à unificação do Direito da Família dos Estados europeus; e o dos Regulamentos da União Europeia com incidência familiar.

12.2. Uniformização e unificação do Direito da Família no território da União Europeia

I. Independentemente de qualquer esforço público ou privado deliberado, no início do séc. XXI já havia um Direito da Família Europeu. As transforma-

[128] Cf. MIRANDA, Jorge/MEDEIROS, Rui, *Constituição Portuguesa anotada*, 2.ª ed., 2010 cit., p. 1389. Aliás, o conceito de criança tem vindo a obter ultimamente sentido mais amplo, englobando toda a pessoa (não emancipada) com menos de 18 anos de idade (cf., designadamente, art. 1.º da Convenção sobre os Direitos da Criança, bastante explícito, e o art. 3.º, al. d), do RGPTC, que alude à "fixação dos alimentos devidos à criança e aos filhos maiores ou emancipados").

ções que afectaram a generalidade dos países europeus nas décadas anteriores levaram à formação, quase espontânea, de um núcleo comum de Direito da Família, produto de uma crescente homogeneidade das diversas sociedades nacionais e de uma tendência para importar soluções provenientes de ordenamentos estrangeiros tidos como mais avançados[129]. Efectivamente, é visível a convergências entre os vários Estados europeus em certos regimes fundamentais como o do casamento, do divórcio, ou do estatuto dos filhos.[130]

No entanto, subsistem diferenças de fundo entre os Direitos da Família dos vários Estados Europeus (p.e., no que respeita à relevância civil do casamento religioso, ao regime matrimonial de bens supletivo e ao casamento entre pessoas do mesmo sexo[131]).

II. Por Resolução de 1994[132], o Parlamento Europeu solicitou à Comissão que fossem feitos trabalhos sobre a possibilidade de elaboração de um Código Europeu Comum de Direito Privado. Na sequência da Resolução, viria a ser criado, só em 1998, o Grupo de Estudos sobre um Código Civil Europeu. Numa comunicação[133], apresentada em 2000, num colóquio realizado na Universidade de Coimbra, tornou-se claro que o referido Grupo colocava reservas à imediata uniformização do Direito da Família, considerando que a mesma não seria exequível sem sacrifício da "identidade jurídica" dos Estados membros[134].

[129] Cf. VITA, Anna De, "Aperçu comparatif sur l'évolution européenne: considérations et conjectures", em *La contractualisation de la famille*, sob a direcção de Fenouillet/Vareilles-Sommières, Paris, Economica, 2001, p. 265.

[130] Cf. OLIVEIRA, Guilherme de, "Um Direito da Família Europeu? (Play it again, and again... Europe)", texto publicado na obra do mesmo autor, *Temas de Direito da Família*, 2.ª ed., Coimbra, Coimbra Editora, 2001, pp. 319-331.

[131] A eficácia civil dos casamentos religiosos celebrados no próprio território do Estado é reconhecida nuns ordenamentos (como o de Portugal) e negada noutros (como o de França). Na falta de estipulação das partes, aplica-se ao casamento o regime da comunhão de adquiridos em França (e Portugal), enquanto na Alemanha (e Grécia) vigora o regime da participação nos adquiridos. Vários Países, em número crescente, permitem o casamento entre pessoas do mesmo sexo (*v.g.*, Portugal, Espanha, França, Holanda, Bélgica, Inglaterra); outros (Alemanha e, recentemente, Itália, com a Lei n.º 76, de 20/05/2016, "Regulamentazione delle unione civile tra persone dello stesso sesso de disciplina delle convivenze") admitem somente união civil ou parceria registada; e alguns não consagram qualquer possibilidade de institucionalização das uniões entre pessoas do mesmo sexo (caso da Polónia).

[132] Cf. *JO* C 158, de 1994, pp. 400-401.

[133] Comunicação de BAR, Christian Von, intitulada "The Study Group on a European Civil Code", publicada na obra colectiva *Um Código Civil para a Europa*, Coimbra, Universidade de Coimbra/ Coimbra Editora, 2002, pp. 64-78.

[134] Cf. BAR, Christian Von, ibidem, pp. 68-69.

Na altura, pareceu-me que tal atitude era fruto de uma estratégia de concentração de esforços na uniformização do Direito Patrimonial Geral, "natural no quadro de uma União que sucede à Comunidade Económica Europeia e que visa em primeiro lugar objectivos de cariz económico"[135], tanto mais que a intervenção brilhante de um ilustre professor português[136], apresentada no dito colóquio de 2000, mostrou ser oportuna uma tentativa de unificação. Afinal, como escreve uma autora italiana[137], que reivindica maior receptividade das instituições comunitárias ao Direito Europeu da Família, as tarefas da União Europeia ultrapassam a prossecução de finalidades puramente económicas.

III. Em 1 de Setembro de 2001 foi criada a Comissão de Direito da Família Europeu. Tendo como objectivo a harmonização do Direito da Família na Europa, a Comissão, composta por especialistas oriundos da maioria dos Estados-membros da União Europeia e de outros países europeus (Noruega, Rússia e Suíça), elaborou já princípios em três áreas: divórcio e alimentos entre ex-cônjuges; responsabilidades parentais; efeitos patrimoniais do casamento.

IV. Os Princípios do Direito da Família Europeu Relativos a Divórcio e Alimentos entre Ex-Cônjuges foram publicados em 2004[138]. São 20 princípios, que se dividem igualmente por duas partes. Na Parte I, dedicada ao divórcio, são recomendados princípios quanto à admissibilidade do divórcio, à regulamentação do processo e à fixação da autoridade competente para decretar o divórcio, às modalidades de divórcio, ao divórcio por mútuo consentimento, ao período de reflexão no divórcio por mútuo consentimento, ao conteúdo e forma do acordo dos cônjuges relativo aos efeitos do divórcio por mútuo consentimento, à separação de facto enquanto fundamento do divórcio, à "cláusula de excessiva onerosidade" para o requerente (que possibilita uma obtenção mais rápida do divórcio litigioso, com fundamento em separação de facto) e à determinação das consequências do divórcio pela autoridade competente. Na Parte II, dedicada aos alimentos entre ex-cônjuges, são recomendados

[135] Cf. Pinheiro, J. Duarte, *O núcleo intangível da comunhão conjugal* cit., p. 384, nota 874, *in fine*.

[136] Oliveira, Guilherme de, cuja intervenção intitulada "Um Direito da Família Europeu? (Play it again, and again...Europe)" foi publicada na obra *supra* identificada na nota 130 e também na obra colectiva *supra* mencionada na nota 133.

[137] Vita, Anna De, ob. cit., *supra*, na nota 129, pp. 265-266.

[138] Cf. AA.VV., *Principles of European Family Law Regarding Divorce and Maintenance Between Former Spouses*, Antuérpia/Oxford, Intersentia, 2004. Há uma tradução portuguesa destes princípios na revista *Lex Familiae* n.º 5, 2006, pp. 14 e s.

princípios no que toca à relação entre o divórcio e os alimentos, à excepcionalidade da concessão de alimentos (o chamado princípio da autosuficiência), aos pressupostos da sua concessão, aos critérios da fixação da pensão de alimentos, ao modo de cumprimento da obrigação de alimentos, à "cláusula de excessiva onerosidade" para o devedor (que impede, limita ou extingue a obrigação de alimentos por causa do comportamento do credor), à relação entre a obrigação de alimentos perante o ex-cônjuge e outras obrigações alimentares, à duração da obrigação de alimentos entre ex-cônjuges, à extinção desta obrigação e aos acordos das partes sobre os alimentos pós-matrimoniais.

Os Princípios do Direito da Família Europeu Relativos às Responsabilidades Parentais foram publicados em 2007[139]. São 39 princípios, repartidos pelos seguintes capítulos: definições (capítulo I); direitos da criança (capítulo II); responsabilidade parental de pais e terceiros (capítulo III); exercício da responsabilidade parental (capítulo IV); conteúdo da responsabilidade parental (capítulo V); cessação da responsabilidade parental (capítulo VI); privação e restituição da responsabilidade parental (capítulo VII); procedimentos (capítulo VIII). A responsabilidade parental é entendida como "um conjunto de direitos e deveres destinados a favorecer e a salvaguardar o bem-estar da criança" (corpo do princípio 3:1, incluído no capítulo I).

Com a formulação de todos estes princípios, que não vinculam os Estados dos peritos participantes, procura-se sobretudo persuadir os legisladores nacionais a adoptar um mesmo modelo. Do ponto de vista metodológico, a Comissão do Direito da Família Europeu tentou que os princípios enunciados reflectissem em primeiro lugar as normas actualmente vigentes na maioria dos países europeus e que só subsidiariamente traduzissem soluções novas. Alegadamente, houve a preocupação de introduzir apenas soluções novas comprovadamente superiores às vigentes, tendo em conta as tradições históricas, a evolução e as exigências da sociedade europeia[140].

A Comissão de Direito da Família Europeu obteve sucesso em Portugal, onde a Lei n.º 61/2008, de 31 de Outubro, alterou o Código Civil nos domínios do divórcio e do exercício das responsabilidades parentais, acolhendo muitos dos mencionados princípios, sem prejuízo de o legislador português não ter voltado a consagrar um período de reflexão no divórcio por mútuo consenti-

[139] Cf. AA.VV., *Principles of European Family Law Regarding Parental Responsibilities*, Antuérpia/Oxford, Intersentia, 2007. A obra também contém versões dos princípios em língua francesa (pp. 289 e s.) e espanhola (pp. 315 e s.).

[140] Cf. Patti, Salvatore, "I Principi di Diritto Europeo della Famiglia sul Divorzio e il Mantenimento tra Ex Coniugi", *Familia* 2005/2, p. 340.

mento, aplicável quando os cônjuges tenham crianças de idade inferior a 16 anos e não estejam separados de facto há, pelo menos, 6 meses (Princípios do Direito da Família Europeu Relativos a Divórcio e Alimentos entre Ex-Cônjuges, n.º 1:5), período de reflexão que foi abolido, entre nós, em 2001.

Posteriormente, foram publicados os Princípios do Direito da Família Europeu Relativos às Relações Patrimoniais entre Cônjuges.[141]

12.3. Regulamentos com incidência familiar

I. Natureza vinculativa (para os Estados-membros da União Europeia) têm já os regulamentos comunitários com incidência familiar.

Todavia, os Regulamentos com incidência familiar limitam-se a facilitar o reconhecimento e a execução num Estado de decisões que foram proferidas noutro Estado, a fixar qual o Estado com competência para decidir assuntos que apresentem elementos de conexão com ordens jurídicas de dois ou mais Estados ou/e a determinar o ordenamento do Estado aplicável numa hipótese de conflito de leis. São, portanto, instrumentos europeus de Direito Internacional Privado da Família e não actos que definam um regime material de Direito Europeu da Família. Apesar disso, são muito importantes num espaço geográfico vasto em que é grande a mobilidade transnacional dos cidadãos.

No âmbito dos actos da União Europeia, é de destacar o Regulamento (CE) n.º 2201/2003 do Conselho, de 27 de Novembro do mesmo ano, designado "Regulamento Bruxelas II *bis*"[142], relativo à competência, ao reconhecimento e à execução de decisões em matéria matrimonial e em matéria de responsabilidade parental e que revoga o Regulamento (CE) n.º 1347/2000 ("Regu-

[141] Cf. AA.VV., *Principles of European Family Law Property Relations Between Spouses*, Antuérpia/Cambridge, Intersentia, 2013. São 58 princípios, repartidos por três capítulos: direitos e deveres gerais dos cônjuges (capítulo I); acordos sobre regimes matrimoniais de bens (capítulo II); regimes matrimoniais de bens (capítulo III). Os princípios referem-se, nomeadamente, àcontribuição para os encargos da vida familiar e à protecção da casa de morada de família (capítulo I); ao momento, forma e efeitos da celebração dos acordos em matéria de regimes de bens (capítulo II); ao regime da participação nos adquiridos (secção A do capítulo III); e ao regime da comunhão de adquiridos (secção B do capítulo III). Os princípios contidos nas secções destes dois regimes de bens versam, mais precisamente, noção e aplicabilidade do regime em apreço; natureza dos bens; responsabilidade por dívidas; titularidade dos poderes de administração; dissolução do regime de bens e seus efeitos (liquidação, partilha).

[142] Também designado "Regulamento de Bruxelas II a) e "Novo Bruxelas II". Cf. *JO* L 338, de 23/12/2003, pp. 1 e s.

lamento Bruxelas II")[143]; e o Regulamento (CE) n.º 4/2009 do Conselho, de 18 de Dezembro de 2008, relativo à competência, à lei aplicável, ao reconhecimento e à execução das decisões e à cooperação em matéria de obrigações alimentares[144]

II. O "Regulamento Bruxelas II *bis*" vincula todos os Estados-membros, à excepção da Dinamarca. Contém normas sobre o divórcio, a separação e anulação do casamento; e normas relativas à atribuição, ao exercício, à delegação, à limitação ou à cessação da responsabilidade parental (art. 1.º, n.º 1). Nos termos do art. 63.º, n.º 1, o Regulamento é aplicável sem prejuízo da Concordata entre a Santa Sé e Portugal, de 1940. Como a Concordata de 2004 substituiu a de 1940, o Estado português deve transmitir à Comissão a alteração verificada, promovendo a necessária modificação do Regulamento[145].

Em matéria matrimonial, o "Regulamento Bruxelas II *bis*" aplica-se unicamente quando o cônjuge requerido tenha a sua residência habitual no território de um Estado vinculado, seja nacional de um Estado vinculado ou, no caso do Reino Unido e da Irlanda, tenha o seu "domicílio"[146] no território de um destes dois Estados-membros (art. 6.º). Quando surja uma questão relativa ao divórcio, separação ou anulação do casamento, as partes podem escolher qualquer um dos tribunais (ou autoridades) do Estado-membro vinculado de entre os que são competentes por força dos critérios indicados no art. 3.º, n.º 1, do Regulamento (p.e., o tribunal do Estado em cujo território se situe a residência habitual do requerido; ou a residência habitual do requerente, se este aí tiver residido pelo menos durante um ano imediatamente antes do

[143] *JO* L 160, de 30/6/2000, pp. 19 e s.

[144] *JO* L 7, de 10/1/2009, pp. 1 e s.

[145] Cf. Brito, Helena, "O Regulamento (CE) n.º 2201/2003 do Conselho, de 27 de Novembro de 2003, relativo à competência, ao reconhecimento e à execução de decisões em matéria matrimonial e em matéria de responsabilidade parental", em AA.VV., *Estudos em Memória do Professor Doutor António Marques dos Santos*, vol. I, Coimbra, Almedina, 2005, p. 354. Entretanto, a pedido de Malta, um dos últimos Estados que aderiram à União Europeia, o art. 63.º do Regulamento foi alterado, para que fosse mencionado o Acordo entre a Santa Sé e Malta relativo ao reconhecimento de efeitos civis dos casamentos canónicos e das decisões das autoridades e dos tribunais eclesiásticos a eles relativas, de 3 de Fevereiro de 1993 acompanhado do segundo protocolo adicional de 6 de Janeiro de 1995 – cf. Regulamento (CE) n.º 2116/2004 do Conselho, de 2 de Dezembro de 2004, *JO* L 367, de 14/12/2004, pp. 1-2.

[146] Para efeitos do Regulamento, o termo "domicílio" é entendido na acepção que lhe é dada pelos sistemas jurídicos do Reino Unido e da Irlanda (art. 3.º, n.º 2).

pedido, bastando a residência habitual nos seis meses anteriores se ele for nacional do Estado-membro em questão).[147]

Em matéria de responsabilidade parental, o art. 8.º, n.º 1, do "Regulamento Bruxelas II *bis*" consagra a regra geral da competência dos tribunais (ou autoridades) do Estado-membro em que cujo território se situe a residência habitual da criança à data em que o processo for instaurado.

As decisões sobre as matérias a que respeita o "Regulamento Bruxelas II *bis*" que forem proferidas num Estado vinculado são reconhecidas noutros Estados vinculados, sem quaisquer formalidades (art. 21.º, n.º 1). Os fundamentos de não-reconhecimento, previstos nos arts. 22.º e 23.º, são limitados: p.e., contrariedade à ordem pública do Estado requerido, violação dos direitos de defesa ou colisão com um caso julgado.[148]

As decisões proferidas num Estado-membro sobre o exercício da responsabilidade parental, que aí tenham força executiva, podem ser executadas noutro Estado vinculado ao Regulamento, depois de nele terem sido declaradas executórias a pedido de qualquer parte interessada (art. 28.º, n.º 1), a não ser que o Estado onde se pretenda a execução seja o Reino Unido (hipótese em que tem de ser efectuado o registo da execução em Inglaterra, no País de Gales, na Escócia ou na Irlanda do Norte, consoante as circunstâncias – art. 28.º, n.º 2).

As decisões sobre o direito de visita e o regresso da criança a outro Estado, dotadas de força executória no Estado-membro que as proferiu, beneficiam de um regime especial: uma vez cumpridas certas formalidades pela autoridade que proferiu a decisão, são reconhecidas e gozam de força executória noutro Estado-membro sem necessidade de qualquer declaração que reconheça essa força e sem que seja possível contestar o seu reconhecimento (arts. 41.º e 42.º)[149]. Por esta via, o "Regulamento Bruxelas II *bis*" pretende reforçar

[147] Em plano distinto, da definição do ordenamento estatal competente, há que mencionar o Regulamento (EU) n.º 1259/2010 do Conselho, de 20 de Dezembro de 2010, que cria uma cooperação reforçada no domínio da lei aplicável em matéria de divórcio e separação judicial (*JO* L 343, de 29/12/2010, pp. 10 e s.)

[148] O reconhecimento não depende da lei competente, o que é criticado por PINHEIRO, Luís de Lima, "O reconhecimento de decisões estrangeiras em matéria matrimonial e de responsabilidade parental – Regulamento (CE) n.º 2201/2003, do Conselho, de 27 de Novembro de 2003", *ROA* 2006, p. 523: "por exemplo, a dissolução do casamento operada por uma sentença de divórcio proferida noutro Estado-Membro pode ser reconhecida em Portugal mesmo que o divórcio não seja reconhecido pela ordem jurídica competente segundo o Direito de Conflitos português (designadamente a lei da nacionalidade comum dos cônjuges – art. 55.º CC)".

[149] Na opinião de PINHEIRO, Luís de Lima (*O reconhecimento de decisões* p. 544), a atribuição automática de força executiva a decisões proferidas noutros Estados só se compreende à luz do desígnio

a garantia do direito da criança manter o contacto com ambos os pais após o divórcio, mesmo quando os pais vivam em Estados-membros diferentes, e tenta dissuadir o rapto parental de crianças na União Europeia, combatendo a tentação que os pais sentem de levar ilicitamente a criança para outro Estado, na esperança de obter aqui uma decisão diversa da que foi proferida no Estado onde antes residia a criança.

III. As disposições do Regulamento (CE) n.º 4/2009 substituem, em matéria de obrigações alimentares, as do Regulamento (CE) n.º 44/2001 de 22 de Dezembro de 2000[150], designado "Regulamento Bruxelas I" (relativo à competência judiciária e à execução de decisões em matéria civil e comercial), e do Regulamento (CE) n.º 805/2004 (que cria o título executivo europeu para créditos não contestados)[151], excepto para títulos executivos europeus relativos às obrigações alimentares emitidas por Estados-membros não vinculados pelo Protocolo da Haia, de 23 de Novembro de 2007, sobre a Lei Aplicável às Obrigações Alimentares (designado "Protocolo da Haia de 2007")[152].

O Regulamento (CE) n.º 4/2009 estabelece regras comuns para toda a União Europeia, com vista a garantir a cobrança de prestações de alimentos mesmo que o devedor ou credor se encontre num país estrangeiro.

De acordo com o Regulamento, a competência territorial dos tribunais dos Estados-membros, em matéria de obrigações alimentares, é ampla (cf. arts. 3.º-7.º), podendo a matéria ser decidida, designadamente, pelo tribunal do local em que o credor tenha a sua residência ou em que compareça o devedor (excepto se a comparência tiver como único objectivo arguir a incompetência do tribunal).

A lei aplicável às obrigações alimentares é determinada pelo Protocolo da Haia de 2007 nos Estados-membros vinculados por este instrumento (art. 15.º do Regulamento).

A decisão relativa a obrigações alimentares proferida por um Estado-membro vinculado pelo Protocolo da Haia de 2007 é reconhecida noutro Estado-

de reduzir ao mínimo a autonomia dos sistemas jurídicos dos Estados membros, constituindo um elemento que apoia a conclusão de que o caminho trilhado pelo Regulamento em questão "não é certamente o da coerência intrassistemática e o da justiça do Direito Internacional Privado".

[150] *JO* L 12, de 16/01/2001, pp. 1 e s.

[151] *JO* L 143, de 30/04/2004, pp. 15 e s.

[152] Por acto da União Europeia (Decisão do Conselho, de 30 de Novembro de 2009, *JO* L 331, de 16/12/2009, pp. 17 e s.), o Protocolo da Haia de 2007 vincula a grande maioria dos Estados-membros, incluindo Portugal.

-membro sem necessidade de qualquer processo e, tendo força executória no Estado em que foi proferida, pode ser executada noutro Estado, sem que seja necessária uma declaração de força executória (art. 17.º do Regulamento).

A decisão proferida por um Estado-membro não vinculado pelo Protocolo da Haia de 2007 só pode deixar de ser reconhecida em casos excepcionais indicados no art. 24.º do Regulamento; e, se tiver força executória no Estado em que foi proferida, pode ser executada noutro Estado depois de nele ter sido declarada executória (art. 26.º do Regulamento).

Em qualquer caso, a decisão proferida num Estado-membro não pode ser objecto de revisão quanto ao mérito no Estado-membro em que é pedido o reconhecimento, a força executória ou a execução (art. 42.º).

PARTE I

DIREITO DA FILIAÇÃO

Capítulo I
Constituição do vínculo de filiação[153]

Secção I
Noção e modalidades de filiação

1. Noção de filiação

I. Em sentido estrito, a filiação é uma espécie da relação de parentesco, definindo-se como a relação juridicamente estabelecida entre as pessoas que procriaram e aquelas que foram geradas[154]. É nesta acepção que o termo é usado nos arts. 1796.º e s., que regulam o estabelecimento da filiação.

Em sentido amplo, à filiação corresponde quer a relação jurídica familiar constituída pela procriação quer a relação que, não tendo origem no fenómeno da procriação, produza efeitos jurídicos similares. P.e., a filiação constituída por sentença de adopção. Como resulta do art. 1586.º, a relação de adopção é vista pelo legislador como uma imitação da relação decorrente de procriação, entendimento que se reflecte na atribuição de efeitos ao vínculo

[153] Cf. MENDES, J. Castro/SOUSA, M. Teixeira de, *Direito da Família* cit., pp. 214-216, 385; CORTE-REAL, Carlos Pamplona/PEREIRA, José Silva, *Direito da Família* cit., pp. 197-200; COELHO, F. Pereira/OLIVEIRA, Guilherme de, *Curso de Direito da Família*, vol. II cit., pp. 262-263; LIMA, Pires de/VARELA, Antunes, *Código Civil Anotado*, vol. IV, arts. 1576.º a 1795.º, 2.ª ed., Coimbra, Coimbra Editora, 1992, anotação a arts. 1578.º e 1586.º; FERREIRA-PINTO, F. B., *Dicionário de Direito da Família e de Direito das Sucessões*, Lisboa, Livraria Petrony, 2004, p. 240.

[154] Cf. MENDES, J. Castro/SOUSA, M. Teixeira de, *Direito da Família* cit., p. 214.

de adopção que praticamente não se distinguem dos do vínculo de filiação biológica estabelecida.

A lei recorre ao conceito amplo de filiação quando no art. 60.º, n.º 1 se refere à "filiação adoptiva". E é este conceito que será aqui seguido[155], no pressuposto de que o aspecto da eficácia é mais relevante do que o da constituição. Mas há ainda outros motivos que justificam a escolha de uma noção ampla de filiação. Nos tempos actuais, as realidades que acabam por ser aglutinadas numa categoria única, apesar da sua diversidade do ponto de vista da formação, estão subordinadas em todas as suas fases, incluindo na fase da constituição, a um mesmo princípio – o princípio do superior interesse da criança ou do menor[156]. Além disso, uma acepção ampla de filiação tem vantagens no domínio da sistematização e construção científicas. Por um lado, a matéria da adopção é tratada em paralelo com a da filiação biológica (e não em separado, p.e., numa introdução ao Direito da Família[157]), o que permite conferir adequado destaque à principal razão de ser do instituto da adopção (dar à criança alguém que tenha competência para exercer as funções de pai). É recomendável que se ligue o estudo da adopção ao do regime das responsabilidades parentais. Por outro lado, torna-se clara a autonomia e dignidade da procriação medicamente assistida heteróloga, isto é, de um conjunto de situações conexas com as novas tecnologias aplicadas à procriação, que, de outra forma, tenderiam a ser mencionadas como meras curiosidades ou desvios, no âmbito do estabelecimento da filiação.

II. É em torno do conceito de filiação que gira todo o Direito da Filiação e da Protecção de Crianças e Jovens[158], um amplo sector do Direito em evolução e com uma importância social crescente.

O Direito da Filiação e da Protecção de Crianças e Jovens constitui uma área dinâmica, especialmente permeável às mais recentes mudanças de concepção de vida. Em 1976, a CRP consagrou o princípio da não discriminação dos filhos fora do casamento, concretizado em 1977, no campo da legislação ordinária, com a Reforma do Código Civil. De 1977 para cá, foram feitas várias

[155] Igualmente, FERREIRA-PINTO, F. B., *Dicionário de Direito da Família* cit., p. 240.

[156] Cf., *infra*, III deste n.º 1.

[157] Há cerca de dez anos, Guilherme de Oliveira abandonou o tratamento em separado da adopção, numa introdução ao Direito da Família, passando a incluir a exposição relativa ao vínculo adoptivo num volume dedicado ao Direito da Filiação (COELHO, F. Pereira/OLIVEIRA, Guilherme de, *Curso de Direito da Família*, vol. II cit., em particular p. 7, que contém o prefácio).

[158] Neste contexto, a protecção de crianças e jovens identifica-se com aquela que é prevista para suprir a inexistência ou insuficiência de uma relação de filiação.

alterações legislativas ao regime da adopção, tendo as últimas modificações mais importantes sido introduzidas pela Lei n.º 143/2015, de 8 de Setembro. Em 1995, foi admitido o exercício conjunto do poder paternal nos casos de divórcio e em outras situações de ruptura (Lei n.º 84/95, de 31 de Agosto). Em 2001, algumas competências dos tribunais judiciais sobre questões do poder paternal foram transferidas para o Ministério Público (DL n.º 272/2001, de 13 de Outubro). Em 1998, modificações nas regras da acção de investigação da maternidade e da paternidade ampliaram as possibilidades de reconhecimento judicial da filiação extramatrimonial (Lei n.º 21/98, de 12 de Maio). Nos anos subsequentes, esta lógica de não limitação da prerrogativa de constituição do vínculo de filiação biológica foi seguida pela jurisprudência, num movimento que culminou em 2006 com a declaração de inconstitucionalidade, com força obrigatória geral, de uma norma que previa o prazo-regra para a propositura da acção de investigação da paternidade[159]. Em 1999, procedeu-se a uma profunda reforma do chamado Direito dos Menores, mediante a qual se separou a "intervenção tutelar de protecção" (com cariz civil, objecto da Lei n.º 147/99, de 1 de Setembro, que aprovou a Lei de Protecção de Crianças e Jovens em Perigo) da "intervenção tutelar educativa" (com cariz parapenal, objecto da Lei n.º 166/99, de 14 de Setembro, que aprovou a Lei Tutelar Educativa). Um pouco mais tarde, a Lei n.º 31/2003, de 22 de Agosto trouxe mudanças no domínio da protecção de crianças e jovens. Ainda assim, não faltou quem reclamasse novas alterações[160]. Também no séc. XXI, foi regulada a utilização de técnicas de procriação medicamente assistida (Lei n.º 32/2006, de 26 de Julho – LPMA). A Lei n.º 61/2008, de 31 de Outubro, modificou a legislação sobre poder paternal/responsabilidades parentais; a Lei n.º 14/2009, de 1 de Abril, alterou artigos do Código Civil sobre estabelecimento da filiação[161]; e a Lei n.º 103/2009, de 11 de Setembro, estabeleceu o regime jurídico do apadrinhamento civil, regulamentado pelo DL n.º 121/2010, de 27 de Outubro.

[159] Ac. do TC 23/2006 (Mota Pinto), de 10/1, *DR* I série, de 8/2/2006, p. 1026.

[160] Cf., além de múltiplas intervenções na comunicação social, nomeadamente, Corte-Real, C. Pamplona, "Anexo ao Relatório Preliminar da Faculdade de Direito da Universidade de Lisboa", AA.VV., *Reforma do Direito Civil. Relatórios Preliminares elaborados ao abrigo do Protocolo celebrado entre o Gabinete de Política Legislativa e Planeamento do Ministério da Justiça e as Faculdades de Direito da Universidade de Coimbra, da Universidade de Lisboa, da Universidade Católica Portuguesa e da Universidade Nova de Lisboa*, Coimbra, Almedina, 2005, p. 55; Pinto, Madeira, "Direito de Família e Menores", *Lex Familiae* n.º 1, 2004, pp. 112-113.

[161] O Diário da República diz, de forma infeliz, que a mencionada lei "altera os artigos 1817.º e 1842.º do Código Civil sobre investigação da paternidade e maternidade", quando o último artigo respeita à impugnação da paternidade presumida e não à investigação (da paternidade ou maternidade).

Particularmente movimentado foi Setembro de 2015, mês de publicação da Lei n.º 122/2015, no dia 1 (alimentos no caso de filhos maiores ou emancipados), da Lei n.º 137/2015, no dia 7 (exercício das responsabilidades parentais), da Lei n.º 141/2015, de 8 de Setembro (que aprovou o Regime Geral do Processo Tutelar Cível e alterou a Lei n.º 103/2009, de 11 de Setembro), da Lei n.º 142/2015, do mesmo dia (que voltou a introduzir modificações no campo da protecção de crianças e jovens), e da referida Lei n.º 143/2015, também de 8 de Setembro (adopção).

O ano corrente conta já com modificações atinentes à constituição do vínculo de adopção e de apadrinhamento civil (Lei n.º 2/2016, de 29 de Fevereiro) e à PMA (Leis n.ºs 17/2016, de 20 de Junho, e 25/2016, de 22 de Agosto).

Numa época em que é inocultável a influência do voto e da opinião da maioria dos cidadãos, o investimento estatal mostra quão grande é a relevância do Direito da Filiação e da Protecção das Crianças e Jovens numa perspectiva social. Como pode um jurista ignorar, p.e., o tema da regulação do exercício das responsabilidades parentais, num período em que não são raras as situações de ruptura entre casais com crianças? Ou desconhecer a problemática da procriação medicamente assistida, num período de avanços tecnológicos em que, por razões diversas, subsistem ou crescem as dificuldades de concepção ou gestação de crianças mediante o acto sexual? Ou escusar-se a estudar as regras da intervenção para a promoção dos direitos e protecção da criança e do jovem em perigo, num período em que o abandono ou os maus tratos de pessoas vulneráveis suscitam reacções generalizadas de indignação?

O peso dos temas de que o Direito da Filiação e da Protecção das Crianças e Jovens se ocupa revela-se naturalmente no espaço da comunicação social. Basta ter em conta o tratamento noticioso de situações concretas de crianças em perigo que tiveram um desfecho trágico, como aconteceu, p.e., no "caso da bebé Sílvia"[162] e no "caso Vanessa"[163]; ou a atenção que foi dada ao

[162] A mãe, que foi detida pela polícia, no dia 8 de Maio de 2001, quando procurava cocaína, com medo de perder a guarda da criança, não revelou às autoridades que tinha deixado a filha de 16 meses sozinha em casa. Passados 25 dias, a bebé foi encontrada morta. A mãe veio a ser julgada pelos tribunais suíços, que a condenaram a uma pena suspensa de seis meses de prisão pela prática do crime de homicídio por negligência (em abstracto, punível com uma pena de prisão até 3 anos). Ao longo do julgamento, a defesa requereu a absolvição da arguida, invocando o mau funcionamento dos serviços sociais, porque, tendo a seu cargo o acompanhamento da criança, não foram capazes de descobrir atempadamente o paradeiro da bebé.

[163] Pouco depois do seu nascimento, Vanessa foi entregue pela mãe (que, além de toxicodependente, era então menor) a uns amigos. A partir de Dezembro de 2004, Vanessa passou a viver com a avó paterna e o pai (que era toxicodependente), vindo a falecer aos cinco anos de idade, em 30 de Abril

"caso Esmeralda"[164] e, mais recentemente, ao "caso Liliana Melo"[165]. Não é difícil deparar com peças jornalísticas que conferem apreciável destaque aos mais variados problemas e situações relacionados com o sector do Direito em apreço, *v.g.*: morosidade do processo de adopção; adopção singular; adopção conjunta por pessoas do mesmo sexo; atribuição do poder paternal a pai homossexual; acção intentada na Alemanha, em que um filho pedia que os pais fossem condenados a pagar os estudos daquele nos Estados Unidos; maternidade ou gestação de substituição com a colaboração de três irmãs inglesas; registo civil de uma criança com várias mães ou/e vários pais...

Não obstante a doutrina jusfamiliar estar há muito ciente da dimensão efectiva e potencial do Direito da Filiação e da Protecção de Crianças e Jovens[166], é nítido que o esforço desenvolvido ao longo de várias décadas na matéria

de 2005, após três dias de agonia, alegadamente por asfixia, com marcas de variadas agressões, desde queimaduras a fracturas múltiplas.

[164] Esmeralda, que nasceu em Fevereiro de 2002, foi entregue pela mãe ao casal Luís/Adelina em Maio de 2002, altura em que era desconhecida a paternidade da criança. Em Janeiro de 2003, o casal Luís/Adelina intentou um processo com vista à adopção plena de Esmeralda. Antes do termo deste processo, o pai biológico, Baltazar, perfilhou a criança e obteve uma sentença que lhe atribuiu o exercício do poder paternal. Contudo, o casal Luís/Adelina recusou-se a cumprir a sentença, invocando o interesse da menor. Deste modo, em Janeiro de 2007, Luís ("o sargento Luís Gomes") foi condenado pelo crime de sequestro de Esmeralda. Após várias vicissitudes, incluindo um acórdão do Tribunal Constitucional, a guarda definitiva da criança veio a ser efectivamente atribuída ao pai biológico em Janeiro de 2009.

[165] Um acórdão proferido em 25 de Maio de 2012 pela 2.ª Secção do Juízo de Família e Menores de Sintra aplicou a sete de oito dos filhos menores de Liliana Salette Soares Melo e M'Baba Djabula a medida de confiança a instituição com vista a futura adopção, depois de ter verificado que a mãe não tinha cumprido várias obrigações assumidas por si no acordo de promoção e protecção (entre as quais estaria, alegadamente, a obrigação de laquear as trompas). O assunto foi apreciado duas vezes pelo Tribunal Constitucional (ac. 243/2013, de 10 de Maio, publicado no *DR*, 2.ª série, n.º 108, 5 de Junho de 2013, pp. 18220, relatado por PEDRO MACHETE e anotado por PINHEIRO, J. Duarte ("Caso Liliana Melo", *Estudos de Direito da Família e das Crianças* cit., pp. 383-388); e ac. 193/2016, de 26 de Abril, publicado no *DR*, 2.ª série, n.º 86, de 4 de Maio de 2016, pp. 14168 e s. (PEDRO MACHETE), que determinou a repetição do julgamento, por ter havido violação do princípio do contraditório) e levou à condenação de Portugal pelo Tribunal Europeu dos Direitos do Homem (caso Soares de Melo c. Portugal, Queixa n.º 72850/14, acórdão de 16 de Fevereiro de 2016, disponível em http://hudoc.echr.coe.int/eng?i=001-162118).

[166] Cf., nomeadamente, CORTE-REAL, C. Pamplona, "Anexo ao Relatório Preliminar da Faculdade de Direito da Universidade de Lisboa" cit., que, vaticinando "uma cada vez menor incidência do Direito da Família na área conjugal e paraconjugal, atiradas para a tutela autoregida dos parceiros e conviventes", considera inevitável que as preocupações do Direito da Família se encaminhem e concretizem na protecção dos menores em perigo (Anexo ao Relatório Preliminar da Faculdade de Direito da Universidade de Lisboa" cit. p. 52; ver também p. 55).

esteve muito aquém do que seria desejável. P.e., nos cursos de licenciatura, em que se concedia apenas um semestre para o ensino do Direito da Família, considerava-se exclusiva ou predominantemente o Direito Matrimonial, com sacrifício substancial do Direito da Filiação[167].

Ora, há que dar às duas grandes divisões do Direito da Família um relevo, pelo menos, quase idêntico no campo do ensino[168]. Não faz sentido que o jurista recém-licenciado esteja manifestamente impreparado no domínio do Direito da Filiação e da Protecção de Crianças e Jovens[169]. Falamos de uma área de presente e futuro, de uma área que cresce à medida que cresce a sensibilidade em torno do interesse da criança. Aqui são, e serão, com certeza, muito bem-vindos os *profissionais de qualidade.*

III. Na sociedade actual, a criança tornou-se uma preocupação fundamental, o que justifica muita da presente relevância de um sector do Direito que é dominado pelo princípio do superior interesse de quem ainda não completou os 18 anos de idade[170].

[167] Cf. CORTE-REAL, C. Pamplona, *Direito da Família e das Sucessões (Relatório)*, Lisboa, Lex, 1996, pp. 167-168 e a p. 171, que ora parcialmente se transcreve: "o ensino do Direito da Família, quando e se semestralmente circunscrito, tende a abranger tão-só o direito matrimonial e algumas breves noções do estabelecimento da filiação. Quer isto dizer que o Direito da Filiação[...] de extrema importância e actualidade e de fascinante complexidade científica a nível extrajurídico (biológico, médico), deveria implicar um ensino bem mais profundo do que aquele que é alvo no decurso da parte final de um semestre (...) da licenciatura, onde por regra se confina a uma sumariação das formas de estabelecimento da filiação e, quando muito, a uma breve referência ao poder paternal, sua natureza, conteúdo, exercício e limites". Cerca de 20 anos depois de ter sido escrita a obra em apreço, persiste uma certa prática de ensino que desvaloriza o Direito da Filiação. Num texto elaborado em 2009, LÚCIO, Álvaro Laborinho, sublinha o papel decisivo que devem ter as Faculdades e Escolas de Direito no estudo do chamado Direito das Crianças, votado "a uma inexplicável indiferença" ("As crianças e os direitos – o superior interesse da criança", em AA.VV., *Estudos em Homenagem a Rui Epifânio*, sob a coordenação de Armando Leandro e Laborinho Lúcio, Coimbra, Almedina, 2010, p. 193). Apesar de tudo, há que destacar o contributo importante e inconformado de SOTTOMAYOR, Maria Clara (cf., nomeadamente, "A autonomia do Direito das Crianças", em AA.VV., *Estudos em Homenagem a Rui Epifânio* cit., pp. 79-88).

[168] Cf. CORTE-REAL, C. Pamplona, *Direito da Família e das Sucessões (Relatório)* cit., p. 184: urge integrar a matéria da filiação "mais profundamente, no ensino do Direito da Família, dada a transcendência hodierna do tema e relativa secundarização a que tem sido votado o seu ensino, a nível universitário".

[169] Sobre a exigência de uma formação especializada, cf. VIDAL, Joana Marques, "Crianças, jovens e tribunais", em AA.VV., *Estudos em Homenagem a Rui Epifânio* cit., pp. 121-124.

[170] Cf. DEKEUWER-DEFOSSEZ, "Réflexions sur les mythes fondateurs du droit contemporain de la famille", *Revue Trimestrielle de Droit Civil* 1995, pp. 261 e s., que chega a reputar de "pedocêntrico" o Direito da Família mais recente.

O Direito da Filiação assenta numa concepção filiocêntrica. Nos termos do art. 1875.º, n.º 2, os conflitos entre os pais sobre o nome da criança são decididos pelo juiz "de harmonia com o interesse do filho". O art. 36.º, n.º 5, da CRP, atribui aos pais não só o direito, mas também o dever de educação e manutenção dos filhos. O art. 1878.º determina que as responsabilidades parentais são exercidas "no interesse dos filhos". O art. 1905.º e o art. 1906.º, n.º 7, referindo-se aos casos de divórcio, separação de pessoas e bens, declaração de nulidade ou anulação do casamento, exigem que o acordo dos pais e a decisão do tribunal sobre o exercício das responsabilidades parentais se adeqúem ao "interesse do menor". O art. 36.º, n.º 6, da CRP admite que os filhos sejam separados dos pais se estes não cumprirem os seus deveres fundamentais para com aqueles. O art. 36.º, n.º 7, da CRP, protege a adopção, instituto que, segundo o art. 1974.º, tem como finalidade "o interesse superior da criança"; o art. 1990.º, n.º 3, impede a revisão da sentença de adopção "quando os interesses do adoptado possam ser consideravelmente afectados, salvo se razões invocadas imperiosamente o exigirem". O art. 67.º, n.º 2, al. d), da CRP, prevê como incumbência do Estado garantir o direito ao planeamento familiar, de forma a permitir o exercício de uma maternidade e paternidade *conscientes*.

O art. 69.º, n.º 1, da CRP, reconhece às crianças o direito à protecção da sociedade e do Estado contra todas as formas de abandono, de discriminação e de opressão e contra o exercício abusivo da autoridade na família. No n.º 2, desse artigo ainda, determina-se que o Estado assegura especial protecção às crianças órfãs, abandonadas ou por qualquer forma privadas de um ambiente familiar normal. O art. 4.º, al. a), da Lei de Protecção, estabelece que a intervenção para a promoção dos direitos e protecção da criança e do jovem em perigo obedece ao princípio do "interesse superior da criança e do jovem". E o art. 3.º, n.º 1, da Convenção sobre os Direitos da Criança[171], impõe que "todas as decisões relativas a crianças, adoptadas por instituições públicas ou privadas de protecção social, por tribunais, autoridades administrativas ou órgãos legislativos, terão primacialmente em conta o interesse superior da criança".

Mas o que significa "interesse superior" do menor, da criança, do jovem ou do filho? É um conceito indeterminado que, enquanto tal, comporta o risco de algum relativismo. Todavia, não é aceitável que se converta num cripto-

[171] O texto desta Convenção, feita em Nova Iorque em 20 de Novembro de 1989, encontra-se publicado em anexo à Resolução da Assembleia da República n.º 20/90, *DR* I série, de 12 de Setembro.

argumento[172]. É do interesse da criança o seu "integral e harmonioso desenvolvimento físico, intelectual e moral"[173], o que implica a existência de "um ambiente familiar normal" (expressão que se encontra no art. 69.º, n.º 2, da CRP). E hoje aceita-se que a opinião da própria criança é um elemento a ponderar na determinação do seu superior interesse pelas autoridades judiciárias.[174]

Na lógica do interesse superior da criança se insere a tendencial biparentalidade que anima o Direito da Filiação: na perspectiva do legislador, o ideal é que a criança tenha duas figuras parentais. Desta forma se compreende a averiguação oficiosa da maternidade e da paternidade, a regra do exercício conjunto das responsabilidades parentais ou a preferência pela adopção conjunta em detrimento da adopção singular (veja-se a diferença de requisitos quanto à idade do adoptante, no art. 1979.º).

É justamente a tutela da posição da criança que, em boa medida, explica a importância do objectivo da constituição do vínculo jurídico de filiação (biológica ou não) no sistema legal, importância que se traduz, nomeadamente, na previsão da averiguação oficiosa da paternidade ou da maternidade, na aceitação da perfilhação ainda que a maternidade do perfilhando se não encontre declarada no registo (cf. art. 1851.º) e na consagração do instituto da adopção (conjunta ou singular).

2. Modalidades de filiação

Segundo o critério da fonte do vínculo, as modalidades de filiação são três: filiação biológica, filiação adoptiva e filiação por PMA heteróloga.[175]

[172] No entendimento de Sottomayor, Maria Clara, "Quem são os «verdadeiros» pais? Adopção plena de menor e oposição dos pais biológicos", *Direito e Justiça* 2002/1, p. 197, o conceito inclui um núcleo, correspondente à "estabilidade das condições de vida da criança, das suas relações afectivas e do seu ambiente físico e social".

[173] Cf. acs. da RL de 25-01-1996, proc. 0006632 (Santos Bernardino), e de 17-02-2005, proc. 343/2005-6 (Fátima Galante). De modo semelhante, ac. da RL de 03-02-2015, proc. 764/11.6TMLSB-A.L1-7 (Dina Monteiro), e ac. da RP de 08-10-2015, proc. 2593/11.8TMPRT-C.P1 (Freitas Vieira). Todos os arestos foram consultados em http://www.dgsi.pt.

[174] Por isso, é reconhecido o direito da criança a ser ouvida (art. 5.º, n.º 1, do RGPTC), consagrando-se a audição e a participação da criança como um dos princípios orientadores dos processos tutelares cíveis (art. 4.º, n.º 1, al. c), do RGPTC) e da intervenção para promoção dos direitos e protecção das crianças e jovens em perigo (art. 4.º, al. c), da Lei de Protecção).

[175] O termo "filiação por PMA heteróloga" substitui, assim, o termo "filiação por consentimento não adoptivo", que usámos em ocasiões anteriores [nomeadamente, Pinheiro, J. Duarte, *Direito*

A filiação biológica[176], ou filiação em sentido estrito, é aquela que decorre do fenómeno da procriação, identificando-se com o parentesco no 1.º grau da linha recta, que é uma relação familiar nominada (cf. art. 1578.º). A constituição do vínculo de filiação biológica, ou estabelecimento da filiação, tem eficácia retroactiva, produzindo efeitos entre os sujeitos desde a data do nascimento do filho (cf. art. 1797.º, n.º 2).

A filiação biológica subdivide-se em filiação decorrente de procriação por acto sexual e filiação decorrente de PMA homóloga.

A filiação biológica derivada de acto sexual é a forma clássica e mais corrente de filiação, sendo, por isso, aquela a que se refere o regime geral português de constituição e extinção do vínculo de filiação, constante dos arts. 1796.º e 1873.º.[177]

A filiação adoptiva é aquela que, independentemente dos laços de sangue, se constitui por uma sentença proferida no âmbito do processo de adopção (cf. art. 1973.º, n.º 1). Corresponde a uma relação familiar nominada, a adopção (cf. art. 1586.º). Ao contrário do estabelecimento da filiação, a constituição do vínculo de adopção não tem carácter retroactivo.

A filiação por PMA heteróloga constitui-se mediante o consentimento da parte que irá assumir a posição jurídica de pai, independentemente dos laços de sangue e sem que tenha havido uma sentença de adopção. Trata-se de uma relação familiar inominada. O art. 1839.º, n.º 3, consagra um exemplo clássico de filiação por PMA heteróloga: não permitindo a impugnação da paternidade presumida do marido da mãe quando aquele tenha consentido na inseminação artificial, sem distinguir consoante o esperma provenha do marido ou de terceiro, o preceito admite que o consentimento prestado fora do âmbito de um processo de adopção seja suficiente para criar um vínculo

da Família e das Sucessões, vol. II, *Direito da Filiação. Filiação biológica, adoptiva e por consentimento não adoptivo. Constituição, efeitos e extinção*, Lisboa, AAFDL, 2005, pela primeira vez, e *O Direito da Família Contemporâneo*, reimpressão (da 4.ª ed. de 2013), Lisboa, AAFDL, 2015, p. 252 e s , pela última vez].

[176] O uso da expressão filiação natural deve ser evitado pelo que tem de equívoco: por vezes, através dela, refere-se toda a filiação biológica (cf. arts. 1586.º e 1987.º); algumas vezes, a filiação extramatrimonial (cf., p.e., o Código Civil italiano, que, no Livro 1.º, Título VII, alude à filiação legítima e à filiação natural); por fim, já foi usada para nomear a filiação biológica derivada de acto sexual, contrapondo-se à PMA, que, anos atrás, chegou a ser conhecida como reprodução ou procriação artificial (cf., p.e., artigos de Pereira, Pedro Silva, "O Direito e a reprodução artificial", e Ferreira, João Prata, "Procriação artificial humana. Perspectiva médica. Situação em Portugal", publicados na *RJ* n.º 11/12, Jan./Jun. 1989, pp. 37-38 e 39-51, respectivamente).

[177] Em todo esse articulado, há apenas uma menção à filiação decorrente de PMA (art. 1839.º, n.º 3).

de filiação entre o marido da mãe e a criança, ainda que não exista qualquer ligação biológica entre eles.

Tal como a filiação biológica, a filiação por PMA heteróloga reveste carácter retroactivo.

Note-se, porém, que a existência desta terceira modalidade de filiação está longe de reunir consenso doutrinário[178].

3. Critério biológico e critério social ou "afectivo"[179]

I. A filiação biológica é a principal modalidade de filiação, ao passo que a filiação adoptiva e por PMA heteróloga são modalidades subsidiárias. A constituição da filiação adoptiva é dificultada pela exigência de um conjunto de requisitos[180], que contribuem para a sua, por enquanto, diminuta expressão estatística[181]. Quanto à filiação por PMA heteróloga é uma modalidade limitada, por um lado, porque o acto sexual continua a ser a causa largamente predominante dos nascimentos, e, por outro lado, porque, no seio da própria procriação assistida, razões éticas e outras, têm levado à defesa de uma utilização excepcional dos processos heterólogos relativamente aos homólogos[182].

[178] Cf., *infra*, Parte I, n.º 15.

[179] Cf. Corte-Real, C. Pamplona, *Direito da Família e das Sucessões (Relatório)* cit., pp. 116-118; Corte-Real, Carlos Pamplona/Pereira, José Silva, *Direito da Família* cit., pp. 200-201; Mendes, J. Castro/Sousa, M. Teixeira de, *Direito da Família* cit., pp. 226-230; Coelho, F. Pereira/Oliveira, Guilherme de, *Curso de Direito da Família*, vol. II cit., pp. 23-24, 35-49, 52-54; Campos, D. Leite de/Campos, Mónica Martinez de, *Lições de Direito da Família* cit., pp. 364-365; Oliveira, Guilherme de, "O estabelecimento da filiação: mudança recente e perspectivas", em *Temas de Direito da Família* cit., pp. 57-69, e "Critérios jurídicos da parentalidade", em AA.VV., *Textos de Direito da Família para Francisco Pereira Coelho* cit., pp. 272-276 e 299-305; Feiteira, Alice, "Princípios informadores do estabelecimento da filiação no Direito da Família", em AA.VV., *Temas de Direito da Filiação* cit., pp. 230-252; Coelho, F. Pereira, *Filiação*, lições policopiadas, Coimbra, 1978, pp. 19-24; Pimenta, J. da Costa, *Filiação*, 4.ª ed., Lisboa, Petrony, 2001, pp. 23-27; Sottomayor, Maria Clara, "O direito dos afetos e o interesse da criança", *Temas de Direito das Crianças*, Coimbra, Almedina, 2014, pp. 314-315.

[180] Cf., *infra*, Parte I, n.º 8.

[181] Cf., *infra*, Parte I, n.º 7.

[182] Cf., *infra*, Parte I, n.º 14.7.

Corte-Real, Carlos Pamplona/Pereira, José Silva, *Direito da Família* cit., p. 200, rejeitam este discurso, por entender que "não cabe ao intérprete ou ao doutrinador hierarquizar modalidades de parentalidade". Veja-se, porém, a posição insuspeita de Sottomayor, Maria Clara, "Qual é o interesse da criança?" cit., p. 38 (o princípio da verdade biológica é o ponto de partida para o estabelecimento da filiação).

Deste ponto de vista, o critério geral determinante para a constituição do vínculo da filiação é biológico.

II. No entanto, no quadro da constituição do vínculo da filiação, a referência à verdade biológica ocorre tradicionalmente a propósito do estabelecimento da filiação e procura exprimir uma tendência visível no nosso ordenamento, que é a de fazer corresponder a atribuição jurídica da filiação biológica com a filiação biológica efectivamente existente.

A prevalência do critério biológico no estabelecimento da filiação decorre, nomeadamente, da forma como a lei contrapõe a filiação em sentido estrito à adopção, do que se prescreve quanto ao estabelecimento da maternidade e, sobretudo, da liberdade probatória que é reconhecida no âmbito das acções de filiação.

O art. 1586.º distingue a adopção da "filiação natural" com base nos laços de sangue. O art. 1796.º, n.º 1, no pressuposto de que a maternidade de gestação coincide com a genética, preceitua que, relativamente à mãe, a filiação resulta do facto do nascimento. Mas, mais importante que isto, o art. 1801.º determina que "nas acções relativas à filiação são admitidos como meios de prova os exames de sangue e quaisquer outros métodos cientificamente comprovados". Esta abertura da lei ao uso de métodos científicos, p.e., em acções de investigação de maternidade, de investigação da paternidade e de impugnação da paternidade, é justamente tida como "a expressão mais lídima do princípio da verdade biológica"[183].

No estado actual do conhecimento, é possível uma resolução extremamente segura das dúvidas sobre uma ligação biológica entre duas pessoas, mediante a realização de testes de ADN[184]. Só que tem prevalecido uma opinião que, rejeitando a recolha coerciva de sangue[185], restringe o alcance do art. 1801.º.

[183] Cf. CORTE-REAL, C. Pamplona, *Direito da Família e das Sucessões (Relatório)* cit., p. 117.

[184] Cf. PINHEIRO, Fátima "Aplicação do estudo do DNA na investigação biológica da filiação", *RMP* 1996, Abril/Junho, pp. 131-137; SILVA, Paula Costa e, "A realização coerciva de testes de ADN em acções de estabelecimento da filiação", em AA.VV., *Estudos em Homenagem à Professora Doutora Isabel de Magalhães Collaço*, Coimbra, Coimbra Editora, 2002, pp. 578-586. Menos entusiasta, MADALENO, Rolf, *Curso de Direito de Família* cit, pp. 538-539 (o exame de ADN não é um meio de prova infalível "quando ainda existe uma indiscriminada proliferação de laboratórios, dispensados de qualquer credenciamento mais sério").

[185] Cf., entre outros, OLIVEIRA, Guilherme de, "A lei e o laboratório. Observações acerca das provas periciais da filiação", em *Temas de Direito da Família* cit., pp. 89-90; ac. do STJ de 11-01-2001, *RMP* 2001, Jan./Mar., pp. 159-164 (NEVES RIBEIRO), com anotação concordante de BARRETO NUNES, pp. 164-169; REGO, Carlos Lopes do, "O ónus da prova nas acções de investigação da paternidade:

Contudo, com os avanços da ciência, o material recolhido para o exame de ADN não tem de ser necessariamente sangue; pode ser saliva, um fio de cabelo, um fragmento de pele ou unha, o que torna menos consistente a tese de que a realização coactiva de exames de ADN é incompatível com o direito fundamental de integridade física da pessoa que a eles se tenha de submeter[186].

III. A força do critério biológico no estabelecimento da filiação funda-se genericamente no direito à identidade pessoal (do filho) e no direito ao desenvolvimento da personalidade (dos pais), consagrados no art. 26.º, n.º 1, da CRP. No caso específico da criança, acresce outra justificação: dependendo as responsabilidades parentais da constituição do vínculo de filiação, é de esperar um melhor desempenho destas por parte dos pais genéticos.

Todavia, o biologismo não constitui um valor absoluto, nem sequer no plano da própria atribuição jurídica da filiação biológica. Os direitos à identidade pessoal e ao desenvolvimento da personalidade são, tal como quaisquer outros direitos, restringíveis. E, por vezes, não se confirma, nem é muito provável que se venha a confirmar, a expectativa ou a presunção da maior aptidão dos pais biológicos para o exercício das responsabilidades parentais.

Em diversos aspectos, o legislador afastou-se do princípio da verdade biológica. P.e., ao sujeitar as acções de investigação de maternidade, de investigação da paternidade e de impugnação da paternidade a prazos de caducidade

prova directa e indirecta do vínculo de filiação", em AA.VV., *Comemorações dos 35 anos do Código Civil* cit., pp. 786-787. Segundo a orientação em apreço, na acção de investigação, a recusa do réu em se apresentar voluntariamente a exame de sangue não deixa de ser ilegítima, mas resta aos tribunais apreciar livremente o valor da recusa para efeitos probatórios, nos termos do art. 519.º, n.º 2, do CPC anterior (correspondente ao art. 417.º, n.º 2, do CPC actual). E os tribunais tendem a considerar que a recusa do réu inverte o ónus da prova, à luz do art. 344.º, n.º 2 [cf. acs. do STJ de 23-09-2008, proc. 08B1827 (SERRA BAPTISTA), e de 16-10-2012, proc. 194/08.7TBAGN. C1.S1 (GARCIA CALEJO), disponíveis em http://www.dgsi.pt].

[186] Cf., p.e., "Relatório da mesa temática relativa à investigação da paternidade" (FACULDADE DE DIREITO DA UNIVERSIDADE DE COIMBRA / CENTRO DE DIREITO DA FAMÍLIA, *2.ª Bienal de Jurisprudência. Direito da Família*, Coimbra, Coimbra Editora, 2005, p. 30); e, em especial, SILVA, Paula Costa e, "A realização coerciva de testes de ADN" cit., pp. 597-599 e "The Establishment and Legal Consequences of Parentage", em AA.VV., *Estudos em Homenagem ao Professor Doutor Inocêncio Galvão Telles*, vol. IV, Coimbra, Almedina, 2003, pp. 523-526. Como explica a ilustre professora, qualquer um dos tipos de actos que são necessários à realização dos testes de ADN, incluindo a picada de um dedo para a recolha de sangue, não atinge o núcleo do direito à integridade física; e ainda que se entenda estar perante uma restrição ao mencionado direito, esta é absolutamente proporcionada e adequada, porque implica uma intervenção mínima e visa obter uma decisão judicial sobre a filiação que coincida com a realidade, decisão que, em muitos casos, é exigida pelo interesse superior da criança.

(cf., respectivamente, arts. 1817.º, 1873.º e 1842.º); ao excluir a acção de averiguação oficiosa susceptível de revelar uma ligação incestuosa (arts. 1809.º, al. *a*), e 1866, al. *a*)); ao exigir o assentimento do filho maior para que a perfilhação produza efeitos (art. 1857.º); e ao impedir o estabelecimento da filiação, depois de decretada a adopção (art. 1987.º).

Mas as excepções à regra do biologismo no sistema de estabelecimento da filiação acabam por ser mais circunscritas, uma vez que paira uma forte suspeita de inconstitucionalidade sobre as normas legais que sujeitam as acções de filiação a prazos de caducidade[187]. Em contrapartida, o actual movimento de aprofundamento do critério biológico no domínio da constituição da filiação em sentido estrito coexiste com o avanço das modalidades subsidiárias de filiação (a adopção e a filiação por PMA heteróloga), que são tributárias de um critério *social* – o da intenção ou projecto parental.[188]

Secção II
Estabelecimento da filiação, no caso de procriação através de acto sexual

4. A distinção entre estabelecimento da maternidade e estabelecimento da paternidade[189]

I. Como se afirmou anteriormente, o regime geral português de constituição e extinção do vínculo (constante dos arts. 1796.º a 1873.º, incluídos em

[187] Cf., *infra*, Parte I, n.º 6.6.IV e V.

[188] Avanço que é muito visível quer entre os juristas portugueses (cf., nomeadamente, SOTTOMAYOR, Maria Clara, "Qual é o interesse da criança?" cit., e CORTE-REAL, Carlos Pamplona/ PEREIRA, José Silva, *Direito da Família* cit., pp. 200-201), quer, sobretudo, entre os juristas brasileiros (cf., por exemplo, LÔBO, Paulo, "Socioafetividade no Direito da Família: a persistente trajetória de um conceito fundamental", em AA.VV., *Escritos de Direito das Famílias: uma perspectiva luso-brasileira*, sob a coordenação de Maria Berenice Dias e Jorge Duarte Pinheiro, Porto Alegre, Magister, 2008, pp. 145 e s.). Trata-se de um movimento que, porém, não legitima o dogma de que a relação de filiação pressupõe uma ligação afectiva entre os respectivos sujeitos (PINHEIRO, J. Duarte, "Critério biológico e critério social ou *afectivo* na determinação da filiação e da guarda dos menores", *Estudos de Direito da Família e das Crianças* cit., pp. 211-216).

[189] Cf. MENDES, J. Castro/SOUSA, M. Teixeira de, *Direito da Família* cit., pp. 224-226; COELHO, F. Pereira, *Filiação* cit., pp. 40-41; LIMA, Pires de/VARELA, Antunes, *Código Civil Anotado*, vol. V, arts. 1796.º a 2023.º, Coimbra, Coimbra Editora, 1995, anotação a art. 1796.º; OLIVEIRA, Guilherme de, *Estabelecimento da Filiação*, Coimbra, Almedina, 1991, anotação ao art. 1796.º; FERREIRA-PINTO, F. B., *Dicionário de Direito da Família* cit., pp. 243-246; PIMENTA, J. da Costa, *Filiação* cit., pp. 45-47; COELHO, F. Pereira/OLIVEIRA, Guilherme de, *Curso de Direito da Família*, vol. II cit., pp. 57-59.

capítulo do CC intitulado "Estabelecimento da filiação") tem em vista a filiação biológica decorrente de procriação por acto sexual.

As próximas páginas serão justamente dedicadas a esta filiação, que é de base biparental, heterossexual e não tem na sua origem o recurso a técnicas de procriação medicamente assistida.

II. O art. 1796.º distingue entre estabelecimento da filiação quanto à mãe, ou estabelecimento da maternidade, e estabelecimento da filiação quanto ao pai, ou estabelecimento da paternidade. O n.º 1 diz que a filiação materna resulta do facto do nascimento e que se estabelece nos termos dos arts. 1803.º a 1825.º, ou seja, por declaração de maternidade ou reconhecimento judicial. O n.º 2 dispõe que a paternidade se presume em relação ao marido da mãe e que, nos casos de filiação fora do casamento, se estabelece pelo reconhecimento.

Em matéria de estabelecimento da maternidade, seguiu-se o "sistema da filiação"[190]: a maternidade jurídica resulta do facto do nascimento, regra que tem em vista a situação comum, em que a mãe genética e a mãe de gestação são uma e mesma pessoa. O parto é tido como um elemento que torna patente a ligação biológica do filho à mãe. Em matéria de estabelecimento da paternidade, na falta de um elemento com a notoriedade do parto, afastou-se o chamado sistema da filiação, seguindo-se o sistema da presunção, para os filhos nascidos dentro do casamento, e o sistema do reconhecimento ou do decreto[191], para os demais.

Partindo do princípio de que é mais fácil fazer prova da maternidade do que da paternidade, o legislador português mostra-se ainda influenciado pelos brocardos "mater semper certa est" e "pater semper incertus est"[192]. Deste

[190] Cf. Coelho, F. Pereira, *Filiação* cit., p. 40.

[191] O sistema do reconhecimento caracteriza-se pelo reconhecimento *voluntário* juridicamente relevante do progenitor, pela constituição do vínculo de filiação mediante uma exteriorização voluntária do convencimento dessa filiação. Entre nós, é possível o reconhecimento voluntário da paternidade (que se traduz na perfilhação), mas não da maternidade (à mãe é vedado o recurso à perfilhação e a declaração de maternidade nada mais é do que uma declaração de ciência). No sistema do decreto, o vínculo constitui-se por decisão de uma autoridade estatal (*v.g.*, o tribunal) que não tenha em vista exclusivamente o facto do parto. Portanto, o reconhecimento judicial da paternidade enquadra-se no sistema do decreto, mas não o reconhecimento judicial da maternidade.

[192] Ou num só brocardo: "mater semper certa est, pater nunquam". A ideia encontra-se numa curiosa expressão popular portuguesa: "Os filhos da minha filha meus netos são; os filhos do meu filho serão, ou não".

modo, detecta-se algum anacronismo. Por um lado, os avanços científicos facilitam muito, hoje em dia, a prova da paternidade. Por outro lado, os processos de procriação medicamente assistida vêm lançar dúvidas sobre a regra que associa estabelecimento da maternidade e nascimento: graças à maternidade de substituição e à dação de óvulos ou embriões, a mãe de gestação pode diferir da mãe biológica[193].

5. Estabelecimento da maternidade[194]

5.1. Enunciado de modos de estabelecimento da maternidade

O art. 1796.º, n.º 1, determina que a filiação materna se estabelece nos termos dos arts. 1803.º a 1825.º. Estes artigos formam uma secção respeitante ao estabelecimento da maternidade (Secção II, Capítulo I, Título III, Livro IV do Código Civil), que se reparte por três subsecções: a Subsecção I, dedicada à declaração de maternidade; a Subsecção II, relativa à averiguação oficiosa; e a Subsecção III, sobre reconhecimento judicial. Todavia, são apenas dois os modos de estabelecimento da maternidade: a declaração de maternidade e o reconhecimento judicial. Importa sublinhar que a averiguação oficiosa não constitui um modo de estabelecer a maternidade, mas uma actividade imposta por lei com o objectivo de conduzir a tal estabelecimento por um dos dois únicos modos possíveis – a declaração de maternidade ou o reconhecimento judicial.

[193] Cf., *infra*, Parte I, n.º 14.9.III. Abstraindo do art. 1839.º, n.º 3, é nítido que as normas sobre constituição do vínculo de filiação contidas no CC não foram pensadas para a procriação medicamente assistida.

[194] Cf. MENDES, J. Castro/SOUSA, M. Teixeira de, *Direito da Família* cit., pp. 239-265; COELHO, F. Pereira/OLIVEIRA, Guilherme de, *Curso de Direito da Família*, vol. II cit., pp. 21-22, 61-67, 72-79, 84-85; FERREIRA-PINTO, F. B., *Dicionário de Direito da Família* cit., pp. 252-260, 262-307; CAMPOS, D. Leite de/CAMPOS, Mónica Martinez de, *Lições de Direito da Família* cit., pp. 381-387; COELHO, F. Pereira, *Filiação* cit., pp. 43-68; VILALONGA, J. M. Dias, "Declaração de maternidade e perfilhação: Contributo para um estudo comparativo dos dois institutos", em AA.VV., *Temas de Direito da Filiação* cit., pp. 157-206; LIMA, Pires de/VARELA, Antunes, *Código Civil Anotado*, vol. V cit., arts. 1796.º, 1803.º-1806.º, 1807.º-1825.º; OLIVEIRA, Guilherme de, *Estabelecimento da Filiação* cit., arts. 1796.º, 1803.º-1806.º, 1808.º-1825.º; PIMENTA, J. da Costa, *Filiação* cit., pp. 49-58, 64-79; SILVA, Tomás Oliveira e, *Filiação. Constituição e extinção do respectivo vínculo*, Coimbra, Almedina, 1989, pp. 13-94, 290-291, 297-314, 359-360.

5.2. Declaração de maternidade

I. A declaração de maternidade é o modo normal de estabelecer a maternidade (cf., p.e., o art. 1814.º, que alude ao reconhecimento judicial como modo de suprir a falta de constituição do vínculo por declaração de maternidade) e consiste numa indicação da maternidade que tanto pode ser efectuada pela mãe como por terceiro.

O art. 124.º, n.º 1, do CRC, obsta ao registo da declaração de maternidade em contradição com a filiação resultante de acto de registo anterior.

A indicação da maternidade efectuada pela própria mãe corresponde à declaração de maternidade em sentido restrito. No entanto, a lei usa a expressão no sentido mais amplo, abrangendo também a indicação da maternidade feita por terceiro (cf. arts. 1804.º, n.º 2, e 1805.º, n.ºs 1 e 2)[195].

Em regra, a declaração de maternidade faz-se por menção desta no registo de nascimento do filho. Neste caso, a declaração tem a denominação específica de "menção da maternidade" (cf. art. 1803.º).

II. A declaração de maternidade está normalmente conexa com a declaração de nascimento: o declarante do nascimento deve identificar, quando possível, a mãe do registando (arts. 112.º, n.º 1, do CRC, e 1803.º, n.º 1).

O nascimento é um facto sujeito obrigatoriamente a registo (art. 1.º, n.º 1, al. a), do CRC)[196], que, quando ocorrer em território português, deve ser declarado, dentro dos vinte dias imediatos, numa conservatória do registo civil, ou, se o nascimento ocorrer em unidade de saúde onde seja possível declarar o nascimento, até ao momento em que a parturiente receba alta da unidade de saúde (art. 96.º, n.º 1, do CRC). O nascimento deve ainda ser declarado na unidade de saúde para onde a parturiente tenha sido transferida, desde que seja possível declarar o nascimento, até ao momento em que a parturiente receba alta (art. 96.º, n.º 2, do CRC).

[195] Demasiado rigoroso, PIMENTA, J. da Costa, *Filiação* cit., pp. 50-51, que rejeita em absoluto a utilização da terminologia declaração de maternidade para a indicação da maternidade feita por pessoa distinta da mãe.

[196] Sendo competente para lavrar o registo de nascimento qualquer conservatória do registo civil e a unidade de saúde onde ocorreu o nascimento ou aquela para onde a parturiente tenha sido transferida, desde que seja possível declará-lo na unidade de saúde (cf. art. 101.º, n.º 1, do CRC). Especificamente sobre o registo de nascimento ocorrido em unidades de saúde, cf. os arts. 101.º-A a 101.º-D do CRC.

Por força do art. 97.º, n.º 1, do CRC, a obrigação de declarar o nascimento cabe, sucessivamente, às seguintes pessoas: aos pais ou a outros representantes legais da criança ou a quem por eles seja, para o efeito, mandatado por escrito particular; ao parente capaz mais próximo que tenha conhecimento do nascimento; ao director ou administrador ou outro funcionário por eles designado da unidade de saúde onde ocorreu o parto ou na qual foi participado o nascimento.

Se o nascimento tiver ocorrido há mais de um ano, a respectiva declaração só pode ser prestada por qualquer dos pais, por quem tiver o registando a seu cargo ou pelo próprio interessado se for maior de 14 anos (art. 99.º, n.º 1, do CRC)[197].

A relevância jurídica da declaração de maternidade feita com a declaração de nascimento varia consoante o nascimento tenha ocorrido ou não há menos de um ano.

III. Se o nascimento declarado tiver ocorrido há menos de um ano, a maternidade indicada (por uma das pessoas com competência para declarar o nascimento, nos termos do art. 97.º, n.º 1, do CRC, ou por qualquer pessoa que exibir prova da declaração de maternidade feita pela mãe em escritura, testamento ou termo lavrado em juízo[198]), considera-se estabelecida (cf. art. 1804.º, n.º 1; art. 113.º, n.º 1, do CRC).

IV. Quando o nascimento declarado tiver ocorrido há um ano ou mais, a maternidade indicada considera-se estabelecida se for a mãe a declarante, se estiver presente no acto do registo, se for nele representada por procurador com poderes especiais *ou se for exibida prova da declaração de maternidade feita pela mãe em escritura, testamento ou termo lavrado em juízo* (cf. art. 114.º, n.º 1, do CRC, que completa o art. 1805.º, n.º 1, acrescentando o caso assinalado em itálico). Não se verificando nenhum desses casos, a pessoa indicada como mãe (por uma das pessoas com competência para a declaração tardia de nascimento, regulada no art. 99.º, n.º 1, do CRC[199]) será notificada pessoalmente

[197] O art. 99.º, n.º 2, do CRC, prevê: "Para a declaração de nascimento ocorrido há mais de 14 anos, deve ser exigida a intervenção de duas testemunhas e, se possível, ser exibido o documento que comprove a exactidão da declaração, podendo o conservador promover as diligências necessárias ao apuramento dos factos."

[198] Na parte em apreço, o art. 114.º, n.º 1, do CRC, é aplicável, por maioria de razão, aos nascimentos ocorridos há menos de um ano.

[199] Menos restritivo, Ferreira-Pinto, F. B., *Dicionário de Direito da Família* cit., p. 258, que admite que a declaração de maternidade seja feita por qualquer pessoa referida no art. 97.º, n.º 1, do CRC.

para, no prazo de 15 dias, vir declarar se confirma em auto a maternidade, sob a cominação de o filho ser havido como seu (arts. 114.º, n.º 2, do CRC, e 1805.º, n.º 2)[200]. Se a pretensa mãe negar a maternidade ou não puder ser notificada, a menção da maternidade fica sem efeito (art. 1805.º, n.º 3). Se confirmar a maternidade ou, se tendo sido notificada, nada declarar, a maternidade considera-se estabelecida.

V. Quando o registo de nascimento é omisso quanto à maternidade, a mãe pode fazer a todo o tempo a declaração de maternidade e qualquer pessoa com competência para fazer a declaração de nascimento tem a faculdade de identificar a mãe do registado (art. 1806.º). Nesta situação, aplica-se o disposto quanto aos nascimentos ocorridos há menos de um ano ou há um ano ou mais, na sua plenitude[201]. No entanto, a declaração de maternidade não pode ser efectuada se se tratar de filho nascido ou concebido na constância do matrimónio e existir perfilhação por pessoa diferente do marido (art. 1806.º, n.º 1, 2.ª parte), hipótese em que resta o caminho do reconhecimento judicial.

Os arts. 125.º a 129.º do CRC regulam o registo da declaração de maternidade que não conste do assento de nascimento. Em regra, o funcionário do registo civil lavra um assento de declaração de maternidade, que deve observar os requisitos especiais previstos no art. 126.º do CRC. Contudo, a declaração de maternidade feita por testamento, escritura pública ou termo em juízo é registada, por averbamento, ao assento de nascimento do filho (art. 129.º do CRC).

VI. A mãe não perfilha, declara a maternidade. A declaração de maternidade em sentido restrito é, no âmbito do estabelecimento da maternidade, a figura homóloga da perfilhação.[202] As duas figuras são actos jurídicos simples, não negociais. Contudo, a declaração de maternidade é uma declaração de ciência, enquanto a perfilhação é uma *declaração de consciência*[203]. Relativa-

[200] Sobre o valor jurídico da menção da maternidade ainda não estabelecida, cf. SILVA, Tomás Oliveira e, *Filiação* cit., pp. 28-29.

[201] Há, nomeadamente, que ter em conta que a competência para declarar a maternidade varia em função da altura em que tiver ocorrido o nascimento (cf. arts. 97.º, n.º 1, e 99.º, n.º 1, do CRC, aplicáveis ao abrigo do disposto no art. 1806.º, n.º 2).

[202] O art. 64.º do RGPTC usa, por lapso, a expressão "termo de perfilhação" para o documento que contém a declaração de nascimento efectuada pela própria mãe, no âmbito do processo de averiguação oficiosa da maternidade.

[203] Cf. VILALONGA, J. M. Dias, "Declaração de maternidade e perfilhação" cit., pp. 195-201. Note-se que é pacífica a qualificação da declaração de maternidade, mas não a da perfilhação (sobre a

mente à mãe, a filiação resulta do nascimento. A declaração de maternidade efectuada pela mãe não é, nem pode ser um reconhecimento do filho; consiste numa "confissão", numa simples comunicação de um facto ostensivo, que é o nascimento. Por isso, o art. 1807.º prevê a impugnação da maternidade estabelecida com base em declaração somente quando a maternidade indicada não for a verdadeira.

VII. A declaração de maternidade efectuada pela própria mãe não tem um regime legal específico comparável em extensão ao da perfilhação (cf. arts. 1848.º, n.º 2, 1849.º-1863.º). Dada a semelhança entre as duas figuras, é de perguntar se o regime da perfilhação não será analogicamente aplicável à declaração de maternidade[204].

É manifesto que certas normas da perfilhação se não se adequam à declaração de maternidade, como, p.e., as que aludem ao nascituro (art. 1855.º e parte do art. 1854.º). Outras normas são, pelo contrário, conformes à lógica da declaração de maternidade, *v.g.*, o art. 1848.º, n.º 2, que não afasta a validade da perfilhação feita por testamento, escritura pública ou termo lavrado em juízo, que esteja em contradição com a filiação constante do registo do nascimento, impedindo unicamente a produção de efeitos da perfilhação enquanto não for rectificado, declarado nulo ou cancelado o registo anterior incompatível[205]; o art. 1852.º, que confere carácter puro e simples à perfilhação; e o art. 1858.º, que estatui a irrevogabilidade da perfilhação. Menos clara é a posição a tomar quanto às normas da perfilhação sobre capacidade (arts. 1850.º e 1861.º), filho pré-falecido (art. 1856.º), filho maior (art. 1857.º), erro-vício ou coacção moral (art. 1860.º) e investigação judicial pendente (art. 1863.º).

A solução depende da natureza das figuras em confronto. O regime da perfilhação é aplicável à declaração de maternidade nos aspectos em que não esteja marcado pelo convencimento da filiação e pela vontade de exteriorizar esse convencimento. Por conseguinte, são inaplicáveis à declaração de maternidade as regras dos arts. 1850.º, 1860.º e 1861.º (sobre capacidade[206] e vícios

natureza da última figura, cf., *infra*, Parte I, n.º 6.5.IV).

[204] Cf. OLIVEIRA, Guilherme de, *Estabelecimento da Filiação* cit., art. 1796.º V.

[205] Cf., expressamente, OLIVEIRA, Guilherme de, *Estabelecimento da Filiação* cit., art. 1815.º IV; COELHO, F. Pereira/OLIVEIRA, Guilherme de, *Curso de Direito da Família*, vol. II cit., pp. 61-62, 85; MENDES, J. Castro/SOUSA, M. Teixeira de, *Direito da Família* cit., pp. 247-248.

[206] Para a declaração de maternidade, efectuada pela mãe ou por outrem, basta a capacidade para entender o nascimento, não se exigindo uma idade mínima: cf. OLIVEIRA, Guilherme de, *Estabelecimento da Filiação* cit., art. 1803.º VI; COELHO, F. Pereira/OLIVEIRA, Guilherme de, *Curso de Direito*

na formação da vontade[207]), por estarem associadas à perfilhação enquanto *declaração de consciência*. Não se opondo ao carácter da declaração de maternidade como mera declaração de ciência, é, ao invés, analogicamente aplicável o disposto nos arts. 1856.º, 1857.º e 1863.º: a declaração de maternidade posterior à morte do filho só produz efeitos em favor dos descendentes[208]; a eficácia da declaração de maternidade de filho maior depende do seu assentimento[209]; a declaração de maternidade feita depois de intentada em juízo a acção de investigação de maternidade contra pessoa diferente da pessoa que foi indicada como mãe fica sem efeito, e a respectiva menção registal deve ser cancelada, se a acção for julgada procedente[210].

5.3. Reconhecimento judicial da maternidade

I. O reconhecimento judicial é o outro modo de estabelecer a maternidade e ocorre através de uma acção autónoma (especialmente intentada para o efeito) de investigação de maternidade ou de declaração da maternidade. O tribunal deve comunicar a qualquer conservatória do registo civil a decisão que reconhecer a maternidade, para que seja feito o averbamento da filiação estabelecida (art. 78.º do CRC).

da Família, vol. II cit., p. 64; Vilalonga, J. M. Dias, "Declaração de maternidade e perfilhação" cit., pp. 186-187; Silva, Tomás Oliveira e, *Filiação* cit., pp. 21-26. Contra, recorrendo ao art. 1850.º, n.º 1, Mendes, J. Castro/Sousa, M. Teixeira de, *Direito da Família* cit., p. 241; Ferreira-Pinto, F. B., *Dicionário de Direito da Família* cit., p. 255.

[207] Contra, Mendes, J. Castro/Sousa, M. Teixeira de, *Direito da Família* cit., p. 241; Vilalonga, J. M. Dias, "Declaração de maternidade e perfilhação" cit., pp. 187-189. Salvo o devido respeito, não nos parece plausível uma anulação da declaração de maternidade a requerimento da mãe declarante, com fundamento em coacção moral ou erro que recaia sobre circunstâncias que tenham contribuído decisivamente para o convencimento da maternidade (cf. art. 1860.º, n.ºs 1 e 2). A declaração de maternidade que coincida com a realidade é inatacável e nem sequer é prejudicada por ter sido obtida mediante uma ameaça ilícita. Quando muito, há responsabilidade (penal ou outra) do autor da coacção, nos termos gerais.

[208] Igualmente, Vilalonga, J. M. Dias, "Declaração de maternidade e perfilhação" cit., pp. 192-193.

[209] Cf. Oliveira, Guilherme de, *Estabelecimento da Filiação* cit., art. 1806.º VI; Vilalonga, J. M. Dias, "Declaração de maternidade e perfilhação" cit., pp. 189-191. Contra, Mendes, J. Castro/Sousa, M. Teixeira de, *Direito da Família* cit., p. 245; Ferreira-Pinto, F. B., *Dicionário de Direito da Família* cit., p. 260.

[210] Assim, Oliveira, Guilherme de, *Estabelecimento da Filiação* cit., art. 1815.º V; Coelho, F. Pereira/Oliveira, Guilherme de, *Curso de Direito da Família*, vol. II cit., p. 85; Mendes, J. Castro/Sousa, M. Teixeira de, *Direito da Família* cit., pp. 241-242; Vilalonga, J. M. Dias, "Declaração de maternidade e perfilhação" cit., pp. 191-192.

Não é admissível o reconhecimento judicial de maternidade em contrário da que conste do registo de nascimento (art. 1815.º), sendo indispensável a impugnação prévia da maternidade registada[211].

A acção de investigação de maternidade pode ser comum ou simples e especial ou complexa (ou mista). A acção comum incide apenas no plano do estabelecimento da maternidade. A acção especial destina-se a reconhecer a maternidade de filho nascido ou concebido na constância do matrimónio da pretensa mãe (cf. art. 1822.º) e tem repercussões no domínio do estabelecimento da paternidade.

II. Em princípio, a acção comum de investigação de maternidade deve ser intentada pelo filho contra a pretensa mãe (cf. arts. 1814.º e 1819.º). O art. 1818.º estende a legitimidade activa ao cônjuge não separado de pessoas e bens ou aos descendentes do filho, se este não tiver intentado a acção e morrer antes de terminar o prazo em que o podia fazer; e admite que eles prossigam na acção, se o filho a tiver intentado e falecer na pendência da causa. O art. 1819.º, n.º 1, ao regular a legitimidade passiva, prevê que, se a pretensa mãe tiver falecido, a acção deve ser proposta contra o cônjuge sobrevivo não separado de pessoas e bens e também, numa situação de litisconsórcio necessário passivo (cf. art. 33.º do CPC), sucessivamente, contra os descendentes, ascendentes ou irmãos; na falta de todas estas pessoas, a acção tem de ser instaurada contra um curador especialmente nomeado para se opor à pretensão do investigante. O art. 1819.º, n.º 2, consagra uma situação de litisconsórcio voluntário passivo (cf. art. 32.º do CPC), ao determinar que, havendo herdeiros ou legatários cujos direitos sejam atingidos pela procedência da acção, esta não produzirá efeitos contra eles se não tiverem sido também demandados.

É permitida a coligação de vários investigantes em relação à mesma pretensa mãe (art. 1820.º).

Na acção de investigação, o autor deve provar que o filho nasceu da pretensa mãe (art. 1816.º, n.º 1). Todavia, o autor beneficia de duas presunções de maternidade (art. 1816.º, n.º 2): a maternidade presume-se quando o filho houver sido reputado e tratado como tal pela pretensa mãe e reputado

[211] Cf. Ferreira-Pinto, F. B., *Dicionário de Direito da Família* cit., pp. 277-278, que se pronuncia contra a cumulação no mesmo processo de um pedido de impugnação da maternidade de certa mulher que se encontra registada com um pedido de reconhecimento da maternidade de outra mulher.

como filho também pelo público (posse de estado[212]); e quando exista carta ou outro escrito no qual a pretensa mãe declare inequivocamente a maternidade. Ambas as presunções são ilidíveis mediante contraprova (art. 1816.º, n.º 3).

O art. 1817.º regula os prazos para a proposição da acção de investigação de maternidade. A regra é enunciada no n.º 1: a acção só pode ser proposta durante a menoridade do investigante ou nos dez anos posteriores à sua maioridade ou emancipação.

Os n.ºs 2 e 3 do art. 1817.º alargam o prazo geral: se não for possível estabelecer a maternidade em consequência da existência de um registo incompatível, a acção de investigação de maternidade pode ser movida nos três anos seguintes à rectificação, declaração de nulidade ou cancelamento do registo inibitório; a acção pode ser intentada ainda nos três anos posteriores à data em que tiver sido impugnada por terceiro, com sucesso, a maternidade do investigante, em que o investigante tiver "tido conhecimento de "factos ou circunstâncias que justifiquem a investigação, designadamente, quando cesse o tratamento como filho pela pretensa mãe" (incumbindo ao réu a prova de que a pretensa mãe não tratou voluntariamente o investigante como filho nos três anos anteriores à propositura da acção, por força do n.º 4 do mesmo art. 1817.º), ou em que, na falta de determinação da maternidade, o investigante tiver tido conhecimento superveniente de factos ou circunstâncias que possibilitem e justifiquem a investigação.

Em nosso entender, a propositura da acção de investigação de maternidade fora dos prazos do art. 1817.º impede a obtenção pelo autor de benefícios sucessórios com base na filiação pretendida (e não o próprio estabelecimento da maternidade)[213].

O filho menor, interdito ou inabilitado tem direito a alimentos provisórios desde a proposição da acção de investigação de maternidade, contanto que o tribunal considere provável o reconhecimento da maternidade (art. 1821.º). Se a acção de investigação for julgada improcedente, não serão restituídas as importâncias recebidas pelo filho a título de alimentos provisórios (cf. art. 2007.º, n.º 2).

[212] Para mais pormenores sobre a presunção decorrente da posse de estado, cf., *infra*, Parte I, n.º 6.6.III, onde se fala desta presunção na acção de investigação da paternidade.

[213] Cf., *infra*, Parte I, n.º 6.6.IV e V, onde se discute a polémica questão dos prazos para a proposição da acção de investigação da paternidade.

III. O art. 1822.º contém regras específicas de legitimidade para a acção especial de investigação de maternidade: a acção deve ser intentada também contra o marido da pretensa mãe e, se existir perfilhação, ainda contra o perfilhante; durante a menoridade do filho, a acção pode ser intentada pelo marido da pretensa mãe, caso em que deverá sê-lo contra a pretensa mãe e contra o filho e, se existir perfilhação, também contra o perfilhante. Em caso de falecimento do autor ou dos réus na acção especial de investigação de maternidade, aplica-se, com as necessárias adaptações, o disposto nos arts. 1818.º e 1819.º (art. 1825.º).

Na acção especial de investigação de maternidade, pode ser impugnada a presunção de paternidade do marido de mãe (art. 1823.º, n.º 1). Se existir perfilhação por pessoa diferente do marido da mãe, a perfilhação só prevalecerá se for afastada a presunção "pater is est" (art. 1823.º, n.º 2).

IV. A acção de declaração de maternidade, a que se refere o art. 1824.º, destina-se a suprir a impossibilidade de a mãe declarar a maternidade por se se tratar de filho nascido ou concebido na constância do matrimónio e existir perfilhação por pessoa diferente do marido. Deve ser intentada pela mãe quer contra o filho quer contra o marido e, se existir perfilhação, também contra o perfilhante. Em caso de falecimento do autor ou dos réus na acção, aplica-se, com as necessárias adaptações, o disposto nos arts. 1818.º e 1819.º (art. 1825.º). À acção de declaração de maternidade aplica-se ainda, com as devidas adaptações, o regime específico da acção especial de investigação da paternidade (art. 1824.º, n.º 2). Aliás, ambas as acções apresentam natureza complexa, dado o impacto que têm nas duas grandes áreas do estabelecimento da filiação (maternidade e paternidade).

A lei não limita temporalmente a propositura da acção de declaração de maternidade[214].

5.4. A averiguação oficiosa da maternidade

I. Como antes se afirmou, a averiguação oficiosa da maternidade não constitui um modo de estabelecimento da maternidade, mas uma actividade

[214] Cf. Oliveira, Guilherme de, *Estabelecimento da Filiação* cit., art. 1824.º IV; Coelho, F. Pereira/Oliveira, Guilherme de, *Curso de Direito da Família*, vol. II cit., p. 84; Ferreira-Pinto, Ferreira-Pinto, F. B., *Dicionário de Direito da Família* cit., p. 290. Contra, defendendo a aplicação do prazo geral fixado no art. 1817.º à situação especial focada no art. 1824.º, Lima, Pires de/Varela, Antunes, *Código Civil Anotado*, vol. V cit., art. 1824.º (5).

imposta por lei com o objectivo de conduzir a tal estabelecimento por um dos dois modos possíveis – a declaração de maternidade ou o reconhecimento judicial.

II. Sempre que a maternidade não esteja mencionada no registo de nascimento, deve o funcionário remeter ao tribunal certidão integral do registo acompanhada de cópia do auto de declarações, havendo-as (arts. 115.º, n.º 1, e 116.º do CRC). Todavia, a remessa não tem lugar se, existindo perfilhação, o conservador se certificar de que o pai e a pretensa mãe são parentes ou afins em linha recta ou parentes no segundo grau da linha colateral (art. 115.º, n.º 2, do CRC).

Na sequência da remessa, será aberto um processo de averiguação oficiosa da maternidade (art. 1808.º, n.º 1) no tribunal competente[215]. A instrução do processo, que tem carácter secreto (art. 1812.º), incumbe ao Ministério Público/MP (art. 60.º, n.º 1, do RGPTC).

O MP deve proceder às diligências necessárias para identificar a pretensa mãe e, havendo indicação da respectiva identidade, deve ouvi-la em declarações, que serão reduzidas a escrito (art. 60.º do RGPTC, e a parte do art. 1808.º, n.º 2, que com ele é compatível[216]). Se a pretensa mãe confirmar a maternidade (cf. art. 1808.º, n.º 3; art. 117.º do CRC), será lavrado termo e remetida certidão para averbamento ao assento de nascimento do filho. O processo termina. *A maternidade estabeleceu-se por declaração.*[217]

Se a pretensa mãe não puder ser ouvida[218] ou se, tendo sido ouvida, não confirmar a maternidade[219], finda a instrução, o MP decidirá sobre a viabilidade ou inviabilidade da acção de investigação de maternidade (cf. art. 62.º,

[215] Que é o tribunal de comarca (art. 80.º, n.º 1, da LOSJ). A competência é exercida, mais precisamente, pelas secções de família e menores deste tribunal (art. 123.º, n.º 1, al. l),da LOSJ, e art. 6.º, al. i), do RGPTC), quando existam.

[216] O art. 60.º, n.º 1, do RGPTC revogou tacitamente (apenas) a parte do art. 1808.º, n.º 2, que conferia competência instrutória ao tribunal, transferindo-a para o MP.

[217] A propósito da confirmação da maternidade, o art. 64.º do RGPTC usa, por lapso, a palavra "perfilhação".

[218] Apesar da redacção do art. 1808.º, é de entender que o regime do respectivo n.º 4 é aplicável se não for possível a audição da pretensa mãe: cf. MENDES, J. Castro/SOUSA, M. Teixeira de, *Direito da Família* cit., p. 262; FERREIRA-PINTO, F. B., *Dicionário de Direito da Família* cit., pp. 264-266.

[219] As declarações prestadas pela pretensa mãe que não confirmou a maternidade, durante o processo de averiguação oficiosa, "não implicam presunção de maternidade nem constituem sequer princípio de prova" (art. 1811.º).

n.º 1, do RGPTC, e a parte do art. 1808.º, n.º 4, que com ele é compatível[220]). Existindo provas seguras que abonem a viabilidade da acção de investigação contra certa mulher, o MP propõe a acção de investigação (art. 62.º, n.º 1, do RGPTC, e parte do art. 1808.º, n.º 4, que com ele é compatível). De outro modo, será proferida decisão de inviabilidade, que é notificada aos interessados (art. 62.º, n.º 3, do RGPTC).

Também não será proposta acção de investigação se durante a instrução se vier a apurar que, existindo perfilhação, o pai e a pretensa mãe são parentes ou afins em linha recta ou parentes no segundo grau da linha colateral (art. 1809.º, al. a)[221]); ou se tiverem decorrido dois anos sobre a data do nascimento (art. 1809.º, al. b))[222].

A decisão de inviabilidade proferida pelo magistrado do MP é susceptível de reapreciação hierárquica, no prazo de 10 dias (art. 63.º do RGPTC).

III. A acção que o MP intenta, na sequência da decisão de viabilidade, é uma acção oficiosa de investigação de maternidade, que pode ser comum ou simples e especial ou complexa (ou mista). A acção comum incide apenas no plano do estabelecimento da maternidade. A acção especial destina-se a reconhecer a maternidade de filho nascido ou concebido na constância do matrimónio da pretensa mãe (cf. art. 1810.º[223]) e tem repercussões no domínio do estabelecimento da paternidade.

[220] O art. 62.º, n.º 1, do RGPTC revogou tacitamente (apenas) a parte do art. 1808.º, n.º 4, que conferia competência decisória ao tribunal, transferindo-a para o MP. As mudanças de competência realizadas pelos arts. 62.º, n.º 1, e 60.º, n.º 1, do RGPTC, eram já há algum tempo tidas como convenientes. Num texto de 2008, Correia, Paulo, "Notas sobre o processo de averiguação oficiosa da maternidade/paternidade", em AA.VV., *Volume comemorativo dos 10 anos"* cit., p. 21, defendeu uma profunda reformulação do processo de averiguação que deveria passar "pela atribuição de competência exclusiva ao M.P. [...] dos actos instrumentais, recolha de prova e juízo final acerca da existência de elementos factuais e jurídicos que permitam sustentar, com elevada probabilidade, a procedência da acção de investigação".

[221] Sobre a conformidade constitucional do preceito, cf., *infra*, nota 295, relativa a norma semelhante da averiguação oficiosa da paternidade.

[222] Sobre a razão de ser deste prazo, aparentemente tão curto, cf., *infra*, nota 296, relativa a norma semelhante da averiguação oficiosa da paternidade. Para Mendes, J. Castro/Sousa, M. Teixeira de, *Direito da Família* cit., p. 262, no caso de a maternidade anteriormente estabelecida deixar de constar do registo, "parece que o prazo estabelecido no art. 1809.º, al. b), se deve contar somente a partir da rectificação, declaração de nulidade ou cancelamento do registo da maternidade".

[223] Na parte do art. 1810.º que não foi revogada tacitamente pelo art. 62.º, n.º 1, do RGPTC. Este último preceito retirou ao tribunal competência no âmbito da averiguação oficiosa. Já não cabe ao tribunal ajuizar da existência de provas seguras e ordenar a remessa do processo ao MP a fim de ser intentada acção oficiosa de investigação. Agora é o MP que decide sobre a viabilidade da acção.

Nos termos do art. 1810.º, a acção oficiosa especial de investigação de maternidade está sujeita às regras da acção (não oficiosa) especial de investigação de maternidade[224], sem prejuízo do disposto no art. 1809.º, al. b). O referido art. 1810.º ressalva a aplicação da al. b) e não da al. a) do art. 1809.º, pelo que, *a contrario sensu*, é admissível a acção oficiosa especial se, existindo perfilhação, a pretensa mãe e o perfilhante forem parentes ou afins em linha recta ou parentes no segundo grau da linha colateral[225].

Sendo procedente a acção oficiosa de investigação de maternidade, comum ou especial, *a maternidade estabeleceu-se por reconhecimento judicial*. O tribunal deve então comunicar a qualquer conservatória do registo civil a decisão, para que seja feito o averbamento da filiação legalmente constituída (art. 78.º do CRC).

Sendo a acção oficiosa improcedente, nada obsta a que seja intentada nova acção de investigação de maternidade, ainda que fundada nos mesmos factos (art. 1813.º).

6. Estabelecimento da paternidade[226]

6.1. Enunciado de modos de estabelecimento da paternidade

O art. 1796.º, n.º 2, dispõe que a paternidade se presume em relação ao marido da mãe e que, nos casos de filiação fora do casamento, se estabelece pelo reconhecimento.

[224] Cf., *supra*, Parte I, n.º 5.3.III.

[225] Assim, Mendes, J. Castro/Sousa, M. Teixeira de, *Direito da Família* cit., pp. 264-265, com a seguinte explicação: "Os custos sociais do estabelecimento de uma eventual filiação incestuosa entre a mãe e o perfilhante são a contrapartida necessária da resolução do conflito entre a presunção de paternidade do marido e a paternidade reconhecida do perfilhante".

[226] Cf. Mendes, J. Castro/Sousa, M. Teixeira de, *Direito da Família* cit., pp. 231-235, 270-285, 294-304, 309-327; Coelho, F. Pereira/Oliveira, Guilherme de, *Curso de Direito da Família*, vol. II cit., pp. 25-35, 86-122, 149-174, 191-259; Pinheiro, J. Duarte, "Inconstitucionalidade do artigo 1817.º, n.º 1, do Código Civil – Ac. do TC 23/2006, de 10.1.2006, Proc. 885/05", *CDP*, n.º 15, Jul./Set. 2006, pp. 32-52, "Inconstitucionalidade do artigo 1817.º, n.º 4, do Código Civil – Ac. do TRC de 19.10.2004, Proc. 718/04", *CDP*, n.º 13, Jan./Março 2006, pp. 51-71, e "Investigação da paternidade – «direitos e abusos»", em Ivone Maria Candido Coelho de Sousa (coordenadora), *Parentalidade. Análise psicojurídica*, Curitiba, Juruá, 2009, pp. 77-90; Ferreira-Pinto, F. B., *Dicionário de Direito da Família* cit., pp. 246-252, 307-324, 337-350, 370-404; Oliveira, Guilherme de, *Critério Jurídico da Paternidade*, reimpr. (da ed. de 1983), Coimbra, Almedina, 2003, em particular pp. 143-242, 291-332, 409-415, 456-460, 465-471; Campos, D. Leite de/Campos, Mónica Martinez de,

A presunção de paternidade ou presunção "pater is est..."[227] é regulada nos arts. 1826.º-1846.º, que formam a Subsecção I, integrada na secção respeitante ao estabelecimento da paternidade (Secção III, Capítulo I, Título III, Livro IV do Código Civil). Pressupõe que a mãe se encontre casada no momento do nascimento ou da concepção.[228]

O reconhecimento de paternidade é objecto dos arts. 1847.º-1873.º, que formam a Subsecção II, que é também a última, da referida secção, respeitante ao estabelecimento da paternidade. A Subsecção II comporta quatro divisões: Divisão I, sobre disposições gerais; Divisão II, para a perfilhação; Divisão III, relativa à averiguação oficiosa da paternidade; e Divisão IV, dedicada ao reconhecimento judicial.

Como decorre do art. 1847.º, o reconhecimento de paternidade efectua-se por duas formas: perfilhação ou reconhecimento voluntário; e reconhecimento judicial ou decisão judicial em acção de investigação. A averiguação oficiosa da paternidade não constitui um modo de estabelecer ou reconhecer a paternidade, mas uma actividade imposta por lei com o objectivo de conduzir a tal estabelecimento por um dos dois modos possíveis de reconhecimento – a perfilhação ou o reconhecimento judicial. A perfilhação é o modo mais comum de estabelecer a paternidade dos filhos nascidos ou concebidos fora do matrimónio. O reconhecimento judicial é o modo de estabelecer a paternidade dos filhos nascidos ou concebidos fora do casamento, quando não tenha havido perfilhação.

Lições de Direito da Família cit., pp. 391-392, 395-396, 401-404; Coelho, F. Pereira, *Filiação* cit., pp. 33-40, 69-78, 88-103, 107-130; Vilalonga, J. M. Dias, "Declaração de maternidade e perfilhação" cit., pp. 157-206; Lima, Pires de/Varela, Antunes, *Código Civil Anotado*, vol. V cit., arts. 1796.º, 1798.º-1800.º, 1826.º-1837.º, 1847.º-1858.º, 1864.º-1868.º; Oliveira, Guilherme de, *Estabelecimento da Filiação* cit., arts. 1796.º, 1798.º-1800.º, 1826.º-1837.º, 1847.º-1858.º, 1864.º-1868.º; Pimenta, J. da Costa, *Filiação* cit., pp. 81-100, 117-127, 137-168; Silva, Tomás Oliveira e, *Filiação* cit., pp. 103-239, 314-325, 356-359, 360-366.

[227] Parte inicial do brocardo "pater is est quem iustiae nuptiae demonstrant" (Paulo, *Digesto*, 2, 4, 5), que atribui a paternidade do filho ao marido da mãe. Numa tradução sem grandes preocupações de rigor, dir-se-ia: "o pai é aquele que as núpcias indicam" ou, como se lê no CDC, "o pai é aquele que o matrimónio legal demonstra" (cân. 1138, § 1).

[228] A presunção "pater is est" deixou aparentemente de ser o modo normal de estabelecer a paternidade. Em 2015 (segundo a Base de Dados PORDATA, disponível em http://www.pordata.pt e consultada em 23/05/2016), 50,7% das crianças nascidas em Portugal eram filhas de pais não casados, tendo sido a primeira vez em que se não verificou a prevalência estatística dos filhos matrimoniais (49,3%, em contraste com 92,5%, em 1966, ano de aprovação do CC em vigor).

Há, portanto, três modos de estabelecimento da paternidade: a presunção da paternidade, a perfilhação e o reconhecimento judicial.[229]

6.2. A distinção entre filiação dentro e fora do casamento

I. O sistema de estabelecimento da paternidade assenta na distinção entre filhos nascidos dentro e fora do casamento, pelo que importa perguntar se o mesmo não será discriminatório, violando o disposto no art. 36.º, n.º 4, da CRP. A presunção de paternidade ou "pater is est", explicitada no art. 1826.º, n.º 1, constitui um modo mais fácil de estabelecer a paternidade que se aplica exclusivamente ao filho de mãe casada. O art. 1871.º consagra presunções quanto à paternidade do filho de mãe não casada, mas tais presunções não constituem modos de estabelecer a paternidade. Têm unicamente relevo probatório no âmbito da acção de investigação da paternidade. Quando muito, ajudam o autor a obter uma sentença de reconhecimento da paternidade, sentença que, essa sim, estabelece o vínculo de filiação.

Há, na verdade, quem pense que não é defensável a diferenciação entre filhos nascidos dentro e fora do matrimónio no regime actual do estabelecimento da filiação, por aquela ter implícita a ideia de que há uma ligação mais forte do filho com o marido da mãe do que com o homem que vive com a mãe em união de facto, ideia que "já não corresponde ao espírito do tempo, nem obtém a adesão de uma maioria política"[230].

Não se julgue, porém, que, para os críticos da diferenciação, a alternativa se coloca necessariamente entre manter o regime actual sem alterações ou abolir a presunção "pater is est". Apesar de os testes de ADN permitirem um resultado praticamente certo sobre a paternidade biológica, não é desejável, na perspectiva do interesse da criança, que se introduza um factor adicional de indefinição, ainda que temporário, quanto à filiação dos filhos de mães casadas, fazendo depender o estabelecimento da paternidade de uma vontade de perfilhar ou do sucesso de uma acção de investigação. A alterna-

[229] O regime legal de estabelecimento da paternidade que a seguir se explicita é criticado por Ribeiro, Jorge Martins, *O direito do homem a rejeitar a paternidade de filho nascido contra a sua vontade. A igualdade na decisão de procriar*, Coimbra, Coimbra Editora, 2013, que, em nome do respeito pelo direito à autodeterminação parental, sugere uma reforma de todo o sistema português de constituição do vínculo de paternidade (cf. ob. cit., pp. 313-322).

[230] Cf. Frank, Rainer, "Observations comparatives sur la contestation de paternité", *RIDC* 2005, pp. 91-93, 100-101.

tiva também se pode desenhar entre a manutenção do regime actual, com o estabelecimento da paternidade por presunção confinado ao marido da mãe, ou o alargamento da presunção constitutiva do vínculo de filiação ao homem que viva em união de facto com a mãe.

II. No entanto, não nos parece que a diferenciação feita pela lei portuguesa colida com a Constituição, nem que seja possível estender, por analogia, a presunção de paternidade à união de facto. Mais, uma eventual futura extensão por via legal não será razoável se não for acompanhada de uma alteração das regras respeitantes à constituição e extinção da união de facto.

Como é dito por ilustres constitucionalistas[231], a proibição de discriminação consagrada no art. 36.º, n.º 4, da CRP, não impede, em absoluto, "a admissibilidade de especificidades materialmente fundadas em relação ao regime aplicável aos filhos nascidos fora do casamento", *maxime* das regras sobre reconhecimento de paternidade.

É certo que o fundamento da presunção "pater is est" é o elevado grau de probabilidade de correspondência com a realidade[232] e que, nesta medida, é configurável a sua extensão, em abstracto, à união de facto. No entanto, o funcionamento da presunção pressupõe o registo do vínculo que une a mãe ao pretenso pai (cf., p.e., o art. 1835.º), bem como a certeza quanto ao momento da constituição e extinção desse vínculo (cf., nomeadamente, o art. 1826.º, n.º 2). Ora, no direito português vigente, a união de facto não está sujeita a registo e a informalidade que preside à sua constituição e extinção não oferece garantias de segurança quanto ao início e ao termo da ligação[233].

6.3. O momento da concepção

O conhecimento do momento da concepção do filho é especialmente relevante para efeitos de estabelecimento da paternidade[234]: presume-se que

[231] MIRANDA, Jorge/MEDEIROS, Rui, *Constituição Portuguesa anotada* cit., p. 836.

[232] Cf., *infra*, Parte I, n.º 6.4.II.

[233] Cf., porém, Guilherme de Oliveira, que relativiza o argumento da dificuldade de determinar com rigor o início e o fim da união de facto (COELHO, F. Pereira/OLIVEIRA, Guilherme de, *Curso de Direito da Família*, vol. II cit., p. 92).

[234] O momento da concepção releva ainda fora do domínio do estabelecimento da paternidade, *v.g.*, enquanto fundamento do prazo internupcial mais longo para a mulher (cf. art. 1605.º) ou como condição da capacidade sucessória do nascituro na sucessão legal (cf. art. 2033.º, n.º 1).

o filho concebido na constância do matrimónio tem como pai o marido da mãe (art. 1826.º, n.º 1); a perfilhação do nascituro só é válida se for posterior à concepção (art. 1855.º); e várias presunções de paternidade, no âmbito da acção de investigação da paternidade, têm como referência temporal o período legal de concepção (art. 1871.º, n.º 1, als. c), d) e e)). É também o momento da concepção que delimita o âmbito de aplicação das situações de cessação da presunção de paternidade (cf. arts. 1828.º, 1829.º e 1831.º, n.º 1) e da acção oficiosa de investigação da paternidade com base em processo crime (art. 1867.º).

O art. 1798.º contém a regra quanto ao momento legal da concepção do filho: primeiros 120 dias dos 300 que precederem o nascimento. Deste modo, o filho beneficia de duas presunções: a presunção de que a concepção se verificou em qualquer um dos 120 dias dos 300 anteriores ao seu nascimento (presunção "omni meliore momento"); e a presunção de que a gestação não foi superior a 300 nem inferior a 180 dias.

As presunções constantes do art. 1798.º são ilidíveis nos termos do art. 1800.º, que admite acção judicial destinada a fixar a data provável da concepção dentro do período referido no art. 1798.º, ou a provar que o período de gestação do filho foi inferior a 180 dias ou superior a 300. A acção pode ser proposta por qualquer interessado ou pelo Ministério Público; se for julgada procedente, a sentença deve, em qualquer dos casos, fixar a data provável da concepção.

Além disso, o prazo de concepção previsto no art. 1798.º é susceptível de ser reduzido se dentro dos 300 dias anteriores ao nascimento do filho tiver sido interrompida ou completada outra gravidez. Nesta hipótese de gravidez anterior, não são considerados para a determinação do momento da concepção os dias que tiverem decorrido até à interrupção da gravidez ou ao parto (art. 1799.º, n.º 1). A prova da interrupção de outra gravidez, não havendo registo do facto, só pode ser feita em acção especialmente intentada para esse fim, por qualquer interessado ou pelo Ministério Público.

6.4. A presunção de paternidade

I. Resulta do art. 1826.º, n.º 1, que o filho nascido ou concebido na constância do matrimónio da mãe tem como pai o marido da mãe.

A regra "pater is est" abrange os casos de concepção e nascimento do filho durante o casamento; de concepção do filho antes do casamento, desde que tenha nascido durante o matrimónio; e de concepção do filho durante o casamento, mesmo que tenha nascido em momento posterior[235].

Por força do art. 1827.º, a presunção de paternidade abrange os casamentos anulados ou declarados nulos, desde que tenham sido registados.

Como o âmbito da presunção de paternidade é balizado pela duração do casamento, o art. 1826.º, n.º 2, determina que o momento da dissolução do casamento por divórcio ou da sua anulação é o do trânsito em julgado da respectiva sentença; e que o casamento católico nulo ou dissolvido por dispensa só se considera extinto a partir do registo da sentença pelas autoridades eclesiásticas. Dentro da lógica do preceito, a dissolução do casamento por divórcio decretado pelo conservador ocorrerá no momento do respectivo despacho (por transitar em julgado no próprio dia em que é proferido).

Conjugando o art. 1827.º com o art. 1826.º, n.º 2, verifica-se que, nos casamentos civis anulados, a presunção "pater is est" vigora até ao trânsito em julgado da sentença de anulação, enquanto, nos casamentos católicos, a presunção vigora até ao registo civil da sentença de declaração de nulidade.

A delimitação da presunção de paternidade não tem em conta os avanços registados no campo da procriação medicamente assistida, *v.g.*, a existência de processos de reprodução que permitem o nascimento de um filho muito depois da sua concepção ou de processos que permitem a própria fecundação posterior à morte daquele que contribuiu com componentes genéticos. De facto, a criopreservação, isto é, a conservação a baixíssimas temperaturas, de gâmetas e embriões, abre o caminho à eventualidade de o nascimento se dar muito tempo após a morte dos progenitores.[236]

II. A paternidade presumida tem de constar obrigatoriamente do registo do nascimento, não sendo admitidas menções que a contrariem, salvo o disposto nos arts. 1828.º e 1832.º (art. 1835.º, n.º 1). Se o registo do casamento dos pais só vier a ser efectuado depois do registo do nascimento, e deste não constar a paternidade do marido da mãe, a paternidade será mencionada oficiosamente (art. 1835.º, n.º 2).

[235] Na opinião de Guilherme de Oliveira, a regra abrange ainda, só que por analogia, o caso de nascimento do filho dentro dos cento e oitenta dias posteriores à celebração do casamento mas depois da dissolução do casamento (Coelho, F. Pereira/Oliveira, Guilherme de, *Curso de Direito da Família*, vol. II cit., p. 91).

[236] É novamente visível a conexão das regras de estabelecimento da filiação contidas no CC com a procriação decorrente de acto sexual.

A regra "pater is est" não é um corolário da imposição dos deveres de coabitação e de fidelidade aos cônjuges[237]. Basta ver que a presunção abarca a hipótese de concepção antenupcial, anterior ao casamento. A previsão da regra funda-se no seu elevado grau de probabilidade de correspondência com a realidade. Se a concepção for posterior ao casamento e, portanto, à assunção do compromisso jurídico de fidelidade, é normal que a mulher só tenha relações sexuais com o marido ou que, quando tenha relações com terceiro, tome precauções para evitar ter um filho extramatrimonial. Se a concepção do filho for anterior ao casamento em não mais de 180 dias, a vontade de casar torna verosímil que o pai tenha sido o marido da mãe.

A regra "pater is est" apresenta a natureza de presunção legal *iuris tantum*, sendo ilidível por impugnação judicial (cf. art. 1838.º).

III. Em certos casos, que não exigem impugnação judicial, a lei afasta a vigência da presunção de paternidade, embora o filho tenha nascido ou tenha sido concebido na constância do matrimónio da mãe. Estes casos, que são designados pela lei como de cessação da presunção de paternidade, figuram nos arts. 1828.º, 1829.º e 1832.º.

Ao abrigo do disposto no art. 1828.º, a presunção cessa relativamente ao filho concebido antes do casamento, isto é, dentro dos 180 dias posteriores à celebração do casamento, se a mãe ou o marido declararem no acto do registo do nascimento que o marido não é o pai.

O art. 1829.º, n.º 1, relativo aos filhos concebidos depois de finda a coabitação, prescreve que a presunção de paternidade cessa se o nascimento do filho ocorrer passados 300 dias depois de finda a coabitação, nos termos do n.º 2 do mesmo artigo. O art. 1829.º, n.º 2, enumera as situações em que se considera finda a coabitação dos cônjuges: data da primeira conferência, tratando-se de divórcio ou separação por mútuo consentimento; data da citação do réu para a acção de divórcio ou separação litigiosos ou data que a sentença fixar como a da cessação da coabitação[238]; data em que deixou de haver notícias do marido, conforme decisão proferida em acção de nomeação de curador provisório, justificação de ausência ou declaração de morte presumida. Todavia, a referência à data da primeira conferência ficou parcialmente prejudicada pelas

[237] Cf. PINHEIRO, J. Duarte, *O núcleo intangível da comunhão conjugal* cit., p. 197.

[238] Guilherme de Oliveira aplica analogicamente o art. 1829.º a sentenças que, tendo sido proferidas fora do processo de divórcio ou separação, fixem o termo da coabitação (COELHO, F. Pereira/OLIVEIRA, Guilherme de, *Curso de Direito da Família*, vol. II cit., pp. 102-103). Rejeitam tal alargamento, LIMA, Pires de/VARELA, Antunes, *Código Civil Anotado*, vol. V cit., art. 1829.º (5).

alterações que o DL n.º 272/2001, de 13 de Outubro, introduziu no plano da separação e do divórcio por mútuo consentimento: desapareceu a chamada primeira conferência, razão pela qual se deve entender que releva agora a data daquela que é agora a única conferência[239]. E o elenco do art. 1829.º, n.º 2, não é taxativo: obviamente, considera-se finda a coabitação dos cônjuges na data da morte do marido.

A presunção de paternidade que cessou por força do art. 1829.º pode reiniciar-se ou renascer. No reinício, a presunção recupera *ipso iure* os seus efeitos (para o futuro); no renascimento, a presunção é restabelecida através de uma decisão judicial. A presunção reinicia-se com a reconciliação dos cônjuges separados de pessoas e bens; com o regresso do ausente; e com o trânsito em julgado da sentença que, sem ter decretado o divórcio ou separação judicial de pessoas e bens, pôs termo ao processo (art. 1830.º). Quando o início do período legal da concepção for anterior ao trânsito em julgado do despacho ou da sentença proferidos na acção de divórcio ou de separação de pessoas e bens, o art. 1831.º, n.º 1, estatui que a presunção de paternidade renasce se, em acção intentada por um dos cônjuges ou pelo filho, se provar que no período legal da concepção existiram relações entre os cônjuges que tornam verosímil a paternidade do marido ou que o filho, na ocasião do nascimento, beneficiou da posse de estado relativamente a ambos os cônjuges (art. 1831.º, n.º 1). Se existir perfilhação do filho, terá de ser demandado o perfilhante na acção (art. 1831.º, n.º 3). Entende-se que o filho beneficia de posse de estado relativamente a ambos os cônjuges, na ocasião de nascimento, se então tiver sido reputado e tratado como filho por ambos os cônjuges e se, cumulativamente, tiver sido reputado como filho de ambos os cônjuges nas relações sociais, especialmente nas respectivas famílias (art. 1831.º, n.º 2).

Por fim, o art. 1832.º, n.º 2, determina que a presunção de paternidade cessa se a mulher casada fizer a declaração de nascimento com a indicação de que o filho não é do marido[240]. É imediatamente admissível a perfilhação (art. 1832.º, n.º 3). A presunção que cessou pode renascer, nos termos do art. 1831.º, n.º 1 (art. 1832.º, n.º 6).

[239] Cf. COELHO, F. Pereira/OLIVEIRA, Guilherme de, *Curso de Direito da Família*, vol. II cit., p. 100.

[240] Guilherme de Oliveira admite a cessação da presunção também no caso de a mulher casada fazer a declaração da maternidade do filho cujo nascimento já foi registado (COELHO, F. Pereira/OLIVEIRA, Guilherme de, *Curso de Direito da Família*, vol. II cit., pp. 107-108).

IV. Havendo bigamia ou casamento sucessivo da mãe com desrespeito pelo prazo internupcial, surge um conflito de presunções de paternidade, que é resolvido pelo art. 1834.º, n.º 1: prevalece a presunção de que o pai é o segundo marido. Se for impugnada com sucesso a paternidade do segundo marido, o art. 1834.º, n.º 2, prevê que renasce a presunção relativa ao anterior marido da mãe.

6.5. A perfilhação

I. A perfilhação, modo de estabelecer a paternidade fora do casamento, é o acto pelo qual uma pessoa (do sexo masculino[241]) declara relevantemente que um ser vivo da espécie humana[242] é seu filho. Coincidindo com o reconhecimento voluntário da paternidade, a perfilhação caracteriza-se por ser pessoal, livre, solene e irrevogável.

É um acto pessoal porque tem de ser feita pelo próprio pai ou por intermédio de procurador com poderes especiais (cf. art. 1849.º). E é também pessoal no sentido de que é um acto não patrimonial.

A perfilhação é, como diz o art. 1849.º, um acto livre, característica que é confirmada pela previsão da anulabilidade da perfilhação viciada por coacção moral (cf. art. 1860.º, n.º 1). Contudo, não é um acto facultativo: o pai biológico tem o dever jurídico de perfilhar, sendo a não observância desse dever susceptível de originar, nos termos gerais, uma obrigação de indemnizar perante o filho[243].

A perfilhação consiste num acto solene, já que apenas pode revestir uma das formas indicadas no art. 1853.º (declaração prestada perante o funcionário do registo civil; testamento; escritura pública; ou termo lavrado em juízo) ou a forma de declaração prestada perante o funcionário de unidade de saúde no momento do registo de nascimento (desde que a unidade tenha competência

[241] Cf., *supra*, Parte I, n.º 5.2.VI.

[242] A perfilhação pode ser feita antes do nascimento do filho (art. 1854.º).

[243] Cf. Oliveira, Guilherme de, *Estabelecimento da Filiação* cit., art. 1849.º V e VI, "Impugnabilidade da perfilhação", em em *Temas de Direito da Família* cit., p. 22, nota 9, e "Caducidade das acões de investigação ou caducidade do dever de perfilhar, a pretexto do acórdão n.º 401/2011 do Tribunal Constitucional", *Lex Familiae* n.ºs 17 e 18, 2012, pp. 113-115; Coelho, F. Pereira/Oliveira, Guilherme de, *Curso de Direito da Família*, vol. II cit., pp. 154-156. Contra, Lima, Pires de/Varela, Antunes, *Código Civil Anotado*, vol. V cit., art. 1849.º (4); Albuquerque, Pedro de, *Autonomia da vontade* cit., pp. 93-96.

para lavrar o registo)[244]. A perfilhação que contrarie a paternidade constante do registo de nascimento será válida desde que seja feita por testamento, escritura pública ou termo lavrado em juízo; no entanto, a sua eficácia depende do cancelamento do registo daquela paternidade (art. 1848.º, n.º 2).

Qualquer que seja a forma que tenha revestido, a perfilhação é irrevogável (art. 1858.º). O exercício pelo *de cuius* da faculdade de livre revogação do testamento não afecta a subsistência da perfilhação que neste tenha sido realizada.

II. A perfilhação deve obedecer a certos requisitos de fundo, cuja inobservância implica impugnabilidade, invalidade ou ineficácia. Acima de tudo, a perfilhação tem de corresponder à verdade (cf. art. 1859.º, n.º 1). Boa parte dos demais requisitos respeitam ao perfilhante ou ao perfilhando.

Os requisitos relativos ao perfilhante prendem-se com a capacidade e o consentimento. Só têm capacidade para perfilhar os indivíduos com mais de 16 anos se não estiverem interditos por anomalia psíquica ou não forem notoriamente dementes no momento da perfilhação (art. 1850.º, n.º 1). Neste contexto, o conceito de demência notória é idêntico ao que assume no art. 1601.º, al. b): não interessa que a demência seja cognoscível, mas "certa, inequívoca, não duvidosa"[245]. Dado o carácter pessoal do acto, os menores com 16 e 17 anos, os interditos por causa distinta de anomalia psíquica e os inabilitados não necessitam, para perfilhar, de autorização dos pais, tutores ou curadores (art. 1850.º, n.º 2). Mas os menores com 16 e 17 anos, não emancipados, só podem perfilhar por formas distintas do testamento (cf. arts. 1853.º e 2189.º, al. a))[246].

No que toca ao consentimento, o perfilhante tem de declarar que quer perfilhar. O consentimento dado tem de ser puro e simples. As condições, os termos e as cláusulas que limitem ou modifiquem os efeitos que são atribuídos à perfilhação por lei têm-se por não escritos (art. 1852.º). O consentimento não deve estar viciado por coacção moral nem por erro sobre circunstâncias que tenham contribuído decisivamente para o convencimento da paternidade (art. 1860.º, n.ºs 1 e 2).

[244] Cf. arts. 101.º, n.º 1, 102.º, n.º 1, al. e), e 130.º, n.º 1 (que, ao mandar aplicar, com as devidas adaptações, o disposto no art. 125.º, n.º 1, admite que a perfilhação conste do assento de nascimento do filho), do CRC.

[245] Cf. OLIVEIRA, Guilherme de, *Estabelecimento da Filiação* cit., art. 1850.º IV; COELHO, F. Pereira/ OLIVEIRA, Guilherme de, *Curso de Direito da Família*, vol. II cit., p. 160.

[246] Contra, SILVA, Tomás Oliveira e, *Filiação* cit., p. 152, para o qual o art. 1853.º, al. b), conjugado com o art. 1850.º, consagra um desvio ao disposto no art. 2189.º, al. a).

Os requisitos da perfilhação relativos ao perfilhando são a ausência de outra paternidade estabelecida, a concepção do perfilhando, a existência do perfilhando e o assentimento do perfilhando maior ou emancipado ou dos descendentes do perfilhando que sejam maiores ou emancipados.

Não é admitida a perfilhação em contrário da paternidade que conste do registo de nascimento enquanto este não for rectificado, declarado nulo ou cancelado (art. 1848.º, n.º 1). Todavia, a perfilhação que contrarie a filiação registada será válida desde que seja feita por testamento, escritura pública ou termo lavrado em juízo, ficando apenas a sua eficácia dependente do cancelamento do registo daquela paternidade (art. 1848.º, n.º 2).

É necessário que o perfilhando exista (como pessoa ou ser vivo da espécie humana) ou tenha existido. O art. 1854.º dispõe que a perfilhação pode ser feita a todo o tempo, antes ou depois do nascimento do filho ou depois da morte deste. Mas o art. 1855.º acrescenta que a perfilhação só é válida se for posterior à concepção e o perfilhante identificar a mãe (art. 1855.º). O art. 1856.º limita a eficácia da perfilhação posterior à morte do filho: a perfilhação só produz efeitos em favor dos seus descendentes (art. 1856.º). O pai que perfilhar filho falecido não beneficia, p.e., de direitos enquanto sucessível legal deste. E a própria eficácia circunscrita da perfilhação de filho pré-defunto não se verificará se a este sobreviverem descendentes maiores ou emancipados e eles não prestarem o seu assentimento (art. 1857.º, n.º 1).

A perfilhação de filho maior ou emancipado, ou de filho pré-falecido que tenha descendentes maiores ou emancipados, só produz efeitos se aquele ou estes, ou, tratando-se de interditos, os respectivos representantes, derem o seu assentimento (art. 1857.º, n.º 1). A lei não fixa um prazo para o assentimento, prescrevendo somente no art. 1857.º, n.º 2, que ele pode ser dado, antes ou depois da perfilhação, ainda que o perfilhante tenha falecido, por qualquer uma de três formas: declaração prestada perante o funcionário do registo civil; documento autêntico ou autenticado; termo lavrado em juízo no processo em que haja sido feita a perfilhação. Na falta de um prazo, compreende-se que o art. 1857.º, n.º 4, confira a qualquer interessado que tenha conhecimento da perfilhação o direito de requerer judicialmente a notificação pessoal do perfilhando, dos seus descendentes ou dos seus representantes legais para declararem, no prazo de trinta dias, se dão o seu assentimento à perfilhação. O silêncio vale como assentimento.

Não constitui requisito da perfilhação o registo da maternidade do perfilhando (cf. art. 1851.º). Também não há quaisquer obstáculos à perfilhação de filhos incestuosos[247]. Relativamente aos filhos adulterinos, há que distinguir: o filho adulterino de homem casado é livremente perfilhável por este; o filho de mãe casada só é eficazmente perfilhável depois de ilidida a presunção de paternidade e cancelado o registo feito com base nela[248].

III. A perfilhação não pode ser invocada enquanto não for lavrado o respectivo registo (arts. 2.º e 1.º, n.º 1, al. b), do CRC). Se a perfilhação for feita perante o funcionário do registo civil regista-se por meio de assento de nascimento ou assento próprio, consoante tenha sido efectuada na altura da declaração de nascimento ou posteriormente (arts. 130.º, n.º 1, e 125.º do CRC). A perfilhação realizada por testamento, escritura pública ou termo lavrado em juízo é averbada ao assento de nascimento do filho (arts. 130.º, n.º 1, e 129.º do CRC). A perfilhação feita em unidade de saúde competente é inscrita no assento de nascimento[249].

A lei estabelece uma disciplina especial para o registo de perfilhação que careça de assentimento (art. 1857.º, n.ºs 2, al. a), 3 e 4; arts. 130.º, n.º 2, 131.º e 133.º do CRC) e para o registo de perfilhação de nascituro (art. 132.º do CRC).

O assentimento de perfilhação deve mencionar o assentimento do perfilhado, se for maior ou emancipado, ou dos seus descendentes, se for pré-defunto. O assentimento dado por declaração feita perante o conservador do registo civil é reduzido a auto e averbado no assento de nascimento, e no de perfilhação, se existir. O registo da perfilhação é considerado secreto até ser dado o assentimento necessário e, sem prejuízo do disposto no art. 1857.º, n.º 4, só pode ser invocado para instrução do processo preliminar de casamento ou em acção de nulidade ou anulação do casamento. No caso de assento de perfilhação que deva considerar-se secreto, é lançado na sequência do assento de nascimento do perfilhado cota de referência com a menção do livro, número e ano do respectivo assento. Logo que seja dado o assentimento, lavra-se oficiosamente o respectivo averbamento. Se o perfilhado ou seus descendentes vierem a ser notificados para prestar o seu assentimento e o recusarem, o assento de perfilhação é cancelado oficiosamente.

[247] As únicas restrições atinentes aos filhos incestuosos são as dos arts. 1809.º, al. a), e 1866.º, al. a): cf. FERREIRA-PINTO, F. B., *Dicionário de Direito da Família* cit., p. 274; COELHO, F. Pereira, *Filiação* cit., p. 101. Contra, MENDES, J. Castro/SOUSA, M. Teixeira de, *Direito da Família* cit., pp. 303-304, que extraem dos mencionados artigos um princípio geral de proibição do estabelecimento da filiação incestuosa.

[248] Cf. MENDES, J. Castro/SOUSA, M. Teixeira de, *Direito da Família* cit., p. 303.

[249] Cf., *supra*, I deste n.º 6.5.

O assento de perfilhação do nascituro, que só pode ser lavrado se for posterior à concepção[250] e o perfilhante identificar a mãe, além dos requisitos gerais, deve conter a indicação do nome completo, data de nascimento, estado, naturalidade, residência habitual e filiação da mãe do perfilhado, época da perfilhação e data provável do parto.

IV. A perfilhação tem a natureza de um acto jurídico não negocial, integrado por uma *declaração de consciência*[251].

A perfilhação é um simples acto jurídico[252]: o efeito de estabelecimento da paternidade produz-se por força da lei, independentemente de ter sido ou não querido pelo perfilhante. Esta natureza não negocial é confirmada pelo disposto no art. 1852.º. Mas não é uma mera declaração de ciência[253]. Como decorre do regime de anulação da perfilhação por erro ou coacção (cf. art. 1860.º, n.ºs 1 e 2), é necessário que o perfilhante esteja convencido da sua paternidade e que tenha querido perfilhar.

A expressão *declaração de consciência*[254] é usada aqui para exprimir o carácter híbrido da perfilhação, figura a meio caminho entre uma declaração de ciência e uma declaração negocial.

[250] "Se pela data do nascimento se verificar ser a concepção posterior à perfilhação, deve o conservador comunicar o facto ao Ministério Público para, se for caso disso, requerer a declaração de nulidade do acto" (art. 132.º, n.º 3, do CRC).

[251] Cf. VILALONGA, J. M. Dias, "Declaração de maternidade e perfilhação" cit., pp. 198-201.

[252] Contra ALBUQUERQUE, Pedro de, *Autonomia da vontade* cit., pp. 84-99, pronunciando-se pelo carácter negocial da perfilhação. Igualmente, SILVA, Tomás Oliveira e, *Filiação* cit., p. 148. Sobre a doutrina italiana e espanhola que atribui à perfilhação a natureza de negócio jurídico, cf. OLIVEIRA, Guilherme de, "Impugnabilidade da perfilhação", em *Temas de Direito da Família* cit., pp. 19-21.

[253] Defendem tal qualificação, MENDES, J. Castro/SOUSA, M. Teixeira de, *Direito da Família* cit., p. 295; LIMA, Pires de/VARELA, Antunes, *Código Civil Anotado*, vol. V cit., art. 1850.º (3).

[254] Sobre a natureza mista da perfilhação, cf., nomeadamente, COELHO, F. Pereira, *Filiação* cit., pp. 93-94; OLIVEIRA, Guilherme de, *Estabelecimento da Filiação* cit., art. 1849.º I; PIMENTA, J. da Costa, *Filiação* cit., pp. 117-118 (que chega a afirmar que "a perfilhação tem um carácter *travesti* de declaração de ciência e de declaração de vontade"). CORDEIRO, A. Menezes, *Tratado de Direito Civil Português*, vol. II, 4.ª ed., Coimbra, Almedina, 2014, n.º 37, p. 115, enquadra a perfilhação na categoria dos actos quase-negociais. No entanto, esta terminologia cria equívocos na matéria em apreço: cf. OLIVEIRA, Guilherme de, "Impugnabilidade da perfilhação", em *Temas de Direito da Família* cit., pp. 22-23, que alude a posições doutrinárias estrangeiras que inserem a perfilhação no conceito de quase-negócio jurídico, na modalidade de declaração de ciência...

6.6. O reconhecimento judicial da paternidade

I. O reconhecimento judicial é o outro modo de estabelecer a paternidade fora do casamento e realiza-se através de uma acção autónoma (especialmente intentada para o efeito) de investigação da paternidade. O tribunal que reconhecer a paternidade deve comunicar a decisão a qualquer conservatória do registo civil, para que seja feito o averbamento da filiação estabelecida (art. 78.º do CRC).

A acção de investigação da paternidade não pode ser proposta enquanto a maternidade não se achar estabelecida, a não ser que seja pedido conjuntamente o reconhecimento da paternidade e da maternidade: cf. art. 1869.º, que, neste aspecto, difere da solução que foi prevista para a perfilhação. Em contrapartida, à semelhança da perfilhação, não é admissível o reconhecimento judicial da paternidade em contrário da que conste do registo de nascimento enquanto este não for rectificado, declarado nulo ou anulado (art. 1848.º, n.º 1).

II. Em princípio, a acção de investigação da paternidade deve ser intentada pelo filho contra o pretenso pai (cf. arts. 1869.º, 1873.º e 1819.º). É conferida legitimidade à mãe menor para intentar a acção em representação do filho sem necessidade de autorização dos pais, sendo, porém, representada em juízo por curador especial nomeado pelo tribunal (art. 1870.º). O art. 1872.º permite a coligação de investigantes filhos da mesma mãe, em relação ao mesmo pretenso pai. Ao abrigo do art. 39.º do CPC, é admissível a figura do litisconsórcio passivo alternativo na acção de investigação da paternidade[255]: o filho que tiver dúvidas fundamentadas sobre a identidade do verdadeiro progenitor pode formular subsidiariamente o mesmo pedido contra réu diverso do que é demandado. Se, p.e., o filho tiver conhecimento de que a mãe teve relações sexuais com mais de um homem durante o período legal de concepção, ele não está obrigado a intentar a acção de investigação contra apenas um deles; pode movê-la contra diversos réus numa relação de subsidiariedade.

Nos demais aspectos da matéria da legitimidade, é aplicável à acção de investigação da paternidade, com as necessárias adaptações, o disposto nos arts. 1818.º e 1819.º, que se referem à acção de investigação de maternidade.

[255] Cf. Capelo, Maria José, "A reforma processual e as acções de filiação", em AA.VV., *Comemorações dos 35 anos* cit., pp. 751-752.

III. A causa de pedir nas acções de investigação da paternidade é a procriação biológica do filho pelo réu a quem a paternidade é imputada. A prova da procriação[256] pode ser feita alternativamente com base em testes de ADN (art. 1801.º), em presunções legais não ilididas pelo réu (art. 1871.º) ou pela demonstração de que o pretenso pai teve relações sexuais com a mãe durante o período legal de concepção e que dessas relações resultou o nascimento do investigante (a chamada coabitação causal[257]).

Dadas as dificuldades que enfrenta a prova directa da procriação (*v.g.*, porque persiste uma posição adversa à realização coerciva de exames de ADN por parte do pretenso progenitor[258]), as presunções legais previstas no art. 1871.º, n.º 1, são instrumentos particularmente valiosos para a obtenção de uma sentença de reconhecimento da paternidade. Se o investigante fundamentar a sua pretensão numa das presunções, ele não tem fazer a prova directa do facto da procriação. É suficiente a alegação e prova dos factos que constituem a base da presunção, presumindo-se o vínculo biológico[259]. Invocada uma das presunções, recai sobre o investigado o ónus de a ilidir, levantando dúvidas sérias sobre a paternidade que lhe é imputada (art. 1871.º, n.º 2).

O art. 1871.º, n.º 1, enumera situações de facto que fundam cinco presunções legais de paternidade: a posse de estado; a declaração inequívoca de paternidade pelo pretenso pai; a união de facto e o concubinato duradouro entre a mãe e o pretenso pai; a sedução da mãe pelo pretenso pai; a existência de relações sexuais entre o pretenso pai e a mãe, durante o período legal de concepção.

A paternidade presume-se quando o filho houver sido reputado e tratado como tal pelo pretenso pai e reputado como filho também pelo público (art. 1871.º, n.º 1, al. a)). É a chamada posse de estado de filho[260], que exige a veri-

[256] Sobre a prova na investigação da paternidade, cf., entre outros, REGO, Carlos Lopes do, "O ónus da prova nas acções de investigação da paternidade" cit.

[257] Cf., nomeadamente, MENDES, J. Castro/SOUSA, M. Teixeira de, *Direito da Família* cit., pp. 312--318; FERREIRA-PINTO, F. B., *Dicionário de Direito da Família* cit., pp. 378-380; PIMENTA, J. da Costa, *Filiação* cit., pp. 149-150. A coabitação causal existe e a acção de investigação da paternidade procede se, p.e., ficar demonstrado que durante o prazo legal de concepção a mãe manteve relações sexuais exclusivas com o pretenso pai (caso o réu não mostre que houve recurso a procriação medicamente assistida).

[258] Cf., *supra*, Parte I, n.º 3.II.

[259] Cf. CAPELO, Maria José, "A reforma processual e as acções de filiação" cit., pp. 747-748.

[260] Cf. COELHO, F. Pereira, *Filiação* cit., pp. 116-121; COELHO, F. Pereira/OLIVEIRA, Guilherme de, *Curso de Direito da Família*, vol. II cit., pp. 224-226; FERREIRA-PINTO, F. B., *Dicionário de Direito da Família* cit., pp. 382-388; SILVA, Tomás Oliveira e, *Filiação* cit.,, *Filiação* pp. 188-195; PIMENTA, J. da Costa, *Filiação* cit., pp. 152-158.

ficação cumulativa de três requisitos: reputação como filho pelo pretenso pai (*nomen*); tratamento como filho pelo pretenso pai (*tractatus*); reputação como filho do pretenso pai pelo público (*fama*). A reputação como filho consiste na convicção íntima por parte do investigado, de que é pai do investigante. O tratamento como filho traduz-se na prática, por parte do pretenso pai, para com o investigante, dos actos de assistência que os pais normalmente costumam dispensar aos filhos, incluindo os cuidados, carinho, amparo, protecção e solicitude próprios de um pai. A reputação como filho do pretenso pai consiste na convicção, por parte das pessoas que conhecem o investigante e o investigado, de que este é pai daquele.

A paternidade presume-se quando exista carta ou outro escrito no qual o pretenso pai declare inequivocamente a paternidade (art. 1871.º, n.º 1, al. b)).

A paternidade presume-se quando, durante o período legal da concepção, tenha existido comunhão duradoura de vida em condições análogas às dos cônjuges ou concubinato duradouro entre a mãe e o pretenso pai, durante o período legal da concepção (art. 1871.º, n.º 1, al. c)). Comunhão de vida em condições análogas às dos cônjuges significa união de facto, que se distingue do concubinato duradouro pelo seguinte: na união de facto, há comunhão sexual e comunhão de habitação; no concubinato duradouro, não há comunhão de habitação, verificando-se apenas um relacionamento sexual estável. Enquanto facto que funda a presunção, a união de facto heterossexual tem de ser duradoura, mas não precisa de existir há mais de dois anos.

A paternidade presume-se quando o pretenso pai tenha seduzido a mãe, no período legal de concepção, se esta era virgem e menor no momento em que foi seduzida, ou se o consentimento dela foi obtido por meio de promessa de casamento, abuso de confiança ou abuso de autoridade (art. 1871.º, n.º 1, al. d)).

Por fim, a paternidade presume-se também quando se prove que o pretenso pai teve relações sexuais com a mãe durante o período legal de concepção (art. 1871.º, n.º 1, al.e)). Esta presunção, que foi introduzida pela Lei n.º 21/98, de 12 de Maio, veio aumentar as possibilidades de sucesso da pretensão do investigante[261]. Antes, na falta de realização de exames de sangue

[261] Sobre a relevância da nova presunção, cf. MARQUES, J. P. Remédio, "Investigação de paternidade. Aplicação no tempo da Lei n.º 21/98, de 12 de Maio (A nova presunção de paternidade da alínea e) do n.º 1 do artigo 1871.º do CC)", *Lex Familiae* n.º 1, 2004, pp. 19-21;
REGO, Carlos Lopes do, "O ónus da prova nas acções de investigação da paternidade" cit., pp. 785-786; "Relatório da mesa temática relativa à investigação da paternidade" (FACULDADE DE DIREITO DA UNIVERSIDADE DE COIMBRA / CENTRO DE DIREITO DA FAMÍLIA, *2.ª Bienal de Jurisprudência* cit., pp. 31-32. O alcance da al. e) é tal que parece retirar boa parte da utilidade

ou testes de ADN e da demonstração de factos que estivessem na base das quatro outras presunções, o autor tinha de provar a exclusividade das relações sexuais entre a mãe e o pretenso pai durante o período legal de concepção. Agora, assente a existência de relações sexuais entre a mãe e o pretenso pai durante o período legal de concepção, é ao investigado que cabe evitar a procedência da acção, ilidindo a nova presunção mediante, p.e., a prova de que a mãe teve relações sexuais com vários homens durante o período legal de concepção (*exceptio plurium concubentium*). Ainda assim, se a *exceptio plurium concubentium* levantar dúvidas sérias sobre a paternidade do investigado, a acção poderá proceder, se o investigante conseguir afastar a paternidade daquele ou daqueles que juntamente com o pretenso pai tiveram relações sexuais com a mãe do investigante (p.e., através de exames de sangue).

Todas as presunções legais de paternidade constantes do art. 1871.º, n.º 1, têm uma natureza diversa da da presunção legal do art. 1826.º, n.º 1: aquelas invertem o ónus da prova na acção de investigação da paternidade (e é a sentença nesta acção que estabelece a paternidade) e são ilidíveis mediante contraprova (art. 1871.º, n.º 2); a presunção "pater is est" estabelece a paternidade e só é ilidível mediante acção judicial de impugnação (cf. art. 1838.º).

IV. O art. 1873.º estabelece que é aplicável à acção de investigação da paternidade, com as necessárias adaptações, o disposto no art. 1817.º, que prevê prazos para a proposição da acção de investigação de maternidade. Deste modo, em regra, a acção de investigação da paternidade só poderia ser proposta durante a menoridade do investigante ou nos dez anos posteriores à sua maioridade ou emancipação (cf. art. 1817.º, n.º 1, na actual redacção, introduzida pela Lei n.º 14/2009, de 1 de Abril, conjugado com o art. 1873.º).

No entanto, não é líquida a constitucionalidade das normas que impõem prazos de caducidade para as acções de reconhecimento judicial da maternidade ou paternidade.

O acórdão do Tribunal Constitucional n.º 23/2006, de 10 de Janeiro[262], declarou a inconstitucionalidade, com força obrigatória geral, da norma cons-

às als. c) e d) do art. 1871.º, n.º 1 (Coelho, F. Pereira/Oliveira, Guilherme de, *Curso de Direito da Família*, vol. II cit., p. 234). Todavia, há interesse em manter as presunções de todas as alíneas, "dada a dificuldade do autor em fazer prova da existência de relações sexuais entre a mãe e o investigado no período legal de conceção" (Pessoa, Ana Raquel da Cruz Madureira, "Da investigação condicionada à liberdade de investigação da paternidade", em AA.VV., *Estudos em homenagem ao Prof. Doutor Heinrich Ewald Hörster*, Coimbra, Almedina, 2012, p. 107).

[262] *DR* I série-A, n.º 28, de 08/02/2006, p. 1026 (Mota Pinto).

tante do n.º 1 do art. 1817.º, na redacção da Lei n.º 21/98, de 12 de Maio, aplicável por força do art. 1873.º, na medida em que previa, para a caducidade do direito de investigar a paternidade, um prazo de dois anos, a partir da maioridade do investigante, por violação das disposições conjugadas dos arts. 26.º, n.º 1, 36.º, n.º 1, e 18.º, n.º 2, da CRP.

O Tribunal Constitucional acolheu e reproduziu a fundamentação do ac. 486/2004, de 7 de Julho[263], que fora confirmada pelo ac. 11/2005, de 12 de Janeiro[264], e sufragada pelas decisões sumárias 114/2005, de 9 de Março, e 288/2005, de 4 de Agosto, do mesmo Tribunal.

Da remissão para a fundamentação carreada no ac. 486/2004 resulta que a declaração de inconstitucionalidade, com força obrigatória geral, assentou no entendimento de que o regime do art. 1817.º, n.º 1, ao excluir totalmente a possibilidade de reconhecimento judicial da paternidade, a partir dos dois primeiros anos posteriores à maioridade do investigante, acarretava uma afectação do conteúdo essencial dos direitos fundamentais à identidade pessoal e a constituir família, que incluem o direito ao conhecimento da paternidade ou da maternidade, porque "o prazo de dois anos em causa se esgota normalmente num momento em que, por natureza, o investigante não é, ainda, naturalmente, uma pessoa experiente e inteiramente madura", e, sobretudo, porque "tal prazo pode começar a correr, e terminar, sem que existam quaisquer possibilidades concretas de – ou apenas justificação para – interposição da acção de investigação da paternidade".

Embora o Tribunal Constitucional tivesse procurado circunscrever o alcance do juízo proferido, esclarecendo que "está apenas em apreciação o prazo de dois anos a contar da maioridade ou emancipação, e não a possibilidade de um qualquer outro limite temporal para a acção de investigação da paternidade", o certo é que esteve longe de ser insignificante o impacto do aresto no domínio do estabelecimento da filiação. A declaração da inconstitucionalidade, com força obrigatória geral, da norma constante do art. 1817.º, n.º 1, na redacção anterior à actual (e que fora introduzida pela Lei n.º 21/98, de 12 Maio), aplicável por força do art. 1873.º, na medida em que previa, para a caducidade do direito de investigar a paternidade, um prazo de dois anos, a partir da maioridade do investigante, invalidou a norma que se referia ao prazo-regra para o reconhecimento judicial quer da maternidade quer da paternidade durante algum tempo.

[263] *DR* II série, n.º 35, de 18/02/2005, p. 2456 (Mota Pinto).

[264] *DR* II série, n.º 55, de 18/03/2005, p. 4408 (Mota Pinto).

O acórdão em apreço consolidou uma viragem jurisprudencial que se iniciou com o ac. do TC 486/2004[265]. Prevalecia anteriormente a orientação do ac. do TC 413/89, de 31 de Maio[266], que se pronunciou no sentido da não inconstitucionalidade do art. 1817.º, n.º 1.

Em abono da sua posição, o ac. do TC 413/89 socorreu-se da doutrina do ac. do TC 99/88, de 28 de Abril[267], que concluiu que a aplicação dos prazos dos n.ºs 3 e 4 do art. 1817.º às acções de investigação da paternidade, *ex vi* do art. 1873.º, não violava a Constituição. O aresto de 1988 sustentou a sua decisão com o argumento de que, em geral, o estabelecimento de prazos para a propositura de acção de investigação não restringe o conteúdo do exercício do direito fundamental ao conhecimento e ao reconhecimento da paternidade (direito resultante dos direitos à integridade moral e à identidade pessoal, previstos nos arts. 25.º, n.º 1, e 26.º, n.º 1, da CRP, respectivamente, ou só do direito à identidade pessoal), correspondendo a uma simples condição de exercício, ou que, independentemente de constituir uma restrição ou um mero condicionamento ao exercício, não se traduz num limite substancial contrário ao princípio constitucional da proporcionalidade. Isto porque, a par do direito do filho ao reconhecimento da paternidade, haveria outros direitos ou interesses igualmente merecedores de tutela jurídica: "em primeiro lugar, e antes do mais, o interesse do pretenso progenitor em não ver indefinida ou excessivamente protelada uma situação de incerteza quanto à sua paternidade, e em não ter de contestar a respectiva acção quando a prova se haja tornado mais aleatória; depois, um interesse da mesma ordem por parte dos herdeiros do investigado, e com redobrada justificação no tocante à *alea* da prova e às eventuais dificuldades de contraprova com que podem vir a confrontar-se; além disso, porventura, o próprio interesse, sendo o caso, da paz e harmonia da família conjugal constituída pelo pretenso pai."[268].

Ora, o acórdão 23/2006 demarcou-se deste pensamento, que imperou na jurisprudência durante cerca de 15 anos. Contudo, o aresto do Tribunal

[265] Citado, *supra*, na nota 263.

[266] *DR* II série, n.º 213, de 15/09/1989, p. 9244 (Cardoso da Costa). Foi proferido idêntico juízo nos acórdãos do TC 451/89 (Nunes de Almeida), de 21/6/1989, *DR* II série, n.º 218, de 21/09/1989, p. 9521; 311/95 (Alves Correia), de 20/06/1995; 506/99 (Tavares da Costa), de 21/09/1999; 525/2003 (Maria dos Prazeres Beleza), de 29/10/2003. Os três últimos acórdãos foram consultados em http://www.tribunalconstitucional.pt.

[267] *DR* II série, n.º 213, de 22/08/1988, p. 7642 (Cardoso da Costa).

[268] Ac. do TC 99/88 (citado, *supra*, na nota 267), p. 7645.

Constitucional de 2006 procurou não deixar a impressão de que se teria produzido uma ruptura demasiado brusca e profunda. É por isso que sublinhou a existência de uma alteração de circunstâncias que motivaria a mudança de "oppinio iuris". Os factos afinal seriam outros: "tem-se verificado uma progressiva, mas segura e significativa, alteração dos dados do problema, constitucionalmente relevantes, a favor do filho e da imprescritibilidade da acção – designadamente, com o impulso científico e social para o conhecimento das origens, os desenvolvimentos da genética e a generalização dos testes científicos de muito elevada fiabilidade". E, aparentemente, é também por isso que o mesmo acórdão teve o cuidado de não negar a constitucionalidade de qualquer limite temporal ao reconhecimento judicial da paternidade, escudando-se numa óptica de fidelidade estrita à matéria do recurso, que nem sempre presidiu a outras decisões do Tribunal Constitucional (veja-se justamente o referido acórdão de 1988, que se pronunciou pela conformidade constitucional da generalidade dos prazos de caducidade, quando o objecto do recurso se cingia às normas dos n.ºs 3 e 4 do art. 1817.º, enquanto aplicáveis às acções de investigação da paternidade). Mas, renunciando à ideia da inconstitucionalidade de qualquer prazo, paradoxalmente, o Tribunal defendeu em 2006 a inconstitucionalidade da norma do art. 1817.º, n.º 1, na redacção da Lei n.º 21/98, de 12 de Maio, usando os argumentos de quem defende a inconstitucionalidade de qualquer prazo de caducidade para as acções de investigação da paternidade.

Efectivamente, o acórdão de 2006 identificou as seguintes justificações avançadas para a exclusão do direito a investigar a paternidade depois dos 20 anos de idade do pretenso filho: o risco da incerteza das provas; o valor da segurança jurídica do alegado pai e dos seus herdeiros; e o perigo de se estimular uma "caça às heranças"[269]. Ou seja, nada mais, nada menos do que as razões genericamente apontadas para a previsão de obstáculos temporais a uma acção de reconhecimento judicial da maternidade ou paternidade[270].

E as justificações avançadas para a norma do art. 1817.º, n.º 1, na redacção da Lei n.º 21/98, de 21 de Maio, foram rebatidas em 2006 pelo Tribunal Constitucional com base na argumentação que é aduzida por Guilherme de

[269] Ac. do TC 23/2006, transcrição dos n.ºs 15 e s. do ac. do TC 486/2004.

[270] Cf. SILVA, Gomes da, "O Direito da Família no futuro Código Civil (segunda parte)", *BMJ* 88, pp. 86-87; OLIVEIRA, Guilherme de, *Critério Jurídico da Paternidade* cit., pp. 463-465; ac. do TC 99/88, citado, *supra*, na nota 267.

Oliveira[271] contra a constitucionalidade de todos os prazos estabelecidos nos arts. 1817.º e 1873.º.

Por conseguinte, a decisão final que foi proferida no acórdão talvez tenha sido tímida[272]. Em minha opinião, já não é razoável a imposição de prazos para a investigação da paternidade ou maternidade. Os testes de ADN permitem determinar com grande segurança a maternidade ou a paternidade de uma pessoa, muitos anos após a morte do hipotético progenitor, o que afasta o risco da incerteza das provas. Quanto à caducidade da acção de investigação enquanto instrumento de tutela da segurança jurídica dos herdeiros e de combate da "caça às heranças", estão em causa argumentos de índole predominantemente patrimonial que não superam o interesse do filho no estabe-

[271] Cf. Oliveira, Guilherme de, "Caducidade das acções de investigação", *Lex Familiae* n.º 1, 2004, pp. 7-13 = AA.VV., *Comemorações dos 35 anos* cit., pp. 49-58; Coelho, F. Pereira/Oliveira, Guilherme de, *Curso de Direito da Família*, vol. II cit., pp. pp. 247-253. O autor mudou, pois, de posição: cf. *Paternidade*, pp. 465-467, em que reputava o regime legal português de investigação "justo e conveniente nas suas linhas gerais".

[272] O ac. do TC 23/2006 declarou a inconstitucionalidade, com força obrigatória geral, da norma mais significativa do regime da prescritibilidade do direito de investigação, sem concluir pela inadmissibilidade de todo e qualquer prazo de caducidade. Ora, a erosão da prescritibilidade, em vez da sua eliminação ou invalidação total e imediata, cria alguma insegurança e não propicia a construção de instrumentos aptos a enfrentar iniquidades conexas com a evolução que se está a desenrolar para um sistema em que não há constrangimentos temporais ao reconhecimento judicial da paternidade ou maternidade. O acórdão do Tribunal Constitucional quis apreciar unicamente o art. 1817.º, n.º 1, na redacção da Lei n.º 21/98, de 12 de Maio. No entanto, não esclareceu qual era o destino das normas que alargavam o prazo estabelecido neste preceito, e, que, portanto, dele dependiam, *v.g.*, do art. 1817.º, n.ºs 2, 3 e 4, na mesma redacção. Cf., p.e., Remédio Marques, "Caducidade de acção de investigação da paternidade fundada no artigo 1817.º, n.º 1, do Código Civil – Anotação ao Acórdão do Tribunal Constitucional n.º 486/04", *Jurisprudência Constitucional* n.º 4, Out./Dez. 2004, p. 42: a argumentação do acórdão era susceptível de ser estendida às hipóteses em que a caducidade estava condicionada pela incompatibilidade com registo de paternidade ou maternidade já estabelecidos, existência de escrito ou posse de estado.
Ante a declaração de inconstitucionalidade, com força obrigatória geral, do n.º 1 do art. 1817.º, o ac. do STJ de 14/12/2006, *CJ-S* 2006/III, p. 161 (Alves Velho), ao abrigo do art. 204.º da CRP, recusou a aplicação dos preceitos dos n.ºs 1 e 4 do art. 1817.º, "na medida em que, directa ou indirectamente, estabelecem o prazo de caducidade de dois anos para a caducidade do direito de investigar". Embora contrariado pelo ac. do STJ de 03/07/2008, proc. 07B3451 (Pires da Rosa), consultado em http://www.dgsi.pt, aquele aresto de 2006 exprimiu a tendência que prevalecia no órgão superior da hierarquia dos tribunais judiciais (o que foi expressamente reconhecido pelo acórdão dissidente de 2008). E o ac. do TC 65/2010 (Sousa Ribeiro) veio a julgar inconstitucional, por violação dos artigos 26.º, n.º 1, e 18.º, n.º 2, da Constituição, a segunda parte da norma constante do n.º 4 do art. 1817.º, na redacção da Lei n.º 21/98, de 12 de Maio, aplicável por força do art. 1873.º, "na medida em que prevê, para a proposição da acção de investigação da paternidade, o prazo de um ano a contar da data em que tiver cessado voluntariamente o tratamento como filho".

lecimento da respectiva filiação. Por fim, a tutela da segurança do pretenso pai está novamente aquém do interesse do filho, em especial num contexto de fiabilidade da prova do parentesco e de prevalência da ideia de responsabilidade parental pelo ser humano que foi gerado.

Num ordenamento como o nosso, em que a acção de investigação da paternidade ou maternidade constitui o meio que assiste ao pretenso filho para obter o reconhecimento judicial da sua ascendência biológica, penso que os prazos de caducidade configuram uma restrição desproporcionada do direito à identidade pessoal, mais precisamente do direito à identidade pessoal relativa ou à historicidade pessoal[273], consagrado no art. 26.º, n.º 1, da CRP.

Englobando o direito de constituir família, consagrado no art. 36.º, n.º 1, da CRP, o direito ao conhecimento e reconhecimento da paternidade e da maternidade[274], os prazos de caducidade das acções de investigação lesam não só o direito à identidade pessoal, mas também o direito de constituir família. Aliás, é, de certa forma, por isto, que o acórdão em apreço detecta uma colisão entre a norma constante do n.º 1 do art. 1817.º e o art. 36.º, n.º 1, da CRP.

No entanto, há outra dimensão do direito de constituir família que é atingida pelos prazos de caducidade. A eventual existência de um meio processual, distinto das acções de investigação, destinado a declarar a mera existência de uma ligação biológica não chegaria para pôr fim à desconformidade constitucional que assinalamos às normas que prevêem os prazos de caducidade das acções de investigação. Havendo um meio processual que permitisse determinar a paternidade ou maternidade sem introduzir consequências no plano dos direitos e deveres familiares, ficaria certamente garantido o direito ao conhecimento e ao reconhecimento da filiação, que se inscreve nos direitos de identidade pessoal e no direito de constituir família. Todavia, o direito de constituir família não se esgota no conhecimento e reconhecimento da ligação biológica (e na liberdade de procriar). Abrange ainda a vida em família e o regime inerente à qualidade de familiar.

A investigação da paternidade ou maternidade dificilmente assegurará o direito do alegado filho a ter uma vida familiar com o pretenso progenitor. Em geral, não é plausível que o pai ou a mãe, que até à acção de investigação recusava admitir a ligação familiar, venha, com a sentença, a aproximar-se do

[273] Sobre a identidade pessoal relativa, cf. OTERO, Paulo, *Personalidade e identidade pessoal e genética do ser humano: um perfil constitucional da bioética*, Coimbra, Almedina, 1999, pp. 63-64, 71-81.

[274] Cf. COELHO, F. Pereira/OLIVEIRA, Guilherme de, *Curso de Direito da Família*, vol. I cit., pp. 137-139; MIRANDA, Jorge/MEDEIROS, Rui, *Constituição Portuguesa anotada* cit., p. 813.

filho e a assumir o papel de pai ou mãe, tal como é socialmente configurado. O empenho parental na relação de filiação depende sobretudo da vontade e da consciência dos pretensos pais; em princípio, não surge, nem é dinamizado por uma sentença judicial proferida no âmbito de uma acção constitutiva. Contudo, a sentença torna exigível a responsabilidade parental na sua vertente patrimonial, vertente que pode ser efectivada apesar da inércia e da resistência daquele que é o pai jurídico. O vínculo de filiação impõe ao pai o dever de prover ao sustento do filho, enquanto ele for menor não emancipado ou, "na medida em que seja razoável", enquanto ele não houver completado a sua formação profissional (arts. 1878.º, n.º 1, e 1880.º); e obriga-o a prestar alimentos ao filho, nos termos dos arts. 1874.º, n.º 2, e 2009.º, n.º 1, al. c).

No ordenamento português, em que a obrigação de alimentos (definitivos) não vincula uma pessoa pelo simples facto de ela poder ser o progenitor ou de ter contribuído para uma decisão de procriação[275], o vínculo jurídico de filiação é fundamental em matéria de alimentos.

A caducidade da investigação da paternidade ou maternidade obsta ao exercício de direitos familiares, de direitos emergentes da ligação familiar, como o direito a alimentos de fonte legal (a que corresponde, no lado passivo, o dever paternal de sustento ou assistência), tão cuidadosamente protegido pelo legislador[276].

Ou seja, a consagração de um prazo de caducidade repugna constitucionalmente[277].

[275] Ao contrário do que se passa no direito francês ou do que se pode passar nos Estados Unidos da América. No direito francês, qualquer pessoa cuja paternidade não esteja legalmente estabelecida pode exigir alimentos a quem teve relações sexuais com a mãe durante o período legal de concepção ("l'action à fins de subsides", regulada no art. 342 do *Code civil*). No território norte-americano, os Estados federados podem adoptar a solução proposta na secção 809 do Acto Uniforme de Filiação (*Uniform Parentage Act*). A secção 809 admite que os beneficiários de um contrato de gestação por conta de outrem (ou maternidade de substituição), que não tenham sido reconhecidos como pais jurídicos, sejam responsabilizados pelo sustento da criança que nasceu no seguimento do contrato. O *Uniform Parentage Act* foi elaborado pela National Conference of Comissioners on Uniform State Laws, que também o aprovou em 2000, com o objectivo de levar a uma aproximação das legislações dos vários Estados federados norte-americanos relativas ao estabelecimento da filiação. O documento, que sofreu a sua última alteração em 2002 e foi aprovado pela American Bar Association em 2003, pode ser consultado em http://www.uniformlaws.org/Act.aspx?title=Parentage%20Act.

[276] Cf., nomeadamente, o art. 2008.º, que exclui a disponibilidade e a penhorabilidade do direito a alimentos, e o art. 1917.º, que não dispensa os pais inibidos do exercício do poder paternal do dever de alimentarem o filho.

[277] Cf. o sólido estudo de REIS, Rafael Luís Vale e, *O direito ao conhecimento das origens genéticas*, Coimbra, Coimbra Editora, 2008, pp. 144-216 (em especial, pp. 214-216), 493-494, e, recente-

Só que a Lei n.º 14/2009, de 1 de Abril, recuperou esse prazo, ampliando-o de dois para dez anos[278].

V. Contra a nossa posição, pode dizer-se que a caducidade da investigação impede a reclamação de direitos relativos à herança do pretenso pai, dissuadindo a propositura de acções que visam unicamente a exigência tardia de bens materiais. Uma crescente possibilidade de instaurar acções de investigação fora dos prazos estabelecidos no art. 1817.º, combinada com o princípio da indivisibilidade do estado, não viria a premiar a litigância destinada a obter benefícios puramente patrimoniais que, ao contrário dos alimentos, não caibam na ideia de responsabilidade parental?

A principal razão que determinou a solução do art. 1817.º, n.º 1 (pelo qual se circunscreve temporalmente a possibilidade de proposição da acção de

mente, "Novos caminhos legislativos, doutrinários e jurisprudenciais da paternidade, maternidade e filiação: três exemplos", em AA.VV., *I Congresso de Direito da Família e das Crianças* cit., pp. 104-106.

[278] Segundo os presentes na *3.ª Bienal de Jurisprudência* (FACULDADE DE DIREITO DA UNIVERSIDADE DE COIMBRA / CENTRO DE DIREITO DA FAMÍLIA, *3.ª Bienal de Jurisprudência. Direito da Família*, Coimbra, Coimbra Editora, 2008, pp. 26-27), revelava-se urgente e necessária uma intervenção legislativa, "estabelecendo um prazo de caducidade mais alargado ou não estabelecendo qualquer prazo de caducidade para a investigação da maternidade/paternidade, mas, e à semelhança de outros ordenamentos jurídicos (Macau), determinar a ineficácia patrimonial do estabelecimento da relação de filiação)". O legislador optou pelo primeiro caminho, não se apercebendo de que, com os acórdãos do TC 486/2004 e 23/2006, se tinha atingido "um ponto de *não retorno*" no caminho do afastamento absoluto de prazos de caducidade do direito de investigar a maternidade e a paternidade (a expressão é de REIS, Rafael Vale e, "Filho depois dos 20...! Notas ao acórdão do Tribunal Constitucional n.º 486/2004, de 7 de Julho", *Lex Familiae* n.º 3, 2005, p. 134). Efectivamente, considerando que qualquer prazo de caducidade configura uma restrição desproporcionada ao direito à identidade pessoal, o STJ tem entendido que é também inconstitucional o novo prazo de investigação estabelecido pela Lei n.º 14/2009: cf., nomeadamente os acs. do STJ de 08/06/2010, proc. 1847/08.5TVLSB-A.L.1S.1 (SERRA BAPTISTA), de 06/09/2011, proc. 1167/10.5TBPTL.S1 (GABRIEL CATARINO), e de 14/01/2014, proc. 155/12.1TBVLC-A.P1.S1 (MARTINS DE SOUSA), todos consultados em http://www.dgsi.pt. E a doutrina insiste (e bem) na necessidade de se eliminar o prazo de caducidade nos casos de investigação da paternidade/maternidade (cf. VÍTOR, Paula Távora, "A propósito da Lei n.º 14/2009, de 1 de Abril: breves considerações", *Lex Familiae* n.º 11, 2009, p. 91; LEITÃO, Luís de Menezes, anotação ao ac. do STJ de 09/04/2013, proc. 187/09.7TBPFR.P1.S1, *ROA* 2013, pp. 396-397).
De modo diferente, o ac. do TC 247/2012 (PAMPLONA DE OLIVEIRA), de 22/05/2012 (em http://www.tribunalconstitucional.pt/tc/acordaos/20120247.html), que decidiu "não julgar inconstitucional a norma do artigo 1817.º n.º 1 do Código Civil, na redação da Lei n.º 14/2009 de 1 de abril, na parte em que, aplicando-se às ações de investigação da paternidade, por força do artigo 1873.º do mesmo Código, prevê um prazo de dez anos para a propositura da ação, contado da maioridade ou emancipação do investigante".

investigação) foi evitar o uso da acção de investigação unicamente para alcançar benefícios sucessórios[279].

E, na verdade, muitos dos litígios em torno dos prazos atinentes ao reconhecimento judicial da paternidade surgem a propósito de acções de investigação que foram intentadas fora do prazo-regra, estabelecido no referido art. 1817.º, n.º 1, num cenário em que se sente o peso dos assuntos hereditários nas preocupações das partes.

Sendo o interesse do filho à identidade pessoal superior a considerações éticas de índole patrimonial, que condenam a utilização de uma acção de estado enquanto puro instrumento de "caça à herança", não haverá uma forma de, cumulativamente, providenciar a satisfação daquele interesse e prevenir a produção de efeitos patrimoniais (não directamente integrados na ideia de responsabilidade parental) conseguidos por uma via censurável?

Em 1999, a Provedoria da Justiça recomendou que a lei fosse alterada no sentido de, "a par da existência de prazo para propositura de acções com fins patrimoniais, ser consagrada a imprescritibilidade para a propositura das acções de investigação da paternidade/maternidade, desde que os efeitos pretendidos sejam de natureza meramente pessoal"[280]. Na sequência da posição da Provedoria, foi apresentado um projecto de lei[281] que aditava ao art. 1817.º um número 7, em que se dispunha: "Desde que os efeitos pretendidos sejam de natureza meramente pessoal, a acção de investigação de maternidade pode ser proposta a todo o tempo." No entanto, a iniciativa acabou por caducar, mantendo-se inalterada a redacção do art. 1817.º, com a modificação que foi introduzida pela Lei n.º 21/98, de 12 de Maio.

Seja como for, a mudança legislativa visada não chegaria para eliminar a inconstitucionalidade das normas do art. 1817.º, quando submetidas a uma interpretação declarativa. Como eram conservadas as balizas temporais das acções de investigação, a não ser que o autor renunciasse aos eventuais efeitos patrimoniais decorrentes do estabelecimento da filiação, condicionava-se o exercício do direito à identidade pessoal a uma tomada de posição do respectivo titular no campo patrimonial, o que se não adequava ao relevo hierárquico do direito em apreço. A admissibilidade do reconhecimento da paternidade ou maternidade não pode depender de uma ponderação centrada nos efei-

[279] Cf. Silva, Gomes da, "O Direito da Família no futuro Código Civil" citado, *supra*, na nota 270, p. 86; Lima, Pires de/Varela, Antunes, *Código Civil Anotado*, vol. V cit., art. 1817.º (3).

[280] Recomendação do Provedor de Justiça n.º 36/B/99, de 22/12/1999, http://provedor-jus.pt.

[281] Projecto de Lei n.º 92/IX, apresentado pelo Partido "Os Verdes" e publicado no *DAR* II série A, n.º 18, de 4/7/2002, p. 577.

tos patrimoniais do vínculo de filiação a constituir. De mais a mais, a alteração legislativa projectada introduzia limitações excessivas às consequências do vínculo de parentesco: a referência aos efeitos patrimoniais excluía, além dos direitos sucessórios, a obrigação de alimentos.

No quadro legal e constitucional vigente, Guilherme de Oliveira, actualmente defensor da imprescritibilidade do direito de investigar, sugere[282] que se aplique a figura geral do abuso do direito (art. 334.º) para que, em casos extremos, o autor de uma acção de investigação "possa ser tratado como se não tivesse o direito que invoca" – nomeadamente, quando "não pretende mais do que facturar no seu activo patrimonial". A sugestão pode ter, porém, vários inconvenientes: abre uma brecha na alegada imprescritibilidade do direito de investigar, cujo alcance será inicialmente difícil de apurar; remete directamente para a figura geral do abuso do direito, quando talvez fosse plausível lançar mão de possíveis concretizações, o que diminuiria o grau de incerteza; reage ao exercício abusivo do direito paralisando-o totalmente, em vez de permitir a produção de alguns dos seus efeitos, dentro do que fosse aceitável (p.e., se a finalidade do investigante é a mera obtenção de benefícios sucessórios, não bastará negar-lhe tais benefícios, autorizando a constituição do vínculo de filiação?); ao paralisar totalmente o direito de investigar, por causa de uma actuação censurável do investigante, não contempla a posição de terceiros que possam estar legitimamente interessados no estabelecimento da filiação entre o investigante e o pretenso pai (*v.g.*, dos filhos do investigante: o direito à identidade ou historicidade pessoal não se reduz ao conhecimento e reconhecimento do parentesco no 1.º grau da linha recta[283]).

Tudo ponderado e dado que a posição sucessória legal que é atribuída aos familiares do *de cuius* não cabe nos efeitos característicos do direito de cons-

[282] Cf. Oliveira, Guilherme de, "Caducidade das acções de investigação" cit., pp. 12-13 = AA.VV, *Comemorações dos 35 anos* cit., pp. 57-58; Coelho, F. Pereira/Oliveira, Guilherme de, *Curso de Direito da Família*, vol. II cit., p. 252. De modo algo similar, o ac. do STJ de 09/04/2013, proc. 187/09.7 BPFR.P1.S.1 (Fonseca Ramos), http://www.dgsi.pt, que, não defendendo a imprescritibilidade do direito de investigar, admite casuisticamente a cisão entre o estatuto pessoal e o estatuto patrimonial inerentes à declaração de filiação "num quadro factual exuberante de abuso de direito".

[283] Não obstante o disposto nos arts. 1814.º e 1818.º. No Brasil, vários juristas entendem que o art. 1606 do Código Civil deste País (igualmente limitativo da legitimidade para intentar e prosseguir a acção de investigação da paternidade) não obsta a que o neto intente em nome próprio uma acção "investigatória de ancestralidade" (cf. Dias, Maria Berenice, *Manual de Direito das Famílias*, 9.ª ed., São Paulo, Editora Revista dos Tribunais, 2013, pp. 489-491; Madaleno, Rolf, *Curso de Direito de Família* cit, pp. 512-514).

tituir família[284], supomos que o melhor caminho será o de uma interpretação que, acentuando o elemento teleológico em detrimento do elemento literal, permita extrair do art. 1817.º um sentido compatível com os arts. 26.º, n.º 1, e 36.º, n.º 1, da CRP, com o princípio do aproveitamento das disposições legais (implícito no art. 9.º, n.º 3) e com o princípio da rejeição do exercício inadmissível de situações jurídicas (subjacente ao art. 334.º). Os prazos do art. 1817.º devem ser observados se o investigante quiser obter benefícios sucessórios do vínculo de filiação. Há que confinar o art. 1817.ºà disciplina do prazo para a proposição de uma acção de investigação com efeitos sucessórios. Onde se lê, p.e., no n.º 1, que "a acção de investigação de maternidade só pode ser proposta durante a menoridade do investigante ou nos dez anos posteriores à sua maioridade ou investigação", deve subentender-se "para efeitos sucessórios". Deste modo, a propositura da acção fora dos prazos do art. 1817.º não obsta ao estabelecimento da filiação, sendo assegurado, sempre, o exercício do direito à identidade pessoal e do direito de constituir família. E o art. 1817.º conserva um sentido útil, que, simultaneamente, se ajusta à motivação principal do legislador do Código Civil de 1966 – dissuadir a "caça à herança paterna" – e traduz uma concretização da figura do abuso do direito.

Será uma interpretação razoável à luz do chamado *princípio da indivisibilidade ou unidade do estado*[285]? Pode alguém ser considerado filho de uma pessoa para uns efeitos e não para outros, *v.g.*, sucessórios? Não implica o *status* a atribuição de todo um complexo, de toda uma massa de situações jurídicas, activas e passivas?

O princípio da indivisibilidade do *status familiae* não deve ser sobrevalorizado. São legítimas derrogações plenamente justificadas[286], de que constituem exemplos os arts. 1603.º e 1856.º. Concebido para evitar a utilização do reconhecimento (voluntário) da paternidade com o objectivo de aquisição de vantagens sucessórias[287], é justamente o último artigo que ilustra a viabilidade de uma interpretação do art. 1817.º que se desvia da regra da unidade do estado.

[284] O direito de constituir família funda os efeitos pessoais e patrimoniais da relação familiar *durante a vida* dos respectivos sujeitos, como decorre da problemática da autonomia do Direito das Sucessões perante o Direito da Família, tal como é tratada por CORTE-REAL, C. Pamplona, *Direito da Família e das Sucessões (Relatório)* cit., pp. 12-13, e PINHEIRO, J. Duarte, *Direito da Família e das Sucessões*, vol. I, *Introdução geral ao Direito da Família e das Sucessões. Introdução ao Direito da Família. Direito da Filiação e Direito Tutelar*, 3.ª ed., Lisboa, AAFDL, 2007, p. 38.

[285] Sobre a indivisibilidade como característica do estado de família, cf. SANTOS, Eduardo dos, *Direito da Família*, 2.ª ed., Coimbra, Almedina, 1999, p. 80.

[286] Cf. VARELA, Antunes, *Direito da Família* cit., pp. 241-242.

[287] Cf. LIMA, Pires de/VARELA, Antunes, *Código Civil Anotado*, vol. V cit., art. 1856.º (2).

A interpretação que se propõe coloca as normas do art. 1817.º a salvo de um juízo de inconstitucionalidade: fazer depender os direitos sucessórios do filho da instauração de uma acção de investigação dentro dos prazos deste artigo não colide nem com o direito à identidade pessoal, nem com o direito de constituir família.

Em suma, o art. 1817.º, no seu todo, aplicável directamente à maternidade e, por força do art. 1873.º, à paternidade, é susceptível de uma interpretação conforme à Constituição: a proposição de uma acção de investigação fora dos prazos previstos naquele não impede a obtenção de uma sentença que estabeleça a filiação, obstando somente à relevância do reconhecimento da posição de filho na sucessão legal.[288]

VI. O filho menor, interdito ou inabilitado tem direito a alimentos provisórios desde a proposição da acção, contanto que o tribunal considere provável o reconhecimento da paternidade (art. 1821.º, aplicado e adaptado *ex vi* do art. 1873.º).

De acordo com o art. 1884.º, n.º 1, o pai não unido pelo matrimónio à mãe do filho é obrigado, desde a data do estabelecimento de paternidade, a prestar-lhe alimentos relativos ao período da gravidez e ao primeiro ano de vida do

[288] Em sentido semelhante, admitindo reconhecimento da filiação sem eficácia patrimonial, ARAÚJO, Cristina M. A. Dias, "Investigação da paternidade e abuso do direito. Das consequências jurídicas do reconhecimento da paternidade – Ac. do STJ de 9.4.2013, Proc. 187/09", *CDP* n.º 45 pp. 57-59; MARQUES, J. P. Remédio, "O prazo de caducidade do n.º 1 do artigo 1817.º do Código Civil e a cindibilidade do estado civil: o acórdão do Plenário do Tribunal Constitucional n.º 24/2012. A (in)constitucionalidade do artigo 3.º da Lei n.º 14/2009 e a sua aplicação às ações pendentes na data do seu início de vigência, instauradas *antes* e *depois* da publicação do Acórdão n.º 23/2006", em AA.VV., *Textos de Direito da Família para Francisco Pereira Coelho* cit., pp. 211 e s.
Contra, LEITÃO, Luís de Menezes, anotação citada, *supra*, na nota 278, pp. 39-399, considerando que a solução propugnada, por um lado, corresponde a uma sanção desproporcionada de privação de capacidade sucessória e que, por outro lado, implica a criação de uma discriminação relativamente aos filhos nascidos fora do casamento que não tenham sido perfilhados. A primeira crítica do insigne privatista pode não resistir perante o disposto no art. 1856.º: admite-se aqui o reconhecimento da filiação sem que esta opere como facto designativo na sucessão legal do filho em benefício do perfilhante e familiares deste que não sejam descendentes do *de cuius*. A segunda crítica parece embater na existência de situações igualmente (ou até mais) *ingratas* de filhos nascidos dentro do casamento (cf. MARQUES, J. P. Remédio, "O prazo de caducidade do n.º 1 do artigo 1817.º" cit., pp. 216-218): um filho nascido dentro do casamento, cujo pai biológico não seja o marido da mãe, para suceder ao seu pai biológico, tem de intentar não uma, mas duas acções dentro de prazos relativamente curtos (impugnação da paternidade presumida, nos termos do art. 1842.º, n º 1, al. c), e investigação para estabelecimento da verdadeira filiação, nos termos do art. 1817.º, n.º 2, aplicável por força do art. 1873.º).

filho, sem prejuízo das indemnizações a que por lei ela tenha direito. A mãe pode pedir os alimentos na acção de investigação da paternidade e tem direito a alimentos provisórios se a acção foi proposta antes do termo do período de um ano de vida do filho, desde que o tribunal considere provável o reconhecimento da paternidade (art. 1884.º, n.º 2).

Se a acção de investigação da paternidade for julgada improcedente, não serão restituídas as importâncias recebidas, pelo filho ou pela mãe, a título de alimentos provisórios (cf. art. 2007.º, n.º 2).

6.7. A averiguação oficiosa da paternidade

I. Recorda-se que a averiguação oficiosa da paternidade não constitui um modo de estabelecer a paternidade fora do casamento, mas uma actividade imposta por lei com o objectivo de conduzir a tal estabelecimento por um dos modos possíveis – a perfilhação ou o reconhecimento judicial.

II. Sempre que seja lavrado o registo de nascimento de criança apenas com a maternidade estabelecida ou sempre que seja eliminada a menção da paternidade dele constante, deve o conservador remeter ao tribunal[289] certidão integral do registo, a fim de se averiguar oficiosamente a identidade do pai (art. 1864.º; art. 121.º, n.ºs 1 e 2, do CRC). Contudo, a remessa não tem lugar se, conhecido o nome do pretenso pai, o conservador se certificar de que este e a mãe são parentes ou afins em linha recta ou parentes no segundo grau da linha colateral (art. 121.º, n.º 3, do CRC).

Recebida a certidão, inicia-se a instrução do processo de averiguação oficiosa da paternidade, que tem carácter secreto (cf. arts. 1812.º e 1868.º) e incumbe ao MP (art. 60.º, n.º 1, do RGPTC).

O MP deve proceder às diligências necessárias para identificar o pretenso pai (*v.g.*, ouvindo a mãe acerca da paternidade que atribui ao filho) e, havendo indicação da respectiva identidade, deve ouvi-lo em declarações, que serão reduzidas a escrito (arts. 60.º, n.º 1, do RGPTC, e 1865.º, n.ºs 1[290] e 2). Se o pretenso progenitor confirmar a paternidade, será lavrado termo de *perfilha-*

[289] É competente o tribunal de comarca (art. 80.º, n.º 1, da LOSJ). A competência é exercida, mais precisamente, pelas secções de família e menores deste tribunal (art. 123.º, n.º 1, al. *l)*,da LOSJ, e art. 6.º, al. *i)*, do RGPTC), quando existam.

[290] O art. 60.º, n.º 1, do RGPTC revogou tacitamente a parte do art. 1865.º que conferia competência instrutória ao tribunal, transferindo-a para o MP.

ção (arts. 64.º do RGPTC e 1865.º, n.º 3). Estabelecida assim a paternidade, o processo termina.

Se o pretenso progenitor não confirmar a paternidade[291] (ou não puder ser ouvido[292]), o MP procederá às diligências necessárias para determinar a viabilidade da acção de investigação da paternidade (art. 62.º, n.º 1, do RGPTC, e a parte do art. 1865.º, n.º 4, que com ele é compatível[293]). Existindo provas seguras da paternidade, o MP propõe a acção de investigação (art. 62.º, n.º 1, do RGPTC, e parte do 1865.º, n.º 5, que com ele é compatível[294]). De outro modo, será proferida decisão de invibiabilide, que é notificada aos interessados (art. 62.º, n.º 3, do RGPTC).

Também não será proposta acção de investigação se durante a instrução se vier a apurar que a mãe e o pretenso pai são parentes ou afins em linha recta ou parentes no segundo grau da linha colateral (art. 1866.º, al. a))[295]; ou se tiverem decorrido dois anos sobre a data do nascimento (art. 1866.º, al. b))[296].

A decisão de inviabilidade proferida pelo magistrado do MP é susceptível de reapreciação oficiosa, no prazo de 10 dias (art. 63.º do RGPTC).

III. Concluindo pela viabilidade, cabe ao Ministério Público intentar uma acção oficiosa comum de investigação da paternidade. No entanto, o direito

[291] As declarações prestadas pelo pretenso pai que não confirmou a paternidade, durante o processo de averiguação oficiosa, não implicam presunção de paternidade nem constituem sequer princípio de prova (arts. 1811.º e 1868.º).

[292] Cf. Ferreira-Pinto, F. B., *Dicionário de Direito da Família* cit., p. 366.

[293] Cf., *supra*, nota 290.

[294] O art. 62.º, n.º 1, do RGPTC revogou tacitamente a parte do art. 1865.º, n.º 5, que conferia competência decisória ao tribunal, transferindo-a para o MP. As mudanças de competência realizadas pelos arts. 62.º, n.º 1, e 60.º, n.º 1, do RGPTC, eram já há algum tempo tidas como convenientes (cf., *supra*, nota 220).

[295] Numa visão absoluta do direito à identidade pessoal, o art. 1866.º, al. a), violaria o art. 26.º, n.º 1, da CRP. Contudo, a proibição da investigação da filiação incestuosa consubstancia um limite justificado ao referido direito fundamental, em virtude de visar a protecção do filho. Atendendo à carga simbólica negativa do incesto, de um ponto de vista psíquico, é preferível que o indivíduo não esteja certo quanto à sua filiação (cf. Silva, Paula Costa e, "A realização coerciva de testes de ADN" cit., pp. 579-580, nota 3).

[296] Na opinião de Oliveira, Guilherme de (*Estabelecimento da Filiação* cit., art. 1866.º IV), um prazo tão curto "significará uma cautela e um estímulo: uma cautela do Estado em não onerar os seus agentes com procedimentos dificultados, ou de êxito incerto, pelo envelhecimento das provas; um estímulo no sentido de as entidades competentes não protelarem as diligências e de proporem, sem grande demora, a acção dirigida ao estabelecimento do vínculo". Actualmente, os testes de ADN atenuam a força do argumento do envelhecimento das provas.

português conhece outra categoria de acção oficiosa de investigação da paternidade, a investigação com base em processo crime.

Apesar de ser regulada no art. 1867.º, que está incluído numa divisão dedicada à averiguação oficiosa da paternidade, a investigação com base em processo crime não é precedida pelo processo de averiguação oficiosa, nem está, por conseguinte, dependente de um despacho final de viabilidade[297]. À acção oficiosa de investigação da paternidade com base em processo crime não se aplicam os arts. 1864.º e 1865.º, nem as normas do CRC e do RGPTC que estão conexas com tais artigos.

A investigação com base em processo crime (*v.g.*, de violação) é intentada quando em processo crime se considere provada a cópula em termos de constituir fundamento para a investigação da paternidade e se mostre que a ofendida teve um filho em condições de o período legal da concepção abranger a época do crime (art. 1867.º). A acção pode ser instaurada mesmo que tenham decorrido dois anos sobre a data do nascimento.

Sendo a acção oficiosa, comum ou com base em processo crime, procedente, a paternidade *estabeleceu-se por reconhecimento judicial*. O tribunal comunicará a decisão a qualquer conservatória do registo civil, para que seja feito o averbamento da filiação legalmente constituída (art. 78.º do CRC).

Sendo a acção oficiosa improcedente, nada obsta a que seja intentada nova acção de investigação da paternidade, ainda que fundada nos mesmos factos (arts. 1813.º e 1868.º).

Secção III
Constituição da adopção[298]

7. Noção e modalidades de adopção

7.1. Noção de adopção

I. O art. 1586.º define a adopção como "o vínculo que, à semelhança da filiação natural, mas independentemente dos laços de sangue, se estabelece legalmente entre duas pessoas nos termos dos artigos 1973.º e seguintes".

[297] Cf. Pimenta, J. da Costa, *Filiação* cit., p. 143. Os elementos para concluir da viabilidade da acção encontram-se já no processo crime.

[298] Cf. Mendes, J. Castro/Sousa, M. Teixeira de, *Direito da Família* cit., pp. 385-410, 413, 421-424, 426-427; Corte-Real, Carlos Pamplona/Pereira, José Silva, *Direito da Família* cit., pp. 211-231

Tendo em conta a conveniência de uma aproximação mais substancial, propõe-se o seguinte conceito de adopção: *vínculo constituído por sentença judicial, proferida no âmbito de um processo especialmente instaurado para o efeito, que, independentemente dos laços de sangue, cria direitos e deveres paternofiliais (em sentido lato) entre duas pessoas*[299].

II. Com este sentido, o instituto da adopção assume inegável relevância nas preocupações do poder político, da legislação e da opinião pública. Todavia, é patente o contraste entre tais preocupações e o número de adopções, que continua a ser escasso[300].

COELHO, F. Pereira/OLIVEIRA, Guilherme de, *Curso de Direito da Família*, vol. I cit., pp. 53-54, e vol. II cit., pp. 261-298, 302, 306-307, 310-313, 322-325 (Moura Ramos); PINHEIRO, J. Duarte, "A adopção em Portugal", *Estudos de Direito da Família e das Crianças* cit, pp. 89-103; VARELA, Antunes, *Direito da Família* cit., pp. 106-137, 142, 146-154; CAMPOS, D. Leite de/CAMPOS, Mónica Martinez de, *Lições de Direito da Família* cit., pp. 30-35; LIMA, Pires de/VARELA, Antunes, *Código Civil Anotado*, vol. V cit., arts. 1973.º-1985.º, 1987.º, 1992.º-1993.º; BOLIEIRO, Helena/GUERRA, Paulo, *A criança e a família* cit., pp. 329-440; RAMIÃO, Tomé d'Almeida, *A adopção – Regime jurídico actual*, 2.ª ed., Lisboa, Quid Juris?, 2007, pp. 11-21, 25-49, 56-102; GERSÃO, Eliana, "Adopção – Mudar o quê?", em AA.VV., *Comemorações dos 35 anos do Código Civil* cit., pp. 833-849; GOMES, Rui Sá, "O novo regime da adopção", em AA.VV., *Temas de Direito da Filiação* cit., pp. 69-95, 104-142, 149; MARTINS, João Zenha, "O novo regime jurídico da adopção na encruzilhada reformista do Direito da Família e dos Menores", em AA.VV., *Estudos em Memória do Professor Doutor António Marques dos Santos*, vol. I, Coimbra, Almedina, 2005, pp. 713-751; SOTTOMAYOR, Maria Clara, "Quem são os «verdadeiros» pais? Adopção plena" cit., pp. 191-241, "A adopção singular nas representações sociais e no Direito", *Lex Familiae* n.º 1, 2004, pp. 41-50= em AA.VV., *Abandono e adopção*, Coimbra, Almedina, 2005, pp. 203-219, e "A nova lei da adopção", em AA.VV., *Abandono e adopção*, Coimbra, Almedina, 2005, pp. 113-126, 128; EPIFÂNIO, Rui Lisboa/LEANDRO, Armando Gomes, "Adopção – sentido e alcance da evolução legislativa", em AA.VV., *Comemorações dos 35 anos do Código Civil e dos 25 anos da Reforma de 1977*, vol. I, *Direito da Família e das Sucessões*, Coimbra, Coimbra Editora, 2004, pp. 851-859; SILVA, N. Ascensão, *A constituição da adopção de menores nas relações privadas internacionais: alguns aspectos*, Coimbra, Coimbra Editora, 2000, em particular pp.45-56; JARDIM, Mónica, "A adopção", em AA.VV., *Volume comemorativo dos 10 anos"* cit., pp. 297-314.

299 A definição inspira-se na noção da lei portuguesa, no art. 1973.º, n.º 1, e na noção que é apresentada por KRAUSE, Harry D., para o qual a adopção consiste na "voluntary assumption of parental obligations by an individual who usually is not the biological parent of the person adopted" ("Creation of Relationships of Kinship", *International Encyclopedia of Comparative Law*, vol. IV, *Persons and Family*, capítulo VI, Tübinguen/The Hague-Paris, J.C.B. Mohr/Mouton, 1976, p. 12). A definição, implicando uma sentença judicial, exclui a chamada "adopção à brasileira" (cf. DIAS, Maria Berenice, *Manual de Direito das Famílias* cit., pp. 509-510; MADALENO, Rolf, *Curso de Direito de Família* cit, pp. 661-662), prática criada pelas pessoas que se declaram perante o Registo Civil como pais de filho biológico de outrem.

300 Em 2005, o Centro de Direito da Família discutiu os resultados de um questionário intitulado "Porque não passamos dos 375?" (cf. *Lex Familiae* n.º 3, 2005, p. 135). No ano seguinte, foi criado o Observatório Permanente do Instituto da Adopção, tendo o respectivo protocolo justificado a

O abismo entre as intenções e os resultados assenta em vários motivos, nomeadamente históricos. O instituto da adopção é antigo no nosso ordenamento, mas não teve a mesma aceitação social ao longo do tempo[301]. A partir do séc. XVI entrou em declínio e chegou mesmo a ser abolido pelo Código Civil de 1867. O Código Civil de 1966 voltou a reconhecer o instituto, mas de uma forma tímida. Na verdade, só em 1977, há cerca de 40 anos, é que se iniciou um período de regulamentação menos restritiva da adopção. De então para cá tem-se observado um movimento legislativo contínuo, que visa dignificar e facilitar a adopção[302]. Nesse movimento se inserem as alterações legislativas efectuadas em 2015 e 2016[303].

Presentemente, a regulamentação estatal da adopção está espalhada por vários diplomas, entre os quais se contam a Constituição da República Portuguesa[304], o Código Civil[305], o RJPA[306] e a Lei de Protecção de Crianças e Jovens em Perigo[307]. E como se não bastasse a dispersão de diplomas estatais, que leva alguns autores a considerar vantajosa "uma tarefa de sistematização legislativa que pusesse cobro à descoordenação entre fontes que hoje se vislumbra"[308], não se podem ignorar as fontes extra-estatais, que contêm regras e princípios

iniciativa por ser notória,"apesar dos instrumentos legais disponíveis, a insuficiente agilização dos projectos de adopção" (cf. *Lex Familiae* n.º 5, 2006, p. 137). No entanto, o número total de processos de adopção findos em 2011 foi 455, baixando para 406 em 2014 (segundo a Base de Dados PORDATA, disponível em http://www.pordata.pt e consultada em 26/05/2016).

301 Cf. Silva, N. Ascensão, *A constituição da adopção* cit., pp. 45-56; Sousa, R. Capelo de "A adopção: constituição da relação adoptiva", *BFDUC*, suplemento XVIII, 1971, pp. 325-347; Rocha, Dulce, "Adopção – um direito para algumas crianças", *RMP* 1997, n.º 70, pp. 125-127; Gomes, Rui Sá, "O novo regime da adopção" cit., pp. 71-76.

302 Segundo, Sottomayor, Maria Clara, "A nova lei da adopção" cit., p. 114, trata-se do "instituto mais alterado, no direito da família, desde 1977". Para uma síntese da evolução do regime legal da adopção entre 1966 e 1998, cf. Hörster, Heinrich Ewald, "Evoluções legislativas no Direito da Família depois da Reforma de 1977", em AA.VV, *Comemorações dos 35 anos* cit., pp. 63-66, onde se lê que a partir do DL n.º 120/98, de 8 de Maio, deixou de haver um único artigo do Código Civil que tenha preservado a sua redacção originária.

303 Designadamente, Lei n.º 143/2015, de 8 de Setembro, que, além de alterar o Código Civil e o Código do Registo Civil, aprovou o RJPA; e Lei n.º 2/2016, de 29 de Fevereiro, que permitiu a adopção por casais do mesmo sexo. Para uma informação rigorosa, sintética e privilegiada sobre as alterações de 2015, cf. Gago, Lucília, "O que pode mudar no regime da adopção em Portugal", AA.VV., *I Congresso de Direito da Família* cit., pp. 178-196.

304 Cf. art. 36.º, n.º 7.

305 Cf., a par do art. 1586.º, os arts. 1973.º a 1991.º.

306 Aprovado pela Lei n.º 143/2015, de 8 de Setembro.

307 Alterada pela Lei n.º 142/2015, de 8 de Setembro, a referida Lei de Protecção contém várias disposições que versam especificamente a adopção, como sucede com as dos arts. 38.º-A e 62.º-A.

308 Martins, João Zenha, "O novo regime jurídico da adopção" cit., p. 715.

aplicáveis à adopção interna no nosso território, como é o caso da Convenção sobre os Direitos das Crianças[309] e da Convenção Europeia em Matéria de Adopção de Crianças.

Com base neste conjunto de fontes, é possível alcançar o espírito actual da adopção, tornando compreensível a passagem de uma visão adversa para uma visão favorável ao instituto. Na altura em que o Código de Seabra aboliu a adopção, a figura privilegiava o interesse do adoptante, sendo encarada como um instrumento de continuação da família deste ou de transmissão do seu património. Hoje, o instituto visa o "interesse superior da criança"[310]. Aliás, o direito português não admite a adopção de adultos. A adopção é actualmente vista como um instrumento de defesa do interesse do adoptando e do interesse geral de protecção da infância mais desfavorecida.[311] Daí a sua importância simbólica[312]. Simbólica, repita-se.

No imaginário jurídico e popular português, a adopção é um direito da criança privada de um autêntico ambiente familiar. Contudo, apesar dos esforços de flexibilização dos requisitos da adopção e de aceleração do respectivo processo, o instituto parece estar condenado a ter, entre nós, escassa funcionalidade prática[313]. Subsiste um modelo de adopção que se afigura desfavorável a um acréscimo significativo do número de adopções[314]. O nosso modelo

[309] Cf., em particular, o art. 21.º desta Convenção.

[310] O art. 1974.º, n.º 1, estabelece que "a adopção visa realizar o interesse da criança".

[311] Cf. JARDIM, Mónica, "A adopção", em AA.VV., *Volume comemorativo dos 10 anos"* cit., pp. 300-306, que vê "inspiração filantrópica, altruísta ou assistencial" no traçado moderno do instituto da adopção.

[312] Viveu-se, aliás, no Ocidente contemporâneo aquilo que já se designou como um tempo de "euforia pela adopção" ("Adoptionseuphorie", termo usado por FRANK, Rainer, "Brauchen wir Adoption? – Rechtsvergleichende Überlegungen zu Notwendigkeit oder Zweckmäßigkeit der Adoption", *FamRZ* 2000, p. 1697), que parecia constituir produto de um certo irracionalismo (cf. PINHEIRO, J. Duarte, "Critério biológico e critério social ou *afectivo* na determinação da filiação e da guarda dos menores", *Estudos de Direito da Família e das Crianças* cit., pp. 217-220).

[313] Cf. COELHO, F. Pereira/OLIVEIRA, Guilherme de, *Curso de Direito da Família*, vol. II cit., pp. 266-268.

[314] Cf. GERSÃO, Eliana, "Adopção – Mudar o quê?" cit., p. 840: a aplicação pouco frequente do instituto deve-se a razões profundas e complexas e não às exigências e ao formalismo da lei, ou às atitudes conservadoras e preconceituosas dos magistrados ou dos técnicos sociais, como por vezes se alega. E confesso que não sei até que ponto é adequado afirmar que o cenário que se observa é, alternativamente, fruto da falta de técnicos, da falta de uma regra temporal definida e precisa que permita o encaminhamento para a adopção em tempo útil (BOLIEIRO, Helena Isabel Dias, "O menor em perigo, a sua promoção e o encaminhamento para a adopção: quando e em que casos?", em AA.VV., *Trabalhos do Curso de Pós-Graduação 'Protecção de menores – Prof. Doutor F.M. Pereira Coelho'* – I, Coimbra, Coimbra Editora, 2002, p. 79), ou... da falta de uma base de dados de crianças

assenta inequivocamente na ideia de que a adopção é uma imitação da filiação natural[315]. Com isto sugere que a filiação adoptiva é secundária, subsidiária, relativamente à filiação biológica. Por isso, a adopção tende a assumir carácter excepcional. Excepcionalidade que, no plano jurídico, é confirmada quando a consagração constitucional do instituto da adopção[316] é imediatamente precedida pelo princípio da inseparabilidade dos filhos dos pais, princípio que é aplicável aos pais biológicos e que só conhece a ressalva da separação por decisão judicial quando eles não cumpram os seus deveres fundamentais[317].

Um outro modelo de adopção é configurável: um modelo em que a adopção não seja uma filiação de segunda ou um "mal menor", mas uma forma normal de uma pessoa adulta assumir a responsabilidade pela satisfação das necessidades de uma criança[318]. É claro que a mudança de modelo tem os seus riscos (*v.g.*, o sacrifício injustificado da posição dos pais biológicos). E ainda que se produzam alterações legislativas verdadeiramente profundas, nada garante o sucesso efectivo da operação. O peso real da adopção é condicionado pela atitude social e cultural[319]. Talvez sejam, ou tenham sido, demasiado elevadas as expectativas em torno de um instituto que foi reabilitado há pouco menos de 50 anos, após cerca de quatro séculos de desconfiança e até de proibição.

7.2. Modalidades de adopção

I. Uma classificação contrapõe a adopção internacional à adopção interna, consoante a adopção implique ou não uma mudança da residência habitual da criança adoptada para outro Estado (cf. art. 2.º, als. a) e b), do RJPA).

para a adopção (apontada no jornal *Diário de Notícias*, de 24/10/2005, como "a razão para os baixos níveis de adopção em Portugal").

315 Cf. SOTTOMAYOR, Maria Clara, "Qual é o interesse da criança?" cit., p. 58: as "interpretações biologistas da lei" diminuem as perspectivas de adopção.

316 O art. 36, n.º 7, da CRP, determina que "a adopção é regulada e protegida nos termos da lei".

317 Cf. art. 36, n.º 6, da CRP.

318 Cf. SOTTOMAYOR, Maria Clara, "A adopção singular" cit., pp. 45, 46 e 48.

319 Constitui um lugar-comum a ideia de que, em Portugal, os interessados em adoptar são mais do que as "crianças à espera de serem adoptadas". Todavia, como resulta de estudos que não são propriamente recentes, boa parte dos que formalizam a pretensão de adoptar só o fazem depois de terem tentado, sem êxitos, ter filhos por acto sexual ou procriação medicamente assistida (cf. CUNHA, Maria João, "Adopção: aspectos psicológicos e legais", em Eduardo Sá e outros, *Abandono e adopção*, Coimbra, Almedina, 2005, p. 185). Acresce que a sua pretensão não é incondicional: desejam crianças até 3 anos e sem problemas graves de saúde, perfil que exclui um número elevado de crianças em condição de serem adoptadas (dados de 2014 do Ministério da Solidariedade, Emprego e Segurança Social, segundo o. jornal *Diário de Notícias*, de 21/11/2015).

Salvo indicação em contrário, o texto subsequente versa a adopção interna.

II. No âmbito da adopção interna, a única distinção actualmente relevante é aquela que opõe a adopção conjunta (ou plural) à adopção singular. A adopção conjunta é feita simultaneamente por duas pessoas. A adopção singular é feita por uma só pessoa.

Entre nós, detecta-se uma preferência prática pela adopção conjunta em detrimento da adopção singular[320], o que não deixa de ser um reflexo da noção legal de adopção. Conceber a adopção como uma imitação da filiação natural privilegia as situações de biparentalidade adoptiva.

III. A Lei n.º 143/2015, de 8 de Setembro, revogou o art. 1977.º, que, sob a epígrafe "espécies de adopção", distinguia entre adopção plena e adopção restrita, com base no critério dos efeitos.

A adopção plena implicava a integração total e exclusiva do adoptado na família do adoptante, isto é, o adoptado adquiria a situação de filho do adoptante, extinguindo-se as relações entre o adoptado e a sua família biológica (cf. art. 1986.º, n.º 1, na redacção do Decreto-Lei n.º 496/77, de 22 de Maio, que foi modificado pela Lei n.º 143/2015, de 8 de Setembro).A adopção restrita traduzia-se fundamentalmente na atribuição do poder paternal ao adoptante, conservando-se, no restante, a generalidade dos laços entre o adoptado e a sua família natural (cf. arts. 1994.º e 1997.º, na redacção do Decreto-Lei n.º 496/77, de 22 de Maio, que foram revogados pela Lei n.º 143/2015, de 8 de Setembro).

Inspirada no direito francês[321], esta dicotomia desapareceu do direito português em vigor. No plano dos efeitos, a adopção interna é agora uma categoria unitária, subordinada a um regime similar ao da antiga adopção plena.

[320] Cf. SOTTOMAYOR, Maria Clara, "A adopção singular" cit., pp. 41-51. A autora põe em causa a ideia apriorística de que uma família biparental é sempre melhor para a criança, lembrando que "não é o número de pessoas que compõem a família que garante estabilidade à criança mas a qualidade da função parental". Em contrapartida, cf. a psicóloga CUNHA, Maria João, "Adopção" (obra citada, *supra*, na nota 319) pp. 188-190, que, a certo passo, escreve o seguinte: "Os casos de adopções singulares são sempre considerados como comportando, potencialmente, maiores riscos de insucesso, quando comparados com adopções levadas a cabo por casais. Na base desse maior risco, deparamo-nos com a acrescida responsabilidade que reverte a favor de um só dos pais, que, nestas circunstâncias, se poderá assumir como pai/mãe, e viver uma ilusão de *hermafroditismo*".

[321] Cf. arts. 343 e s. do *Code civil*, situados num título respeitante à filiação adoptiva, que inclui um capítulo sobre adopção plena e outro sobre adopção simples.

8. Requisitos da adopção interna

8.1. Enunciado de requisitos

O vínculo de adopção é constituído por sentença judicial (cf. art. 1973.º, n.º 1). A sentença que decreta a adopção pressupõe o preenchimento de requisitos quanto ao adoptando, quanto ao adoptante, quanto à relação entre o adoptante e o adoptando e quanto a terceiros.

8.2. Requisitos quanto ao adoptando

Os requisitos da adopção quanto ao adoptando são quatro: conveniência do vínculo, não subsistência de adopção anterior, idade máxima e consentimento.

I. Constitui requisito da adopção a conveniência da constituição do vínculo para o adoptando: a adopção só "será decretada quando apresente reais vantagens para o adoptando" (art. 1974.º, n.º 1).

II. O requisito da não subsistência de adopção anterior é imposto pelo art. 1975.º, n.º 1: "Enquanto subsistir uma adopção não pode constituir-se outra quanto ao mesmo adoptado, excepto se os adoptantes forem casados um com o outro". O requisito em apreço impede duas ou mais adopções simultâneas do mesmo adoptando, bem como a adopção sucessiva do mesmo adoptando por pessoas que não estejam ligadas entre si por casamento ou união de facto protegida[322], quando não tenha havido extinção da adopção anterior.

O n.º 2 do art. 1975.º não introduz excepção ao princípio do n.º 1: admite a constituição de novo vínculo adoptivo ou após a extinção do anterior (por morte dos primeiros adoptantes – al. *a)* do 1978.º, n.º 1) ou com efeito extintivo da adopção prévia (em virtude de o comportamento dos primeiros adoptantes preencher causas da confiança com vista a futura adopção – als. *c)*, *d)* e *e)* do 1978.º, n.º 1).

Excepção parece figurar, sim, no art. 5.º da Lei n.º 2/2016, de 29 de Fevereiro, que, sob a epígrafe "disposição transitória", admite, dentro de certos

[322] União de facto *protegida* é aquela que dura há mais de dois anos e não cabe em nenhuma das alíneas do art. 2.º da LUF. Todas as referências legais ao filho do cônjuge do adoptante aplicam-se analogicamente ao filho do companheiro do adoptante, por força do art. 7.º da LUF, na redacção da Lei n.º 2/2016, de 29 de Fevereiro.

pressupostos, a adopção de criança já adoptada pelo *ex-cônjuge* ou *ex-companheiro* do mesmo sexo.

III. O requisito da idade máxima do adoptando figura no art. 1980.º, n.º 2. Não é permitida a adopção de maiores (nem de menores emancipados). Em regra, o adoptando deve ter menos de 15 anos de idade à data do requerimento de adopção; poderá, no entanto, ser adoptado quem, a essa data, tenha menos de 18 anos e não se encontre emancipado "quando, desde idade não superior a 15 anos, tenha sido confiado aos adoptantes ou a um deles ou quando for filho do cônjuge do adoptante"[323].

IV. O requisito do consentimento decorre dos arts. 1981.º, n.º 1, al. a). Para a adopção é necessário o consentimento do adoptando com mais de 12 anos. Todavia, o tribunal pode dispensar o consentimento do adoptando, se ele estiver privado do uso das faculdades mentais ou se, por qualquer outra razão, houver grave dificuldade em o ouvir (arts. 1981.º, n.º 3, al. a)).

8.3. Requisitos quanto ao adoptante

I. Os requisitos gerais da adopção quanto ao adoptante são quatro: vontade de adoptar, motivos legítimos, idade mínima e idade máxima. No caso específico da adopção conjunta, a lei prevê ainda requisitos quanto à ligação entre adoptantes e quanto à duração dessa ligação.

É indispensável que o adoptante tenha vontade de adoptar (art. 1981.º, n.º 1, al. e)). A falta do consentimento do adoptante é fundamento de extinção retroactiva da adopção (arts. 1990.º, n.º 1, al. a)).

A vontade de adoptar deve fundar-se em motivos legítimos (cf. art. 1974.º, n.º 1). P.e., não se funda em motivos legítimos a decisão de adoptar para obter uma diminuição da carga fiscal suportada pelo adoptante[324] ou para evitar o pagamento de imposto sobre futuras transmissões a título gratuito de bens pertencentes ao adoptante, a favor do adoptando[325].

[323] Importa não esquecer que todas as referências legais ao "filho do cônjuge do adoptante" se aplicam analogicamente ao filho do companheiro do adoptante, por força do art. 7.º da LUF (cf., *supra*, nota 322).

[324] Cf. MENDES, J. Castro/SOUSA, M. Teixeira de, *Direito da Família* cit., p. 397; GOMES, Rui Sá, "O novo regime da adopção" cit., pp. 79-80.

[325] Cf. COELHO, F. Pereira/OLIVEIRA, Guilherme de, *Curso de Direito da Família*, vol. II cit., pp. 271-272.

No que toca ao requisito da idade mínima do adoptante, em regra, é 25 anos, salvo no caso da adopção singular, em que tende a ser exigível idade não inferior a 30 anos (arts. 1979.º, n.ºs 1 e 2, e 1992.º, n.º 1). Se se tratar de adopção singular de filho do cônjuge ou companheiro[326], volta a ser suficiente ter mais de 25 anos.

Em regra, a idade máxima para adoptar é 60 anos[327]. Só pode adoptar quem não tiver mais de 60 anos de idade à data em que a criança lhe tenha sido confiada, mediante confiança administrativa ou medida de promoção e protecção de confiança com vista a futura adopção adopção, salvo se o adoptando for filho do cônjuge ou companheiro (arts. 1979.º, n.ºs 3 e 5)[328].

II. Na hipótese de adopção conjunta, a lei estabelece requisitos adicionais: os dois candidatos à adopção devem estar ligados por uma união conjugal, ou por uma união de facto protegida, há mais de quatro anos (cf. art. 1979.º, n.º 1, e art. 7.º da LUF, na redacção da Lei n.º 2/2016, de 29 de Fevereiro)[329].

[326] Cf., *supra*, nota 323.

[327] Na prática, pelo menos até 2005, as pessoas com idade avançada inferior ao limite máximo eram discriminadas nos processos de selecção dos candidatos a adoptantes (cf. SOTTOMAYOR, Maria Clara, "A nova lei da adopção" cit., p. 122).

[328] Cf., *supra*, nota 323.
Não vigorando a proibição da adopção sucessiva quanto ao mesmo adoptando se os candidatos à adopção estiverem casados um com o outro (ou ligados por uma união de facto protegida), não é de excluir uma adopção singular por pessoa que à data da confiança tinha idade superior a 60 anos, após uma adopção do mesmo adoptando pelo respectivo cônjuge (ou companheiro). O termo "filho" no art. 1979.º, n.º 5, abrange quer o filho biológico, quer o filho adoptivo. Cf. "Relatório da mesa temática relativa à adopção" (FACULDADE DE DIREITO DA UNIVERSIDADE DE COIMBRA / CENTRO DE DIREITO DA FAMÍLIA, *2.ª Bienal de Jurisprudência* cit., pp. 39-42).

[329] Antes da Lei n.º 2/2016, de 29 de Fevereiro, não era permitida a adopção conjunta por pessoas do mesmo sexo no nosso ordenamento, ainda que estivessem casadas ou vivessem em união de facto (embora não fosse vedada a adopção singular por homossexual). Sobre o assunto antes da mudança legislativa de 2016, cf. COELHO, F. Pereira/OLIVEIRA, Guilherme de, *Curso de Direito da Família*, vol. II cit., pp. 269 e 270; DIAS, Ferreira, "A adopção de crianças por casais homossexuais: sim, não ou talvez?", *Lex Familiae* n.º 5, 2005, pp. 99-102; GOMES, Carla Amado, "Filiação, adopção e protecção de menores" cit., pp. 37-39. Segundo MIRANDA, Jorge/MEDEIROS, Rui, *Constituição Portuguesa anotada* cit., p. 820, nada obstava a que o legislador ordinário, excluísse a adopção por casais homossexuais". Para CORTE-REAL, Carlos Pamplona/PEREIRA, José Silva, *Direito da Família* cit., pp. 222, 256-258, a proibição do acesso do casal homossexual à adopção, além de ser completamente posta em causa pela possibilidade legal de adopção singular, atingia o princípio da igualdade e da não discriminação em função da orientação sexual. Com opinião semelhante, COSTA, Marta, "As restrições à capacidade de adoptar à luz da Lei Fundamental", em AA.VV., *Estudos em homenagem ao Prof. Doutor Manuel Henrique Mesquita*, organização de Diogo Leite de Campos, vol. I, Coimbra, Coimbra Editora, 2009, pp. 586-587.

O requisito do prazo de duração da união conjugal ou da união de facto vale como elemento comprovativo de uma certa estabilidade do relacionamento entre os candidatos, tida como benéfica para o adoptando, pelo que não obsta à adopção conjunta a situação do casal que, p.e., celebrou casamento apenas há um ano, depois de ter vivido em união de facto durante três anos[330]: cf., claramente, art. 1979.º, n.º 6, na redacção da Lei n.º 143/2015, de 8 de Setembro, que determina ser relevante, para contagem do prazo de duração da relação dos que pretendem adoptar conjuntamente, o tempo de vivência em união de facto imediatamente anterior à celebração do casamento.

III. Diferentemente do que acontece com o requisito da idade máxima, o CC não diz em que momento devem estar reunidos os requisitos da idade mínima e do prazo de duração do casamento ou da união de facto dos adoptantes. Decorre, porém, do RJPA que a aferição desses requisitos terá de ocorrer no momento em que o candidato comunica a sua intenção de adoptar ao organismo de segurança social ou instituição particular autorizada, dado que a candidatura será liminarmente indeferida "sempre que da mera apreciação documental resulte manifesta a não verificação dos pressupostos substanciais previstos no Código Civil" (art. 43.º, n.º 5, do RJPA).

IV. Sob a epígrafe "disposição transitória", o art. 5.º da Lei n.º 2/2016, de 29 de Fevereiro, permite, dentro de certas condições, a adopção singular de filho do ex-cônjuge ou ex-companheiro, quando se esteja perante "casais do mesmo sexo que se tenham entretanto divorciado ou cuja união de facto tenha entretanto cessado" e que se encontravam legalmente impedidos de adoptar antes da entrada em vigor da nova lei.

8.4. Requisitos quanto à relação entre o adoptando e o adoptante

A lei estabelece três requisitos gerais quanto à relação entre o adoptando e o adoptante: probabilidade do estabelecimento de um vínculo, entre o adoptante e o adoptando, semelhante ao da filiação biológica; necessidade de um período em que o adoptando tenha estado previamente ao cuidado do adoptante; diferença máxima de idades.

[330] Cf. RAMIÃO, Tomé d'Almeida, *A adopção* cit., pp. 38-39.

I. Ao abrigo do disposto no art. 1974.º, n.º 1, a adopção será decretada quando "seja razoável supor que entre o adoptante o adoptando se estabelecerá um vínculo semelhante ao da filiação". À luz deste requisito afigura-se questionável a adopção de um irmão pelo outro, de um neto por avô ou de um membro de uma união de facto pelo outro[331].

II. O art. 1974.º, n.º 2, consagra a necessidade de um período em que o adoptando tenha estado previamente ao cuidado do adoptante, que seja suficiente para se poder avaliar da conveniência do vínculo. Exceptuando as filhas do cônjuge ou companheiro do adoptante[332], só podem ser adoptadas as crianças que tenham sido confiadas ao adoptante mediante confiança administrativa ou medida de promoção e protecção de confiança com vista a futura adopção (art. 1980.º, n.º 1).[333]

A confiança administrativa resulta de decisão do organismo de segurança social que proceda à entrega da criança ao candidato a adoptante ou que confirme a permanência daquela a seu cargo (art. 34.º, n.º 2, do RJPA). Só pode ser atribuída se, após audição da criança de idade superior a 12 anos, ou de idade inferior, em atenção ao seu grau de maturidade e discernimento, resultar, inequivocamente, que aquela não se opõe a tal decisão (art. 36.º, n.º 1, do RJPA). Estando pendente processo judicial de promoção e protecção ou tutelar cível, é ainda necessário que o tribunal, a requerimento do organismo de segurança social, ouvido o MP; considere que a confiança administrativa corresponde ao superior interesse da criança (art. 36.º, n.º 6, do RJPA).

A medida de promoção e protecção de confiança com vista a futura adopção consiste na colocação da criança ou do jovem sob a guarda de candidato seleccionado para a adopção pelo competente organismo de segurança social ou sob a guarda de família de acolhimento ou de instituição com vista a futura adopção (art. 38.º-A da Lei de Protecção).

[331] Cf. COELHO, F. Pereira/OLIVEIRA, Guilherme de, *Curso de Direito da Família*, vol. II cit., p. 272. Cf. FACULDADE DE DIREITO DA UNIVERSIDADE DE COIMBRA / CENTRO DE DIREITO DA FAMÍLIA, *3.ª Bienal de Jurisprudência.*, pp. 44-46, em que se discute a possibilidade de os tios poderem adoptar; e FACULDADE DE DIREITO DA UNIVERSIDADE DE COIMBRA / CENTRO DE DIREITO DA FAMÍLIA, *4.ª Bienal de Jurisprudência. Direito da Família*, Coimbra, Coimbra Editora, 2009, pp. 108-113, em que se debate uma decisão judicial portuguesa de 2008, decretando a adopção de dois netos por um avô e sua esposa.

[332] Cf., *supra*, nota 323.

[333] Sobre estas duas confianças e mais três, cf. PINHEIRO, J. Duarte, "Da confiança a pessoa idónea à confiança com vista a futura adopção", *Estudos de Direito da Família e das Crianças* cit., pp. 243-246.

A medida é decretada pelo tribunal[334] (art. 38.º da Lei de Protecção), no âmbito de um processo de promoção e protecção, ao abrigo do disposto no art. 1978.º. Por conseguinte, a confiança com vista a futura adopção pressupõe que não existam ou se encontrem seriamente comprometidos os vínculos afectivos próprios da filiação, pela verificação objectiva de qualquer das seguintes situações[335]: a) se a criança for filha de pais incógnitos ou falecidos; b) se tiver havido consentimento prévio para a adopção; c) se os pais tiverem abandonado a criança; d) se os pais, por acção ou omissão, mesmo que por manifesta incapacidade devida a razões de doença mental, puseram em perigo grave a segurança, a saúde, a formação, a educação ou o desenvolvimento da criança[336]; e) se os pais da criança acolhida por um particular, por uma instituição ou por família de acolhimento tiverem revelado manifesto desinteresse pelo filho, em termos de comprometer seriamente a qualidade e a continuidade daqueles vínculos, durante, pelo menos, os três meses que precederam o pedido de confiança.[337]

Na verificação das situações em apreço, o tribunal deve atender prioritariamente aos direitos e interesses da criança (art. 1978.º, n.º 2). Ao lado dos fundamentos objectivos de várias alíneas do art. 1978.º, n.º 1, há que provar que, de facto, não existem ou estão seriamente comprometidos os vínculos afectivos próprios da filiação[338].

A confiança com fundamento nas situações das als. a), c), d) e e) não pode ser decidida se a criança se encontrar a viver com ascendente, colateral até ao 3.º grau ou tutor e a seu cargo, salvo se aqueles familiares ou o tutor puserem em perigo, de forma grave, a segurança, a saúde, a formação, a educação ou

[334] É competente o tribunal de comarca (art. 80.º, n.º 1, da LOSJ). A competência é exercida, mais precisamente, pelas secções de família e menores deste tribunal (art. 123.º, n.º 1, al. *g*), da LOSJ), quando existam.

[335] "Cada uma das alíneas pode ser activada, no caso concreto, sozinha ou acompanhada de qualquer uma outra, podendo uma funcionar para a situação da mãe e outra para o pai, sem se exigir que ambos os progenitores preencham, concomitante e pluralmente, cada uma delas" (Guerra, Paulo, "Confiança para futura adopção: acórdão do Supremo Tribunal de Justiça de 30 de Novembro de 2004", *Lex Familiae* n.º 4, 2005, p. 125).

[336] Considera-se que a criança está em perigo nas situações previstas pelo art. 3.º da Lei de Protecção (cf. remissão do art. 1978.º, n.º 3).

[337] Sobre a (ir)relevância da insuficiência económica dos pais enquanto situação que legitima a confiança com vista a futura adopção, cf. Pinheiro, J. Duarte, "Da confiança a pessoa idónea à confiança com vista a futura adopção", *Estudos de Direito da Família e das Crianças* cit., pp. 246 e s.

[338] Cf. Coelho, F. Pereira/Oliveira, Guilherme de, *Curso de Direito da Família*, vol. II cit., p. 278; Bolieiro, Helena/Guerra, Paulo, *A criança e a família* cit., pp. 365-366.

o desenvolvimento da criança, ou se tribunal concluir que a situação não é adequada a assegurar suficientemente o interesse daquela (art. 1978.º, n.º 4).

O art. 1974.º, n.º 2, não fixa um período para o adoptando estar ao cuidado do adoptante. Esse prazo, que se inicia com a confiança administrativa ou judicial, coincide com o período de pré-adopção, pelo que não deve ser superior a seis ou, excepcionalmente, nove meses (arts. 50.º, n.ºs 1 e 5, e 52.º, n.º 2, do RJPA).

III. Em princípio, a diferença de idades entre o adoptante e o adoptando não deve ser superior a 50 anos (art. 1979.º, n.ºs 3, 4 e 5[339])

O art. 1976.º impõe um último requisito quanto à relação entre o adoptando e o adoptante, se entre eles existir vínculo de tutela ou de administração legal de bens: o tutor ou administrador legal de bens só pode adoptar a criança depois de aprovadas as contas da tutela ou administração de bens e saldada a sua responsabilidade.

8.5. Requisitos da adopção quanto a terceiros

I. Os requisitos da adopção quanto a terceiros incluem os requisitos quanto aos familiares do adoptante e quanto aos parentes e ao tutor do adoptando.

II. Os requisitos quanto aos familiares do adoptante são dois: é preciso que a adopção não envolva sacrifício injusto para os outros filhos do adoptante (art. 1974.º, n.º 1); e é necessário que o cônjuge do adoptante não separado de pessoas e bens dê o seu consentimento para a adopção (art. 1981.º, n.º 1, al. b)). Em conexão com o primeiro requisito, o juiz deverá ouvir os filhos do adoptante com mais de 12 anos (art. 1984.º, al. a)).

III. Os requisitos da adopção quanto aos parentes e ao tutor do adoptando são igualmente dois: exigência do consentimento para a adopção, prestado pelo tutor e por certos parentes do adoptando; audição de alguns parentes do adoptando cujo consentimento para a adopção não é necessário.

De acordo com o art. 1981.º, n.º 1, als. c) e d), para a adopção, é necessário o consentimento: dos pais do adoptando, ainda que menores e mesmo que não exerçam as responsabilidades parentais, desde que não tenha havido medida de promoção e protecção de confiança com vista a futura a adopção; ou do

[339] O n.º 5 aplica-se, directamente, quando o adoptando for filho do cônjuge e, analogicamente, quando o adoptando for companheiro do adoptante: cf., *supra*, nota 323.

ascendente, do colateral até ao 3.º grau ou do tutor quando, tendo falecido os pais do adoptando, tenha este a seu cargo e com ele viva.

O consentimento para a adopção tem de ser prestado perante o juiz e pode ser dado independentemente da instauração do processo de adopção[340] (art. 1982.º, n.ºs 1 e 2). Caracteriza-se por ser irrevogável e não estar sujeito a caducidade[341] (art. 1983.º, n.º 1).

O juiz deverá ouvir os ascendentes ou, na sua falta, os irmãos maiores do progenitor falecido, se o adoptando for filho do cônjuge do adoptante e o seu consentimento não for necessário, salvo se estiverem privados das faculdades mentais ou se, por qualquer outra razão, houver grave dificuldade em os ouvir (arts. 1984.º, al. b)).

8.6. Requisitos da adopção quanto a terceiros (cont.): o consentimento dos pais do adoptando

I. No domínio dos requisitos da adopção quanto a terceiros, é de sublinhar a exigência do consentimento para a adopção, por parte dos pais do adoptando, feita pelo art. 1981.º, n.º 1, al. c).

O consentimento da mãe para a adopção não pode ser prestado antes de decorridas seis semanas após o parto (arts. 1982.º, n.º 3).

II. Apesar de tudo, não se pode dizer que o direito português tenha seguido um sistema voluntário, isto é, um sistema em que a adopção dependa exclusiva ou predominantemente do consentimento dos pais biológicos. A lei prevê um conjunto vasto de situações em que tal consentimento não é exigido (cf. art. 1981.º, n.ºs 1, al. c), *in fine*, e 3[342]). É o que sucede, p.e., se tiver havido medida de promoção e protecção de confiança com vista a futura confiança (que pode ser decretada quando os pais tenham abandonado a criança, quando tenham posto em perigo grave a segurança, a saúde, a formação, a educação ou o desenvolvimento do filho, ou quando tenham revelado manifesto desinteresse por ele).

340 Cf. Corte-Real, Carlos Pamplona/Pereira, José Silva, *Direito da Família* cit., pp. 215-216, para os quais carece de sentido a figura do consentimento prévio dos pais biológicos.

341 A Lei 143/2015, de 8 de Setembro, eliminou a hipótese de caducidade constante da versão anterior do art. 1983.º, que ocorria, se, no prazo de três anos após a prestação do consentimento, o menor não tivesse sido adoptado nem confiado mediante confiança administrativa, judicial ou medida de promoção e protecção de confiança a pessoa ou instituição com vista a futura adopção.

342 Note-se que o art. 1981.º, n.º 3, al. a), estabelece casos em que o tribunal pode dispensar o consentimento não só dos pais como de outras pessoas.

8.7. Observações finais

Finda a análise dos requisitos para a adopção, torna-se nítido que continuam a ser muitos e que nem sempre são desenhados de forma a contribuir para uma aplicação flexível, mais adequada, do instituto da adopção[343].

9. O processo de adopção interna

I. O processo de adopção, definido no art. 2.º, al. h), do RJPA, é secreto (art. 4.º do RJPA) e assume ao mesmo tempo carácter administrativo e judicial.

De acordo com o art. 40.º do RJPA, o processo é constituído por três fases: preparatória; de ajustamento entre crianças e candidatos; e final.

II. As duas primeiras fases do processo de adopção têm natureza administrativa, integrando as actividades desenvolvidas pelos organismos de segurança social ou pelas instituições particulares autorizadas.

A fase preparatória abarca o estudo de caracterização da criança com decisão de adoptabilidade e a preparação, avaliação e selecção de candidatos a adoptantes (art. 40.º, al. a), do RJPA). O estudo de caracterização refere-se à criança em situação de adoptabilidade[344], isto é, àquela que foi submetida a decisão de confiança administrativa ou de confiança judicial com vista à adopção (cf. art. 2.º, al. c), do RJPA). A candidatura a adopção é apresentada junto de qualquer equipa de adopção dos organismos de segurança social ou instituição particular autorizada (art. 43.º, n.º 1, do RJPA) Não havendo motivo para indeferimento liminar (cf. art. 43.º, n.º 5, do RJPA), dá-se início ao conjunto de procedimentos de preparação, avaliação e selecção, que deve estar concluído no prazo máximo de seis meses (art. 44.º, n.º 1, do RJPA). Tais procedimentos têm em vista a emissão de parecer sobre a candidatura, que incide, nomeadamente, sobre a personalidade, a saúde, a idoneidade para criar e educar a criança, a situação familiar e económica do candidato a adoptante e as razões determinantes do pedido de adopção (art. 44.º, n.ºs 2 e 3, do RJPA). Concluídos os procedimentos, é comunicada ao candidato a decisão de aceitação ou rejeição da candidatura (art. 44.º, n.ºs 5 a 7, do RJPA). Em caso de

[343] Cf., neste sentido, antes da Lei n.º 143/2015, de 8 de Setembro, MARTINS, João Zenha, "O novo regime jurídico da adopção" cit., p. 738; CORTE-REAL, Carlos Pamplona/PEREIRA, José Silva, *Direito da Família* cit., p. 217.

[344] As crianças em situação de adoptabilidade integram obrigatoriamente listas nacionais (art. 10.º, n.º 1, do RJPA).

rejeição, é admissível recurso para o tribunal (cf. art. 46.º do RJPA). Em caso de aceitação da candidatura, o candidato é obrigatoriamente inscrito na lista nacional, nos termos do art. 10.º do RJPA; passando-se à fase de ajustamento entre candidato e criança.

A fase de ajustamento compreende a aferição da correspondência entre as necessidades da criança e as capacidades dos candidatos; e a organização do período de transição; o acompanhamento e avaliação do período de pré-adopção (art. 40.º, al. b), do RJPA). O momento de aferição efectua-se mediante "pesquisa, nas listas nacionais, dos candidatos relativamente aos quais seja legítimo efectuar um juízo de prognose favorável de compatibilização entre as suas capacidades e as necessidades da criança" (art. 48.º, n.º 1, do RJPA). Com base no resultado da pesquisa, é formulada uma proposta de adopção, que, sendo confirmada pelo Conselho Nacional para a Adopção[345], é apresentada ao candidato (art. 48.º, n.ºs 2 e 3, do RJPA). Aceite a proposta pelo candidato, inicia-se o período de transição, que não deve exceder 15 dias e que promove encontros entre o candidato e a criança, destinados ao conhecimento mútuo, "com vista à aferição da existência de indícios favoráveis à vinculação afectiva entre o adoptando e o candidato a adoptante" (art. 49.º, n.ºs 1 e 4, do RJPA). Terminado o período de transição, e não havendo qualquer facto que obste à continuidade do processo, inicia-se o período de pré-adopção.

No período de pré-adopção, o candidato a adoptante toma a seu cargo a criança (que não seja filha do cônjuge ou companheiro) com vista a adopção, mediante confiança administrativa ou medida de promoção e protecção de confiança a pessoa seleccionada para a adopção.

Esta medida de promoção e protecção dura até ser decretada a adopção, não está, normalmente, sujeita a revisão e impede os pais biológicos de visitarem a criança (art. 62.º-A, n.ºs 1 e 2, 6 e 7 da Lei de Protecção). A aplicação da medida implica a inibição dos pais biológicos do exercício das responsabilidades parentais (art. 1978.º-A) e a suspensão de eventual processo de averiguação oficiosa da maternidade e da paternidade (art. 38.º, n.º 2, do RJPA).

Tendo sido decidida confiança administrativa ou medida de promoção e protecção de confiança, incumbe ao candidato a adoptante a curadoria provisória da criança (art. 62.º-A, n.ºs. 3 e 4 da Lei de Protecção; art. 51.º, n.ºs 2 e 3, do RJPA), que supre o exercício das responsabilidades parentais. Em qual-

[345] O Conselho Nacional para a Adopção é composto por um representante de cada organismo da segurança social mencionado no art. 7.º do RJPA e cabe-lhe garantir "a harmonização dos critérios que presidem à aferição de correspondência entre as necessidades da criança e as capacidades dos adoptantes" (art. 12.º, n.ºs 1 e 2, do RJPA).

quer caso, a curadoria provisória é decretada pelo tribunal. O curador provisório tem os direitos e deveres do tutor (art. 51.º, n.º 5, do RJPA).

Durante o período de pré-adopção, o organismo de segurança social ou instituição particular autorizada acompanha a integração da criança, avaliando a viabilidade do estabelecimento da relação parental (art. 50.º, n.º 1, do RJPA). Logo que verificadas as condições para ser requerida a adopção ou decorrido o período de pré-adopção[346], é elaborado relatório, em 30 dias, concluindo com parecer relativo à concretização do projecto adoptivo (art. 50.º, n.º 4, do RJPA).

O organismo de segurança social ou instituição particular autorizada notifica o candidato a adoptante do teor do relatório (art. 50.º, n.º 6, do RJPA). Após a notificação ou terminado o prazo de elaboração do relatório, o candidato pode apresentar requerimento de adopção junto do tribunal competente[347] (art. 52.º, n.º 1, do RJPA), com o qual se inicia a fase final, correspondente ao processo judicial de adopção.

III. O processo judicial de adopção, cuja tramitação é regulada pelos arts. 52.º a 59.º do RJPA, assume a natureza de jurisdição voluntária (art. 31.º do RJPA) e tem carácter urgente (art. 32.º do RJPA).

Os procedimentos legais visando a averiguação e a investigação de maternidade ou paternidade não revestem carácter de prejudicialidade face ao processo de adopção art. 38.º, n.º 1, do RJPA). O processo de promoção e protecção no qual haja sido aplicada medida de confiança a com vista a futura adopção é apensado ao processo de adopção (art. 58.º do RJPA).

Junto o relatório respeitante à pré-adopção, feita a audição do adoptante e de outras pessoas, efectuadas as diligências requeridas ou julgadas convenientes e ouvido o Ministério Público, o juiz decidirá sobre a adopção.

Apesar de o vínculo adoptivo ser formalmente constituído por sentença judicial, não se pode negar o peso da decisão administrativa, seja por força das fases prévias à fase final, seja por força da influência do relatório elaborado pelo organismo de segurança social ou instituição particular autorizada (após o período de pré-adopção), que tem necessariamente de constar no processo judicial.

[346] O período de pré-adopção não pode ser superior a seis ou, excepcionalmente, nove meses (art. 50.º, n.ºs 1 e 5, do RJPA), salvo no caso de candidatura a adopção de filho do cônjuge ou companheiro, em que o limite é três meses (art. 34.º, n.º 3, do RJPA).

[347] Que é o tribunal de comarca (art. 80.º, n.º 1, da LOSJ). A competência em matéria de adopção é exercida, mais precisamente, pelas secções de família e menores deste tribunal (art. 123.º, n.º 1, al. c),da LOSJ; e arts. 29.º e 30.º, do RJPA), quando existam.

A adopção decretada, sujeita a registo civil obrigatório (art. 1.º, n.º 1, al. c), do CRC), é averbada ao assento de nascimento (art. 69.º, n.º 1, al. d), do CRC).

IV. O art. 60.º do RJPA consagra a possibilidade de acompanhamento pós-adopção.

O acompanhamento "traduz-se numa intervenção técnica especializada junto do adoptado e da respectiva família, proporcionando aconselhamento e apoio na superação de dificuldades decorrentes da filiação e parentalidade adoptivas"; depende de solicitação expressa dos sujeitos da relação de adopção; é efectuado por organismo de segurança social, ou instituição particular autorizada, entre o momento do trânsito em julgado da sentença de adopção e o data em que o adoptado complete 18 anos de idade (ou 21, quando ele solicite a continuidade do acompanhamento antes de atingir a maioridade).

10. A proibição de constituição e prova do vínculo de filiação biológica

I. O art. 1987.º prescreve que depois de decretada a adopção não é possível estabelecer a filiação natural do adoptado nem fazer a prova dessa filiação fora do processo preliminar de casamento.

II. Apesar do teor daquela disposição legal, a prova da filiação biológica daquele que foi adoptado é admissível na acção de nulidade ou anulação do casamento, intentada com fundamento num dos impedimentos previstos nas als. a), c) e d) do art. 1602.º[348].

O art. 1987.º, na parte que determina que não é possível fazer prova da filiação natural, fora do processo preliminar de casamento, depois de decretada a adopção plena, tem de ser alvo de interpretação restritiva. O art. 1603.º, n.º 1, aplica-se na totalidade à filiação biológica daquele que foi adoptado. Outra conclusão seria chocante: celebrado o casamento, p.e., entre uma pessoa adoptada e o seu pai natural, a ligação biológica, não detectada no processo preliminar de casamento, não poderia ser invocada para se conseguir a invalidação da constituição do vínculo matrimonial.

[348] Na sequência da alteração feita pela Lei n.º 137/2015, de 7 de Setembro, que introduziu no art. 1602.º uma nova alínea entre as antigas als. a) e b), sem tocar no texto do art. 1603.º, deve entender-se que a referência do n.º 1 deste artigo às "alíneas a), b) e c) do artigo anterior" tem agora em vista as alíneas mencionadas no texto principal.

III. Se bem que a proibição da constituição e prova do vínculo de filiação biológica, após a criação do vínculo de adopção, se afigure coerente com o carácter exclusivo[349] e a irrevogabilidade[350] desta relação familiar, a constitucionalidade da solução legal não é isenta de dúvidas. Na opinião de um prestigiado especialista do Direito da Filiação[351], aquela proibição, impedindo a investigação da maternidade ou paternidade pelo adoptado, não se justifica inteiramente com base no princípio da protecção da adopção (art. 36.º, n.º 7, da CRP), pelo que parece configurar restrição desproporcional dos direitos fundamentais à identidade pessoal e à constituição da família (arts. 26.º, n.º 1, 36.º, n.º 1, e 18.º, n.º 2, da CRP).[352]

11. Segredo da identidade e acesso ao conhecimento das origens

I. A identidade do adoptante não pode ser revelada aos pais biológicos do adoptado, salvo se aquele declarar expressamente que não se opõe a essa revelação (art. 1985.º, n.º 1, com concretizações no art. 69.º, n.º 5, do CRC, e nos arts. 5.º e 56.º, n.ºs 2 e s, do RJPA).[353]

A regra supletiva do segredo da identidade do adoptante perante os pais biológicos do adoptado destina-se a proteger os pais adoptivos de interferências dos pais biológicos.

II. Decorre do art. 1985.º, n.º 2[354], que a identidade dos pais biológicos não é revelada ao adoptante, apenas quando aqueles se tenham oposto, mediante declaração expressa, a que a sua identidade seja revelada ao adoptante.

[349] Nos termos do art. 1986.º, n.º 1, com a adopção plena extinguem-se "as relações familiares entre o adoptado e os seus ascendentes e colaterais naturais".

[350] Cf. art. 1989.º.

[351] OLIVEIRA, Guilherme de, *Critério Jurídico da Paternidade* cit., pp. 489-495; COELHO, F. Pereira/ OLIVEIRA, Guilherme de, *Curso de Direito da Família*, vol. II cit., pp. 302-303.

[352] Outra é a opinião de REIS, Rafael Luís Vale e, *O direito ao conhecimento das origens genéticas* cit., p. 316: "No caso particular do artigo 1987.º, as proibições de investigação nele contidas estão ao serviço da tutela do instituto da adopção, também ela um valor constitucionalmente garantido no n.º 7 do artigo 36.º da CRP, pelo que a restrição legal ainda pode considerar-se dentro dos parâmetros constitucionalmente definidos para uma interferência desse teor".

[353] Por conseguinte, os pais biológicos não devem intervir no processo de adopção, que não está submetido ao princípio do contraditório (cf. FACULDADE DE DIREITO DA UNIVERSIDADE DE COIMBRA / CENTRO DE DIREITO DA FAMÍLIA, *4.ª Bienal de Jurisprudência* cit., pp. 89-90).

[354] Cf., no domínio registal, os arts. 213.º, n.ºs 2 e 3, e 214.º, n.º 2, do CRC, e, no domínio do processo de adopção, o art. 5.º do RJPA. Embora o preceito aluda ao "adoptado plenamente", a solução do art.

O segredo da identidade dos pais biológicos visa proteger a sua privacidade, não correspondendo a um meio de defesa do interesse dos adoptantes ou da estabilidade da família adoptiva.

III. Antes das alterações de 2015, na falta de uma disposição legal expressa, discutia-se se era oponível ao adoptado (plenamente) o segredo da identidade dos pais biológicos. A resposta tendia a ser maioritariamente negativa, dado que tal segredo era tido como dificilmente conciliável com os direitos fundamentais à identidade pessoal e genética do ser humano (consagrados no art. 26.º, n.ºs 1 e 3, da CRP)[355].

Entretanto, a Lei n.º 143/2015, de 8 de Setembro, consagrou expressamente o direito do adoptado ao conhecimento das suas origens (art. 1990.º-A), nos termos do art. 6.º do RJPA. Assim, o direito ao conhecimento das suas origens pode ser exercido pessoal e livremente pelo adoptado logo que complete 18 anos de idade; antes disso, em regra, o acesso só é facultado ao adoptado de 16 ou 17 anos de idade, havendo autorização dos pais adoptivos ou do representante legal.

12. A adopção internacional

Em matéria de adopção internacional, as duas principais fontes são o RJPA (arts. 61 e s.) e a Convenção da Haia sobre a Protecção das Crianças e a Cooperação em Matéria de Adopção Internacional.

De acordo com o art. 1.º, al. a), do RJPA, e com o art. 2.º da Convenção, a adopção internacional é aquela que implica transferência da residência habitual da criança do território um Estado para o território de outro, que é o da residência habitual dos adoptantes.

213.º, n.º 2, do CRC subsiste no quadro do novo modelo português de adopção, até por imposição da lógica subjacente ao art. 5.º do RJPA.

[355] Neste sentido, Reis, Rafael Luís Vale e, *O direito ao conhecimento das origens genéticas* cit., pp. 300-301; Monteiro, João António Pinto, "O direito a conhecer as origens na adopção", *Lex Familiae* n.º 8, 2007, pp. 65-86.

Contra, Sottomayor, Maria Clara, "Quem são os «verdadeiros» pais? Adopção plena" cit., pp. 222-223 (defendendo que a solução do art. 1985.º, n.º 2, para o adoptante, era extensível ao adoptado, dado que a finalidade da norma – protecção da privacidade dos pais biológicos – seria frustrada se o segredo de identidade dos pais originários pudesse ser quebrado a pedido do filho), No entanto, nunca ofereceu dúvidas a prevalência do interesse em evitar a celebração de casamentos incestuosos sobre o interesse dos pais biológicos na manutenção do segredo da identidade: a filiação biológica do adoptado era (e é) sempre mencionada nas certidões destinadas a instruir processos de casamento (art. 213.º, n.º 3, do CRC).

O regime da legislação portuguesa é muito restritivo, estando marcado pelo espírito da referida Convenção, que declara ter por objecto, nomeadamente, a prevenção do rapto, da venda ou do tráfico de crianças (art. 1.º, al. b), desta fonte extra-estatal).[356]

12.1. A adopção internacional de crianças residentes em Portugal

A adopção de crianças residentes em Portugal por candidatos residentes no estrangeiro, que é precedida pela aplicação da medidade de promoção e protecção de confiança com vista a futura adopção, está claramente subordinada ao princípio da subsidiariedade: a adopção internacional só é permitida quando não se mostre viável, em tempo útil, a adopção em Portugal (art. 82.º, n.º 1, do RJPA)[357] e desde que se verifiquem cumulativamente os requisitos enumerados no art. 83.º do RJPA.

A adopção é normalmente decretada no país de acolhimento (art. 88.º, n.º 1, do RJPA). Logo que obtida certidão da decisão estrangeira que decretou a adopção, a Autoridade Central para a Adopção Internacional[358] providencia em Portugal o averbamento da nova relação familiar no assento de nascimento da criança (art. 89.º, n.º 2, do RJPA).

12.2. A adopção internacional de crianças residentes no estrangeiro

Tal como a adopção internacional de criança residentes em Portugal, a adopção por residentes em Portugal de crianças residentes no estrangeiro está sujeita a um procedimento que rejeita a adopção independente ou privada e implica a intervenção de autoridades de dois Estados, o Estado portu-

[356] Em 2013, ocorreram 17 adopções internacionais de crianças residentes em Portugal e 5 de crianças originárias do estrangeiro por residentes em Portugal (cf. Pastor, Isabel, "A adoção internacional – os dados estatísticos e os constrangimentos", em AA.VV., *Adoção*, Centro de Estudos Judiciários, 2015, pp. 273 e 296, http://www.cej.mj.pt/cej/recursos/ebooks/familia/Adocao.pdf; Abreu, Filipa Faria de, *A adoção internacional de menores*, dissertação de mestrado, Faculdade de Direito da Universidade do Porto, 2014, pp. 51-52, https://repositorio-aberto.up.pt/bitstream/10216/77677/2/106974.pdf).

[357] O princípio da subsidiariedade é, porém, atenuado pelo n.º 3 do mesmo art. 82.º, que aceita a adopção no estrangeiro, ainda que se mostre viável a adopção em Portugal, se a criança for da nacionalidade do candidato a adoptante ou filho do cônjuge deste ou se o interesse da criança aconselhar a adopção internacional.

[358] Que, entre nós, é o Instituto de Segurança Social, I.P. – Ministério do Trabalho e da Solidariedade Social (Aviso n.º 366/2010, *DR* I série, n.º 241, de 15 de Dezembro).

guês e o Estado de residência da criança (cf. arts. 62.º, al. b), 63.º, al. b), e 64.º do RJPA). As exigências deste procedimento obstam à adopção internacional em países onde é escassa ou nula a organização do Estado[359], países onde justamente as crianças enfrentam maiores riscos e maiores dificuldades de subsistência. Além disso, o procedimento da adopção internacional duplica o número de entidades que apreciam a pretensão do adoptante e que acompanham o processo de adopção.

A adopção internacional de crianças residentes no estrangeiro é decretada em Portugal ou no país de origem, consoante o que haja sido acordado entre a Autoridade Central portuguesa e a autoridade competente do país da residência da criança ou o que resulte imperativamente do ordenamento deste país (art. 80.º, n.º 1, do RJPA).

As decisões estrangeiras de adopção internacional têm eficácia automática em Portugal se tiverem sido proferidas em Estados contratantes da Convenção da Haia sobre a Protecção das Crianças e a Cooperação em Matéria de Adopção Internacional, ao abrigo desta, ou se estiverem abrangidas por acordo jurídico e judiciário bilateral que dispense a revisão de sentença estrangeira (art. 90.º, n.º 1, do RJPA). A eficácia em Portugal das restantes decisões estrangeiras depende de reconhecimento a efectuar pela Autoridade Central portuguesa (art. 90.º, n.ºs 2 e s. do RJPA).

Secção IV
Constituição da filiação, no caso de procriação medicamente assistida[360]

13. Particularidades da constituição do vínculo de filiação decorrente de PMA

A constituição da filiação decorrente de PMA, que tende a ser designada como estabelecimento da parentalidade (cf. art. 20.º, n.ºs 1, 2 e 3, da LPMA), está sujeita a regime muito distinto do que está previsto para a constituição

[359] Idêntica crítica é feita, à Convenção da Haia sobre a Protecção das Crianças e a Cooperação em Matéria de Adopção Internacional, por LAROCHE-GISSEROT, F., "L'adoption ouverte (open adoption) aux États-Unis: règles, pratiques, avenir en Europe", *RIDC* 1998/4, pp. 1095-1123, pp. 1120-1121.

[360] Cf. MENDES, J. Castro/SOUSA, M. Teixeira de, *Direito da Família* cit., pp. 235-238; CORTE-REAL, Carlos Pamplona/PEREIRA, José Silva, *Direito da Família* cit., pp. 233-251; CAMPOS, D. Leite de/CAMPOS, Mónica Martinez de, *Lições de Direito da Família* cit., pp. 374-377 e Procriação 73-86;

do vínculo de filiação decorrente de acto sexual (que tende a ser designada como estabelecimento da filiação).

Enquanto a filiação decorrente de acto sexual se pode constituir relativamente a uma pessoa que não tenha tido vontade de procriar nem de assumir a qualidade de progenitor (cf., nomeadamente, o reconhecimento judicial), a filiação decorrente de PMA só se pode constituir tendo havido consentimento para a procriação e para a relação parental. Assim sendo, há apenas um modo de constituir a filiação decorrente de PMA: por consentimento.

Enquanto a constituição da filiação decorrente de acto sexual tem por base a biparentalidade heterossexual[361], a constituição da filiação decorrente de PMA admite também a biparentalidade de duas mulheres e a monoparentalidade feminina. Por isso, a filiação decorrente de PMA é, em princípio, incompatível com uma averiguação oficiosa da paternidade (cf., por exemplo, art. 20.º, n.º 3, da LPMA).

PINHEIRO, J. Duarte, "Procriação medicamente assistida", *Estudos de Direito da Família e das Crianças* cit., pp. 47-88, e "Mãe portadora – A problemática da maternidade de substituição", *Estudos de Direito da Família e das Crianças* cit, pp. 133-160; ASCENSÃO, José de Oliveira, "Procriação assistida e Direito", em AA.VV., *Estudos em Homenagem ao Professor Doutor Pedro Soares Martínez*, vol. I, Coimbra, Almedina, 2000, pp. 645-676 e "A Lei n.º 32/06, sobre procriação medicamente assistida", *ROA* 2007, pp. 977-1006; CORTE-REAL, C. Pamplona, "Os efeitos familiares e sucessórios da procriação medicamente assistida (P.M.A)", em AA.VV., *Estudos em Homenagem ao Prof. Doutor Inocêncio Galvão Telles*, vol. I, Coimbra, Almedina, 2002, pp. 347-366; DUARTE, Tiago, *"In vitro veritas?" – A procriação medicamente assistida na Constituição e na lei*, Coimbra, Almedina, 2003; OTERO, Paulo, *Personalidade e identidade pessoal* cit.; ARAÚJO, Fernando, *A procriação assistida e o problema da santidade da vida*, Coimbra, Almedina, 1999; VARELA, Antunes, "A inseminação artificial e a filiação perante o Direito Português e o Direito Brasileiro", *RLJ* ano 127.º (1994-95), n.º 3843, p. 162 (início), e ano 128.º (1995-96), n.º 3853, p. 101 (fim); AGUILAR, Francisco, "O princípio da dignidade da pessoa humana e a determinação da filiação em sede de procriação medicamente assistida", *RFDUL* 2000, pp. 655-713; SILVA, Paula Martinho, *A procriação artificial. Aspectos jurídicos*, Lisboa, Moraes, 1986; MARQUES, J. P. Remédio, "O regime jurídico da procriação medicamente assistida em Portugal e a utilização dos embriões – notas breves", em AA.VV., *Parentalidade. Análise psicojurídica*, sob a coordenação de Ivone Maria Candido Coelho de Sousa, Curitiba, Juruá, 2009, pp. 31-58; FEITEIRA, Alice, "Princípios informadores do estabelecimento da filiação" cit., pp. 253-258.

[361] Todavia, a Lei n.º 7/2011, de 15 de Março (que regula o procedimento de mudança de sexo no registo civil e correspondente alteração de nome próprio), abriu o campo a situações de homoparentalidade (cf. CORTE-REAL, Carlos Pamplona/PEREIRA, José Silva, *Direito da Família* cit., p. 103) "superveniente" na filiação biológica: pense-se na hipótese de um dos pais mudar de sexo após o nascimento do filho.

14. A procriação medicamente assistida (PMA)

14.1. Noção de PMA

I. O tratamento do tema do estabelecimento da filiação, no caso de PMA, exige um conhecimento prévio desta espécie de procriação e das questões fundamentais que suscita.

A PMA agrupa o conjunto de técnicas destinadas à formação de um embrião humano sem a intervenção do acto sexual[362], sendo ainda definida como o "método de causar gravidez sem ser ser através do coito"[363].

II. No âmbito destas técnicas independentes da prática de cópula, devem separar-se os processos de procriação sexuada dos processos de procriação assexuada. Os processos de procriação sexuada pressupõem o recurso a dois componentes genéticos, um de uma pessoa do sexo masculino e outro componente de uma pessoa de sexo feminino. Mais precisamente, recorre-se a gâmetas ou células reprodutoras, ao espermatozóide e ao óvulo ou ovócito.

Os processos de procriação assexuada são aqueles que podem ser efectuados com o recurso apenas a um componente genético, que tanto pode ser proveniente de uma pessoa do sexo feminino como do sexo masculino. No seio destes processos, destaca-se a clonagem reprodutiva humana, na qual um óvulo previamente desnucleado (privado da sua informação genética) é "fertilizado" com uma célula não genital que possua todos os cromossomas necessários para dar origem a um ser humano (p.e., uma célula mamária, intestinal ou estomacal). O embrião resultante da introdução da célula somática no óvulo desnucleado é transferido para o útero de uma pessoa, culminando o processo com o nascimento de uma criança que reproduzirá, quase fielmente, aquela pessoa que forneceu a célula somática[364].

Os processos de procriação assexuada, como a clonagem, levantam problemas muito particulares, que são distintos daqueles que são originados pela utilização dos outros processos de PMA. No plano ético e jurídico, basta refe-

[362] Cf. MENDES, J. Castro/SOUSA, M. Teixeira de, *Direito da Família* cit., p. 235.

[363] Cf. art. 1, secção 102, n.º 4, do Acto Uniforme de Filiação norte americano (*Uniform Parentage Act*), citado, *supra*, na nota 275.

[364] Cf. Relatório Anexo ao Parecer 44/CNECV/04, de Julho de 2004, n.º 1.3., elaborado pelo Conselho Nacional da Ética para as Ciências da Vida (CNECV), que foi consultado em http://www.cnecv.gov.pt.

rir, por exemplo, a dificuldade de harmonizar a clonagem com o direito à individualidade e à unicidade da pessoa humana[365].

A Lei n.º 32/2006, de 26 de Julho (LPMA) proíbe a clonagem reprodutiva humana (art. 7.º, n.º 1)[366], prevendo, no art. 36.º, pena de prisão de um a cinco anos para quem transferir para o útero embrião obtido através da técnica de núcleo, salvo quando essa transferência seja necessária à aplicação das técnicas de PMA sexuada, e para quem proceder à transferência de embrião obtido através da cisão de embriões.

14.2. Técnicas de procriação medicamente assistida

I. Atendendo à particularidade dos processos de procriação assexuada, o texto subsequente irá centrar-se nos outros processos, os de PMA sexuada, em que se inserem técnicas referidas no art. 2.º, n.º 1, da LPMA, como é o caso da inseminação artificial (IA), da fertilização *in vitro* seguida da transferência de embriões para o útero (FIVETE), da transferência intratubária de gâmetas (GIFT), zigotos (ZIFT) ou embriões (TET), e da injecção intracitoplasmática de esperma ou espermatozóides (ICSI)[367]. Por vezes, alude-se, neste con-

[365] Cf. MIRANDA, Jorge/MEDEIROS, Rui, *Constituição Portuguesa anotada* cit., pp. 609 e 631 (o ser humano que viesse a ser gerado por clonagem não teria identidade genética própria, o que colide com o art. 26.º, n.º 3, da CRP); OTERO, Paulo, *Personalidade e identidade pessoal* cit., p. 67 (a clonagem humana não é compatível com o direito fundamental à identidade pessoal absoluta). Ver ainda: BARBAS, Stela, "Clonagem, alma e Direito", em AA.VV, *Comemorações dos 35 anos* cit., pp. 257-264 (na p. 257, considera-se que "a clonagem humana reprodutiva não é cientificamente justificada" e que "é reprovável por consubstanciar a instrumentalização da pessoa"); AFONSO, Catarina, "A clonagem, um desafio à ordem jurídica", em *Prémio Dr. João Lopes Cardoso, Trabalhos premiados I*, Conselho Distrital do Porto da Ordem dos Advogados/Almedina, Coimbra, 2002, pp. 237, 254 e 261; SERRÃO, Daniel, "O clone humano", em AA.VV., *Estudos de Direito da Bioética*, vol. II, sob a coordenação de José de Oliveira Ascensão, Coimbra, Almedina, 2008, pp. 345-368.

[366] Mas a clonagem humana é uma prática proibida na nossa ordem jurídica já desde 1 de Dezembro de 2001, data em que começou a vigorar o Protocolo Adicional à Convenção para a Protecção dos Direitos do Homem e da Dignidade do Ser Humano face às Aplicações da Biologia e da Medicina, Que Proíbe a Clonagem de Seres Humanos. O Protocolo Adicional, aberto à assinatura em Paris, a 12 Janeiro de 1998, foi ratificado pelo Decreto do Presidente da República n.º 1/2001, de 3 de Janeiro.

[367] Cf. Relatório Anexo ao Parecer 44/CNECV/04, 1.3., e Relatório-Parecer 3/CNE/93, de 10 de Fevereiro de 1993, I.1. e I.2., documentos do CNECV que podem ser consultados em http://www.cnecv.gov.pt. A IA consiste na introdução de esperma nos órgãos genitais femininos sem ser por intermédio de cópula. Na GIFT, óvulos e espermatozóides, previamente preparados em laboratório, são transferidos para o interior das trompas uterinas de modo a que aí se dê a sua fusão. A FIVETE consiste na inseminação laboratorial de ovócitos previamente recolhidos e na transferência dos

texto, ao diagnóstico genético pré-implantação ou DGPI[368]. Todavia, o DGPI não é em si mesmo uma técnica de PMA: destina-se a seleccionar os embriões que serão implantados no útero da mulher, através do recurso a técnicas de PMA[369].

II. As técnicas mencionadas são divididas consoante a fecundação opere dentro do organismo materno, *in vivo*, ou fora do organismo materno, *in vitro*, contraposição que é importante em virtude de o problema dos embriões excedentários ser criado pelo recurso à fecundação extracorporal. A IA e a GIFT são técnicas de procriação assistida *in vivo*. A FIVETE, ZIFT, TET e ICSI são técnicas de fecundação *in vitro*.

Todavia, as alusões do art. 2.º, n.º 1, da LPMA carecem de ser actualizadas, como decorre da Portaria n.º 273/2012, de 5 de Setembro[370].

A IA é agora designada como inseminação intra-uterina (IIU); a FIVETE é pura e simplesmente conhecida como fertilização *in vitro* (FIV). E já não se

embriões assim obtidos para o útero. A ICSI também envolve a transferência de embriões para o útero, mas distingue-se da FIVETE, na medida em que a obtenção de embriões é conseguida mediante a introdução de um único espermatozóide no interior do ovócito, mais precisamente, no próprio citoplasma ovocitário. A ZIFT e a TET comportam uma etapa de inseminação *in vitro* de ovócitos semelhante à da FIVETE. No entanto, a transferência dos produtos de concepção, realizada após um determinado período de permanência laboratorial, é feita para a trompa de Falópio e não para o útero. Por fim, o que separa a ZIFT da TET é aquilo que é objecto de transferência para o organismo materno: na ZIFT, zigotos, isto é, óvulos que já foram fertilizados mas que ainda não deram origem a embriões (apesar de constituir um produto da fecundação ovocitária, o zigoto precede a clivagem, processo de divisão que cria as células originais do embrião); na TET, embriões, o que aproxima, neste aspecto, tal técnica da FIVETE e da ICSI.

[368] Cf., nomeadamente, a LPMA, que inclui o DGPI entre as técnicas de PMA (art. 2.º, n.º 1, al. e)).

[369] A LPMA permite, dentro de certas condições, a aplicação do DGPI (bem como de uma técnica similar, o rastreio genético de aneuploidias nos embriões), com o objectivo de evitar a implantação de embriões portadores de anomalia grave ou possibilitar a escolha do sexo do nascituro nos casos em que haja risco elevado de doença genética ligada ao sexo (cf. arts. 28.º e 29.º). O incumprimento de deveres de cuidado relativos ao DGPI pode gerar responsabilidade civil por "wrongful life" ou"wrongful birth": "assim acontecerá, por exemplo, se for escolhido um embrião portador de doença genética que se visava evitar" (cf. Pereira, André Gonçalo Dias, *Direitos dos pacientes e responsabilidade* médica, Coimbra, Coimbra Editora, 2015, p. 240).

[370] O diploma aprova uma tabela actualizada de preços para os tratamentos de PMA, no âmbito da "aplicação de um regime de financiamento por preço compreensivo, abrangendo todos os atos médicos associados aos vários tipos de tratamento de PMA identificados peloa Direção-Geral de Saúde e pela Administração Central do Sistema de Saúde, I.P., com a colaboração de peritos da especialidade". Consequentemente, é ilustrativo do panorama português recente em matéria de técnicas de PMA.

fala de GIFT, ZIFT e TET. As técnicas de PMA presentemente utilizadas em Portugal resumem-se à IIU, à FIV e à ICSI.[371]

III. Quando um casal se submete a uma das técnicas de PMA sexuada, é comum distinguir em razão da proveniência das células reprodutoras. Se os espermatozóides e os ovócitos provêm do próprio casal estamos na presença de PMA *homóloga*. Se os espermatozóides ou/e os ovócitos não provêm do casal, tendo havido recurso a um dador, a alguém que é exterior ao casal, a procriação diz-se *heteróloga*. É o que sucede, por exemplo, se, na inseminação artificial, ou intra-uterina, o esperma introduzido nos órgãos genitais de mulher casada não pertencer ao marido (situação em que a inseminação artificial é designada pelas siglas IAD).

A procriação heteróloga pode ser total ou parcialmente heteróloga, consoante as células reprodutoras não provêm de nenhum dos membros do casal ou provêm de um deles.

A separação da procriação entre homóloga e heteróloga tem em vista o casal como beneficiário do acesso às técnicas de PMA. Se o beneficiário for uma pessoa só, a procriação será necessariamente heteróloga. No entanto, pode ser parcial ou totalmente heteróloga, consoante se recorra ou não a células reprodutoras do beneficiário. Exs.: inseminação intra-uterina só com esperma de um dador (procriação parcialmente heteróloga); a chamada adopção por uma pessoa só de embriões resultantes da fecundação extracorporal de células reprodutoras provenientes de terceiros (procriação totalmente heteróloga).

14.3. Enunciado de questões suscitadas pela procriação medicamente assistida

A PMA suscita várias questões éticas e jurídicas. Pela sua importância e sensibilidade, merecem ser aqui consideradas as seguintes: Qualquer motivo serve para recorrer à procriação independente da prática do acto sexual? Que pessoas podem beneficiar do acesso à PMA? É lícita a utilização de processos heterólogos? Que pensar sobre o anonimato do dador? Como avaliar a maternidade ou gestação de substituição? Será admissível a procriação assistida *post*

[371] Para que os leitores tenham uma ideia dos custos (pelo menos, dos relativos), a tabela aprovada pela Portaria n.º 273/2012, de 5 de Setembro, atribui à IIU o preço de 349 euros; à FIV, de 2185 euros; e à ICSI, de 3059 ou 2404 euros (consoante os espermatozóides sejam ou não recolhidos cirurgicamente).

mortem? Qual o destino a dar aos embriões criados pelas técnicas de fecundação *in vitro* que não chegaram a ser transferidos para o organismo materno?

14.4. A legislação sobre procriação medicamente assistida

I. Embora o art. 67.º, n.º 2, al. e), da CRP, desde a redacção da revisão de 1997, fixe como incumbência do Estado, para protecção da família, regulamentar a procriação assistida, em termos que salvaguardem a dignidade da pessoa humana, só foi publicada em Portugal uma legislação geral sobre PMA em 2006. Apesar disso, houve tentativas anteriores de legislar: p.e., em 1999, a Assembleia da República aprovou um Decreto que regulava as técnicas de PMA e que se destinava a ser promulgado como lei[372], diploma que foi vetado pelo Presidente da República[373].

A Lei n.º 32/2006, de 26 de Julho (LPMA), que criou "uma entidade estratégica em matéria de PMA" (o Conselho Nacional de Procriação Medicamente Assistida – CNPMA)[374], veio pôr fim a uma imensa lacuna[375]. Durante muitos anos, a legislação ordinária portuguesa abarcava unicamente aspectos pontuais, circunscritos da procriação assistida, *v.g.*, o art. 1839.º, n.º 3, que não permite a impugnação de paternidade "com fundamento em inseminação artificial ao cônjuge que nela consentiu", e o art. 168.º do CP, que prevê pena de prisão de 1 a 8 anos para "quem praticar acto de procriação artificial em mulher, sem o seu consentimento".

[372] O Decreto n.º 415/VII, aprovado pela Assembleia da República em 17 de Junho de 1999 (com os votos a favor do PS e do CDS/PP; a abstenção do PSD e os votos contra do PCP e do Partido "Os Verdes") e publicado no *DAR* II série-A, n.º 80, de 16/07/1999. O Decreto teve por base a Proposta de Lei n.º 135/VII, que foi apresentada pelo Governo depois de ter sido aprovada em Conselho de Ministros no dia 30 de Julho de 1997.

[373] O veto presidencial ocorreu em 30 de Julho de 1999, tendo sido publicado no *DAR* II série-A, n.º 82, de 03/08/1999. O Presidente da República justificou o veto aludindo ao carácter demasiado controverso e conflitual das soluções preconizadas pelo Decreto n.º 415/VII nas áreas da fecundação *in vitro*, das técnicas de diagnóstico pré-implantatório, da investigação de embriões e da protecção do direito à privacidade.

[374] Cf. Ascensão, José de Oliveira, "A Lei n.º 32/06" cit., pp. 1003-1005. A LPMA dedica os arts. 30.º a 33.º ao CNPMA, começando por estabelecer que a este órgão "compete, genericamente, pronunciar-se sobre as questões éticas, sociais e legais da PMA" (art. 30.º, n.º 1).

[375] O cenário prévio, propício à incerteza e a práticas lesivas e censuráveis, tornava necessária qualquer lei que regulasse a generalidade da matéria da procriação assistida. No entanto, a concretização dessa necessidade com a LPMA não suscitou um aplauso unânime. Na perspectiva de Ascensão, José de Oliveira, trata-se de uma lei desordenada que, sendo eticamente ambígua, deixa a porta aberta a interesses milionários (A Lei n.º 32/06" cit. pp. 978-979, 1005-1006).

II. No entanto, a LPMA não é suficiente para resolver todos os problemas, até porque estamos numa área que se encontra em constante evolução. Há e haverá sempre lacunas no campo da procriação assistida.

Neste campo tão *sui generis*, é especialmente pertinente o processo de integração de lacunas mediante a norma que o próprio intérprete criaria, se houvesse de legislar dentro do espírito do sistema (cf. art. 10.º, n.º 3).

A norma que o próprio intérprete criaria tem de ser conforme ao sistema, o que significa que se tem de basear nos princípios fundamentais inspiradores do sistema jurídico português.

Mais: a própria validade da LPMA está condicionada pela sua conformidade com os princípios fundamentais constantes da Constituição. E, por fim, a interpretação da lei tem de ser feita de harmonia com tais princípios.

A relevância dos princípios fundamentais do direito, que é patente, não se esgota nos domínios da validade constitucional, da interpretação e da integração da lei. Esses princípios condicionam também a validade, a interpretação e a integração dos actos, negócios e contratos.

O exercício da autonomia privada está balizado pelos princípios fundamentais do direito. Estes princípios penetram em conceitos indeterminados como, por exemplo, o de ordem pública, de bons costumes e de boa fé. Ora, os actos e negócios jurídicos são nulos se contrariarem a ordem pública ou os bons costumes, como resulta dos artigos 280.º e 295.º. As declarações negociais devem ser integradas de harmonia com os ditames da boa fé, nos termos do artigo 239.º. E o princípio do aproveitamento do negócio jurídico, subjacente aos institutos da conversão e da redução, impõe uma interpretação que não ponha em perigo a validade do negócio, por desconformidade com a ordem pública, com os bons costumes ou com a boa fé.

III. Mas quais são os princípios fundamentais do sistema jurídico aplicáveis à PMA? Eles são sobretudo princípios do Direito da Personalidade e do Direito da Família[376], expressamente constitucionalizados ou não.

O primeiro desses princípios é mencionado expressamente no art. 67.º, n.º 2, al. e), da CRP. Ao Estado incumbe regulamentar a procriação assistida, mas em termos que salvaguardem a dignidade da pessoa humana. O princípio da dignidade da pessoa humana, que é, aliás, o princípio fundador da nossa

[376] Especialmente sobre os princípios do Direito da Filiação, cf. MENDES, J. Castro/SOUSA, M. Teixeira de, *Direito da Família* cit., pp. 217-220; FEITEIRA, Alice, "Princípios informadores do estabelecimento da filiação" cit., pp. 225-230; PIMENTA, J. da Costa, *Filiação* cit., pp. 11-21, 28.

ordem jurídica, como decorre do art. 1.º da CRP, volta a ser invocado no art. 26.º, n.º 3, da CRP, no qual se estabelece que a lei garantirá a dignidade pessoal do ser humano, nomeadamente na criação, desenvolvimento e utilização das tecnologias e na experimentação científica. Deste princípio, referido também na LPMA[377], decorre que a pessoa deve ser tratada *como pessoa*, como um fim em si mesmo; que à pessoa deve ser reconhecida autonomia, autodeterminação; que o ser humano não deve ser coisificado, instrumentalizado nem comercializado.

O princípio da dignidade da pessoa humana tem uma importância cimeira, influindo na delimitação de outros princípios, interesses e direitos, em que se incluem o direito à investigação científica, consagrado no art. 42.º da CRP, e o direito de constituir família, previsto no art. 36.º, n.º 1, da CRP.

Vejamos justamente, de novo[378], o direito de constituir família em condições de plena igualdade. Recorde-se que ele abarca o direito de procriar e o direito de constituir um vínculo de filiação; que o direito de procriar[379] confere ao seu titular liberdade de procriar ou de não procriar; e que a liberdade de procriar está limitada pelo interesse da futura criança. Aliás, o princípio do superior interesse da criança domina o Direito da Filiação[380].

Relativamente ao direito de constituir o vínculo de filiação, este traduz-se no direito de ver reconhecida juridicamente a qualidade de pai ou de filho de certa pessoa. O nosso sistema de constituição da filiação centra-se na procriação decorrente da prática de acto sexual. Mas, em certas situações, que são circunscritas, é viável a constituição da filiação sem que tenha havido procriação por acto sexual. Contudo, nestas situações, exige-se sempre uma declaração de vontade da pessoa que virá a ser juridicamente o pai ou a mãe. É o que acontece no caso de PMA (cf. art. 20.º, n.º 1, da LPMA, e art. 1839.º, n.º 3). E, fora do quadro da PMA, encontramos outra situação de filiação constituída por declaração de vontade: a filiação adoptiva, que pressupõe a vontade de adoptar do candidato a adoptante. Por conseguinte, podemos identificar um princípio fundamental, em matéria de constituição do vínculo de filiação – a declaração de vontade do candidato a progenitor é um elemento mínimo, indispensável, da constituição do vínculo de filiação que não resulte da prática

[377] O art. 3.º prescreve que as técnicas de PMA devem respeitar a dignidade humana.

[378] Cf., *supra*, Introdução, n.º 11.2. I.

[379] Mostra-se reticente quanto à existência de um direito fundamental à procriação, ARAÚJO, Fernando, *A procriação assistida* cit., pp. 19-21.

[380] Cf., *supra*, Parte I, n.º 1.III.

de um acto sexual[381]. E o elemento volitivo será imprescindível, ainda que haja uma ligação genética entre o filho e o pretenso pai: repare-se que, p.e., o art. 1839.º, n.º 3, não distingue a inseminação artificial homóloga da heteróloga. Juridicamente, não é, portanto, pai ou mãe aquele que não tenha consentido no uso de uma técnica de procriação assistida. Tão-pouco é pai ou mãe o mero dador de gâmetas, zigotos ou embriões[382], porque através da dação ele não manifesta a vontade de assumir um projecto parental.

E, para concluir esta digressão sobre os princípios fundamentais atinentes à PMA, importa aludir ao princípio da igualdade, bem como ao direito à identidade pessoal e à garantia da identidade genética do ser humano. O princípio geral da igualdade (art. 13.º, n.º 1, da CRP) obsta à discriminação com base no facto de se ter nascido em resultado da utilização de técnicas de PMA[383]. O direito à identidade pessoal é reconhecido pelo art. 26.º, n.º 1, da CRP, enquanto a garantia da identidade genética do ser humano, nomeadamente na criação, desenvolvimento e utilização das tecnologias e na experimentação científica, vem consagrada no n.º 3 do artigo. Há, portanto, um direito à

[381] É frontalmente contrário a esta ideia AGUILAR, Francisco, "O princípio da dignidade da pessoa humana" cit., p. 665, que atribui exclusividade ao critério biológico na determinação da chamada filiação natural: "Isto porque o critério complementar que estaria em causa – o «volitivo» – ao fazer depender a paternidade/maternidade natural da existência de um «projecto de paternidade/maternidade» conduziria a resultados inaceitáveis. Não só não explicaria o facto de na procriação «não» medicamente assistida o critério da filiação não se encontrar dependente da vontade dos progenitores, como principalmente, faltando esse elemento volitivo, negar-se-ia, *ope legis* e *ab initio* a maternidade e/ou paternidade jurídicas."
Contudo, o elemento volitivo só produziria realmente resultados inaceitáveis se fosse o critério principal ou exclusivo na determinação da filiação decorrente de procriação por acto sexual. Não é assim, como se extrai do texto principal. O consentimento releva no domínio da PMA e mesmo aqui sem assumir carácter absolutamente decisivo. Seja como for, o art. 1839.º, n.º 3, é inexplicável mediante um apelo estrito ao critério biológico, até na tese que o reconduz a uma mera proibição do *venire contra factum proprium*. Nesta orientação, o cônjuge que consentiu na inseminação artificial, ou intra-uterina, heteróloga da mulher será juridicamente o pai, desde que o filho originado pela inseminação não venha a impugnar a paternidade. Há, por conseguinte, uma hipótese de filiação não adoptiva, sem que haja uma transferência genética. Só porque o cônjuge da mãe consentiu na inseminação (sendo, a partir de certa altura, inadmissível, porque abusiva, a revogação do consentimento) e porque o filho resultante da inseminação não manifesta vontade de afastar a paternidade daquele...

[382] Neste sentido, referindo-se concretamente ao dador de esperma, OLIVEIRA, Guilherme de, *Critério Jurídico da Paternidade* cit., pp. 500-501. A LPMA exclui a paternidade ou maternidade do dador de sémen, espermatozóides, ovócitos ou embriões (arts. 10.º, n.º 2, 21.º, 27.º e 47.º).

[383] A LPMA proíbe expressamente tal discriminação (art. 3.º) e até a indicação, no assento de nascimento, de que a criança nasceu da aplicação de técnicas de PMA (art. 15.º, n.º 5).

identidade pessoal e à identidade genética, de que necessariamente beneficia aquele que nasce na sequência do uso de uma técnica de PMA.

14.5. Motivos legítimos de recurso à procriação medicamente assistida

I. Levanta alguma polémica a problemática das condições de admissibilidade da PMA. Será aceitável o recurso à procriação assistida por uma pessoa que alegue, pura e simplesmente, que quer ter um filho sem ter que manter relações sexuais com quem quer seja? É admissível o recurso à procriação assistida para se conseguir escolher o sexo, a cor dos olhos ou outras características da criança?

II. O art. 4.º, n.º 1, da LPMA estabelece que as "técnicas de PMA são um método subsidiário, e não alternativo, de procriação".

À luz do princípio da subsidiariedade da PMA, em regra, a constituição da filiação assenta na prática do acto sexual. Só em certos casos é que a filiação é independente do acto sexual. Não há um direito a escolher livremente entre a procriação mediante acto sexual e a procriação assistida. O recurso à procriação assistida só pode ser encarado quando a outra forma de procriação não constitua uma autêntica opção, nomeadamente em situações de esterilidade.

Mas o princípio da subsidiariedade não impede o uso das técnicas de PMA para evitar o aparecimento e desenvolvimento de anomalias genéticas. Nem parece que haja obstáculos, entre nós, ao uso da procriação assistida para evitar a transmissão do vírus de doenças graves, como é o caso da sida. Não se divisa em que medida o princípio da dignidade da pessoa humana e o "interesse superior da criança" justificam a alternativa entre a não procriação ou uma procriação segundo técnica que comporte risco elevado de saúde para o filho, nem se vislumbra uma razão que leve a favorecer os que não podem conceber através do acto sexual em detrimento dos que o podem fazer com riscos elevados para a saúde do nascituro. É difícil aceitar uma visão que atribua, *a priori*, à procriação assistida uma natureza ultra-subsidiária: a esterilidade não deve ser o único motivo legítimo de recurso à PMA.

O art. 4.º, n.º 2, da LPMA admite a utilização de técnicas de PMA "mediante diagnóstico de infertilidade ou ainda, sendo caso disso, para tratamento de doença grave ou do risco de transmissão de doenças de origem genética, infecciosa ou outras".

Menos compatível com uma lógica de subsidiariedade parece ser já o disposto no n.º 3 do art. 4.º da LPMA (aditado pela Lei n.º 17/2016, de 20 de

Junho), que permite a todas as mulheres o acesso às das técnicas de PMA independentemente do diagnóstico de infertilidade. Ou seja, a mulher pode, afinal, optar livremente entre procriação mediante acto sexual e procriação assistida. Na prática, a subsidiariedade da PMA, proclamada no n.º 1 do mesmo artigo, releva apenas no caso do homem. Para uma mulher, a PMA corresponde verdadeiramente a um método alternativo de procriação.

III. Quanto à questão da escolha das características do filho, ela está expressamente resolvida na nossa ordem jurídica quando se trata de escolher o sexo. O art. 14.º da Convenção para a Protecção dos Direitos do Homem e da Dignidade do Ser Humano face às Aplicações da Biologia e da Medicina[384] exclui a utilização de técnicas de PMA para escolher o sexo da criança a nascer, salvo para evitar graves doenças hereditárias ligadas ao sexo. Entre tais doenças destaca-se a hemofilia, que é transmitida pela mãe apenas a crianças do sexo masculino. Esta solução da Convenção, associada ao princípio da dignidade da pessoa humana, adequa-se também à hipótese de estarem em causa outras características da criança. Não é admissível a utilização de técnicas de procriação assistida para conseguir determinadas características do nascituro, a não ser com o objectivo de evitar a probabilidade elevada de doenças genéticas ligadas a características diversas. A escolha de características, sem rigorosa justificação médica, abre a porta à livre-selecção genética e ao tratamento das crianças como bens de consumo.

O art. 7.º da LPMA prevê que as técnicas de PMA não podem ser utilizadas para conseguir escolher "características não médicas" do nascituro, designadamente o sexo (n.º 2), salvo nos casos "em que haja risco elevado de doença genética ligada ao sexo, e para a qual não seja ainda possível a detecção directa por diagnóstico genético pré-implantação, ou quando seja ponderosa a necessidade de obter grupo HLA (*human leukocyte antigen*) compatível para efeitos de tratamento de doença grave" (n.º 3).

14.6. Os beneficiários do acesso à procriação assistida

I. Outra área de polémica é a dos beneficiários do acesso à procriação assistida: Pode ser uma pessoa só ou tem de ser um casal? Pode ser um casal homossexual ou tem de ser um casal heterossexual?

[384] A Convenção, que foi adoptada pelo Conselho da Europa em 4 de Abril de 1997 e ratificada pelo Decreto do Presidente da República n.º 1/2001, de 3 de Janeiro, entrou em vigor, no ordenamento jurídico português, em 1 de Dezembro de 2001.

II. No sentido do acesso de pessoas sós à procriação assistida, diz-se que o direito de procriar é reconhecido a todos e não somente àqueles que são casados ou vivem em união de facto[385], que a lei prevê a adopção singular e que existem famílias monoparentais[386].

Mas há quem considere tais argumentos pouco convincentes[387]. Sendo o direito de procriar intrinsecamente limitado pelo interesse da criança, pode sustentar-se que seja dada preferência ao seu exercício por aqueles que estão em melhores condições de proporcionar à criança vindoura "um ambiente familiar normal" (cf. art. 69.º, n.º 2, da CRP), que seria biparental[388]. É exacto que há famílias monoparentais e que a lei até permite a sua formação por sentença de adopção[389]. No entanto, isto não favoreceria o acesso de uma pessoa só à procriação assistida, por se detectar uma diferença importante entre a adopção e a procriação assistida[390]. No momento de decidir acerca da constituição do vínculo adoptivo, estamos perante uma criança que existe e que carece de pais; se ela não pode ter dois, que tenha, pelo menos, um. No momento de decidir acerca da procriação assistida, a criança ainda não existe; deste modo, custa a aceitar que se afectem recursos médicos, mais ou menos escassos, num contexto em que se desencadeiam ponderosas questões éticas e jurídicas que se não cingem ao problema da mono- ou biparentalidade,

[385] Cf., nomeadamente, CARDOSO, A. Lopes, "Procriação humana assistida: alguns aspectos jurídicos", *ROA* 1991, p. 10, que entende que a proibição da inseminação da mulher não casada é pouco compatível com "liberdades individuais basilares como são as da liberdade sexual ou de transmissão da vida".

[386] Cf. OLIVEIRA, Guilherme de, "Transformações do Direito da Família", em AA.VV, *Comemorações dos 35 anos* cit., pp. 775-776: o ilustre professor afirma que há 30 anos era claramente negativa a resposta ao problema do acesso de mulheres sós às técnicas de procriação assistida, mas que entretanto o entendimento mudou devido ao aumento da monoparentalidade, fruto das altas taxas de divórcio.

[387] Cf., em especial, a réplica de TERRÉ/FENOUILLET, *Droit civil. Les personnes. La famille. Les incapacités*, 6.ª ed., Paris, Dalloz, 1996, pp. 798-799.

[388] Cf. OTERO, Paulo, *Personalidade e identidade pessoal* cit., pp. 75-76. Considera contrário à "ordem pública" do Direito da Filiação nacional o acesso de pessoas sós à PMA, PEREIRA, André Gonçalo Dias, *Direitos dos pacientes* cit., pp. 68-71.

[389] Cf. RAPOSO, Vera Lúcia, que, estudando a problemática da formação das famílias monoparentais mediante reprodução assistida, afirma que "se a monoparentalidade fosse efectivamente tão perniciosa para a criança teria que ser proibida também em sede de adopção" ("Direitos reprodutivos: homossexualidade, celibato e parentalidade", em AA.VV., *Família, consciência* cit., p. 74).

[390] Cf. AZEVEDO, Luís Eloy, "O Direito da procriação entre a ordem e o caos", *RMP*, n.º 90, Abril/Junho de 2002, p. 100: sustentando que o direito à procriação é um direito de exercício necessariamente compartilhado, o autor afirma que não é correcto invocar a adopção para contrariar esta tese, uma vez que aquela é um *remédio jurídico*.

com vista à concepção deliberada de uma criança que, quando nascer, terá somente um progenitor efectivo.

A versão originária do art. 6.º, n.º 1, da LPMA, negava o acesso à PMA de pessoas não integradas em casais.[391]

Na versão em vigor, devida à Lei n.º 17/2016, de 20 de Junho, o art. 6.º, n.º 1, da LPMA, permite a todas as mulheres o acesso à PMA, independentemente do estado civil e de viverem ou não em união de facto. Por conseguinte, passou-se de uma fase em que nenhuma pessoa só podia ser beneficiária da PMA para uma fase em que unicamente as pessoas sós do sexo masculino estão impedidas de recorrer à PMA.

III. Na versão originária da LPMA, o art. 6.º, n.º 1, reservava o acesso à procriação assistida aos casais heterossexuais.[392]

A Lei n.º 9/2010, de 31 de Maio, que permitiu o casamento entre pessoas do mesmo sexo, em nada modificou a solução.[393]

A mudança ocorreu com a Lei n.º 17/2016, de 20 de Junho, que deu ao art. 6.º, n.º 1, a sua actual redacção. Agora podem recorrer às técnicas de PMA "os casais de sexo diferente e os casais de mulheres, respectivamente casados ou casadas que vivam em condições análogas às dos cônjuges".

Presentemente, o acesso à PMA é negado somente aos casais de homens.

IV. Suscita algumas dúvidas o contraste entre os requisitos da PMA e da adopção. A decisão de procriar reveste-se de um alcance que não está aquém da decisão de adoptar.

Para se ser adoptante, exige-se a idade mínima de 25 anos (cf. art. 1979.º, n.ºs 1 e 2). Para se ter acesso à PMA, basta ter 18 anos (art. 6.º, n.º 2, da LPMA). Só podem adoptar conjuntamente as pessoas que vivam casadas ou em união de facto há mais de quatro anos (cf. art. 1979.º, n.º 1). Em contrapartida, para

[391] Por isso, Corte-Real, Carlos Pamplona/Pereira, José Silva, *Direito da Família* cit.,pp. 237 e e 259, apontavam uma inconstitucionalidade material ao preceito.

[392] Para Corte-Real, Carlos Pamplona/Pereira, José Silva, *Direito da Família* cit., pp. 237 e e 258, a norma era inconstitucional por excluir os casais homossexuais. Sobre a questão do acesso dos casais homossexuais à PMA, cf. Raposo, Vera Lúcia, "Direitos reprodutivos: homossexualidade, celibato e parentalidade", em AA.VV., *Família, consciência* cit., pp. 76 e s.

[393] Cf. Pinheiro, J. Duarte, *O Direito da Família Contemporâneo*, reimpressão (da 4.ª ed. de 2013), Lisboa, AAFDL, 2015, p. 223. Com entendimento distinto, considerando que a lei de 2010 colocou as pessoas casadas do mesmo sexo entre os beneficiários da PMA, Ribeiro, Jorge Martins, *O direito do homem a rejeitar a paternidade* cit., pp. 129-130.

acesso à PMA, é indiferente o tempo de duração do relacionamento do casal[394]. A adopção por duas pessoas casadas pressupõe que não estejam separadas de pessoas e bens nem de facto (cf. art. 1979.º, n.º 1), enquanto nada de semelhante se prevê actualmente para a PMA[395].

V. O art. 6.º, n.º 2, da LPMA, impede a utilização das técnicas de PMA em benefício de quem se encontre interdito ou inabilitado por anomalia psíquica. O preceito não estende a proibição aos indivíduos que, não estando interditos nem inabilitados, sofram de demência notória[396]. De qualquer modo, supomos que o acesso à PMA lhes está vedado, por analogia com o disposto no art. 1850.º, n.º 1.[397]

14.7. A admissibilidade dos processos heterólogos

I. Uma concepção absoluta do biologismo em matéria de constituição da filiação, com adeptos em Portugal[398], é adversa a processos heterólogos de PMA. Contudo, o biologismo não é um valor absoluto[399].

Várias vozes[400] se insurgem contra a procriação com gâmetas de terceiros, explicando que ela implica uma quebra da unidade procriativa do casal, uma interferência de terceiro, do dador, patente na existência da própria criança,

[394] Caso os interessados na PMA vivam em união de facto, nem sequer se impõe, actualmente que esta dure há pelo menos dois anos (condição que existia na redacção inicial do art. 6.º, n.º 1, da LPMA).

[395] Na versão originária do art. 6.º, n.º 1, da LPMA, só podiam recorrer à PMA as pessoas casadas que não se encontrassem "separadas judicialmente de pessoas e bens ou separadas de facto".

[396] Cf. Ascensão, José de Oliveira, "A Lei n.º 32/06" cit., p. 980.

[397] Pronuncia-se também no sentido de estar vedado o acesso à PMA de interessado que seja notoriamente demente, mas por analogia com o disposto no art. 1601.º, al. c), Oliveira, Guilherme, "Restrições de acesso à parentalidade", *Lex Familiae* n.º 20, 2013, p. 16.

[398] Cf. Aguilar, Francisco, "O princípio da dignidade da pessoa humana" cit., pp. 706-708 (o princípio da dignidade da pessoa humana impõe o biologismo, impedindo a dação de gâmetas destinada à inseminação ou fertilização *in vitro* heterólogas); Campos, D. Leite de, "A procriação medicamente assistida heteróloga e o sigilo sobre o dador – ou a omnipotência do sujeito", em AA.VV., *Estudos de Direito da Bioética*, vol. II, sob a coordenação de José de Oliveira Ascensão, Coimbra, Almedina, 2008, pp. 84-86 (a PMA desligada da biologia opõe-se aos interesses da criança, à sua dignidade de ser humano).

[399] Cf., *supra*, Parte I, n.º 3.III.

[400] Cf., nomeadamente, no Parecer 44/CNECV/04 (citado, *supra*, na nota 364), as declarações de voto dos Conselheiros Daniel Serrão, Jorge Biscaia, J. P. Ramos Ascensão, Marta Mendonça e Michel Renaud.

que acabaria por destruir a relação do casal. Seguindo esta linha de pensamento, os processos heterólogos violariam o princípio constitucional da protecção da família. Será exactamente assim[401]? O mencionado efeito negativo da procriação de tipo heterólogo não é inevitável, varia de caso para caso. É até a exclusão total dos processos heterólogos que é susceptível de contribuir para a desagregação do casal, na medida em que se nega o exercício do direito de procriar ao membro do casal (que pode fazê-lo, com gâmetas próprios) enquanto estiver unido ao outro. Para mais, registam-se previsões legais de "biointerferência" de terceiro na família. Veja-se, a propósito, o art. 1839.º, n.º 3, a regulamentação da adopção singular do filho do cônjuge (que, a nível dos requisitos, é favorecida: cf. art. 1979.º, n.ºs 2 e 5) e a possibilidade de o filho de apenas um dos cônjuges, concebido na constância do matrimónio, viver no lar conjugal (cf. art. 1883.º). Nestas hipóteses tão diversas, em que se afigura violento um juízo de desconformidade constitucional, o que se observa é somente a imposição do consentimento (do cônjuge que não seja o progenitor biológico) como condição da "biointerferência".

II. No entanto, há, é verdade, um ideal de coincidência entre a biologia e a filiação[402]. Isto aponta para o carácter subsidiário dos processos heterólogos no que toca aos processos homólogos[403]: a utilização daqueles só deveria ser autorizada quando a procriação por processos homólogos não fosse possível ou implicasse elevados riscos para a saúde dos beneficiários ou do nascituro.

E a LPMA prescreve efectivamente a utilização subsidiária da PMA heteróloga: o emprego de espermatozóides, ovócitos ou embriões de terceiros dadores é permitido "quando, face aos conhecimentos médico-científicos objectivamente disponíveis, não possa obter-se gravidez ou gravidez sem doença genética grave e através do recurso a técnica que utilize os gâmetas dos beneficiários" (arts. 10.º, n.º 1, 19.º, n.º 1, 27.º e 47.º).[404]

[401] O ac. do TC 101/2009 (Fernandes Cadilha), de 3/3/2009, http://www.tribunalconstitucional.pt, decidiu não julgar inconstitucional a norma do art. 10.º da LPMA.

[402] Cf., *supra*, Parte I, n.º 3.I e II.

[403] Para uma leitura favorável à subsidiariedade da PMA heteróloga, com fundamentos não biologistas, cf. Ascensão, José de Oliveira, "A Lei n.º 32/06" cit., pp. 994-995: "Ocorrendo tantas situações de abandono de crianças que carecem de um lar e permitindo expandir uma dedicação desinteressada em que o outro está em primeiro lugar, a adopção tem maior valia ética que a procriação heteróloga, porque não participa dos desvios éticos em que esta incorre."

[404] O art. 10.º, n.º 1, da LPMA, na versão em vigor, dada pela Lei n.º 17/2016, de 20 de Junho, consagra agora solução menos restritiva do recurso à PMA heteróloga. Anteriormente o preceito não contemplava a impossibilidade de obter gravidez sem doença genética grave entre os motivos atendíveis de uso de processos heterólogos.

III. A admissibilidade dos processos heterólogos suscita dois problemas: o da contrapartida económica da dação de esperma, ovócitos ou embriões, e o do anonimato do dador.

No que respeita à contrapartida da dação, o princípio da dignidade da pessoa humana afasta a licitude da venda de material biológico destinado à procriação[405]. A LPMA proíbe a compra ou venda de óvulos, sémen, embriões ou de qualquer material biológico decorrente da aplicação de técnicas de PMA (art. 18.º). E, no cálculo da retribuição exigível, os centros autorizados a ministrar técnicas de PMA não podem atribuir qualquer valor ao material genético nem aos embriões doados (art. 17.º, n.º 1, da LPMA).

Não haverá aqui uma forte dose de irrealismo? Será crível que clínicas com fins lucrativos obtenham material genético (nomeadamente, óvulos) a título puramente gratuito?[406]

14.8. O anonimato do dador

I. Será que o dador deve beneficiar de um segredo de identidade oponível aos beneficiários da procriação e à pessoa nascida graças à dação[407]?

Por vezes, responde-se afirmativamente, com o argumento de que, sem o anonimato, haveria uma redução do número de dadores de gâmetas ou de que o conhecimento da identidade do dador, por parte da pessoa nascida graças à dação, acabaria por prejudicar a relação de filiação legalmente constituída.

E, para alguns[408], o segredo da identidade do dador afigura-se bastante mais razoável do que um segredo de identidade dos pais biológicos oponível ao adoptado: aquele que interveio num acto sexual apto para a concepção "correu o risco vulgar de ser juridicamente tomado como pai"; em contrapar-

[405] Diferentemente, CARDOSO, A. Lopes, "Procriação humana assistida" cit., pp. 17-18, que, *de iure condito*, se pronunciava, em 1991, pela validade do estabelecimento de um preço pela dádiva de esperma, à luz do art. 281.º, alegando que o fim do negócio seria contrário à ordem pública e aos bons costumes somente quanto ao dador. Mas é a comercialização de células reprodutoras humanas em si mesma que ofende a ordem pública, pelo que a dação onerosa de gâmetas era nula, nos termos do art. 280.º, n.º 2 (e agora é nula por força do art. 18.º da LPMA, conjugado com o art. 294.º).

[406] Cf. ASCENSÃO, José de Oliveira, "A Lei n.º 32/06" cit., pp. 987, 988 e 1006.

[407] Sobre a matéria, cf. a análise muito completa de REIS, Rafael Luís Vale e, *O direito ao conhecimento das origens genéticas* cit., pp. 321 e s.

[408] Cf. OLIVEIRA, Guilherme de, *Critério Jurídico da Paternidade* cit., pp. 499-500.

tida, o fornecedor de esperma deu um contributo útil e responsável para um processo novo de procriação, agindo "na expectativa legítima de jamais ser reconhecido socialmente como o *pater*, ou mesmo como o simples *genitor* de um certo indivíduo que acabou por nascer graças à sua participação".

Abstraindo do impacto que a identificação dos dadores tenha sobre o universo de dações, é muito problemática a defesa da constitucionalidade do anonimato do dador. A pessoa nascida graças à dação tem direito à sua identidade pessoal genética (art. 26.º, n.º 3, da CRP), o que inclui o direito de conhecer a pessoa que lhe transmitiu os genes[409]. Ora, a relevância do direito em apreço é aparentemente superior a uma "expectativa legítima" do dador.

Quanto ao argumento da hipotética lesão da relação afectiva existente entre o filho e os pais jurídicos, convém ter presente que não é bom que uma relação de filiação se sustente numa mentira, num segredo ou numa ocultação[410].

Seja como for, parece seguro que o anonimato do dador nunca pode ser absoluto. É preciso garantir que a pessoa nascida mediante o recurso a técnica heteróloga de PMA não venha, futuramente, a casar com a pessoa que fez a dação ou com os descendentes do dador. Há um forte interesse público contrário ao casamento consanguíneo (cf. arts. 1603.º e 1986.º, n.º 1, *in fine*).

II. O art. 15.º da LPMA acolheu uma orientação mitigada do anonimato do dador[411]. É instituída a regra do sigilo sobre a identidade de qualquer dos participantes nos processos de PMA (n.º 1), que, no que toca ao dador, comporta somente duas excepções. A principal figura no n.º 4: podem ser obtidas informações sobre a identidade do dador "por razões ponderosas reconheci-

[409] Cf., entre outros, OTERO, Paulo, *Personalidade e identidade pessoal* cit., pp. 73-74, que, peremptoriamente, considera inconstitucional qualquer regra de anonimato do dador do material genético. Para CAMPOS, D. Leite de, "A procriação medicamente assistida" cit., p. 83, o anonimato é inconstitucional, "não se justificando por qualquer interesse da pessoa a proteger, cuja dignidade e identidade há que assegurar, que é o filho". No Brasil, cf. DIAS, Maria Berenice, *Manual de Direito das Famílias* cit., p. 379, que defende que "não há como negar a possibilidade de o fruto da reprodução assistida heteróloga propor ação investigatória de paternidade para identificação da identidade genética, ainda que o acolhimento da ação não tenha efeitos registrais".

[410] Cf. DUARTE, Tiago, *"In vitro veritas?"* cit., p. 48.

[411] Constitucionalmente duvidosa, na perspectiva de REIS, Rafael Luís Vale e, *O direito ao conhecimento das origens genéticas* cit., p. 475, por deixar "uma reduzidíssima margem de concretização ao *direito ao conhecimento das origens genéticas*". Diferentemente, o ac. do TC 101/2009 (FERNANDES CADILHA), de 3/3/2009, http://www.tribunalconstitucional.pt, que decidiu não declarar a inconstitucionalidade das normas do art. 15.º, n.ºs 1 a 4 da LPMA.

das por sentença judicial"[412]. A outra excepção encontra-se prevista no n.º 3, cuja redacção está longe de ser perfeita. O preceito estabelece que "sem prejuízo do disposto no número anterior[413], as pessoas aí referidas podem obter informação sobre eventual existência de impedimento legal a projectado casamento, junto do Conselho Nacional de Procriação medicamente Assistida, mantendo-se a confidencialidade acerca da identidade do dador, excepto se este expressamente o permitir". Aparentemente, as pessoas nascidas em consequência de PMA heteróloga que estejam interessadas em contrair matrimónio podem requerer ao mencionado Conselho que as informe se há ou não uma ligação genética entre os nubentes que obste ao casamento; e o órgão em apreço tem de responder sem fornecer ao requerente elementos de identificação do dador, se este não tiver autorizado expressamente a revelação da sua identidade. Deste modo, a segunda excepção ao anonimato pressupõe o consentimento do dador.

A interpretação dada ao n.º 3 do art. 15.º da LPMA não evita, porém, uma perplexidade: a protecção do interesse público de não celebração de casamento consanguíneo incumbe exclusivamente a uma das partes que pretende contrair matrimónio, a qual, dada a extensão da regra do sigilo ao próprio acto de PMA (art. 15.º, n.ºs 1 e 5, da LPMA), pode nem sequer saber que nasceu em consequência de processo de PMA heteróloga?

Numa obra de 2007[414], reservei a resposta para o momento posterior à publicação do diploma destinado a regulamentar dos dados pessoais relativos aos processos de PMA, respectivos beneficiários, dadores e crianças nascidas, que, nos termos do art. 16.º, n.º 2, da LPMA, determinaria, nomeadamente, "o período de tempo durante o qual os dados devem ser conservados, quem poderá ter acesso a eles e com que finalidade, bem como os casos em que poderão ser eliminadas informações constantes dos registos".

Posteriormente, foi publicado o Decreto Regulamentar n.º 5/2008, de 11 de Fevereiro[415], que tem por objecto o desenvolvimento da disciplina dos

[412] Campos, D. Leite de, "A procriação medicamente assistida" cit., p. 83, indica como uma das possíveis "razões ponderosas" a circunstância de o filho estar afectado psiquicamente por não conhecer os seus pais biológicos.

[413] O n.º 2 do art. 15.º da LPMA confere às pessoas nascidas em consequência de processos de PMA o direito de conseguir, junto dos competentes serviços de saúde, informações de natureza genética que lhes digam respeito, excluindo a identificação do dador.

[414] Pinheiro, J. Duarte, *Direito da Família e das Sucessões*, vol. I (citado *supra*, na nota 284), p. 202.

[415] Alterado pelos Decretos Regulamentares n.º 1/2010, de 26 de Abril, e n.º 4/2013, de 11 de Junho, mas não nos arts. 10.º a 13.º.

arts. 5.º e 16.º, n.º 2, da LPMA. No entanto, o diploma, que se ocupa dos dados pessoais relativos à PMA nos arts. 10.º a 13.º, não contribui para desfazer a perplexidade suscitada pelo teor do art. 15.º, n.º 3, da LPMA. Não se contando o conservador do registo civil entre aqueles que podem ter acesso aos dados relativos à PMA, depara-se, subitamente, com um sinal que relativiza a proibição ancestral do incesto.

14.9. A gestação ou maternidade de substituição

I. No tratamento doutrinário do tema, é já clássica a alusão a dois casos, um que é descrito no Antigo Testamento e outro que foi submetido à apreciação dos tribunais norte-americanos no séc. XX. O caso bíblico é o de Raquel que cedeu uma serva ao marido Jacob para que ela gerasse um filho em nome da sua dona[416]. O caso norte-americano é o do bebé M[417]: o casal Stern celebrou um contrato com Mary Beth Whitehead, mediante o qual todos concordavam que Mary Beth fosse inseminada artificialmente com esperma do Sr. Stern, com o objectivo de dar à luz uma criança que entregaria ao mencionado casal; todavia, após o parto, Mary Beth e o respectivo marido recusaram-se a entregar a criança.

E não faltam situações mais recentes, verificadas já no séc. XXI, que têm despertado grande curiosidade como, p.e., a de uma mulher norte-americana que gerou três gémeos para a sua filha[418] e, em especial, a dos bebés Charlie e Oliver[419], que nasceram (em Junho de 2005 e Outubro de 2008, respectivamente) graças à colaboração de três irmãs, Alex Patrick (impedida de conceber e gerar depois de ter sido submetida a tratamento de cancro do colo do útero), Charlotte e Helen. Charlotte, irmã gémea de Alex, doou os óvulos, que foram fecundados no laboratório com esperma do marido de Alex. Os

[416] Cf. *Génesis* 30.

[417] *Matter of Baby M*, 109 N.J. 396, 537 A.2d 1227 (N.J. 1988), que foi consultado em WALTER WADLINGTON/RAYMOND C. O'BRIEN, *Domestic Relations. Cases and Materials*, 5.ª ed., New York, Foundation Press, 2002, pp. 749 e s.

[418] A gestação foi feita por Tina Cade em benefício da filha, Camille Hammond, tendo sido amplamente noticiada em Janeiro de 2015 (o acontecimento levou à formação da Tinina Q Cade Foundation: http://www.cadefoundation.org/about. Última consulta efectuada em 03/07/2016).

[419] Segundo notícia da BBC News (com o título enganoso "The two boys who have three mums", dado que, à luz do direito inglês, eles têm apenas uma mãe, Alex), disponível em http://news.bbc.co.uk/2/hi/uk_news/7829481.stm (última consulta efectuada em 03/07/2016).

embriões foram implantados no útero de Helen. Terminadas as gravidezes, Helen entregou as crianças a Alex.

II. Numa noção ampla, a maternidade de substituição consiste num fenómeno de gestação para outrem. A noção, que prescinde da alusão a uma manifestação de vontade da mulher gestante, tem a vantagem de abranger o caso bíblico da serva de Raquel. Não é, porém, suficientemente expressiva dos fenómenos modernos de maternidade de substituição, que assentam num compromisso entre os intervenientes. Por isso, afigura-se preferível uma noção mais restrita, que tenha em vista as hipóteses que actualmente são mais comuns.

O art. 8.º, n.º 1, da LPMA define gestação ou maternidade de substituição como "qualquer situação em que a mulher se disponha a suportar uma gravidez por conta de outrem e a entregar a criança após o parto, renunciando aos poderes e deveres próprios da maternidade"[420]. No entanto, aludindo a uma renúncia translativa de poderes e deveres próprios da maternidade, o conceito contém uma visão apriorística da matéria da determinação da filiação materna: seria mãe quem dá à luz.

Assim sendo, parece-nos ser conveniente uma definição mais neutra: na maternidade ou gestação de substituição, uma mulher dispõe-se a suportar uma gravidez por conta de outrem e a entregar a criança após o parto a outra mulher, reconhecendo a esta a qualidade jurídica de mãe. Para tornar mais fluido o discurso, passaremos a designar como mãe de gestação a mulher que se dispõe a suportar a gravidez e como mãe de recepção a mulher a quem aquela se comprometeu a entregar a criança[421].

A maternidade de substituição implica normalmente três fases: negociação, celebração do acordo e cumprimento do que foi estipulado. O acordo é realizado normalmente entre a mãe de gestação e a mãe de recepção, podendo intervir também os respectivos maridos ou companheiros. Em regra, a participação masculina traduz-se num consentimento que, no que respeita ao marido ou companheiro da mãe de recepção, encerra uma vontade de assumir a paternidade jurídica da futura criança, e que, no que toca ao marido ou companheiro da mãe de gestação, se concretiza no compromisso da entrega

[420] Noção proposta muitos anos antes por Oliveira, Guilherme de, *Mãe há só uma (duas): O contrato de gestação*, Coimbra, Coimbra Editora, 1992, pp. 8-9.

[421] Igualmente conhecida como mãe de destino ou mãe social: cf. Ascensão, José de Oliveira, "Procriação assistida" cit., pp. 666-667.

da criança à mãe de recepção e no reconhecimento de que esta é, para todos os efeitos legais, a mãe, e de que o próprio companheiro ou marido da mãe de gestação não é o pai. Na perspectiva da mãe de gestação, a fase do cumprimento desdobra-se em quatro subfases[422]: concepção, ou implantação de embrião; gravidez; parto; e entrega da criança à mãe de recepção, com o reconhecimento de que esta é a titular das situações jurídicas maternais (e, eventualmente, de que o marido ou companheiro da mãe de recepção é o titular das situações paternais).

III. De entre as possíveis classificações de maternidade de substituição, destacamos quatro. Uma das classificações distingue consoante a gravidez da mãe de gestação resulte da prática de acto sexual ou do recurso a uma técnica de PMA. O caso bíblico do adultério de Jacob, consentido por Raquel, enquadra-se na primeira situação. Hoje em dia, a maternidade de substituição opera sobretudo mediante o recurso a técnicas de PMA: p.e., inseminação artificial, ou intra-uterina, da mãe de gestação com espermatozóides do elemento masculino do casal de recepção. Deste modo, é à segunda modalidade que a partir de agora dedicaremos toda a nossa atenção.

Outra classificação serve-se do critério da titularidade do ovócito que está na origem da gravidez da mãe de gestação[423]. O óvulo pode pertencer à mãe de gestação, à mãe de recepção ou a uma terceira mulher. Se o óvulo pertencer à mãe de gestação, fala-se de maternidade de substituição genética. Se não pertencer à mãe de gestação[424], está-se perante uma maternidade de substituição puramente gestacional. Alguma doutrina, reserva a expressão mãe portadora justamente para a mãe de gestação que não contribuiu com o óvulo[425]. Nesta hipótese de mãe meramente portadora, o ovócito pode pertencer ou não à

[422] Cf. FARAONI, Alicia Benedetta, "La maternità surrogata", capítulo de AA.VV., *Il diritto delle relazione affettive (Nuove responsabilità e nuovi danni)*, sob a direcção de Paolo Cendon, vol. I, Pádua, CEDAM, 2005, pp. 644-645.

[423] Cf. RAPOSO, Vera Lúcia, *De mãe para mãe. Questões legais e éticas suscitadas pela maternidade de substituição*, Coimbra, Coimbra Editora, 2005, pp. 31-32.

[424] P.e., houve uma transferência, para o útero ou para as trompas da mãe de gestação, de um óvulo de outra mulher ou de um embrião resultante da fertilização *in vitro* dos gâmetas de terceiros, não sendo as células reprodutoras femininas provenientes da mãe de gestação.

[425] Cf. ASCENSÃO, José de Oliveira, "Procriação assistida" cit., pp. 666-667; orientação usual na doutrina francesa e suíça, segundo informação de GAMA, Guilherme Calmon Nogueira da, *A nova filiação: o biodireito e as relações parentais: o estabelecimento da parentalidade – filiação e os efeitos jurídicos da reprodução assistida heteróloga*, Rio de Janeiro, Renovar, 2003, p. 745, nota 1674.

mãe de recepção. Se não pertencer à mãe de recepção, haverá uma terceira mulher, que designaremos como mãe dadora[426].

Uma terceira classificação atende à existência, ou não, de contrapartidas patrimoniais para a mãe de gestação. Se o acordo estipular uma retribuição para a mãe de gestação, temos uma maternidade de substituição a título oneroso. Não estando prevista qualquer vantagem patrimonial, será uma maternidade de substituição a título gratuito.

A quarta e última classificação seleccionada contrapõe a maternidade de substituição intrafamiliar à maternidade de substituição extrafamiliar, consoante haja ou não uma ligação familiar entre a mãe de gestação e a mãe de recepção.

IV. Nas situações típicas de maternidade de substituição, é celebrado, por escrito, um acordo mediante o qual uma das partes (a mãe portadora ou de gestação) assume perante a outra (mãe ou casal de recepção) três obrigações principais: iniciar e completar uma gravidez; entregar à mãe de recepção a criança resultante da gestação; e reconhecer a mãe de recepção como mãe jurídica, abstendo-se da reivindicação de quaisquer direitos parentais sobre o menor. É natural que a mãe de recepção se vincule a pagar as despesas com o parto, bem como aquelas que são inerentes à aplicação das técnicas da PMA ou estejam relacionadas com a saúde da mulher grávida e do nascituro. Eventualmente, pode ser estipulado o pagamento à mãe de gestação de uma quantia que ultrapasse o montante das despesas, o que, correspondendo a uma verdadeira retribuição, revela o carácter oneroso do compromisso. O acordo pode incluir a assunção pela mãe de gestação de certos deveres de comportamento durante a gravidez: p.e., abstenção do consumo de álcool, de drogas, da prática de actividades de risco e de relações sexuais (pelo menos no período que precede a concepção)[427].

[426] No caso das três irmãs inglesas, citado, *supra*, em I, a mãe dadora seria Charlotte. Raposo, Vera Lúcia, *De mãe para mãe* cit., p. 140, nota 203, afirma que se pode até pensar em cinco mães: "Imagine-se que uma mulher contrata com outra para que esta gere um filho que será entregue no final. Mas o embrião será gerado a partir do óvulo de uma terceira mulher. Sucede, porém, que os óvulos desta outra mulher necessitam de ser enriquecidos com ADN mitocondrial proveniente de uma outra mulher, e são ainda objecto de um transplante de núcleo, núcleo esse proveniente de uma quinta mulher."

[427] Cf. Silva, Paula Martinho, *A procriação artificial* cit., pp. 72-73; Faraoni, Alicia Benedetta, *La maternità surrogata. La natura del fenomeno, gli aspetti giuridici, le prospettive di disciplina*, Milão, Giuffrè, 2002 pp. 178-184.

É indubitável que o acordo de maternidade de substituição configura um contrato, isto é, uma regulação que é produto da declaração de vontade de duas partes. No entanto, qual será o tipo de contrato em apreço? Um contrato de alienação, que seria de compra e venda ou doação de uma criança[428], conforme fosse oneroso ou gratuito? Um contrato de concessão de gozo, que seria de aluguer ou comodato do útero[429], conforme fosse celebrado a título oneroso ou gratuito?

O contrato de maternidade de substituição não é um contrato de alienação de uma criança. Os contratos de compra e venda e doação têm como efeitos essenciais comuns a transmissão da propriedade de uma coisa e a obrigação de entrega da mesma (arts. 879.º e 954.º). No contrato de maternidade de substituição, a mãe de gestação obriga-se a entregar uma criança, que, nos termos do art. 66.º, n.º 1, é uma pessoa e não uma coisa. Para mais, nos contratos de alienação, a obrigação principal do vendedor ou doador circunscreve-se à entrega do objecto, enquanto o contrato de maternidade de substituição engloba uma obrigação principal prévia à entrega da criança – a mãe de gestação vincula-se a iniciar e completar uma gravidez.

A maternidade de substituição tão-pouco se confunde com um contrato de aluguer ou comodato do útero. No contrato de aluguer ou comodato, uma das partes obriga-se a proporcionar à outra o uso temporário de uma coisa[430]. Ora, ainda que se aceitasse a qualificação de uma parte do corpo de um ser humano vivo como uma coisa, a verdade é que a maternidade de substituição não se reduz a uma disponibilização do útero para uma gestação em benefício de terceiro. A mãe de gestação obriga-se a entregar a criança e a reconhecer a filiação jurídica desta relativamente à mãe de recepção.

À maternidade de substituição parece adequar-se melhor a qualificação de contrato de prestação de serviço atípico[431]. O art. 1154.º define o contrato de prestação de serviço como aquele em que uma das partes se obriga a proporcionar à outra certo resultado do seu trabalho. Na maternidade de substituição, a mãe de gestação compromete-se a entregar, de facto e de direito,

[428] Ideia implícita na posição de dois autores norte-americanos que defenderam a organização de "um mercado de bebés" (cf. OLIVEIRA, Guilherme de, *Mãe há só uma* cit., pp. 15-16).

[429] Inspirando-se neste tipo de qualificação, cf. PATRUNO, Francesco, "La vicenda sul c.d. utero in affito. Profili giuridici", *DFP* 2001/4, pp. 1642 e s.

[430] Cf. arts. 1022.º, 1023.º, 1031.º e 1129.º.

[431] Igualmente, DOGLIOTTI, Massimo/ FIGONE, Alberto, *Procreazione assistita. Fonti, orientamenti, linee di tendenza. Commento alla legge 19 febbraio 2004, n.40*, Milão, IPSOA, 2004, p. 35; RIZZARDO, Arnaldo, *Direito de Família*, 3.ª ed., Rio de Janeiro, Editora Forense, 2005, pp. 511-512.

à mãe de recepção o fruto da sua actividade de gestação. Trata-se de um contrato em que o serviço prestado consiste numa gestação por conta de outrem.

V. Será válido o contrato de gestação por conta de outrem? A resposta depende, em certa medida, do entendimento que se tiver dos limites ao princípio da liberdade contratual. Como é sabido, genericamente, o sistema romano-germânico contém mais restrições à autonomia privada do que o sistema anglo-americano. Consequentemente, não é de estranhar a separação que se observa entre os ordenamentos de um e de outro sistema no que toca à maternidade de substituição. No sistema anglo-americano, há uma oscilação entre a permissão e a proibição. No sistema romano-germânico, predomina a orientação contrária à figura da mãe portadora.

Contudo, importa ser mais preciso. No sistema anglo-americano, há que aludir, em separado, ao direito inglês e ao direito norte-americano. O direito inglês admite a maternidade de substituição a título gratuito, mas não aquela que é praticada a título oneroso[432]. No direito norte-americano, a solução varia de Estado para Estado federado. Em Dezembro de 2000, cerca de metade dos Estados tinham legislação ou regra do precedente sobre o contrato de gestação por conta de outrem; no seio destes, cerca de metade permitia a maternidade de substituição, enquanto os restantes a proíbiam; e alguns dos Estados que acolhiam a validade do contrato afastavam a possibilidade de ser atribuída uma compensação de qualquer tipo à mãe de gestação. Tendo em conta este panorama, o art. 8 do *Uniform Parentage Act* norte-americano[433] propõe a admissibilidade do contrato de gestação, mas faz depender a vinculatividade do acordo de uma homologação judicial, estabelecendo um paralelo com o processo de adopção; ao contrato de maternidade de substituição não homologado é negada relevância na determinação da filiação, sem prejuízo de os

[432] *Surrogacy Arrangements Act* 1985, secção 2. Sobre o assunto em Inglaterra, cf. DEECH, Ruth, "The Legal Regulation of Infertility Treatment in Britain", em AA.VV., *Cross Currents (Family Law and Policy in the US and England)*, obra dirigida por Sanford N. Katz, John Eekelaar e Mavis Maclean, Oxford/Nova Iorque, Oxford University Press, 2000, pp. 185-186; HERRING, Jonathan, *Family Law* cit., pp. 350-352.

[433] Sobre o *Uniform Parentage Act* cf., *supra*, nota 275. Acerca da maternidade de substituição nos Estados Unidos da América, cf. ANNAS, George J., "The Regulation of Human Reproduction in the US", em AA.VV., *Cross Currents* cit., pp. 151-155; WEISBERG, D. Kelly, *Family Law*, 3.ª ed., Nova Iorque, Aspen, 2011, pp. 252-258. Existe indicação mais actualizada do panorama da maternidade de substituição nos Estados Unidos da América, cuja fiabilidade é, porém, desconhecida (cf. http://www.creativefamilyconnections.com/us-surrogacy-law-map, consulta de 03/07/2016).

pais de recepção poderem ser responsabilizados pelo sustento da criança na sequência do parto da mãe de gestação.

No sistema romano-germânico, a maternidade portadora é expressamente proibida pela legislação espanhola[434], francesa[435], italiana[436] e alemã[437]. Até há pouco, Portugal seguia a tendência que se manifesta nos países com os quais tem maiores afinidades[438]: o art. 8.º, n.º 1, da LPMA, na redacção de 2006, determinava a nulidade dos negócios jurídicos, gratuitos ou onerosos, de maternidade de substituição. Todavia, a matéria é controversa[439]. Uma vez

[434] Art. 10.1. da Lei 14/2006, de 26/5 ("Técnicas de Reproducción Humana Asistida"). Sobre a maternidade de substituição em Espanha, no âmbito da lei anterior, cf. Idrach, Salvador, "Gestación por sustitución: Inadmisión en la Ley 35/1988, de 22 de noviembre", *Revista General de Derecho*, may., 1997, pp. 5175 e s.

[435] Art. 16-7 do *Code civil*. Sobre a maternidade de substituição em França, cf. Courbe, Patrick, *Droit de la Famille*, 4.ª ed., Paris, Armand Colin, 2005, pp. 381-383.

[436] Art. 12.º, n.º 6 da Lei n.º 40, de 19/02/2004 ("Norme in materia di procreazione medicalmente assistita").

[437] § 1 I Nr. 7 da *Embryonenschutzgesetz* (Lei de Protecção dos Embriões, conhecida abreviadamente como EmbryoSchG ou ESchG), de 13/12/1990. Sobre a maternidade de substituição no direito alemão, cf. Schlegel, "Zur Wirksamkeit von Ersatzmutterschaftverträgen und deren Rechtsfolgen für das Kind", *Familie und Recht* 1996, pp. 116 e s.

[438] Com excepção do Brasil, onde, na falta de norma jurídica proibitiva, se tem aceite a prática de maternidade de substituição ("gestação de substituição ou doação temporária de útero") intrafamiliar a título gratuito, de harmonia com regras de deontologia médica. Importa, a propósito, destacar ultimamente o ponto VII das Normas Éticas para a Utilização das Técnicas de Reprodução Assistida, aprovadas pela Resolução CFM [Conselho Federal de Medicina] n.º 2121/2015, publicada no *Diário Oficial da União* [D.O.U.] de 24 de Setembro de 2015, Secção I, p. 117. A parte final do n.º 1 do novo ponto VII não exclui a possibilidade de maternidade de substituição extrafamiliar, desde que autorizada por Conselho Regional de Medicina.

[439] Em 23 de Maio de 2015, foi aprovado pela Assembleia da República (com os votos a favor dos deputados do PS, com excepção de dois, do BE, do PAN e de 24 deputados do PSD; a abstenção de três deputados do PSD e os votos contra do CDS/PP, do PCP, da maior parte dos deputados do PSD e de dois deputados do PS) o Decreto n.º 27/XIII, que permitia a maternidade de substituição puramente gestacional e a título gratuito, "nos casos de ausência de útero, de lesão ou de doença deste órgão que impeça de forma absoluta e definitiva a gravidez da mulher ou em situações clínicas que o justifiquem". Publicado no *DAR* II série-A, n.º 90, 1.º suplemento de 01/06/2016, o diploma em apreço não chegou a ser promulgado como lei, por força do veto do Presidente da República que ocorreu em 7 de Junho de 2016 (cf. http://www.presidencia.pt/?idc=10&idi=108689, consulta de 03/07/2016). O Presidente da República justificou o veto com o facto de o decreto não ter acolhido as condições de admissibilidade da maternidade de substituição formuladas pelo CNECV (no Parecer 63/CNEV/2012, de 26 de março de 2012 e no Parecer 87/CNEV/2016,de 11 de Março de 2016). O processo não ficou encerrado. Em 20 de Junho de 2016 foi aprovado pela Assembleia da República (com os votos a favor dos deputados do PS, com excepção de dois, do BE, do PAN e de 20 deputados do PSD; a abstenção de oito deputados do PSD e os votos contra do CDS/PP, do PCP, da maior parte dos deputados do PSD e de dois deputados do PS) o Decreto nº 37/XIII, semelhante ao que

que a própria validade da lei ordinária depende da sua conformidade constitucional, é inevitável uma apreciação do tema da admissibilidade ou inadmissibilidade da maternidade de substituição com base nos princípios de Direito da Personalidade e de Direito da Filiação que estão inscritos na lei fundamental.

De entre os muitos argumentos que são aduzidos a favor da maternidade de substituição[440], avultam três. Diz-se que a maternidade de substituição cria vida humana, que assegura o direito de procriar em condições de igualdade e que está de harmonia com o princípio da autonomia privada.

À primeira vista, a maternidade de substituição, ao multiplicar as hipóteses de nascimento de um ser humano, é susceptível de encontrar fundamento num princípio de favorecimento da vida humana[441], emergente do art. 24.º da CRP.

O segundo argumento em abono da gestação por conta de outrem é o de que só este contrato faculta o acesso à maternidade das mulheres que não conseguem completar uma gravidez com sucesso, evitando que elas sejam discriminadas relativamente àquelas que, graças às técnicas de PMA, acabam por gerar crianças que nem sequer conseguiriam conceber pela prática de relações sexuais[442]. E na verdade o art. 36.º, n.º 1, da CRP, reconhece um direito de constituir família em condições de plena igualdade, que abarca o direito de procriar.

No entanto, os dois argumentos em equação acabam por não ser particularmente aptos para a resolução do problema da admissibilidade ou inadmissibilidade da maternidade de substituição. A criação de vida humana e a procriação não são valores absolutos. Não se pode pensar pura e simplesmente que é melhor existir do que nunca existir, que é melhor ser concebido e nascer do que nunca ter sido concebido e nunca ter nascido. A concepção, nomeadamente quando decorre da aplicação de uma técnica de PMA, deve ser um acto reflectido, sensível aos sentimentos e necessidades da pessoa que se virá a formar e a nascer. É neste sentido que se compreende o art. 67.º, n.º 2, al. d), da CRP, preceito que encarrega o Estado de "organizar as estruturas jurídicas e técnicas que permitam o exercício de uma maternidade e paternidade

fora vetado. Desta vez, o decreto foi promulgado pelo Presidente da República, correspondendo à Lei nº 25/2016, de 22 de Agosto.

440 Cf., p.e., os que são estudados por Raposo, Vera Lúcia, *De mãe para mãe* cit., pp. 63-88.

441 Em Israel, a maternidade de substituição é admitida, fenómeno que é justificado pelo facto de a procriação ser aí entendida "não apenas como um dever religioso, mas inclusive como uma obrigação patriótica" (cf. Raposo, Vera Lúcia, *De mãe para mãe* cit., pp. 107-108).

442 Assinale-se ainda que a maternidade de substituição constitui o único modo de assegurar a procriação por homens sós ou casais de homens.

conscientes". E, concretamente sobre o argumento que invoca uma exigência de igualdade no acesso à maternidade, lembre-se que o direito de procriar está limitado pelo interesse da futura criança.

Deste modo, resta avaliar a consistência do argumento da autonomia privada, autonomia que a Constituição da República Portuguesa tutela ao declarar que todos têm direito ao desenvolvimento da personalidade (art. 26.º, n.º 1)[443] ou à liberdade (art. 27.º, n.º 1)[444]. Só que o exercício da liberdade contratual está balizado pelos princípios fundamentais do direito, que penetram em conceitos indeterminados. É assim que os negócios jurídicos são nulos se contrariarem a ordem pública ou os bons costumes, como resulta do art. 280.º, n.º 1.

Entre nós, é nítida a repulsa pelo contrato de gestação a título oneroso[445]. De facto, a gestação e entrega de uma pessoa, a troco de dinheiro, atenta contra o valor da dignidade humana: a gestação é tida como um serviço qualquer, ignorando-se totalmente a sua natureza íntima, e a criança é equiparada a um objecto, ao resultado de uma actividade.

O contrato de gestação a título gratuito não enfrenta idêntico grau de oposição, apesar de dar azo frequentemente a situações de substituição intrafamiliar, que escapam aos quadros tradicionais de concepção do parentesco[446]. Lembre-se apenas o exemplo da mulher que gera uma criança para a sua filha: a mãe de gestação da criança será concomitantemente avó.

A falta de uma contrapartida económica para a mãe de gestação, que indicia o altruísmo da sua atitude, leva os autores a defenderem a plena validade do contrato nos casos em que a mãe de recepção seja a mãe genética, por não haver colisão com aquele que seria o critério exclusivo ou predominante de estabelecimento da filiação (o critério biológico)[447]; ou a pugnar, ainda que *de lege ferenda*, pela validade de todos os contratos de gestação a título gratuito, de forma a que se evite uma discriminação dos casais compostos por mulheres impossibilitadas de concluir uma gestação com sucesso, que não poderiam

[443] Cf. MIRANDA, Jorge/MEDEIROS, Rui, *Constituição Portuguesa anotada* cit., pp. 611-616.

[444] Cf. SOUSA, R. Capelo de, *O direito geral de personalidade*, Coimbra, Coimbra Editora, 1995, pp. 256 e s., em particular p. 257, nota 597, e p. 281.

[445] Cf., nomeadamente, OLIVEIRA, Guilherme de, *Mãe há só uma* cit., pp. 17 e s.; RAPOSO, Vera Lúcia, *De mãe para mãe* cit., p. 126; DINIS, J. S. Sousa, "Procriação assistida: questões jurídicas", *CJ* 1993/4, p. 12. Noutro sentido, cf. ARAÚJO, Fernando, *A procriação assistida* cit., pp. 29 e s., que aduz argumentos relativizadores da proibição do "aluguer do útero".

[446] Cf., sobre as consequências da substituição intrafamiliar, FARAONI, Alicia Benedetta, *La maternità surrogata* (citada, *supra*, na nota 427) pp. 249-252.

[447] Cf. AGUILAR, Francisco, "O princípio da dignidade da pessoa humana" cit., pp. 682 e s.; DUARTE, Tiago, "*In vitro veritas?*" cit., pp. 86 e s.

ter filhos, perante os casais inférteis, que já poderiam ter filhos mediante o recurso às técnicas de procriação assistida[448].

Não obstante a menor censura moral que enfrentam os contratos gratuitos de gestação por conta de outrem ou até a simpatia pública de que por vezes gozam, um ilustre cultor do Direito da Filiação[449] há muito que se pronuncia pela sua invalidade, apresentando fundamentalmente as duas seguintes razões: ao estipularem a entrega (de facto e de direito) da criança que venha a nascer a alguém que não é a mãe de gestação, tais contratos violam o princípio da taxatividade dos meios de regular o destino dos menores, que é um dos princípios básicos da regulamentação dos estados de família; além disso, o consentimento da mãe de gestação quanto à entrega da criança, sendo prestado antes da concepção, ofende o art. 1982.º, n.º 3 (que prevê que o consentimento para a adopção só pode ser dado pela mãe do adoptando decorridas seis semanas após o parto), aplicável analogicamente ao consentimento estruturante do contrato de gestação.

Salvo o devido respeito, os dois motivos apontados não são decisivos: na eventualidade de coincidência entre a mãe genética e a mãe de recepção, é discutível quer a existência de uma violação das regras legais de regulação do destino dos menores, dado o predomínio do critério biológico no estabelecimento da filiação (que, por isso, tende a orientar a definição da titularidade dos direitos e deveres parentais), quer uma aplicação analógica do regime da prestação do consentimento da mãe do adoptando à prestação do consentimento da mãe de gestação, já que o regime da adopção pressupõe que os adoptantes não sejam simultaneamente progenitores biológicos...

Seja como for, o contrato de gestação a título gratuito não pode deixar de suscitar reservas, por impor a uma das partes que ela suporte "uma gestação integral necessariamente perturbadora da condição da mulher"[450].

448 Cf. Dinis, J. S. Sousa, "Procriação assistida" cit., pp. 12-13. Considerando que a maternidade de substituição "pode ser classificada como um *demerit good*", Raposo, Vera Lúcia, *De mãe para mãe* cit., pp. 128, 129 e 141, manifesta-se também favorável, *de iure constituendo*, à validade dos contratos de gestação a título gratuito.

449 Cf. Oliveira, Guilherme de, *Mãe há só uma* cit., pp. 60 e s. Com base em razões semelhantes, Dinis, J. S. Sousa, "Procriação assistida" cit., p. 13, aceita, *de iure condito*, a proibição dos contratos de gestação gratuitos.

450 Era o que escrevia, em 2002, Corte-Real, Carlos Pamplona, "Os efeitos familiares e sucessórios da procriação" cit., p. 358. Entretanto, em 2008, Corte-Real, Carlos Pamplona/Pereira, José Silva, *Direito da Família* cit., p. 246, declaram aceitar a "pertinência jurídica do contrato de gestação para outrem". Na óptica de Pereira, André Gonçalo Dias, *Direitos dos pacientes* cit., pp. 68-71, a gestação de substituição colide com o princípio da dignidade humana, traduzindo

VI. No entanto, o direito português passou de um modelo de proibição absoluta da gestação de substituição para um modelo de proibição relativa.

Nos termos do art. 8.º da LPMA, na redacção da Lei n.º 25/2016, de 22 de Agosto, a celebração de negócio jurídico de gestação de substituição é possível a título excepcional desde que se preencham os seguintes requisitos: natureza gratuita do negócio (cf. n.º 2 do art. 8.º); caso de "ausência de útero, de lesão ou de doença deste órgão que impeça de forma absoluta e definitiva a gravidez da mulher ou em situações clínicas que o justifiquem" (n.º 2 também); uso de uma técnica de PMA com recurso aos gâmetas de, pelo menos, um dos respectivos beneficiários (n.º 3); ovócito que não seja da gestante de substituição (n.º 3); autorização prévia do CNPMA (n.º 4); inexistência de relação de subordinação económica, nomeadamente de natureza laboral ou de prestação de serviços, entre as partes envolvidas (n.º 6); celebração "através de contrato escrito, estabelecido entre as partes, supervisionado pelo CNPMA, onde devem constar obrigatoriamente, em conformidade com a legislação em vigor, as disposições a observar em caso de ocorrência de malformações ou doenças fetais e em casos de eventual interrupção voluntária da gravidez" (n.º 10); não inclusão no contrato referido de cláusulas de restrições de comportamentos à gestante de substituição ou que atentem contra os seus direitos, liberdade e dignidade (n.º 11).

A natureza gratuita do negócio obsta a qualquer tipo de pagamento ou a doação de qualquer bem ou quantia dos beneficiários à gestante de substituição pela gestação da criança, mas é compatível com o pagamento do valor correspondente às despesas decorrentes do acompanhamento de saúde efectivamente prestado, incluindo em transportes, desde que devidamente titulado em documento próprio (art. 8.º, n.º 5, da LPMA, na redacção da Lei n.º 25/2016, de 22 de Agosto).

De acordo com o n.º 7 do art. 8.º da LPMA, na redacção da Lei n.º 25/2016, "a criança que nascer através do recurso à substituição é tida como filha dos respectivos beneficiários".

São nulos e criminalmente puníveis os negócios jurídicos de substituição que não respeitem os requisitos enunciados (arts. 8.º, n.º 12, e 39.º da LPMA, na redacção da Lei n.º 25/2016, de 22 de Agosto). [451]

"reificação" do corpo da mulher e tratamento desta "como instrumento, como uma máquina de criar bebés que no *prazo do cumprimento do contrato* será *entregue* ao pai ou pais".

[451] Há, porém, um problema a resolver quanto ao contrato de gestação a título oneroso. O que acontece se as partes cumprirem o que foi estipulado? O que acontece se a criança tiver nascido para ser entregue à mãe de recepção? O contrato é nulo e o art. 289.º, n.º 1, associa à nulidade a

Assinale-se, por fim, que a entrada em vigor das alterações aos arts. 8.º e 39.º da LPMA depende de diploma regulamentador (art. 4.º, n.º 2, da Lei n.º 25/2016, de 22 de Agosto, que ainda não foi publicado.

14.10. A procriação assistida *post mortem*

I. Será permitida, à luz do nosso ordenamento, a fecundação *in vitro* (IIU ou ICSI), em benefício de uma mulher, mediante o uso de esperma do outro membro do casal, entretanto falecido? À primeira vista, a resposta deve ser negativa. A programação consciente da vinda de um filho que nascerá já órfão de pai representa uma secundarização do interesse da criança relativamente ao interesse dos progenitores[452] – interesse, indevidamente privilegiado, que tanto poderá ser o do defunto (desejo de imortalidade ou vontade de resolver problemas sucessórios) como o do membro sobrevivo do casal (tentativa de obter consolo ou evitar a solidão).

II. A LPMA estabelece que, após a morte do marido ou do homem que vivia em união de facto, não é lícito à mulher ser inseminada com sémen do falecido, ainda que este haja consentido na inseminação (art. 22.º, n.º 1). A proibição estende-se à fertilização *in vitro* posterior à morte do membro do casal beneficiário que depositou o seu sémen ou ovócitos (art. 26.º) e à utilização *post mortem* de outras técnicas de PMA (art. 47.º).

14.11. O destino dos embriões excedentários

I. A fertilização *in vitro* produz um efeito colateral negativo: a criação de embriões que excedem o número daqueles que clinicamente podem ser implantados numa mulher ou daqueles que o casal aceita que venham a ser

obrigação de restituição de tudo o que tiver sido prestado. Mas, se devem ser restituídas as quantias pagas a título de retribuição pelo serviço de gestação por conta de outrem, isto não significa que à mãe de gestação seja absolutamente vedado o direito a uma compensação pelas despesas e danos decorrentes da celebração e cumprimento de um contrato nulo, se estiverem preenchidos os requisitos da responsabilidade civil pré-contratual (cf. art. 227.º) e não houver motivo para excluir a indemnização com base em culpa da lesada (cf. art. 570.º). Diferentemente, Faraoni, Alicia Benedetta, "La maternità surrogata", capítulo de AA.VV., *Il diritto delle relazione affettive* cit., p. 649: exclui liminarmente qualquer ressarcimento, ainda que haja boa fé da mãe portadora, alegando que "ignorantia legis non excusat".

[452] Cf. Azevedo, Luís Eloy, "O Direito da procriação cit., p. 100; Terré/Fenouillet, *Droit civil.* cit., p. 803.

transferidos para o útero ou para as trompas da mulher. Surge assim uma questão eticamente muito sensível, que para alguns[453] ilustra o carácter indesejável da utilização desta categoria de técnicas. Qual o destino a dar aos embriões excedentários? Devem ser conservados para serem usados pelo casal originariamente beneficiário ou por outro casal? Devem ser destruídos, mantidos indefinidamente num estado de criopreservação[454] ou utilizados para fins de investigação científica?

A solução está em aberto, porque depende do estatuto que for reconhecido ou concedido ao embrião humano[455]-[456]. Designadamente, se se entender que o embrião não passa de um mero aglomerado de células humanas, não chocará a possibilidade de ser destruído ou usado para fins de investigação científica. Mas se se considerar que o embrião é um ente vivo da espécie humana que irá ser uma pessoa, então o único destino configurável será a sua afectação a um projecto parental.

II. Na dúvida, *pro* embrião[457]. É de seguir a solução que mais protege e dignifica o embrião. Por isso, há que encarar a sua implantação *post mortem* como

[453] Cf. a Declaração de voto do Conselheiro J. P. Ramos Ascensão, ao Parecer 44/CNECV/04 (citado, *supra*, na nota 364): "a PMA, desde logo, é ética e juridicamente reprovável, na medida em que só excepcionalmente é dissociável de um elevado desperdício de embriões" (parte III).

[454] "Os embriões, a partir de cinco ou mais anos de criopreservação, e alguns antes, são quase todos moribundos, impróprios para transferência intra-uterina" (n.º 4 da Declaração de voto do Conselheiro Daniel Serrão, ao Parecer 44/CNECV/04, citado, *supra*, na nota 364).

[455] Sobre este assunto, cf., em particular as reflexões de DANIEL SERRÃO, *Livro Branco. Uso de embriões humanos em investigação científica*, Lisboa, Ministério da Ciência e do Ensino Superior, 2003 (cf. http://www.familiaesociedade.org/saudereprodutiva/PMA/Livro_Branco_sobre_o_uso_de_embrioes_em_IC.pdf, consulta de 04/07/2016; o Parecer n.º 47/CNECV/05, de Novembro de 2005, sobre a investigação em células estaminais (disponível em http://www.cnecv.gov.pt), que, apesar de aludir à existência de perspectivas diferentes sobre o estatuto ontológico do embrião, entende que "a destruição de embriões criopreservados com o fim específico de obtenção de células estaminais destinadas a investigação constitui uma instrumentalização contrária à sua dignidade". A conclusão do Parecer tem mais força desde a altura em que investigadores norte-americanos fizeram o anúncio de que é possível obter células estaminais sem destruição de embriões (cf. http://www.bbc.com/portuguese/ciencia/story/2007/01/070108_stemcellsg.shtml, consulta de 04/07/2016).

[456] E do próprio conceito de embrião, pois há quem considere que não há embrião, mas sim pré-embrião, antes do 14.º dia da fertilização. Entre nós, esta tese foi sustentada, nomeadamente, pelo Dr. Mário Sousa, especialista em PMA, médico e investigador no Hospital de São João, no Porto, numa entrevista dada a um jornal (semanário "Expresso", de 31 de Julho de 2004, caderno principal, p. 20).

[457] Cf. OTERO, Paulo, *Personalidade e identidade pessoal* cit., pp. 40-41 ("optar na dúvida pela vida " é a única posição conforme com a garantia constitucional da inviolabilidade da vida humana);

lícita, em contraste com o juízo que merece a fecundação *in vitro*, mediante o uso de esperma do outro membro do casal já falecido[458]. E, na falta de afectação ao projecto parental originário, afigura-se desejável a implantação do embrião em terceira pessoa, desde que seja legalmente combatido o risco de a possibilidade de "adopção embrionária" estimular a tendência para criar embriões excedentários[459].

III. A LPMA não fixa um número máximo de ovócitos a inseminar em cada processo, mas consagra o princípio geral de que apenas deve ser criado o número considerado necessário para o êxito do processo de fertilização in vitro, "de acordo com a boa prática clínica e os princípios do consentimento informado" (art. 24.º, n.º 1).

O art. 25.º da LPMA regula o destino dos embriões excedentários. Os embriões com condições de mínima viabilidade devem ser criopreservados, com o propósito de serem transferidos para os beneficiários originários num prazo que, em regra, é de três anos (n.ºs 1, 2 e 5). Decorrido tal prazo, os embriões podem ser utilizados para PMA em favor de outrem, com o consentimento dos beneficiários originários (n.º 3). No entanto, somente se prevê a transferência embrionária para pessoas cuja indicação médica de infertilidade o aconselhe, o que colide quer com a recente lógica de abertura do acesso à PMA de todas as mulheres, independentemente do diagnóstico de infertilidade (cf. art. 4.º, n.º 3, da LPMA, na redacção dada pela Lei n.º 17/2016, de 20 de Junho), quer com a lógica "na dúvida, a favor do embrião". Os embriões excluídos de um projecto parental são susceptíveis de serem utilizados para fins de investigação científica, nos termos do art. 9.º da LPMA, ou de serem congelados e eliminados (art. 25.º, n.ºs 3, 6 e 7, da LPMA).

O art. 22.º, n.º 3, da LPMA entende ser lícita a transferência de embrião para o membro feminino do casal de beneficiários originários, após a morte do membro masculino, destinada a "permitir a realização de um projecto paren-

MIRANDA, Jorge/MEDEIROS, Rui, *Constituição Portuguesa anotada* cit., pp. 517-518, 520-524.

[458] Igualmente, DUARTE, Tiago, "*In vitro veritas?*" cit., p. 99, nota 208; PEREIRA, André Gonçalo Dias, *Direitos dos pacientes* cit., pp. 364-365.

[459] Alerta para este risco OLIVEIRA, Guilherme de, "Aspectos jurídicos da procriação assistida", *ROA* 1989, p. 785: "Conhecidas as dificuldades de praticar a adopção por falta de crianças nas condições legais e sociais idóneas, poderia ser tentador procurar as «adopções pré-natais» de embriões excedentários, contrariando, afinal, o preceito básico de evitar a superfecundação *in vitro*."
A "tentação" pode ser repelida mediante a fixação de um número máximo de ovócitos a inseminar por cada implantação e a previsão da punibilidade do acto deliberado de criação de embriões excedentários.

tal claramente estabelecido por escrito antes do falecimento do pai, decorrido que seja o prazo considerado ajustado à adequada ponderação da decisão".

15. A filiação na PMA

15.1. Biologia e consentimento na filiação decorrente de PMA

A constituição da filiação decorrente de PMA está sujeita a regras próprias, distintas das regras gerais previstas no Código Civil (arts. 1796.º e s.). Antes mesmo da LPMA, a especificidade da filiação decorrente de PMA era visível na disposição do art. 1839.º, n.º 3 (que, na prática, imputa ao marido a paternidade da criança filha de mãe casada, quando ele tiver consentido na inseminação artificial, independentemente de haver ou não ligação biológica entre o marido da mãe e a criança).

A filiação decorrente de PMA, homóloga ou heteróloga, é necessariamente constituída por consentimento do beneficiário (cf. art. 25.º, n.ºs 1 a 3, da LPMA).

O consentimento para a constituição da filiação decorrente de PMA pressupõe uma dupla intenção: uma intenção dirigida à admissão da procriação e uma intenção ulterior de constituição do vínculo de filiação[460].

O art. 14.º da LPMA regula o consentimento para o recurso à PMA (e, com as devidas adaptações, o consentimento das partes no negócio jurídico de gestação de substituição, conforme se prescreve no art. 8.º, n.º 8 da LPMA, na redacção da Lei n.º 25/2016, de 22 de Agosto).

A utilização das técnicas de PMA não pode ser feita sem o consentimento livre e esclarecido dos beneficiários, prestado de forma expressa e por escrito, perante o médico responsável (n.º 1), após informação escrita prévia "de todos os benefícios e riscos conhecidos resultantes da utilização das técnicas de PMA, bem como das suas implicações éticas, sociais e jurídicas" (n.º 2). O consentimento dos beneficiários é livremente revogável por qualquer deles até ao início dos processos terapêuticos de PMA (n.º 4).

O consentimento para a constituição da filiação decorrente de PMA insere-se num negócio jurídico que carece de disciplina própria suficiente. Por isso, este consentimento é, subsidiariamente, regido pelos princípios subjacentes às

[460] Cf., a propósito da inseminação heteróloga da mulher casada, ASCENSÃO, José de Oliveira, "Procriação assistida" cit., pp. 662-663.

regras atinentes ao consentimento em outros negócios que também são fonte de relações jurídicas familiares, como o casamento (cf., entre os arts. 1600.º e 1645.º, normas sobre impedimentos dirimentes absolutos, falta da declaração de vontade e falta ou vícios da vontade), ou em actos não negociais constitutivos da relação de filiação nos quais o aspecto volitivo é particularmente valorizado, como a perfilhação (cf. arts. 1860.º-1862.º) e a adopção (cf., quanto ao consentimento do adoptante, os arts. 1990.º e 1991.º).

Contudo, no momento de constituição do vínculo, a lei entende que é suficiente a exibição de documento comprovativo da prestação de consentimento à PMA, (cf. art. 20.º, n.º 2, da LPMA). O documento cria, assim, uma presunção ilidível de consentimento para a constituição do vínculo de filiação (cf. art. 20.º, n.º 4, da LPMA).

15.2. A filiação por PMA heteróloga[461]

I. Não obstante a unidade do modo de constituição da filiação decorrente de PMA, esta filiação não apresenta natureza única.

A filiação entre a criança e o beneficiário que tiver contribuído para a PMA com as respectivas células reprodutoras enquadra-se numa relação familiar nominada de parentesco (cf. art. 1578.º).

A filiação entre a criança e o beneficiário que não tiver contribuído para a PMA com as respectivas células reprodutoras corresponde já a uma relação familiar inominada (porque não enquadrável na noção de parentesco e, por isso, no enunciado do art. 1576.º), que, à falta de melhor expressão, designaremos como filiação por PMA heteróloga.[462].

[461] Cf., *supra*, bibliografia da secção IV, e: Oliveira, Guilherme de, *Critério Jurídico da Paternidade* cit., pp. 335-368; Coelho, F. Pereira/Oliveira, Guilherme de, *Curso de Direito da Família*, vol. II cit., pp. 143-144; Lima, Pires de/Varela, Antunes, *Código Civil Anotado*, vol. V cit., art. 1839.º (9-11); Oliveira, Guilherme de, *Estabelecimento da Filiação* cit., art. 1839.º VII; Pereira, Joana Cabral, "Considerações sobre o artigo 1839.º, n.º3, do Código Civil (Implicações ético-jurídicas da inseminação artificial heteróloga)", *SI* n.º 292, 2002, pp. 151-175; Ferreira-Pinto, F. B., *Dicionário de Direito da Família* cit., pp. 312-313, 332-334; Pimenta, J. da Costa, *Filiação* cit., pp. 104-106.

[462] Abandonamos, assim, o termo "filiação por consentimento não adoptivo", usado em ocasiões anteriores [nomeadamente, Pinheiro, J. Duarte, *Direito da Família e das Sucessões*, vol. II, *Direito da Filiação. Filiação biológica, adoptiva e por consentimento não adoptivo. Constituição, efeitos e extinção*, Lisboa, AAFDL, 2005, pela primeira vez, e *O Direito da Família Contemporâneo*, reimpressão (da 4.ª ed. de 2013), Lisboa, AAFDL, 2015, p. 252 e s , pela última vez].

O vínculo de filiação por PMA heteróloga define-se por exclusão de partes: é a modalidade de filiação que não é biológica nem adoptiva.[463] Demarca-se da filiação biológica, por ser independente dos laços de sangue. Demarca-se da filiação adoptiva, por se não constituir mediante sentença de adopção, apesar de pressupor também a vontade daquele que virá a assumir uma posição juridicamente equivalente à de progenitor.

II. A identificação da filiação por PMA heteróloga deve muito à análise doutrinária do art. 1839.º, n.º 3, que, durante quase 30 anos, albergou a única norma portuguesa relativa à constituição de filiação decorrente de PMA. Ao proibir a impugnação de paternidade com fundamento em inseminação artificial ao cônjuge que nela consentiu, a disposição legal atribui a paternidade ao marido da mãe que foi sujeita a inseminação, mesmo que o esperma seja de terceiro, o que representa um afastamento do critério biológico da filiação, e sem que o vínculo de filiação tenha sido constituído por sentença, como acontece na adopção[464].

Uma parte da doutrina opôs-se a esta interpretação, alegando que se estava perante uma simples proibição do *venire contra factum proprium*. Deste modo, o filho resultante da inseminação poderia impugnar a paternidade do marido da mãe, por não estar entre as pessoas que consentiram no acto de procriação assistida[465].

[463] De acordo com CORTE-REAL, Carlos Pamplona/PEREIRA, José Silva, *Direito da Família* cit., p. 207, "não tem qualquer cabimento a referência a uma modalidade diversa de filiação, constituída por um consentimento dito não adoptivo (ideia de Duarte Pinheiro)". E os ilustres autores reconduzem a "dita filiação por consentimento não adoptivo a uma mera técnica de PMA". Contudo, aquilo que ora "rebaptizamos" com a expressão filiação por PMA heteróloga não é uma técnica de PMA, mas o resultado do recurso a uma técnica de PMA; e não é, como se percebe no texto principal, nem um vínculo biológico nem um vínculo adoptivo.

[464] Cf. ASCENSÃO, José de Oliveira, "Procriação assistida" cit., pp. 660-661; CORTE-REAL, C. Pamplona, "Os efeitos familiares e sucessórios da procriação" cit., pp. 356-357; DUARTE, Tiago, "*In vitro veritas?*" cit., pp. 56, 59 e 60.

[465] Cf. MENDES, J. Castro/SOUSA, M. Teixeira de, *Direito da Família* cit., pp. 288-289; COELHO, F. Pereira/OLIVEIRA, Guilherme de, *Curso de Direito da Família*, vol. II cit., pp. 143-144; LIMA, Pires de/VARELA, Antunes, *Código Civil Anotado*, vol. V cit., art. 1839.º (9); VARELA, Antunes, "A inseminação artificial" cit., ano 127.º, p. 359; AGUILAR, Francisco, "O princípio da dignidade da pessoa humana cit., pp. 676 e s.; PEREIRA, Joana Cabral, "Considerações sobre o artigo 1839.º, n.º 3" cit., p. 156; PIMENTA, J. da Costa, *Filiação* cit., pp. 104-105; FERREIRA-PINTO, F. B., *Dicionário de Direito da Família* cit., pp. 332-334. O último autor afirma que, além de ser permitida a impugnação da paternidade pelo filho, o terceiro dador não está impedido de provocar a impugnação da paternidade presumida por intermédio do Ministério Público.

Ora, o art. 1839.º, n.º 3, é "uma inerência da *definitividade* virtual dos chamados *estados de família*"[466]: a interdição da impugnação da paternidade estende-se, portanto, a todas as pessoas referidas no art. 1839.º, n.º 1, incluindo o filho nascido do acto de PMA, e ao próprio Ministério Público (cf. art. 1841.º, n.º 1).

Num domínio particularmente marcado pelo interesse público como é o da constituição da filiação, afigura-se pouco consistente a escolha de um caminho interpretativo assente na figura do abuso do direito. Com maior facilidade se inscreve no espírito do Direito da Filiação o propósito de uma definição clara e estável do vínculo de filiação do que a preocupação circunscrita de manter tal vínculo só para reprovar o comportamento contraditório de uma certa pessoa.

Há um interesse público forte na constituição do vínculo de filiação, em especial relativamente ao filho menor, que justifica, por vezes, a relevância pura e simples da vontade de ser pai. Quando não se confirma ou é pouco provável que se venha a confirmar a expectativa ou presunção de maior aptidão dos pais biológicos para o exercício das responsabilidades parentais, ou quando os progenitores faleceram ou são desconhecidos, se há outrem que queira assumir as responsabilidades parentais, com reais vantagens para a criança, a lei abdica do critério biológico. Torna-se então viável a constituição de um vínculo de filiação adoptiva ou de filiação por PMA heteróloga.

Na procriação assistida heteróloga, não é razoável insistir no critério biológico, atribuindo ou impondo situações jurídicas parentais a alguém que é mero dador de material genético. O vínculo de filiação deve ser, em alternativa, constituído em relação ao beneficiário da PMA que não contribuiu, para o processo, com as suas células reprodutoras, desde que ele tenha consentido validamente na formação desse vínculo. Tanto mais que ele teve um papel causal determinante no nascimento. Foi a sua decisão que desencadeou o processo de procriação.

III. Como se observa, o art. 1839.º, n.º 3, corresponde a uma concretização clássica da filiação por PMA heteróloga.

Antes da publicação da LPMA, afigurava-se defensável a extensão do regime do art. 1839.º, n.º 3, a qualquer técnica de PMA de que fosse beneficiário um casal heterossexual, que estivesse casado, desde que a gestação se fizesse através do elemento feminino do casal[467].

466 Corte-Real, C. Pamplona, "Os efeitos familiares e sucessórios da procriação" cit., pp. 356-357.

467 Cf. Pinheiro, J. Duarte, *Direito da Família e das Sucessões*, vol. II, *Direito da Filiação. Filiação biológica, adoptiva e por consentimento não adoptivo. Constituição, efeitos e extinção*, Lisboa, AAFDL,

O art. 20.º da LPMA consagrou a figura geral da filiação por PMA heteróloga, tornando dispensável qualquer extensão do regime do art. 1839.º, n.º 3.

Na versão originária da LPMA, o art. 20.º ocupava-se somente da determinação de paternidade no caso de nascimento resultante de inseminação artificial heteróloga. No entanto, o que se dispunha no art. 20 aplicava-se, com as devidas adaptações às restantes técnicas de PMA heteróloga, por força dos arts. 27.º e 47.º da LPMA.

Na redacção em vigor, dada pela Lei n.º 17/2016, de 20 de Junho, o art. 20.º mantém-se no capítulo da inseminação artificial, mas a letra do n.º 1 alarga expressamente as soluções consagradas no artigo a todas as técnicas de PMA e sem distinguir entre processos homólogos e heterólogos.

Mas há ainda um preceito que versa especificamente a filiação por PMA heteróloga: o art. 23.º, n.º 2, da LPMA, que, embora respeitante à inseminação *post mortem*, se aplica, com as devidas adaptações à fertilização *in vitro* com recurso a sémen ou ovócitos de quem veio a falecer (art. 26.º da LPMA), bem como à ICSI, à GIFT, à ZIFT, à TET[468] e a "outras técnicas laboratoriais de manipulação gamêtica ou embrionária equivalentes ou subsidiárias" (art. 47.º da LPMA).

2005, p. 66. Embora rejeitassem a existência de um terceiro tipo de filiação, vários juristas ilustres propunham a aplicação analógica do mencionado artigo quando, mediante o consentimento dos cônjuges, tivesse sido implantado no cônjuge do sexo feminino um óvulo fecundado de outra mulher: cf., p.e., Mendes, J. Castro/Sousa, M. Teixeira de, *Direito da Família* cit., pp. 269 e 289; Ferreira-Pinto, F. B., *Dicionário de Direito da Família* cit., pp. 312-313.
Em *Procriação*, pp. 356-357, Pamplona Corte-Real entendeu que estava em causa uma norma especial, no âmbito das regras de estabelecimento da filiação, admitindo a aplicação analógica do artigo às situações de maternidade heteróloga. Outra era a opinião de Duarte, Tiago, *"In vitro veritas?"* cit., p. 70): considerava o art. 1839.º, n.º 3, uma norma excepcional, por afastar a regra geral em matéria de estabelecimento de filiação, que é o critério biológico, acabando, consequentemente, por negar a aplicação analógica do preceito à dação de óvulos. Se tivermos em conta a interpretação do art. 1839.º, n.º 3, que leva à detecção de uma terceira modalidade de filiação (cf., *supra*, Parte I, n.º 15), que é defendida também pelo último autor, a primeira orientação aparentava ser mais coerente. Se o biologismo não obstava ao reconhecimento de um terceiro tipo de paternidade, por que motivo havia de obstar ao reconhecimento de um terceiro tipo de maternidade (a maternidade da mulher receptora que consentiu na implantação do óvulo, que não é nem genética nem adoptiva)? Num texto subsequente (*Anexo* p. 56), Corte-Real, C. Pamplona, mudou de posição, passando a defender que "o art. 1839.º, n.º 3 é, sem dúvida, uma norma excepcional, insusceptível por isso de aplicação analógica", pelo que afinal não seria possível a extensão do preceito à dação de ovócitos.

[468] Tais siglas foram usadas pela primeira vez, *supra*, na Parte I, n.º 14.2.

De acordo com o mencionado art. 23.º, n.º 2, se após a morte do marido ou homem com quem vivia em união de facto, a mulher for inseminada com sémen do falecido, a criança que vier a nascer não é havida como filha do falecido quando, à data da inseminação, a mulher esteja casada ou viva há pelo menos dois anos em união de facto com homem, que, nos termos do art. 14.º da LPMA, tenha dado o seu consentimento a tal acto. Com o intuito de evitar situações de orfandade[469], a ressalva atribui a paternidade ao marido ou companheiro vivo no momento da inseminação.

IV. O vínculo de paternidade que tenha sido constituído relativamente ao marido que consentiu no adultério da mulher não representa um caso equivalente ao de filiação por PMA heteróloga. A filiação presumida do marido da mãe é impugnável. A paternidade do filho adulterino será estabelecida relativamente ao pai biológico, nos termos gerais.[470]

15.3. A filiação decorrente de PMA ilícita

I. Sempre que nasce uma criança mediante o uso de uma técnica de PMA é necessário proceder à determinação jurídica da respectiva filiação, independentemente de aquele uso ter sido ou não conforme às regras e aos princípios do ordenamento jurídico.

É assim que, havendo inseminação homóloga *post mortem* consentida pelo membro masculino do casal que faleceu, em violação do disposto no art. 22.º,

[469] Cf., *supra*, Parte I, n.º 14.10.I.

[470] Cf. nomeadamente, *supra*, Parte I, n.ºs 6.4.III (perfilhação, após cessação da presunção de paternidade, por força do art. 1832.º), 6.5.II (perfilhação, depois da ilisão da presunção de paternidade e do cancelamento do registo feito com base nela) e 6.6.I (rectificação, declaração de nulidade ou anulação do registo de nascimento com paternidade contrária à que se pretende reconhecer judicialmente).

Oliveira, Guilherme de, *Critério Jurídico da Paternidade* cit., pp. 355-356, aplica, por analogia, o art. 1839.º, n.º 3, à constituição da paternidade do filho nascido de adultério da mulher consentido pelo marido, desde que este não tenha feito qualquer reserva contra uma fecundação possível. À analogia se opõe um argumento histórico (como explica Pimenta, J. da Costa, *Filiação* cit., p. 106): o legislador não prevê o adultério consentido no art. 1839.º, n.º 3, apesar de ter ponderado a inclusão dessa hipótese (cf. Oliveira, Guilherme de, *Critério Jurídico da Paternidade* cit., p. 355: num documento de trabalho particular da comissão encarregada da Reforma de 1977, o preceito abrangia quer a inseminação quer o adultério). O *risco do nascimento* de filho resultante de acto sexual corre totalmente por conta daqueles que o praticam. Abstraindo da adopção, o elemento biológico prevalece sobre o elemento volitivo, na filiação decorrente de cópula.

n.º 1, da LPMA, a criança que vier a nascer é havida como filha do falecido[471]. Ou seja, apesar do uso ilícito da técnica, prevalece o consentimento.

[471] Mas quais são os direitos sucessórios do filho póstumo?
O art. 2033.º, n.º 2, al. a), atribui capacidade testamentária ou contratual aos nascituros não concebidos, que sejam filhos de pessoa determinada, viva ao tempo da abertura da sucessão. Ou seja, o filho sucede se tiver sido contemplado com uma liberalidade testamentária ou contratual, na qualidade de descendente do membro sobrevivo do casal.
O art. 2033.º, n.º 1, atribui capacidade sucessória geral a todas as pessoas nascidas ou concebidas ao tempo da abertura da sucessão, o que não viabiliza o reconhecimento de direitos sucessórios legais ao filho nascido por inseminação *post mortem*, que é concebido após a abertura da sucessão (cf., no entanto, Corte-Real, C. Pamplona, "Os efeitos familiares e sucessórios da procriação" cit., p. 361: no caso de a inseminação *post mortem* vir a ser permitida por uma futura lei, o prestigiado professor sugere que se aplique o disposto no art. 2033.º, n.º 2, al. a), admitindo-se "extensivamente a capacidade sucessória de concepturos nascidos por inseminação *post mortem*, *maxime* como filhos do dador falecido e na sucessão legal, nos mesmíssimos termos").
Apesar de o art. 2033.º, n.º 1, consagrar, indistintamente, a capacidade sucessória de pessoa já concebida à data da morte do *de cuius*, Ascensão, José de Oliveira, ("Procriação assistida" cit., p. 672) afirma que não caberá a qualidade de sucessível legítimo e legitimário ao filho resultante de uma transferência póstuma de embriões, já existentes no momento da abertura da sucessão, quando o respectivo nascimento não tiver ocorrido dentro dos 300 dias subsequentes à abertura da sucessão. Contra, Duarte, Tiago, "*In vitro veritas?*" cit., p. 114, nota 237, para quem o filho será herdeiro legal, independentemente do tempo que mediar entre a abertura da sucessão e o nascimento.
Noutra obra, de 2005 (*Direito da Família e das Sucessões*, vol. II, p. 61, citada, *supra*, na nota 467), seguimos a posição do professor Oliveira Ascensão, invocando o seguinte argumento: "No Código Civil, o momento da concepção está associado ao da gestação ou gravidez, como se depreende dos arts. 1798.º a 1800.º; a previsão da capacidade sucessória do nascituro é compreensível unicamente no pressuposto de que as dúvidas em torno da concretização da sua vocação sucessória serão rapidamente dissipadas – dentro de um prazo curto, como é o do período legal de gestação." Todavia, o princípio da não discriminação com base no nascimento resultante da utilização de técnicas de PMA (cf., *supra*, Parte I, n.º 14.4.III) é capaz de não legitimar uma interpretação restritiva que negue a qualidade de sucessível legal ao filho, resultante de uma implantação *post mortem* de embrião já existente no momento da abertura da sucessão, só porque nasceu decorridos mais de 300 dias contados a partir da morte do pai. Muito claramente, contra a mencionada interpretação restritiva, Nascimento, Paulo, "Procriação medicamente assistida *post mortem*: efeitos familiares e sucessórios", em AA.VV., *Escritos de Direito das Famílias* cit., pp. 239-240: na situação estabelecida no art. 22.º, n.º 3, da LPMA, havendo um embrião no momento da abertura da sucessão, "a criança a nascer será um sucessível legitimário e legítimo do falecido, por estar literalmente prevista no art. 2033.º/1". Em contrapartida, Nascimento, Paulo, ob. cit., p. 241, exclui a vocação legal do filho gerado após a abertura da sucessão, argumentando com a ilicitude da inseminação *post mortem* e com razões de segurança jurídica e estabilidade das posições adquiridas, "nomeadamente as que se prendem com a *ratio* do art. 1819.º/2". Mas, segundo Corte-Real, Carlos Pamplona/Pereira, José Silva, *Direito da Família* cit., pp. 241-242, reconhecida a filiação relativamente ao pai falecido (haja inseminação ou implantação *post mortem* de embrião), o princípio de não discriminação parece impor "a plena aquisição do estado jurídico de filho, sem qualquer afectação do mesmo pelo nascimento ulterior à morte daquele". Igualmente, Marques, J. P. Remédio, "O regime jurídico da procriação medi-

Igualmente relevante será o consentimento no caso "adopção embrionária" ou transferência de embriões excedentários de um casal para mulher só, apesar da falta de permissão do art. 25.º da LPMA. Há que aceitar a relevância da vontade, constituindo-se a filiação relativamente à mulher que vier a dar à luz.

II. Se houver maternidade de substituição que não preencha os requisitos de validade previstos no art. 8.º da LPMA, na versão da Lei n.º 25/2016, de 22 de Agosto, pensamos que a filiação deve ser constituída em relação aos beneficiários (e não em relação à gestante).

Numa primeira análise, a invalidade do negócio jurídico de gestação de substituição levaria à aplicação do art. 1796.º, n.º 1, no qual se prevê que a filiação materna resulta do facto do nascimento. No entanto, o que será fulcral é o interesse da criança, cuja protecção anima as normas atinentes à filiação[472].

Assim sendo, afigura-se questionável imputar à mãe de gestação a maternidade jurídica de uma criança nascida na sequência de um contrato inválido de maternidade de substituição[473]. Como justificar o entendimento de que a mãe de gestação é a mãe legal da criança? Eventualmente, em nome da invalidade do contrato e da necessidade de sancionar as partes. Todavia, o aspecto primordial não será o interesse da criança? O que protege mais aquele que acabou de nascer? A constituição do vínculo de filiação materna relativamente a alguém que desejou a criança? Ou a constituição do vínculo quanto a alguém que só quis dar à luz a criança para a entregar a outrem?

Nos casos de contrato inválido de maternidade de substituição, atribuir à mãe portadora a qualidade legal de mãe pode representar um factor de criação de uma situação de risco para a criança, dada a escassa motivação da mãe forçada para a prestação de cuidados parentais. É claro que nada impede que a mãe de substituição, descontente com a sua qualidade de mãe jurídica, decida livremente viabilizar a adopção em benefício da mãe de recepção, pres-

camente assistida" cit., pp. 41-42; MAGALHÃES, Sandra Marques, *Aspectos sucessórios da procriação medicamente assistida homóloga «post mortem»*, Coimbra, Coimbra Editora, 2010, pp. 158-169, 180-181.

[472] Cf., *supra*, Parte I, n.º 1.III.

[473] Cf. ASCENSÃO, José de Oliveira, "A Lei n.º 32/06" cit., pp. 997-999, que censurava a estatuição do art. 8.º, n.º 3, da LPMA, na redacção de 2006, no caso de o óvulo ser da beneficiária. Na visão de CORTE-REAL, Carlos Pamplona/PEREIRA, José Silva, *Direito da Família* cit., p. 245, não parecia aceitável a solução contida no mesmo preceito, por poder colidir com o interesse superior da criança, "único critério relevante".

tando o consentimento adequado para o efeito (decorridas seis semanas após o parto)[474]. Mas, entretanto ou em vez disso, conhecendo a natureza humana, terá sido devidamente prevenida a hipótese de uma situação de abandono da criança?

[474] Cf. Sousa, R. Capelo de, *O direito geral de personalidade* cit., pp. 226-227, nota 466.

Capítulo II
Efeitos da filiação

Secção I
Generalidades

16. As condições de eficácia da filiação

I. Em princípio, a filiação não produz efeitos enquanto não tiver sido legalmente constituída e registada.

II. A filiação tem de se encontrar legalmente constituída. Este princípio que vem expressamente enunciado no regime da filiação biológica, no art. 1797.º, n.º 1 ("os poderes e deveres emergentes da filiação ou do parentesco nela fundados só são atendíveis se a filiação se encontrar legalmente estabelecida"), vale para todas as modalidades de filiação. P.e., o mero nascimento de uma criança não desencadeia os efeitos da filiação entre ela e aqueles que são os pais biológicos ou por PMA heteróloga, se não tiver havido declaração de maternidade, vigência de presunção de paternidade, perfilhação ou reconhecimento judicial. E se uma criança estiver entregue a alguém que não seja o pai biológico, para que entre ela e o sujeito que a tem sob a sua guarda (de facto) se produzam os efeitos da filiação, é preciso que seja decretada a adopção por sentença transitada em julgado.

Há, é claro, excepções à regra da ineficácia da filiação que não chegou a ser legalmente constituída: cf. art. 1603.º.

III. Para que opere a generalidade dos efeitos da filiação, não basta a constituição do vínculo; é preciso também o registo.

A declaração de maternidade, a perfilhação, a sentença da acção de reconhecimento da maternidade ou paternidade e a sentença de adopção, transitadas em julgado, a paternidade presumida, típica ou atípica, têm de ser registadas.

Em regra, qualquer uma das três modalidades de filiação só pode ser invocada depois de registada: cf. arts. 1.º, n.º 1, als. b) e c), e 2.º do CRC.

Excepções: impedimentos dirimentes relativos (cf. art. 1603.º); prova da própria filiação para constituição do vínculo.

17. O momento de produção dos efeitos da filiação

A filiação biológica legalmente estabelecida produz efeitos desde o momento do nascimento do filho (art. 1797.º, n.º 2).

A adopção constitui-se *ex novo* por sentença (art. 1973.º, n.º 1), pelo que os efeitos da filiação adoptiva produzem-se a partir do trânsito em julgado da decisão judicial[475]. Isto não obsta a que, antes da adopção, a criança possa ser colocada à guarda da pessoa que se candidatou a adoptante, na sequência de confiança administrativa, ou medida de promoção e protecção de confiança a pessoa seleccionada para a adopção[476].

A filiação por PMA heteróloga produz efeitos desde o momento do nascimento do filho.

Aplica-se analogicamente o art. 1797.º, n.º 2, dada a semelhança juridicamente relevante que a lei reconhece existir, implicitamente, no plano da eficácia, entre a filiação biológica e a filiação por PMA heteróloga (cf. art. 1839.º, n.º 3).

18. O princípio da não distinção quanto aos efeitos da filiação

18.1. Proibição de discriminação

É proibida a discriminação dos filhos nascidos fora do casamento (cf. art. 36.º, n.º 4, da CRP) e dos filhos nascidos em resultado da utilização de técni-

[475] Cf. MENDES, J. Castro/SOUSA, M. Teixeira de, *Direito da Família* cit., p. 411.

[476] Cf., *supra*, Parte I, n.º 9.II.

cas de PMA (cf. arts. 3.º e 15.º, n.º 5, da LPMA, em cumprimento do princípio geral da igualdade, previsto no art. 13.º, n.º 1, da CRP).

18.2. Tendencial sujeição das outras modalidades de filiação ao regime de eficácia previsto para a filiação biológica

A filiação biológica produz efeitos (cf. arts. 1874.º e s.), que, em princípio, se estendem às demais modalidades de filiação.

Pela adopção o adoptado é equiparado a filho biológico do adoptante (art. 1986.º, n.º 1).

À filiação por PMA heteróloga aplica-se analogicamente o regime dos efeitos da filiação biológica, pelos motivos indicados, *supra*, na Parte I, n.º 17.

19. Ordem subsequente

Passa-se a analisar primeiramente os efeitos gerais da filiação e depois os efeitos respeitantes a filho menor não emancipado (responsabilidades parentais). Desde já se esclarece que cabem nos efeitos gerais da filiação os decorrentes de impedimento ao casamento entre pais e filhos, que não serão tratados agora mas no âmbito do Direito Matrimonial[477].

Secção II
Efeitos gerais da filiação[478]

20. Deveres paternofiliais

20.1. A enumeração legal de deveres paternofiliais

I. A relação de filiação implica deveres que se não confundem com as responsabilidades parentais.

[477] Cf., *infra*, Parte III, n.º 3.2.2

[478] Cf. MENDES, J. Castro/SOUSA, M. Teixeira de, *Direito da Família* cit., pp. 329-337, 426; CAMPOS, D. Leite de/CAMPOS, Mónica Martinez de, *Lições de Direito da Família* cit., pp. 407-410; LIMA, Pires de/VARELA, Antunes, *Código Civil Anotado*, vol. V cit., arts. 1874.º-1876.º, 1988.º, 1995.º e 2000.º; ALMEIDA, J. C. Moitinho de, "Efeitos da filiação", em AA.VV., *Reforma do Código Civil*, Lisboa, Ordem dos Advogados, 1981, pp. 139-145; COELHO, F. Pereira/OLIVEIRA, Guilherme de, *Curso de Direito da Família*, vol. II cit., pp. 299-301, 307.

Pais e filhos devem-se mutuamente respeito, auxílio e assistência (art. 1874.º, n.º 1).

Esta enumeração socorre-se de conceitos indeterminados, tal como a enumeração legal de deveres conjugais (cf. art. 1672.º).

Assim sendo, a concretização dos deveres paternofiliais varia em razão das circunstâncias, embora seja possível dar uma ideia do respectivo conteúdo[479].

II. Os deveres paternofiliais perduram ao longo de toda a relação de filiação, não cessando com a maioridade ou a emancipação do filho. Contudo, a sua projecção não é uniforme. Estão "encobertos" durante a menoridade do filho pelas responsabilidades parentais. Evidenciam-se na altura da "segunda adolescência"[480]. Perdem intensidade quando o filho sai de casa dos pais para organizar a sua própria vida de um modo independente. E ressurgem, com força, sobretudo ao serviço dos pais, quando estes envelhecem.

20.2. O dever de respeito

O dever de respeito obriga cada sujeito da relação de filiação a não violar os direitos individuais do outro. Esses direitos individuais compreendem quer direitos de personalidade[481] quer direitos patrimoniais.

O dever paternofilial de respeito é mais intenso do que o dever geral de respeito.

20.3. O dever de auxílio

Do dever em apreço decorrem obrigações de ajuda e protecção, relativos quer à pessoa quer ao património dos pais e dos filhos.

São obrigações com especial relevo nos momentos de crescimento, doença e velhice.

[479] Cf., *infra*, Parte I, n.ºs 20.2., 20.3. e 20.4.

[480] Ao completarem os 18 anos, os filhos adquirem plena capacidade de exercício, mas normalmente não têm recursos económicos para ter uma vida autónoma nem a formação necessária para os angariar. Por isso, continuam a viver com os pais e a ser sustentados por estes, iniciando um período que pode ser designado como "segunda adolescência" (cf. RAGEL SÁNCHEZ, L.-F., "Reflexiones sobre los deberes paternofiliales", em *Estudos Jurídicos en Homenaje al Profesor Luís Díez Picazo*, tomo III, Madrid, Thomson/Civitas, 2003, p. 4896).

[481] Sobre os direitos de personalidade na relação com os pais, cf. PINHEIRO, J. Duarte, "A tutela da personalidade da criança na relação com os pais", *SI* n.º 338, 2015, pp. 11-12.

20.4. O dever de assistência

Trata-se de um dever estruturalmente patrimonial, que impõe prestações susceptíveis de avaliação pecuniária. Nele cabe a obrigação de prestar alimentos e a de contribuir para os encargos da vida familiar (art. 1874.º, n.º 2).

I. A obrigação de alimentos é absorvida pelo dever de contribuir para os encargos da vida familiar, durante a vida em comum, só adquirindo autonomia no caso de não haver comunhão de habitação entre os pais e os filhos. Neste caso, vigoram as regras gerais, o que significa que tanto podem estar vinculados à prestação de alimentos os pais como os filhos[482] (cf. arts. 2003.º, 2004.º, 2009.º, n.º 1, als. *b)* e *c)*).

No âmbito da obrigação alimentar se inscreve o dever paternal de pagamento das despesas com o sustento, segurança, saúde e educação do filho maior ou emancipado que, sem culpa grave, não tenha completado a sua formação profissional[483] – art. 1880.º. Apesar da secção em que se inclui o preceito, não se está diante um prolongamento das responsabilidades parentais[484].

A lei consagra um processo especial para os alimentos devidos a criança: cf. arts. 45.º a 48.º do RGPTC.

A violação da obrigação legal de alimentos é criminalmente punível nos termos do art. 250.º do CP.

[482] Cf., p.e., PITÃO, França, *Uniões de facto e economia comum*, 3.ª ed., Coimbra, Almedina, 2011, p. 124, que chama a atenção para o facto de os deveres filiais atingirem a sua maior plenitude na velhice ou na incapacidade dos pais, podendo inclusivamente os filhos estarem obrigados a prestar-lhes alimentos.

[483] GUIMARÃES, Maria de Nazareth Lobato, "Alimentos" cit., pp. 206-207. Sobre os pressupostos e a cessação deste dever paternal para com os filhos maiores ou emancipados, cf. MARQUES, J. P. Remédio, *Algumas notas sobre alimentos* cit., pp. 295-313. Alterado pela Lei n.º 122/2015, de 1 de Setembro, o art. 1905.º contém actualmente um n.º 2, dispondo que, para efeitos do art. 1880.º, a obrigação de sustento dos pais se mantém até que o filho complete 25 anos de idade, "salvo se o respectivo processo de educação ou formação profissional estiver concluído antes daquela data, se tiver sido livremente interrompido ou ainda se, em qualquer caso, o obrigado à prestação de alimentos fizer prova da irrazoabilidade da sua exigência". O art. 989.º do CPC, modificado pela mesma lei de 2015, regula o processo de alimentos a filhos maiores ou emancipados. Sobre a modificação do último artigo, cf. PERQUILHAS, Maria, "A prestação de alimentos a cargo dos pais a favor dos filhos maiores ou emancipados", *Revista IBDFAM Famílias e Sucessões* n.º 12, 2015, pp. 138-142.

[484] Cf. DUARTE, Maria de Fátima, *O poder paternal. Contributo para o estudo do seu actual regime*, reimpr. da ed. de 1989, Lisboa, AAFDL, 1994, p. 70.

II. A obrigação de contribuir para os encargos da vida familiar

A obrigação destina-se a ocorrer a necessidades dos membros do agregado familiar que vivam em economia comum. Relevam apenas as necessidades que se coadunam com a condição económica e social de um determinado núcleo familiar em concreto.

Cabem entre os encargos da vida familiar, p.e., as despesas com a vida na residência familiar (renda ou prestação do empréstimo relativa ao imóvel; gastos com a electricidade, gás, água e comunicações; salário da empregada doméstica; compra de electrodomésticos e outros objectos para o lar, etc.), e as despesas com a alimentação, higiene e saúde.

Tal como sucede com a obrigação conjugal paralela (cf. art. 1676.º, n.º 1), a obrigação paternofilial de contribuir para os encargos da vida familiar depende das possibilidades individuais de cada sujeito.

A contribuição pode consistir, p.e., em trabalho despendido no lar comum (pelo próprio filho menor[485]).

20.5. Conexão com o Direito Tutelar

O incumprimento ou a impossibilidade de cumprimento dos deveres paternofiliais de respeito, auxílio e assistência pode ser suprido com a aplicação de medidas de protecção de crianças, jovens e idosos (cf., *infra*, Parte II).

20.6. Caracteres dos deveres paternofiliais e das situações jurídicas activas correspondentes

I. Aos deveres paternofiliais correspondem, no lado activo, direitos subjectivos que se demarcam dos direitos subjectivos comuns por serem "direitos de entreajuda", direitos que têm de ser exercidos de forma a criar, manter e reforçar o sentimento de pertença a um mesmo grupo (de índole familiar).

II. São direitos com acentuada funcionalidade, natureza estatutária, durabilidade virtual, carácter *erga omnes*, tipicidade e tutela reforçada.

[485] Cf. Guimarães, Maria de Nazareth Lobato, "Alimentos" cit., p. 198.

20.7. Articulação dos deveres fundados em diversas relações familiares a que esteja vinculado o mesmo titular

I. Princípio do cumprimento dos deveres segundo a lógica das regras da colisão de direitos (cf. art. 335.º).

II. A vinculação cumulativa a deveres paternofiliais e a deveres conjugais.

O art. 2009.º, n.º 1 (al.a), em contraste com as als. b) e c)), que regula uma obrigação que cabe no dever de assistência, sugere uma posição hierarquicamente superior dos deveres conjugais.

Mas na medida do possível, há que assegurar a satisfação dos deveres paternofiliais e dos deveres conjugais (cf., *supra*, Parte I, n.º 20.7.I).[486]

Aliás, a posição do filho menor é particularmente assegurada, porque o progenitor é titular de uma situação jurídica complexa (as responsabilidades parentais) cuja intensidade supera a dos meros deveres conjugais ou paternofiliais.

Os deveres conjugais contemplam o cumprimento dos deveres paternais quanto aos filhos comuns do casal que residem com os pais, como decorre da referência aos interesses dos filhos como factor orientador da escolha da residência da família (art. 1673.º, n.º 1), da obrigação de assunção em conjunto das responsabilidades inerentes à vida da família que os cônjuges fundaram (art. 1674.º) e do dever de contribuir para os encargos da vida familiar (art. 1676.º).

Há também aspectos dos deveres conjugais que permitem a sua harmonização com os deveres filiais ou exclusivamente paternais de um dos cônjuges: em princípio, os contactos de um cônjuge com os seus pais ou filhos não podem ser impedidos pelo outro, sob pena de violação do dever conjugal de respeito; a obrigação de socorro e auxílio mútuos pode impor a um cônjuge que ajude o outro a cumprir os seus deveres paternais ou filiais; o dever de contribuir para os encargos da vida familiar "incumbe a ambos os cônjuges, de harmonia com as possibilidades de cada um" (art. 1676.º, n.º 1), fórmula que não exclui a delimitação deste dever em função dos compromissos filiais e paternais dos cônjuges.

[486] A tentativa de conferir à ordem constante do art. 2009.º, n.º 1, o cariz de uma hierarquia rígida claudica perante o disposto no art. 2016.º-A, n.º 2.

21. Outros efeitos gerais da filiação

21.1. O nome do filho

I. O nome completo de uma pessoa é fixado no momento do registo do nascimento (cf. art. 102.º, n.º 1, al. *a)*, do CRC). O nome do registando é indicado por quem declarar o nascimento ou, quando este não proceda a tal indicação, pelo funcionário perante quem foi apresentada a declaração (art. 103.º, n.º 1, do CRC). Deve compor-se, no máximo de seis vocábulos gramaticais, simples ou compostos, dos quais só dois podem corresponder ao nome próprio e quatro a apelidos (art. 103.º, n.º 2, proémio, do CRC).

II. O nome está sujeito ao princípio da imodificabilidade[487]: em regra, uma vez inscrito no assento de nascimento só pode ser alterado mediante autorização do conservador dos Registos Centrais (art. 104.º, n.º 1, do CRC). No entanto, são admitidas modificações não dependentes de autorização fundadas em vicissitudes subsequentes no campo da constituição e da extinção do vínculo de filiação: estabelecimento da filiação, constituição da adopção e revisão da sentença de adopção (art. 104.º, n.º 2, al. *a)*, do CRC). Outra situação excepcional de alteração do nome não dependente de autorização do conservador dos Registos Centrais, conexa com a matéria da filiação, é a que resulta do exercício dos direitos previstos no art. 1876.º (cf., expressamente, art. 104.º, n.º 2, al. *e)*, do CRC). As referidas alterações ao nome são averbadas ao assento de nascimento (cf. arts. 69.º, n.º 1, al. *n)*, e 104.º, n.ºs 3 e 8, do CRC).

III. A filiação do registando é determinante para a composição do seu nome: a irmãos não pode ser dado o mesmo nome próprio, salvo se um deles for falecido (art. 103.º, n.º 1, al. *d)*, do CRC); são escolhidos apelidos do pai e da mãe ou só de um deles (art. 1875.º, n.º 1)[488].

[487] Cf. VELOSO, Zeno, "Nome civil da pessoa natural", em AA.VV., *Tratado de Direito das Famílias* cit., capítulo 9, p. 428: "A legislação brasileira não desce a minúcias e é bem mais liberal". Recomenda-se a leitura de todo este texto (pp. 423-471) a quem pretenda obter uma visão de todo o regime jurídico do nome no Brasil.

[488] Cf. ainda art. 103.º, n.º 1, al. e), do CRC: "Os apelidos são escolhidos entre os que pertençam a ambos ou só a um dos pais do registando ou a cujo uso qualquer deles tenha direito, podendo, na sua falta, escolher-se um dos nomes por que sejam conhecidos".

Na falta de estabelecimento da filiação, ao registando não deixarão de ser atribuídos apelidos, competindo a sua escolha ao declarante do nascimento ou, se este não a fizer, ao conservador (art. 103.º, n.º 1, al. *f*), do CRC).

Encontrando-se constituído o vínculo de filiação biológica ou por PMA heteróloga, no momento do registo do nascimento, a escolha do nome próprio e dos apelidos do filho menor cabe aos pais (art. 1875.º, n.º 2). O declarante do nascimento deverá, portanto, indicar como nome do registando aquele que for determinado pelos pais da criança.

Se a filiação estiver constituída quanto a ambos os pais, a decisão relativa ao nome do filho incumbe aos dois em conjunto, independentemente da titularidade das responsabilidades parentais[489]. A faculdade de escolha do nome é regulada no domínio dos efeitos gerais da filiação, não integrando o conteúdo das responsabilidades parentais.

Na falta de acordo entre os pais, o tribunal fixará o nome, de harmonia com o interesse do filho[490]. A decisão judicial sobre o nome da criança é proferida no âmbito de uma providência tutelar cível, que segue a forma de acção tutelar comum (arts. 3.º, al. *j*), e 67.º, do RGPTC)[491].

Em qualquer caso, o interesse do filho é um elemento que condiciona a composição do seu nome. Deste modo, não é atendível o acordo dos pais (ou a decisão de um deles, se a filiação não estiver constituída quanto ao outro) que se traduza na escolha de um nome próprio composto por vocábulos indignos ou aviltantes para a pessoa que os use[492]; e, havendo desacordo, o juiz não terá forçosamente de seguir uma das soluções que eram desejadas pelos pais, quando qualquer delas implicar nomes próprios susceptíveis de tornar a criança alvo de escárnio de terceiros[493].

Se a maternidade ou paternidade forem estabelecidas posteriormente ao registo do nascimento, o nome do filho poderá ser alterado, para integrar ape-

[489] Cf. Parecer da PGR n.º 21/81, de 28/5/1981, *DR* II série, n.º 295, de 24/12/1981, p. 10345, e *BMJ* 312, p. 121.

[490] Contra a solução de atribuir a decisão ao juiz em matéria do nome próprio e dos apelidos do filho menor, na falta de acordo dos pais, cf. CAMPOS, D. Leite de/CAMPOS, Mónica Martinez de, *Lições de Direito da Família* cit., p. 409, considerando que conviria deixar a escolha à família, "embora alargada para além do pai e da mãe".

[491] É competente o tribunal de comarca (art. 80.º, n.º 1, da LOSJ). A competência é exercida, mais precisamente, pelas secções de família e menores deste tribunal (art. 123.º, n.º 1, al. m),da LOSJ, e art. 6.º, al. f), do RGPTC), quando existam.

[492] Cf., ac. do STJ de 09/07/2002, proc. 02B331 (EDUARDO BAPTISTA), http://www.dgsi.pt.

[493] Cf. ALMEIDA, J. C. Moitinho de, "Efeitos da filiação" cit., pp. 142-143.

lidos do pai e da mãe ou só um deles (art. 1875.º, n.º 3)[494]. Se a filiação estiver constituída relativamente a ambos os pais, a alteração exigirá o acordo ou uma intervenção judicial.

IV. A atribuição à criança dos apelidos do marido da mãe.

Nos termos do art. 1876.º, n.º 1, quando a paternidade se não encontre estabelecida, podem ser atribuídos à criança apelidos do marido da mãe se esta e o marido declararem, perante o funcionário do registo civil, ser essa a sua vontade.

Prevê-se aqui uma "adopção de nome", figura distinta da adopção em sentido técnico. Há, porém, quem aluda a uma "adopção restritíssima", limitada ao nome da criança[495].

A finalidade da "adopção de nome" é integrar o filho de pai desconhecido no novo lar formado pela mãe e pelo marido.

Quando só a paternidade se encontrar estabelecida (cf. art. 1851.º), é analogicamente aplicável o art. 1876.º, n.º 1: podem ser atribuídos à criança apelidos da mulher casada com o pai.

Nos dois anos posteriores à maioridade ou à emancipação o filho pode requerer que sejam eliminados do seu nome os apelidos do marido da mãe ou da mulher do pai, ao abrigo do art. 1876.º, n.º 2 (aplicável analogicamente quando o filho tenha adquirido apelidos da mulher do pai).

V. As alterações do nome na adopção.

A constituição do vínculo de adopção acarreta alterações do nome do adoptado (cf. art. 1988.º). O filho adoptivo perde os apelidos de origem e é composto um novo nome com apelidos dos adoptantes, nos termos do art. 1875.º. A mudança de nome reflecte a extinção das relações familiares e a constituição de novas (art. 1986.º, n.º 1). Assim sendo, na hipótese de adopção do filho do cônjuge, o adoptado conservará os apelidos daquele que é casado com o

[494] LIMA, Pires de/VARELA, Antunes, *Código Civil Anotado*, vol. V cit., p. 324 [art. 1875.º (5)], defendem uma interpretação extensiva do art. 1875.º, n.º 3 que permita a alteração também do nome próprio do filho, "quando este tenha sido escolhido em atenção ao presuntivo pai, cuja paternidade mais tarde haja sido afastada"

[495] Cf. ALMEIDA, J. C. Moitinho de, "Efeitos da filiação" cit., pp. 143-144, que admite a revogação da atribuição dos apelidos do marido da mãe à semelhança da revogação da adopção restrita (modalidade de adopção entretanto abolida, como se esclareceu *supra*) – ou seja, "quando se verifique alguma das ocorrências que justificam a deserdação dos herdeiros legitimários".

adoptante. A alteração do nome na adopção conjunta e na adopção singular de filho do cônjuge implica consenso.

Em princípio, o adoptado conserva o nome próprio. Excepcionalmente, a pedido do adoptante, o tribunal pode alterar o nome próprio da criança, se a modificação salvaguardar o seu interesse, nomeadamente o direito à identidade pessoal, e favorecer a integração na família[496].

21.2. A nacionalidade do filho

Nos termos do art. 1.º, n.º 1, da Lei da Nacionalidade (aprovada pela Lei n.º 37/81, de 3 de Outubro), a atribuição da nacionalidade portuguesa ao filho está, nomeadamente, condicionada pela nacionalidade (portuguesa) de um dos progenitores e pelo local de nascimento (em terrritório português).

Beneficiam de nacionalidade portuguesa originária: os filhos de mãe portuguesa ou de pai português nascidos no território português; os filhos de mãe portuguesa ou de pai português nascidos no estrangeiro, se o progenitor português aí se encontrar ao serviço do Estado português, se tiverem o seu nascimento inscrito no registo civil português ou se declararem que querem ser portugueses; os filhos de estrangeiros nascidos no território português, se um dos progenitores também aqui tiver nascido e aqui tiver residência, independentemente de título, ao tempo de nascimento; os filhos de estrangeiros que não se encontrem ao serviço do respectivo Estado, se declararem que querem ser portugueses e desde que, no momento do nascimento, um dos progenitores aqui resida legalmente há pelo menos cinco anos; e outros que nascerem em território português, se não possuírem outra nacionalidade (por exemplo, filhos de apátridas).[497]

De acordo com o art. 5.º da Lei da Nacionalidade, "o adoptado plenamente por nacional português adquire a nacionalidade portuguesa". Dado que a dicotomia adopção plena-adopção restrita foi entretanto abolida, tendo sido substituída por uma categoria unitária, subordinada a disciplina similar à da

[496] Sobre a interpretação do art. 1988.º, n.º 2, cf. Coelho, F. Pereira/Oliveira, Guilherme de, *Curso de Direito da Família*, vol. II cit., pp. 300-301; ac. da RL de 16/03/2006, *CJ* 2006/2, p. 77 (Salazar Casanova); Faculdade de Direito da Universidade de Coimbra / Centro de Direito da Família, *4.ª Bienal de Jurisprudência* cit., pp. 80-82.

[497] Embora não se trate de efeito da filiação, mas de parentesco no 2.º grau da linha recta, merece destaque a extensão da nacionalidade portuguesa originária aos netos de portugueses, constante do art. 1.º, n.º 1, al. d), da Lei da Nacionalidade, na sequência de alteração efectuada pela Lei Orgânica n.º 9/2015, de 29 de Julho.

antiga adopção plena, o que se prevê neste artigo parece aplicável a toda e qualquer adopção decretada no quadro do novo regime de adopção, aprovado pela Lei n.º 143/2015, de 8 de Setembro.

21.3. A entrada e permanência no território português

A Lei n.º 37/2006, de 9 de Agosto, fixa as condições do exercício do direito de livre circulação e residência no território português por pais e filhos de cidadãos da União Europeia (bem como da entrada e residência em território português de pais e filhos de nacionais dos Estados partes do Espaço Económico Europeu e da Suíça.

No caso de outras pessoas, interessa a disciplina da Lei n.º 23/2007, de 4 de Julho (que aprovou o regime jurídico de entrada, permanência, saída e afastamento de estrangeiros do território nacional e cuja última alteração, a terceira, foi feita pela Lei n.º 63/2015, de 30 de Junho). Dentro de certas condições indicadas pelos arts. 98.º e s, da mencionada lei, é conferido ao cidadão estrangeiro com autorização de residência válida em território português (bem como ao refugiado nos termos da lei que regula o asilo) direito ao reagrupamento familiar com os filhos (incluindo os adoptivos) que se encontrem fora do território nacional, sendo igualmente conferido ao refugiado menor direito ao reagrupamento familiar com os pais.

Secção III
As responsabilidades parentais

22. Noções[498]

22.1. Conceito de responsabilidades parentais

I. No quadro da Teoria Geral do Direito Civil, as responsabilidades parentais surgem como um meio de suprimento da incapacidade de exercício dos

[498] Cf. MENDES, J. Castro/SOUSA, M. Teixeira de, *Direito da Família* cit., pp. 337-340, 359; CORTE-REAL, Carlos Pamplona/PEREIRA, José Silva, *Direito da Família* cit., pp. 201-202; BOLIEIRO, Helena/GUERRA, Paulo, *A criança e a família* cit., pp. 175-181; CORTE-REAL, C. Pamplona, *Direito da Família e das Sucessões (Relatório)* cit., pp. 119-120; CAMPOS, D. Leite de/CAMPOS, Mónica Martinez de, *Lições*

menores não emancipados. Efectivamente, a criança carece de capacidade genérica de exercício (art. 123.º), pelo que não pode, em regra, praticar pessoalmente actos e negócios jurídicos. No exercício dos seus direitos e no cumprimento das suas obrigações, normalmente, ela tem de ser representado pelos seus pais, na qualidade de titulares das responsabilidades parentais (arts. 124.º, 1878.º e 1881.º).

Todavia, as responsabilidades parentais são mais do que um meio de suprimento da incapacidade dos menores[499]: não se circunscrevem ao poder de representação e ao poder-dever de administração dos bens; englobam outras situações jurídicas, como o poder-dever de guarda, o dever de prover ao sustento e o poder-dever de dirigir a educação (cf. art. 1881.º, n.º 1).

As responsabilidades parentais consistem no conjunto de situações jurídicas que, normalmente[500], emergem do vínculo de filiação, e incumbem aos pais com vista à protecção e promoção do desenvolvimento integral do filho menor não emancipado (arts. 1877.º e 1878.º)[501].

II. A terminologia legal, poder paternal ou responsabilidades parentais[502], não é a mais adequada.

de Direito da Família cit., pp. 410-411; LIMA, Pires de/VARELA, Antunes, *Código Civil Anotado*, vol. V cit., arts. 1877.º, 1878.º, 1882.º, 1920.º-B e 1920.º-C; SANTOS, Eduardo dos, *Direito da Família* cit., pp. 509-515; DUARTE, Maria de Fátima, *O poder paternal* cit., pp. 5-49; ALMEIDA, J. C. Moitinho de, "Efeitos da filiação" cit., p. 145; LEANDRO, Armando, "Poder paternal: natureza, conteúdo, exercício e limitações. Algumas reflexões de prática judiciária", em AA.VV., *Temas de Direito da Família*, Conferências no Conselho Distrital do Porto da Ordem dos Advogados, Coimbra, Almedina, 1986, pp. 119-123; SOTTOMAYOR, Maria Clara, *Exercício do poder paternal*, Porto, Publicações Universidade Católica, 2003, pp. 19-27, e *Regulação do exercício das responsabilidades parentais nos casos de divórcio*, 6.ª ed., Coimbra, Almedina, 2016, pp. 19-25; MARTINS, Rosa, *Menoridade, (in)capacidade e cuidado parental*, Coimbra, Coimbra Editora, 2008, pp. 157-192.

499 Cf. MARTINS, Rosa, *Menoridade* cit., pp. 157-168, que se insurge contra essa orientação redutora, que padece de um "erro de perspectiva" ou de "um vício de lógica".

500 A palavra "normalmente" impõe-se em virtude de ser admitido o exercício de responsabilidades parentais por quem não seja pai da criança em certas situações (nomeadamente, pelo padrinho, havendo apadrinhamento civil, ou nos termos dos arts. 1903.º e 1904.º-A). Mas, tratando-se de hipóteses relativamente marginais, continuaremos a exposição tendo sobretudo em conta a situação paradigmática, que é a das responsabilidades parentais incumbirem aos pais.

501 Cf., porém, o art. 144.º, que permite a continuação do exercício pelos pais das situações jurídicas correspondentes ao poder paternal após a maioridade do filho, quando este tenha sido declarado interdito e a tutela tenha recaído naqueles.

502 Não obstante a modificação efectuada pela Lei n.º 61/2008, de 31/10, o primeiro termo ainda subsiste no Código Civil (cf., p.e., arts. 124.º e 1921.º).

Aquilo que a lei designa como um poder (p.e., nos arts. 124.º e 1921.º) não é propriamente uma disponibilidade de meios para obter um fim[503]. Os titulares do poder paternal não o exercem no seu interesse exclusivo ou principal, mas no interesse dos filhos, os sujeitos sobre os quais recai o alegado poder (cf. art. 1878.º, n.º 1). E o termo "paternal" não significa que se esteja perante uma figura cuja titularidade caiba sempre ao *pater* e nunca à *mater*. O poder paternal pode ser exercido por ambos os pais, só pela mãe ou só pelo pai (cf., *infra*, Parte I, n.º 24). É, por isso, compreensível a expressão alternativa "responsabilidades parentais".

Contudo, o termo "parental" cria um equívoco. Leva a pensar que o exercício do poder paternal/responsabilidade parental pode competir, indistintamente, a qualquer parente, quando essa competência cabe (em princípio) só aos parentes no 1.º grau da linha recta ascendente. O instituto das responsabilidades parentais está (quase) exclusivamente associado à qualidade de pai[504], embora nem todos os pais possam exercê-lo (p.e., por estarem inibidos de o fazer, nos termos do art. 1913.º, n.º 1) e, em certos casos, a totalidade ou parte das situações jurídicas que aquele abrange se insiram noutra figura (p.e., o poder tutelar ou de administração dos bens da criança), que já não pressupõe uma ligação de paternidade ou maternidade.

III. As responsabilidades parentais demarcam-se da tutela, da confiança e da guarda.

A expressão "tutela" designa um meio de suprimento do poder paternal (cf., *infra*, Parte I, n.º 26).

As palavras "confiança" e "guarda" caracterizam-se pela polissemia.

A expressão "confiança" é, nomeadamente, usada para etapas preparatórias de uma adopção (confiança administrativa e confiança a pessoa seleccionada para a adopção, a família de acolhimento ou a instituição com vista à adopção), em medidas de promoção e protecção não preparatórias de adopção (confiança a pessoa idónea, confiança para acolhimento familiar) e para traduzir a ideia de colocação da criança sob os cuidados de uma pessoa ou entidade (cf. art. 1907.º, n.º 1).[505]

[503] Cf. noção de poder, de Cordeiro, A. Menezes, *Tratado de Direito Civil Português*, vol. I, cit., n.º 298, p. 904.

[504] Cf., *supra*, nota 500.

[505] Sobre as diversas *confianças*, cf. Pinheiro, J. Duarte, "Da confiança a pessoa idónea à confiança com vista a futura adopção", *Estudos de Direito da Família e das Crianças* cit., pp. 243-246.

A palavra guarda designa apenas uma das situações jurídicas incluídas nas responsabilidades parentais (cf., *infra*, Parte I, n.º 23.2.), mas é utilizada também, num sentido amplo, abrangendo o conjunto das situações compreendidas naquelas responsabilidades, ainda que sejam exercidas por alguém que não seja pai da criança nem titular das mencionadas responsabilidades (cf., por exemplo, art. 5.º, al. b), da Lei de Protecção).

22.2. Caracteres das responsabilidades parentais

I. As responsabilidades parentais formam uma situação jurídica familiar complexa que apresenta grande parte das características que são comuns a outras situações jurídicas familiares: carácter estatutário, indisponibilidade, funcionalidade acentuada, eficácia perante terceiros, tipicidade e tutela reforçada.

II. As responsabilidades parentais apresentam natureza estatutária, constituindo uma situação jurídica (complexa) que se funda na ligação paternofilial, num grupo (formado por pai e filho menor) cuja importância é expressamente reconhecida pelo Estado (cf., nomeadamente, art. 68.º, n.º 2, da CRP).

III. As responsabilidades parentais são indisponíveis, como resulta do art. 1699.º, n.º 1, al. b)[506], e da conexão necessária que a lei estabelece entre essas responsabilidades o interesse do filho (cf. art. 1878.º, n.º 1). O pai não pode dispor das responsabilidades parentais porque o interesse principal subjacente à outorga legal de tais responsabilidades não lhe pertence. E o titular do interesse principal, o filho menor não emancipado, não beneficia de capacidade para, isoladamente ou em sintonia com o pai, alterar as regras legais.

A indisponibilidade das responsabilidades parentais reflecte-se no regime de extinção da figura. As responsabilidades parentais são intransmissíveis. Competem aos pais e apenas a eles (cf. art. 1878.º, n.º 1). E, prevendo a lei o exercício conjunto das responsabilidades parentais, um dos pais não pode conferir ao outro a exclusividade do exercício. A passagem do exercício conjunto das responsabilidades parentais para o exercício por um só dos pais não opera pela mera vontade destes: a mudança, que se verifica normalmente em casos de divórcio e outros casos de ruptura, pressupõe uma intervenção estatal

[506] O preceito obsta à alteração, por convenção antenupcial, dos "direitos ou deveres" paternais, o que abrange todas as situações jurídicas paternais, sejam activas, passivas ou mistas.

mesmo que os pais estejam de acordo (o acordo não releva sem a homologação do tribunal ou a aprovação do Ministério Público – cf., respectivamente, os art. 1905.º e 1776.º-A).

A característica da indisponibilidade manifesta-se ainda no art. 1882.º, que consagra a irrenunciabilidade das responsabilidades parentais[507]. Apesar de o preceito ressalvar o que se prescreve no Código Civil acerca da adopção, não se vislumbra aqui base para a detecção de uma eventual renúncia translativa ou transmissão consensual das responsabilidades parentais, quando os pais biológicos tenham prestado consentimento para a adopção (cf. art. 1981.º, n.º 1, al. c)). Com a adopção, não ocorre uma transmissão (voluntária ou forçada) das responsabilidades parentais, mas uma extinção das responsabilidades que cabiam aos pais biológicos e uma atribuição *ex novo* ao adoptante de responsabilidades parentais sobre a criança.

IV. A funcionalidade das responsabilidades parentais é intensa, mais marcada até do que aquela que se observa nas situações jurídicas familiares comuns (direitos paternofiliais e conjugais), que, por seu turno, se caracterizam já por uma dimensão altruísta superior à das situações jurídicas comuns (p.e., direitos de personalidade, direitos de crédito e direitos reais, predominantemente ao serviço dos interesses exclusivos dos respectivos titulares). O conteúdo legal das responsabilidades parentais é expressamente ordenado em torno do interesse do filho (cf. art. 1878.º)[508], o que sugere que se está perante um instituto destinado à protecção e promoção do crescimento saudável da criança. As responsabilidades parentais têm de ser exercidas. O pai que omita culposamente o cumprimento de deveres decorrentes das responsabilidades parentais pode ser sancionado com a inibição do exercício destas responsabilidades (cf. 1915.º, n.º 1), aspecto que demarca a figura das situações jurídicas familiares activas comuns, que não são de exercício obrigatório.

[507] A irrenunciabilidade não obsta à delegação do exercício do poder de guarda e educação da criança: os pais podem confiar os filhos a terceiros (cf., implicitamente, o art. 1887.º, n.º 2, e, no caso de ruptura, o art. 1906.º, n.º 4, *in fine*). No sentido de uma leitura bastante mais flexível do art. 1882.º e da indisponibilidade da parentalidade, cf. CORTE-REAL, Carlos Pamplona/PEREIRA, José Silva, *Direito da Família* cit., pp. 201-202.

[508] Neste contexto, BOLIEIRO, Helena/GUERRA, Paulo, *A criança e a família* cit., p. 178, esclarecem que o interesse da criança "não andará longe do «estabelecimento das ideais ou possíveis condições sociais, materiais e psicológicas da vida de um filho, geradas pela participação responsável, motivada e coordenada de ambos os progenitores, acção essa que garanta a inserção daquele num optimizante e gratificante núcleo de vida, claramente propiciador do seu desenvolvimento emocional, físico e cívico e da obtenção da sua *cidadania social*»".

É a específica funcionalidade das responsabilidades parentais que legitima a interferência do Estado na relação dos pais com os filhos. O princípio da direcção interna, parental, da vida familiar cede sempre que assim o exija o interesse da criança e isto apesar de qualquer oposição unânime dos sujeitos da relação de filiação à interferência externa. O art. 69.º da CRP reconhece às crianças o direito à protecção do Estado contra o exercício da autoridade na família e impõe ao Estado o encargo de assegurar especial protecção às crianças privadas de um ambiente familiar. O art. 36.º, n.º 6, da CRP, admite que, mediante decisão judicial, os filhos sejam separados dos pais, quando estes não cumpram os seus deveres fundamentais para com eles. A preponderância da posição da criança na concepção das responsabilidades parentais justifica o controlo estatal da regularidade do respectivo exercício. A verificação de insuficiências da acção dos pais na prossecução do interesse do filho funda a aplicação de medidas de promoção e protecção (cf. Lei da Protecção), providências limitativas (cf. arts. 1918.º e 1920.º) ou até a inibição do exercício das responsabilidades parentais (cf. arts. 1913.º e 1915.º).

V. A funcionalidade específica das responsabilidades parentais, estruturadas em benefício de uma pessoa que se presume ser especialmente vulnerável e dependente, explica a duração do instituto, que não ultrapassa a maioridade ou emancipação do filho (cf. art. 1877.º).

VI. As responsabilidades parentais emergem da relação que se estabelece entre pais e filhos, impondo, em primeira linha, comportamentos aos sujeitos da relação de filiação. Todavia, as responsabilidades parentais produzem efeitos *erga omnes*. O poder de representação, inserido nas responsabilidades parentais, compreende o exercício da generalidade dos direitos e o cumprimento da generalidade das obrigações dos filhos, perante terceiros. A inobservância dos poderes (-deveres) de guarda e educação torna, normalmente, os pais responsáveis pelos danos que os filhos causarem a terceiros (cf. art. 491.º). Terceiros não podem separar os filhos dos pais, salvo quando estes não cumpram os seus deveres fundamentais para com eles e sempre mediante decisão judicial (art. 36.º, n.º 6, da CRP). Qualquer interferência injustificada de terceiros na esfera de competência parental é ilícita[509].

[509] E eventual fundamento de responsabilidade civil (cf. BARBOSA, Mafalda Miranda, "Família e responsabilidade civil: uma relação possível? Brevíssimo apontamento", *Lex Familiae* n.º 20, 2013, p. 75, nota 47).

VII. O conteúdo das responsabilidades parentais é típico, coincidindo com aquele que a lei lhe assinala. Os arts. 1699.º, n.º 1, al. b), e 1882.º mostram que não é permitida a criação de situações jurídicas novas, nem a eliminação daquelas que a lei indica como parte das ditas responsabilidades. A tipicidade é, aliás, natural por dois motivos: dado o carácter *erga omnes* das responsabilidades parentais, os terceiros devem estar em condições de saber com segurança quais os domínios em que lhes é vedado interferir; o grau de funcionalidade das responsabilidades parentais aproxima-as de uma competência de Direito Público, figura cujo conteúdo está legalmente balizado.

VIII. O peso da vertente funcional, do interesse do filho, explica a garantia reforçada das responsabilidades parentais. Se o filho menor abandonar o lar ou dele for retirado, sem que tenha havido uma decisão judicial, os pais podem "reclamá-lo" (cf. art. 1887.º, n.º 2), requerendo, se for necessário, a "entrega judicial da criança" (cf. arts. 49.º-51.º do RGPTC). O art. 249.º do CP pune com pena de prisão aquele que: "subtrair menor"; por meio de violência ou ameaça com mal importante determinar menor a fugir; se recusar a entregar menor criança à pessoa que sobre ele exercer poder paternal; ou, de um modo repetido e injustificado, não cumprir o regime estabelecido para a convivência do menor na regulação do exercício das responsabilidades parentais, ao recusar, atrasar ou dificultar significativamente a sua entrega ou acolhimento. E o incumprimento da regulação do exercício das responsabilidades parentais pode acarretar outras consequências. Havendo incumprimento por um dos pais, o outro pode requerer ao tribunal as diligências necessárias para o cumprimento coercivo e a condenação do inadimplente em multa e em indemnização a favor da criança ou do requerente ou de ambos (art. 41.º, n.º 1, doRGPTC). Sendo ilícita, uma interferência injustificada de terceiros (ou mesmo de progenitor que não seja titular das responsabilidades parentais) na esfera de competência dos pais é susceptível de originar responsabilidade civil, nos termos gerais (cf. art. 483.º), quer perante os pais quer perante o filho. E nem sequer há normas que afastem a responsabilidade civil dos pais perante os filhos por causa de danos causados no exercício das responsabilidades parentais[510].

[510] Como a relação de responsabilidades parentais suspende a prescrição (cf. art. 318.º, al. b)), o prazo de prescrição do direito de indemnização (ou de outro qualquer direito) entre pai e filho não começa nem corre antes de cessar tal relação.

22.3. Natureza jurídica das responsabilidades parentais

I. As responsabilidades parentais constituem uma situação jurídica complexa, que agrega situações jurídicas que podem elas próprias ser objecto de qualificação, não sendo de excluir a possibilidade de as situações componentes assumirem uma natureza que não é entre si uniforme[511]. Mas, a heterogeneidade das situações jurídicas em que se desdobra, embora dificulte a tarefa de quem se proponha realizar uma construção dogmática unitária[512], não impede a determinação da natureza das responsabilidades parentais no seu todo.

Numa perspectiva de qualificação, há que distinguir dois períodos[513].

No primeiro período, que designaremos como pré-filiocêntrico, o poder paternal estava ao serviço do interesse dos pais. Deste modo, tratava-se de um puro direito subjectivo dos pais que tinha como objecto a pessoa do filho.

No período actual, filiocêntrico, as responsabilidades parentais estão predominantemente ao serviço do interesse do filho (cf. art. 1878.º, n.º 1)[514], hesitando-se entre atribuir à figura a natureza de direito subjectivo peculiar (porque funcional) dos pais ou a de poder funcional (que se não confundiria com o direito subjectivo).

Na presente fase, filiocêntrica, a orientação que vê no conjunto das responsabilidades parentais um direito subjectivo *sui generis*[515] aceita a preponderância

[511] Cf., p.e., neste sentido, Mendes, J. Castro/Sousa, M. Teixeira de, *Direito da Família* cit., pp. 339-340: o poder paternal "é uma situação jurídica complexa, em que avultam poderes funcionais e alguns direitos, mas ao lado de puros e simples deveres".

[512] Cf., nomeadamente, Miranda, Jorge, "Sobre o poder paternal", *RDES* 1990, pp. 36-38, que renuncia a uma construção unitária, distinguindo dois aspectos no poder paternal: o aspecto interno, direito subjectivo, e o aspecto externo, poder funcional.

[513] Sobre a evolução histórica do poder paternal, cf., entre outros, Santos, Eduardo dos, *Direito da Família* cit., pp. 509 e s.; Duarte, Maria de Fátima, *O poder paternal* cit., pp. 8 e s.

[514] Apesar de subsistir ainda hoje, na lei, aqui e ali, uma terminologia do período anterior, que "coisifica" o filho ou que o trata como um bem pertencente aos pais: cf., nomeadamente, o art. 1887.º, n.º 2 (reclamação do filho); e os arts. 49.º e 50.º do RGPTC ("entrega da criança).

[515] Cf., p.e., Gomes da Silva, *Curso de Direito da Família*, apontamentos de lições no ano lectivo de 1960-61, coligidos pelos alunos Jorge Liz e Vasconcelos Abreu, Lisboa, AAFDL, 1960, pp. 151-152; Varela, Antunes, *Direito da Família* cit., pp. 79-80; Lima, Pires de/Varela, Antunes [*Código Civil Anotado*, vol. V cit., art. 1878.º (4)] e Hörster, Heinrich Ewald (*A parte geral do Código Civil português. Teoria Geral do Direito Civil*, reimpressão da ed. de 1992, Coimbra, 2000, 256-257), que falam de direito-dever; Mendes, J. Castro/Sousa, M. Teixeira de, *Direito da Família* cit., pp. 24 e 340, e Mendes, J. Castro, *Teoria Geral do Direito Civil*, vol. I, Lisboa, AAFDL, 1978, p. 369 (direito de conteúdo altruísta); Ascensão, José de Oliveira, *Teoria Geral do Direito Civil*, vol. III, *Relações e situações jurídicas*, Coimbra, Coimbra Editora, 2002, pp. 59-60 (poder funcional que não deixa de ser um direito subjectivo).

do interesse do filho, mas alega que não se pode ignorar o interesse dos pais: eles não são meros funcionários; as responsabilidades parentais traduzem-se também num instrumento de realização da personalidade dos seus titulares.

II. Todavia, a relevância (secundária) do interesse dos pais não basta para enquadrar as responsabilidades parentais na categoria dos direitos subjectivos. As responsabilidades parentais têm de ser obrigatoriamente exercidas pelo respectivo titular. O não exercício é inadmissível e punível: o progenitor que deixar de as exercer incorre em sanções (p.e., inibição do exercício das responsabilidades parentais). Falta o elemento "liberdade de actuação" ou "permissão", que define o direito subjectivo[516]. Por conseguinte, as responsabilidades parentais consistem num autónomo poder funcional[517].

Só que a qualificação em apreço não esquece a posição dos pais. Por um lado, as responsabilidades parentais são uma situação jurídica activa complexa, conferindo ao respectivo titular alguma margem de escolha quanto ao modo de exercício[518]. Por outro lado, as responsabilidades parentais reflectem-se num poder funcional de Direito Privado que não está totalmente ao serviço do filho. Tal como se distingue entre direitos subjectivos comuns e direitos subjectivos peculiares, mediante o critério da funcionalidade relativa, também há que separar os poderes funcionais que visam exclusivamente a prossecução de um interesse de outrem daqueles que, como as responsabilidades parentais, são orientados *predominantemente* para a satisfação do interesse de outrem. As responsabilidades parentais cabem na categoria de poderes funcionais com menor acento funcional: o interesse dos pais é atendível desde que não colida

[516] Cf. C. Mota Pinto, *Teoria Geral do Direito Civil* cit., pp. 169-170 ("por existir uma vinculação ao exercício dos poderes respectivos, não são autênticos direitos subjectivos os chamados poderes-deveres ou poderes funcionais ou «ofícios», como, p.ex., os poderes integrados no poder paternal ou na tutela") e Cordeiro, A. Menezes, *Tratado de Direito Civil Português*, vol. I, cit., n.º 301, p. 910 (os poderes funcionais são "obrigações específicas de aproveitamento de um bem", contrapondo-se aos direitos subjectivos, nos quais esse aproveitamento não é obrigatório, mas permitido). Diversamente, Ascensão, José de Oliveira, ob. e loc. citados, *supra*, na nota 515: há dever de exercício nos poderes funcionais, mas a liberdade de actuação não é característica essencial do direito subjectivo; este ocorre desde que esteja garantida uma zona de exercício no próprio interesse; consequentemente, há poderes funcionais que não são direitos subjectivos, como os que resultam de função pública, e há poderes funcionais que são direitos subjectivos, como sucede com o poder paternal. "Ele é estabelecido para prover aos interesses do filho, mas não esquece o interesse (espiritual) do pai, que se realiza no seu exercício e não pode ser tratado como mero funcionário".

[517] Claramente, além dos autores mencionados na nota 516, Duarte, Maria de Fátima, *O poder paternal* cit., pp. 43-44; Martins, Rosa, *Menoridade* cit., pp. 188-192.

[518] Cf. Cordeiro, A. Menezes, *Tratado de Direito Civil Português*, vol. I, cit., n.º 301, p. 910.

com o interesse do filho. O art. 36.º, n.º 5, da CRP, reconhece aos pais não só o dever, mas também o direito de educação e manutenção dos filhos. A regra da inseparabilidade dos filhos dos pais, constante do art. 36.º, n.º 6, da CRP, funda-se não só na presunção (ilidível) de que essa é a melhor solução para as crianças, mas também no interesse da plena realização da personalidade dos pais. E, havendo incumprimento da regulação do exercício das responsabilidades parentais por um dos pais, o art. 41.º, n.º 1, do RGPTC, permite ao outro requerer a condenação do inadimplente em indemnização a favor do próprio requerente, o que prova que, no exercício das responsabilidades parentais, existe uma posição do titular que a lei considera ser digna de tutela[519].

III. A inexistência de uma delimitação legal precisa do conteúdo das responsabilidades parentais (cf., nomeadamente, o art. 1878.º), a matriz pluralista da sociedade actual, o direito à reserva da intimidade da vida privada e familiar (cf. art. 26.º, n.º 1, da CRP), o reconhecimento do interesse dos pais e, sobretudo, a presunção de que eles realizam uma "acção insubstituível em relação aos filhos" (cf. art. 68.º, n.º 1, da CRP) acabam por levar à concessão de uma apreciável autonomia aos sujeitos detentores da competência parental, que estão (em regra) autorizados a agir de harmonia com as suas concepções religiosas e de vida. No entanto, esta autonomia, que abre espaço para a satisfação do interesse dos pais, não é ilimitada. Cede quando se oponha ao interesse do filho[520].

22.4. O registo das decisões relativas às responsabilidades parentais

É obrigatório o registo das decisões em matéria de exercício das responsabilidades parentais sobre regulação, alteração, cessação, inibição, suspensão e providências limitativas (art. 1920.º-B; art. 1.º, n.º 1, als. f), h), do CRC). Tal registo é feito por averbamento ao assento de nascimento do filho (art. 69.º, n.º 1, als. e) e f), do CRC).

Na falta do registo obrigatório, as decisões relativas às responsabilidades parentais não podem ser invocadas contra terceiros de boa fé (cf. art. 1920.º-C).

[519] Tutela (indemnizatória ou outra) que, por identidade ou maioria de razão, poderá ser usada para defesa do interesse dos sujeitos a quem incumbe a responsabilidade parental contra qualquer comportamento de terceiros que se afigure injustificadamente lesivo.

[520] Sobre o que significa interesse da criança ou do filho, cf., *supra*, Parte I, n.º 1.III, e nota 508.

Não estão sujeitas a registo as situações de delegação pelos pais a terceiros do exercício do poder de guarda e educação da criança (a que alude o art. 1887.º, n.º 2), nem as de delegação pelos pais a terceiro do exercício das responsabilidades parentais relativas aos actos da vida corrente (referidas no art. 1906.º, n.º 4).

23. Conteúdo das responsabilidades parentais[521]

23.1. Enunciado de situações jurídicas compreendidas nas responsabilidades parentais

Compete aos pais o poder de guarda e educação, o dever de prover ao sustento, o poder de representação e o poder de administração dos bens do filho menor (art. 1878.º, n.º 1).[522]

Os filhos estão vinculados ao dever de obediência perante os pais (cf. art. 1878.º, n.º 2). Na relação com os pais, os filhos estão numa posição de subordinação, ao contrário do que ocorre na relação conjugal, em que vigora o princípio da igualdade dos direitos e deveres das partes (art. 1671.º, n.º 2). Contudo, não há uma subordinação rígida: de acordo com a maturidade dos filhos, os pais "devem ter em conta a sua opinião nos assuntos familiares importantes e reconhecer-lhes autonomia na organização da própria vida" (art. 1878.º, n.º 2, segunda parte).

[521] Mendes, J. Castro/Sousa, M. Teixeira de, *Direito da Família* cit., pp. 341-352; Martins, Rosa, *Menoridade* cit., pp. 176-185, 192-218, 227-237; Bolieiro, Helena/Guerra, Paulo, *A criança e a família* cit., pp. 181-183; LIMA, Pires de/Varela, Antunes, *Código Civil Anotado*, vol. V cit., arts. 1878.º-1879.º, 1881.º, 1883.º, 1885.º-1900.º; Santos, Eduardo dos, *Direito da Família* cit., pp. 515--537; Ferreira-Pinto, F. B., *Dicionário de Direito da Família* cit., pp. 491-497; Duarte, Maria de Fátima, *O poder paternal* cit., pp. 49-145; Almeida, J. C. Moitinho de, "Efeitos da filiação" cit., pp. 145-154; Leandro, Armando, "Poder paternal" cit., 124-127; Pinheiro, J. Duarte, "A tutela da personalidade da criança cit., pp. 13-21.

[522] Na opinião de Martins, Rosa, *Menoridade* cit., p. 193, a enumeração do art. 1878.º, n.º 1, não é taxativa.
As enumerações doutrinárias feitas com base no art. 1878.º, n.º 1, variam em função dos autores: Martins, Rosa, *Menoridade* cit., p. 194, aponta um poder-dever de proteger a saúde autonomizado do poder-dever de guarda dos filhos; Bolieiro, Helena/Guerra, Paulo, *A criança e a família* cit., p. 182, distinguem o poder de vigilância do poder de guarda.

23.2. O poder-dever de guarda

I. Mediante o poder de guarda, os pais velam pela segurança e saúde dos filhos[523].

O poder de guarda implica que o filho viva com os pais no mesmo lar e que estes tenham aquele em sua companhia.[524]

Os filhos menores não podem ser separados dos pais, salvo quando estes não cumpram os seus deveres para com eles e sempre mediante decisão judicial (art. 36.º, n.º 6, da CRP); não podem abandonar a casa paterna ou aquela que os pais lhes destinaram, nem dela ser retirados (art. 1887.º, n.º 1).

O art. 1887.º, n.º 2, prevê que, se os menores abandonarem a casa paterna ou dela forem retirados, qualquer dos pais e, em caso de urgência, as pessoas a quem eles tenham confiado o filho possam "reclamá-lo", recorrendo se for necessário, ao tribunal ou autoridade competente. Com este objectivo, os arts. 49.º a 51.º do RGPTC regulam o processo de "entrega judicial da criança". O art. 249.º do CP prevê o crime de "subtração do menor"[525].

II. O poder de guarda abarca a vigilância das acções do filho e a regulação das relações deste com outrem que não os pais.

É lícito aos pais impedir determinados relacionamentos dos seus filhos, desde que haja fundamento para considerá-los perniciosos ao interesse destes. É, p.e., o que sucede se o filho pretender conviver com pessoas associadas ao "meio da droga"[526].

[523] Para MARTINS, Rosa, *Menoridade* cit., p. 198, o poder-dever de guarda traduz-se em "«ter o filho em sua companhia» (art. 36.º, n.º 6, CRP) ou, de um modo mais geral, em lhe fixar residência e exigir que ele aí permaneça"; para BOLIEIRO, Helena/GUERRA, Paulo, *A criança e a família* cit., p. 182, o poder de guarda significa que "os pais devem manter o filho junto de si ou no local que indicarem e devem regular as relações do filho com outras pessoas".

[524] No entanto, o art. 1883.º limita o poder de guarda, enquanto comunhão de habitação: o progenitor não pode introduzir no lar conjugal o filho extramatrimonial concebido na constância do matrimónio, sem o consentimento do cônjuge.

[525] Cf., *supra*, Parte I, n.º 24.2.IX.

É adequada a tutela do poder de guarda, mas o vocabulário legal não é propriamente o melhor (reclama-se o filho; entrega-se a criança; subtrai-se o menor...), por ainda evocar o sinistro período pré-filiocêntrico do poder paternal em que o filho nada mais era do que um objecto pertencente ao pai. Sobre a questão terminológica, na vigência da Organização Tutelar de Menores (revista pelo DL n.º 314/78, de 27 de Outubro, e revogada pela Lei n.º 141/2015, de 8 de Setembro), cf. PINHEIRO, J. Duarte, *O núcleo intangível da comunhão conjugal* cit., pp. 328-331.

[526] PINHEIRO, J. Duarte, "Entre a comunhão e a *excomunhão* de vida – A toxicodependência nas relações jurídicas familiares", *Estudos de Direito da Família e das Crianças* cit., p. 25.

Os pais não podem, porém privar injustificadamente os filhos do convivío com os irmãos e com os avós: cf. art. 1887.º-A, que reconhece um direito da criança ao convívio com os avós e os irmãos e um direito destes ao convívio com a criança[527].

III. O poder-dever de guarda confere aos pais a faculdade de decidir no que respeita aos cuidados de saúde. É a eles que incumbe autorizar intervenções ou tratamentos médicos atinentes ao filho.

Todavia, há situações em que é excepcionalmente dispensado o consentimento dos pais para o acto médico[528]: acção estatal no cumprimento de políticas de saúde pública (p.e., vacinação obrigatória); urgências; estado de perigo; casos em que o filho menor, pela sua idade e capacidade de discernimento, pode decidir por si próprio.

23.3. O poder-dever de dirigir a educação

I. À luz do art. 36.º, n.º 5, da CRP, os pais têm o direito e o dever de educação dos filhos.

O poder-dever de dirigir a educação prepara o filho para uma vida enquanto ser autónomo[529].

O art. 1885.º explicita duas incumbências dos pais no âmbito do poder--dever de dirigir a educação: promover, de acordo com as suas possibilidades,

[527] Cf. SOTTOMAYOR, Maria Clara, *Regulação do exercício das responsabilidades parentais* cit., pp. 203 e s. Sobre o convívio entre avós e netos, cf. PINHEIRO, J. Duarte, "A relação entre avós e netos", *Estudos de Direito da Família e das Crianças* cit., pp. 262-279. Legalmente presume-se que os ascendentes concorrem para o equilíbrio e o desenvolvimento da personalidade das crianças, o que significa que caberá aos pais provar que não é benéfica a ligação intergeneracional entre avós e netos, ou bisavós e bisnetos (cf. CAMPOS, D. Leite de/CAMPOS, Mónica Martinez de, "A comunidade familiar", em AA.VV., *Textos de Direito da Família para Francisco Pereira Coelho* cit., p. 28).

[528] Sobre o assunto, cf. MARTINS, Rosa Cândido, "A criança, o adolescente e o acto médico. O problema do consentimento", em AA.VV, *Comemorações dos 35 anos* cit., pp. 791-831, em particular pp. 808 e s.; e RIBEIRO, Geraldo Rocha, "Quem decide pelos menores ? (Algumas notas sobre o regime jurídico do consentimento informado para actos médicos)", *Lex Medicinae* n.º 14, 2010, pp. 105-138.

Sobre uma hipótese de estado de perigo para a vida do filho, em que os pais se opunham ao internamento hospitalar da criança, cf. parecer da PGR n.º 8/91, de 16/1/1992, *Pareceres da Procuradoria--Geral da República*, vol. II, Lisboa, Gabinete de Documentação e Direito Comparado, s/data mas 1997, pp. 337 e s. (= *DR* II série, n.º 216, p. 8820 (44 e s.); *BMJ* 418, pp. 285 e s.).

[529] Cf. MARTINS, Rosa, *Menoridade* cit., p. 210.

o desenvolvimento físico, intelectual e moral dos filhos (n.º 1); e proporcionar aos filhos adequada instrução geral[530] e profissional, correspondente na medida do possível, às aptidões e inclinações de cada um (n.º 2).

O art. 1886.º pronuncia-se concretamente sobre a educação religiosa dos filhos, reconhecendo aos pais dos menores de 16 anos competência para decidir sobre a matéria. O art. 11.º, n.º 1, da Lei da Liberdade Religiosa, acrescenta que os pais têm o direito de educação religiosa dos filhos "em coerência com as próprias convicções em matéria religiosa, no respeito da integridade moral e física dos filhos e sem prejuízo da saúde destes".[531]

II. Contido no poder-dever de educar, continua a subsistir um poder de correcção[532].

Na perspectiva de um ilustre jurista[533], parece ser "um poder de segundo grau que deve encarar-se sem carácter punitivo, dentro dos limites da autoridade amiga e responsável que a lei atribui aos pais e que, por isso, só pode ser exercido sem abusos, no interesse dos filhos e com respeito pela sua saúde, segurança, formação moral, grau de maturidade e de autonomia".

Tradicionalmente, são apontadas como medidas lícitas de correcção as repreensões, a privação de um divertimento e os castigos corporais moderados.

Mas vários países europeus proibiram todos os castigos corporais infligidos pelos pais e este tipo de medidas de correcção enfrenta agora reservas entre nós[534].

[530] A Lei n.º 51/2012, de 5 de Setembro (que aprova o Estatuto do Aluno, estabelecendo "o compromisso dos pais" na educação e formação do aluno dos ensinos básico e secundário), regula pormenorizadamente o poder-dever de dirigir a educação escolar e as consequências do incumprimento deste poder-dever (arts. 43.º a 45.º).

[531] Sobre o exercíciodo direito de frequência da disciplina de Educação Moral e Religiosa Católicas, nos estabelecimentos públicos dos ensinos básico e secundário, por quem tenha idade inferior ou superior a 16 anos, cf. artigo 5.º do DL n.º 70/2013, de 23 de Maio. Sobre o poder-dever de educação religiosa dos filhos menores, cf. PINHEIRO, J. Duarte, "Religião e Direito da Família", *ReDiP – Revista de Direito Público* n.º 12, 2014, pp. 90- 93.

[532] Doutrina dominante, segundo MARTINS, Rosa, *Menoridade* cit., p. 212. Afasta a inclusão de tal poder no conteúdo das responsabilidades parentais, CLARA SOTTOMAYOR, "«Existe um poder de correcção dos pais?» A propósito do acórdão do STJ de 05-04-2006", *Lex Familiae* n.º 7, 2007, pp. 118-121.

[533] LEANDRO, Armando, "Poder paternal" cit., pp. 126-127.

[534] Cf. MOREIRA, Sónia, "A autonomia do menor no exercício dos seus direitos", *SI*, n.º 291, 2001, pp. 169, 193 e 194; NEVES, Castanheira/ BARDOU, Raquel, "O direito das crianças à protecção do Estado contra qualquer forma de violência: algumas notas sobre a questão dos castigos corporais em Portugal", em AA.VV., *Estudos em Homenagem a Rui Epifânio* cit., pp. 375-400.

O art. 152.º-A, n.º 1, al. a), do CP, pune com pena de prisão quem, tendo ao seu cuidado, à sua guarda, sob a responsabilidade da sua direcção ou educação, pessoa menor, lhe infligir, de modo reiterado ou não, maus tratos físicos ou psíquicos, incluindo castigos corporais.

23.4. O dever de prover ao sustento

O dever de manutenção dos filhos é constitucionalmente imposto aos pais (art. 36.º, n.º 5, da CRP).

O dever paternal de sustento ou manutenção compreende a habitação, o vestuário, a alimentação e todas as prestações conexas com as várias situações jurídicas em que se desdobram as responsabilidades parentais (*v.g.*, prestações com a saúde e a segurança, exigidas pelo poder-dever de guarda, ou com a educação, decorrentes do poder-dever de educar).

No cumprimento do dever de sustento, os pais estão obrigados a proporcionar aos filhos um nível de vida idêntico ao seu[535].

Os pais ficam desobrigados de prover ao sustento dos filhos, na medida em que estes estejam em condições de suportar os encargos com a sua própria manutenção (art. 1879.º)[536].

23.5. O poder-dever de representação

I. Aos pais incumbe um poder de representação geral dos filhos menores, ainda que nascituros (cf. art. 1878.º, n.º 1)[537].

O Princípio n.º 3:19 (2) de Direito da Família Europeu, a propósito do conteúdo da responsabilidade parental, determina que "a criança não deve ser submetida a castigos corporais nem a outros tratamentos humilhantes" (cf. a obra citada, *supra*, na nota 139).

[535] Cf. MENDES, J. Castro/SOUSA, M. Teixeira de, *Direito da Família* cit., p. 346; DUARTE, Maria de Fátima, *O poder paternal* cit., p. 96; GUIMARÃES, Maria de Nazareth Lobato, "Alimentos" cit., pp. 197-198; MARQUES, J. P. Remédio, *Algumas notas sobre alimentos* cit., pp. 154-155.

[536] Cf. MARQUES, J. P. Remédio, *Algumas notas sobre alimentos* cit., em especial pp. 29-30, 54-99, 132, 151-164, 187-191; MARTINS, Rosa, *Menoridade* cit., pp. 204-205.

[537] MARTINS, Rosa, *Menoridade* cit., pp. 134-152, 232-237, propõe uma mudança profunda de concepção: todos os indivíduos com idade inferior a 18 anos teriam "plena capacidade para a prática de todos os actos dos quais resulte para eles apenas uma vantagem jurídica e ainda de todos aqueles actos que sejam socialmente considerados ao alcance da capacidade de discernimento de um menor daquela idade"; nos restantes actos, em regra, os filhos maiores de 14 anos de idade seriam assistidos e só os menores de 14 anos seriam representados; no seio dos menores de 14 anos de idade,

Havendo conflito de interesses entre qualquer dos pais e o filho sujeito ao poder paternal ou entre os filhos, os filhos menores são representados por um ou mais curadores nomeados pelo tribunal (art. 1881.º, n.º 2).

II. O n.º 1 do art. 1878.º dispõe que o poder-dever de representação compreende o exercício de todos os direitos e o cumprimento de todas as obrigações do filho, exceptuados os actos puramente pessoais, aqueles que o menor tem o direito de praticar pessoal e livremente e os actos respeitantes a bens cuja administração não pertença aos pais.

A perfilhação é um exemplo de acto puramente pessoal, que, portanto, não pode ser praticado em nome do filho menor. Contudo, só tem capacidade para perfilhar o indivíduo com mais de 16 anos (art. 1850).

O casamento, enquanto contrato pessoal, não comporta representação legal. No entanto, a ninguém é permitido casar antes de completar os 16 anos de idade (art. 1601.º, al. *a*)). E ainda que tenha 16 ou 17 anos de idade, o filho precisa de autorização dos pais, ou do respectivo suprimento (art. 1604.º, al. *e*)). Na celebração de convenção antenupcial, o menor de 16 ou 17 anos é igualmente assistido, e não representado, pelos pais (art. 1708.º).

O art. 127.º, n.º 1, enumera actos que o menor tem direito de praticar pessoal e livremente.

Os pais não têm a administração dos bens referidos no art. 1888.º, n.º 1. Mas enquanto os bens mencionados na al. d) (os mesmos do art. 127.º, n.º 1, al. *a*)), são administrados pelo próprio filho, os bens constantes das als. a) a c) são administrados por terceiros, em representação do filho menor.

23.6. O poder-dever de administração dos bens

I. Os pais têm a administração dos bens dos filhos menores, com excepção daqueles que são mencionados no art. 1888.º, n.º 1. Mas, como se explicará, imediatamente *infra*, em III, os pais nem sempre podem praticar sozinhos todos os actos relativos aos bens abrangidos pelo poder-dever paternal de administração.

a representação dos "infantes" seria estrita, ao passo que a representação dos pré-adolescentes seria mitigada (isto é, acolhendo "espaços de participação do filho menor no processo decisório").

II. O poder de administração dos bens do menor cessa com a emancipação, a não ser que, tendo capacidade de gozo matrimonial, ele tenha casado sem autorização dos pais ou sem o respectivo suprimento.

Neste caso, os bens levados pelo filho para o casal ou que posteriormente lhe advenham a título gratuito até à maioridade continuam a ser administrados pelos pais até que ele complete os 18 anos (art. 1649.º).

III. Há um conjunto de actos patrimoniais que os pais não podem praticar sem autorização do Ministério Público (cf. arts. 1889.º e 1892.º, conjugados com os arts. 2.º, n.º 1, al. b), e 3.º do DL n.º 272/2001, de 13 de Outubro).

Como representantes do filho, sem autorização do Ministério do Público, os pais não podem, p.e., alienar ou onerar bens, salvo tratando-se de alienação onerosa de coisas susceptíveis de perda ou deterioração; contrair empréstimos; nem negociar transacção.

A aceitação ou rejeição de liberalidades, em representação do menor, é regulada pelos arts. 1889.º, n.º 1, als. j) e l), e 1890.º, conjugados com os arts. 2.º, n.º 1, al. b), 3.º e 4.º do DL n.º 272/2001, de 13 de Outubro.

Quando esteja em causa outorga de partilha (cf. art. 1889.º, n.º 1, al l)) e o pai concorra à sucessão com o seu filho, a autorização para aquela outorga incumbe ao tribunal (art. 2.º, n.º 2, al. b), do DL n.º 272/2001, de 13 de Outubro), salvo se a partilha resultar de inventário (cf. art. 7.º, n.ºs 1 e 4, do RJPI).

Os actos indevidamente praticados pelos pais sem autorização são anuláveis, nos termos do art. 1893.º, mas podem ser confirmados pela entidade a quem competia a autorização, ao abrigo do art. 1894.º, conjugado com o art. 2.º, n.º 1, al. d), do DL n.º 272/2001, de 13 de Outubro.

IV. No exercício do poder-dever de administração, exige-se que os pais administrem os bens dos filhos com o mesmo cuidado com que administram os seus (art. 1897.º).

Em regra, os pais não são obrigados a prestar caução como administradores dos bens do filho nem a prestar contas da sua administração (cf. arts. 1898.º e 1899.º, respectivamente).

Os pais podem utilizar os rendimentos dos bens do filho para satisfazerem as despesas de sustento deste, bem como, dentro de justos limites, com outras necessidades da vida familiar (art. 1896.º, n.º 1).

Os pais devem entregar ao filho, logo que este atinja a maioridade ou seja emancipado, todos os bens que lhe pertençam (art. 1900.º, n.º 1). Todavia, não pertencem ao filho os bens que ele, vivendo em companhia dos pais, tiver produzido, durante a menoridade, por trabalho prestado aos seus progenitores e com meios ou capitais pertencentes a estes (art. 1895.º, n.º 1).

23.7. O dever de obediência e a autonomia da criança e do jovem

I. Se os filhos menores devem obediência aos pais (arts. 128.º, n.º 2, e 1878.º, n.º 2, 1.ª parte) em contrapartida os pais devem, de acordo com a maturidade dos filhos, reconhecer-lhes autonomia na organização da própria vida (art. 1878.º, n.º 2, 2.ª parte). Aliás, isso já decorre do dever de respeito a que os pais estão vinculados também perante os filhos menores (cf. art. 1874.º, n.º 1).

As responsabilidades parentais não são instrumento de perpetuação de uma ligação estreita entre uma pessoa e a sua família de origem; são antes um instrumento familiar de protecção do filho, no seu percurso de crescimento, separação e individuação. Por isso, em cada etapa da vida da criança e do jovem, é fundamental encontrar um ponto de equilíbrio entre subordinação e autonomia, integração familiar e diferença.[538]

II. As manifestações legais de autonomia da criança e do jovem não se circunscrevem ao disposto no art. 1878.º, n.º 2; são múltiplas[539], revelando-se, p.e.: no elenco do art. 127.º, n.º 1; na capacidade do maior de 16 anos para perfilhar (art. 1850.º) e para decidir acerca da sua orientação religiosa (art. 1886.º, *a contrario*, e art. 11.º, n.º 2, da Lei da Liberdade Religiosa); na capacidade do jovem para celebrar contrato de trabalho, desde que "tenha completado 16 anos de idade e tenha concluído a escolaridade obrigatória ou esteja matriculado e a frequentar o nível secundário de educação, salvo oposição escrita dos seus representantes legais" (artigo 70.º, n.º 1, do Código do Trabalho); na faculdade de acesso às consultas de planeamento familiar, que é reconhecida a todos os jovens em idade fértil (art. 5.º, n.º 2, da Portaria n.º 52/85, de 26 de Janeiro); na capacidade do maior de 14 anos para aderir livremente a associações juvenis (art. 2.º, n.º 2, da Lei n.º 124/99, de 20 de Agosto).

[538] PINHEIRO, J. Duarte, "Entre a comunhão e a *excomunhão* de vida" cit., pp. 23-24. Cf., ainda, MARTINS, Rosa, *Menoridade* cit., pp. 176-185, caracterizando o poder paternal como "missão evolutiva", que articula a finalidade de protecção com a finalidade de promoção da autonomia pessoal e da independência.

[539] Cf. MOREIRA, Sónia, "A autonomia do menor" cit., pp. 181-192; e TORRES, Filipe, "Autonomia progressiva das crianças e dos adolescentes", *Lex Familiae* n.º 14, 2010, pp. 27-50.

No campo penal, assinale-se a disciplina sobre consentimento e queixa: o consentimento integra uma causa de exclusão da ilicitude de facto tipificado na lei penal, se quem o der tiver mais de 16 anos "e possuir o discernimento necessário para avaliar o seu sentido e alcance no momento em que o presta" (art. 38.º, n.º 3, do CP); o ofendido tem legitimidade para apresentar pessoalmente queixa, se tiver mais de 16 anos ou possuir discernimento para entender o alcance e o significado do exercício do direito de queixa (art. 113.º, n.º 4, *a contrario*, do CP); depois de perfazer 16 anos, o ofendido pode requerer que seja posto termo ao processo (art. 116.º, n.º 4, do CP).

24. Exercício das responsabilidades parentais[540]

24.1. Exercício em comum das responsabilidades parentais e exercício por um só dos pais; hipóteses de exercício por terceiro

I. O actual sistema de exercício das responsabilidades parentais, criado pela Lei n.º 61/2008, de 31 de Outubro, orienta-se pelos seguintes princípios:

- Exercício em comum dessas responsabilidades, salvo excepções.
- Exercício em comum mitigado das responsabilidades parentais quando os pais não vivam juntos.
- Possibilidade de exercício das responsabilidades parentais por terceiro.[541]

[540] Cf. MENDES, J. Castro/SOUSA, M. Teixeira de, *Direito da Família* cit., pp. 352-358; CORTE-REAL, C. Pamplona, *Direito da Família e das Sucessões (Relatório)* cit., p. 120; LIMA, Pires de/VARELA, Antunes, *Código Civil Anotado*, vol. V cit., arts. 1901.º-1912.º; XAVIER, Rita Lobo, *Recentes alterações ao regime jurídico* cit., pp. 63-73; BOLIEIRO, Helena/GUERRA, Paulo, *A criança e a família* cit., pp. 188-257; GOMES, Ana Sofia, *Responsabilidades parentais*, 3.ª ed., Lisboa, Quid Juris?, 2012, pp. 23-95; SANTOS, Eduardo dos, *Direito da Família* cit., pp. 537-541; FERREIRA-PINTO, F. B., *Dicionário de Direito da Família* cit., pp. 497-498; DUARTE, Maria de Fátima, *O poder paternal* cit., pp. 146-196; ALMEIDA, J. C. Moitinho de, "Efeitos da filiação" cit., pp. 154-162; LEANDRO, Armando, "Poder paternal" cit., pp. 127-133, 151-163; MARTINS, Rosa, *Menoridade* cit., pp. 218-225; PITÃO, França, *Uniões de facto* cit, pp. 124-134.

[541] Antes da Lei n.º 61/2008, de 31 de Outubro, o sistema de exercício do poder paternal obedecia aos seguintes princípios:

- O exercício do poder paternal pertencia exclusivamente aos pais (arts. 1901.º a 1912.º, na versão anterior).
- Em regra, o exercício do poder paternal apenas era feito em conjunto, por ambos os pais, se estes se encontravam casados e viviam em comum, se os dois viviam em união de facto e tivessem declarado perante o funcionário do registo civil que pretendiam o exercício conjunto ou se, após

Vejamos em pormenor cada um destes pontos.

II. Excepções ao exercício em comum das responsabilidades parentais

Vigora a regra de que o exercício das responsabilidades parentais pertence a ambos os pais, que as exercem em comum (arts. 1901.º, 1906.º, n.º 1, 1911.º e 1912.º).

O exercício das responsabilidades parentais incumbe a um dos pais unicamente nas seguintes situações: impedimento ou morte do outro (arts. 1903.º e 1904.º); quando a filiação se não encontrar constituída quanto ao outro pai (art. 1910.º); quando os pais não vivam juntos e o exercício em comum seja tido como contrário ao interesse do filho (arts. 1906, n.º 2, 1911.º, n.º 2, e 1912, n.º 1).

O conceito de impedimento abarca a incapacidade acidental provocada por toxicomania ou alcoolismo[542]. Note-se que o menor não emancipado e o interdito ou inabilitado por causa diferente de anomalia psíquica podem exercer as responsabilidades parentais, salvo em matéria de representação e de administração de bens do filho (cf. art. 1913.º, n.º 2).

ruptura da vida em comum, houvesse acordo dos pais quanto ao exercício conjunto, homologado pelo juiz ou aprovado pelo Ministério Público (arts. 1901.º, n.º 1, 1905.º, n.º 1, 1906.º, n.º 1, 1909.º, 1911.º, n.º 3, e 1912.º, na redacção anterior, art. 14.º, n.º 6, do Decreto-Lei n.º 272/2001, de 13 de Outubro, relativo ao acordo que instrui o processo de separação e divórcio por mútuo consentimento).

- Em todas as outras situações (nomeadamente, pais que não tivessem casado ou que não tivessem vivido em união de facto; pais que, vivendo em união de facto, não tivessem declarado perante o funcionário do registo civil que pretendiam o exercício conjunto; pais que se tivessem divorciado ou separado, não havendo acordo, aprovado ou homologado, de exercício conjunto), o exercício do poder paternal cabia unicamente a um dos progenitores (arts. 1903.º, 1904.º, 1906.º, n.º 2, 1909.º, 1910.º, 1911.º, n.ºs 1 e 2, 1912.º, na redacção anterior).
- Se a filiação da criança estivesse estabelecida relativamente a ambos os progenitores, mas estes nunca tivessem contraído casamento nem nunca tivessem vivido em união de facto (ou se, convivendo maritalmente, não tivessem declarado perante o funcionário do registo civil que pretendiam o exercício conjunto), o exercício do poder paternal pertencia ao progenitor que tivesse a guarda do filho (art. 1911.º, n.ºs 1 e 3, na redacção anterior). Presumia-se então que a mãe tinha a guarda do filho, presunção que só era ilidível judicialmente (art. 1911.º, n.º 2, na redacção anterior).

A presunção maternal criava algumas dúvidas à luz do princípio da igualdade em razão do sexo (art. 13.º da CRP), do art. 36.º, n.º 5, da CRP (Cf. CORTE-REAL, C. Pamplona, "Anexo ao Relatório Preliminar da Faculdade de Direito da Universidade de Lisboa" cit., p. 59), e do princípio da prevalência do interesse do filho menor (por privilegiar o critério da preferência maternal em detrimento do critério da figura primária de referência, que é tido como mais correcto e conforme ao interesse da criança: cf., *infra*, Parte I, n.º 24.2.III).

[542] Cf. DUARTE, Maria de Fátima, *O poder paternal* cit., p. 168, nota 220.

Por morte de um dos pais, o exercício das responsabilidades parentais pertence ao sobrevivo, a não ser que se verifique impedimento do progenitor sobrevivo decretado pelo tribunal (arts. 1904.º, n.º 2, 1911.º, n.º 1, e 1912.º, n.º 1).

III. O modo de exercício conjunto das responsabilidades parentais.

Se os pais vivem juntos, casados ou em união de facto, aplica-se o regime de exercício conjunto pleno das responsabilidades parentais (arts. 1901.º, 1902.º e 1911.º, n.º 1). Ou seja, ambos decidem em acordo (efectivo ou presumido) todas as questões da vida do filho, sejam elas ou não de particular importância[543].

Se faltar o acordo dos pais coabitantes em questões de particular importância, qualquer um dos pais pode recorrer ao tribunal que tentará a conciliação (cf. art. 44.º do RGPTC). Se a conciliação não for possível, o tribunal ouvirá o filho, antes de decidir, salvo quando circunstâncias ponderosas o desaconselhem[544] (art. 1901.º, n.º 3).

Se um dos pais praticar acto que integre o exercício das responsabilidades parentais, presume-se que age de acordo com o outro, salvo quando a lei expressamente exija o consentimento de ambos os pais ou se trate de acto de particular importância[545] (arts. 1902.º e 1911.º, n.º 1).

O terceiro deve recusar-se a intervir no acto praticado apenas por um dos pais quando não se presuma o acordo do outro pai ou quando conheça a oposição deste.

Os actos praticados por um só dos pais sem o acordo do outro são anuláveis, por aplicação analógica do art. 1893.º[546].

A invalidade não é oponível a terceiro que ignore desculpavelmente a falta (cf. art. 1902.º, n.º 1, *in fine*) ou a necessidade do acordo.

Se os pais nunca viveram juntos[547], estão divorciados, separados ou deixaram de viver em união de facto, haverá exercício conjunto mitigado das res-

[543] Sobre o conceito "questões de particular importância", cf., *infra*, Parte I, n.º 24.2.II.

[544] Para GOMES, Ana Sofia, *Responsabilidades parentais* cit., p. 29, as circunstâncias ponderosas que desaconselhem a audição do filho "hão-de fundamentar-se exclusivamente no interesse do menor, já que é esse mesmo interesse que determina a possibilidade da sua audição, e terão por base a existência do interesse do menor em ser ouvido, quando tal audição possa contribuir para a formação da decisão que tem o seu interesse como pressuposto, ou a inexistência desse interesse no caso contrário".

[545] O conceito de "acto de particular importância" não se distancia do de "questões de particular importância", pelo que se remete igualmente para, *infra*, Parte I, n.º 24.2.II.

[546] Cf. MENDES, J. Castro/SOUSA, M. Teixeira de, *Direito da Família* cit., pp. 355-356.

[547] Sobre a solução de exercício conjunto, no caso de pais que nunca viveram juntos, cf. a apreciação de XAVIER, Rita Lobo, *Recentes alterações ao regime jurídico* cit., pp. 69-70: o legislador persistiu "obs-

ponsabilidades parentais (arts. 1906.º, n.ºs 1 e 3, 1911.º, n.º 2, e 1912.º, n.º 1). Isto é, ambos decidem em matérias de particular importância. No que toca aos actos da vida corrente do filho, o exercício das responsabilidades parentais cabe ao progenitor que com ele reside habitualmente.[548]

IV. O exercício das responsabilidades parentais por terceiro

A lei consagra várias possibilidades excepcionais de exercício das responsabilidades parentais por outrem que não os pais.

Nos termos dos arts. 1903.º e 1904.º, n.º 2, quando houver impedimento de exercício das responsabilidades parentais por ambos os pais (ou pelo único pai sobrevivo ou relativamente ao qual se encontre estabelecida a filiação), este exercício caberá, por decisão judicial, preferencialmente, ao cônjuge ou unido de facto de qualquer dos pais e, depois, a alguém da família de qualquer dos pais.

Outra situação de de exercício das responsabilidades parentais por pessoa que não seja pai (biológico, adoptivo ou por PMA heteróloga) decorre do apadrinhamento civil: o art. 7.º, n.º 1, da LAC, atribui aos padrinhos o exercício das responsabilidades parentais quanto ao afilhado.

Quando a filiação se encontrar estabelecida apenas quanto a um dos pais, as responsabilidades parentais podem ser também atribuídas por decisão judicial, ao cônjuge ou unido de facto do único progenitor jurídico, que as exercem em conjunto (art. 1904.º-A, n.º 1). A atribuição depende de pedido do progenitor e do seu cônjuge ou companheiro e pressupõe, sempre que possível, audição do filho (art. 1904.º-A, n.ºs 2 e 3). Enquanto os contitulares das responsabilidades parentais viverem juntos, haverá exercício conjunto pleno; no caso de fim da coabitação, em regra, o exercício conjunto será mitigado (art. 1904.º-A, n.º 5).

V. Sem prejuízo da titularidade do exercício das responsabilidades parentais pertencer aos pais, o art. 1907.º, n.º 1, dispõe que, "por acordo ou decisão

tinadamente numa solução incongruente ditada por aspirações de «engenharia social». Na verdade, trata-se agora da situação de mães solteiras, que, muitas vezes, terão engravidado por «acidente»; frequentemente, o reconhecimento da paternidade terá sido judicial, não se compreendendo que a lei considere a situação comparável àquelas outras em que existe ou existiu convivência entre os progenitores. Como se poderá acreditar que, através da imposição legal da «partilha» das responsabilidades parentais, seja possível obter o envolvimento do progenitor masculino na vida de um filho que, presumivelmente, não quis ter e, provavelmente, foi obrigado a reconhecer?".

[548] Para maiores desenvolvimentos, cf., *infra*, Parte I, n.º 24.2.

judicial, ou quando se verifique alguma das circunstâncias previstas no art. 1918.º, o filho pode ser confiado à guarda de terceira pessoa".

Como se disse anteriormente[549], a referência a uma decisão judicial tomada à margem das circunstâncias previstas no art. 1918.º não parece estar de harmonia com o texto constitucional.

O art. 1908.º esclarece que o tribunal pode decretar a confiança à guarda de terceira pessoa, com fundamento numa das circunstâncias previstas no art. 1918.º, no caso de morte do progenitor a quem a criança tiver sido entregue, ainda tenha sobrevivido o outro progenitor.

Quando haja confiança a terceira pessoa, cabem a esta os poderes e deveres relativos à criança que forem exigidos pelo adequado desempenho das suas funções, competindo ao tribunal decidir em que termos são exercidas pelos pais as responsabilidades parentais, reduzidas ao que seja compatível com a guarda de outrem (art. 1907.º, n.ºs 2 e 3).

VI. A propósito da matéria do exercício das responsabilidades parentais, é oportuna uma referência às famílias monoparentais e às famílias recompostas.

Segundo certas análises, o bem-estar das crianças é comparativamente mais baixo em famílias monoparentais. Não obstante isto, os especialistas recusam estabelecer uma ligação entre estrutura monoparental (originada por factores como o celibato, a morte, a separação e o divórcio) e menor adequação para o exercício do poder paternal, considerando que os aspectos que prejudicam o nível de vida dos menores "são exteriores à estrutura da família e à qualidade da função parental exercida: dificuldades económicas, pobreza, stress emocional, baixo nível educacional e apoio social inadequado"[550].

Nas famílias recompostas[551], dois adultos formam um casal, após a dissolução da união de um deles, ou de ambos, com outrem (*v.g.*, por morte, separação ou divórcio); e com eles vivem filhos de ligações anteriores. Sendo

[549] Cf., *supra*, Introdução, n.º 11.4.IV.

[550] SOTTOMAYOR, Maria Clara, *Exercício do poder paternal* cit., p. 393. Cf. LEITE, Eduardo de Oliveira, *Famílias monoparentais. A situação jurídica de pais e mães separados e dos filhos na ruptura da vida conjugal*, 2.ª ed., São Paulo, Editora Revista dos Tribunais, 2003. O autor afirma que os problemas da família monoparental são fruto de dificuldades económicas (p. 292). Paralelamente, SOTTOMATOR, Maria Clara (idem, ibidem), tendo em vista sobretudo a família monoparental resultante de divórcio, declara que "o factor mais importante para justificar o bem-estar mais baixo das crianças em famílias monoparentais é a diminuição do rendimento sofrido pelo progenitor guarda".

[551] Sobre o tema, cf., em língua portuguesa, a obra pioneira de FILHO, Waldyr Grisard, *Famílias reconstituídas: novas uniões depois da separação*, São Paulo, Editora Revista dos Tribunais, 2005.

os filhos menores, é preciso ter em conta a possível interferência do novo companheiro do "progenitor guardião"[552], que, ainda que não esteja formalmente investido na titularidade do exercício do poder paternal, pode contribuir para evitar alguns elementos negativos que coincidem com a vivência em estrutura monoparental, para criar ou agravar a conflitualidade no lar, ou para dificultar ou quebrar o contacto entre o filho menor e o "progenitor não guardião".

24.2. Particularidades do exercício das responsabilidades parentais nos casos de progenitores que nunca viveram juntos, que se divorciaram ou se separaram[553]

I. Se ambos os pais exerciam as responsabilidades parentais, o divórcio, a separação de pessoas e bens, a declaração de nulidade ou anulação do casamento, a separação de facto dos cônjuges e a cessação da união de facto por vontade de um dos seus membros introduz modificações no regime do exercício das responsabilidades parentais (cf. arts. 1905.º, 1906.º, 1909.º e 1911.º, n.º 2). Em princípio, passa-se de um modelo de exercício conjunto pleno para

[552] Sobre o problema nas famílias recompostas, em que os filhos nasceram na constância de um matrimónio dissolvido, cf. MAURO, Antonio de, "La famiglie ricomposte", *Familia* 2004/4-5, pp. 771-774.

[553] Cf., em especial, CORTE-REAL, Carlos Pamplona/PEREIRA, José Silva, *Direito da Família* cit., pp. 25-27, 203-206; PINHEIRO, J. Duarte, "As crianças, as responsabilidades parentais e as fantasias dos adultos", *Estudos de Direito da Família e das Crianças* cit., 331-340, e Ensino 418-420; XAVIER, Rita Lobo, *Recentes alterações ao regime jurídico* cit., pp. 64-73; BOLIEIRO, Helena/GUERRA, Paulo, *A criança e a família* cit., pp. 199-257; GOMES, Ana Sofia, *Responsabilidades parentais* cit., pp. 37-95; OLIVEIRA, Euclides de, "Guardas e visitas dos filhos em caso de separação dos pais, na perspectiva do direito brasileiro e do direito português", em AA.VV., *Escritos de Direito das Famílias* cit., pp. 243--262; SOTTOMAYOR, Maria Clara, *Exercício do poder paternal* cit., pp. 70-118, 134-195, e *Regulação do exercício das responsabilidades parentais* cit., pp. 252-332; LEANDRO, Armando, "Poder paternal" cit., pp. 154-163; OLIVEIRA, Guilherme de, "A nova lei do divórcio", *Lex Familiae* n.º 13, 2010, pp. 22-29; FIALHO, António José, *Guia prático do divórcio e das responsabilidades parentais*, com a colaboração científica de Manuel José Aguiar Pereira e Helena Bolieiro, Lisboa, Centro de Estudos Judiciários, 2012, pp. 57-98; PITÃO, França, *Uniões de facto* cit., pp. 129-134; ROQUE, Helder, "Regulação do exercício do poder paternal. A situação do progenitor não detentor da guarda ou a outra face do poder paternal", em AA.VV., *Volume comemorativo dos 10 anos"* cit., pp. 123-146; RODRIGUES, Hugo Manuel Leite, *Questões de particular importância no exercício das responsabilidades parentais*, Coimbra, Coimbra Editora, 2011, pp. 95-122.

um modelo de exercício conjunto[554] *mitigado*[555]: as responsabilidades parentais em questões de particular importância para a vida do filho são exercidas em comum por ambos os pais; as responsabilidades parentais relativas aos actos da vida corrente do filho são exercidas apenas por um ou apenas por outro (arts. 1906.º, n.ºs 1 e 3).[556]

Actualmente[557], em caso de ruptura ou de pais que nunca viveram juntos, a regra é a do exercício em comum das responsabilidades parentais pelos

[554] Há que efectuar uma precisão terminológica. É comum o uso da expressão "guarda conjunta" para designar o exercício conjunto das responsabilidades parentais. Em rigor, guarda, ou confiança, não é o mesmo que responsabilidades parentais. A guarda é um de entre vários poderes contidos nas responsabilidades parentais (cf., *supra*, n.º 23.2.). Como decorre do art. 1907.º, um pai a quem não foi confiado o filho pode exercer as responsabilidades parentais. O exercício das responsabilidades parentais abrangerá então os poderes que não sejam incompatíveis com o poder de guarda que incumbiu a outrem. O uso da expressão "guarda conjunta" para designar o exercício conjunto das responsabilidades parentais, ainda que a criança resida unicamente com um dos pais, socorre-se de um sentido amplo da palavra "guarda". Nessa acepção, a palavra "guarda" identifica-se com função parental (cf., nomeadamente, art. 5.º, al. b), da Lei de Protecção). Tendo em conta o critério da residência da criança, a guarda em sentido amplo pode ser *física* (e legal) ou só *legal*. Se houver exercício conjunto das responsabilidades parentais, a guarda física pertence ao pai cuja residência foi fixada como residência habitual da criança, enquanto ao outro compete somente a guarda legal. Deste modo, na prática, o sistema português de exercício conjunto das responsabilidades parentais, nos casos de divórcio ou outras situações de ruptura (ou quando os pais nunca viveram juntos), tende a ser de *guarda conjunta legal sem guarda conjunta física*. Noutra classificação, que assenta no critério da (prévia) legitimidade para o desempenho da função parental, a guarda em sentido amplo pode ser *de facto* ou *de direito* (distinção subjacente ao referido art. 5.º, al. b), da Lei de Protecção).

[555] A qualificação do exercício em comum, neste caso, como "mitigado" foi proposta em tom crítico pelo autor das lições numa intervenção oral de 2009, que serviu de base a texto do próprio, PINHEIRO, J. Duarte, "Ideologias e ilusões no regime jurídico do divórcio e das responsabilidades parentais", *Estudos de Direito da Família e das Crianças* cit., p. 294.

[556] O que se escreve neste número sobre os casos de progenitores (incluindo pais adoptivos) que exerciam em conjunto as responsabilidades parentais na constância da sua relação e que se separaram ou divorciaram vale também para a situação do progenitor e do seu cônjuge ou companheiro que exerciam em conjunto as responsabilidades antes de separarem ou divorciarem (cf. art. 1904.º-A, n.º 5) e para a situação daqueles que apadrinharam civilmente a mesma criança antes de cessarem a vida em comum (cf., nomeadamente, art. 43.º, n.º 1, do RGPTC).

[557] Antes da Lei n.º 61/2008, de 31 de Outubro, o exercício do poder paternal incumbia normalmente a apenas um dos progenitores, uma vez que o exercício conjunto pressupunha um acordo de ambos os pais, homologado pelo juiz ou aprovado pelo Ministério Público (cf., *supra*, nota 541). Para uma visão crítica das anteriores disposições legais sobre o exercício conjunto do poder paternal, na sequência do divórcio, cf. OLIVEIRA, Guilherme de, "O regime do divórcio em Portugal. A propósito do novo projecto espanhol – um caso de «paralelismo espontâneo»?", *Lex Familiae* n.º 4, 2005, pp. 16-18. Sobre o modo como era pensada a situação dos filhos após o divórcio numa época mais recuada (a da Reforma de 1977), cf. GERSÃO, Eliana, "Transformação social, divórcio e responsabilidades parentais", em AA.VV., *Estudos em Homenagem a Rui Epifânio* cit., pp. 227-229.

pais, sendo indiferente a existência ou não de acordo dos pais no sentido do exercício conjunto.

Ora, o novo sistema é contestado quer por ter prescindido do acordo[558], quer por não ter optado pela orientação da chamada "guarda alternada"[559].

No quadro deste sistema, há dois problemas fundamentais: saber o que são "questões de particular importância" e determinar com qual dos pais o filho residirá habitualmente.

II. O conceito "questões de particular importância" já era estudado no Direito da Filiação anterior à Lei n.º 61/2008, de 31 de Outubro, em virtude de constar do art. 1901.º, n.º 2, na redacção do Decreto-Lei n.º 496/77, de 25 de Novembro (onde se mantém, agora na versão da lei de 2008). Em edição anterior[560], apontámos como exemplos de questões de particular importância: educação religiosa do filho menor com idade inferior a 16 anos; tratamento médico ou intervenção cirúrgica de alguma gravidade (se o filho menor não possuir o discernimento necessário para autorizar o tratamento ou a interven-

Curiosamente, no mesmo ano em que foi instituído o sistema português vigente, ocorreram modificações importantes no Brasil no domínio do exercício de poder familiar (instituto equivalente ao poder paternal ou às responsabilidades parentais) em caso de divórcio ou separação. A Lei n.º 11.698, de 13 de junho de 2008, alterou os artigos do 1583 e 1584 do Código Civil brasileiro: a guarda dos filhos pode ser unilateral ou compartilhada; a guarda unilateral é aquela que é atribuída a um só dos genitores, ou a alguém que o substitua; a guarda compartilhada é definida como "a responsabilização conjunta e o exercício de direitos e deveres do pai e da mãe que não vivam sob o mesmo tecto, concernentes ao poder familiar dos filhos comuns" (art. 1583, § 1), sendo decretada sempre que seja possível e conveniente (mesmo que não haja acordo dos pais). Sobre o assunto, cf. OLIVEIRA, Euclides de, "Guardas e visitas dos filhos em caso de separação dos pais, na perspectiva do direito brasileiro e do direito português", em AA.VV., *Escritos de Direito das Famílias* cit., pp. 246-249.

[558] Reconhecendo que foi atribuído "carácter de interesse público" ao princípio do exercício conjunto das responsabilidades parentais, XAVIER, Rita Lobo, *Recentes alterações ao regime jurídico* cit., pp. 66-67, considera que está por demonstrar o carácter consensual da imposição do exercício conjunto na sociedade portuguesa; que há situações que desaconselham o acatamento pelos juízes da referida exigência legal, por exemplo, situações de violência ou de grande conflitualidade e, até certo ponto, a manifestação de uma vontade contrária por parte dos progenitores.

[559] Segundo CORTE-REAL, Carlos Pamplona/PEREIRA, José Silva, *Direito da Família* cit., pp. 203--206, o exercício conjunto nas questões de particular importância só excepcionalmente poderá vingar, "por importar uma virtual situação de convivência, aparentemente desfasada face à radicalização da ruptura conjugal que conduziu ao divórcio e à separação coexistencial"; a orientação legal é susceptível de alimentar focos de conflitualidade, pelo que se sustenta o princípio da guarda alternada, mediante a qual, "nos períodos alternados de custódia, cada progenitor supervisionaria livremente a educação dos filhos".

[560] PINHEIRO, J. Duarte, *O Direito da Família Contemporâneo*, Lisboa, AAFDL, 2008, p. 310.

ção); actos patrimoniais que careçam de autorização do Ministério Público; representação do menor em juízo (cf. arts. 16.º, n.ºs 2 e 3, e 18.º do CPC[561]).

No entanto, a densificação deste conceito indeterminado (que, portanto, só pode ser preenchido mediante a valoração das circunstâncias concretas) tornou-se muito mais relevante desde 2008, suscitando enorme e compreensível interesse da doutrina[562] e dos juristas práticos. Até porque se depara com uma potencial fonte de acesa conflitualidade entre os pais.

Uma ilustre professora[563] acrescenta ao elenco apontado "as deslocações para o estrangeiro, a escolha de estabelecimento de ensino e actividades extracurriculares, a prática de desportos radicais" e defende a utilidade da indicação, ainda que a título exemplificativo, dos assuntos de particular importância no acordo homologado pelo tribunal ou na própria sentença de regulação das responsabilidades parentais.

Como é dito por dois experientes magistrados[564], a exposição de motivos contida nos trabalhos preparatórios da Lei n.º 61/2008, de 31 de Outubro, "dá uma directiva, esclarecendo que tais assuntos são aqueles que se resumem a questões existenciais graves e raras na vida de uma criança, questões essas que «pertencem ao núcleo essencial dos direitos que são reconhecidos às crianças»".

Note-se que, nos casos de manifesta urgência, qualquer um dos progenitores pode agir sozinho em questões de particular importância, "devendo

[561] O art. 18.º do CPC prevê um regime específico no caso de falta de acordo dos pais acerca de aspectos respeitantes à representação do filho menor em juízo (propositura de acção, orientação do processo, intervenção em causa pendente).

[562] Cf., a título de exemplo, RODRIGUES, Hugo Manuel Leite, *Questões de particular importância no exercício das responsabilidades parentais* cit., pp. 122-185.

[563] XAVIER, Rita Lobo, *Recentes alterações ao regime jurídico* cit., p. 67. Cf. também GOMES, Ana Sofia, *Responsabilidades parentais* cit., pp. 25-26, que apresenta alguns exemplos nos domínios da educação escolar e da saúde.

[564] BOLIEIRO, Helena/GUERRA, Paulo, *A criança e a família* cit., p. 196, nota 24. Nessa mesma nota, que prossegue na p. 197, os prestigiados especialistas enunciam numerosos exemplos de possíveis questões de particular importância: decisão sobre intervenções cirúrgicas do filho (inclusive as estéticas); saída do filho para o estrangeiro, não em turismo, mas em mudança de residência, com algum carácter duradouro; saída do filho para países em conflito armado que possa fazer perigar a sua vida; obtenção de licença de condução de ciclomotores; escolha de ensino particular ou oficial para a escolaridade do filho; decisões de administração que envolvam oneração; educação religiosa do filho (até aos 16 anos); prática de actividades desportivas que representem um risco para a saúde do filho, autorização parental para o filho contrair casamento; orientação profissional do filho; uso de contracepção ou interrupção de uma gravidez; participação em programas de televisão que possam ter consequências negativas para o filho.

prestar informações ao outro logo que seja possível" (art. 1906.º, n.º 1, 2.ª parte).

III. Outro tema muito sensível é o da determinação do progenitor com quem o filho residirá habitualmente. Será, normalmente, a esse pai que caberá a maior parte do tempo de exercício das responsabilidades parentais respeitantes à vida corrente do filho (que pode exercê-las por si ou delegar o seu exercício, nos termos do art. 1906.º, n.º4).[565]

O exercício conjunto das responsabilidades parentais por pais separados ou que nunca viveram juntos não significa que o filho habite alternadamente na casa de cada um dos seus pais.

Entre nós, já antes da Lei n.º 61/2008, de 31 de Outubro, a residência habitual do filho tendia a ser fixada junto de um dos pais[566]. Outra é a tese do Princípio 3:20 (2) de Direito da Família Europeu, no qual se prevê a situação de residência alternada, desde que haja acordo dos titulares da responsabilidade parental, aprovado por autoridade competente, ou decisão dessa mesma autoridade competente[567].

Em nossa opinião, os critérios então usados para fixação da residência habitual do filho junto de um dos progenitores (ou para atribuição do exercício unilateral do poder paternal) permanecem válidos[568].

Na escolha do pai que residirá habitualmente com o filho, o tribunal deve atender ao interesse da criança, considerando, nomeadamente, "o eventual acordo dos pais e a disponibilidade manifestada por cada um deles para promover relações habituais do filho com o outro" (art. 1906.º, n.º 5).

565 Recorde-se que se escreve neste número sobre os casos de progenitores (incluindo pais adoptivos) que exerciam em conjunto as responsabilidades parentais na constância da sua relação e que se separaram ou divorciaram vale também para a situação do progenitor e do seu cônjuge ou companheiro que exerciam em conjunto as responsabilidades antes de separarem ou divorciarem e para a situação de ruptura entre dois padrinhos civis da mesma criança (cf., *supra*, nota 556).

566 Cf. Sottomayor, Maria Clara, *Regulação do exercício do poder paternal nos casos de divórcio*, reimpressão da 4.ª ed. (de Junho de 2002), Coimbra, Almedina, 2004, p. 163. Antes das alterações de 2008, eram invocadas (cf. Sottomayor, Maria Clara, *Regulação do exercício do poder paternal nos casos de divórcio*, reimpressão da 4.ª ed., cit., pp. 150-151, e *Exercício* p. 477) três razões contra a admissibilidade dos acordos de residência alternada: o teor literal do art. 1906.º, n.º 1, o argumento histórico de interpretação do mesmo preceito e os estudos que revelam como é inconveniente dividir a criança entre as residências dos dois pais.

567 Cf. a obra citada, *supra*, na nota 139.

568 Assim, Xavier, Rita Lobo, *Recentes alterações ao regime jurídico* cit., p. 66.

O critério mais correcto de decisão é o da figura primária de referência e não o da preferência maternal[569].

A figura primária de referência será o pai que tem uma relação mais próxima com o filho, que cuida dele diariamente, que colabora mais na sua educação.

De qualquer modo, a complexidade da decisão não recomenda o uso de um único critério. Se não houver que excluir à partida nenhum progenitor "por alguma notória disfunção", há que lançar mão de inúmeros factores "para desempatar" – relativos às crianças, aos pais, às condições geográficas, materiais e familiares.[570]

IV. Num quadro de exercício conjunto, o pai que não resida habitualmente com o filho (progenitor não guardião ou não-residente) pode, porém, relacionar-se livremente com ele, sempre que ambos o desejem, o que não exclui contactos diários e estadias prolongadas do filho na casa do pai. Em rigor, não existem visitas *stricto sensu*; contudo, entende-se que é conveniente marcar algum tempo de convívio do filho com o progenitor não-residente.[571]

Na concretização do convívio entre o filho e o progenitor não-residente prevalece o interesse daquele (cf. art. 1906.º, n.º 7).[572]

Quando filho se encontrar temporariamente com o progenitor não-residente, a este incumbe o exercício das responsabilidades parentais relativas aos actos da vida corrente do filho, que pode exercê-las por si ou por delegação (art. 1906.º, n.ºs 3 e 4). Todavia, o pai não-residente "não deve contrariar as orientações educativas mais relevantes, tal como elas são definidas pelo progenitor com quem o filho reside habitualmente" (art. 1906.º, n.º 3, 2.ª parte).[573]

[569] Cf. SOTTOMAYOR, Maria Clara, *Regulação do exercício das responsabilidades parentais* cit., pp. 26-28 e 46-63.

[570] Cf. BOLIEIRO, Helena/GUERRA, Paulo, *A criança e a família* cit., pp. 204-209, que especificam os aludidos factores. Como esclarece OLIVEIRA, Guilherme de, "Ascensão e queda da doutrina do *cuidador principal*", *Lex Familiae* n.ºs 17-18, 2012, p. 17, não se pode atribuir ao critério da figura primária de referência, ou cuidador principal, um papel exclusivo ou até privilegiado relativamente aos outros factores.

[571] Cf. BOLIEIRO, Helena/GUERRA, Paulo, *A criança e a família* cit., p. 212.

[572] Sobre a concretização do convívio, cf. BOLIEIRO, Helena/GUERRA, Paulo, *A criança e a família* cit., pp. 213-251. O habitual/ideal é que a criança passe, pelo menos, um fim-de-semana de quinze em quinze dias com o progenitor não guardião (cf. BOLIEIRO, Helena/GUERRA, Paulo, *A criança e a família* cit., p. 214; GOMES, Ana Sofia, *Responsabilidades parentais* cit., p. 72).

[573] Segundo FIALHO, António José, *Guia prático do divórcio* cit., pp. 67-68, *orientações educativas mais relevantes* são valores, princípios e regras que permitem estruturar a personalidade da criança e modelar o seu comportamente, designadamente: "a) os horários de dormir e de tomar as refei-

O pai a quem coube a guarda física da criança está vinculado ao dever de prover ao seu sustento (cf., *supra*, n.º 23.4.); o outro pai está obrigado a prestar alimentos ao filho (cf. art. 1905.º).

Desde que os rendimentos do pai sem a guarda física assim o permitam, a lei impõe que à criança seja assegurado um nível de vida idêntico ao que este gozava antes da ruptura[574].

Por fim, o progenitor que não exerça as responsabilidades parentais relativas aos actos da vida corrente do filho tem o direito de ser informado sobre o modo como elas são exercidas pelo outro progenitor, nomeadamente no que respeita à educação e às condições de vida da criança (art. 1906.º, n.º 6).

V. O padrão do exercício conjunto mitigado das responsabilidades parentais, no caso de pais que nunca viveram juntos ou que se separaram, não é uma inevitabilidade.

Nos termos do art. 1906.º, n.º 2, "quando o exercício em comum das responsabilidades parentais relativas às questões de particular importância para o filho for julgado contrário aos interesses deste, deve o tribunal, através de decisão fundamentada, determinar que essas responsabilidades devem ser exercidas por um dos progenitores"[575]. Isto é, admite-se o exercício unilateral das responsabilidades parentais.

O progenitor que não exercer responsabilidades parentais está obrigado a prestar alimentos ao filho; pode exigir ao outro progenitor informação sobre

ções; b) os horários e cumprimento das obrigações curriculares e extracurriculares (preparar trabalhos de casa ou a frequência de alguma atividade que a criança desenvolva habitualmente); c) as regras correctivas (retirada do telemóvel e proibição de ir ao cinema ou de sair impostos por comportamentos desadequados, como ter faltado às aulas, ter tirado uma nota negativa por falta de estudo, ter desobedecido a um dos progenitores ou desrespeitado um professor)". Na opinião de SOTTOMAYOR, Maria Clara, "Exercício conjunto das responsabilidades parentais: igualdade ou retorno ao patriarcado?", em AA.VV., *E foram felizes para sempre...? Uma análise crítica do novo regime jurídico do divórcio*, coordenação de Maria Clara Sottomayor e Maria Teresa Féria de Almeida, Coimbra, Coimbra Editora, 2010, p. 133, o conceito de "orientações educativas mais relevantes" abrange questões importantes para a saúde e para a educação das crianças, incluindo a definição de dietas alimentares.

574 Cf. SOTTOMAYOR, Maria Clara, *Regulação do exercício das responsabilidades parentais* cit., pp. 329-334, sublinhando, porém, a enorme distância entre a imposição e a prática; MARQUES, J. P. Remédio, *Algumas notas sobre alimentos* cit., pp. 170-173.

575 De acordo com o art. 40.º, n.º 9, do RGPTC, "presume-se contrário ao superior interesse da criança o exercício em comum das responsabilidades parentais quando seja decretada medida de coacção ou aplicada pena acessória de proibição de contacto entre os progenitores", podendo a presunção ser ilidida mediante prova em contrário.

o modo de exercício das responsabilidades parentais (art. 1906.º, n.º 6); e, embora não beneficie de uma situação de convívio com o filho tão livre quanto é a do progenitor não-residente contitular do exercício das responsabilidades parentais, tem direitos de visita, que, porém, dependem do interesse da criança (art. 1906.º, n.º 5).

Ao abrigo do direito-dever de visita, ao pai que não exercer as responsabilidades parentais assiste a faculdade de comunicar com o filho (p.e., por telefone, carta ou correio electrónico) e de estar com ele durante algumas horas ou alguns dias; normalmente, o pai pode alojar a criança em sua casa em fins-de-semana alternados e passar com ela férias e épocas ou datas festivas.

Só excepcionalmente será suspenso ou condicionado o direito-dever de visita do progenitor que não exercer as responsabilidades parentais: por exigência do interesse da criança (art. 40.º, n.º 3, do RGPTC); ou, eventualmente, atendendo à atribuição do estatuto de vítima de violência doméstica ao outro progenitor (cf. art. 14.º, n.º 2, da Lei n.º 112/2009, de 16 de Setembro, na versão da Lei n.º 129/2015, de 3 de Setembro) ou à aplicação de medida de coacção, ou proibição de contacto, entre os progenitores (cf. art. 40.º, n.º 10, do RGPTC).

Há outras hipóteses de desvio ao modelo legal de exercício conjunto mitigado das responsabilidades parentais, permitidas em nome do interesse concreto do filho (art. 1906.º, n.ºs. 5 e 7): p.e., o exercício conjunto parcial das responsabilidades parentais em actos da vida corrente do filho[576] ou/e em questões de particular importância[577]; o exercício conjunto com guarda alternada[578].

VI. O modelo legal actual de exercício das responsabilidades parentais nos casos de progenitores que nunca viveram juntos, que se divorciaram ou se separaram, implica uma situação nitidamente desigualitária: em regra, é atribuída a maior parcela temporal do poder de decisão em actos de vida corrente do filho a um dos progenitores (o chamado "progenitor residente");

[576] A favor da possibilidade do exercício misto em actos de vida corrente do filho, cf. BOLIEIRO, Helena/GUERRA, Paulo, *A criança e a família* cit., p. 198. Duvida de tal possibilidade, RODRIGUES, Hugo Manuel Leite, *Questões de particular importância no exercício das responsabilidades parentais* cit., p. 59.

[577] P.e., toda a administração de bens do filho pode ser exercida pelo progenitor que não resida habitualmente com ele (cf. art. 40.º, n.º 4, do RGPTC).

[578] Constitui sinal expresso da admissibilidade legal, entre nós, do exercício conjunto com guarda alternada o artigo 43.º, n.º 6, da Lei n.º 51/2012, de 5 de Setembro (relativa ao Estatuto do Aluno), que prevê: "Estando estabelecida a residência alternada com cada um dos progenitores, deverão estes decidir, por acordo ou, na falta deste, por decisão judicial, sobre o exercício das funções de encarregado de educação."

e, como se não bastasse, o outro (progenitor não-residente), quando esteja temporariamente com o filho, está impedido de "contrariar as orientações educativas mais relevantes, tal como elas são definidas pelo progenitor com quem o filho reside habitualmente".

A preferência deveria ter recaído sobre o modelo de exercício unilateral alternado, com repartição paritária do tempo de exercício entre cada um dos progenitores[579]. Deste modo, seria assegurado o princípio da igualdade dos progenitores (art. 36.º, n.º 5, da CRP); seria dado um contributo para criar uma cultura autêntica de partilha de responsabilidades entre eles (já que o modelo de exercício conjunto mitigado "onera" especialmente um dos progenitores); e seria feita uma tentativa para dar à criança dois pais, em vez de um só ou de um e meio (o modelo de exercício conjunto mitigado diminui, ou até anula, a posição de um dos pais).[580]

VII. Em todas as situações de ruptura da vida em comum (incluindo divórcio, separação de pessoas e bens, declaração de nulidade ou anulação do casamento, cessação da união de facto por vontade de um dos seus membros) entre contitulares das responsabilidades parentais[581] e de progenitores que nunca viveram juntos, o exercício das responsabilidades parentais tem de ser regulado por acordo dos pais ou por decisão do tribunal.

O acordo dos pais terá de ser homologado pelo tribunal[582] ou aprovado pelo Ministério Público (nos termos do art. 1776.º-A, se se tratar de acordo que

[579] Concorda-se, assim, com CORTE-REAL, C. Pamplona/PEREIRA, José Silva, *Direito da Família* cit., pp. 26-27 e 203-206 (cf., *supra*, nota 559). Contra, SOTTOMAYOR, Maria Clara, "Entre idealismo e realidade: a dupla residência das crianças após o divórcio", *Temas de Direito das Crianças* cit., pp. 74-76.

[580] Cf. PINHEIRO, J. Duarte, "As crianças, as responsabilidades parentais e as fantasias dos adultos", *Estudos de Direito da Família e das Crianças* cit., pp. 339-340. Acresce que a decisão de escolha de um progenitor como residente é extremamente delicada e, muitas vezes, pouco segura. Se não existirem dados concretos frontalmente contrários à solução da residência alternada, como se pode impor a residência única, optando por um progenitor em detrimento do outro? Qual a base desta selecção? Há a certeza de que um deles é/será melhor/pior progenitor do que o outro? Os elementos de decisão são firmes, objectivos ou, pelo contrário, produto de preconceitos e impressões subjectivas? No sentido de que é na residência alternada que as crianças, em regra, ficam mais protegidas, cf. SILVA, Joaquim Manuel da, "Da residência exclusiva à residência alternada, um percurso jurisprudencial em Portugal", *Revista IBDFAM Famílias e Sucessões* n.º 9, 2015, pp. 179-201.

[581] Lembre-se que os contitulares tanto podem ser dois progenitores (incluindo pais adoptivos) como um progenitor e o seu cônjuge ou companheiro (cf., *supra*, nota 556).

[582] Subsiste o mecanismo da homologação do acordo, apesar da redacção dos arts. 1905.º e 1906.º, n.º 5, introduzida pela Lei n.º 61/2008, de 31 de Outubro, poder levar a crer que as matérias da residência e do convívio são determinadas sempre pelo tribunal, que teria apenas em atenção o

instrui o processo de separação e divórcio por mútuo consentimento requerido na conservatória do registo civil).

O acordo não será homologado (nem aprovado) se não corresponder ao interesse da criança (cf. arts. 1776-A.º, n.º 2, e 1905.º, n.º 1, 2.ª parte).

Quando o exercício das responsabilidades parentais não seja fixado por acordo aprovado no âmbito do processo de divórcio (ou separação por mútuo consentimento) requerido na conservatória do registo civil, aplica-se a disciplina específica dos arts. 34.º a 63.º do RGPTC e das disposições gerais dos processos tutelares cíveis, constantes dos arts. 4.º e s. do mesmo diploma.

Se os pais apresentarem acordo fora de um processo de divórcio (ou separação por mútuo consentimento) requerido na conservatória, aplica-se o processo para homologação do acordo, nos termos do art. 34.º do RGPTC.

Na falta de acordo, ou de um acordo que tenha sido homologado ou aprovado, aplica-se o processo de regulação do exercício das responsabilidades parentais.

O processo de regulação inclui uma conferência de pais, na qual o juiz procurará obter acordo que corresponda aos interesses da criança, que pode ser ouvida pelo tribunal (art. 35.º do RGPTC)[583]. A ser conseguido, tal acordo será homologado (art. 37.º do RGPTC).

Na ausência de acordo, o juiz decide provisoriamente sobre a regulação das responsabilidades parentais, suspende a conferência e remete as partes para mediação ou audição técnica especializada (art. 38.º do RGPTC). Findo o destinado a mediação ou audição técnica especializada, é retomada a conferência (artigo 39.º, n.ºs 1 e 3, do RGTPC). O processo termina se for obtido acordo conforme aos interesses da criança, que será homologado. Na falta de acordo, haverá audiência de discussão e julgamento, e será proferida sentença

eventual acordo dos pais (cf. SOTTOMAYOR, Maria Clara, *Regulação do exercício das responsabilidades parentais* cit., pp. 30-31).

Para um exemplo de acordo do exercício das responsabilidades parentais, "tal qual ele deverá ser construído à luz do novo regime da Lei 61/2008, integrado em acta forense", cf. GUERRA, Paulo, "As responsabilidades parentais – *as quatro mãos que embalam o berço*", em AA.VV., *Estudos em Homenagem a Rui Epifânio* cit., pp. 245-250.

[583] O n.º 2 do art. 35.º impõe, mais precisamente, a audição na conferência da criança com idade superior a 12 anos ou que, embora de idade inferior, tenha capacidade e maturidade suficientes para compreender os assuntos em questão, "salvo se a defesa do seu superior interesse o desaconselhar". Ao processo de regulação do exercício das responsabilidades parentais aplicam-se as disposições gerais dos processos tutelares cíveis contidas no RGPTC, o que abrange o art. 4.º, n.º 1, al. c), sobre o princípio da audição e participação da criança, e o art. 5.º, que reconhece à criança o direito a ser ouvida e disciplina a sua audição em juízo.

de regulação do exercício das responsabilidades parentais (arts. 39.º, n.º 7, e 40.º, n.º 1, do RGPTC).

VIII. Se um dos pais ou contitulares das responsabilidades não cumprir o que tiver sido acordado ou decidido em matéria de regulação, pode o outro requerer ao tribunal as diligências necessárias para o cumprimento coercivo e a condenação do remisso em multa e em indemnização a favor da criança ou do requerente ou de ambos.[584].

As situações de incumprimento da regulação do exercício das responsabilidades parentais referem-se, nomeadamente, ao regime de visitas/convívio e, sobretudo, aos alimentos[585].

IX. A violação do regime de visitas/convívio pode levar à aplicação das disposições sobre o incumprimento da regulação do exercício das responsabilidades parentais (cf. art. 41.º do RGPTC), a nova regulação (art. 42.º, n.º 1, do RGPTC) e até ao preenchimento do tipo penal da subtracção de menor (art. 249.º do CP).

Na disciplina legal do incumprimento da regulação, determina-se especificamente que pode ser ordenada a entrega da criança (art. 41.º, n.ºs 5 e 6, do RGPTC).

O art. 249.º, n.º 1, al. c), do CP, prescreve que é punido com pena de prisão até dois anos, ou com pena de multa até 240 dias, aquele que, "de um modo repetido e injustificado, não cumprir o regime estabelecido para a convivência

[584] Cumprimento coercivo, multa, indemnização – é o que se prevê literalmente no n.º 1 do art. 41.º do RGPTC. É de novo evidente o pouco sentido da tese da fragilidade da garantia dos direitos familiares (cf., *supra*, Introdução, n.º 10.8.). Sobre hipóteses de responsabilidade civil dos pais perante os filhos menores, cf. Ataíde, Rui, "Poder paternal, direitos da personalidade e responsabilidade civil. A vigência dos direitos fundamentais na ordem jurídica privada", em AA.VV., *Estudos dedicados ao Professor Doutor Luís Alberto de Carvalho Fernandes*, vol. III, Lisboa, Universidade Católica Editora, 2011, pp. 408-409; no Brasil, Pereira, Rodrigo da Cunha, "Responsabilidade civil por abandono afectivo", *Revista Brasileira de Direito das Famílias e Sucessões*, n.º 29, 2012, pp. 5-19; e Milheiro, Tiago Caiado, "Obrigação de indemnização pela falta de afecto", *Lex Familiae* n.º 19, 2013, pp. 67-93, n.º 20, 2013, pp. 115-136 (ensaio de aplicação no ordenamento português da doutrina brasileira da responsabilidade civil por abandono afectivo).

[585] Sobre a protecção específica do crédito de alimentos, cf., *supra*, Introdução, n.º 8.2.XI; Ana-bela Pedroso, "Cobrança forçada de alimentos devidos a menores", *Lex Familiae* n.º 3, 2005, pp. 93-108; Bolieiro, Helena/Guerra, Paulo, *A criança e a família* cit., pp. 242-257; Ribeiro, Geraldo Rocha, "A obrigação de alimentos devidos a menores nas relações transfronteiriças. Uma primeira abordagem ao Regulamento (CE) n.º 4/2009 e ao Protocolo da Haia de 2007", *Lex Familiae* n.º 20, 2013, pp. 83-114.

do menor na regulação do exercício das responsabilidades parentais, ao recusar, atrasar ou dificultar significativamente a sua entrega ou acolhimento".[586]

A mobilidade transnacional dos cidadãos tem tornado patente a utilidade das fontes extra-estatais que se destinam a reagir contra os actos ilícitos de um dos pais que se materializam na deslocação do filho para um Estado que não é o da sua residência habitual, ou na retenção do mesmo fora do Estado da residência habitual, após deslocação ao abrigo do "direito de visita".

Entre tais fontes extra-estatais, avulta a Convenção sobre os Aspectos Civis do Rapto Internacional de Crianças[587].

O "Regulamento Bruxelas II *bis*" admite a execução de decisões proferidas num Estado-membro da União Europeia sobre o exercício da responsabilidade parental noutro Estado vinculado ao Regulamento (arts. 28.º, 41.º e 42.º)[588]. E não se pode ignorar a Convenção relativa à Competência, à Lei Aplicável, ao Reconhecimento, à Execução e à Cooperação em Matéria de Responsabilidade Parental e Medidas de Protecção das Crianças, adoptada na Haia em 19 de Outubro de 1996, que, à luz do art. 3.º, tem por objecto medidas que poderão, nomeadamente, envolver: "a) Atribuição, exercício, termo ou redução da responsabilidade parental, bem como a sua delegação; b) Direito de custódia, incluindo os direitos de cuidar da criança e, em particular, o direito de determinar a residência da criança, bem como o direito de visita [...]".

X. Alteração da regulação do poder paternal.

O acordo ou a sentença (decisão final) de regulação do exercício das responsabilidades parentais não são imutáveis.

O acordo pode ser modificado por mútuo consentimento dos pais, estando a modificação sujeita a homologação judicial.

[586] Cf. Leite, André Lamas, "O crime de subtracção de menor – uma leitura do reformado art. 249.º do Código Penal", em AA.VV., *E foram felizes* cit., pp. 283 e s. Não obstante a frequência das situações de incumprimento dos regimes de convivência, Xavier, Rita Lobo, *Recentes alterações ao regime jurídico* cit., p. 72, considera que a incriminação em causa "parece excessiva, poderá transportar este tipo de conflitualidade para a jurisdição penal e não parece favorecer as crianças atingidas por este problema". Em sentido similar, Sottomayor, Maria Clara, "Uma análise crítica do novo regime jurídico do divórcio", em AA.VV., *E foram felizes* cit., pp. 49-52.

[587] Cf. Silva, N. Ascensão, "A Convenção da Haia de 25 de Outubro de 1980 sobre os aspectos civis do rapto internacional de crianças – alguns aspectos", em AA.VV., *Estudos em Memória do Prof. Doutor António Marques dos Santos*, vol. I, Coimbra, Almedina, 2005, pp. 443-556; Pinheiro, Luís de Lima, "Deslocação e retenção internacional ilícita de crianças", *ROA* 2014, pp. 680-688.

[588] Cf., *supra*, Introdução, n.º 12.3.II. Especificamente sobre as responsabilidades parentais neste acto comunitário, cf. Bolieiro, Helena/Guerra, Paulo, *A criança e a família* cit., pp. 475-501.

Qualquer dos pais ou o Ministério Público podem requerer a alteração da regulação constante de acordo ou de decisão final, no caso de incumprimento por ambos os pais ou quando circunstâncias supervenientes tornem necessário alterar o que estiver estabelecido (cf. art. 42.º do RGPTC).

XI. No domínio da alteração das responsabilidades parentais por incumprimento, o tema da síndrome da alienação parental (SAP), ou da alienação parental, tem vindo ultimamente a assumir grande relevância jurisprudencial e doutrinária entre nós.[589]

A teoria da síndrome da alienação parental foi criada pelo médico Richard Gardner, nos EUA, em 1985, e designa uma situação em que a criança se recusa a relacionar com um dos progenitores, no contexto de divórcio e separação, na sequência de acção desenvolvida pelo outro progenitor (o chamado "progenitor alienante"), que visa denegrir o pai sem guarda, ou não residente (dito "progenitor alienado"), afastando-o do convívio com o filho comum. Em certos casos, a acção do "progenitor alienante" pode abranger falsas imputações da prática pelo "progenitor alienado" de actos de abuso sexual da criança.

A importância da matéria levou à publicação de uma lei específica sobre a alienação parental no Brasil (Lei n.º 12.318, de 26 de Agosto de 2010). Todavia, o diploma em apreço parte de uma noção ampla de alienação parental, que se evidencia, nomeadamente, na inclusão do acto de "dificultar o exercício da autoridade parental"[590] entre as formas de alienação parental que são enumeradas a título exemplificativo (cf. art. 2.º, parágrafo único, inciso II).

Trata-se, sem dúvida, de um assunto que justifica atenção e cuidado.[591]

[589] O ac. da RE de 27-09-2007 (Bernardo Domingos), proc. 1599/07-2 (Bernardo Domingos), disponível para consulta em http://www.dgsi.pt, foi o primeiro aresto de tribunal superior a socorrer-se do conceito de alienação parental. Um dos primeiros livros portugueses sobre o assunto é da psicóloga Ribeiro, Maria Saldanha Pinto, *Amor de pai – divórcio, falso assédio e poder paternal*, Lisboa, Dom Quixote, 2007. Surgiram posteriormente várias monografias jurídicas sobre o assunto, *v.g.*, Carvalho, Filipa Daniel Ramos de, *A (síndrome de) alienação parental e o exercício das responsabilidades parentais: algumas considerações*, Coimbra, Coimbra Editora, 2012; Feitor, Sandra Inês Ferreira, *A síndrome de alienação parental e o seu tratamento à luz do Direito de Menores*, Coimbra, Coimbra Editora, 2012. No ano imediatamente anterior, a colaboração de um psicólogo com um jurista resultou na obra de Sá, Eduardo/Silva, Fernando, *Alienação parental*, Coimbra, Almedina, 2011.

[590] A expressão brasileira "autoridade parental" (ou "poder familiar", nos arts. 1630 a 1638 do Código Civil brasileiro) corresponde à expressão portuguesa "responsabilidades parentais" (ou "poder paternal").

[591] No âmbito da jurisprudência superior mais recente, cf. o ac. da RE de 11-04-2012, proc. 612/09.7TMFAR.E1 (Maria Alexandra M. Santos), que confirmou a sentença recorrida, mediante a qual se optara pela "medida radical de alteração da guarda da menor, com a entrega

25. Inibição e limitações ao exercício das responsabilidades parentais[592]

25.1. Preliminares

O titular das responsabilidades parentais[593] pode ser juridicamente privado do seu exercício (inibição) ou conservar o exercício das responsabilidades parentais com restrições impostas por providências ou medidas judiciais ou administrativas (limitações em sentido amplo).

25.2. Inibição do exercício das responsabilidades parentais

I. Enunciado de modalidades.

As inibições podem ser classificadas segundo os critérios da fonte e da extensão dos efeitos.

Segundo o critério da fonte, a inibição do exercício das responsabilidades parentais resulta directamente da lei (*ope legis*) ou de decisão judicial (*ope judicis*).

A decisão judicial que decretar a inibição é susceptível de ter como fundamento a condenação pela prática de um crime a que a lei atribua o efeito de inibição ou outra situação.

A inibição que resulta directamente da lei ou que é decretada pelo tribunal com fundamento na condenação do agente em crime a que a lei atribua o

ao pai"; e o ac. da RP de 09-07-2014, proc. 1020/12.8TBVRL.P1 (ALBERTO RUÇO). Consultas em http://www.dgsi.pt.

A construção e aplicação da síndrome de alienação parental suscitam fortes reservas de SOTTOMAYOR, Maria Clara, *Regulação do exercício das responsabilidades parentais* cit., pp. 160-203, e "Abuso sexual e proteção das crianças nos processos de regulação das responsabilidades parentais", *Temas de Direito das Crianças* cit., pp. 194-198 e 219-221.

[592] Cf. MENDES, J. Castro/SOUSA, M. Teixeira de, *Direito da Família* cit., pp. 360-367; CAMPOS, D. Leite de/CAMPOS, Mónica Martinez de, *Lições de Direito da Família* cit., pp. 413-414; LIMA, Pires de/VARELA, Antunes, *Código Civil Anotado*, vol. V cit., arts. 1908.º, 1913.º a 1920.º-A; SANTOS, Eduardo dos, *Direito da Família* cit., pp. 544-547; FERREIRA-PINTO, F. B., *Dicionário de Direito da Família* cit., pp. 499-502; DUARTE, Maria de Fátima, *O poder paternal* cit., pp. 197-207; ALMEIDA, J. C. Moitinho de, "Efeitos da filiação" cit., pp. 162-166; LEANDRO, Armando, "Poder paternal" cit., pp. 133-151; BOLIEIRO, Helena/GUERRA, Paulo, *A criança e a família* cit., pp. 297-313; PITÃO, França, *Uniões de facto* cit., pp. 132-134.

[593] Normalmente, o progenitor, havendo a hipótese de ser outra pessoa da família da criança, cônjuge ou companheiro do progenitor e padrinho civil: cf., *supra*, n.º 24.1.IV.

efeito de inibição é designada pela expressão "inibição de pleno direito" (cf. art. 1913.º[594]).

A inibição judicial que não tenha por fundamento crime a que a lei atribua o efeito de inibição será designada aqui, abreviadamente, pela expressão "inibição judicial".

Segundo o critério da extensão dos efeitos, a inibição é total ou parcial, consoante abarque a generalidade das situações jurídicas contidas nas responsabilidades parentais ou somente a representação e administração dos bens dos filhos (art. 1915.º, n.º 2).

A inibição do exercício das responsabilidades parentais em nenhum caso isenta os pais do dever de alimentarem o filho (art. 1917.º).

II. A inibição de pleno direito.

Consideram-se de pleno direito inibidos do exercício das responsabilidades parentais: os condenados definitivamente por crimes a que a lei atribua esse efeito (e que são, nomeadamente, os crimes contra a liberdade sexual e contra a autodeterminação sexual, nos termos dos arts. 163.º-176.º e 179.º do CP; ou de violência doméstica, à luz do art. 152.º, n.º 6, do CP), quando o tribunal decidir decretar a inibição; os menores, os interditos e os inabilitados; os ausentes, desde a nomeação do curador provisório; os pais, depois de decretada a medida de promoção e protecção de confiança com vista a futura adopção (art. 1978.º-A).

Estão parcialmente inibidos das responsabilidades parentais os menores não emancipados e os interditos ou inabilitados por motivo diferente de anomalia psíquica (art. 1913.º, n.º 2).

A inibição de pleno direito respeitante aos sujeitos referidos no art. 1913.º, n.º 1, é total.

A inibição de pleno direito do exercício das responsabilidades parentais cessa, conforme a causa (cf. art. 1914.º; arts. 152.º, n.º 6, e 179.º do CP; fundamento da inibição), pelo cumprimento da pena de inibição das responsabilidades parentais; pela maioridade, pelo levantamento da interdição ou inabilitação; pelo termo da curadoria. No entanto, a inibição associada à medida de promoção, referida no art. 1978.º-A, não cessa, ainda que a criança não venha a ser adoptada; nesta hipótese, será instituída a tutela[595].

[594] O art. 1913.º, n.º 1, al. a), tem de ser conjugado com o CP (mais concretamente, com os arts. 152.º, n.º 6, e 179.º deste diploma): a inibição não decorre automaticamente da condenação definitiva por crime.

[595] Cf. RAMIÃO, Tomé d'Almeida, *Lei de Protecção de Crianças e Jovens em Perigo Anotada e Comentada*, 6.ª ed., Lisboa, Quid Juris?, 2010, p. 143-144.

III. A inibição judicial.

A inibição judicial será total ou parcial, conforme o critério fundamentado do tribunal.

A inibição pode referir-se a todos os filhos ou apenas a algum ou alguns (art. 1915.º, n.º 2).

Salvo decisão em contrário, os efeitos da inibição que abranja todos os filhos estendem-se aos que nascerem depois de aquela ter sido decretada (art. 1915.º, n.º 3).

A inibição pode ser requerida pelo Ministério, qualquer parente do menor ou pessoa a cuja guarda ele esteja confiado, de facto ou de direito, com fundamento em causas subjectivas ou objectivas (art. 1915.º, n.º 1).

Causas subjectivas: infracção culposa dos deveres do pai para com os filhos, com grave prejuízo destes. Causas objectivas: inexperiência, enfermidade, ausência ou outra razão relativa ao pai que mostre não estar este em condições de cumprir os seus deveres para com os filhos.

Os arts. 52.º a 57.º do RGPTC regulam o processo de inibição do exercício das responsabilidades parentais[596]. Como preliminar ou incidente da acção de inibição, o tribunal pode ordenar a suspensão do exercício das responsabilidades parentais e o acolhimento da criança.

A inibição do exercício das responsabilidades parentais decretada pelo tribunal será levantada quando cessem as causas que lhe deram origem (art. 1916.º, n.º 1). O art. 59.º do RGPTC refere-se ao processo de levantamento da inibição.

25.3. Limitações ao exercício das responsabilidades parentais

I. As medidas ou providências limitativas das responsabilidades parentais são aplicáveis quando, não sendo caso de inibição do exercício das responsabilidades parentais, haja perigo para a pessoa ou para o património do filho (cf. arts. 1918.º, n.º 1, e 1920.º, n.º 1).

[596] Para um traçado breve desse processo no diploma anterior ao RGPTC, cf. BOLIEIRO, Helena/GUERRA, Paulo, *A criança e a família* cit., pp. 308-309. De acordo com vários especialistas, deve ser sublinhado o reduzido número de acções de inibição existentes em Portugal, "resultado de uma dominante concepção social de intocável filiação biológica" (Cf. "Relatórios das mesas temáticas «Responsabilidades parentais»", FACULDADE DE DIREITO DA UNIVERSIDADE DE COIMBRA / CENTRO DE DIREITO DA FAMÍLIA, *4.ª Bienal de Jurisprudência* cit., p. 265).

No Direito da Filiação, tende-se a estudar unicamente as limitações ao exercício das responsabilidades parentais que estão previstas no Código Civil (limitações ao exercício das responsabilidades parentais em sentido restrito).

Mas é a Lei de Protecção que constitui a sede por excelência das limitações ao exercício das responsabilidades parentais (mais precisamente das limitações para protecção da *pessoa* do filho): cf., *infra*, Parte II, Capítulo I.

O Código Civil contém uma disciplina genérica de providências judiciais limitativas das responsabilidades parentais: o art. 1918.º refere-se às providências judiciais para protecção da pessoa do filho, enquanto o art. 1920.º se refere às providências judiciais para protecção do património.

A revogação ou alteração das decisões judiciais que decretem providências limitativas das responsabilidades parentais pode ser feita a todo o tempo pelo tribunal, a requerimento do Ministério Público ou de qualquer dos pais (art. 1920.º-A).

II. As providências judiciais para protecção da pessoa do filho.

Quando a segurança, a saúde e a formação moral ou a educação de uma criança se encontrem em perigo, pode o tribunal, a requerimento do Ministério Público, de qualquer parente do menor ou de pessoa a cuja guarda ele esteja confiado, decretar as providências adequadas, designadamente confiá-la a terceira pessoa ou a estabelecimento de educação e assistência (art. 1918.º).

Em iguais circunstâncias, mas independentemente de requerimento, o tribunal pode confiar a criança a terceira pessoa ou a estabelecimento de educação e assistência, nos termos do art. 1905.º, n.º 2.

Se a criança tiver sido confiado a terceira pessoa ou a estabelecimento de educação e de assistência, será estabelecido um regime de visitas aos pais, a menos que, excepcionalmente, o interesse do filho o desaconselhe (art. 1919.º, n.º 2).

Quando tiver sido decretada alguma das providências para protecção da pessoa do filho, os pais conservam o exercício das responsabilidades parentais em tudo o que com ela se não mostre inconciliável (art. 1919.º, n.º 1).

O processo relativo às providências em apreço é um processo tutelar cível (art. 3.º, al. h), do RGPTC), mas não é muito claro se segue a tramitação da acção tutelar comum (art. 67.º do RGPTC) ou a da acção de inibição do exercício das responsabilidades parentais (por aplicação analógica do art. 58.º, n.º 2, que se ocupa das providências judiciais para protecção do património do filho)[597].

[597] A favor do figurino da acção tutelar comum, BOLIEIRO, Helena/GUERRA, Paulo, *A criança e a família* cit., pp. 300-301.

III. As providências judiciais para protecção do património do filho.

Quando a má administração ponha em perigo o património do filho, pode o tribunal, a requerimento do Ministério Público ou de qualquer parente, decretar as providências que julgue adequadas (art. 1920.º, n.º 1).

Exs. de providências: prestação de contas e de informações sobre a administração e estado do património do filho e, quando estas providências não sejam suficientes, prestação de caução (art. 1920.º, n.º 2)[598].

O processo das providências para protecção do património observa o disposto nos arts. 54.º a 56.º do RGPTC, *ex vi* do art. 58.º, n.º 2, do mesmo diploma.

26. Meios de suprimento das responsabilidades parentais[599]

26.1. Preliminares

Quando as responsabilidades parentais não são, ou não podem ser, total ou parcialmente, exercidas, é preciso recorrer a instrumentos alternativos de prossecução do interesse da criança, que são variados, abrangendo as limitações ao exercício daquelas responsabilidades em sentido restrito ou técnico (arts. 1918.º e 1920.º), as medidas de promoção dos direitos e de protecção das crianças e dos jovens em perigo, a tutela e a administração de bens.

No entanto, a lei reserva o termo "meios de suprir o poder paternal" unicamente para a tutela e a administração de bens (cf. arts. 1921.º e s.), concebidas como instrumentos mais duradouros de protecção do menor (e que, ao contrário da adopção e do apadrinhamento civil, não originam relações familiares).

Os restantes instrumentos estão vocacionados para um suprimento temporário das responsabilidades parentais[600].

[598] Mas são configuráveis outras medidas com o mesmo escopo: "retirar a administração de certo bem determinado da esfera de acção do progenitor, entregando-a a terceiro ou a não entrega a esse progenitor dos rendimentos de certo bem" (Bolieiro, Helena/Guerra, Paulo, *A criança e a família* cit., p. 302).

[599] Cf. Mendes, J. Castro/Sousa, M. Teixeira de, *Direito da Família* cit., pp. 367-384; Lima, Pires de/Varela, Antunes, *Código Civil Anotado*, vol. V cit., arts. 1921.º-1972.º; Santos, Eduardo dos, *Direito da Família* cit., pp. 549-583; Ferreira-Pinto, F. B., *Dicionário de Direito da Família* cit., pp. 502-511, 172-174, 526-527; Bolieiro, Helena/Guerra, Paulo, *A criança e a família* cit., pp. 315-328; obras de Teoria Geral do Direito Civil (páginas dedicadas ao suprimento da incapacidade por menoridade).

[600] O art. 1920.º-A consagra expressamente a possibilidade de revogação a todo o tempo das limitações ao exercício das responsabilidades parentais. As medidas de promoção e protecção, com excepção da confiança a pessoa seleccionada para a adopção, a família de acolhimento ou a instituição com vista a adopção, têm uma duração estabelecida por acordo ou decisão judicial, que, no

Todos os meios de suprimento, incluindo a tutela e a administração de bens, são aplicáveis independentemente de quem seja o titular das responsabilidades parentais (pai, outra pessoa da família da criança, cônjuge ou companheiro do progenitor, padrinho civil)

26.2. Tutela

I. O art. 1921.º, n.º 1, enumera os casos em que a criança está sujeita a tutela: morte dos pais (ou de outros eventuais titulares das responsabilidades parentais); inibição do exercício do poder paternal quanto à regência da pessoa do filho (cf., ainda, art. 56.º, n.º 2, do RGPTC); impedimento de facto de exercício do poder paternal[601] há mais de 6 meses; filiação não constituída.

A instauração da tutela é promovida oficiosamente, através de uma acção tutelar comum[602] (cf. art. 67.º do RGPTC).

Normalmente, os menores estão sujeitos à tutela até à maioridade ou emancipação. O art. 1961.º refere-se a estas e a outras hipótese de extinção da relação tutelar.

II. A tutela é exercida por um tutor e pelo conselho de família (art. 1924.º, n.º 1).

Os cargos de tutor e vogal do conselho de família são obrigatórios (art. 1926.º).

Os arts. 1927.º a 1934.º tratam da designação do tutor.

caso das medidas no meio natural de vida, não pode ser superior a um ano, e são obrigatoriamente revistas num prazo nunca superior a seis meses (cf. arts. 60.º, 61.º, 62 e 63.º da Lei de Protecção). A confiança a pessoa seleccionada para a adopção, a família de acolhimento ou a instituição com vista a adopção prepara a constituição do vínculo adoptivo, cessando quando a adopção é decretada (art. 63.º, n.º 1, al. c), da Lei de Protecção).

601 Ocorre tal impedimento quando não há exercício por impossibilidade que não lhe possa ser subjectivamente imputável (p.e., hospitalização contínua e prolongada, cumprimento de pena de prisão, ausência por emigração): cf. Bolieiro, Helena/Guerra, Paulo, *A criança e a família* cit., pp. 315-319, que, com bons argumentos, afastam a interpretação que identifica impossibilidade com não exercício pelo titular das responsabilidades parentais por qualquer motivo, culposo ou não.

602 A respectiva tramitação em diploma anterior ao RGPTC é descrita por Bolieiro, Helena/Guerra, Paulo, *A criança e a família* cit., pp. 323-324. Para a instauração da tutela é competente o tribunal de comarca (art. 80.º, n.º 1, da LOSJ). A competência é exercida, mais precisamente, pelas secções de família e menores deste tribunal (art. 123.º, n.º 1, al. a),da LOSJ, e art. 6.º, al. a), do RGPTC), quando existam.

O cargo de tutor recai sobre a pessoa designada pelos pais ou pelo tribunal (art. 1927.º).

A designação do tutor pelos pais deve ser feita em testamento ou em documento autêntico e autenticado, relevando somente para o caso de eles virem a falecer ou se tornarem incapazes (art. 1928.º, n.ºs 1 e 3).

Quando, falecido um dos progenitores que houver nomeado tutor ao filho menor, lhe sobreviver o outro, a designação considera-se eficaz se não for revogada por este no exercício das responsabilidades parentais (art. 1928.º, n.º 2).

A designação de tutor pelos pais, que tem de ser confirmada pelo tribunal (cf. art. 1931.º, n.º 1), pode obstar à atribuição de responsabilidades parentais a terceiro (cf. art. 1904.º, n.º 2).

O art. 1933.º, n.º 1, al. f), que não admite que possam ser tutores "os divorciados ou separados judicialmente de pessoas e bens por sua culpa", não está em vigor: a conservação do preceito foi mero lapso do legislador da Reforma de 1977. A tutela está sujeita aos princípios gerais do poder paternal (art. 1935.º, n.º 1), sendo patente que, desde aquela reforma, a disciplina das responsabilidades parentais assenta no interesse do filho e não na culpa na separação de pessoas ou bens ou no divórcio (cf. art. 1905.º).

Não havendo pessoa em condições de exercer a tutela, as funções de tutor serão desempenhadas pelo director do estabelecimento de educação e assistência onde tenha sido internado a criança (art. 1962.º, n.º 2). Neste caso, não existe conselho de família (art. 1962.º, n.º 2).

O cargo de tutor é remunerado (art. 1942.º, n.º 1) e ele tem o direito a ser reembolsado das despesas que legalmente haja feito (art. 1946.º, n.º 1).

Os arts. 1948.º a 1950.º ocupam-se da remoção e exoneração do tutor.

O conselho de família é regulado pelos arts. 1951.º-1960.º.

O órgão é constituído por dois vogais e por um agente do Ministério Público, que preside (art. 1951.º).

Pertence ao conselho de família vigiar o modo por que são desempenhadas as funções do tutor (art. 1954.º).

A um dos vogais do conselho de família, denominado protutor, compete a fiscalização da acção do tutor, com carácter permanente (art. 1955.º, n.º 1).

III. O conteúdo do poder tutelar é o que decorre dos arts. 1935.º-1947.º.

O tutor tem, com as restrições apontadas na lei, os mesmos direitos-deveres dos pais e é obrigado a exercer o poder tutelar com a diligência de um bom pai de família (art. 1935.º; o n.º 2 tem reflexos no art. 1945.º, n.º 1).

As restrições mais importantes que demarcam o poder tutelar das responsabilidades parentais consistem na regra da sujeição a fiscalização do conselho de família e do protutor (arts. 1954.º e 1955.º, n.º 1); na proibição da prática de certos actos (arts. 1937.º e 1939.º); e num elenco de actos cuja prática depende de autorização (que, normalmente, incumbe ao Ministério Público), maior do que o previsto para os pais (arts. 1938.º, 1940.º e 1941.º, conjugados com os arts. 2.º, n.º 1, als. *b)* e *d)*, n.º 2, al. *b)*, 3.º e 4.º do DL n.º 272/2001, de 13 de Outubro).

26.3. Administração de bens

I. A administração de bens é instituída em duas ordens de casos (art. 1922.º): quando os pais (ou outros eventuais titulares das responsabilidades parentais) tenham sido apenas excluídos, inibidos ou suspensos da administração de todos os bens do incapaz ou de alguns deles, se por outro título se não encontrar designado o administrador[603]; quando a entidade competente para designar o tutor confie a outrem, no todo ou em parte, a administração dos bens do incapaz.

A administração de bens não ocorre isoladamente, coexistindo com o poder paternal ou com a tutela.

A instauração da administração de bens é promovida oficiosamente, através de uma acção tutelar comum (cf. art. 67.º do RGPTC)[604].

O art. 1961.º aplica-se, com as necessárias adaptações, ao termo da administração de bens (art. 1972.º).

II. A administração de bens é exercida por um ou mais administradores e, se estiver instaurada a tutela, pelo conselho de família (art. 1924.º, n.º 2).

O cargo de administrador de bens é obrigatório (art. 1926.º).

Os arts. 1967.º a 1970.º tratam da designação de administrador.

Ao autor de doação ou deixa testamentária em benefício da criança é lícita a designação de administrador quanto aos bens compreendidos na liberalidade (art. 1968.º).

[603] O artigo 1888.º, n.º 1, enuncia hipóteses em que os titulares do exercício das responsabilidades parentais não têm a administração dos bens da criança.

[604] Para a matéria é competente o tribunal de comarca (art. 80.º, n.º 1, da LOSJ). A competência é exercida, mais precisamente, pelas secções de família e menores deste tribunal (art. 123.º, n.º 1, al. *a)*,da LOSJ, e art. 6.º, al. *a)*, do RGPTC), quando existam.

No âmbito dos bens que estão sujeitos à sua administração, o administrador tem os poderes-deveres do tutor, sendo, por isso, representante da criança nos actos que digam respeito àqueles bens (art. 1971.º, n.ºs 1 e 2).

O administrador deve abonar aos pais ou tutor, por força dos rendimentos dos bens, as importâncias necessárias aos alimentos da criança (art. 1971.º, n.º 3).

As divergências entre o administrador e os pais ou tutor são decididas pelo tribunal[605], ouvido o conselho de família, se o houver (art. 1971.º, n.º 4).

São aplicáveis ao administrador de bens, com as necessárias adaptações, as disposições relativas à remoção e exoneração do tutor (art. 1972.º).

[605] Que será o tribunal de comarca (art. 80.º, n.º 1, da LOSJ). A competência é exercida, mais precisamente, pelas secções de família e menores deste tribunal (art. 123.º, n.º 2, al. f),da LOSJ, e art. 7.º, al. e), do RGPTC), quando existam.

Capítulo III
Extinção do vínculo de filiação

25. Enunciado de modos de extinção do vínculo de filiação

A extinção do vínculo de filiação pode operar por via retroactiva ou não retroactiva.

Na filiação decorrente de acto sexual, o vínculo é retroactivamente destruído por impugnação da maternidade; invalidade e caducidade da declaração de maternidade; impugnação da paternidade; impugnação, invalidade e caducidade da perfilhação.

Na filiação adoptiva, a extinção retroactiva ocorre por revisão da sentença de adopção.

A cessação retroactiva da filiação decorrente de PMA funda-se na ausência ou invalidade do consentimento.

Nas situações de extinção retroactiva, tudo se passa como se a filiação não tivesse sido constituída, salvo no que toca aos alimentos de fonte legal, que não são restituídos (cf. art. 2007.º, n.º 2, aplicável por maioria de razão aos alimentos definitivos).

O modo mais comum de extinção do vínculo de filiação é a morte, que não tem carácter retroactivo. Mas há outros casos de extinção não retroactiva do vínculo: p.e., a extinção da filiação prévia, na sequência de adopção.

Secção I
Extinção retroactiva do vínculo de filiação

26. Extinção retroactiva da filiação decorrente de acto sexual

26.1. Extinção retroactiva da maternidade estabelecida[606]

26.1.1. Impugnação da maternidade

I. A maternidade estabelecida por reconhecimento judicial não é impugnável[607].

A maternidade estabelecida por declaração pode a todo o tempo ser impugnada em juízo se não for a verdadeira (art. 1807.º).

II. Na acção de impugnação da maternidade, beneficiam de legitimidade activa: a pessoa declarada como mãe, a pessoa registada como filho, qualquer outra pessoa que tiver interesse moral ou patrimonial na procedência da acção e o MP.

É conferida legitimidade para impugnar à própria pessoa declarada como mãe, sem se excluir a situação em que ela tenha sido conivente ou autora da declaração contrária à verdade.

Entre as pessoas com "interesse moral ou patrimonial na procedência da acção" está "a mãe verdadeira"[608] e aquelas pessoas cujas expectativas sucessórias sejam afectadas pela filiação registada (p.e., ascendentes, descendentes, irmãos e marido da mãe jurídica).

A acção deve ser proposta contra a mãe, o filho e o presumido pai quando nela não figurem como autores (litisconsórcio necessário): aplica-se analogicamente o art. 1846.º[609].

[606] Cf. Mendes, J. Castro/Sousa, M. Teixeira de, *Direito da Família* cit., pp. 241-242, 266-269; Coelho, F. Pereira/Oliveira, Guilherme de, *Curso de Direito da Família*, vol. II cit., pp. 67-72; Ferreira-Pinto, F. B., *Dicionário de Direito da Família* cit., pp. 260-262; Campos, D. Leite de/Campos, Mónica Martinez de, *Lições de Direito da Família* cit., p. 383; Vilalonga, J. M. Dias, "Declaração de maternidade e perfilhação" cit., pp. 188-189, 191-192; Lima, Pires de/Varela, Antunes, *Código Civil Anotado*, vol. V cit., art. 1807.º; Oliveira, Guilherme de, *Estabelecimento da Filiação* cit., art. 1807.º; Pimenta, J. da Costa, *Filiação* cit., pp. 59-63.

[607] Cf. Pimenta, J. da Costa, *Filiação* cit., p. 59.

[608] Cf. Oliveira, Guilherme de, *Estabelecimento da Filiação* cit., art. 1807.º VIII; Coelho, F. Pereira/Oliveira, Guilherme de, *Curso de Direito da Família*, vol. II cit., pp. 69-70.

[609] Neste sentido, quanto ao n.º 1, Mendes, J. Castro/Sousa, M. Teixeira de, *Direito da Família* cit., p. 269, e Coelho, F. Pereira/Oliveira, Guilherme de, *Curso de Direito da Família*, vol. II cit.,

26.1.2. Invalidade e caducidade da declaração de maternidade

I. É admissível uma acção autónoma de invalidação da declaração de maternidade[610].

Aplicam-se à declaração de maternidade as disposições dos negócios jurídicos, na medida em que a analogia das situações o justifique (cf. art. 295.º). Assim, a declaração de maternidade pode ser anulada a requerimento do declarante por coacção moral ou erro *que leve ao estabelecimento de uma maternidade falsa*[611]. Enquanto acto jurídico, a declaração tem de ser livre; enquanto declaração de ciência, tem de corresponder à realidade.

II. A declaração de maternidade feita depois de intentada em juízo acção de investigação de maternidade contra pessoa diferente da pessoa declarada como mãe fica sem efeito, caduca, se a acção for julgada procedente: aplica-se analogicamente o art. 1863.º[612].

26.2. Extinção retroactiva da paternidade estabelecida

26.2.1. Impugnação da paternidade[613]

I. A paternidade presumida (e registada) do marido da mãe só pode ser destruída por acção de impugnação (cf. art. 1838.º) ou por impugnação da presunção de paternidade em acção (especial ou mista) de investigação de maternidade.[614]

pp. 70-71; Ferreira-Pinto, F. B., *Dicionário de Direito da Família* cit., pp. 261-262, quanto aos n.ºs 1 e 2. Contesta que haja litisconsórcio necessário, Pimenta, J. da Costa, *Filiação* cit., p. 63.

[610] Cf. Oliveira, Guilherme de, *Estabelecimento da Filiação* cit., art. 1807.º II.

[611] Cf., de modo semelhante, Dias Vilalonga, *Declaração de maternidade* pp. 188-189.

[612] Cf. Mendes, J. Castro/Sousa, M. Teixeira de, *Direito da Família* cit., pp. 241-242; Vilalonga, J. M. Dias, "Declaração de maternidade e perfilhação" cit., pp. 191-192.

[613] Cf. Mendes, J. Castro/Sousa, M. Teixeira de, *Direito da Família* cit., pp. 285-293; Coelho, F. Pereira/Oliveira, Guilherme de, *Curso de Direito da Família*, vol. II cit., pp. 79-84, 122-148; Ferreira-Pinto, F. B., *Dicionário de Direito da Família* cit., pp. 324-337; Campos, D. Leite de/Campos, Mónica Martinez de, *Lições de Direito da Família* cit., pp. 393-395; Coelho, F. Pereira, *Filiação* cit., pp. 78-88; Oliveira, Guilherme de, *Critério Jurídico da Paternidade* cit., pp. 243-290; Lima, Pires de/Varela, Antunes, *Código Civil Anotado*, vol. V cit., arts. 1823.º, 1838.º-1846.º; Oliveira, Guilherme de, *Estabelecimento da Filiação* cit., arts. 1823.º, 1838.º-1846.º; Pimenta, J. da Costa, *Filiação* cit., pp. 100-117.

[614] Assim é quando a maternidade do cônjuge subsistir. Se a maternidade da mulher tiver sido extinta por impugnação ou invalidade, o desaparecimento da base da presunção de que o pai é o

As regras da acção de impugnação da paternidade registada variam consoante o filho tenha sido concebido na constância do matrimónio ou antes do casamento.

É ainda admitida a impugnação judicial da paternidade de filho cujo registo for omisso quanto à maternidade (impugnação antecipada).

II. A impugnação da paternidade de filho concebido na constância do matrimónio constitui o modo normal de impugnação da paternidade presumida.

Na acção o autor deve provar que de acordo com as circunstâncias a paternidade do marido da mãe é manifestamente improvável (art. 1839.º, n.º 2). P.e., falta de coabitação entre os cônjuges no momento da concepção; impotência do marido para gerar[615].

É reconhecida legitimidade activa para a acção ao marido da mãe, à mãe, ao filho (art. 1839.º, n.º 1); e ao MP, a requerimento de quem se declarar pai do filho (cf. art. 1841.º do CC, adaptado em função do disposto nos arts. 60.º, n.º 1, e 62.º, n.º 1, do RGPTC[616]).

Sendo o filho menor não emancipado, ele será representado na acção por um curador especial (art. 1846.º, n.º 3, aplicável por analogia).

No caso de morte ou ausência do marido, da mãe ou do filho, a legitimidade para intentar e prosseguir a acção é determinada pelos arts. 1844.º, n.º 1, e 1845.º.

A matéria da legitimidade passiva é objecto do art. 1846.º. Aí se prevê uma situação de litisconsórcio necessário: na acção devem ser demandados a mãe, o filho e o presumido pai quando nela não figurem como autores.

Quando o filho for menor não emancipado, o tribunal nomear-lhe-á curador especial.

marido da mãe, que foi judicialmente fixado, torna dispensável a impugnação judicial da paternidade presumida, bastando uma alteração por acto meramente registal (cf. lugar paralelo do art. 1837.º).

[615] Sobre estas e outras circunstâncias, cf. OLIVEIRA, Guilherme de, *Critério Jurídico da Paternidade* cit., pp. 266-282.

[616] A parte do art. 1841.º, na redacção dada pelo DL n.º 496/77, de 25 de Novembro, que confere ao tribunal competência para proceder às diligências necessárias para averiguar a viabilidade da acção (n.º 3), para decidir sobre a propositura desta acção e para ordenar a remessa do processo ao MP (n.º 4), foi tacitamente revogada pela Lei n.º 141/2015, de 8 de Setembro, que aprovou o RGPTC: agora, cabe ao MP efectuar as diligências necessárias para a impugnação, decidir sobre a sua pertinência e intentar a acção, se concluir que a mesma é viável.

No caso de morte da mãe, do filho ou do presumido pai, a acção deve ser intentada contra as pessoas referidas no art. 1844.º. Na falta destas será nomeado um curador especial.

A acção de impugnação não produzirá efeitos contra herdeiros ou legatários cujos direitos possam ser atingidos pela procedência do pedido se os mesmos não tiverem sido também demandados.

A lei impõe ainda regras para o momento da propositura da acção de impugnação.

No entanto, não é líquida a conformidade das soluções estabelecidas com a consagração constitucional dos direitos à identidade pessoal e ao desenvolvimento da personalidade (art. 26.º, n.º 1, da CRP)[617].

O art. 1842.º, n.º 1, fixa prazos para a acção, que pode ser intentada: pelo marido da mãe, "no prazo de três anos contados desde que teve conhecimento de circunstâncias de que possa concluir-se a sua paternidade"; pela mãe, dentro dos três anos posteriores ao nascimento; pelo filho, "até 10 anos depois de haver atingido a maioridade ou de ter sido emancipado, ou posteriormente, dentro de três anos a contar da data em que teve conhecimento das circunstâncias de que possa concluir-se não ser filho do marido da mãe"[618].

Se o registo for omisso quanto à maternidade, os prazos de propositura para o marido da mãe e para o filho contam-se a partir do estabelecimento da maternidade (art. 1842.º, n.º 2).

[617] Cf. Coelho, F. Pereira/Oliveira, Guilherme de, *Curso de Direito da Família*, vol. II cit., pp. 138-140; Reis, Rafael Luís Vale e, *O direito ao conhecimento das origens genéticas* cit., pp. 230-236 (defendendo o direito do filho a impugnar a paternidade presumida do marido da sua mãe sem sujeição a qualquer prazo de caducidade).
Os acs. do STJ de 31/01/2007, proc. 06A4303 (Borges Soeiro), de 21/02/2008, proc. 07B4668 (Bettencourt de Faria), e de 16/09/2014, proc. 973/11.8TBBCL.G1.S1. (Helder Roque), que foram consultados em http://www.dgsi.pt, pronunciaram-se pela inconstitucionalidade da norma do art. 1842.º, n.º 1, al. a). Os acs. do TC 589/07 (Fernandes Cadilha), de 28/11/2007, e 446/2010 (Sousa Ribeiro), de 23/11/2010, demarcaram-se desta posição, não julgando inconstitucional a norma prevista no mesmo preceito. Em contrapartida, os acs. do TC 609/2007 (Borges Soeiro), de 11/12/2007, e 546/2014 (Sarmento e Castro), de 15/07/2014, julgaram inconstitucional a norma da al. c) do art. 1842.º, n.º 1 (orientação, que, segundo Miranda, Jorge/Medeiros, Rui, *Constituição Portuguesa anotada* cit., p. 610, não é isenta de dúvidas). Todos os arestos do TC estão disponíveis em http://www.tribunalconstitucional.pt.

[618] A actual redacção do art. 1842.º, n.º 1, foi dada pela Lei n.º 14/2009, de 1 de Abril. Anteriormente, os prazos eram muito mais curtos: dois anos, para o marido da mãe e para esta, com pontos de contagem inicial idênticos aos que figuram na versão de 2009; dois anos para o filho, depois de haver atingido a maioridade ou de ter sido emancipado, ou posteriormente, dentro de um ano em que teve conhecimento de circunstâncias de que possa concluir-se não ser filho do marido da mãe (art. 1842.º, n.º 1, na redacção do DL n.º 496/77, de 25/11).

No caso de morte ou ausência do marido da mãe, desta ou do filho, há que atender aos prazos inscritos nos arts. 1844.º, n.º 2, e 1845.º.

A acção oficiosa de impugnação pode ser intentada a todo o tempo desde que o requerimento de quem se declarar pai do filho dê entrada no prazo de 60 dias a contar da data em que a paternidade do marido da mãe conste do registo (cf. art. 1841.º, n.º 2)[619].

III. O art. 1840.º ocupa-se da impugnação da paternidade de filho concebido antes do casamento.

Nesta acção, o autor deve provar apenas que o filho nasceu dentro dos 180 dias posteriores à celebração do casamento (o que permite concluir que a presunção de paternidade é mais frágil nos casos de concepção antenupcial).

Perante tal prova, cabe ao réu provar as excepções referidas nas als. do art. 1840.º, n.º 1: a) Conhecimento, anterior ao casamento, por parte do marido, da gravidez da mulher; b) Consentimento do marido em que o filho fosse registado como seu, estando aquele pessoalmente presente ou representado por procurador com poderes especiais; c) Reconhecimento por qualquer outra forma, por parte do marido, do filho como seu.

Ao conjunto de excepções previstas no art. 1840.º, n.º 1, acresce a prova de que a concepção ocorreu dentro do matrimónio, apesar de o filho ter nascido dentro dos 180 dias posteriores à celebração[620].

Feita a prova das excepções, mesmo assim o autor pode obter a procedência do pedido de impugnação, opondo uma contra-excepção: cf. art. 1840.º, n.º 2.

A verificação dos factos correspondentes às excepções não obsta à impugnação da paternidade, nos termos gerais (art. 1839.º)[621].

[619] Cf. Ferreira-Pinto, F. B., *Dicionário de Direito da Família* cit., p. 329; Coelho, F. Pereira/Oliveira, Guilherme de, *Curso de Direito da Família*, vol. II cit., p. 137. Considerando o prazo demasiado curto, Rui Barroso ("Impugnação da paternidade do pai presumido: da legitimidade do Ministério Público para impugnar a paternidade presumida a todo tempo; do direito do pai natural de ser parte num processo desta natureza; da inconstitucionalidade do prazo de 60 dias previsto no art. 1841.º, n.º 2, do C.C.", *Lex Familiae* n.º 6, 2006, pp. 89-105) pronuncia-se pela inconstitucionalidade do preceito, porque, "ao pretender excluir totalmente a possibilidade do pai natural de impugnar judicialmente a paternidade do pai presumido, decorridos os tais 60 dias, tem como consequência a diminuição do conteúdo essencial dos direitos fundamentais à identidade pessoal e a constituir família, que incluem o direito ao conhecimento da paternidade".

[620] Cf. Coelho, F. Pereira/Oliveira, Guilherme de, *Curso de Direito da Família*, vol. II cit., p. 147.

[621] Cf. Coelho, F. Pereira/Oliveira, Guilherme de, *Curso de Direito da Família*, vol. II cit., pp. 147-148.

A legitimidade activa nesta acção de impugnação está confinada à mãe ou ao seu marido.

IV. Impugnação da paternidade na acção especial ou mista de investigação de maternidade.

Nas acções previstas nos arts. 1822.º e 1824.º, pode ser impugnada a presunção de paternidade do marido da mãe (arts. 1823.º, n.º 1, e 1824.º, n.º 2): cf., *supra*, Parte I, n.º 5.3.III e IV.

Ao respectivo pedido de impugnação aplicam-se, com adaptações, as normas comuns da acção de impugnação (arts. 1838.º e s.)[622].

Uma das adaptações ocorre quando haja perfilhação: então, o perfilhante também dispõe de legitimidade para impugnar[623].

V. Impugnação antecipada.

A paternidade pode ser impugnada pelo marido da pretensa mãe antes de ser registada a maternidade, no prazo de seis meses a contar da data em que ele soube do nascimento (art. 1843.º, n.º 1).

A acção é utilizada quando o marido da pretensa mãe queira impugnar antecipadamente a sua paternidade, demonstrando que, mesmo que a maternidade do seu cônjuge se venha a estabelecer, a sua paternidade é manifestamente improvável[624]. Ex. de aplicação: o marido, possivelmente separado de facto da mulher, suspeita ou sabe que esta deu à luz um filho, mas não encontra qualquer registo de nascimento que a indique como mãe.

A impugnação antecipada é tida como útil por evitar que o marido tenha de esperar por um registo, que pode demorar indefinidamente, tornando mais difícil a prova dos factos[625].

[622] Cf. Coelho, F. Pereira/Oliveira, Guilherme de, *Curso de Direito da Família*, vol. II cit., p. 79.

[623] Cf. Oliveira, Guilherme de, *Estabelecimento da Filiação* cit., art. 1823.º V; Coelho, F. Pereira/Oliveira, Guilherme de, *Curso de Direito da Família*, vol. II cit., pp. 81-83; Lima, Pires de/Varela, Antunes, *Código Civil Anotado*, vol. V cit., art. 1823.º (8).

[624] Cf. Mendes, J. Castro/Sousa, M. Teixeira de, *Direito da Família* cit., pp. 290-291.

[625] Cf. Lima, Pires de/Varela, Antunes, *Código Civil Anotado*, vol. V cit., art. 1843.º (2). Vários autores consideram, porém, que a acção é inútil: Oliveira, Guilherme de, *Estabelecimento da Filiação* cit., art. 1843.º; Coelho, F. Pereira/Oliveira, Guilherme de, *Curso de Direito da Família*, vol. II cit., pp. 141-142; Pimenta, J. da Costa, *Filiação* cit., pp. 111-112.

26.2.2. Impugnação, invalidade e caducidade da perfilhação[626]

I. O regime da impugnação da perfilhação encontra-se no art. 1859.º.

A paternidade estabelecida por perfilhação que não corresponda à verdade é impugnável em juízo.

A acção de impugnação pode ser intentada a todo o tempo, mesmo depois da morte do perfilhado. Beneficiam de legitimidade activa: o perfilhante, o perfilhado, qualquer outra pessoa que tenha interesse moral ou patrimonial na procedência da acção de impugnação da perfilhação ou o Ministério Público. Entre as pessoas com "interesse moral ou patrimonial na procedência da acção" está a mãe e aquelas pessoas cujas expectativas sucessórias sejam afectadas pela filiação registada (p.e., ascendentes, descendentes, irmãos e mulher do perfilhante).

Devem ser demandadas as pessoas que tenham legitimidade para instaurar a acção e que nela não figurem como autoras[627], incluindo a mãe do perfilhado. Aplica-se analogicamente o art. 1846.º.

É admissível a impugnação da perfilhação nas acções dos arts. 1823.º e 1824.º[628].

No que respeita à prova: se a acção for proposta pela mãe ou pelo filho, basta a alegação de que o perfilhante não é o pai (impugnação por mera negação), a não ser que o perfilhante demonstre ser verosímil que coabitou com a mãe do perfilhado no período de concepção (cf. art. 1859.º, n.º 3)[629].

[626] Cf. Mendes, J. Castro/Sousa, M. Teixeira de, *Direito da Família* cit., pp. 297, 304-309; Coelho, F. Pereira/Oliveira, Guilherme de, *Curso de Direito da Família*, vol. II cit., pp. 161, 174-191; Ferreira-Pinto, F. B., *Dicionário de Direito da Família* cit., pp. 350-370; Campos, D. Leite de/Campos, Mónica Martinez de, *Lições de Direito da Família* cit., pp. 396-397; Coelho, F. Pereira, *Filiação* cit., pp. 103-107; Oliveira, Guilherme de, *Critério Jurídico da Paternidade* cit., pp. 409-415, 430-448; Martins, J. P. Fazenda, "Impugnação e impugnabilidade da perfilhação", em AA.VV., *Temas de Direito da Filiação* cit., pp. 7-61; Vilalonga, J. M. Dias, "Declaração de maternidade e perfilhação" cit., pp. 187-189, 191-192; Lima, Pires de/Varela, Antunes, *Código Civil Anotado*, vol. V cit., arts. 1859.º-1863; Oliveira, Guilherme de, *Estabelecimento da Filiação* cit., arts. 1859.º-1863.º; Pimenta, J. da Costa, *Filiação* cit., pp. 127-137.

[627] Cf. Mendes, J. Castro/Sousa, M. Teixeira de, *Direito da Família* cit., p. 305; Martins, J. P. Fazenda, "Impugnação e impugnabilidade da perfilhação" cit., pp. 54-55.

[628] Cf. Mendes, J. Castro/Sousa, M. Teixeira de, *Direito da Família* cit., p. 246.

[629] Doutrina dominante. Contra, Mendes, J. Castro/Sousa, M. Teixeira de, *Direito da Família* cit., pp. 305-306, e Martins, J. P. Fazenda, "Impugnação e impugnabilidade da perfilhação" cit., pp. 20-22: a mãe e o perfilhado deveriam invocar e demonstrar qualquer facto do qual se deduza a improbabilidade da paternidade do perfilhante.

Nos restantes casos, o autor tem de provar que o perfilhante não é o pai biológico.

II. A perfilhação é nula, nomeadamente, se não observar a forma correspondente (cf., *supra*, Parte I, n.º 6.5.I; arts. 220.º e 295.º) ou se for anterior à concepção (arts. 1855.º, 294.º e 295.º).

III. A perfilhação é anulável por erro-vício, coacção moral ou incapacidade do perfilhante.

O art. 1860.º trata da anulação por erro ou coacção. A perfilhação é anulável a requerimento do perfilhante. Só é relevante o erro sobre circunstâncias que tenham contribuído decisivamente para o convencimento da paternidade. A coacção moral releva nos termos gerais (arts. 255.º-256.º). Em regra, a acção de anulação caduca no prazo de um ano a contar do momento em que o perfilhante teve conhecimento de que estava em erro ou em que cessou a coacção.

A perfilhação é anulável por incapacidade do perfilhante quando este tiver idade inferior a 16 anos, estiver interdito por anomalia psíquica ou for notoriamente demente no momento do acto (art. 1850.º, n.º 1, *a contrario*). A anulação com fundamento em incapacidade tem de ser requerida pelo perfilhante, pelos seus pais ou pelo seu tutor (art. 1861.º, n.º 1), numa acção intentada dentro do prazo indicado no art. 1861.º, n.º 2.

Se o perfilhante falecer sem haver intentado a acção de anulação (com fundamento em erro, coacção ou incapacidade) ou no decurso dela, têm legitimidade para a intentar no ano seguinte à sua morte, ou nela prosseguir, os descendentes ou ascendentes do perfilhante e todos os que mostrem ter sido prejudicados nos seus direitos sucessórios por efeito da perfilhação (art. 1862.º).

Na acção de anulação por erro, coacção ou incapacidade do perfilhante, aplica-se analogicamente o art. 1846.º, pelo que são partes passivas o perfilhado e sua mãe.

IV. Caducidade da perfilhação.

A perfilhação feita depois de intentada em juízo acção de investigação da paternidade contra pessoa diferente do perfilhante fica sem efeito se a acção for julgada procedente (art. 1863.º).

27. Extinção retroactiva da filiação adoptiva[630]

I. A adopção pode ser objecto de extinção retroactiva por revisão da sentença de adopção (arts. 1990.º e 1991.º).

A eficácia da revisão da sentença de adopção não se resume à eliminação *ex tunc* dos laços entre o adoptado e o adoptante e entre aquele e a família do adoptante. São restaurados os laços entre o adoptado e a sua família anterior como se nunca tivessem sido extintos.

A revisão da sentença, que é um incidente do processo de adopção, distingue-se do recurso extraordinário de revisão (cf. início do art. 1990.º, n.º 1).

Pode ser interposto recurso extraordinário de revisão da sentença de adopção nos termos dos arts. 696.º e s. do CPC, sem limitações[631].

II. Os fundamentos da revisão da sentença de adopção são taxativamente indicados no art. 1990.º, n.º 1: a) Falta do consentimento do adoptante; b) Falta do consentimento dos pais do adoptado, quando necessário e não dispensado; c) Consentimento do adoptante viciado por erro desculpável e essencial sobre a pessoa do adoptado; d) Consentimento do adoptante ou dos pais do adoptado determinado por coacção moral; e) Falta do consentimento do adoptado, quando necessário.

O erro (al. c)) só se considera essencial quando for de presumir que o conhecimento da realidade excluiria razoavelmente a vontade de adoptar (art. 1990.º, n.º 2). A coacção moral (al. d)) só releva se for grave o mal com que o adoptante ou os pais do adoptado foram ilicitamente ameaçados e justificado o receio da sua consumação.

Ainda que se verifiquem os requisitos mencionados, a revisão não será concedida quando os interesses do adoptado possam ser consideravelmente afectados, "salvo se razões invocadas pelo adoptante imperiosamente o exigirem" (art. 1990.º, n.º 3). O regime da revisão é, portanto, muito restritivo[632].

[630] Cf. MENDES, J. Castro/SOUSA, M. Teixeira de, *Direito da Família* cit., pp. 414-421; COELHO, F. Pereira/OLIVEIRA, Guilherme de, *Curso de Direito da Família*, vol. II cit., pp. 303-306, 309; VARELA, Antunes, *Direito da Família* cit., pp. 140-141; LIMA, Pires de/VARELA, Antunes, *Código Civil Anotado*, vol. V cit., arts. 1990.º, 1991.º e 2001.º; GOMES, Rui Sá, "O novo regime da adopção" cit., pp. 93-102, 145-148.

[631] Cf. MENDES, J. Castro/SOUSA, M. Teixeira de, *Direito da Família* cit., p. 414. Contra, COELHO, F. Pereira/OLIVEIRA, Guilherme de, *Curso de Direito da Família*, vol. II cit., pp. 304-305, que sujeitam o recurso extraordinário de revisão à limitação prevista no art. 1990.º, n.º 3.

[632] *De iure condendo*, SOTTOMAYOR, Maria Clara, "A nova lei da adopção" cit., pp. 126-127, defende um regime ainda mais restritivo (em que seria irrelevante o erro desculpável e essencial sobre a pessoa do adoptado).

III. O art. 1991.º regula a legitimidade e o prazo para pedir a revisão da sentença de adopção.

A revisão da sentença constitui um incidente do processo de adopção no qual o adoptado, sendo criança, é representado pelo MP (art. 57.º, n.º 1, do RJPA). Apresentado o pedido de revisão[633], são citados os requeridos e o MP para contestar (art. 173.º-A, n.º 2, da OTM). É aplicável, com as necessárias adaptações, o disposto nos arts. 54.º a 56.º do RGPTC, *ex vi* do art. 57.º, n.º 3, do RJPA.

28. Extinção retroactiva da filiação decorrente de PMA[634]

O regime de extinção retroactiva da filiação é moldado pelo da constituição do vínculo, pelo que as regras previstas para a filiação decorrente de acto sexual não se adequam à filiação decorrente de PMA.

Sendo constituída por consentimento, a filiação decorrente de PMA extingue-se por impugnação de parentalidade, se for provado que não houve consentimento válido ou que a criança não nasceu da inseminação para que o consentimento foi prestado (art. 20.º, n.º 5, da LPMA).

Por conseguinte, há que apurar as situações de invalidade de consentimento para a constituição da filiação decorrente de PMA.

É nulo o consentimento que não seja prestado de forma expressa e por escrito, perante o médico responsável (art. 14.º, n.º 1, da LPMA; art. 220.º).

Como se referiu (*supra* Parte I, n.º 15.I), o consentimento para a constituição da filiação decorrente de PMA insere-se num negócio jurídico que carece de disciplina própria suficiente e é, por isso, subsidiariamente, regido pelos princípios subjacentes às regras atinentes ao consentimento em outros negócios que também são fonte de relações jurídicas familiares[635].

[633] Para cuja apreciação é competente o tribunal que decretou a adopção (art. 30.º, n.º 1, al. c), do RJPA).

[634] Cf. Corte-Real, C. Pamplona, "Os efeitos familiares e sucessórios da procriação" cit., p. 357; Ascensão, José de Oliveira, "Procriação assistida" cit., pp. 662-663; Duarte, Tiago, "*In vitro veritas?*" cit., p. 62; Lima, Pires de/Varela, Antunes, *Código Civil Anotado*, vol. V cit., art. 1839.º (11); Pereira, Joana Cabral, "Considerações sobre o artigo 1839.º, n.º3" cit., pp. 159, 169 e 173.

[635] Genericamente nesta linha, cf. Corte-Real, C. Pamplona, "Os efeitos familiares e sucessórios da procriação" cit., p. 357, sustentando que é impugnável a validade do consentimento para a constituição da filiação decorrente de PMA (heteróloga) nos precisos termos que valem para a anulação da perfilhação, por analogia.

À luz desta ideia, será nula a declaração de consentimento para o recurso a procriação assistida, enquanto fonte de filiação, quando faltar a intenção dirigida à admissão da procriação ou a intenção de constituição do vínculo de filiação (cf. arts. 1635.º e 1900.º, n.º 1, al. *a*), analogicamente aplicáveis)[636].

É anulável o consentimento para a constituição da filiação decorrente de PMA heteróloga prestado por indivíduo que, na altura, tivesse menos de 16 anos, estivesse interdito por anomalia psíquica ou fosse notoriamente demente (cf. arts. 1601.º, als. *a*) e *b*), e 1850.º, n.º 1).

Embora o inabilitado por anomalia psíquica não tenha capacidade para casar, tem capacidade para perfilhar. O regime da anulação do consentimento para a filiação não adoptiva só não deve ser mais permissivo do que o da anulação da perfilhação. Independentemente disso, o consentimento pode ser anulado por incapacidade acidental (art. 1635.º, al. *a*), aplicado analogicamente).

É anulável o consentimento viciado por erro desculpável e essencial (objectiva e subjectivamente) sobre as qualidades essenciais do filho ou por coacção moral, contanto que fosse grave o mal com que o declarante tivesse sido ilicitamente ameaçado e justificado o receio da consumação (cf. arts. 1636.º, 1638.º; 1990.º, n.º 1, als. *c*) e *d*), e n.º 2)[637].

Verifica-se um erro sobre as qualidades da criança se o consentimento é prestado na suposição de que ela terá características fenotípicas semelhantes à dos beneficiários da PMA quando afinal as mesmas serão forçosamente diversas (p.e., porque a etnia do dador não é idêntica à dos beneficiários da PMA).

O regime da anulação do consentimento para a filiação não adoptiva é mais fechado do que o da anulação da perfilhação, em virtude da maior gravidade causal daquele consentimento: a perfilhação é posterior à concepção; o consentimento é anterior, podendo ter motivado a concepção de uma criança, cuja filiação deve ser, na medida do possível, mantida e constituída por razões de interesse público[638].

Não se aplica analogicamente o art. 1990.º, n.º 3: a solução consagrada, especialmente gravosa para o declarante, é compreensível somente no con-

636 Na parte geral, o desvalor das situações ditas de "falta de vontade" é superior ao das dos "vícios da vontade" (cf. arts. 240.º-246.º *versus* 247.º-257.º); no casamento não se prevê a nulidade para os casos de falta de vontade porque tal categoria está reservada aos casamentos católicos.

637 O art. 14.º, n.º 1, da LPMA exige a prestação de consentimento livre e esclarecido, sem esclarecer quais são as consequências do erro ou da coacção.

638 Daí que o art. 6.º, n.º 2, da LPMA não justifique a invalidade do consentimento prestado por quem tenha 16 ou 17 anos de idade.

texto do processo de adopção, em que é de esperar um cuidadoso enquadramento judicial da prestação do consentimento para a adopção.

Secção II
Extinção não retroactiva do vínculo de filiação

29. A extinção por morte do vínculo de filiação

I. Com a morte do pai ou do filho extingue-se o vínculo jurídico de filiação, cessando *ex nunc* a generalidade dos efeitos da filiação.

II. Apesar da morte do pai, o filho conserva o nome que lhe foi dado nos termos dos arts. 1875.º e 1988.º.

III. Com a morte de um sujeito da relação de filiação, o outro adquire certos direitos e prerrogativas, que, na filiação biológica, na filiação por PMA heteróloga e na adopção plena, são: o direito de suceder como herdeiro legítimo e legitimário do *de cuius*; o direito à transmissão por morte do arrendamento para habitação; o direito à indemnização por danos patrimoniais sofridos com a morte da vítima; e a legitimidade para requerer providências preventivas ou atenuantes da ofensa à memória do falecido.

IV. O direito de suceder como herdeiro legítimo e legitimário do *de cuius* é conferido pelos arts. 2133.º, n.º 1, als. a) e b), 2157.º e 1986.º, n.º 1.

O filho é chamado à sucessão do pai na primeira classe de sucessíveis, em eventual concurso com o cônjuge do *de cuius* não separado de pessoas e bens.

O pai é chamado à sucessão do filho, na falta de descendentes do falecido, em eventual concurso com o cônjuge do *de cuius*. Em concurso com o cônjuge do *de cuius*, aos pais pertencerão metade do que legalmente cabe àquele na herança (cf. arts. 2143.º, n.º 1, e 2157.º).

V. O direito à transmissão por morte do arrendamento para habitação depende dos requisitos do art. 1106.º.

Se o arrendatário falecido for o pai, o arrendamento transmite-se em favor do filho único ou mais velho que com aquele vivesse em economia comum há mais de um ano, com residência no locado também há mais de um ano (na falta de cônjuge, companheiro ou ascendente no primeiro grau da linha recta do falecido, em condições de beneficiar da transmissão).

Se o arrendatário falecido for o filho, o arrendamento transmite-se em favor do pai (mais velho) que com aquele vivesse em economia comum há mais de um ano, com residência no locado também há mais de um ano (na falta de cônjuge ou companheiro do falecido, em condições de beneficiar da transmissão).

Apesar de a letra do art. 1106.º não aludir à adopção, este vínculo familiar é relevante para efeitos de transmissão. A adopção é equiparada ao parentesco, nos termos do art. 1986.º.

Aos contratos celebrados antes da entrada em vigor do NRAU aplica-se o art. 57.º do NRAU (cf. arts. 26.º, n.º 2, e 28.º do NRAU): o pai ou filho só sucedem por morte no arrendamento na falta de cônjuge do primitivo arrendatário com residência no locado ou pessoa que com ele vivesse em união de facto (há mais de dois anos) com residência no locado (há mais de um ano); e o pai é chamado antes do filho.

O arrendamento transmite-se em favor do pai (mais velho) que convivesse com o primitivo arrendatário há mais de um ano. Não existindo pai, o arrendamento transmite-se em favor de filho com menos de 1 ano de idade ou que convivesse com o primitivo arrendatário há mais de um ano e seja menor de idade ou, tendo idade inferior a 26 anos, frequente o 11.º ano ou 12.º ano de escolaridade ou estabelecimento de ensino médio ou superior[639]. Por fim, é chamado o filho maior de idade, que convivesse com o primitivo arrendatário há mais de um ano e seja portador de deficiência com grau comprovado de incapacidade superior a 60%.

VI. O direito à indemnização por danos não patrimoniais sofridos com a morte da vítima está previsto no art. 496.º, n.ºs 2 e 3.

Sendo a vítima o pai, a indemnização cabe ao filho em concurso com o cônjuge do *de cuius* não separado de pessoas e bens ou com o companheiro do falecido. Sendo a vítima o filho, a indemnização cabe ao pai, na falta de descendentes, cônjuge do *de cuius* (não separado de pessoas e bens) e companheiro do falecido.

A legitimidade para requerer providências preventivas ou atenuantes da ofensa à memória do sujeito da relação de filiação que faleceu resulta dos arts. 71.º, n.º 2, 73.º, 75.º, n.º 2, 76.º, n.º 2, 79.º, n.º 1 (e 1986.º, n.º 1).

[639] Havendo vários filhos nestas condições, o transmissário será o mais velho.

30. Outros casos de extinção não retroactiva

A perfilhação[640], a declaração de maternidade[641], o consentimento para a filiação não adoptiva (após a concepção)[642] e a adopção[643] são irrevogáveis.

Por conseguinte, além da morte, o único caso de extinção *ex nunc* do vínculo de filiação está associado à adopção.

Ao mesmo tempo que constitui uma nova relação familiar, a sentença de adopção extingue a filiação anterior do adoptado, salvo se este for filho do cônjuge do adoptante[644] (art. 1986.º, n.º 1 e 2). E o efeito extintivo da adopção relativamente à filiação prévia do adoptado pode abranger a própria filiação adoptiva[645].

[640] Cf. art. 1858.º.

[641] Cf. VILALONGA, J. M. Dias, "Declaração de maternidade e perfilhação" cit., p. 194: aplica-se analogicamente o art. 1858.º.

[642] Por aplicação analógica do art. 1858.º, conjugado com o art. 14.º, n.º 4, da LPMA (no qual se determina que o consentimento à PMA é livremente revogável até ao início dos processos terapêuticos) e com o art. 1855.º (que só admite a perfilhação posterior à concepção).

[643] Cf. art. 1989.º. Na vigência da lei anterior, a não sujeição da adopção plena ao regime de revogação da adopção restrita suscitou críticas (cf. SILVA, N. Ascensão, *A constituição da adopção* cit., pp. 56, 60 e 61; OLIVEIRA, Guilherme de, *Critério Jurídico da Paternidade* cit., pp. 493-495, nota 57; CORTE-REAL, Carlos Pamplona/PEREIRA, José Silva, *Direito da Família* cit., p. 225). A possibilidade de revogação da adopção teria um duplo benefício: por um lado, funcionaria como meio de controlo do exercício do poder paternal pelo adoptante; por outro lado, evitaria uma prudência excessiva das entidades a quem incumbe a constituição da adopção, prudência que é induzida pela percepção da definitividade do vínculo.

[644] Cf., *supra*, nota 323.

[645] Cf., *supra*, Parte I, n.º 8.2.II, e o art.62.º-A, n.º 6, da Lei de Protecção, que exclui, em regra, visitas da "família adoptante" à criança, quando tenha sido aplicada medida de confiança a pessoa seleccionada para a adopção, a família de acolhimento ou a instituição com vista a adopção.

PARTE II

DIREITO TUTELAR

Capítulo I
Protecção de crianças e jovens em perigo[646]

1. A protecção das crianças

1.1. A protecção das crianças em geral

I. Verifica-se uma crescente sensibilidade em torno da protecção das crianças, que radica no desenvolvimento da percepção de que a criança é um *sujeito de direitos*, por um lado, e de que é um sujeito diferente em relação ao adulto, por outro lado.

A concepção moderna da criança como uma pessoa e uma pessoa que não é um jovem adulto, mas "um sujeito autónomo de direitos, com especificidades resultantes das características das fases próprias do seu desenvolvimento"[647], repercute-se na construção dos chamados "direitos das crianças"[648]; constru-

[646] Cf. Bolieiro, Helena/Guerra, Paulo, *A criança e a família* cit., pp. 33-107; Clemente, Rosa, *Inovação e modernidade no Direito de Menores (A perspectiva da Lei de Protecção de Crianças e Jovens em Perigo)*, Coimbra, Coimbra Editora, 2009; Abreu, Carlos Pinto/Carvalho, Inês/Ramos, Vânia Costa, *Protecção, Delinquência e Justiça de Menores – Um manual prático para juristas...e não só*, Lisboa, Edições Sílabo, 2010, pp. 79-110; Guerra, Paulo, *Lei de Protecção de Crianças e Jovens em Perigo anotada*, Coimbra, Almedina, 2016.

[647] Cf. Leandro, Armando, "Protecção dos direitos das crianças em Portugal", em AA.VV., *Direitos das crianças*, Coimbra, Coimbra Editora, 2004, p. 102.

[648] Para uma análise muito rigorosa do tema, cf. Alexandrino, José de Melo, "Os direitos das crianças – linhas para uma construção unitária", *ROA* 2008, pp. 275-309.

ção que pressupõe a necessidade de conferir uma protecção especial àqueles que têm menos de 18 anos de idade[649].

II. O art. 69.º da CRP consagra o princípio da protecção da infância, mediante o qual se reconhece às crianças, particularmente às crianças orfãs e abandonadas, o direito à protecção da sociedade e do Estado. Tal princípio abarca também os jovens[650].

No campo das fontes extra-estatais, é de destacar a Convenção sobre os Direitos da Criança[651]. Pelo respectivo art. 3.º, n.º 2, os Estados Partes comprometem-se a garantir à criança a protecção e os cuidados necessários ao seu bem-estar, "tendo em conta os direitos e deveres dos pais, representantes legais ou outras pessoas que a tenham legalmente a seu cargo".

1.2. A protecção civil das crianças

I. A protecção das crianças é fundamentalmente assegurada por normas civis e penais. No âmbito do Direito da Família, interessa-nos apenas a protecção civil.

O Código Civil contém normas sobre protecção civil dos menores, *v.g.*:

a) As normas atinentes às responsabilidades parentais, já que põem estas ao serviço do interesse do filho;
b) As normas relativas à inibição do exercício das responsabilidades parentais;
c) As normas que estabelecem limitações ao exercício das responsabilidades parentais;
d) As normas respeitantes aos meios de suprimento das responsabilidades parentais;
e) As normas que regulam a adopção, instituto que "visa realizar o superior interesse da criança".

[649] Nos termos do art. 1.º da Convenção sobre os Direitos da Criança, "criança é todo o ser humano menor de 18 anos, salvo se, nos termos da lei que lhe for aplicável, atingir a maioridade mais cedo".
[650] Cf. MIRANDA, Jorge/MEDEIROS, Rui, *Constituição Portuguesa anotada* cit., p. 1389.
[651] Cf. a análise de AMARAL, Pais do, "A criança e os seus direitos", em AA.VV., *Estudos em Homenagem a Rui Epifânio* cit., pp. 163-176.

II. A maioria das normas de protecção das crianças que estão incluídas no Código Civil é estudada no quadro do Direito da Filiação, não sendo reconduzidas a um autónomo Direito civil de Protecção.

As normas que justificam a autonomia do Direito civil de Protecção de crianças e jovens encontram-se na Lei de Protecção de Crianças e Jovens em Perigo, abreviadamente designada aqui como Lei de Protecção.

Enquanto área do Direito dos Menores, a matéria da protecção de crianças e jovens dá corpo ao Direito Tutelar de Protecção, que se contrapõe ao Direito Tutelar Educativo, uma grande divisão do Direito dos Menores, ou das Crianças, com cariz parapenal.

2. A Lei de Protecção de Crianças e Jovens em Perigo

2.1. O significado da Lei de Protecção de Crianças e Jovens em Perigo

I. A Lei de Protecção foi aprovada pela Lei n.º 147/99, de 1 de Setembro, constituindo um dos dois grandes diplomas do Direito dos Menores ou das Crianças. O outro é a Lei Tutelar Educativa, de cariz parapenal, que foi aprovada pela Lei n.º 166/99, de 14 de Setembro.

A Lei de Protecção adere a um novo modelo de protecção, afastando a concepção que via no ser humano com idade inferior a 18 anos um *objecto de protecção*, alguém que tinha de ser protegido para o seu próprio bem e para o bem da sociedade. A criança é encarada como uma verdadeira pessoa, um sujeito cujos direitos devem ser respeitados.

A Lei de Protecção constitui a peça fundamental do sistema civil vigente de protecção das crianças, adoptando um conceito jurídico de perigo que se inspira no art. 1918.º. Contudo, enquanto o art. 1918.º se cinge à protecção do filho menor, efectivada mediante providências judiciais, a Lei de Protecção, abstraindo de pequenas diferenças terminológicas (em vez de "segurança, saúde, formação moral ou educação", fala-se, no art. 3.º, n.º 1, de "segurança, saúde, formação, educação ou desenvolvimento"), admite a protecção do jovem com menos de 21 anos e não exclui a aplicação de medidas pelas comissões de protecção de crianças e jovens em perigo, que são entidades não judiciais.

A Lei de Protecção está vocacionada para a *defesa da pessoa* da criança, sendo composta por mais de 120 artigos. Assim sendo, o Código Civil é especialmente relevante no campo da protecção patrimonial da criança (cf. arts. 1920.º e 1921.º, n.º 2).

Apesar de tudo, a Lei da Protecção não anulou a projecção do Código Civil no domínio da protecção da esfera predominantemente pessoal dos filhos menores em perigo. O referido art. 1918.º subsiste no ordenamento e fundamenta providências distintas (providências tutelares cíveis) das que são aplicadas ao abrigo da Lei de Protecção (medidas de promoção e protecção).

II. A Lei de Protecção insere-se no movimento de cisão entre a intervenção tutelar relativa aos jovens que praticaram factos qualificados como crime e a intervenção tutelar respeitante àqueles que se encontram em perigo.

A Lei Tutelar Educativa prevê a aplicação de medidas que visam a educação dos infractores com idade inferior a 16 anos, na sequência de um processo em que eles beneficiam das garantias que, em idêntica situação, acompanham a investigação de um crime cometido por adulto. A Lei de Protecção destina-se a promover e a assegurar os direitos individuais das crianças e dos jovens que se encontrem em perigo.

2.2. Articulação entre a Lei de Protecção de Crianças e Jovens em Perigo, a Lei Tutelar Educativa e o Regime Geral de Processo Tutelar Cível

I. Mas a distinção entre a criança que é "delinquente" e aquela que é "vítima" não é perfeita.

A Lei Tutelar Educativa regula unicamente a situação das crianças com idade compreendida entre os 12 e os 16 anos (cf. respectivo art. 1.º)[652].

As crianças que tiverem menos de 12 anos de idade estão sujeitas ao regime da Lei de Protecção. Por conseguinte, todas as crianças com idade inferior a 12 anos podem ser acolhidas numa mesma instituição, ainda que uns tenham praticado factos que a lei qualifica como crime, e outros não.

De qualquer modo, o aspecto em apreço, mais ou menos discutível, indicia a recusa de um modelo de separação total entre a intervenção tutelar de protecção da intervenção tutelar educativa.

II. Há vários pontos de contacto entre a Lei Tutelar Educativa e a Lei de Protecção e entre esta e o RGPTC[653], que assentam, principalmente, no regime

[652] É penalmente imputável quem tiver idade igual ou superior a 16 anos (cf. art. 19.º do CP, *a contrario*).

[653] Recorde-se que o RGPTC regula o processo das providências tutelares cíveis (*v.g.*, as do art. 1918.º) e respectivos incidentes.

das comunicações obrigatórias (cf. arts. 69.º e 70.º da Lei de Protecção) e da apensação processual (cf. art. 81.º, da Lei de Protecção, e arts. 11, n.ºs 1 e 2, e 27.º, n.º 3, do RGPTC).[654]

3. A intervenção para protecção da criança e do jovem em perigo

3.1. O pressuposto da situação de perigo

O pressuposto da intervenção tutelar de protecção é fixado pela cláusula geral do art. 3.º, n.º 1, da Lei de Protecção: a intervenção é legítima quando os pais, o representante legal ou quem tenha a guarda de facto ponham em perigo a segurança, a saúde, a formação, a educação ou ou desenvolvimento da criança ou do jovem, ou quando esse perigo resulte de acção ou omissão de terceiros ou da própria criança ou jovem a aqueles não se oponham de modo adequado a removê-lo.

Ou seja, a criança ou o jovem tem de estar numa situação de perigo imputável aos pais, ao representante legal ou a quem tenha a guarda de facto[655].

Entende-se que a situação de perigo é imputável aos pais, ao representante legal ou a quem tenha a guarda de facto se o perigo tiver sido criado pelos mesmos ou se eles não tiverem agido de forma adequada a remover o perigo que foi criado por terceiros ou pela própria criança.

O art. 3.º, n.º 2, da Lei de Protecção, contém uma enumeração exemplificativa de situações de perigo.[656]

No conjunto das situações enunciadas, merecem destaque o abandono, os maus tratos e a insuficiência de cuidados parentais.

O abandono, o primeiro exemplo de situação de perigo que é apontado pelo art. 3.º, n.º 2, da Lei de Protecção, traduz-se numa hipótese extrema, em que a criança ou o jovem está entregue à sua sorte, totalmente desamparada, e os pais, o representante legal ou o guardião de facto não manifestam qualquer interesse pelo seu destino.

[654] Cf. VIDAL, Joana Marques, "Processos tutelares: que articulação?", em AA.VV., *Direito Tutelar de Menores (O sistema em mudança)*, Coimbra, Coimbra Editora, 2002, pp. 159 e s.

[655] Para efeitos da Lei de Protecção, a guarda de facto consiste na "relação que se estabelece entre a criança ou jovem e a pessoa que com ela vem assumindo, continuadamente, as funções próprias de quem tem responsabilidades parentais" (art. 5.º, al. b)).

[656] Sobre a (ir)relevância da insuficiência económica dos pais enquanto situação que legitima a intervenção para promoção e protecção, cf. PINHEIRO, J. Duarte, "Da confiança a pessoa idónea à confiança com vista a futura adopção", *Estudos de Direito da Família e das Crianças* cit., pp. 246 e s.

Os maus tratos, que se enquadram na al. b) do art. 3.º, n.º 2, da Lei de Protecção, podem ser físicos (*v.g.*, ofensas corporais) ou psíquicos (p.e., humilhações, ameaças).

A insuficiência de cuidados parentais, ou "negligência"[657], cabe na al. c) do art. 3.º, n.º 2, da Lei de Protecção, que alude à situação da criança ou do jovem que "não recebe os cuidados ou a afeição adequados à sua idade e situação pessoal" (falta de higiene, alimentação deficiente, ausência de atenção, etc.).

3.2. Princípios orientadores da intervenção

A intervenção tutelar de protecção está submetida a princípios que são consagrados em 11 alíneas do art. 4.º da Lei de Protecção.[658]

O primeiro dos princípios mencionados no art. 4.º da Lei de Protecção é o do interesse superior da criança e do jovem.

No entanto, o interesse superior da criança e do jovem não é suficiente para retirar carácter excepcional à intervenção, que está subordinada aos princípios da necessidade e proporcionalidade (al. e)).

E a explicitação do interesse superior da criança e do jovem enquanto princípio orientador da intervenção tutelar de protecção mostra que a prioridade atribuída aos interesses e direitos da criança e do jovem não obsta à "consideração que for devida a outros interesses legítimos, no âmbito dos interesses presentes no caso concreto" (al. a)).

3.3. Comunicação de situações de crianças e jovens em perigo

A intervenção é desencadeada pela tomada de conhecimento das situações de crianças e jovens em perigo.

[657] Palavra que traduz o termo inglês "neglect" e que, neste contexto, não tem o significado de negligência no domínio da responsabilidade civil e criminal.

[658] BOLIEIRO, Helena/GUERRA, Paulo, *A criança e a família* cit., p. 40, mencionam outro, o princípio da interdisciplinariedade, "não previsto no art. 4.º da LPCJP, mas intuído ao longo do diploma", que consistiria na exigência da intervenção "ser efectuada com o contributo dos vários saberes e instituições que concorrem na acção protectiva, em conjugação de esforços e de forma articulada". Igualmente, GUERRA, Paulo, *Lei de Protecção de Crianças e Jovens em Perigo* cit., p. 27.

Os arts. 64.º e s. da Lei de Protecção regulam a comunicação de situações de crianças e jovens em perigo[659]. As comunicações de situações de crianças e jovens em perigo devem ser feitas às comissões de protecção por entidades policiais e autoridades judiciárias (cf. arts. 64.º, n.º 1, da Lei de Protecção), bem como por entidades com competência em matéria de infância e juventude, nos termos do art. 65.º, n.º 1, da Lei de Protecção

Por seu turno, as comissões de protecção de crianças e jovens efectuam comunicações ao Ministério Público nos casos que estão previstos nos arts. 68.º e 69.º da Lei de Protecção.

Qualquer pessoa que tenha conhecimento de situações de perigo pode comunicá-las às entidades com competência em matéria de infância, às comissões de protecção de crianças e jovens ou às autoridades judiciárias (art. 66.º, n.º 1, da Lei de Protecção). A comunicação é obrigatória se estiver em risco a vida, a integridade física ou psíquica ou a liberdade de criança ou jovem (art. 66.º, n.º 2, da Lei de Protecção).

3.4. Competência para intervir

I. Em caso de perigo para a criança ou para o jovem, o art. 6.º da Lei de Protecção dispõe que a intervenção tutelar incumbe às entidades com competência em matéria de infância e juventude, às comissões de protecção de crianças e jovens e aos tribunais.

Também não pode ser ignorado o papel do Ministério Público na promoção e defesa dos direitos das crianças e dos jovens em perigo, que é expressamente reconhecido pelo art. 72.º, n.º 1, da Lei de Protecção.

A intervenção das entidades com competência em matéria de infância e juventude (p.e., estabelecimentos de ensino) é efectuada de modo consensual com os pais, representantes legais ou com quem tenha a guarda de facto da criança ou do jovem (art. 7.º da Lei de Protecção). Tais entidades não podem aplicar medidas de promoção dos direitos e de protecção, que incumbem exclusivamente às comissões de protecção de crianças e jovens e aos tribunais (art. 38.º da Lei de Protecção).

[659] Cf. ainda os arts. 101.º-B, n.º 2, e 102.º-A, n.º 2, do CRC: sempre que a declaração de nascimento em unidade de saúde não seja prestada por um dos pais, esse facto deve ser comunicado à Comissão Nacional de Protecção de Crianças e Jovens em Perigo.

II. As comissões de protecção de crianças e jovens.

Os arts. 12 º e s. da Lei de Protecção regulam a natureza, competência, composição e funcionamento das comissões de protecção de crianças e jovens.

Qualificadas como "instituições oficiais não judiciárias com autonomia funcional" (cf. art. 12.º, n.º 1, da Lei de Protecção), as comissões de protecção podem aplicar todas as medidas de promoção e protecção, com excepção da medida de confiança a pessoa seleccionada para a adopção, a família de acolhimento ou a instituição com vista à adopção, reservada aos tribunais (art. 38.º da Lei de Protecção).

Por força do princípio da subsidiariedade (art. 4.º, al. *k*), da Lei de Protecção), que só, em última instância, admite a intervenção judicial, as comissões de protecção assumem a posição de entidades privilegiadas no sistema de protecção das crianças e jovens em perigo.

Um tanto ou quanto paradoxalmente, a intervenção destas comissões está muito condicionada. Dado o carácter não judicial das comissões, a sua autoridade tem de ser aceite pelos interessados, em cada caso concreto, sendo exigido o consentimento expresso dos pais, do representante legal ou da pessoa que tenha a guarda de facto da criança (art. 9.º da Lei de Protecção), e a não oposição da criança ou jovem com idade igual ou superior a 12 anos ou da criança que, tendo idade inferior a 12 anos, compreenda o sentido da intervenção (art. 10.º da Lei de Protecção).

III. A intervenção do Ministério Público é disciplinada pelos arts. 72.º e s. da Lei de Protecção.

O art. 72.º confere ao Ministério Público competência para fiscalizar a actividade das comissões de protecção e para propor acções ou usar de quaisquer meios judiciais necessários à promoção e protecção das crianças e jovens em perigo.

IV. Só os tribunais podem aplicar a medida de confiança a pessoa seleccionada para a adopção, a família de acolhimento ou a instituição com vista à adopção (art. 38.º da Lei de Protecção).

Noutros casos, a intervenção judicial tende a ser subsidiária relativamente à acção da comissão de protecção (cf. art. 11.º da Lei de Protecção), ocorrendo, designadamente, quando não seja possível a intervenção da comissão por faltar o consentimento dos pais da criança ou jovem.[660]

[660] No domínio da promoção e protecção, é competente o tribunal de comarca (art. 80.º, n.º 1, da LOSJ). A competência é exercida, mais precisamente, pelas secções de família e menores deste tribunal (art. 124.º, n.º 1, da LOSJ), quando existam.

4. Medidas de promoção dos direitos e de protecção das crianças e dos jovens em perigo

4.1. Enumeração

Detectada a situação de perigo, a intervenção pode traduzir-se na aplicação de uma das medidas de promoção dos direitos e de protecção das crianças e dos jovens em perigo.

As medidas em apreço, abreviadamente designadas por medidas de promoção e protecção (cf. art. 34.º da Lei de Protecção), são enumeradas no art. 35.º, n.º 1, da Lei de Protecção: apoio junto dos pais; apoio junto de outro familiar; confiança a pessoa idónea; apoio para a autonomia da vida; acolhimento familiar; acolhimento residencial[661]; confiança a pessoa seleccionada para a adopção, a família de acolhimento ou a instituição com vista à adopção.

Não são admitidas outras medidas além das que constam no art. 35.º, n.º 1, salvo "quando exista perigo actual ou iminente para a vida ou de grave comprometimento da integridade física da criança ou do jovem" (cf., nomeadamente, arts. 91.º, n.º 1, e 92.º, n.º 1, também da Lei de Protecção).[662]

A exposição de motivos da iniciativa que deu origem à Lei de Protecção (Proposta de Lei n.º 265/VII, *DAR* II série-A, n.º 54, de 17 de Abril de 1999) atribui carácter excepcional à intervenção para protecção, considerando que esta implica restrições a direitos fundamentais dos pais (designadamente, do direito à educação e à manutenção dos filhos) e dos filhos (liberdade e autodeterminação pessoal). E, efectivamente, a Lei de Protecção submete a intervenção para protecção aos princípios da necessidade e proporcionalidade (cf. art. 4.º, al. e)), que são associados às restrições em matéria de direitos fundamentais (cf. art. 18.º, n.º 2, da CRP).[663]

Apesar disso, as medidas de promoção de protecção podem ser decididas a título cautelar (cf. arts. 35.º, n.º 2, e 37.º da Lei de Protecção).

[661] "Acolhimento em instituição", na terminologia anterior à última redacção da Lei de Protecção, introduzida pela Lei n.º 142/2015, de 8 de Setembro.

[662] Aparentemente, é pacífico o carácter taxativo do art. 35.º, n.º 1: cf. BOLIEIRO, Helena/GUERRA, Paulo, *A criança e a família* cit., p. 70; CLEMENTE, Rosa, *Inovação e modernidade no Direito de Menores* cit., pp. 74-75.

[663] Cf. RODRIGUES, Anabela Miranda, "O superior interesse da criança", em AA.VV., *Estudos em Homenagem a Rui Epifânio* cit., p. 37, que subscreve integralmente esta perspectiva.

4.2. Classificações

O art. 35.º, n.º 2, da Lei de Protecção, distingue as medidas de promoção e protecção a executar no meio natural de vida das medidas a executar em regime de colocação.

A dicotomia é claramente concretizada pelo art. 35.º, n.º 3, da Lei de Protecção. São medidas a executar no meio natural de vida: o apoio junto dos pais; o apoio junto de outro familiar; a confiança a pessoa idónea; o apoio para a autonomia de vida; e confiança a pessoa seleccionada para a adopção. Constituem medidas a executar em regime de colocação: o acolhimento familiar; o acolhimento residencial; e a confiança a família de acolhimento ou a instituição com vista à adopção.

Outra classificação, implícita no art. 36.º da Lei de Protecção, opõe as medidas decorrentes de negociação às demais.

As medidas decorrentes de negociação integram um acordo de promoção e protecção, no qual é manifestado o consentimento dos pais, do representante legal ou da pessoa que tem a guarda de facto da criança ou do jovem, e o consentimento da criança ou do jovem com mais de 12 anos.

As medidas aplicadas pelas comissões de protecção são necessariamente decorrentes de negociação (cf. arts. 9.º e 10.º da Lei de Protecção). As medidas aplicadas pelos tribunais podem ser negociadas (cf. art. 112.º da Lei de Protecção) ou impostas (cf. art. 11.º, als. *b)* a *e)*, da Lei de Protecção).

4.3. Prioridade a observar na aplicação das medidas de promoção e protecção

Há que articular os princípios da necessidade, da proporcionalidade e da prevalência da família.

O princípio da prevalência da família confere preferência às medidas que integrem a criança e o jovem na sua família ou que promovam a sua adopção ou outra forma de integração familiar estável (art. 4.º, al. *g)*, da Lei de Protecção). Os outros princípios recomendam a escolha de providências que afectem o menos possível a vida da criança ou do jovem e da sua família.

Mas a articulação dos mencionados princípios não permite apontar para uma ordem abstracta na aplicação das medidas de promoção e protecção (que já se considerou que seria justamente aquela que é seguida pelo legislador na enumeração do art. 35.º, n.º 1, da Lei de Protecção[664]) ou para uma prioridade genérica das medidas a executar no meio natural de vida[665].

O único elemento seguro é o da prevalência da medida de acolhimento familiar sobre a de acolhimento residencial, em especial relativamente a crianças até aos seis anos de idade (cf. art. 46.º, n.ºs 4 e 5, da Lei de Protecção).

4.4. Medidas de promoção e protecção em especial

I. Segue-se uma breve análise das medidas de promoção e protecção. Primeiramente, serão tratadas as medidas a executar no meio natural de vida, com excepção da confiança a pessoa seleccionada para a adopção. Depois, o acolhimento familiar e o acolhimento residencial.

Será conferido um lugar à parte às três confianças que têm em vista a adopção. Embora a confiança a pessoa seleccionada para adopção se execute no meio natural de vida, enquanto a confiança a família de acolhimento ou a instituição com vista à adopção se efectivem em regime de colocação, o carácter peculiar comum de todas justifica uma consideração unitária, autonomizada das restantes medidas[666].

II. Medidas a executar no meio natural de vida (abstraindo da confiança a pessoa seleccionada para a adopção).

À luz do art. 39.º da Lei de Protecção, a medida de *apoio junto dos pais* consiste em proporcionar à criança ou jovem apoio de natureza psicopedagógica e social e, quando necessário, ajuda económica.

[664] Cf. Pinheiro, J. Duarte, *O Direito da Família Contemporâneo*, 4.ª ed., Lisboa, AAFDL, 2013, p. 363.

[665] Deste modo, Ramião, Tomé d'Almeida, *Lei de Protecção de Crianças e Jovens em Perigo* cit., p. 70. Salvo melhor opinião, a proposta de uma ordem que põe a confiança a pessoa seleccionada para a adopção à frente do acolhimento familiar sobrevaloriza o princípio da prevalência da família, sacrificando excessivamente os princípios da necessidade e da proporcionalidade. Por maioria de razão, não concordamos com a defesa (feita por Martins, Norberto, "Os direitos das crianças para terem direito a uma família", em AA.VV., *Estudos em Homenagem a Rui Epifânio* cit., pp. 207-208) da possibilidade de aplicação da medida de confiança com vista à adopção, sem necessidade de justificar a não ponderação das medidas que figuram nas alíneas precedentes do art. 35.º, n.º 1, da Lei de Protecção.

[666] Recorde-se que a confiança a pessoa seleccionada para a adopção, a família de acolhimento ou a instituição é a única medida de promoção e protecção que só pode ser aplicada pelos tribunais (art. 38.º da Lei de Protecção).

Para os efeitos do DL n.º 12/2008, de 17 de Janeiro, que estabelece o regime de execução de várias medidas a executar em meio natural de vida, entre as quais o apoio junto dos pais, a palavra "pais" abrange os pais, o representante legal ou a pessoa que tenha a guarda de facto da criança ou do jovem (art. 4.º, al. *a)*), pelo que a medida do art. 39.º da Lei de Protecção pode ser aplicada também à criança ou o jovem *junto do representante legal ou da pessoa que tenha a guarda de facto*.

A criança ou o jovem beneficia de determinados apoios, permanecendo com os pais, o representante legal ou a pessoa que tenha a guarda de facto.

A medida de *apoio junto de outro familiar* consiste na colocação da criança ou do jovem sob a guarda de um familiar com quem resida ou a quem seja entregue, acompanhada de apoio de natureza psicopedagógica e social e, quando necessário, ajuda económica (art. 40.º da Lei de Protecção).

A medida de *confiança a pessoa idónea* consiste na colocação da criança ou do jovem, sob a guarda de uma "pessoa que, não tendo qualquer relação familiar com a criança ou o jovem, com eles tenha estabelecido relação de afectividade recíproca" (art. 43.º, n.º 1, da Lei de Protecção).

A medida de *apoio para a autonomia de vida* consiste em proporcionar directamente ao jovem com idade superior a 15 anos apoio económico e acompanhamento psicopedagógico e social, nomeadamente através do acesso a programas de formação, visando proporcionar-lhe condições que o habilitem e lhe permitam viver por si só e adquirir progressivamente autonomia de vida (art. 45.º, n.º 1, da Lei de Protecção).

Quando seja aconselhável, a medida pode ser aplicada a mães com idade inferior a 15 anos (art. 45.º, n.º 2, da Lei de Protecção).

III. No âmbito das medidas a executar no meio natural de vida, são prestados apoios psicopedagógicos, sociais e económicos.

O apoio psicopedagógico consiste numa intervenção de natureza psicológica e pedagógica que tenha em conta as diferentes etapas de desenvolvimento da criança ou do jovem e o respectivo contexto familiar e que vise, nomeadamente, promover o desenvolvimento integral da criança ou do jovem (art. 11.º, corpo e parte da al. *a)*, do DL n.º 12/2008, de 17 de Janeiro).

O apoio social consiste numa intervenção que envolve os recursos comunitários, tendo em vista contribuir para o desenvolvimento integral da criança ou jovem e para a satisfação das necessidades sociais do agregado familiar (art. 12.º, n.º 1, do DL n.º 12/2008, de 17 de Janeiro). Concretiza-se, nomeadamente, mediante a criação de condições para a prestação de cuidados adequados de alimentação, higiene, saúde, segurança, educação e bem-estar (art. 12.º, n.º 2, al. a), do DL n.º 12/2008, de 17 de Janeiro).

O apoio económico consiste na atribuição de uma prestação pecuniária, a pagar pelos serviços distritais da segurança social, para a manutenção da criança ou jovem, ao agregado familiar com quem reside, tendo como fundamento a necessidade de garantir os cuidados adequados ao desenvolvimento integral da criança ou jovem (art. 13.º, n.º 1, do DL n.º 12/2008, de 17 de Janeiro). Na medida de apoio para a autonomia de vida, a prestação pecuniária é atribuída directamente ao jovem (art. 13.º, n.º 5, do DL n.º 12/2008, de 17 de Janeiro, na redacção do Decreto-Lei n.º 63/2010, de 9 de Junho).

IV. Acolhimento familiar.

O acolhimento familiar consiste na atribuição da confiança da criança ou do jovem a pessoa singular ou a uma família, habilitadas para o efeito (art. 46.º, n.º 1, da Lei de Protecção). A confiança só pode ser atribuída a pessoas que não tenham qualquer relação de parentesco com a criança ou o jovem (art. 7.º do DL n.º 11/2008, de 17 de Janeiro) e que não sejam candidatos à adopção (art. 14.º, n.º 1, al. e), do DL n.º 11/2008, de 17 de Janeiro)[667].

De acordo com o DL n.º 11/2008, de 17 de Janeiro, o acolhimento familiar pode ser feito em lar familiar ou em lar profissional. O acolhimento em lar profissional destina-se a crianças e jovens com necessidades especiais, que exijam adequada preparação e capacidade técnica (art. 9.º, n.º 1, do DL n.º 11/2008, de 17 de Janeiro).

As condições de acolhimento constam de contrato, assinado pelo representante legal da instituição de enquadramento e responsável pelo acolhimento familiar (art. 38.º do DL n.º 11/2008, de 17 de Janeiro). O acolhimento familiar é tido como um serviço, que é, em regra, remunerado (cf., além do art. 38.º, os arts. 39.º, al. e), 43.º e 44.º, do DL n.º 11/2008, de 17 de Janeiro).

[667] Cf. Bolieiro, Helena, "O direito da criança a uma família: algumas reflexões", em AA.VV., *Estudos em Homenagem a Rui Epifânio* cit., p. 108: afirmando que "não está no desiderato da nossa lei consagrar a adopção de uma criança pela sua família de acolhimento", a ilustre magistrada pergunta se, no caso de ser inviável o regresso do menor à família biológica, mesmo tendo em conta o quadro legal vigente, não é admitir "a «conversão» da família de acolhimento em solução familiar permanente, alternativa à família natural". De acordo com Guerra, Paulo, *Lei de Protecção de Crianças e Jovens em Perigo* cit., p. 103, após a Lei n.º 142/2015, de 8 de Setembro, "deixa de se pensar o acolhimento familiar como uma medida que deva ser necessariamente uma ante-câmara do regresso à família de origem."

V. Acolhimento residencial[668].

A medida de acolhimento residencial consiste na colocação da criança ou jovem aos cuidados de uma entidade que disponha de instalações, equipamento de acolhimento e recursos humanos permanentes, devidamente dimensionados e habilitados, que lhes garantam os cuidados adequados (art. 49.º, n.º 1, da Lei de Protecção).

O acolhimento residencial tem lugar em casas de acolhimento, que se devem organizar de modo a favorecer uma relação afectiva de tipo familiar, uma vida diária personalizada e a integração na comunidade (arts. 50.º, n.º 1, e 53.º, n.º 1, da Lei de Protecção). As casas de acolhimento podem organizar-se por unidades especializadas, nomeadamente, para resposta em situações de emergência, para resposta a problemáticas específicas e necessidades de intervenção educativa e terapêutica evidenciadas pelas crianças e jovens a acolher ou para o apoio e promoção de autonomia de jovens (art. 50.º, n.º 2, da Lei de Protecção).

VI. Confiança a pessoa seleccionada para a adopção, a família de acolhimento ou a instituição com vista a futura adopção.

Esta medida consiste na colocação da criança ou do jovem sob a guarda ou de candidato seleccionado para a adopção pelo competente organismo da segurança social, ou de família de acolhimento com vista a futura adopção ou de instituição também com vista a futura adopção (art. 38.º-A da Lei de Protecção).

A medida é aplicável quando se verifique uma das situações que o art. 1978.º prevê como fundamento de confiança com vista a futura adopção (art. 38.º-A da Lei de Protecção); tem como efeito a inibição dos pais do exercício das responsabilidades parentais (art. 1978.º-A); leva à designação de um curador provisório à criança até ser decretada a adopção ou instituída outra medida tutelar cível (art. 62.º-A, n.º 3, da Lei de Protecção, e art. 167.º, n.º 1, da OTM); e, em regra, obsta a visitas por parte da família da criança (art. 62.º-A, n.º 6, da Lei de Protecção).

O exercício das funções de curador provisório incumbe à pessoa seleccionada para a adopção ou, no caso de confiança a família de acolhimento ou a instituição, de preferência, a pessoa que tenha um contacto mais directo com a criança (art. 62.º-A, n.ºs 4 e 5, da Lei de Protecção).

[668] "Acolhimento em instituição", na terminologia anterior à última redacção da Lei de Protecção, introduzida pela Lei n.º 142/2015, de 8 de Setembro.

4.5. Os acordos de promoção e protecção

As medidas decorrentes de negociação integram um acordo de promoção e protecção, que o art. 5.º, al. *f*), da Lei de Protecção, define como sendo o "compromisso escrito entre as comissões de protecção de crianças e jovens ou o tribunal e os pais, representante legal ou quem tenha a guarda de facto e, ainda, a criança e o jovem com mais de 12 anos, pelo qual se estabelece um plano contendo medidas de promoção de direitos e de protecção".

O acordo inclui o prazo por que é estabelecido e em que deve ser revisto (art. 55.º, n.º 1, al. *c*), da Lei de Protecção); e não pode conter cláusulas que imponham obrigações abusivas ou que introduzam limitações ao funcionamento da vida familiar para além das necessárias a afastar a situação concreta de perigo (art. 55.º, n.º 2, da Lei de Protecção).

O art. 56.º da Lei de Protecção regula o conteúdo específico do acordo de promoção e protecção relativo a medidas em meio natural de vida. Este O acordo deve incluir cláusulas, nomeadamente, sobre os cuidados a prestar à criança ou ao jovem pelos pais ou pelas pessoas a quem sejam confiados; o plano de escolaridade, formação profissional, trabalho e ocupação dos tempos livres; o plano de cuidados de saúde, incluindo consultas de orientação psicopedagógica; e o apoio económico a prestar.

O art. 57.º da Lei de Protecção ocupa-se do conteúdo do acordo de promoção e protecção relativo a medidas de colocação.

A par das cláusulas previstas para o acordo relativo a medidas em meio natural de vida, devidamente adaptadas, o acordo relativo a medidas de colocação deve ter cláusulas, nomeadamente, sobre a modalidade de integração no acolhimento e a eventual especialização da resposta; as visitas por parte da família e as visitas da criança ou do jovem à família; os gastos com o sustento da criança ou do jovem; e a informação a prestar às entidades administrativas e às autoridades judiciárias.

4.6. Execução, duração, revisão e cessação das medidas de promoção e protecção

I. Execução das medidas de promoção e protecção.

As medidas aplicadas pelas comissões de protecção são executadas por estas entidades nos termos do acordo de promoção e protecção (art. 59.º, n.º 1, da Lei de Protecção).

A execução das medidas judiciais é dirigida e controlada pelo tribunal que as aplicou, ao qual cabe designar equipa específica ou entidade que considere mais adequada para o acompanhamento da execução e não seja uma comissão de protecção (arts. 59.º, n.ºs 2 e 3, e 125.º, da Lei de Protecção).

Ao abrigo do art. 7.º, al. b), do DL n.º 332-B/2000, de 30 de Dezembro, compete às equipas multidisciplinares do sistema de solidariedade e de segurança social o acompanhamento da execução das medidas de promoção e protecção que forem aplicadas pelo tribunal.

O art. 35.º, n.º 4, da Lei de Protecção, determina que o regime de execução das medidas tipificadas no seu n.º 1 consta de legislação própria. O regime de execução da medida de acolhimento familiar consta do DL n.º 11/2008, de 17 de Janeiro. O DL n.º 12/2008, de 17 de Janeiro, fixa o regime de execução das medidas de apoio junto dos pais, de apoio junto de outro familiar, da confiança a pessoa idónea e do apoio para a autonomia de vida. Aguarda-se a legislação que irá regulamentar o regime de organização das casas de acolhimento de crianças e jovens (cf. art. 50.º, n.º 4, da Lei de Protecção).

II. Duração das medidas.

A duração das medidas a executar no meio natural de vida (abstraindo da confiança a pessoa seleccionada para a adopção) é a que resultar do acordo ou da decisão judicial, não podendo, em regra, exceder o prazo de um ano (cf. art. 60.º da Lei de Protecção).

A duração das medidas de acolhimento familiar e de acolhimento residencial é a que for estabelecida no acordo ou na decisão judicial (art. 61.º da Lei de Protecção).

A medida de confiança a pessoa seleccionada para a adopção, a família de acolhimento ou a instituição com vista à adopção dura até que esta seja decretada (art. 62.º-A, n.º 1, da Lei de Protecção).

III. Revisão das medidas.

O art. 62.º da Lei de Protecção regula a revisão das medidas de promoção e protecção, com excepção da medida de confiança a pessoa seleccionada para a adopção, a família de acolhimento ou a instituição com vista à adopção: as medidas aplicadas são obrigatoriamente revistas findo o prazo fixado no acordo ou na decisão judicial e, em qualquer caso, decorridos períodos nunca superiores a seis meses (n.º 1); a revisão pode ocorrer antes disso, desde que ocorram factos que a justifiquem (n.º 2); a decisão de revisão pode decretar a cessação, a substituição, a continuação ou a prorrogação da medida (n.º 3).

O art. 62.º-A, n.º 1, da Lei de Protecção determina que a confiança a pessoa seleccionada para a adopção, a família de acolhimento ou a instituição com vista à adopção não está sujeita a revisão. Mas o n.º 2 admite, a título excepcional, revisão nos casos em que a sua execução se revele manifestamente inviável, designadamente quando a criança atinja a idade limite para a adopção sem que o projecto de adopção se tenha concretizado.

IV. As medidas de promoção e protecção cessam nas hipóteses previstas no art. 63.º, n.º 1, da Lei de Protecção. Ou seja, quando: decorrer o respectivo prazo de duração ou prorrogação; a decisão de revisão determinar a cessação da medida; for decretada a adopção, no caso de medida de confiança a pessoa seleccionada para a adopção, a família de acolhimento ou a instituição com vista à adopção; o jovem atingir a maioridade ou, se tiver solicitado a continuação da medida para além da maioridade, completar os 21 anos de idade; for proferida decisão em procedimento cível que assegure o afastamento da criança ou do jovem da situação de perigo.

4.7. O processo

I. As disposições comuns aos processos de promoção e protecção, instaurados nas comissões de protecção e nos tribunais, encontram-se nos arts. 77.º a 90.º da Lei de Protecção.

É consagrado o princípio da audição obrigatória e participação (arts. 84.º e 85.º). São ouvidos sobre a situação que originou a intervenção e relativamente à aplicação, revisão ou cessação das medidas de promoção e protecção: as crianças e os jovens nos termos previstos nos arts. 4.º e 5.º do RGPTC; os pais, o representante legal e as pessoas que tenham a guarda de facto da criança ou do jovem.

O processo de promoção e protecção deve decorrer de forma compreensível para a criança ou o jovem, considerando a idade e o grau de desenvolvimento intelectual ou psicológico (art. 86.º, n.º 1).

O processo é de carácter reservado (art. 88.º, n.º 1).

Os órgãos de comunicação social que divulguem situações de crianças ou jovens em perigo não podem identificar, nem transmitir elementos, sons ou imagens que permitam a sua identificação, sob pena de os seus autores incorrerem na prática de crime de desobediência (art. 90.º, n.º 1).

O processo nas comissões de protecção é especialmente regulado pelos arts. 93.º a 99.º da Lei de Protecção, iniciando-se com o recebimento da comunicação escrita ou com o registo das comunicações verbais ou dos factos de que a comissão tiver conhecimento (art. 97.º, n.º 1).

Segue-se a fase de instrução, que inclui a recolha de informação, as diligências e os exames necessários e adequados ao conhecimento da situação, à fundamentação da decisão, à aplicação da respectiva medida e à sua execução (art. 97.º, n.º 2). Após a instrução, é tomada a decisão (cf. art. 98.º).

Os arts. 100.º a 126.º da Lei de Protecção tratam do processo de promoção e protecção nos tribunais, que é de jurisdição voluntária (art. 100.º) e urgente (art. 102.º, n.º 1).

O processo judicial de promoção e protecção é instruído e julgado pelas secções de família e menores da instância central do tribunal de comarca, quando existam (art. 101.º). A iniciativa processual cabe ao Ministério Público (art. 105.º, n.º 1).

O processo em apreço é constituído pelas fases de instrução, decisão negociada, debate judicial, decisão e execução da medida (art. 106.º, n.º 1).

Encerrada a instrução, é designado dia para uma conferência com vista à obtenção de acordo de promoção e protecção ou tutelar cível (art. 110.º, al. b)).

Se não tiver sido possível obter o acordo, passa-se ao debate judicial (cf. art. 114.º), fase em que é obrigatória a constituição de advogado ou a nomeação de patrono à criança ou jovem (art. 103.º, n.º 4, 1.ª parte). É ainda obrigatória a constituição de advogado ou nomeação de patrono aos pais quando esteja em causa a aplicação da medida de confiança a pessoa seleccionada para a adopção, a família de acolhimento ou a instituição com vista à adopção (art. 103.º, n.º 4, 2.ª parte)[669].

O debate é efectuado perante um tribunal composto pelo juiz, que preside, e por dois juízes sociais (art. 115.º).

Terminado o debate, o tribunal decide, sendo a decisão tomada por maioria de votos (art. 120.º).

II. Os arts. 91.º e 92.º da Lei de Protecção referem-se aos procedimentos de urgência. Quando haja perigo actual ou iminente para a vida ou de grave comprometimento da integridade física da criança ou do jovem, cessam as restrições específicas à intervenção não judicial, nos termos do art. 91.º, n.º 1.

[669] A obrigatoriedade de patrocínio dos pais só foi consagrada mediante alteração introduzida pela Lei n.º 142/2015, de 8 de Setembro. A situação legislativa anterior criou, naturalmente, problemas internos e internacionais ao Estado português (caso Liliana Melo – cf., *supra*, nota 165).

Capítulo II

O apadrinhamento civil[670]

5. O contexto do instituto

O instituto do apadrinhamento civil foi criado pela Lei n.º 103/2009, de 11 de Setembro, que estabeleceu o respectivo regime jurídico.

Vigorava na época um sistema de adopção interna que distinguia entre adopção plena e restrita.

A adopção plena implicava a integração total e exclusiva do adoptado na família do adoptante, isto é, o adoptado adquiria a situação de filho do adoptante, extinguindo-se as relações entre o adoptado e a sua família biológica (cf. art. 1986.º, n.º 1, na redacção do Decreto-Lei n.º 496/77, de 22 de Maio, que foi modificado pela Lei n.º 143/2015, de 8 de Setembro). A adopção restrita traduzia-se fundamentalmente na atribuição do poder paternal ao adoptante, conservando-se, no restante, a generalidade dos laços entre o adoptado e a sua família natural (cf. arts. 1994.º e 1997.º, na redacção do Decreto-Lei

[670] Cf. Observatório Permanente de Adopção, *Regime jurídico do apadrinhamento civil anotado*, Coimbra, Coimbra Editora, 2011; Ramião, Almeida, *Apadrinhamento civil – anotado e comentado*, Lisboa, *Quid Juris*, 2011; três artigos incluídos na obra colectiva *Estudos em homenagem ao Prof. Doutor Heinrich Ewald Hörster*, Coimbra, Almedina, 2012 [Dias, Cristina Araújo, "Algumas notas em torno do regime jurídico do apadrinhamento civil", pp. 161-195; Ferreira, Maria Elisabete, "Algumas notas sobre o regime jurídico do apadrinhamento civil", pp. 411-424; e Guimarães, Maria Raquel, "O novo regime português do «apadrinhamento civil» (Lei n.º 103/2009, de 11 de Setembro)", pp. 479-497]; Madeira, Laura Fernandes, "Apadrinhamento civil", *Revista IBDFAM Famílias e Sucessões*, n.º 6, 2014, pp. 143-163.

n.º 496/77, de 22 de Maio, que foram revogados pela Lei n.º 143/2015, de 8 de Setembro).

Não obstante a eficácia comparativamente limitada da adopção restrita, os requisitos da sua constituição eram semelhantes aos de constituição do vínculo de adopção plena, sendo, por isso, tidos como algo excessivos.[671]

Em 2009, os processos findos de constituição de adopção restrita representaram menos de 2,3% do total dos processos de adopção findos em Portugal.[672]

Os números revelavam uma nítida preferência prática conferida à adopção plena em detrimento da adopção restrita, legitimando a dúvida sobre a pertinência da subsistência de um instituto cuja abolição já tinha sido ponderada em 1977[673].

Apesar de tudo, entendia-se que a adopção restrita devia ser mantida e divulgada[674], por várias razões[675]: correspondia à chamada "open adoption", muito difundida nos Estados Unidos[676], pelo que não seria de excluir a sua utilização acrescida por força de um fenómeno mimético; facilitava o consentimento dos pais biológicos para a adopção (por não implicar um corte absoluto dos laços entre eles e o adoptado); traduzia um eventual instrumento de uma nova cultura da adopção, em que esta figura não fosse concebida como uma imitação da filiação biológica, uma filiação de segunda ou um "mal menor",

[671] Cf. GERSÃO, Eliana, "Adopção – Mudar o quê?" cit., p. 844, nota 38; PINHEIRO, J. Duarte, *O Direito da Família Contemporâneo*, 4.ª ed., Lisboa, AAFDL, 2013, p. 200.

[672] Segundo a Base de Dados PORDATA (disponível em http://www.pordata.pt e consultada em 14/06/2016), os processos de adopção findos em 2009 foram 586, incluindo 567 de constituição do vínculo de adopção plena, 13 de constituição do vínculo de adopção restrita e 6 de conversão da adopção restrita em plena.

[673] Cf., nomeadamente, SILVA, N. Ascensão, *A constituição da adopção* cit., pp. 56, 57-60, que questionava o sentido da manutenção da adopção restrita.

[674] Cf. GERSÃO, Eliana, "Adopção – Mudar o quê?" cit., p. 846, que considerava que a figura tinha sido indevidamente remetida para uma "zona de penumbra e de esquecimento". Cf., no entanto, CORTE-REAl, Carlos Pamplona/PEREIRA, José Silva, *Direito da Família* cit., pp. 218-219, que, contrastando os efeitos da adopção restrita com os da adopção plena, concluíam que a primeira modalidade de adopção só se afigurava legítima "se corresponder, v.g., a um estado intermédio a caminho sempre da adopção plena, à laia de uma sorte de confiança judicial, administrativa ou de uma medida de promoção e protecção. A não ser assim, criar-se-ia uma situação de desigualdade, tão insustentável constitucionalmente como a extinta discriminação entre filhos nascidos do e fora do casamento".

[675] Enunciadas por PINHEIRO, J. Duarte, *O Direito da Família Contemporâneo*, 4.ª ed., Lisboa, AAFDL, 2013, pp. 266-267.

[676] Cf. LAROCHE-GISSEROT, F., "L'adoption ouverte" cit.; sobre a adopção aberta, cf. também SOTTOMAYOR, Maria Clara, "Quem são os «verdadeiros» pais? Adopção plena" cit., pp. 234-241.

mas como uma forma normal de se assumir a responsabilidade pela satisfação das necessidades de uma criança[677].

E efectivamente a adopção restrita coexistiu com o apadrinhamento civil durante vários anos, não obstante uma certa afinidade de efeitos[678]. Tal estranha coexistência só terminou graças à Lei n.º 143/2015, de 8 de Setembro, que eliminou a dicotomia adopção plena / adopção restrita[679].

6. Noção de apadrinhamento civil

O art. 2.º da LAC define o apadrinhamento civil como "uma relação jurídica, tendencialmente de carácter permanente, entre uma criança ou jovem e uma pessoa singular ou uma família que exerça os poderes e deveres próprios dos pais e com ele estabeleçam vínculos afectivos que permitam o seu bem-estar e desenvolvimento, constituída por homologação ou decisão judicial e sujeita a registo civil".

A relação de apadrinhamento pressupõe duas partes, o afilhado, criança ou jovem, e o padrinho ou padrinhos, pessoa singular ou membros de uma família. Mas implica também um estatuto de "terceiros", *v.g.*, dos pais do afilhado, perante os sujeitos da relação de apadrinhamento (cf., nomeadamente, arts. 8.º, 9.º e 21.º da LAC).

Na perspectiva do legislador, o apadrinhamento parece representar uma boa alternativa para a criança ou o jovem que se encontra em perigo, ou que esteja submetido a uma medida de promoção e protecção, quando a adopção não se afigure possível (cf. art. 5.º da LAC).

No entanto, a figura tem tido por enquanto escassíssima aplicação.[680]

[677] Cf. Sottomayor, Maria Clara, "Quem são os «verdadeiros» pais? Adopção plena" cit., pp. 235-236.

[678] Todavia, a adopção restrita tinha efeitos sucessórios (que não existem no apadrinhamento civil): ao membro sobrevivo da relação de adopção restrita era atribuído o direito de suceder como herdeiro legítimo, nos termos do art. 1999.º, n.ºs 2 e 3 (que, antes de ser revogado, se encontrava na redacção do DL n.º 496/77, de 25 de Novembro). O adoptado era chamado à sucessão na falta de cônjuge, descendentes ou ascendentes; o adoptante era chamado à sucessão na falta de cônjuge, descendentes, ascendentes, irmãos e sobrinhos do falecido.

[679] Agora impõe-se perguntar: "Será que o apadrinhamento civil virá ocupar o lugar deixado pela adopção restrita?" (cf. Campos, D. Leite de/Campos, Mónica Martinez de, *Lições de Direito da Família* cit., p. 419).

[680] Dados enviados à Lusa pelo Instituto da Segurança Social indicam que houve menos de 10 apadrinhamentos civis em 2012, situação que voltou a ocorrer em 2013 (cf. notícia do jornal *Diário de Notícias*, de 1 de Fevereiro de 2014). A prática contrasta com alguma relevância teórica atribuída

7. Constituição do apadrinhamento civil

I. O apadrinhamento civil constitui-se por decisão judicial ou por compromisso de apadrinhamento civil homologado pelo tribunal[681] (art. 13.º, n.º 1, da LAC).

A formação do apadrinhamento exige o preenchimento de vários requisitos: quanto ao afilhado; quanto ao padrinho; e quanto a terceiros.

II. Os requisitos do apadrinhamento civil quanto ao afilhado são cinco: conveniência do vínculo, idade máxima, inviabilidade da adopção, não subsistência de outro apadrinhamento e consentimento.

O apadrinhamento ocorre quando "apresente reais vantagens para a criança ou o jovem" (art. 5.º, n.º 1, início, da LAC).

O afilhado tem de ser menor de 18 anos (cf. art. 5.º da LAC).

O apadrinhamento é constituído desde que se não verifiquem os pressupostos da confiança (judicial) com vista à adopção; ou, relativamente a menor que esteja a beneficiar de confiança administrativa ou confiança judicial com vista à adopção, quando se mostre que a adopção é inviável (cf., novamente, art. 5.º da LAC).

Nos termos do art. 6.º da LAC, enquanto subsistir um apadrinhamento civil não pode admitir-se outro quanto ao mesmo afilhado, excepto se os padrinhos viverem em família.

ao apadrinhamento civil, materializada, nomeadamente, nos textos citados, *supra*, na nota 670. Para uma apreciação muito crítica da figura, cf. CORTE-REAL, Carlos Pamplona/PEREIRA, José Silva, *Direito da Família* cit., pp. 45-48, que não acreditam que o apadrinhamento civil venha a ter grande projecção, por se tratar de instituto complexo, que, além de conferir ao afilhado um "infra-estatuto" perante os filhos do padrinho, é susceptível de gerar conflitos conexos com a formulação de uma extensa "rede de relações íntimas tutelares de crianças menores" (abarcando pais biológicos, padrinhos cujo vínculo de apadrinhamento foi revogado e novos padrinhos). Atribui, pelo contrário, maiores perspectivas de futuro ao instituto, CARMO, Rui do, "Apadrinhamento civil -um recomeço?", em AA.VV., *I Congresso de Direito da Família e das Crianças* cit., p. 213 (embora, não deixe de sublinhar a actual escassa expressão do apadrinhamento, que justifica pela falta de empenho das autoridades políticas e judiciais). Cf., numa linha similar, CADETE, Ana Lídia, "O apadrinhamento civil: as potencialidades do instituto – o caso do Bruno", *Lex Familiae* n.º 20, 2013, pp. 137-141.

[681] Só ao tribunal cabe a homologação do compromisso de apadrinhamento. Antes da aprovação da LAC, suscitou-se a possibilidade de a homologação incumbir também ao Ministério Público, solução que não veio a ser acolhida, talvez para evitar dúvidas de constitucionalidade.
É ao tribunal de comarca que cabe quer a decisão quer a homologação (art. 80.º, n.º 1, da LOSJ). A competência é exercida, mais precisamente, pelas secções de família e menores deste tribunal (art. 123.º, n.º 1, al. h),da LOSJ; art. 18.º da LAC).

Para o apadrinhamento é necessário o consentimento da criança ou jovem maior de 12 anos, que pode, porém, ser dispensado pelo tribunal se essa criança ou esse jovem estiver privado do uso das faculdades mentais ou se, por qualquer outra razão, houver grave dificuldade em o ouvir (art. 14.º, n.º 1, al. *a*), e n.º 4, al. *a*), da LAC).

III. Quanto aos padrinhos, exige-se habilitação, uma idade mínima e vontade de apadrinhar.

Pode apadrinhar a pessoa maior de 25 anos, previamente habilitada para o efeito (art. 4.º da LAC). A habilitação "consiste na certificação de que a pessoa singular ou os membros da família que pretendem apadrinhar uma criança ou jovem possuem idoneidade e autonomia de vida que lhes permitam assumir as responsabilidades próprias do vínculo de apadrinhamento civil" (art. 12.º, n.º 1, da LAC). A certificação cabe ao organismo competente da segurança social ou a outras instituições, na sequência de acordos de cooperação celebrados com o organismo competente da segurança social (art. 12.º, n.ºs 2 e 3, da LAC).

De acordo com a segunda parte do art. 4.º da LAC (que ressalva o disposto no n.º 5 do art. 11.º), pode prescindir-se da habilitação e da idade mínima de 25 anos, para designar como padrinho o familiar ou o tutor do afilhado, bem como pessoa idónea ou membro da família de acolhimento a quem a criança ou o jovem tenha sido confiado no processo de promoção e protecção.

O DL n.º 121/2010, de 27 de Outubro, regula os procedimentos para a habilitação dos padrinhos. O art. 3.º, n.º 4, deste diploma, foi revogado pela Lei n.º 2/2016, de 29 de Fevereiro, tendo cessado os obstáculos ao apadrinhamento civil por casais compostos por pessoas do mesmo sexo.

IV. Em matéria de requisitos quanto a terceiros, rege o art. 14.º da LAC, que impõe o consentimento das seguintes pessoas (n.º 1, als. *b*) e s.): cônjuge do padrinho ou da madrinha não separada de pessoas e bens ou de facto; pessoa que viva com o padrinho ou a madrinha em união de facto; pais do afilhado; representante legal do afilhado; pessoa que tiver a guarda de facto do afilhado, nos termos do art. 5.º da Lei de Protecção.

Os n.ºs 2 e 3 referem situações em que não é necessário o consentimento de tais pessoas, e o n.º 4 indica casos em que o tribunal pode dispensar o consentimento.

V. O apadrinhamento tem especialmente em vista a criança que esteja a beneficiar de uma medida de acolhimento residencial ("em instituição", na letra da LAC), de outra medida de protecção, ou que se encontre situação de perigo confirmada em processo judicial ou processo de comissão de protecção de crianças e jovens (art. 5.º, n.º 1, als. *a*) a *c*), da LAC).

O apadrinhamento pode ser constituído oficiosamente pelo tribunal ou pode ser da iniciativa das seguintes pessoas ou entidades (art. 10.º da LAC): Ministério Público; comissão de protecção de crianças e jovens, no âmbito dos respectivos processos; organismo competente da segurança social ou outra instituição com legitimidade para designar ou habilitar padrinhos; pais, representante legal da criança ou do jovem ou pessoa que tenha a sua guarda de facto; criança ou jovem maior de 12 anos.

O art. 19.º da LAC disciplina o processo de constituição do apadrinhamento, que é de jurisdição voluntária.

O art. 11.º da LAC ocupa-se da designação dos padrinhos.

O art. 16.º da LAC indica os elementos que têm de constar obrigatoriamente do compromisso ou da decisão judicial que constitui o apadrinhamento civil.

Ao abrigo do art. 17.º, o compromisso de apadrinhamento civil deve ser subscrito pelos padrinhos, pelas pessoas que têm de dar consentimento, pela instituição onde a criança ou o jovem estava acolhido e que promoveu o apadrinhamento, pela entidade encarregada de apoiar o apadrinhamento e pelo pró-tutor, quando o tutor vier a assumir a condição de padrinho.

A constituição do apadrinhamento está sujeita a registo civil obrigatório (art. 1.º, n.º 1, al. *i*), do CRC)[682], efectuado imediata e oficiosamente pelo tribunal que decidiu ou homologou o compromisso (art. 28.º, n.º 1, da LAC).

8. Efeitos do apadrinhamento civil

I. O principal efeito do apadrinhamento civil traduz-se na atribuição do exercício das responsabilidades parentais aos padrinhos (cf. art. 7.º, n.º 1, da LAC).

Por força do art. 7.º da LAC, no exercício das responsabilidades parentais, os padrinhos estão sujeitos às limitações previstas no compromisso de apadrinhamento civil, na decisão judicial que constituiu o apadrinhamento e a algumas das restrições que recaem sobre o tutor na administração do património do menor.

[682] A constituição do apadrinhamento é averbada ao assento de nascimento do afilhado (art. 69.º, n.º 1, al. *h*), do CRC).

II. No momento inicial, a relação de apadrinhamento é acompanhado por uma entidade.

O acompanhamento, legalmente designado como "apoio ao apadrinhamento civil", é disciplinado no art. 20.º da LAC.

O apoio tem em vista criar ou intensificar as condições necessárias para o êxito da relação de apadrinhamento; e avaliar o êxito da relação de apadrinhamento, do ponto de vista do interesse do afilhado.

O apoio cabe às comissões de protecção de crianças e jovens, nos casos em que o compromisso de apadrinhamento civil foi celebrado em processo que aí correu termos, ou ao organismo competente da segurança social. O organismo competente da segurança social pode delegar a tarefa de apoio em instituições que disponham de meios adequados.

O apoio termina passados 18 meses sobre a constituição do vínculo ou, antes, "quando a entidade responsável concluir que a integração familiar normal do afilhado se verificou".

III. O apadrinhamento civil produz outros efeitos: origina obrigações de alimentos e um impedimento matrimonial.

Os sujeitos da relação de apadrinhamento estão vinculados a prestar alimentos nos termos do art. 21.º da LAC: os padrinhos ocupam a posição que cabe aos ascendentes em 1.º grau, no art. 2009.º, mas são precedidos pelos pais do afilhado em condições de satisfazer esse encargo; o afilhado ocupa a posição que cabe ao descendente do 1.º grau, no art. 2009.º, mas é precedido pelos filhos dos padrinhos em condições de satisfazer este encargo.

Ao abrigo do art. 22.º da LAC, o vínculo de apadrinhamento civil é impedimento impediente à celebração do casamento entre padrinhos e afilhados. A violação do impedimento importa, para o padrinho ou madrinha, a incapacidade para receber do seu consorte qualquer benefício ou doação por testamento.

O impedimento em questão é susceptível de dispensa pelo conservador do registo civil, que a concede, quando haja motivos sérios que justifiquem a celebração do casamento, ouvidos, sempre que possível, quando um dos nubentes for menor, os pais.

IV. O apadrinhamento civil não extingue a relação entre o afilhado e os seus pais. Embora estes não exerçam as responsabilidades parentais, beneficiam, em regra, dos seguintes direitos (cf. art. 8.º da LAC): conhecer a identidade dos padrinhos; dispor de uma forma de contactar os padrinhos; saber o local de residência do filho; dispor de uma forma de contactar o filho; ser informados sobre o desenvolvimento integral do filho, a sua progressão escolar ou profissional, a ocorrência de factos particularmente relevantes ou de problemas graves, nomeadamente de saúde; receber com regularidade fotografias ou outro registo de imagem do filho; visitar o filho, nas condições fixadas no compromisso ou na decisão judicial, designadamente por ocasião de datas especialmente significativas.

Na verdade, traduzindo-se primeiramente numa relação entre padrinhos e afilhados, o apadrinhamento civil não só não elimina certos efeitos da relação entre pais e filhos (p.e., o impedimento matrimonial dirimente relativo e a obrigação de alimentos) como determina a existência de relações entre pais e padrinhos.

As relações entre pais e padrinhos são orientadas pelo art. 9.º da LAC: eles estão submetidos a um dever mútuo de respeito e de preservação da intimidade da vida privada e familiar, do bom nome e da reputação; além disso, devem cooperar na criação das condições adequadas ao bem-estar e desenvolvimento do afilhado.

9. Extinção do apadrinhamento civil

I. De acordo com o art. 24.º, n.º 1, da LAC, o apadrinhamento civil dá corpo a um vínculo permanente que só se extingue por revogação.

O art. 24.º, n.º 2, do mesmo diploma, acrescenta que "os direitos e obrigações inerentes ao exercício das responsabilidades parentais e os alimentos cessam nos mesmos termos em que cessam os dos pais, ressalvadas as disposições em contrário estabelecidas no compromisso de apadrinhamento civil".

II. Apesar do que se diz no art. 24.º, n.º 1, da LAC, o apadrinhamento extingue-se *ex nunc* com a morte dos padrinhos ou do afilhado.

O afilhado não é sucessível legal do padrinho, nem este é sucessível legal daquele.

III. A revogação extingue o apadrinhamento e é feita por decisão do tribunal, nos termos do art. 25.º, n.º 2, da LAC.[683]

[683] É o tribunal de comarca que decide (art. 80.º, n.º 1, da LOSJ). A competência é exercida, mais precisamente, pelas secções de família e menores deste tribunal (art. 123.º, n.º 1, al. h),da LOSJ).

O apadrinhamento civil pode ser revogado por iniciativa de qualquer subscritor do compromisso de apadrinhamento, do organismo competente da segurança social, de outra instituição com legitimidade para designar e habilitar padrinhos, da comissão de protecção de crianças e jovens, do Ministério Público ou do tribunal, quando: houver acordo de todos os intervenientes no compromisso de apadrinhamento; os padrinhos infrinjam culposa e reiteradamente os deveres assumidos, em prejuízo do superior interesse do afilhado, ou, quando, por enfermidade, ausência ou outras razões, não se mostrem em condições de cumprir aqueles deveres; o apadrinhamento civil se tenha tornado contrário aos interesses do afilhado; a criança ou o jovem assuma comportamentos, actividades ou consumos que afectem gravemente a sua saúde, segurança, formação, educação ou desenvolvimento sem que os padrinhos se lhe oponham de modo adequado a remover essa situação; a criança ou jovem assuma de modo persistente comportamentos que afectem gravemente a pessoa ou a vida familiar dos padrinhos, de tal modo que a continuidade da relação de apadrinhamento civil se mostre insustentável; houver acordo dos padrinhos e do afilhado maior.

A revogação do apadrinhamento está sujeita a registo civil obrigatório (art. 1.º, n.º 1, al. *i*), do CRC), efectuado imediata e oficiosamente pelo tribunal que a decidiu (art. 28.º, n.º 1, da LAC).

Os efeitos do apadrinhamento cessam no momento em que a decisão de revogação se torna definitiva (art. 27.º da LAC), sem prejuízo do que se prevê no art. 26.º da LAC. No caso de revogação contra a vontade e sem culpa dos padrinhos, este artigo[684] reconhece às pessoas que tiveram o estatuto de padrinhos, enquanto o seu exercício não for contrário ao interesse da criança ou do jovem, os seguintes direitos: saber o local de residência da criança ou do jovem; dispor de uma forma de contactar a criança ou do jovem; ser informados sobre o desenvolvimento integral da criança ou do jovem, a sua progressão escolar ou profissional, a ocorrência de factos particularmente relevantes ou de problemas graves, nomeadamente de saúde; receber com regularidade fotografias ou outro registo de imagem da criança ou do jovem; visitar a criança ou o jovem, designadamente por ocasião de datas especialmente significativas.

[684] Certeiramente censurado por CORTE-REAL, Carlos Pamplona/PEREIRA, José Silva, *Direito da Família* cit., p. 47: "Revogado um vínculo de apadrinhamento por não satisfazer os interesses do menor, eterniza-se, não obstante, a eficácia relacional que lhe era subjacente".

IV. O casamento entre os sujeitos ligados pelo vínculo de apadrinhamento civil extingue este vínculo. Dada a incompatibilidade entre a relação de apadrinhamento e a relação conjugal, prevalece a última: o casamento é válido, ainda que tenha sido contraído sem dispensa do impedimento de apadrinhamento. O impedimento em apreço não é dirimente (cf. art. 22.º, n.º 1, da LAC; art. 1631.º, al. a)).

10. Natureza jurídica do apadrinhamento civil

Como resulta do seu regime (cf. arts. 2.º, 13.º, n.º 1, 24.º, n.º 1, e 28.º da LAC), o apadrinhamento civil corresponde a um vínculo tendencialmente permanente, que se constitui por intervenção de entidade estatal (o tribunal, que decide ou homologa o compromisso de apadrinhamento) e se extingue normalmente por morte das partes ou decisão judicial de revogação; a constituição e a revogação estão sujeitas a registo civil obrigatório.

O apadrinhamento civil é um *minus* relativamente à adopção, o que se extrai das regras sobre a sua constituição (cf. art. 5.º da LAC) e sobre os seus efeitos (o vínculo de apadrinhamento não confere quaisquer direitos sucessórios legais, ao contrário do que sucede com o vínculo de adopção; e o padrinho enfrenta mais restrições do que os pais e os adoptantes, no exercício da administração do património da criança, como se percebe do art. 7.º da LAC).

O apadrinhamento representa um *plus* relativamente à tutela, no domínio da constituição, dos efeitos e da extinção. No domínio da constituição e da extinção, note-se que o apadrinhamento impede a instauração da tutela e põe fim à relação tutelar já existente (cf. arts. 1921.º, n.º 3, e 1961.º, al. g)). Ainda no domínio da extinção, assinale-se que o apadrinhamento não termina pelo mero facto de o afilhado atingir a maioridade, o que contrasta com a relação parafamiliar de tutela, que, em princípio, cessa com a maioridade do pupilo (art. 1961.º, al. a)). No campo dos efeitos, o apadrinhamento visa "uma integração familiar normal" do afilhado junto dos padrinhos (cf., implicitamente, art. 20.º, n.º 4, da LAC) e cria obrigações legais de alimentos entre as partes (cf. art. 21.º da LAC). Nada disto tem paralelo na tutela, mero meio de suprimento das responsabilidades parentais, que, quando muito, impõe ao tutor o dever de sustentar o pupilo, por força do art. 1935.º, n.º 1.[685]

[685] Cf. OLIVEIRA, Guilherme de, "Apadrinhamento civil: uma iniciativa portuguesa, com certeza", *Revista do Advogado* (Associação dos Advogados de São Paulo), ano XXVIII, Dezembro de 2008, n.º 101, p. 40: "O padrinho é mais do que um tutor; e é menos do que um adoptante". A figura tem,

A exigência de intervenção estatal para constituição e revogação do vínculo, a duração (que ultrapassa o período de menoridade do afilhado) e a finalidade de integração familiar (do afilhado junto dos padrinhos) permite considerar o apadrinhamento civil uma nova relação familiar inominada (a par da filiação por PMA heteróloga).[686]

aliás, motivado grande interesse no estrangeiro, não obstante a terminologia escolhida pelo legislador português: por exemplo, no Brasil, é usada a palavra "compadrio" como sinónimo de apadrinhamento (cf. PINHEIRO, Jorge Duarte, "Compadrio ou apadrinhamento", em AA.VV., *Dicionário de Direito de Família*, vol. I, sob a coordenação de Caetano Lagrasta Neto e José Fernando Simão, São Paulo, Atlas, 2015, pp. 212-214); e mostra-se pouco ajustada uma tradução à letra da expressão "apadrinhamento civil" para língua inglesa, na qual "godparenthood" significa apadrinhamento.

[686] Aliás, o apadrinhamento civil é colocado na categoria das relações jurídicas familiares pelo art. 5.º da Lei n.º 9/2010, de 31 de Maio, na redacção que lhe foi dada pela Lei n.º 2/2016, de 29 de Fevereiro.

Capítulo III
Protecção dos idosos

11. A protecção constitucional dos idosos

A primeira das fontes de direito interno reconhece às pessoas idosas o direito a uma protecção, protecção que está muito ligada à família.

No art. 67.º, n.º 2, al. b), da CRP, estabelece-se que incumbe ao Estado, "para protecção da família", promover uma política de terceira idade.

O art. 72.º, n.º 2, da CRP, explicita que a política de terceira idade "engloba medidas de carácter económico, social e cultural, tendentes a proporcionar às pessoas idosas oportunidades de realização pessoal, através de uma participação activa na vida da comunidade".

O art. 72.º, n.º 1, da CRP, declara que "as pessoas idosas têm direito à segurança económica e a condições de habitação e convívio familiar e comunitário que respeitem a sua autonomia pessoal e evitem e superem o isolamento ou a marginalização social".

12. A protecção civil dos idosos

12.1. A insuficiência da protecção civil dos idosos

I. Não obstante as disposições constitucionais e os dados estatísticos, é escassa a relevância da protecção dos idosos[687] na legislação ordinária do Direito Civil da Família

[687] No domínio da protecção dos idosos, afigura-se importante a consulta de RIBEIRO, Geraldo Rocha, *A protecção do incapaz adulto no Direito português*, Coimbra, Coimbra Editora, 2010.

Não há, para os idosos, uma lei como a que existe para a protecção de crianças e jovens em perigo.

No entanto, o idoso também pode estar em perigo (cf. o art. 3.º da Lei de Protecção de Crianças e Jovens em Perigo): pode ter sido abandonado; pode estar a sofrer maus tratos físicos ou psíquicos; pode não estar a receber os cuidados ou a afeição adequados à sua idade e situação pessoal; pode estar a ser objecto de exploração material ou financeira (*v.g.*, por as suas poupanças estarem a ser usadas, sem seu conhecimento, em proveito próprio e exclusivo dos filhos), etc.

II. Como explicar esta discrepância entre a protecção de crianças e jovens e a protecção dos idosos? Numa primeira fase, a protecção dos idosos não era tida como necessária: o número de idosos era pequeno, e a pessoa do idoso era espontaneamente respeitada e defendida pela família. Numa segunda fase, em que o número de idosos aumentou, sem chegar a ser muito significativo, continuava a acreditar-se na espontaneidade da solidariedade familiar como resposta às situações de dependência dos idosos; supunha-se que o Estado podia suprir, através da Segurança Social, eventuais situações de insuficiência ou inexistência da acção familiar; e pensava-se que os institutos da interdição e inabilitação resolveriam as hipóteses residuais, de fragilidade extrema dos idosos.

Todavia, no momento actual, é insustentável a defesa de um modelo tão inerte, tão limitado em matéria de protecção dos idosos. Segundo dados do censo de 2001, a percentagem de idosos (16,4%) ultrapassou a dos jovens

O conceito de idoso não é totalmente claro. No domínio estatístico, entende-se que é aquele que tem idade igual ou superior a 65 anos. Numa perspectiva sociológica, considera-se que, na hipótese de se estar perante alguém que exercia uma actividade profissional remunerada, o que interessa é a altura de aposentação, variável em razão da idade; e, até há pouco, a idade de reforma era, normalmente, 65 anos. No Direito Civil português, considera-se sempre contraído sob o regime da separação de bens o casamento celebrado por quem tenha sessenta anos de idade (art. 1720.º, n.º 1, al. b)); em princípio, não pode adoptar quem tiver mais de 60 anos (art. 1979.º, n.º 3); no RAU, ainda aplicável aos contratos antigos, e no NRAU, há regras que estabelecem um tratamento de favor a quem tiver mais de 65 anos; no art. 6.º, al. a), do DL n.º 391/91, de 10/10, sobre acolhimento familiar, alude-se à pessoa idosa como sendo aquela que tem idade igual ou superior a 60 anos. No direito brasileiro, a Lei 10.741, de 1.º de Outubro de 2003, que dispõe sobre o Estatuto do Idoso, regula os direitos assegurados às pessoas com idade igual ou superior a 60 anos. Há, portanto, uma oscilação quanto à noção de idoso entre os 60 e os 65 anos de idade. No contexto actual de maior longevidade e de manutenção de uma certa qualidade de vida até mais tarde, parece ser razoável eleger o critério dos 65 anos, mas sem pretensões de rigidez.

em Portugal (16%)[688]. As ilusões em torno de uma protecção familiar natural, espontânea do idoso terminaram. Hoje, numa sociedade em que se cultiva o ideal da beleza, da juventude, da riqueza material, em que se confere prevalência à adaptação ou inovação em detrimento da experiência, em que se entende que o interessa é o futuro e não o passado, em que se acha que é prioritário concretizar o potencial de cada um e impedir, a todo o custo, o decréscimo de capacidade, o idoso surge sobretudo como um fardo, como alguém cada vez mais confinado a uma área de marginalidade. Para muitos, o idoso representa o oposto do ideal, "algo a esquecer". Hoje, numa sociedade competitiva, em que muitos adultos renunciam a ter filhos, em nome do sucesso económico e profissional, como se pode esperar que aqueles cuidem dos seus ascendentes idosos? Hoje, numa sociedade em que as crianças, quando existam, ocupam o centro da vida familiar, justificando a utilização de grandes parcelas de rendimento e de tempo, qual o lugar que cabe aos idosos? Hoje, quando se fala constantemente de crise da Segurança Social e de carência de recursos do Estado, como acreditar que a acção pública se substitua àquela que antes se enquadrava no âmbito da solidariedade familiar?

Por fim, além de não estarem especificamente vocacionadas para a protecção dos idosos, a interdição e a inabilitação (arts. 138.º e s.) estão longe de proporcionarem boas soluções. Os processos de interdição e inabilitação são morosos, implicam, por vezes, pesados custos; têm cariz estigmatizante; não cobrem situações de incapacidade temporária, ainda que se trate de incapacidade temporária grave. No caso da inabilitação, visa-se mais a protecção do património do que a protecção da pessoa do incapaz. No caso da interdição, o mecanismo de protecção é a tutela, inspirada num meio de suprir o poder paternal que é pouco flexível. Na verdade, a interdição e a inabilitação são institutos excepcionais que têm de ser revistos, porque valorizam pouco a autonomia das pessoas com capacidade diminuída, sejam elas ou não idosas. A interdição e a inabilitação colidem com a chamada doutrina da alternativa menos restritiva, segundo a qual a protecção se deve fazer de uma forma que

[688] Para este efeito, idoso é aquele que tem idade igual ou superior a 65 anos, enquanto jovem é aquele que tem menos de 15 anos.
No censo de 2011, é evidente o acréscimo da proporção de idosos, havendo 19% de indivíduos com idade igual ou superior a 65 anos e 14,9% de pessoas com idade inferior a 15 anos (percentagens apuradas com base nos elementos retirados da Base de Dados PORDATA, disponível em http://www.pordata.pt e consultada em 14/06/2016).

respeite ao máximo a autonomia da pessoa em apreço, que afecte o menos possível os seus direitos fundamentais[689].

12.2. Os deveres filiais enquanto instrumentos de protecção

I. No Livro IV do Código Civil, encontram-se normas de índole genérica que podem servir de base à tutela das pessoas mais dependentes em razão da idade, sendo de destacar as que regulam os deveres paternofiliais e a obrigação de alimentos.[690]

II. A efectivação dos deveres de respeito, auxílio e assistência (cf. art. 1874.º) que recaem sobre os filhos pode contribuir para assegurar a protecção dos pais que são idosos.

No entanto, os deveres para com os pais nem sempre são os únicos compromissos familiares dos filhos. Aquele que tem pais idosos pode estar casado e ser ele próprio pai. Uma pessoa pode estar, assim, vinculada a deveres perante três categorias de familiares: cônjuge, filhos (menores ou maiores) e pais. Por vezes, não será simples articular o cumprimento de deveres conjugais, paternais e filiais, acabando, aqui e ali, por serem sacrificados os deveres que uma pessoa tem para com os próprios pais.

III. O idoso que carece de alimentos pode exigi-los aos filhos (e demais descendentes), nos termos do art. 2009.º, n.ºs 1, al. b), 2 e 3.

A obrigação de prestar alimentos cabe, aliás, no dever paternofilial de assistência, quando pais e filhos não vivam em comum (art. 1874.º, n.º 2).

Contudo, se os filhos e outros descendentes não prestam espontaneamente alimentos, não é comum que os idosos os exijam judicialmente[691]. Num bom

[689] Cf. Vítor, Paula Távora, "Pessoas com capacidade diminuída: promoção ou/e protecção", em AA.VV., *Direito da Infância, da Juventude e do Envelhecimento*, Coimbra, Coimbra Editora, 2005, pp. 175 e s., e, sobretudo, *A administração do património das pessoas com capacidade diminuída*, Coimbra, Coimbra Editora, 2008, obra da autora, indispensável no estudo do Direito Tutelar de protecção patrimonial do idoso; Pinheiro, J. Duarte, "As pessoas com deficiência como sujeitos de direitos e deveres. Incapacidades e suprimento – A visão do jurista", *O Direito* 2010, III, pp. 476-478.

[690] Sobre os deveres dos filhos perante os pais idosos, cf. Vítor, Paula Távora, "O dever familiar de cuidar dos mais velhos", *Lex Familiae* n.º 10, 2008, pp. 51-54.

[691] Cf. Ribeiro, Joana Sousa, "Processos de envelhecimento: a construção de um direito emancipatório", em AA.VV., *Direito da Infância* cit., pp. 226-227; Marques, J.P. Remédio, "Em torno do estatuto da pessoa idosa no direito português – obrigação de alimentos e segurança social", em

número de situações, o idoso que carece de alimentos não dispõe de capacidade nem de informação para desencadear os mecanismos de tutela judicial do seu direito de alimentos. Se tiver capacidade e informação, pode recear que a acção crie conflitos com os descendentes que levem a uma ruptura definitiva e irreversível do contacto familiar ou à eliminação completa da esperança no reatamento de um contacto. O idoso pode recear ainda o estigma associado à acção de alimentos, temendo que se julgue que o filho ou neto não apoia o pai ou avó, porque, por seu turno, este não soube educar nem quis apoiar o descendente num momento anterior.

12.3. O acolhimento familiar de pessoas idosas

Fora do Código Civil, o Decreto-Lei n.º 391/91, de 10 de Outubro, regula o acolhimento familiar de pessoas idosas ou com deficiência. A figura do acolhimento familiar das pessoas idosas é parecida com a do acolhimento familiar de crianças e jovens. No entanto, o acolhimento familiar a pessoas idosas é prestado necessariamente a título oneroso e pode ser permanente (arts. 1.º, n.º 3, e 5.º, n.º 1, do DL n.º 391/91). Seja como for, o diploma é pouco conhecido e, portanto, pouco aplicado[692]. E repare-se que, num ambiente social que privilegia tanto as crianças, não será de estranhar que uma eventual família de acolhimento prefira receber menores em lugar de idosos.

12.4. A necessidade de uma mudança

Falta uma intervenção legislativa profunda de índole jusfamiliar[693]. Alargar a legitimidade para propor uma acção de alimentos contra descendentes

AA.VV., *Escritos de Direito das Famílias* cit., pp. 367-368. É, aliás, bastante interessante todo o artigo de MARQUES, J.P. Remédio, que começa na p. 345 daqueles *Escritos*.

[692] Além de o regime instituído pelo diploma ser, em vários pontos, questionável e pouco claro: cf. pp. 55-57 da obra citada, *supra*, na nota 690.

[693] Que, em contrapartida, já ocorreu no Brasil, com a Lei 10.741, de 1.º de Outubro de 2003, que institui o Estatuto do Idoso). Em contraste com o panorama português, as obras gerais de Direito da Família tratam da situação do idoso (cf., nomeadamente, DIAS, Maria Berenice, *Manual de Direito das Famílias* cit., pp. 481 e s., e PEREIRA, Tânia da Silva, "Proteção dos idosos", em AA.VV., *Tratado de Direito das Famílias* cit., capítulo 7, pp. 343-366). E alguma doutrina brasileira [*v.g.*, BARBOSA, Heloisa Helena, "O princípio do melhor interesse do idoso", em Tânia da Silva Pereira/Guilherme de Oliveira (coordenadores), *O cuidado como valor jurídico*, Rio de Janeiro, Editora Forense, 2008, pp. 68-71] extrai, implicitamente, um *princípio do melhor interesse do idoso* do corpo do art. 230 da

a "qualquer indivíduo ou entidade que preste apoio aos idosos", como é sugerido por certos profissionais da área da saúde[694], pode ser um contributo útil. Tal como há responsabilidades parentais, talvez fizesse sentido consagrar, no Código Civil, um instituto de *responsabilidades filiais*. Por fim, seria importante a introdução de uma Lei do Idoso, que poderia prever medidas de protecção do idoso similares às previstas para a protecção de crianças e jovens em perigo, com as necessárias adaptações, nomeadamente, na configuração da ordem das providências. A primeira medida devia ser, p.e., o apoio para a continuação da autonomia da vida[695].

É claro que as alterações legislativas não bastam. É indispensável uma cultura que volte a valorizar o idoso. Aqueles que detêm o poder político, o poder económico, o poder da comunicação social, publicitária ou não, precisam de agir com a consciência de que eles serão os idosos de amanhã, de que eles serão as futuras vítimas de uma marginalização que ocorrerá se se persistir em seguir uma orientação que se preocupa quase exclusivamente com as crianças, os jovens e os adultos que se integram na chamada população activa. O grau de civilização de uma sociedade não se afere apenas pela forma como ela trata as suas crianças, mas também pela forma como trata os seus idosos.

Constituição da República Federativa do Brasil (que dispõe: "A família, a sociedade e o Estado têm o dever de amparar as pessoas idosas, assegurando a sua participação na comunidade, defendendo sua dignidade e bem-estar e garantindo-lhes o direito à vida").

694 Cfr Ribeiro, Joana Sousa,"Processos de envelhecimento" (cit., *supra*, na nota 691) pp. 226-227.

695 Na Lei de Protecção de Crianças e Jovens em Perigo, o apoio para a autonomia de vida ocupa o quarto lugar no enunciado de medidas de promoção e protecção, atrás do apoio junto dos pais, do apoio junto de outro familiar e da confiança a pessoa idónea.

PARTE III

DIREITO MATRIMONIAL

Capítulo I
Constituição do vínculo matrimonial

1. Noção e modalidades do casamento

1.1. Noção de casamento civil

I. O art. 1577.º define o casamento como "o contrato celebrado entre duas pessoas que pretendem constituir família mediante uma plena comunhão de vida", nos termos das disposições do Código Civil.

O casamento caracteriza-se pela contratualidade, pela assunção do compromisso recíproco de plena comunhão de vida, pela pessoalidade e pela solenidade.

Com a Lei n.º 9/2010, de 31 de Maio, deixou de ser exigida a diversidade de sexo das partes (cf., *infra*, Parte III, n.º 3.1.).

II. A contratualidade do casamento tem sido contestada, com os mais diversos fundamentos. No passado, atribuiu-se ao casamento a natureza de acto administrativo: alegando-se que os nubentes[696] tinham de manifestar a vontade de casar perante um funcionário e que só a intervenção deste conferia valor jurídico ao casamento, a declaração de vontade dos nubentes era tida

[696] Os nubentes são aqueles que participam no acto de casamento. Aqueles que participam na convenção antenupcial relativa ao seu futuro casamento designam-se por esposados. Após a celebração do casamento, dizem-se cônjuges.

como uma simples condição da prática de um acto do poder estatal[697]. Ultimamente, nega-se, por vezes, cariz negocial ao casamento, qualificando-o como um acto jurídico em sentido estrito ou como uma soma de dois actos jurídicos simples: em abono da qualificação como acto jurídico simples, invoca-se a falta de liberdade de estipulação das partes[698]; a favor do enquadramento como uma soma de dois actos jurídicos simples, alerta-se para a amplitude existencial dos efeitos do casamento, incompatível com a ideia de vinculação contratual[699].

Apesar de a intervenção de um funcionário constituir condição de existência do casamento (cf. art. 1628.º, al. *a*)), é a declaração de consentimento dos nubentes que tem o papel principal na disciplina do instituto (cf., nomeadamente, arts. 1628.º, als. *c*) e *d*), 1631.º, al. *b*), 1635.º, 1636.º e 1638.º), que não é, portanto, um acto administrativo, mas um acto de Direito Privado. A intervenção do conservador, na celebração do casamento, é similar à do notá-

[697] Cf. Cicu, *Il Diritto di Famiglia. Teoria generale*, Roma, Athenaeum, 1914, pp. 213-222.

[698] Cf. Cordeiro, A. Menezes, *Tratado de Direito Civil Português*, vol. II, cit., n.º 24, p. 88, e n.º 37, p. 113.

[699] Cf. Corte-Real, Carlos Pamplona, "Da inconstitucionalidade do Código Civil – artigos 1577.º, 1628.º, alínea e), e disposições conexas – ao vedar o acesso ao instituto do casamento a casais do mesmo sexo", em Carlos Pamplona Corte-Real/Isabel Moreira/Luís Duarte d'Almeida, *O casamento entre pessoas do mesmo sexo (Três pareceres sobre a inconstitucionalidade dos artigos 1577.º e 1628.º, alínea e), do Código Civil*, Coimbra, Almedina, 2008, p. 25, "Relance crítico sobre o Direito da Família" cit., pp. 112-113 e, principalmente, Corte-Real, Carlos Pamplona/Pereira, José Silva, *Direito da Família* cit., pp. 129-130, onde se lê: "um contrato não pode ter por objecto situações jurídicas indisponíveis como será o caso do exercício do afecto expresso na comunhão vivencial projectada. Não é pensável dispor-se do exercício do próprio afecto, nomeadamente a médio e longo prazo, e muito menos cruzá-lo, numa aparência de sinalagma, com o afecto pela outra parte disponibilizado [...] / O casamento é o acto mais livre e íntimo que existe, pelo que o acto constitutivo não pode expressar uma ideia de automatismo na reciprocidade, antes será um acto de estrutura complexa, formado por dois actos claramente unilaterais dos nubentes, de autovinculação a uma comunhão de vida plena, formalizada solenamente perante o funcionário do Registo Civil, mas simplesmente projectada". De modo semelhante, Carvalho, Telma, "A união de facto: a sua eficácia jurídica", em AA.VV., *Comemorações dos 35 anos* do Código Civil cit., p. 230: "o casamento mais do que um contrato é um encontro de duas declarações unilaterais de vinculação, cujo objecto, de cada declaração, é indisponível, pois está directamente relacionado ou dependente da própria liberdade dos nubentes". No fundo, tendo em conta o impacto da celebração do casamento na vida pessoal das partes, duvida-se que elas possam submeter o exercício da sua liberdade individual a um regime contratual; a recondução do compromisso matrimonial a um acto unilateral de cada uma das partes sugere que o cumprimento dos deveres conjugais tem de ser espontâneo, não podendo ser exigido por um dos cônjuges ao outro.
Sobre a relevância jurídica do afecto no Direito da Família, cf. Pinheiro, J. Duarte, "Afecto e justiça do caso concreto no Direito da Família: *utopia ao alcance, poesia pura ou porta aberta para o caos?*", *Estudos de Direito da Família e das Crianças* cit., pp. 315-321.

rio, na celebração de uma compra e venda de imóveis: assegura a observância de uma forma especial que a lei prescreve para o acto.

Não obstante a fixação injuntiva dos efeitos essenciais do casamento (cf. arts. 1618.º, 1698.º e 1699.º), as partes gozam de alguma margem de autonomia: podem decidir quando e com quem querem casar; podem fazer estipulações acerca do modo de cumprimento dos deveres conjugais legalmente impostos, mediante acordos sobre a orientação da vida em comum. E a relevância da simulação como vício do acto matrimonial (cf. art. 1635.º, al. d)) confirma a natureza negocial do mesmo[700]: a validade do casamento é susceptível de ser prejudicada se os nubentes não queriam submeter-se aos efeitos essenciais do acto que praticaram.

III. O casamento implica a assunção de um compromisso recíproco que tem reflexos amplos no plano existencial e temporal: o compromisso de plena comunhão de vida. Esse compromisso, assente numa cláusula geral, traduz-se em deveres particulares, previstos no art. 1672.º segundo a técnica dos conceitos indeterminados: o respeito, a fidelidade, a coabitação, a cooperação e assistência.

No entanto, as repercussões da obrigação de plena comunhão de vida, nomeadamente na esfera pessoal e íntima, não excluem o carácter contratual do casamento. O contrato não é uma figura exclusivamente patrimonial. E a plena comunhão de vida não determina a eliminação da individualidade das partes; "cada cônjuge por o ser não deixa de dispor de uma área de liberdade e de privacidade, de um espaço próprio, que coexiste com o espaço da vida em comum"[701]. É certo que o casamento produz limitações importantes no campo existencial. Todavia, o regime da constituição do vínculo matrimonial é delineado justamente com o propósito de levar os interessados a tomar consciência da seriedade do acto que se propõem celebrar.

IV. O casamento tem de ser celebrado nos termos das disposições do Código Civil, o que significa que se trata de um contrato pessoal e solene. Numa das duas possíveis acepções do termo, é um contrato pessoal porque na sua realização é indispensável a presença dos próprios contraentes, ou de um deles e do procurador do outro (procurador que tem poderes limitados) – art. 1616.º, al. a). E é um contrato solene porque a celebração do casamento

[700] Cf. ALBUQUERQUE, Pedro de, *Autonomia da vontade* cit., pp. 55-57.

[701] PINHEIRO, J. Duarte, *O núcleo intangível da comunhão conjugal* cit., pp. 444-445.

está sujeita a uma forma estabelecida na lei (art. 1615.º). A solenidade do casamento visa levar as partes a reflectirem antes de se vincularem e contrasta com a informalidade da constituição da união de facto.

De qualquer modo, sendo um contrato, o casamento corresponde a um contrato especial. Em primeiro lugar, é pessoal numa segunda acepção do termo: influi no estado das pessoas, projectando-se principalmente na esfera pessoal e acessoriamente na esfera patrimonial. Em segundo lugar, é um contrato familiar, estando consequentemente marcado pelo aspecto funcional. O casamento tem uma finalidade comunitária, extra-individual, que impede a aplicação da excepção de não cumprimento[702].

1.2. Modalidades do casamento

I. O casamento civil não é a única modalidade do casamento. Há também o matrimónio católico (art. 1587.º), o casamento celebrado segundo o Direito Canónico da Igreja Católica (cf. câns. 1055 e s. do CDC), a que a lei civil reconhece valor e eficácia de casamento.

O matrimónio católico é uma verdadeira modalidade de casamento no ordenamento jurídico português, uma vez que este admite a eficácia civil do Direito Canónico na regulamentação de aspectos não meramente formais do casamento católico. De facto, à luz do art. 16.º da Concordata entre a República Portuguesa e a Santa Sé, de 2004, e do art. 1626.º, as decisões das autoridades eclesiásticas relativas à nulidade do casamento e à dispensa pontifícia do casamento rato e não consumado podem produzir efeitos civis. Tais decisões aplicam o Direito Canónico aos requisitos de validade do matrimónio católico (o que abrange não só a matéria da forma como a da possibilidade legal, ou heterossexualidade, capacidade e consentimento dos contraentes), e incidem sobre uma causa particular de dissolução desta mesma espécie de matrimónio (a dispensa do casamento rato e não consumado).

Outro é o tratamento dado pelo Estado português aos demais casamentos religiosos, relativamente aos quais não há nenhuma norma semelhante à do art. 16.º da referida Concordata ou à dos arts. 1625.º e 1626.º. Aos casamentos religiosos não católicos celebrados perante o ministro do culto de uma igreja ou comunidade religiosa radicada no país (evangélico, judaico, islâmico, etc.)

[702] Cf. Pinheiro, J. Duarte, *O núcleo intangível da comunhão conjugal* cit., pp. 358-360, 452-453, 583-585.

são reconhecidos efeitos civis (art. 19.º, n.º 1, da Lei da Liberdade Religiosa). Contudo, os casamentos em apreço estão integralmente sujeitos ao regime que vigora para o casamento civil, salvo no que toca a alguns aspectos de forma (cf. arts. 19.º e 58.º da Lei da Liberdade Religiosa). Não são, portanto, modalidades, mas meras formas do casamento. Bem vistas as coisas, são afinal casamentos civis sob forma religiosa.

II. Os dados apontados são suficientes para determinar qual é actualmente o sistema matrimonial português.

É usual distinguir entre o sistema de casamento religioso obrigatório, o sistema de casamento civil obrigatório, o sistema de casamento civil facultativo e o sistema de casamento civil subsidiário.

No sistema de casamento religioso obrigatório, o Estado reconhece eficácia civil apenas ao casamento celebrado por forma religiosa. Era o que sucedia na Grécia, onde até 1982 a forma religiosa do casamento segundo os ritos da Igreja ortodoxa era a única permitida, independentemente da religião dos nubentes.

No sistema de casamento civil obrigatório, os casamentos religiosos não produzem efeitos civis; o Estado só atribui relevância jurídica ao casamento civil, celebrado segundo a forma fixada na lei civil. É o sistema que vigora em França e que vigorou em Portugal entre 1910 e 1940 (arts. 2.º e 3.º do Decreto n.º 1, de 25 de Dezembro de 1910).

No sistema de casamento civil facultativo, são conferidos efeitos civis quer ao casamento celebrado por forma civil quer ao casamento celebrado por forma religiosa. Os nubentes que pretendam contrair matrimónio relevante perante o Estado podem escolher entre a forma laica e a forma religiosa. O sistema de casamento civil facultativo comporta duas variantes. Na primeira variante, o Estado só reconhece um regime particular ao casamento religioso nos aspectos formais; em tudo o resto, é aplicável a lei civil. O casamento laico e o casamento religioso são apenas duas formas distintas de celebração do matrimónio. Na outra variante, o Estado admite a eficácia do direito da igreja ou comunidade religiosa em aspectos que não são meramente formais. O casamento laico e o casamento religioso são dois institutos ou duas modalidades diferentes. A primeira variante vigora na Grécia (desde 1982) e no Brasil. A segunda variante vigora em Espanha e Itália.

No sistema de casamento civil subsidiário, o Estado reconhece o casamento religioso, apenas admitindo o casamento laico para os casos em que é considerado legítimo pelo direito da igreja ou da comunidade religiosa. Foi o sistema que vigorou em Espanha, de 1958 a 1981: as partes tinham de contrair matrimónio católico, a não ser que se provasse que nenhum dos contraentes professava a religião católica, hipótese em que já seria admitida a celebração do casamento civil (art. 42.º do Código Civil espanhol, na versão da Lei de 24/4/1958).

Desde a Concordata de 1940 até agora, tem vigorado, em Portugal, o sistema de casamento civil facultativo. No entanto, antes da Lei da Liberdade Religiosa, o casamento laico era facultativo para os católicos, que podiam escolher livremente entre aquele e o casamento católico; para os membros de outras confissões religiosas, era obrigatória a celebração do casamento laico, pois o Estado não atribuía eficácia civil aos casamentos religiosos não católicos. Actualmente, o casamento laico é facultativo para todos os membros de igrejas ou comunidades religiosas radicadas no país (sejam católicos ou não).

O nosso sistema de casamento civil facultativo enquadra-se na segunda variante, de dupla modalidade. O casamento civil e o casamento católico são dois institutos diferentes. Contudo, o casamento religioso não católico carece de autonomia enquanto modalidade, integrando-se no casamento civil, que comporta, assim, duas formas: a civil e a religiosa. As partes podem escolher entre o casamento civil celebrado por forma civil (perante o conservador do registo civil), o casamento civil celebrado por forma religiosa (perante ministro do culto de uma igreja ou comunidade religiosa radicada em Portugal) e o casamento católico (celebrado perante o pároco).[703]

2. Promessa de casamento

2.1. Noção e requisitos da promessa de casamento

A promessa de casamento, à qual se dava tradicionalmente o nome de esponsais ou desposórios, é o contrato pelo qual duas pessoas se comprometem a contrair matrimónio (art. 1591.º). Trata-se de um contrato-promessa de casamento, pelo que, na falta de disposições específicas (arts. 1591.º-1595.º), se aplicam as regras gerais do contrato-promessa e, em seguida, as regras gerais dos negócios jurídicos.

Deste modo, no campo dos requisitos da promessa de casamento, é fundamental o art. 410.º, n.º 1, que determina a aplicação ao contrato-promessa

[703] Daí que MARTINS, Rosa/VÍTOR, Paula Távora, "O Decreto-Lei n.º 324/2007, de 28 de Setembro, e as suas implicações no sistema matrimonial português", *Lex Familiae* n.º 8, 2007, p. 115, aludam a um sistema matrimonial "tripartido".

das disposições legais relativas ao contrato prometido, "exceptuadas as relativas à forma e as que, por sua razão de ser, não se devam considerar extensivas ao contrato-promessa".

À luz daquele preceito, a capacidade exigida para a promessa de casamento é a mesma que se requer para a celebração do casamento (cf. arts. 1600.º e s.)[704]. Em contrapartida, no domínio do consentimento, a promessa de casamento está sujeita às regras gerais dos negócios jurídicos, uma vez que as regras especiais do casamento em matéria de falta ou vícios da vontade se destinam a garantir a estabilidade de um matrimónio que já foi celebrado[705]. Ao contrário do contrato de casamento, a promessa pode ser submetida a condição ou termo (p.e., à condição de obter uma determinada colocação profissional)[706]. O objecto da promessa de casamento deve ser legalmente possível (art. 280.º, n.º 1). A validade da promessa não depende da observância de uma forma especial (art. 219.º) e não se impõe uma declaração expressa (art. 217.º). São exemplos de celebração do contrato-promessa de casamento o pedido de casamento, uma vez aceite, a oferta do anel de noivado a um dos namorados, que o recebe e coloca no dedo, a declaração para casamento proferida no processo preliminar (cf. arts. 135.º-137.º do CRC) e a outorga de convenção antenupcial na qualidade de nubente (cf. art. 1698.º). O simples namoro não tem, em princípio, o significado de uma promessa de casamento.

2.2. Efeitos

I. Mediante a promessa de casamento, as partes ficam vinculadas a casar uma com a outra. No entanto, a natureza da obrigação de casar obsta à execução específica da promessa (cf. arts. 1591.º e 830.º, n.º 1, *in fine*). No caso de incumprimento, é conferido apenas o direito às indemnizações previstas no art. 1594.º (art. 1591.º).

As indemnizações previstas no art. 1594.º são devidas pelo contraente que romper a promessa sem justo motivo, que, culposamente, der lugar à retractação do outro ou que dolosamente (por si ou por seus representantes) contribuir para a própria incapacidade matrimonial.

[704] Mas a promessa de casamento pode ser validamente celebrada antes de ter decorrido o prazo internupcial (cf. LIMA, Pires de/VARELA, Antunes, *Código Civil Anotado*, vol. IV cit., art. 1591.º (3)).

[705] Cf. LIMA, Pires de/VARELA, Antunes, *Código Civil Anotado*, vol. IV cit., art. 1591.º (3).

[706] Cf. MENDES, J. de Castro/SOUSA, M. Teixeira de, *Direito da Família* cit., p. 54, que justificam a solução por a promessa de casamento não constituir qualquer estado pessoal.

Os beneficiários da indemnização podem ser o esposado inocente, bem como os pais deste ou terceiros que tenham agido em nome dos pais.

A obrigação de indemnizar por incumprimento da promessa restringe-se às despesas feitas e às obrigações contraídas na previsão do casamento. Só é indemnizável uma parte dos danos patrimoniais emergentes, o que representa uma limitação à extensão da obrigação geral de indemnizar (que inclui todos os danos emergentes, os lucros cessantes e os danos não patrimoniais), fruto da preocupação de salvaguardar, na medida do possível, a liberdade matrimonial das partes. Além disso, a indemnização é fixada segundo o prudente arbítrio do tribunal, nos termos do n.º 3 do art. 1594.º, o que introduz mais um desvio ao regime comum da responsabilidade civil (cf. art. 494.º): ainda que haja dolo do agente, o montante da indemnização concedida poderá ser inferior ao valor das despesas feitas e das obrigações contraídas na previsão do casamento.

A acção de indemnização caduca no prazo de um ano, a partir da data do rompimento da promessa (art. 1595.º).

II. No caso de ruptura da promessa de casamento, cada um dos contraentes é obrigado a restituir os donativos que o outro ou terceiro lhe tenha feito em virtude da promessa e na expectativa do casamento, segundo os termos prescritos para a nulidade ou anulabilidade do negócio jurídico (art. 1592.º, n.º 1). A obrigação de restituição dos donativos, que é independente de culpa, "abrange as cartas e retratos pessoais do outro contraente, mas não as coisas que hajam sido consumidas antes da retractação ou da verificação da incapacidade" (art. 1592.º, n.º 2).

No caso de extinção da promessa por morte de um dos promitentes, cabe ao promitente sobrevivo optar entre conservar os donativos do falecido ou exigir aqueles que lhe tenha feito (art. 1593.º, n.º 1). Contudo, certos donativos estão, por força do seu cariz íntimo, subordinados a um regime especial: o promitente sobrevivo pode reter a correspondência e os retratos pessoais do falecido e exigir a restituição das cartas e retratos pessoais que lhe tenha oferecido (art. 1593.º, n.º 2).

A acção destinada a exigir a restituição dos donativos caduca no prazo de um ano, a contar da data do rompimento da promessa ou da morte do promitente (art. 1595.º).

3. Requisitos de fundo do casamento civil

3.1. O desaparecimento do requisito da heterossexualidade ("possibilidade legal")

I. A diversidade de sexo era um dos requisitos de fundo do casamento civil português, sendo expressamente referida na noção de casamento formulada na redacção do art. 1577.º que foi introduzida pelo Decreto-Lei n.º 496/77, de 25 de Novembro. A consequência da inobservância deste requisito era a inexistência jurídica do casamento (art. 1628.º, al. e), na redacção originária).

Para um ilustre professor de Coimbra[707], o casamento de homossexuais era, na altura, pelo seu objecto, fisicamente impossível. Todavia, a lei civil portuguesa não associava, nem associa, ao casamento um dever de procriação conjunta[708], pelo que a comunhão tendencialmente plena de vida entre duas pessoas do mesmo sexo era juridicamente, e não naturalmente, impossível.

II. Na vigência da redacção dos arts. 1577.º e 1628.º, al. e), anterior a 2010, lia-se em edição anterior destas lições o seguinte[709]:

Não é líquida a constitucionalidade da imposição legal da heterossexualidade como característica do casamento civil. Após a revisão de 2004, o art. 13.º, n.º 2, da CRP, prevê expressamente que ninguém pode ser prejudicado ou privado de qualquer direito em razão da sua orientação sexual. Importa, pois, apurar se não será discriminatória a recusa do direito de contrair casamento aos casais homossexuais. A recusa justifica-se, p.e., quanto ao matrimónio católico, "ordenado por sua índole natural ao bem dos cônjuges e à procriação e educação da prole" (cân. 1055, § 1.º, do CDC). Só que não se vislumbra uma conexão análoga entre o casamento civil e a procriação. Nos termos do art. 1577.º, o casamento visa a constituição de família, mas isso não quer dizer que o instituto tenha por finalidade a geração: a ligação entre os cônjuges é ela própria uma relação familiar (art. 1576.º). Das alusões que o regime dos deveres conjugais faz aos filhos (cf. arts. 1673.º, n.º 1, e 1676.º, n.º 1), marcadas por um espírito de protecção, não se retira uma obrigação de procriação. E tão-pouco da presunção de paternidade do marido da mãe, consagrada no art. 1826.º: basta verificar que a presunção abrange o caso de concepção antenupcial do filho nascido após o casamento.

[707] SOUSA, Rabindranath Capelo de, *Direito da Família e das Sucessões – Relatório sobre o programa, o conteúdo e os métodos de ensino de tal disciplina*, Coimbra, Coimbra Editora, 1999, p. 119.

[708] Cf. PINHEIRO, J. Duarte, *O núcleo intangível da comunhão conjugal* cit., pp. 298-300.

[709] PINHEIRO, J. Duarte, *O Direito da Família Contemporâneo*, 2.ª ed., Lisboa, AAFDL, 2009, pp. 408-410.

Haverá outro argumento que exclua a arbitrariedade da manutenção da heterossexualidade como requisito do casamento?

Em Espanha, foi reconhecido o direito de contrair casamento aos casais do mesmo sexo, pela Lei 13/2005, de 1 de Julho. Na respectiva exposição de motivos, invoca-se a crescente aceitação social da união entre homossexuais e afirma-se que a alteração tem em conta o princípio constitucional da igualdade.

Para alguns autores[710]*, a admissibilidade do casamento entre pessoas do mesmo sexo é encarada como uma ameaça à subsistência da sociedade tal como a conhecemos. Ora, há que evitar um tratamento emocional do assunto. A questão resume-se ao seguinte: o casamento entre pessoas do mesmo sexo é ou não compatível com a essência da instituição matrimonial?*[711]

III. Num contexto justamente emocional, veio a ser publicada a Lei n.º 9/2010, de 31 de Maio, que permite o casamento civil entre pessoas do mesmo sexo, após apreciação do Tribunal Constitucional[712], que não detectou qualquer incompatibilidade entre o alargamento da faculdade de casar e o texto fundamental.

[710] *[nota da edição de 2009]* Cf. Pitão, França, *Uniões de facto e economia comum*, 2.ª ed., Coimbra, Almedina, 2006, p. 70.

[711] *[nota da edição de 2009]* Sobre a problemática, entre nós, cf., nomeadamente: Santos, Duarte (*Mudam-se os tempos, mudam-se os casamentos? – O casamento entre pessoas do mesmo sexo e o Direito português*, Coimbra, Coimbra Editora, 2009) e Adragão, Paulo Pulido ("Casamento entre pessoas do mesmo sexo: Pressupostos fundamentais da questão", em AA.VV., *Estudos em Homenagem ao Professor Doutor Marcello Caetano no centenário do seu nascimento*, vol. II, Coimbra Editora/Faculdade de Direito da Universidade de Lisboa, 2006, pp. 527-533), que se manifestam a favor da proibição do casamento entre pessoas do mesmo sexo; Corte-Real, Carlos Pamplona, que defende a inconstitucionalidade da referida proibição ("Da inconstitucionalidade do Código Civil" cit., *supra*, na nota 699, pp. 11-33, "Homoafectividade: a respectiva situação jurídico-familiar em Portugal", em AA.VV., *Escritos de Direito das Famílias* cit., pp. 24-27, 29-31; Corte-Real, Carlos Pamplona/ Pereira, José Silva, *Direito da Família* cit., pp. 131-133, 255-256); Brito, Miguel Nogueira de/ Múrias, Pedro, *Casamento entre pessoas do mesmo sexo*, Lisboa, Entrelinhas, 2008, livro em que os autores propugnam posições opostas (a constitucionalidade da proibição é admitida pelo primeiro e rejeitada pelo segundo). O ac. do TC 359/2009 (Pamplona de Oliveira), de 9/7/2009, em http://www.tribunalconstitucional.pt, pronunciou-se pela conformidade constitucional dos arts. 1577.º e 1628.º, al. e), excluindo a existência de uma violação do direito de contrair casamento e dos princípios da dignidade da pessoa humana e da igualdade.
No Brasil, Dias, Maria Berenice, notabiliza-se pela atenção especial que confere ao tratamento jurídico das uniões de pessoas do mesmo sexo: cf., designadamente, *União homoafetiva: o preconceito e a justiça*, 4.ª ed., São Paulo, Editora Revista dos Tribunais, 2009. Tem também um texto publicado, entre nós, em co-autoria: Dias, Berenice/Chaves, Marianna, "As famílias homoafetivas no Brasil e em Portugal", *Lex Familiae* n.º 9, 2008, pp. 39-52.

[712] Ac. do TC 121/2010 (Vítor Gomes), de 8/4/2010, em http://www.tribunalconstitucional.pt.

Na perspectiva do Tribunal Constitucional, traduzida em dois acórdãos[713], a Constituição portuguesa não impõe nem proíbe o casamento entre pessoas do mesmo sexo.[714]

IV. A Lei n.º 9/2010, de 31 de Maio, contém cinco artigos. O art. 1.º indica o objecto da lei: permitir o casamento civil entre pessoas do mesmo sexo. O art. 2.º altera três artigos Código Civil que aludiam ao casamento enquanto instituto heterossexual[715], passando a nova letra destes a contemplar quer o casamento entre pessoas de sexo oposto quer o casamento entre pessoas do mesmo

[713] Os acórdãos n.º 359/2009 e 121/2010, citados, *supra*, nas notas 711 e 712, respectivamente. Sobre os dois acórdãos (no quadro mais alargado da jurisprudência de três Países do Sul da Europa), cf. Freitas, Tiago Fidalgo de/TEGA, Diletta, "Judicial Restraint and Political Responsibility: A Review of the Jurisprudence of the Italian, Spanish and Portuguese High Civil Courts on Same-Sex Couples", em AA.VV., *Same-Sex Couples before National and International Jurisdictions*, coordenação de D. Gallo et al., Berlim/Heidelberga, Springer Verlag, 2014, capítulo 12, pp. 305-314.

[714] Cf. Pinheiro, J. Duarte,"Same-sex marriages. Portuguese National Report", relatório destinado ao XVIII Congresso Internacional de Direito Comparado da "International Academy of Comparative Law", secção "II.A. Civil Law", tema "Same-sex marriages". O XVIII Congresso realizou-se nos Estados Unidos da América, em Washington D.C., entre 25 de Julho e 1 de Agosto de 2010. O trabalho, que esteve disponível no sítio do Congresso (http://www.wcl.american.edu/events/2010congress/welcome.en.cfm) até 31 de Agosto de 2010, pode agora ser consultado no texto do mesmo autor, "O estatuto do cidadão homossexual no Direito da Família – O lugar de Portugal no movimento internacional", Estudos de Direito da Família e das Crianças cit., pp. 352-356.
Há coincidência entre essa posição do Tribunal Constitucional e a posição actual de Miranda, Jorge/Medeiros, Rui, *Constituição Portuguesa anotada* cit., pp. 811-812, 819-821 (em contraste com o que era sustentado anteriormente: cf., *supra*, nota 113). Embora associe a consagração do casamento de pessoas do mesmo sexo a um risco de "fragmentação moral da sociedade", Machado, Jónatas, ["A (in)definição do casamento no Estado Constitucional", em AA.VV., *Família, consciência* cit., pp. 35-36] reconhece que "os princípios constitucionais da autonomia individual, da igualdade e da neutralidade ideológica do Estado" não são incompatíveis com uma definição não heterossexual do casamento. Distinta é a visão de Barroso, Ivo Miguel, "Casamento civil entre pessoas do mesmo sexo: um «direito fundamental» à medida da lei ordinária", *Lex Familiae* n.º 13, 2010, que se pronuncia pela inconstitucionalidade da Lei n.º 9/2010, de 31 de Maio, por força da necessidade de interpretar o art. 36.º, n.º 1, da CRP, à luz do art. 16.º, n.º 1, da Declaração Universal dos Direitos do Homem.

[715] O art. 1577.º, na redacção de 1977 ("Casamento é o contrato celebrado entre duas pessoas *de sexo diferente* que pretendem constituir família mediante uma plena comunhão de vida, nos termos das disposições deste Código"); o art. 1591.º, na redacção originária ("O contrato pelo qual, a título de esponsais, desposórios ou qualquer outro, duas pessoas *de sexo diferente* se comprometem a contrair matrimónio não dá o direito a exigir a celebração do casamento, nem a reclamar, na falta de cumprimento, outras indemnizações que não sejam as previstas no artigo 1594.º, mesmo quando resultantes de cláusula penal"); e o art. 1690.º, n.º 1, igualmente na versão originária ("Tanto *o marido* como *a mulher* têm legitimidade para contrair dívidas sem o consentimento do outro cônjuge"). Os itálicos são nossos.

sexo. O art. 3.º, na sua versão originária, determinava que o alargamento da faculdade de contrair matrimónio entre pessoas do mesmo não implicava a "admissibilidade legal da adopção em qualquer das suas modalidades, por pessoas casadas com cônjuge do mesmo sexo", vedando qualquer interpretação no sentido de tal admissibilidade[716]. Na redacção que lhe foi dada pela Lei n.º 2/2016, de 29 de Fevereiro, o art. 3.º passou a prever que a permissão do casamento entre pessoas do mesmo sexo "implica a admissibilidade legal da adopção em qualquer das suas modalidades, por pessoas casadas com cônjuge do mesmo sexo", vedando qualquer interpretação em sentido oposto[717]. O art. 4.º revoga o art. 1628.º, al. e), na versão primitiva, que previa a inexistência jurídica do casamento contraído por duas pessoas do mesmo sexo. O art. 5.º, que, após a Lei n.º 2/2016, de 26 de Fevereiro, estabelece que "todas as disposições legais relativas ao casamento, adopção, apadrinhamento civil e outras relações jurídicas" devem ser interpretadas à luz da Lei n.º 9/2010, de 31 de Maio, "independentemente do sexo dos cônjuges.

A Lei n.º 9/2010, de 31 de Maio, aboliu a diferença de género enquanto requisito essencial do casamento civil, o que não pode deixar de ter consequências profundas num Direito Matrimonial até então construído na perspectiva de uma relação heterossexual. No entanto, o diploma em apreço limitou-se a modificar quatro artigos do Código Civil (1577.º, 1590.º, 1690.º, n.º 1, e 1628.º, al. e)), a dispor sobre o acesso dos casais do mesmo sexo à adopção e a fixar, no art. 5.º, um princípio genérico de interpretação da lei.

Salvo o devido respeito, parece-me tratar-se de uma atitude algo comodista, que, além de deixar uma imagem de leviandade, é susceptível de originar insegurança.

Que diríamos nós se, p.e., o legislador de 1977, decidido a concretizar o princípio da igualdade entre cônjuges, se contentasse com a abolição da figura do chefe da família e com o estabelecimento de uma regra que impusesse a interpretação de todas as disposições legais sobre o casamento à luz do dito

[716] Na opinião de CORTE-REAL, Carlos Pamplona/PEREIRA, José Silva, *Direito da Família* cit., p. 75, o art. 3.º atingia inequivocamente "os princípios da igualdade, da não discriminação, e sobretudo da tutela do interesse superior da criança, constitucionalmente consagrados nos artigos 13.º, n.º 2 e 69.º da CRP".

[717] Assim se pôs fim a uma singularidade que era apontada ao ordenamento português (coexistência da proibição de adopção por casais do mesmo sexo com a admissibilidade do casamento, sem distinção quanto ao sexo dos cônjuges) e que levava juristas de outros Países a concluir que, em Portugal, nem todos os casamentos eram iguais (cf. PINHEIRO, J. Duarte, "O estatuto do cidadão homossexual" cit., p. 362).

princípio da igualdade? Que diríamos nós se, p.e., o legislador de 1977, preocupado com a erradicação da discriminação dos filhos nascidos fora do casamento (ditos "ilegítimos"), se limitasse a modificar disposições legais que contivessem certas expressões ("filhos legítimos", "filhos legítimos") e a determinar que todas as disposições legais sobre a filiação deveriam ser interpretadas à luz da igualdade entre filhos nascidos dentro e fora do matrimónio?

A Lei n.º 9/2010, de 31 de Maio, não tocou na letra do Código do Registo Civil, diploma que regula as formalidades do casamento. Deste modo, permanece uma disposição como a do art. 155.º, n.º 2, do CRC, respeitante à cerimónia do casamento civil, na qual se incumbe o conservador de declarar, em nome da lei e da República Portuguesa, que as partes se encontram unidas pelo casamento, mediante indicação dos nomes completos *de marido e mulher*. Não tendo sido modificada, esta disposição, dotada de elevado simbolismo no Direito Matrimonial, está submetida à previsão do art. 5.º da Lei n.º 9/2010, de 31 de Maio: deve ser interpretada de modo a ajustar-se a uma hipótese concreta de celebração de um casamento entre pessoas do mesmo sexo[718].

3.2. Capacidade

3.2.1. Os impedimentos matrimoniais em geral

I. A capacidade constitui um dos requisitos de fundo do casamento civil. Têm capacidade para contrair casamento todos aqueles em quem se não verifique algum dos impedimentos matrimoniais (art. 1600.º).

Impedimentos matrimoniais são circunstâncias que de qualquer modo obstam à realização do casamento. Estas proibições de casar estão sujeitas a um princípio de tipicidade: são apenas as que se encontram previstas na lei (cf. art. 1600.º)[719]. A apreciação da sua existência tem, naturalmente, como ponto de referência o momento da cerimónia do casamento. Havendo impedimentos matrimoniais, o casamento não deve ser realizado. Se, apesar disso, vier a ser celebrado, a não observância das regras sobre impedimentos pode determinar a anulabilidade do acto (cf. art. 1631.º, al. a)), a aplicação às par-

[718] Havendo casamento de pessoas do mesmo sexo, o conservador indicará o nome completo do marido e do marido ou da mulher e da mulher.

[719] Por conseguinte, não estão privadas de capacidade nupcial, p.e., as pessoas inabilitadas ou interditas por causa distinta de anomalia psíquica.

tes de sanções especiais com carácter patrimonial (arts. 1649.º e 1650.º; art. 22.º, n.º 3, da LAC), e a sujeição a responsabilidade civil, penal e disciplinar do funcionário do registo civil (cf., nomeadamente, arts. 294.º e 297.º, als. *b)* e *c)*, do CRC[720]).

II. São concebíveis, pelo menos, quatro classificações de impedimentos matrimoniais.

Uma das classificações contrapõe os impedimentos nominados aos inominados. Os primeiros são aqueles que são designados como impedimentos pela própria lei (cf. arts. 1601.º, 1602.º e 1604.º; art. 22.º, n.º 1, da LAC). Os segundos são os restantes, mais precisamente, o vínculo de adopção e de filiação por consentimento adoptivo, bem como o matrimónio religioso anterior não dissolvido, quando as mesmas partes pretendam voltar a casar entre si mediante outra forma de casamento (cf., nomeadamente, art. 1589.º, n.º 2).

Noutra classificação, que é sem dúvida a mais importante, distingue-se entre impedimentos dirimentes e impedientes. Os impedimentos dirimentes são aqueles que, verificando-se, tornam o casamento anulável (art. 1631.º, al. *a)*). Os outros são os impedientes.

Os impedimentos podem ser absolutos ou relativos. Os impedimentos absolutos obstam à celebração de um casamento por uma pessoa seja com quem for; são, portanto, verdadeiras incapacidades. Os impedimentos relativos são aqueles que obstam à realização de um casamento entre certas pessoas; correspondem a ilegitimidades em sentido técnico.

Por fim, há que separar os impedimentos susceptíveis de dispensa dos que são insusceptíveis de dispensa. Os primeiros não obstam ao casamento se houver, no caso concreto, um acto de autorização de uma autoridade. Os impedimentos insusceptíveis de dispensa não permitem a celebração do casamento, independentemente de qualquer pedido de autorização a uma autoridade. Todos os impedimentos dirimentes são insusceptíveis de dispensa. Só são susceptíveis de dispensa alguns impedimentos impedientes: os que são indicados no art. 1609.º, n.º 1 (o parentesco no terceiro grau da linha colateral; e o vínculo de tutela, curatela ou administração de bens, se as contas já estiverem aprovadas) e o vínculo de apadrinhamento civil (art. 22.º, n.º 2, da LAC). A dispensa compete ao conservador do registo civil e será concedida quando haja motivos sérios que justifiquem a celebração do casamento (art.

[720] Sendo religioso o casamento celebrado com impedimentos, o pároco ou ministro da Igreja incorre em responsabilidade civil e criminal (cf. arts. 294.º e 296.º, n.º 1, als. *a)* e *b)*, do CRC).

1609.º, n.º 2; e, na hipótese de apadrinhamento, art. 22.º, n.º 2, da LAC); se algum dos nubentes for menor, serão ouvidos previamente, sempre que possível, os pais ou o tutor (art. 1609.º, n.º 3; o art. 22.º, n.º 2, da LAC, respeitante ao apadrinhamento civil, alude à audição somente dos pais). O processo de dispensa de impedimentos é disciplinado pelos arts. 253.º e 254.º do CRC.

Apesar de o DL n.º 272/2001, de 13 de Outubro, aludir à declaração de dispensa do prazo internupcial (art. 12.º, n.º 1, al. *c)*, e n.º 3; art. 15.º), o prazo internupcial não é um impedimento susceptível de dispensa. A chamada dispensa de prazo internupcial permite à mulher, que apresente comprovativo da situação de não gravidez, casar desde que tenham decorrido cento e oitenta dias sobre a dissolução ou invalidade do casamento anterior. Ela continua sujeita ao impedimento do prazo internupcial; não tem é de observar o prazo maior, de trezentos dias (cf. art. 1605.º, n.º 1).[721]

3.2.2. Impedimentos dirimentes

I. Como se referiu, a celebração do casamento com impedimentos dirimentes acarreta a anulabilidade do acto (art. 1631.º, al. *a)*). Mas a anulação tem de ser decretada por sentença em acção especialmente intentada para esse fim (art. 1632.º).

Nos termos do art. 1639.º, n.º 1, têm legitimidade para intentar ou prosseguir a acção os cônjuges, qualquer parente deles na linha recta ou até ao 4.º grau na linha colateral, os herdeiros e adoptantes dos cônjuges, bem como o Ministério Público. A legitimidade que é conferida ao Ministério Público mostra que a finalidade da instituição de impedimentos dirimentes é a protecção de interesses públicos e não de interesses meramente particulares.

Em princípio, a acção de anulação fundada em impedimento dirimente deve ser instaurada até seis meses depois da dissolução do casamento (art. 1643.º, n.º 1, al. *c)*). Todavia, o Ministério Público só pode propor a acção até à dissolução do casamento (art. 1643.º, n.º 2). É admissível a convalidação do casamento contraído com impedimentos dirimentes absolutos, mas não com impedimentos dirimentes relativos (cf. art. 1633.º, n.º 1, als. *a)*, *b)* e *c)*).

II. O art. 1601.º enumera os impedimentos dirimentes absolutos: a idade inferior a dezasseis anos (al. *a)*); a demência notória e a interdição ou inabili-

[721] Cf., no entanto, *infra*, III.c).

tação por anomalia psíquica (al. b)); o vínculo matrimonial anterior não dissolvido (al. c)).

No caso de casamento celebrado com o impedimento da falta de idade nupcial, ou seja, contraído por um dos nubentes quando ainda não tinha a idade de dezasseis anos, aplicam-se regras especiais no que toca à legitimidade e prazo para a anulação. Além das pessoas mencionadas no art. 1639.º, n.º 1, pode intentar ou prosseguir a acção o tutor do menor (art. 1639.º, n.º 2). A acção de anulação, quando proposta por quem não tinha idade nupcial, deve ser instaurada até seis meses depois de ter atingido a maioridade; quando proposta por outra pessoa, deve ser instaurada dentro dos três anos seguintes à celebração do casamento, mas nunca depois da maioridade (art. 1643.º, n.º 1, al. a)).

Considera-se sanada a anulabilidade se, antes de transitar em julgado a sentença de anulação, o casamento de menor não núbil for confirmado por este, perante o funcionário do registo civil e duas testemunhas, depois de atingida a maioridade (art. 1633.º, n.º 1, al. a)).

O segundo impedimento dirimente absoluto referido no art. 1601.º é o da demência, que engloba quer a demência *de direito* (interdição ou inabilitação por anomalia psíquica) quer a demência *de facto*.

Por demência entende-se qualquer anomalia psíquica que torne uma pessoa incapaz de reger convenientemente a sua pessoa ou/e o seu património. Para obstar ao casamento, a demência que não tenha sido reconhecida por sentença de interdição ou inabilitação tem de ser notória e habitual. É notória a demência certa, inequívoca, não duvidosa[722]. No quadro do art. 1601.º, al. b), o requisito da notoriedade não se refere ao conhecimento ou cognoscibilidade da anomalia mental. Estando em causa um impedimento dirimente, o que se visa é a protecção de interesses públicos e não, como sucede no art. 257.º, n.º 2, o mero interesse de protecção do declaratário ou da outra parte. Pelo mesmo motivo, a demência notória impede o casamento, ainda que o acto tenha sido celebrado num intervalo lúcido. E só releva como impedimento a demência *de facto* notória que seja habitual, porque o tratamento da demência acidental, ou não permanente, cabe noutra sede, no âmbito do regime do consentimento matrimonial (cf. art. 1635.º, al. a)).

O regime da invalidade fundada no impedimento da demência é semelhante ao da que respeita ao impedimento da falta de idade nupcial. A par da legitimidade que é em geral reconhecida aos sujeitos indicados no art. 1639.º,

[722] Cf. COELHO, F. Pereira/OLIVEIRA, Guilherme de, *Curso de Direito da Família*, vol. I cit., p. 299.

n.º 1, é conferida ao tutor ou curador do interdito ou inabilitado a prerrogativa de intentar ou prosseguir a acção de anulação (art. 1639.º, n.º 2), Quando proposta pelo demente (*de facto* ou *de direito*), a acção deve ser instaurada até seis meses depois de lhe ter sido levantada a interdição ou inabilitação ou de a demência *de facto* ter cessado; quando proposta por outra pessoa, deve ser instaurada dentro dos três anos seguintes à celebração do casamento, mas nunca depois do levantamento da incapacidade ou da cessação da demência (art. 1643.º, n.º 1, al. a)). Considera-se sanada a anulabilidade se, antes de transitar em julgado a sentença de anulação, o casamento do demente for confirmado por este, perante o funcionário do registo civil e duas testemunhas, depois de lhe ser levantada a interdição ou a inabilitação ou depois de o demente *de facto* fazer verificar judicialmente o seu estado de sanidade mental (art. 1633.º, n.º 1, al. b)).

Tradicionalmente, o impedimento é justificado com razões de ordem eugénica e social: "Pretende-se evitar que as taras do demente se transmitam para os filhos e defender sob este aspecto a própria sociedade (razão de ordem eugénica); por outro lado (razão de ordem social), quer a lei evitar que se constituam famílias que não sejam, no corpo social, células sãs e úteis, como decerto não o seriam as famílias em que algum dos cônjuges fosse portador de anomalia psíquica."[723]

Nesta óptica, é de perguntar se não será demasiado rigorosa a formulação legal do impedimento da demência. Por um lado, as anomalias psíquicas não são integral e sistematicamente transmissíveis por via hereditária. Por outro lado, o casamento, enquanto acto que se projecta sobretudo na esfera pessoal das partes, não parece completamente incompatível com uma anomalia psíquica que influa apenas na capacidade de administração dos bens, como é aquela que constitui causa de inabilitação.

Dada a variedade de manifestações de demência, pensamos que seria, pelo menos, adequada uma alteração legal que permita àqueles que sofrem de demência *de direito* ou *de facto* notória e habitual contraírem validamente casamento, quando seja judicialmente apurado que a perturbação mental não impede a vida conjugal[724]. A rigidez da solução actual do art. 1601.º, al. b), cria

[723] Cf. COELHO, F. Pereira/OLIVEIRA, Guilherme de, *Curso de Direito da Família*, vol. I cit., p. 297. Igualmente, LIMA, Pires de/VARELA, Antunes, *Código Civil Anotado*, vol. IV cit., art. 1601.º (6); VARELA, Antunes, *Direito da Família* cit., p. 228.

[724] Proposta análoga é feita por FERRANDO, Gilda (*Il matrimonio*, Milão, Giuffrè, 2002, pp. 305-306), num ordenamento em que a interdição por anomalia psíquica obsta à celebração do casamento (cf. art. 85 do Código Civil italiano). Contra, RIBEIRO, Geraldo Rocha, *A protecção do incapaz*

a suspeita de uma restrição inconstitucional dos direitos do cidadão portador de deficiência mental (cf. arts. 71.º, n.º 1, 36.º, n.º 1, e 18.º, n.ºs 2 e 3, da CRP).

O último impedimento dirimente absoluto é o do casamento anterior não dissolvido. O impedimento, que se destina a evitar a bigamia (punida, aliás, pelo art. 247.º do CP), obsta à celebração de casamento por uma pessoa já casada, enquanto subsistir o casamento anterior, seja este civil ou católico e tenha sido ou não lavrado o respectivo assento no registo civil (art. 1601.º, al. *c*)).

O impedimento cessa com a dissolução do casamento anterior, que pode ocorrer, nomeadamente, por morte ou divórcio. Apesar de a declaração de morte presumida não dissolver o casamento (art. 115.º), o art. 116.º não consagra uma excepção à proibição da bigamia: com o novo casamento dissolve-se o anterior[725].

O impedimento de vínculo não tem lugar se o primeiro casamento for juridicamente inexistente (cf. art. 1630.º, n.º 1) ou se tiver sido declarado nulo ou anulado por sentença transitada em julgado antes da celebração do novo.

Na hipótese de bigamia, o primeiro cônjuge do bígamo tem legitimidade para intentar ou prosseguir a acção de anulação, ao lado das pessoas referidas no art. 1639.º, n.º 1 (art. 1639.º, n.º 2). Nos termos do art. 1643.º, n.º 3, a acção de anulação fundada no *impedimentum ligaminis* não pode ser instaurada, nem prosseguir, quando estiver pendente acção de declaração de nulidade ou de anulação do primeiro casamento do bígamo. E a declaração de nulidade ou anulação do primeiro casamento do bígamo convalida o segundo casamento do bígamo (art. 1633.º, n.º 1, al. *c*)).

III. O art. 1602.º enuncia os seguintes impedimentos dirimentes relativos: o parentesco na linha recta (al. *a*)) e no segundo grau da linha da linha colateral (al. *c*)); a afinidade na linha recta (al. *d*)); a relação anterior de responsabilidades parentais (al. *b*)); e a condenação de um dos nubentes por homicídio doloso contra o cônjuge do outro (al. *e*)).

Apesar de a adopção extinguir normalmente[726] as relações familiares entre o adoptado e os seus ascendentes e colaterais naturais, mantêm-se os impedimentos de parentesco e afinidade derivados da ligação biológica (cf. parte

cit., p. 424, nota, afirmando que "não se pode sujeitar o livre desenvolvimento da personalidade de uma pessoa à prévia obtenção de uma habilitação para o exercício de um direito pessoal".

725 Cf., *infra*, Parte III, n.º 39.

726 A excepção consta do art. 1986.º, n.º 2.

final do art. 1986.º, n.º 1, que ressalva o disposto nos arts. 1602.º e 1603.º). Por força do art. 1986.º, n.º 1, primeira parte, o adoptado adquire a situação de filho do adoptante e integra-se com os seus descendentes na família deste. Deste modo, há impedimentos dirimentes ao casamento do adoptado e seus descendentes com o adoptante e seus ascendentes (art. 1602.º, al. a)), do adoptado com os filhos do adoptante (art. 1602.º, al. c)), do adoptado com aquele que foi cônjuge do adoptante ou do adoptante com aquele que foi cônjuge do adoptado (art. 1602.º, al. d)). Isto quer dizer que, havendo adopção, o adoptado e os seus descendentes têm de respeitar os impedimentos de parentesco e afinidade quer quanto à família biológica quer quanto à família adoptiva. Ou melhor: o adoptado e os seus descendentes têm de observar os impedimentos de parentesco e afinidade, quanto à família biológica, e estão sujeitos ao impedimento inominado do vínculo de adopção, que aplica à família adoptiva a lógica dos impedimentos de parentesco e afinidade que é seguida para a família biológica.

Outro impedimento inominado é o da filiação por PMA heteróloga, por aplicação analógica do regime dos efeitos da filiação biológica (cf., *supra*, Parte I, n.º 18.2.). Assim, há impedimentos dirimentes ao casamento entre os sujeitos da relação de filiação por PMA heteróloga, entre qualquer destes dois sujeitos e os descendentes ou ascendentes do outro (art. 1602.º, al. a)); do filho por PMA heteróloga com os filhos biológicos do seu pai (art. 1602.º, al. c)); do filho por PMA heteróloga com aquele que foi cônjuge do pai ou do pai por PMA heteróloga com aquele que foi cônjuge do filho (art. 1602.º, al. d)). E, em paralelo como que ocorre na adopção, tendo em conta o disposto no art. 15.º, n.º 3, da LPMA, não é permitido o casamento entre filho por PMA heteróloga e dador, nem outras hipóteses de casamento a que sejam oponíveis, com as devidas adaptações, os impedimentos de parentesco e afinidade.

Obviamente, à luz da lógica de não distinção quanto à eficácia da filiação (cf., *supra*, Parte I, n.º 18), o impedimento de parentesco no 2.º grau da linha colateral estende-se ao casamento entre filho adoptivo e filho por PMA heteróloga.

Os impedimentos dirimentes do parentesco, da afinidade, da filiação por PMA heteróloga e da adopção asseguram a proibição do incesto, ou da prática de actos sexuais entre familiares próximos, que se funda em razões de ordem eugénica e ética social, no caso do parentesco na linha recta e no segundo grau da linha recta, e em razões só do domínio da moral social, nos casos de afinidade na linha recta, filiação por PMA heteróloga e adopção.

Nos termos do art. 1603.º, n.º 1, e para os efeitos do disposto nas als. a), c) e d) do art. 1602.º[727], é admitida a prova da maternidade e da paternidade no processo preliminar de casamento e na acção de declaração de nulidade ou anulação do casamento. Ou seja, os impedimentos de parentesco e afinidade relevam ainda que a filiação não se encontre estabelecida, o que configura uma excepção ao princípio da atendibilidade apenas da filiação legalmente constituída (cf. art. 1797.º, n.º 1). No entanto, o parentesco que venha a ser reconhecido no processo preliminar de casamento, ou na acção de declaração de nulidade ou anulação do casamento, e que não decorra de uma relação de filiação legalmente constituída não produz efeitos fora do domínio estrito dos impedimentos matrimoniais. Não vale sequer como começo de prova em acção de investigação de maternidade ou paternidade. A solução introduz assim um desvio ao chamado princípio da indivisibilidade do estado[728]: uma pessoa pode ser considerada filha de outrem no que toca à celebração do casamento e já não ser considerada como tal para outros aspectos (*v.g.*, deveres paternofiliais, sucessão legal).

Se a maternidade ou paternidade não estabelecida vier a ser reconhecida no processo preliminar de casamento, o art. 1603.º, n.º 2, faculta aos interessados o recurso aos meios ordinários para obterem a declaração da inexistência do impedimento dirimente de parentesco ou afinidade em acção intentada contra as pessoas com legitimidade para requerer a declaração de nulidade ou anulação do casamento, com base no impedimento em questão.

O art. 1603.º, n.º 1, aplica-se na totalidade à filiação biológica daquele que foi adoptado. O art. 1987.º, na parte que determina que não é possível fazer prova da filiação natural, fora do processo preliminar de casamento, depois de decretada a adopção, tem de ser alvo de interpretação restritiva: é admissível a prova da filiação biológica do adoptado na acção de declaração de nulidade ou anulação do casamento fundada num dos impedimentos previstos nas alíneas a), c) e d) do art. 1602.º. Outra conclusão seria chocante: celebrado o casamento, p.e., entre uma pessoa adoptada e o seu pai natural, a ligação biológica, não detectada no processo preliminar de casamento, não poderia ser invocada para se conseguir a invalidação da constituição do vínculo matrimonial.

[727] O art. 1603.º, n.º 1, alude às alíneas a), b) e c) do artigo anterior, mas manteve-se na versão do DL n.º 324/2007, de 28 de Setembro, pelo que tem de ser adaptado em função das alterações que o art. 1602.º sofreu posteriormente. Com a Lei n.º 137/2015, de 7 de Setembro, as alíneas b) e c) do art. 1602.º passaram a ser as alíneas c) e d) do mesmo artigo, respectivamente.

[728] Sobre a indivisibilidade como característica do estado da família, cf. Santos, Eduardo dos, *Direito da Família* cit., p. 80.

A alínea b) do art. 1602.º prevê um impedimento dirimente relativo que foi introduzido pela Lei n.º 137/2015, de 7 de Setembro: a relação anterior de responsabilidades parentais. O alcance do novo impedimento tem de ser delimitado com base na lei que o criou. Por conseguinte, o impedimento da al. b) tem em vista "a relação anterior de responsabilidades parentais" emergente das situações adicionais de exercício das responsabilidades parentais admitidas pela Lei n.º 137/2015, de 7 de Setembro (exercício por terceiros, nos termos dos arts. 1903.º, 1904.º e 1904.º-A). Isto significa que o apadrinhamento continua a ser um impedimento meramente impediente, apesar de incumbir ao padrinho o exercício das responsabilidades parentais.

A alínea e) do art. 1602.º consagra como impedimento a condenação de um dos nubentes por homicídio doloso contra o cônjuge do outro. O impedimento verifica-se quando o nubente tenha sido condenado, como autor ou cúmplice por homicídio ou tentativa de homicídio, ainda que o crime não tenha sido cometido com a intenção de permitir o casamento do agente com o cônjuge da vítima. A gravidade da restrição ao direito de contrair casamento e exigências de estabilidade e segurança implicam que o impedimento dirimente só se produza quando já tenha transitado em julgado a sentença de condenação por homicídio; a condenação anterior por sentença que ainda não transitou em julgado desencadeia o impedimento meramente impediente vertido no art. 1604.º, al. f).

Por vezes, é dito[729] que a proibição de casar consagrada no art. 1602.º, al. e), consiste numa sanção imposta àquele que foi condenado pelo homicídio ou tentativa de homicídio. Nesta leitura, o preceito, ao fixar como impedimento, aparentemente perpétuo, a condenação de um dos nubentes por homicídio doloso, ainda que não consumado, contra o cônjuge do outro, suscita dúvidas de constitucionalidade quer perante o art. 30.º, n.ºs 1 e 3, da CRP, "que proíbe penas com carácter perpétuo ou de duração limitada ou indefinida e estabelece que nenhuma pena envolve como efeito necessário a perda de quaisquer direitos civis, quer em face da liberdade de contrair casamento e de escolha do cônjuge de que o condenado é assim privado em termos definitivos"[730].

Mas o impedimento funda-se na censurabilidade social e ética de um casamento celebrado por alguém com o assassino do seu cônjuge[731]. Não se

[729] Cf. COELHO, F. Pereira/OLIVEIRA, Guilherme de, *Curso de Direito da Família*, vol. I cit., p. 309.

[730] MIRANDA, Jorge/MEDEIROS, Rui, *Constituição Portuguesa anotada* cit., p. 809.

[731] Cf. VARELA, Antunes, *Direito da Família* cit., p. 246.

pretende punir a prática de um crime, até porque o cônjuge da vítima é afectado pela proibição de casar mesmo que não tenha tido comparticipação no homicídio.

3.2.3. Impedimentos impedientes

I. Os impedimentos impedientes são circunstâncias que, embora obstem ao casamento, não o tornam anulável se ele chegar a celebrar-se. Quando muito, uma das partes sofre sanções de carácter patrimonial (cf. arts. 1649.º e 1650.º; art. 22.º, n.º 3, da LAC). O art. 1604.º indica que são impedimentos impedientes, além de outros designados em leis especiais, a falta de autorização dos pais ou do tutor para o casamento de menores (al. *a*)), o prazo internupcial (al. *b*)), o parentesco no terceiro grau da linha colateral (al. *c*)), o vínculo de tutela, curatela ou administração legal de bens (al. *d*)) e a pronúncia de um dos nubentes pelo crime de homicídio doloso contra o cônjuge do outro (al. *f*)). Actualmente, há um impedimento impediente estabelecido em "lei especial": o vínculo de apadrinhamento civil (art. 22.º, n.º 1, da LAC). Há também um impedimento impediente previsto no Código Civil à margem do referido art. 1604.º: o impedimento do casamento civil de duas pessoas unidas entre si por matrimónio católico anterior não dissolvido (art. 1589.º, n.º 2).

Os impedimentos da falta de autorização e do prazo internupcial são absolutos. Todos os restantes impedimentos impedientes são relativos.

II. A falta de autorização dos pais ou do tutor para o casamento de menores constitui impedimento quando não suprida pelo conservador do registo civil (art. 1604.º, al. *a*)). O impedimento impediente refere-se aos menores de 16 e 17 anos de idade, dado que a idade inferior a 16 anos se traduz num impedimento dirimente (cf. art. 1601.º, al. *a*)).

A autorização cabe aos pais (biológicos, adoptivos ou por PMA heteróloga), que exerçam as responsabilidades parentais[732], ou ao tutor (art. 1612.º, n.º 1), e deve ser concedida antes da celebração do casamento[733] ou na própria cerimónia (arts. 149.º, 150.º, n.º 3, e 155.º, n.º 1, al *b*), do CRC).

[732] Tratando-se o casamento de um "acto de particular importância", a autorização cabe a ambos os pais se pertencer aos dois o exercício das responsabilidades parentais (cf. a ressalva final do art. 1902.º, n.º 1).

[733] O art. 150.º, n.ºs 1 e 2, do CRC, regula a forma de prestação do consentimento dos pais ou do tutor antes da cerimónia do casamento.

A requerimento do menor, o conservador do registo civil pode suprir a autorização "se razões ponderosas justificarem a celebração do casamento e o menor tiver suficiente maturidade física e psíquica" (art. 1612.º, n.º 2). O processo de suprimento de autorização para casamento de menores está regulado nos arts. 255.º-257.º do CRC.

Se o menor casar sem ter obtido a autorização dos pais ou do tutor, ou o respectivo suprimento, ele não fica plenamente emancipado (cf. art. 133.º). Nos termos do art. 1649.º[734], os bens que leve para o casal ou que posteriormente lhe advenham por título gratuito são administrados pelos pais, tutor ou administrador legal, até à maioridade, e não respondem, em caso algum, pelas dívidas contraídas por um ou ambos os cônjuges durante o período de menoridade. Todavia, dos rendimentos desses bens serão arbitrados ao menor os alimentos necessários ao seu estado.

III. O impedimento do prazo internupcial obsta ao casamento daquele cujo matrimónio anterior foi dissolvido, declarado nulo ou anulado, enquanto não decorrerem sobre a dissolução, declaração de nulidade ou anulação, 180 ou 300 dias, conforme se trate de homem ou mulher (art. 1605.º, n.º 1). Se o casamento se dissolver por morte, o prazo conta-se a partir da data do óbito. O art. 1605.º, n.º 3, rege outras situações: declaração de nulidade ou dissolução do casamento católico por dispensa do casamento rato e não consumado, em que o prazo se conta a partir do registo da decisão proferida pelas autoridades eclesiásticas; divórcio ou anulação do casamento civil, em que o prazo se conta a partir do trânsito em julgado da respectiva decisão.

Cessa o impedimento do prazo internupcial se os prazos mencionados já tiverem decorrido desde a data, fixada na sentença de divórcio, em que findou a coabitação dos cônjuges ou, nos casos de conversão da separação de pessoas e bens em divórcio e dissolução por morte de um dos cônjuges separados de pessoas e bens, desde a data em que transitou a decisão que decretou a separação (art. 1605.º, n.ºs 4 e 5).

Também não há impedimento do prazo internupcial para a celebração de novas núpcias do cônjuge do ausente, após a declaração de morte presumida (cf. art. 116.º), não só porque o matrimónio anterior é dissolvido no preciso

[734] O n.º 1 do art. 1649.º (ainda na redacção dada pelo DL n.º 496/77, de 25 de Novembro) continua, indevidamente, a aludir ao suprimento judicial da autorização, quando o suprimento compete ao conservador do registo civil desde a entrada em vigor do DL n.º 163/95, de 13 de Julho, que alterou, nomeadamente, os arts. 1604.º e 1612.º.

momento da celebração do novo casamento mas também porque os prazos do impedimento há muito que decorreram desde a data em que findou a coabitação dos cônjuges.

São várias as razões do prazo internupcial. Na hipótese de viuvez, institui-se um período de luto, conforme às convenções sociais. Nas outras situações, considera-se conveniente que haja um determinado intervalo temporal entre um casamento e outro por razões de decoro social (a sociedade não vê com bons olhos, p.e., o casamento de uma pessoa recém-divorciada que até há pouco vivia com o ex-cônjuge) e de salvaguarda da estabilidade de um eventual segundo casamento (nomeadamente, contra a precipitação de um nubente, que deseje esquecer a situação matrimonial anterior ou esteja demasiado afectado pela extinção do primeiro casamento).

O prazo internupcial mais longo a que está sujeita a mulher funda-se na específica aptidão do corpo feminino para a concepção[735] e destina-se a evitar dúvidas que poderiam surgir sobre a paternidade do filho nascido depois do segundo casamento (a *turbatio sanguinis*). Atendendo ao disposto nos arts. 1826.º, 1827.º e 1798.º, o filho nascido na constância do segundo matrimónio, antes de decorridos 300 dias sobre a dissolução, declaração de nulidade ou anulação do primeiro casamento, presume-se que tem como pai o primeiro marido e o segundo marido da mãe. Apesar de o art. 1834.º resolver este problema, é preferível que nem sequer se esboce um tal cenário de conflito de presunções de paternidade. O critério legal que atribui prevalência da presunção quanto ao segundo marido corresponde a um remédio extremo de estabelecimento legal da filiação que não tem o dom de eliminar completamente desconfianças sociais (e do próprio filho ou segundo marido) relativamente à paternidade.

O prazo fica reduzido a 180 dias, desde que a mulher obtenha a declaração de dispensa do prazo internupcial (mais longo) ou tenha tido algum filho depois da dissolução, declaração de nulidade ou anulação do casamento anterior (art. 1605.º, n.º 2, 1.ª parte, necessariamente conjugado com o art. 12.º, n.º 1, al. c*)*, do DL n.º 272/2001, de 13 de Outubro). A declaração de dispensa do prazo internupcial (mais longo), que compete à conservatória do registo civil (art. 12.º, n.º 1, al. c*)*, e n.º 3.º, do DL n.º 272/2001, de 13 de Outubro), pres-

[735] Por isso, a previsão de um prazo mais longo para a mulher não viola o princípio constitucional da não discriminação em razão do sexo. Cf., no entanto, BELEZA, Teresa, *Mulheres, Direito e crime ou A perplexidade de Cassandra*, Lisboa, s/editora, 1990, pp. 234-235: aqui, a autora sugere que o homem tenha, tal como a mulher, de observar um prazo internupcial de 300 dias, questionando a ideia de que a "igualitarização" só seja legítima pela óptica do tratamento mais favorável.

supõe que a mulher apresente, juntamente com a declaração para casamento, atestado médico de especialista em ginecologia-obstetrícia comprovativo da situação de não gravidez (art. 15.º do DL n.º 272/2001, de 13 de Outubro).

Não obstante a falta de previsão legal expressa, há um novo caso de redução do prazo internupcial mais longo desde a entrada em vigor da Lei n.º 9/2010, de 31 de Maio. Destinando-se a evitar dúvidas que poderiam surgir sobre a paternidade do filho nascido depois do segundo casamento, o prazo de 300 dias não se aplica à mulher que tenha contraído o primeiro, ou o segundo, casamento com uma pessoa do mesmo sexo.

Quem, homem ou mulher, contrair novo casamento sem respeitar o prazo internupcial perde todos os bens que tenha recebido por doação ou testamento do seu primeiro cônjuge (art. 1650.º, n.º 1). A violação do impedimento é, portanto, sancionada com a caducidade ou ineficácia superveniente das liberalidades efectuadas pelo primeiro cônjuge.

IV. O parentesco no terceiro grau da linha colateral, o vínculo da tutela, curatela ou administração legal de bens e o vínculo de apadrinhamento civil são os únicos impedimentos susceptíveis de dispensa[736]. Note-se que, sendo concedida a dispensa, o casamento passa a ser lícito e as partes que o contraíram não incorrem em nenhuma sanção. Na falta de dispensa, a celebração do casamento pode acarretar para um dos cônjuges uma sanção que se enquadra numa situação de indisponibilidade relativa (art. 1650.º, n.º 2; e, tratando-se de apadrinhamento civil, art. 22.º, n.º 3, da LAC), similar às que estão previstas nos arts. 2192.º a 2198.º (artigos aplicáveis às doações nos termos do art. 953.º).

O parentesco no terceiro grau da linha colateral obsta ao casamento entre tios e sobrinhos. Nos termos da parte final do art. 1686.º, n.º 1, que ressalva o disposto no art. 1604.º, a proibição aplica-se ao casamento daquele que foi adoptado e seus descendentes com tios e sobrinhos biológicos. Abstraindo do caso excepcional da adopção, este impedimento impediente só existe quanto ao parentesco legalmente constituído e subsistente: o princípio do art. 1797.º, n.º 1, é plenamente aplicável, na falta de disposições similares às do art. 1603.º ou 1986.º, n.º 1. Ao abrigo do art. 1986.º, n.º 1, primeira parte, o impedimento do parentesco do terceiro grau na linha colateral, que foi pensado para a família biológica, é alargado, com as devidas adaptações, à família adoptiva, pelo que, p.e., aquele que foi adoptado não pode casar com uma irmã do adop-

[736] Cf., *supra*, Parte III, n.º 3.2.1.II.

tante. Como já se observou[737], o adoptado e seus descendentes estão sujeitos a uma duplicação dos impedimentos matrimoniais relativos derivados de ligações familiares.

A infracção do impedimento do parentesco do terceiro grau na linha colateral importa para o tio ou tia a incapacidade para receber da sobrinha ou sobrinho, com quem casou, qualquer benefício por doação ou testamento (art. 1650.º, n.º 2). Todavia, a sanção não será aplicada, no caso de adopção plena, se se tratar de parentesco (natural) não detectado no processo preliminar de casamento (cf. art. 1987.º).

O vínculo de tutela, curatela ou administração legal de bens obsta ao casamento do incapaz com o tutor, curador ou administrador, ou seus parentes ou afins na linha recta, irmãos, cunhados ou sobrinhos, enquanto não tiver decorrido um ano sobre o termo da incapacidade e não estiverem aprovadas as respectivas contas, se houver lugar à prestação delas (art. 1608.º). A violação da proibição de casar é sancionada com uma indisponibilidade relativa que implica a nulidade das liberalidades feitas em favor do tutor, curador ou administrador ou seus parentes ou afins na linha recta, irmãos, cunhados ou sobrinhos, pelo seu consorte (cf. art. 1650.º, n.º 2).

O vínculo de apadrinhamento civil obsta ao casamento entre padrinhos e afilhados (art. 22.º, n.º 1, da LAC). A infracção do impedimento importa, para o padrinho ou madrinha, a incapacidade para receber do seu consorte qualquer benefício por doação ou testamento (art. 22.º, n.º 3, da LAC), efeito similar ao que se encontra fixado para os outros impedimentos susceptíveis de dispensa.

V. Por fim, há que considerar dois impedimentos sem sanção, um previsto no art. 1604.º, al. f) e outro no art. 1589.º, n.º 2.

Nos termos do art. 1604.º, al. f), é impedimento impediente a pronúncia do nubente pelo crime de homicídio doloso, ainda que consumado, enquanto não houver despronúncia ou absolvição por decisão passada em julgada. Na sequência das alterações ocorridas com a aprovação do Código de Processo Penal em 1987 (que foram ignoradas nas modificações posteriores do Código Civil[738]), impõe-se uma interpretação actualista do preceito. Actualmente, a abertura da instrução é facultativa e foi eliminado o despacho de despronúncia. Por conseguinte, é de entender que o impedimento existe quando haja pronúncia pelo crime ou, na ausência de instrução, quando haja "despa-

[737] Cf., *supra*, Parte III, n.º 3.2.2.III.

[738] P.e., o DL n.º 163/95, de 13 de Julho, deu uma nova redacção apenas à al. a) do art. 1604.º.

cho do juiz que, confirmando ou consolidando a acusação, marca dia para a audiência"[739] de julgamento (cf. arts. 312.º e 313.º do CPP). E o impedimento só cessa com o trânsito em julgado da sentença absolutória.

O art. 1589.º, n.º 2, não permite o casamento civil de duas pessoas unidas entre si por matrimónio católico anterior não dissolvido, o que configura um impedimento impediente (por não vir tipificado como dirimente: cf. art. 1627.º), inominado e relativo.

3.3. Consentimento

3.3.1. Os requisitos do consentimento matrimonial

O contrato de casamento exige o mútuo consentimento das partes, que tem de ser exteriorizado no próprio acto (art. 1617.º, que consagra o princípio da actualidade do consentimento matrimonial). O art. 1619.º estabelece o princípio do carácter pessoal do consentimento, do qual resulta a necessidade de a vontade de contrair matrimónio ser manifestada pelos próprios nubentes. A representação só é lícita nos termos em que a lei admite o instituto do casamento por procuração. O casamento em cuja celebração tenha faltado a declaração da vontade de um ou ambos os nubentes, ou do procurador de um deles, é juridicamente inexistente (art. 1628.º, al. c)).

O consentimento matrimonial deve ser puro e simples, como decorre do art. 1618.º. A vontade de contrair casamento importa aceitação de todos os efeitos legais do matrimónio, excepto daqueles que podem ser objecto de convenção antenupcial (cf. art. 1698.º). As estipulações dos nubentes que pretendam modificar os efeitos injuntivos do casamento ou submetê-lo a condição, a termo ou à preexistência de algum facto, são irrelevantes, considerando-se que o casamento é válido como se tivesse sido puro e simples o consentimento prestado.

À declaração, prestada pelas partes na cerimónia de casamento, deve estar subjacente a vontade de contrair matrimónio, o que pressupõe a existência de uma vontade negocial e a coincidência entre a vontade e a declaração. Além disso, a vontade deve ser livre e esclarecida. A lei presume que à declaração de vontade, no acto de celebração, corresponde uma vontade de casar e uma vontade que não está viciada por erro ou coacção (art. 1634.º). As matérias

[739] COELHO, F. Pereira/OLIVEIRA, Guilherme de, *Curso de Direito da Família*, vol. I cit., pp. 323-324.

da falta de vontade negocial, da divergência entre a vontade e a declaração, do erro-vício e da coacção moral serão retomadas em divisões autónomas.

3.3.2. Casamento por procuração

I. O casamento por procuração constitui uma excepção ao princípio do carácter pessoal do consentimento.[740]

É lícita a representação por procurador de um, e apenas um, dos nubentes na celebração do casamento (cf. arts. 1619.º e 1620.º, n.º 1). Se ambos os nubentes se fizerem representar por procurador, o casamento é inexistente, nos termos do art. 1628.º, al. c).

A procuração para casamento ou *ad nuptias* tem de ser outorgada por documento autenticado, instrumento público ou por documento escrito e assinado pelo representado, com reconhecimento presencial da assinatura (cf. art. 43.º, n.º 2, do CRC). A inobservância da forma determina a nulidade da procuração (art. 220.º), que não chega a conferir quaisquer poderes de representação. O casamento celebrado com base em tal procuração é inexistente, aplicando-se, por igualdade ou maioria de razão, o disposto no art. 1628.º, al d) (na parte que alude à procuração nula por falta de concessão de poderes especiais).

A procuração *ad nuptias* deve conter poderes especiais para o acto, a designação expressa do outro nubente e a indicação da modalidade do casamento (art. 1620.º, n.º 2). A procuração que não contenha poderes especiais para o acto ou a designação expressa do outro nubente é nula, sendo inexistente o casamento que venha a ser celebrado ao abrigo da mesma (art. 1628.º, al. d)). No caso de ser contraído casamento por procuração que não indique a modalidade de casamento, atendendo ao princípio da tipicidade (delimitativa) das causas de inexistência jurídica ou de anulabilidade, constante do art. 1627.º, ocorre uma mera irregularidade que não prejudica nem a existência nem a validade *stricto sensu* do casamento.

[740] Excepção que é duvidosa. A leitura contemporânea do casamento como um acto pessoal íntimo e livre das partes não parece favorecer muito a celebração por meio de representante. Por este motivo, o casamento por procuração é absolutamente proibido na Alemanha. O § 1311 I do BGB impõe que os nubentes prestem o consentimento matrimonial pessoal e simultaneamente na presença do funcionário do registo, imposição que é justificada em nome do cariz pessoalíssimo do casamento e de uma melhor garantia da liberdade matrimonial (alegadamente associada à presença dos dois nubentes na cerimónia): cf. GERNHUBER/COESTER-WALTJEN, *Familienrecht*, 6.ª ed., Munique, Beck, 2010, pp. 92-94.

Os aspectos de regime apontados, bem como o facto de ser inexistente o casamento contraído por intermédio do procurador, quando a procuração não tenha sido outorgada por quem nela figura como constituinte (art. 1628.º, d)), mostram que o instituto do casamento por procuração não representa afinal uma excepção muito ampla ao princípio do carácter pessoal do consentimento, uma vez que a intervenção decisória do próprio nubente é suficientemente garantida na passagem da procuração Afinal é ele, e não o procurador, que determina que será celebrado casamento e que identifica o outro contraente.

Apesar da margem decisória do constituinte, que limita o papel do procurador *ad nuptias*, este é um verdadeiro representante (embora com escassos poderes) e não um mero núncio[741]. Se o procurador não passasse de um simples núncio, seria estranho que se não tivesse admitido a celebração do casamento sem a presença física de contraentes e procuradores (p.e., por carta). A imposição legal da presença física do procurador, em substituição de um nubente, é razoável no pressuposto de que àquele assiste a liberdade de não conclusão do matrimónio em situações extremas (*v.g.*, se o casamento for inválido ou se, após a outorga da procuração, se produzirem ou descobrirem circunstâncias que, provavelmente, levariam o constituinte a desistir da pretensão matrimonial).

II. A procuração *ad nuptias* extingue-se pela revogação ou pela caducidade (art. 1621.º). É inexistente o casamento contraído por intermédio de procurador, depois da revogação ou caducidade da procuração (art. 1618.º, al. d)).

A revogação pode ser feita a qualquer altura até ao momento da celebração do casamento e põe termo aos efeitos da procuração no preciso momento em que é realizada, não dependendo a sua eficácia extintiva do conhecimento da revogação pelo procurador. No entanto, o constituinte é responsável pelo prejuízo que causar se, por culpa sua, não fizer a revogação a tempo de evitar a celebração do casamento.

A procuração caduca com a morte do constituinte ou do procurador, ou com a interdição ou inabilitação de qualquer deles em consequência de anomalia psíquica.

[741] Cf. Coelho, F. Pereira/Oliveira, Guilherme de, *Curso de Direito da Família*, vol. I cit., pp. 265-268.

3.3.3. Falta de vontade negocial e divergências entre a vontade e a declaração

O casamento é anulável, por falta de vontade negocial, nos casos em que falte consciência do acto ou em que a declaração de casar tenha sido extorquida por coacção física (als. *a)* e *c)*, respectivamente, do art. 1635.º).

Qualquer causa de falta de consciência do acto é relevante para efeitos de anulação do casamento, designadamente a incapacidade acidental (expressamente prevista no art. 1635.º, al. *a)*) e o erro na declaração que não recaia sobre a identidade física do outro contraente. O casamento é também anulável por erro acerca da identidade física do outro contraente (art. 1635.º, al. *b)*).

Outra situação de divergência entre a vontade e a declaração que fundamenta a anulação do casamento é a simulação (art. 1635.º, al. *d)*), a que é equiparada a reserva mental de um nubente conhecida do outro (art. 244.º, n.º 2, 2.ª parte). Para a divergência intencional entre a vontade e a declaração constituir fundamento de anulação, é indispensável que não haja a vontade de assumir a obrigação de plena comunhão de vida, que as partes recusem a totalidade dos efeitos essenciais do casamento (simulação *total*). Se, p.e., os nubentes declararem casar, tendo previamente combinado que não estarão vinculados ao dever de fidelidade, o casamento é válido: está-se perante simulação *parcial*, a que se aplica o art. 1618.º e não o art. 1635.º, al. d).

A anulação por simulação pode ser requerida pelos próprios cônjuges ou por quaisquer pessoas prejudicadas pelo casamento (art. 1640.º, n.º 1). Nos restantes casos previstos no art. 1635.º, a acção só pode ser proposta pelo cônjuge cuja vontade faltou ou não coincidiu com a declaração; se ele falecer na pendência da causa, podem prosseguir na acção os seus parentes, afins na linha recta, herdeiros ou adoptantes (art. 1640.º, n.º 2).

A acção de anulação por falta de vontade negocial ou divergência entre a vontade e a declaração só pode ser proposta dentro dos três anos subsequentes à celebração do casamento ou, se o casamento era ignorado do requerente (pessoa prejudicada pelo casamento simulado ou nubente que não teve consciência do acto em que participava), nos seis meses seguintes ao momento em que dele teve conhecimento (art. 1644.º).

3.3.4. Erro-vício e coacção moral

I. O casamento celebrado com a vontade viciada por erro é anulável nos termos do art. 1636.º. Para ser relevante enquanto causa de anulabilidade, o erro tem de recair sobre as qualidades essenciais da pessoa do outro cônjuge, tem de ser desculpável e essencial. É indiferente se o erro-vício é simples ou qualificado por dolo.

Qualidade essencial é a qualidade de uma pessoa que, em abstracto, seja idónea para determinar o consentimento matrimonial (p.e., a impotência). A desculpabilidade significa que se não pode tratar de um erro grosseiro, em que não teria caído uma pessoa normal, nas circunstâncias do caso.

É preciso que o erro seja objectivamente essencial: só releva uma qualidade em concreto que, a ser conhecida, tornaria legítima a não celebração do casamento, à luz da consciência social dominante. Tem de se verificar igualmente a essencialidade subjectiva: é indispensável a prova de que a parte que está em erro não teria celebrado o erro se tivesse uma representação correcta da realidade.

II. Até à entrada em vigor da Lei n.º 9/2010, de 31 de Maio, a propriedade constituía um requisito do erro-vício enquanto causa de anulação do casamento. Embora não constasse da letra do art. 1636.º, resultava dos princípios gerais sobre concurso de normas.

A generalidade da doutrina[742] considerava que o erro era próprio quando não recaísse sobre qualquer condição *de validade ou existência* do casamento, defendendo que, se, p.e., um dos cônjuges supunha erradamente que o outro já tinha atingido a idade nupcial, o casamento seria anulável por virtude do impedimento dirimente e não do erro.

Contra a generalidade da doutrina, escreveu-se em edição anterior destas lições[743] que: "o erro só será impróprio quando recair sobre uma qualidade que constitua causa de inexistência do casamento, isto é, se o nubente supunha que se casava com alguém do sexo oposto. Nesta hipótese, em que o casamento é inexistente (art. 1628.º, al e)), não se justifica instaurar de uma acção de anulação com fundamento no erro."

Ora, com a Lei n.º 9/2010, de 31 de Maio (que revogou o art. 1628.º, al. e)), desapareceu a única situação configurável de erro impróprio.

Se o erro recair sobre uma circunstância correspondente a um impedimento dirimente (*v.g.*, um dos cônjuges pensava que o outro já não era casado ou que já tinha atingido a idade nupcial), cabe à vítima optar pelo regime do

[742] P.e., COELHO, F. Pereira/OLIVEIRA, Guilherme de, *Curso de Direito da Família*, vol. I cit., p. 282, e VARELA, Antunes, *Direito da Família* cit., p. 278.

[743] PINHEIRO, J. Duarte, *O Direito da Família Contemporâneo*, Lisboa, AAFDL, 2009, p. 431.

erro ou pelo regime do impedimento dirimente. As normas sobre o erro não são consumidas pelas normas sobre os impedimentos dirimentes: o desvalor é idêntico (anulabilidade) e o prazo para anular com fundamento no impedimento dirimente pode ter terminado antes do prazo para anular com fundamento em erro-vício[744].

Por outras palavras, agora, qualquer erro é sempre próprio, pelo que perdeu interesse a inclusão da propriedade entre os requisitos desta causa de anulação do casamento.[745]

III. O casamento celebrado sob coacção moral é anulável, desde que seja grave o mal com que o nubente é ilicitamente ameaçado, e justificado o receio da sua consumação (art. 1638.º, n.º 1). Os requisitos da coacção moral, no casamento, são idênticos aos estabelecidos no regime geral da coacção moral proveniente de terceiro (cf. art. 256.º), ainda que o acto destinado a extorquir a declaração de casar seja praticado pelo nubente e não por terceiro.

De acordo com o art. 1638.º, n.º 2, a exploração da situação de necessidade que, na parte geral, corresponde a uma manifestação tipificada de negócio usurário (cf. art. 282.º, n.º 1), é equiparada à coacção moral.

IV. A anulação fundada em erro ou coacção só pode ser pedida pelo cônjuge cuja vontade foi viciada; se ele falecer na pendência da causa, podem prosseguir na acção os seus parentes, afins na linha recta, herdeiros ou adoptantes (art. 1641.º). A acção caduca, se não for instaurada dentro dos seis meses subsequentes à cessação do estado de erro ou coacção (art. 1645.º).

4. Formalidades do casamento civil

4.1. A solenidade do casamento

I. A celebração do casamento está sujeita a formalidades estabelecidas na lei (cf. art. 1615.º). Mas as formalidades do casamento não se cingem à res-

[744] P.e., A casa-se com B em Janeiro de 2010, ignorando que esta tinha idade inferior a 16 anos. B completa os 18 anos de idade em Dezembro de 2012. Em Agosto de 2013, A descobre que B tinha 15 anos de idade à data do casamento. Começa então a correr o prazo para a anulação com base em erro-vício (art. 1645.º), mas já passou o prazo para a anulação fundada na falta de idade nupcial (cf. art. 1643.º, n.º 1, *a)*).

[745] No mesmo sentido, FALCÃO, Marta/SERRA, Miguel Dinis Pestana/TOMÁS, Sérgio Tenreiro, *Direito da Família* cit., p. 59.

pectiva cerimónia. É usual distinguir-se entre as formalidades preliminares, que antecedem a cerimónia, as formalidades de celebração e as formalidades subsequentes, correspondentes ao registo.

II. As formalidades variam consoante a modalidade e a forma do casamento, bem como consoante o local de celebração e a nacionalidade dos nubentes. Recorde-se que, quanto à modalidade, o casamento é civil ou católico. O casamento civil pode ser celebrado por forma civil ou por forma religiosa. Segundo outra classificação das formas do casamento (aplicável ao casamento civil celebrado por forma civil, ao casamento civil celebrado por forma religiosa e ao casamento católico), este pode ser comum ou urgente. No que respeita ao local de celebração, o casamento pode ter sido celebrado em Portugal ou no estrangeiro. Por fim, no campo das formalidades, é susceptível de relevar a nacionalidade dos nubentes: ambos portugueses, um deles português e outro estrangeiro ou ambos estrangeiros.

Na perspectiva do Direito da Família, é paradigmático o casamento civil sob forma civil, comum (não urgente), celebrado em Portugal entre cidadãos portugueses, cujas formalidades, com excepção do registo, serão estudadas em 4.2., o número seguinte. O n.º 4.3. será reservado à matéria do registo do casamento em geral e do registo daquele categoria de casamento que foi referida como sendo paradigmática. Em seguida (n.ºs 4.4. e 4.5.) serão objecto de atenção as formalidades do casamento civil sob forma religiosa, comum (não urgente), e do casamento civil urgente, celebrados em Portugal entre cidadãos portugueses. O n.º 4.6. é dedicado ao casamento de portugueses no estrangeiro e de estrangeiros em Portugal. As formalidades do casamento católico (comum ou urgente) serão consideradas no n.º 5.

4.2. Formalidades do casamento civil celebrado por forma civil

I. As formalidades preliminares do casamento civil sob forma civil, comum (não urgente), integram o processo preliminar de casamento, regulado pelos arts. 134.º-145.º do CRC e pelos arts. 1610.º-1614.º. O casamento celebrado sem precedência do processo preliminar de casamento é válido, mas considera-se contraído sob o regime imperativo da separação de bens (art. 1720.º, n.º 1, al. a)).

O processo preliminar de casamento destina-se à verificação da inexistência de impedimentos (art. 1610.º), é organizado por qualquer conservatória do registo civil (cf. art. 134.º do CRC) e inicia-se com a declaração para casamento.

Na declaração para casamento, que é feita pelos nubentes, pessoalmente ou por intermédio de procurador, numa conservatória do registo civil, eles comunicam a sua intenção de contrair matrimónio e requerem a instauração do processo de casamento (art. 135.º do CRC). A declaração deve constar de documento com aposição do nome do funcionário do registo civil ou de documento assinado pelos nubentes e apresentado pessoalmente, pelo correio ou por via electrónica[746] (art. 136.º, n.º 1, do CRC); deve conter os elementos indicados no art. 136.º, n.º 2, do CRC, e ser instruída com documentos de identificação dos nubentes e com a certidão da escritura de convenção antenupcial, caso tenha sido celebrada (art. 137.º, n.º 1, do CRC).

Na sequência da declaração para casamento é imediata e oficiosamente consultada a base de dados do registo civil, sendo integrados na base de dados os documentos que se mostrem necessários, de forma a comprovar, nomeadamente, os registos de nascimento dos nubentes (art. 137.º, n.º 4, do CRC).

A parte da declaração para casamento que contém a identificação dos nubentes (e os elementos mencionados nas alíneas *b), c)* e *g)* do n.º 2 do art. 136.º do CRC) é pública, publicidade que é garantida pelo direito à obtenção de cópia (art. 140.º do CRC).

Nos termos do art. 143.º, n.º 1, do CRC, compete ao conservador verificar a identidade e capacidade matrimonial dos nubentes, podendo colher informações junto de autoridades, exigir prova testemunhal ou documental complementar e convocar os nubentes ou os seus representantes legais.

Efectuadas as diligências necessárias, deve o conservador, no prazo de um dia a contar da última diligência, proferir despacho final a autorizar os nubentes a celebrar o casamento ou a mandar arquivar o processo (art. 144.º, n.º 1, do CRC).

A marcha do processo preliminar de casamento sofre alterações se, até à celebração do casamento, for deduzido algum impedimento ou a existência deste chegar, por qualquer forma, ao conhecimento dos funcionários do registo civil: o andamento do processo é suspenso até que o impedimento cesse, seja dispensado ou julgado improcedente por decisão judicial (arts. 142.º do CRC e 1611.º, n.º 3).

[746] A apresentação da declaração por via electrónica está submetida ao disposto na Portaria n.º 645/2009, de 17 de Junho, que regulamenta os pedidos *online* de actos e processos de registo civil. O primeiro acto de registo civil que se tornou possível efectuar por via electrónica num sítio na *internet* foi curiosamente o pedido *online* de processo de casamento (cf. o preâmbulo da referida portaria e da Portaria n.º 145/2010, de 10 de Março).

A existência de impedimentos pode ser declarada por qualquer pessoa até ao momento da celebração do casamento, sendo a declaração obrigatória para o Ministério Público e para os funcionários do registo civil logo que tenham conhecimento do impedimento (arts. 142.º, n.º 1, do CRC, e 1611.º, n.ºs 1 e 2). A simples declaração do impedimento obsta à celebração do casamento, enquanto não for julgada improcedente ou sem efeito (art. 245.º, n.º 3, do CRC), e determina a abertura do processo de impedimento do casamento, regulado nos arts. 245.º-252.º do CRC. Se o impedimento for considerado procedente, o processo preliminar de casamento é arquivado. Se a declaração de impedimento ficar sem efeito, por falta de apresentação atempada dos meios de prova (cf. art. 246.º, n.º 1, do CRC), ou for julgada improcedente, prossegue o processo preliminar.

II. Lavrado o despacho final a autorizar a realização do casamento, este deve celebrar-se dentro dos seis meses seguintes (art. 1614.º)[747]. As formalidades da celebração do casamento civil estão previstas nos arts. 153.º-155.º, do CRC, e 1615.º-1616.º. O dia, hora e local da celebração são acordados entre os nubentes e o conservador (art. 153.º, n.º 1, do CRC); qualquer conservador do registo civil é competente para a celebração do casamento, independentemente de qual venha a ser o local de realização da cerimónia (art. 153.º, n.º 2, do CRC).

É indispensável para a celebração do casamento a presença dos nubentes, ou de um deles e do procurador do outro, bem como do conservador (art. 1616.º, als. *a)* e *b)*). A ausência de um ou ambos os contraentes, ou do procurador de um deles, implica a inexistência do casamento (art. 1628.º, al. *c)*). A ausência do conservador determina também a mesma consequência (art. 1628.º, al. *a)*), a não ser que o casamento tenha sido realizado perante quem, não tendo competência funcional para o acto, exercia publicamente as respectivas funções, salvo se ambos os nubentes conheciam, no momento da celebração, a falta daquela competência (art. 1629.º).

É obrigatória a presença de duas testemunhas sempre que a identidade de qualquer dos nubentes ou do procurador não possa ser confirmada por uma das formas previstas no art. 154.º, n.º 3, do CRC (*v.g.*, exibição dos respectivos bilhetes de identidade). O casamento celebrado sem a presença das testemunhas, quando obrigatória, é anulável (art. 1631.º, al. *c)*). Mas a acção de anu-

[747] Se o casamento não for celebrado no prazo referido, o processo preliminar de casamento pode ser revalidado nos termos do art. 145.º do CRC.

lação só pode ser proposta pelo Ministério Público (art. 1642.º) e dentro do ano posterior à celebração do casamento (art. 1646.º). O casamento é convalidado se, antes de transitar em julgado a sentença de anulação, não havendo dúvidas sobre a celebração do acto, o conservador reconhecer que a falta de testemunhas é devida a circunstâncias atendíveis (art. 1633.º, n.º 1, al. d)).

A celebração do casamento é pública (art. 1615.º) e consiste numa cerimónia cujas formalidades estão reguladas no art. 155.º do CRC. Às pessoas que se encontram no local é concedida uma última oportunidade de denunciarem eventuais impedimentos matrimoniais. Depois de referir os direitos e deveres dos cônjuges, previstos no Código Civil, o conservador pergunta a cada um dos nubentes se aceita o outro por consorte. Os nubentes manifestam o seu consentimento respondendo, sucessiva e claramente, "É de minha livre vontade casar com F." [indicando o nome completo do outro nubente]". Prestado o consentimento dos contraentes, considera-se celebrado o matrimónio. E então o conservador proclama, em voz alta: "Em nome da lei e da República Portuguesa, declaro F. e F. [indicando os nomes completos dos cônjuges[748]], unidos pelo casamento."

Do art. 155.º do CRC resulta que o contrato de casamento adopta uma forma oral[749] particularmente solene.

4.3. O registo do casamento

I. As formalidades subsequentes à celebração do casamento traduzem-se no registo civil.

O art. 1651.º indica quais os casamentos que estão sujeitos a registo. O n.º 1 enumera os casamentos que têm de ser obrigatoriamente registados, entre os quais se incluem os casamentos celebrados em Portugal (comuns ou urgentes, civis ou católicos, civis sob forma civil ou religiosa). O n.º 2 admite o registo de

[748] Esta proclamação adapta a que se encontra no n.º 2 do art. 155.º do CRC (ao abrigo do art. 5.º da Lei n.º 9/2010, de 31/5). Neste preceito, lê-se: "Prestado o consentimento dos contraentes, o conservador diz, em voz alta, de modo a ser ouvido por todos os presentes: «Em nome da lei e da República Portuguesa, declaro F. e F. [indicando os nomes completos de *marido e mulher*] unidos pelo casamento.»". O itálico é nosso. A disposição citada conserva a redacção anterior à Lei n.º 9/2010, tendo, por isso, em vista apenas o casamento de pessoas de sexo diferente. No caso de casamento entre pessoas do mesmo sexo, o conservador indicará os nomes completos de cada um dos maridos ou de cada uma das mulheres, consoante os dois contraentes sejam do sexo masculino ou feminino.

[749] Mas as pessoas mudas podem contrair casamento civil comum ao abrigo do disposto no art. 41.º do CRC.

quaisquer outros casamentos que não contrariem a ordem pública internacional do Estado português, a requerimento de quem mostre legítimo interesse.

II. O registo civil do casamento consiste no assento, que é lavrado por inscrição ou transcrição (art. 1652.º) em suporte informático (cf. art. 14.º do CRC). O assento lavrado por inscrição é um registo directo do acto de casamento. O assento lavrado por transcrição é um registo que tem por base o assento da cerimónia feito uma entidade que não desempenha funções de registo civil.

São lavrados por inscrição os assentos de casamento civil não urgente celebrado por forma civil em território português ou realizado no estrangeiro perante agente diplomático ou consular português (art. 52.º, al. *e*), do CRC).

São lavrados por transcrição os restantes assentos de casamento (art. 53.º, n.º 1, als. *b*), *c*), *d*) e *e*), do CRC)[750].

O assento de casamento civil não urgente celebrado em Portugal por forma civil deve ser lavrado e lido em voz alta pelo funcionário, que nele apõe o seu nome, logo após a celebração (art. 180.º, n.º 1, do CRC). Este assento deve conter os elementos mencionados nos arts. 55.º e 181.º do CRC.

III. Efectuado o registo, os efeitos civis do casamento retrotraem-se à data da celebração do acto (art. 1670.º, n.º 1). O princípio da retroactividade não afecta os direitos de terceiros que sejam compatíveis com os direitos e deveres de natureza pessoal dos cônjuges e dos filhos, a não ser que, tratando-se de registo por transcrição, esta tenha sido feita dentro dos sete dias subsequentes à celebração (art. 1670.º, n.º 2).

À semelhança de qualquer outro facto sujeito a registo civil obrigatório (cf. art. 2.º do CRC), o casamento cujo registo é obrigatório não pode ser invocado enquanto não for lavrado o respectivo assento, sem prejuízo das excepções previstas na lei. Uma das excepções à inatendibilidade do casamento não registado figura no art. 1601.º, al. c): o casamento cujo assento não foi lavrado no registo civil obsta à celebração de novo matrimónio. Outra é a que se extrai do art. 1653.º, n.º 1: no processo destinado a suprir a omissão do seu próprio registo, é admissível a invocação do casamento.

[750] Com excepção dos casamentos católicos celebrados entre cônjuges já vinculados por casamento civil não dissolvido (art. 53.º, n.º 2, do CRC), que são averbados aos assentos do casamento civil (art. 1589.º, n.º 1).

A natureza do registo obrigatório de casamento é igual à do registo civil obrigatório de outros factos (cf. art. 3.º do CRC). O registo não condiciona a existência, nem a validade, mas a prova do casamento[751]. Em princípio, os únicos meios de prova legalmente admitidos do acto são o acesso à base de dados do registo civil e a certidão extraída do assento (art. 211.º, n.º 1, do CRC).

4.4. Formalidades do casamento civil celebrado por forma religiosa

O casamento civil celebrado por forma religiosa observa as formalidades da própria religião, visíveis, nomeadamente, na cerimónia do casamento, e formalidades civis. No Direito da Família, interessa conhecer apenas as formalidades civis, que não podem ser preteridas em benefício das religiosas.

O art. 19.º da Lei da Liberdade Religiosa (Lei n.º 16/2001, de 22 de Junho) refere-se às formalidades civis do casamento civil por forma religiosa, comum, celebrado em Portugal, perante o ministro do culto de uma igreja ou comunidade religiosa radicada no país. O ministro do culto deve ser nacional de Estado membro da União Europeia ou, não o sendo, ter autorização de residência em Portugal (n.º 1).

O processo preliminar de casamento corre na conservatória do registo civil. A declaração para casamento, que o inicia, pode ser prestada na conservatória pelos nubentes, pessoalmente ou por intermédio do procurador, com indicação da forma religiosa e do ministro do culto credenciado para o acto, ou pelo ministro de culto, mediante requerimento por si assinado (art. 16.º, n.º 2, da Lei da Liberdade Religiosa); e pode ainda ser prestada pelo ministro do culto ou comunidade religiosa radicada no país, mediante requerimento por si assinado (art. 135.º, n.º 4, do CRC).

Findo o processo preliminar de casamento, sem que se tenha verificado a existência de impedimentos, o conservador autoriza o casamento e passa o respectivo certificado, nos termos dos arts. 146.º e 147.º CRC. O certificado para casamento deve conter menção de que os nubentes têm conhecimento

[751] Cf. Coelho, F. Pereira/Oliveira, Guilherme de, *Curso de Direito da Família*, vol. I cit., p. 337. Diversamente, Corte-Real, Carlos Pamplona/Pereira, José Silva, *Direito da Família* cit., p. 138, que atribui ao registo do casamento uma eficácia mais do que probatória: "a ininvocabilidade dos actos sujeitos a registo, mas não registados, melhor se configura com uma verdadeira eficácia constitutiva desse mesmo registo, porque, a não ser assim, o acto deveria e poderia relevar ao menos entre as partes" (cf. art. 1669.º).

do disposto nos arts. 1577.º (noção de casamento), 1600.º (regra geral sobre a capacidade matrimonial, 1671.º (princípio da igualdade dos cônjuges) e 1672.º (deveres dos cônjuges), o que ilustra bem o peso destas regras no Direito Civil Matrimonial. O certificado deve conter também o nome e a credenciação do ministro do culto. O certificado é remetido oficiosamente ao ministro do culto. Se, posteriormente, o conservador tomar conhecimento de impedimentos, deve comunicar o facto ao ministro do culto, a fim de que seja sustada a celebração do casamento (art. 148.º, n.º 1, do CRC).

Com o certificado para casamento em seu poder, e não havendo comunicação do conhecimento superveniente de impedimentos, o ministro do culto pode então celebrar o casamento. É indispensável para a celebração a presença dos contraentes, ou de um deles e do procurador do outro; do ministro do culto, devidamente credenciado; e de duas testemunhas (art. 16.º, n.º 4, da Lei da Liberdade Religiosa). Ao contrário do que acontece no casamento civil sob forma civil, é sempre obrigatória a presença de duas testemunhas. As consequências da violação das regras sobre as pessoas cuja presença é indispensável são as mesmas que estão previstas para o casamento civil sob forma civil, aplicando-se, no caso de ausência de ministro do culto devidamente credenciado, os arts. 1628.º, al. a), e 1629.º, com as adequadas adaptações. A propósito, esclareça-se que, como resulta do sistema matrimonial adoptado[752], o casamento civil por forma religiosa está, em geral, subordinado ao regime que o Código Civil fixa para o casamento civil. *V.g.*, em matéria de requisitos de fundo. É assim que, p.e., o casamento civil por forma religiosa contraído com o impedimento da afinidade na linha recta (art. 1602.º, al. d)) é anulável, nos termos dos arts. 1631.º, al. a), 1639.º, n.º 1, e 1643.º, n.º 1, a), e n.º 2. A anulabilidade terá de ser reconhecida em acção especialmente intentada para esse fim (art. 1632.º) nos tribunais do Estado português.

Após a celebração do casamento civil por forma religiosa, o ministro do culto deve lavrar imediatamente o assento e enviar à conservatória competente, dentro do prazo de três dias, o duplicado do assento (arts. 187.º-A e 187.º-B do CRC). O conservador deve efectuar a transcrição do duplicado no prazo de um dia e comunicá-la ao ministro do culto até ao termo do dia imediato àquele em que foi feita (art. 187.º-C, n.º 2, do CRC[753]).

[752] Cf. *supra*, Parte III, n.º 1.2.II.

[753] O preceito do CRC foi introduzido pelo DL n.º 324/2007, de 28 de Setembro, pelo que revoga o art. 19.º, n.º 6, da Lei da Liberdade Religiosa, que concedia ao conservador o prazo de dois dias para efectuar a transcrição.

Tal como acontece com o casamento católico (cf. art. 174.º, n.º 1, al. d), do CRC), o conservador deve recusar a transcrição do casamento civil por forma religiosa se, no momento da celebração, for oponível a este matrimónio algum impedimento dirimente (art. 187.º-C, n.º 3). No entanto, a recusa da transcrição do casamento católico com fundamento em impedimento dirimente traduz-se num instrumento de garantia do respeito das regras fundamentais sobre os impedimentos consagrados na lei civil, concebido para suprir a insusceptibilidade de anulação do casamento católico[754]. Em contraste, o casamento civil por forma religiosa é, ao invés, passível de invalidação nos tribunais do Estado português.

4.5. Casamento urgente

I. O casamento civil urgente sob forma civil é aquele cuja celebração é permitida independentemente do processo preliminar de casamento e sem a intervenção do funcionário do registo civil (cf. art. 1622.º, n.º 1). Mas também é reconhecida eficácia civil ao casamento católico urgente, que é aquele que pode celebrar-se independentemente do processo preliminar de casamento e de passagem de certificado para casamento (cf. art. 1599.º, n.º 1). Apesar de o art. 1590.º aludir somente ao casamento urgente sob forma civil ou católico, é admissível o casamento civil urgente sob forma religiosa, nas mesmas condições em que é permitido o casamento católico. Para identificar a espécie de casamento urgente, é importante apurar se foi celebrado com a intervenção de funcionário do registo civil, de ministro da Igreja Católica ou de ministro de outro culto. Na ausência de qualquer uma destas entidades, aplica-se, directa e analogicamente, o art. 1590.º: o casamento é havido como católico, civil sob forma civil ou civil sob forma religiosa, "segunda a intenção das partes, manifestada expressamente ou deduzida das formalidades adoptadas, das crenças dos nubentes ou de quaisquer outros elementos".

O casamento civil urgente celebrado em Portugal está sujeito a requisitos de fundo e formalidades, que são comuns à forma civil e religiosa.

II. São requisitos de fundo do casamento urgente o fundado receio da morte próxima de algum dos nubentes ou iminência de parto (art. 1622.º, n.º 1).

[754] Cf., *infra*, Parte III, n.º 5.1.

III. Comparando com o casamento civil comum, as formalidades do casamento civil urgente são distintas, em alguns casos simplificadas. As principais especialidades são as seguintes: desnecessidade da precedência do processo preliminar de casamento; na celebração do casamento urgente, dispensa-se a presença do conservador do registo civil, ou do ministro de culto, e é obrigatória a presença de quatro testemunhas; há uma fase de formalidades subsequentes à celebração, a fase da homologação, que é prévia à do registo.

As formalidades preliminares do casamento urgente resumem-se à proclamação oral ou escrita de que vai celebrar-se o casamento, feita, à porta da casa onde se encontram os nubentes, por qualquer das pessoas presentes (art. 156.º, al. *a)*, do CRC). O casamento celebra-se com a declaração expressa do consentimento de cada um dos nubentes perante quatro testemunhas, duas das quais não podem ser parentes sucessíveis dos nubentes (art. 156.º, al. *b)*, do CRC). Em seguida, é redigida uma acta do casamento, assinada por todos os intervenientes que saibam e possam fazê-lo (art. 156.º, al. *c)*, do CRC).

Apresentada a acta do casamento, o conservador decide se o casamento deve ser homologado (art. 1623.º, n.º 1). Se não tiver já corrido, o processo preliminar de casamento é organizado oficiosamente e a decisão sobre a homologação será proferida no despacho final desse processo (art. 1623.º, n.º 2). As causas justificativas da não homologação são referidas no art. 1624.º, n.º 1: não verificação dos requisitos do fundado receio de morte próxima ou iminência de parto; inobservância das formalidades prescritas para a celebração do casamento urgente; indícios sérios de serem supostos ou falsos esses requisitos ou formalidades; impedimento dirimente; se o casamento tiver sido considerado como católico e, como tal, se encontrar transcrito.

O casamento civil urgente não homologado é juridicamente inexistente (art. 1628.º, al. *b)*). Os cônjuges ou seus herdeiros, bem como o Ministério Público podem recorrer do despacho do conservador que recusar a homologação para o tribunal, a fim de ser declarada a validade *lato sensu* do casamento (art. 1624.º, n.º 3; art. 292.º do CRC).

O casamento urgente considerado como católico pelas autoridades eclesiásticas e, como tal, transcrito é inexistente *enquanto casamento civil*. Mas produz todos os efeitos civis próprios de um casamento católico.

O registo do casamento civil urgente homologado é lavrado por transcrição (art. 53.º, al. *c)*, do CRC), com base no despacho de homologação (art. 182.º, n.º 2, do CRC). Se o casamento urgente que foi homologado e registado como civil vier a ser reconhecido como católico pelas autoridades eclesiásticas e, como tal, se encontrar transcrito o assento paroquial, é cancelada a transcrição como casamento civil (art. 183.º do CRC).

O casamento urgente existente e válido que não tenha sido precedido do processo preliminar de casamento considera-se celebrado sob o regime imperativo da separação de bens (art. 1720.º, n.º 1, al. a)).

4.6. Casamento de portugueses no estrangeiro e de estrangeiros em Portugal

I. O casamento contraído no estrangeiro entre dois portugueses ou entre português e estrangeiro pode ser celebrado perante os ministros do culto católico, perante os agentes diplomáticos ou consulares portugueses, pela forma prevista na lei portuguesa, ou perante as autoridades locais competentes, pela forma estabelecida na lei do lugar da celebração (art. 161.º do CRC).

O casamento é precedido do processo preliminar de casamento, excepto se dele estiver dispensado por lei (art. 162.º do CRC). Esse processo é organizado pelos agentes diplomáticos ou consulares portugueses ou por qualquer conservatória do registo civil.

O art. 51.º, n.º 4, determina que "o casamento no estrangeiro de dois portugueses, ou de português e estrangeiro, em harmonia com as leis canónicas, é havido como casamento católico, seja qual a forma legal da celebração do acto segundo a lei local". Deste modo, admite-se que produza efeitos civis no território português um casamento celebrado no território de um Estado que não reconhece efeitos ao acto (*v.g.*, casamento católico entre portugueses celebrado em França), o que é, no mínimo, estranho[755].

O casamento no estrangeiro de dois portugueses, ou de português e estrangeiro, será registado no consulado português competente (art. 184.º, n.º 1, do CRC). O casamento celebrado perante o agente diplomático ou consular português é registado por inscrição (art. 184.º, n.º 2, do CRC). O casamento católico é transcrito, com base no assento paroquial (art. 178.º, n.º 1, do CRC); a transcrição pode ser recusada nas situações em que o pode ser a transcrição do casamento católico celebrado em Portugal (art. 178.º, n.º 2, do CRC). O casa-

[755] Cf. Santos, António Marques dos, "Constituição e Direito Internacional Privado – O estranho caso do art. 51.º, n.º 3, do Código Civil", na obra colectiva *Perspectivas Constitucionais – Nos 20 anos da Constituição de 1976*, vol. III, Coimbra, Coimbra Editora, 1998, pp. 367-390. O actual art. 51.º, n.º 4 deve a sua numeração ao Decreto-Lei n.º 324/2007, de 28 de Setembro, correspondendo ao anterior art. 51.º, n.º 3.

mento celebrado perante as autoridades estrangeiras, pela forma estabelecida na lei do lugar da celebração, é registado por transcrição do documento comprovativo do casamento, passado de harmonia com a referida lei (art. 184.º, n.º 2, do CRC). Em qualquer das hipóteses, a transcrição é subordinada à prévia organização do processo preliminar de casamento (art. 185.º, n.º 1, do CRC) e deve ser recusada se houver impedimento dirimente à celebração do casamento, desde que tal impedimento ainda subsista (art. 185.º, n.º 3, do CRC).

O casamento celebrado perante as autoridades estrangeiras que não tenha sido registado no consulado pode ser directamente transcrito em qualquer conservatória do registo civil, nos termos do art. 187.º do CRC.

II. O casamento de português com estrangeiro celebrado em Portugal só pode realizar-se pelas formas (civil não religiosa, civil religiosa e católica) e segundo as formalidades previstas na lei portuguesa para o casamento de portugueses no país (art. 164.º do CRC).

O casamento de dois estrangeiros em Portugal pode ser celebrado segundo a forma prescrita na lei nacional de qualquer dos contraentes, perante os respectivos agentes diplomáticos ou consulares, desde que igual competência seja reconhecida pela mesma lei aos agentes diplomáticos e consulares portugueses (arts. 51.º, n.º 1; 165.º do CRC), ou segundo as formas e formalidades previstas na lei portuguesa, para o casamento de portugueses no país (cf. art. 166.º, n.º 1, do CRC).

Ao abrigo do art. 166.º do CRC, o estrangeiro que pretenda casar em Portugal com português, ou com estrangeiro, por qualquer das formas de casamento estabelecidas na lei portuguesa, deve instruir o processo preliminar de casamento com certificado de inexistência de impedimentos à celebração do casamento, passado pela entidade competente do país de que seja nacional. Quando não seja possível apresentar o certificado por motivo de força maior, a falta do documento pode ser suprida pela declaração de que, de harmonia com a sua lei pessoal, nenhum impedimento obsta à celebração do casamento.

5. Casamento católico

5.1. O casamento católico enquanto modalidade autónoma do casamento

I. Enquanto acto ou *in fieri*, o casamento católico identifica-se com o consentimento matrimonial, que o Código de Direito Canónico define como "o acto da vontade pelo qual o homem e a mulher, por pacto irrevogável, se entregam e recebem mutuamente, a fim de constituírem o matrimónio" (cân. 1057, § 2)[756]. Enquanto estado ou *in facto esse*, o casamento católico traduz-se no "consórcio íntimo de toda a vida, ordenado por sua índole natural ao bem dos cônjuges e à procriação e à educação da prole" (cân. 1055, § 1, do CDC).

II. Numa solução que não encontra paralelo nos demais casamentos religiosos (casamentos civis sob forma religiosa), é atribuída relevância civil ao regime de Direito Canónico do casamento católico em matérias que se não cingem à forma. As decisões definitivas das autoridades eclesiásticas relativas à nulidade do casamento católico e à dispensa do casamento rato e não consumado podem produzir efeitos civis, após revisão e confirmação das mesmas decisões, nos termos do direito português, pelo competente tribunal do Estado português (art. 1626.º, n.º 1; e art. 16.º da Concordata de 2014). Por conseguinte, tendo em conta o disposto no art. 1625.º[757], no domínio dos requisitos de fundo (possibilidade legal, capacidade e consentimento), o casamento católico só pode ser tido como inválido se violar o Direito Canónico. Se infringir regras canónicas sobre requisitos, o casamento católico poderá ser declarado nulo pelas autoridades eclesiásticas. Mas se infringir regras civis sobre os requisitos do casamento já não será anulável.

Ao casamento católico aplica-se exclusivamente a categoria da nulidade e esta modalidade do casamento só pode ser invalidada na sequência de uma decisão das autoridades eclesiásticas. Em contrapartida, a categoria da nulidade não é aplicável ao casamento civil, cujo desvalor jurídico é unicamente a inexistência ou a anulabilidade (anulabilidade que tem de ser arguida nos tribunais do Estado português). Tudo isto se depreende, nomeadamente, do capítulo do Código Civil atinente à invalidade do casamento (arts. 1625.º-1646.º), em que se refere a nulidade, a propósito do casamento católico (art. 1625.º), e a inexistência e anulabilidade, relativamente ao casamento civil (art. 1627.º).

III. Não se pense, porém, que, no nosso ordenamento, vigoram duas modalidades do casamento subordinadas a um conjunto muito diferente de requisitos. Na disciplina do vínculo matrimonial, o Direito Civil inspirou-se no Direito Canónico. De qualquer modo, há divergências, no domínio dos requisitos de

[756] O casamento católico é necessariamente heterossexual. A Lei n.º 9/2010, de 31/5, aplica-se unicamente ao casamento civil.

[757] Que, reserva o conhecimento das causas respeitantes à nulidade do casamento concordatário aos tribunais e repartições eclesiásticas competentes – entidades que aplicam o Direito Canónico na resolução dos litígios que lhes são submetidas.

fundo, entre os dois ordenamentos (que se tornaram maiores com a entrada em vigor da Lei n.º 9/2010, de 31 de Maio). As principais discrepâncias que se vislumbram no Código de Direito Canónico são as seguintes: o casamento só pode ser contraído entre um homem e uma mulher (cân. 1057, § 2); a idade de 14 anos, para a mulher (cân. 1083, § 1; contudo, ao abrigo do § 2, que permite que as conferências episcopais de cada país estabeleçam idade nupcial mínima superior, a Conferência Episcopal Portuguesa fixou, em 1985, os 16 anos como idade mínima para a mulher), e o casamento civil anterior não dissolvido não constituem impedimentos; a anomalia psíquica permanente também não é impedimento, mas pode afectar a validade do consentimento, nos termos do cân. 1095; a impotência (cân. 1084), a disparidade de culto (cân. 1086), as ordens sacras (cân. 1087) e o voto de castidade (cân. 1088) configuram impedimentos; o casamento contraído sob condição é inválido (cân. 1102, § 1); é admissível a representação dos dois nubentes por procurador *ad nuptias* (câns. 1104.º e 1105.º); a simulação, ou reserva mental, *parcial* implica a invalidade do casamento (cân. 1101, § 2); o erro-vício simples torna inválido o matrimónio apenas quando "directa e principalmente se pretenda esta qualidade" (can. 1097, § 2); é inválido o casamento contraído por vítima de erro qualificado por dolo "acerca de uma qualidade da outra parte, que, por sua natureza, possa perturbar gravemente o consórcio da vida conjugal" (cân. 1098); a coacção moral acarreta a invalidade do matrimónio "celebrado por violência ou medo grave, incutido por uma causa externa, ainda que não dirigido para extorquir o consentimento" (cân. 1103).

IV. Como se viu, certos impedimentos de Direito Civil não o são no Direito Canónico e o casamento católico que viole as regras civis não é susceptível de anulação. No entanto, o art. 1596.º estabelece que o casamento católico só pode ser celebrado por quem tiver a capacidade matrimonial exigida na lei civil. Ora, na falta do instrumento da invalidade, a garantia do respeito dos impedimentos de Direito Civil na celebração do casamento católico é assegurada mediante os instrumentos gerais remanescentes de tutela dos impedimentos (a cominação de sanções criminais para o ministro da Igreja Católica, nos termos do art. 296.º, n.º 1, als. *a*) e *b*), do CRC, e de sanções civis patrimoniais para um dos nubentes, nos termos do art. 22.º da LAC e dos arts. 1649.º e 1650.º) e, sobretudo, com base no instituto da recusa da transcrição.

A recusa da transcrição permite ao Estado português assegurar a observância dos impedimentos de Direito Civil mais importantes (os impedimentos dirimentes, que se fundam no interesse público). O casamento católico comum com um impedimento dirimente consagrado na lei civil não será transcrito (art. 174.º, n.º 1, al. d), do CRC)[758], o que significa que não produzirá a generalidade dos efeitos civis (cf. art. 1669.º). E a recusa da transcrição atinge o casamento católico legalmente dispensado do processo preliminar de casamento, desde que subsista um dos impedimentos dirimentes de Direito Civil que, até hoje, não tem constituído também uma proibição de casar no Direito Canónico (art. 174.º, n.º 1, al. e), do CRC)[759].

5.2. Formalidades civis do casamento católico

I. As formalidades do casamento católico são reguladas quer pelo Direito Canónico quer pelo Direito Civil. O Direito da Família ocupa-se somente das formalidades civis, que ou se referem ao momento prévio ou ao momento subsequente à celebração do matrimónio (as formalidades do acto de celebração são reguladas exclusivamente pelo Direito Canónico, nomeadamente pelos câns. 1108.º-1120.º do CDC).

A generalidade dos casamentos católicos está sujeita a processo preliminar de casamento, que é organizado nas conservatórias do registo civil (art. 1597.º, n.º 1). A declaração para casamento, que inicia o processo, pode ser prestada na conservatória pelos nubentes, pessoalmente ou por intermédio do procurador, ou pelo pároco competente para a organização do processo canónico, mediante requerimento por si assinado (art. 135.º, n.ºs 1 e 2, do CRC). Verificada no despacho final do processo preliminar a inexistência de impedimento à realização do casamento, o conservador passa, dentro do prazo de um dia a contar da data do despacho ou daquela em que os nubentes manifestaram intenção de contrair casamento católico, um certificado no qual declara que os nubentes podem contrair casamento (art. 146.º, n.ºs 1 e 2, do CRC). O casamento católico não pode ser celebrado sem que ao pároco seja apresentado o aludido certificado, a não ser que se trate de casamento dispensado do processo preliminar de casamento (art. 151.º do CRC). Se, posteriormente, o conserva-

[758] E também deve ser recusada a transcrição do casamento católico comum celebrado com inobservância do impedimento impediente previsto no art. 1604.º, al. a): cf. art. 174.º, n.º 1, al. b), do CRC, que obsta à transcrição se o duplicado ou certidão do assento paroquial não contiver as indicações exigidas no art. 167.º do mesmo CRC, designadamente as do n.º 1, al. e) – "Referência à existência do consentimento dos pais ou representantes legais dos nubentes menores ou ao respectivo suprimento e, quando tiver sido prestado no acto da celebração, a menção desta circunstância".

[759] Com uma única excepção: a demência notória, impedimento dirimente por força do art. 1601.º, al. b), não legitima a recusa de transcrição.

dor tomar conhecimento de impedimentos, deve comunicar o facto ao pároco, a fim de que seja sustada a celebração do casamento (art. 148.º do CRC).

Está dispensado do processo preliminar de casamento (e da passagem do certificado matrimonial) o casamento católico urgente: o casamento *in articulo mortis*, na iminência de parto ou cuja celebração seja expressamente autorizada pelo ordinário próprio por grave motivo de ordem moral (art. 1599.º, n.º 1).

Os casamentos católicos não precedidos do processo preliminar de casamento consideram-se contraídos sob o regime imperativo da separação de bens (art. 1720.º, n.º 1, al. *a)*).

Após a celebração do casamento católico, o pároco deve lavrar o assento paroquial em duplicado (cf. arts. 167.º e 168.º do CRC) e enviar à conservatória competente, dentro do prazo de três dias, o duplicado do assento (art. 169.º, n.º 1, do CRC). A obrigação de remessa do duplicado não existe nos casos apontados no art. 170.º do CRC: casamento de consciência ou secreto (cujo assento só pode ser transcrito perante certidão de cópia integral e denúncia feita pelo ordinário); casamento urgente quando não possa ser transcrito; casamento que carece de convalidação simples, ou seja, aquele em que, logo após a celebração, se verifique a necessidade de convalidar o acto mediante a renovação do consentimento dos cônjuges na forma canónica (bastando remeter à conservatória o duplicado do assento da nova celebração)[760].

II. O conservador deve transcrever o duplicado dentro do prazo de um dia e comunicar o registo civil do casamento ao pároco até ao termo do dia imediato àquele em que foi feito (art. 172.º, n.º 1, do CRC). Na falta de remessa do duplicado ou da certidão do assento pelo pároco, a transcrição pode ser feita a todo o tempo, em face do documento necessário, a requerimento de qualquer interessado ou do Ministério Público (art. 172.º, n.º 3, do CRC). No entanto, se o casamento não tiver sido precedido do processo preliminar

[760] Na eventualidade de ter sido transcrito o casamento nulo antes da convalidação simples, o pároco deve lavrar novo assento, para o casamento convalidado, e enviar o respectivo duplicado à conservatória, sendo transcrito o segundo assento e cancelado o primeiro, sem prejuízo dos direitos de terceiro (art. 177.º, n.ºs 2 e 3, do CRC).
A convalidação simples não se confunde com a sanação *in radice* do casamento católico nulo. A sanação *in radice* consiste na convalidação do acto, sem que haja renovação do consentimento dos cônjuges (cf. câns. 1161-1165 do CDC). A obrigação de remessa do duplicado aplica-se ao matrimónio católico inválido nulo susceptível de ser convalidado por esta forma. Transcrito o casamento, a sanação *in radice* é averbada à margem do assento do casamento, mediante comunicação do pároco feita no interesse dos cônjuges e com o consentimento do ordinário do lugar da celebração (art. 177.º, n.º 1, do CRC).

de casamento, a transcrição só se efectua depois de organizado o processo (art. 173.º, n.º 1, do CRC). A esta causa de recusa de transcrição, que perdura enquanto não correr o processo, acrescem as hipóteses previstas no art. 174.º, n.º 1, do CRC, sendo de destacar as que se fundam na verificação de impedimentos dirimentes: a al. d), que se aplica aos casamentos católicos comuns, e a al. e), relativa aos casamentos urgentes. O art. 175.º do CRC prescreve que a transcrição recusada com base em impedimentos dirimentes deve ser efectuada, logo que cesse o impedimento. À luz do art. 175.º do CRC, por razões de economia processual, há que concluir que, apesar da letra do art. 174.º, n.º 1, al. d), do CRC, a recusa de transcrição do casamento católico comum, com fundamento em impedimento dirimente oponível no momento da celebração, só é lícita se o impedimento subsistir à data do registo[761].

Um problema clássico na doutrina é o da natureza jurídica da transcrição do casamento católico. O facto de a morte de um ou ambos os cônjuges não obstar à transcrição (cf. art. 174.º, n.º 4, do CRC) é um elemento que afasta claramente a qualificação como condição de existência ou validade do acto matrimonial em face do ordenamento estatal. Todavia, hesita-se entre atribuir à transcrição o carácter de condição legal de eficácia civil[762] ou de simples requisito de prova perante o Estado[763]. A posição que parece ser mais convincente é a que confere à transcrição do casamento católico a natureza que tem qualquer outro acto de registo do casamento, isto é, de formalidade *ad probationem* (que, naturalmente, influi na eficácia do casamento, porque o que não pode ser invocado não produz efeitos). É que o casamento católico não transcrito produz um efeito civil, que se não reconduz ao domínio da prova em acções de estado ou registo: enquanto não for dissolvido, o casamento católico não transcrito obsta à celebração de casamento civil subsequente (cf. art. 1601.º, al. c)).

Por fim, não obstante o que dispõe o art. 53.º, n.º 1, al. c), do CRC, nem todos os casamentos católicos celebrados em Portugal são registados por transcrição. O registo do casamento católico contraído por pessoas já ligadas entre si por casamento civil não dissolvido faz-se por averbamento ao assento do casamento civil (arts. 179.º do CRC e 1589.º, n.º 1).

[761] Cf. LIMA, Pires de/VARELA, Antunes, *Código Civil Anotado*, vol. IV cit., art. 1657.º (8), a propósito de artigos do Código Civil, entretanto revogados, com teor idêntico ao dos mencionados artigos do Código do Registo Civil em vigor.

[762] Neste sentido, COELHO, F. Pereira/OLIVEIRA, Guilherme de, *Curso de Direito da Família*, vol. I cit., pp. 379-382.

[763] A favor, VARELA, Antunes, *Direito da Família* cit., pp. 313-317.

Capítulo II
Efeitos do casamento

Secção I
Generalidades

6. O *status* ou estado de casado

I. Todos os casamentos, independentemente da sua modalidade (civil ou católica) ou forma (civil ou religiosa), se regem, quanto aos efeitos civis, pelas normas legais (art. 36.º, n.º 2, da CRP, e art. 1588.º). E as normas da lei portuguesa que disciplinam o regime da relação conjugal não distinguem em razão do casamento que foi celebrado. O casamento civil sob forma civil, o casamento civil sob forma religiosa e o casamento católico produzem efeitos civis idênticos.

II. Os efeitos legais do casamento consistem na aquisição do *status* ou estado de casado e na sujeição das partes ao regime inerente, o que se exprime, designadamente, na vinculação aos chamados deveres dos cônjuges e em soluções que se demarcam das que são impostas pelas regras comuns em matéria de nome, filiação, nacionalidade, entrada e permanência no território português; titularidade de bens, prática de actos de administração e disposição, dívidas, validade dos contratos, prescrição dos direitos (cf. art. 318.º, al. a)) e até capacidade (cf. arts. 123.º, 132.º e 133.º).

III. A palavra "estado" ou "*status*" pode ser usada em duas acepções: como uma qualidade de que resulta um regime ou como um regime associado a uma certa qualidade[764]. Na primeira acepção, o termo é usado em sentido próprio. O estado de casado é, então, a ligação que se estabelece entre duas pessoas que casaram uma com a outra, a qualidade de cônjuge, sujeito de uma relação conjugal ou membro daquele grupo que é a família conjugal. Já na expressão "casamento-estado" ou "casamento enquanto estado", a palavra é usada em sentido impróprio, como estatuto ou regime associado a uma certa qualidade. Assim, o casamento enquanto estado identifica-se com os efeitos do acto. Estando em causa uma questão meramente formal, de perspectiva, optou-se pela aceitação desta terminologia, que está enraizada no Direito da Família, sem prejuízo de se alertar para a sua menor precisão.

Enquanto qualidade, o estado de casado tem características gerais do *status*, p.e., a indisponibilidade, a durabilidade virtual e a oponibilidade *erga omnes*, e características específicas, como a exclusividade. A exclusividade significa que uma pessoa não pode estar casada ao mesmo tempo com duas ou mais pessoas. Expressamente consagrada no art. 1601.º, al. c), a característica em apreço inscreve-se num princípio crucial dos ordenamentos matrimoniais ocidentais – o princípio da monogamia[765].

IV. Enquanto regime, o casamento-estado adquire importância fundamental no Direito da Família.

Já se tomou contacto com o rigor e a extensão que a lei confere à disciplina do casamento como acto. O legislador cria um sistema de impedimentos cujo respeito é susceptível de controlo e verificação em três momentos: antes, durante e depois da cerimónia do casamento. E, para defesa do seu sistema de impedimentos, o legislador não hesita em atribuir competência a duas entidades: ao conservador do registo civil e ao juiz. A tudo isto soma-se um sistema de publicidade do casamento, que assenta no registo civil e só tem paralelo no registo das situações jurídicas reais, situações que se notabilizam por conferirem ao seu titular um direito exclusivo.

Todo o empenho na regulamentação do casamento como acto seria absurdo se, uma vez celebrado o casamento, o Estado se desinteressasse da relação

[764] Cf. ALPA, *Status e capacità (La costruzione giuridica delle differenze individuali)*, Roma, Laterza, 1993, pp. 123-124.

[765] Sobre o fundamento do princípio, cf. PINHEIRO, J. Duarte, "Poligamia e uniões paralelas", em AA.VV., *Escritos de Direito das Famílias* cit., pp. 58-63.

conjugal. O investimento na disciplina da constituição do vínculo matrimonial não teria razão de ser se ao casamento como estado correspondesse uma fórmula vazia ou um instituto cujo conteúdo estivesse inteiramente ao sabor da vontade das partes. O casamento é alvo de atenção legislativa por causa dos seus efeitos. O casamento muda juridicamente a vida das pessoas e esta mudança não é algo que somente diga respeito aos cônjuges. Trata-se de um fenómeno dotado de relevância social. É a repercussão externa do casamento que justifica o intervencionismo jurídico do Estado numa esfera que parece, à primeira vista, particularmente íntima e estritamente bipolar.

O Estado impõe aos cônjuges uma determinada imagem do casamento, que se consegue apreender mediante uma análise das disposições do Código Civil que definem o casamento e estabelecem os efeitos do mesmo quanto às pessoas e aos bens dos cônjuges. No art. 1577.º encontra-se a imagem ideal, utópica, do casamento como plena comunhão de vida. Ninguém ignora que a plena comunhão de vida não é exequível. Duas pessoas não podem fundir-se numa só. Como diz Carbonnier[766], os cônjuges, ainda que durmam no mesmo leito, têm sonhos diferentes. Todavia, a utopia legal vincula-nos, no limite do possível. A união conjugal deve traduzir-se numa comunhão íntima, extensa e profunda de duas vidas. E o art. 1672.º (sobre deveres dos cônjuges) especifica um pouco o entendimento legal da eficácia do casamento, no mundo do possível.

O que avulta no casamento como estado é a dimensão pessoal. Embora digna de nota, não é a dimensão patrimonial que fundamenta a existência e a protecção do casamento. Na sua essência, a relação conjugal não é concebida como uma unidade de bens mas como uma comunhão entre duas pessoas.

E essa comunhão tem de ser construída com base na imagem legal do casamento, vertida, nomeadamente, nos arts. 1671.º e s. Como decorre dos arts. 1618.º, 1698.º e 1699.º, em princípio, as normas jurídicas sobre efeitos do casamento são injuntivas. As normas que, p.e., prevêem o princípio da igualdade e os deveres conjugais não são susceptíveis de serem afastadas pelo acordo das partes. É o que decorre dos arts. 1618.º, 1698.º e 1699.º, que, apesar de terem em vista concretamente um período anterior à aquisição do estado de casado, contêm uma solução necessariamente extensível ao momento posterior. Seria estranho que a lei impedisse uma estipulação dos nubentes contrária ao regime legal dos efeitos do casamento, se, após a celebração do matrimónio, tudo fosse permitido à vontade comum dos cônjuges.

[766] CARBONNIER, Jean, *Droit civil* cit., p. 483.

A doutrina tende a separar os efeitos pessoais dos efeitos patrimoniais, estudando-os separadamente[767]. Nesta lógica, os deveres dos cônjuges, bem como os aspectos do nome, filiação, nacionalidade, entrada e permanência no território português, caberiam nos efeitos pessoais, enquanto os restantes aspectos dariam corpo aos efeitos patrimoniais. A distinção é conhecida na lei (cf. a epígrafe do capítulo IX, "Efeitos do casamento quanto às pessoas e aos bens dos cônjuges", do Título II do Livro IV do Código Civil), que, porém, compreensivelmente, não dividiu a disciplina dos efeitos do casamento segundo tal classificação (cf. arts. 1671.º-1736.º). O tratamento separado dos efeitos pessoais e patrimoniais pressupõe a integração dos deveres dos cônjuges nos primeiros. Ora, alguns dos deveres conjugais têm uma estrutura patrimonial (*v.g.*, o dever de assistência) ou uma vertente simultaneamente patrimonial e pessoal (*v.g.*, o dever de respeito). Por isso, a exposição dos efeitos do casamento não seguirá a bipartição tradicional. Abstraindo da presente secção, a área temática será repartida por quatro pontos: deveres dos cônjuges (secção II); efeitos do casamento no domínio do nome, da filiação, da nacionalidade, da entrada e permanência no território português (secção III); efeitos predominantemente patrimoniais do casamento (secção IV); e efeitos do casamento em situações de ruptura da vida em comum (secção V).

A última secção (quinta) deste capítulo II trata dos efeitos do casamento nos casos de separação de facto e de separação de pessoas e bens. Deste modo, são assegurados dois resultados: a separação de facto, realidade que se pode eternizar, não desembocando necessariamente num divórcio (ou numa reconciliação), é autonomizada, em vez de ser remetida para a secção dedicada ao divórcio (que é a terceira do capítulo III); o instituto da separação de pessoas e bens é analisado sem que se precise de abrir um capítulo destinado meramente a cobrir figuras com impacto limitado (a simples separação judicial de bens; e a separação de pessoas e bens, que tem escassíssimo relevo estatístico).

7. O princípio da igualdade dos cônjuges

À luz do art. 1671.º, n.º 1, o casamento baseia-se na igualdade de direitos e deveres dos cônjuges. O princípio da igualdade dos cônjuges, que já constava da Constituição portuguesa, na versão de 1976, foi reproduzido no

[767] Cf., entre outros, MENDES, J. Castro/SOUSA, M. Teixeira de, *Direito da Família* cit., pp. 117 e 122, COELHO, F. Pereira/OLIVEIRA, Guilherme de, *Curso de Direito da Família*, vol. I cit., p. 395.

Código Civil, na versão de 1977, evitando-se, assim, qualquer polémica em torno da aplicabilidade imediata das normas constitucionais dos particulares, numa época em que até há pouco a lei, a sociedade e os tribunais atribuíam à mulher uma posição muito menos favorável que aquela de que beneficiava o marido (o "chefe da família", na versão originária do art. 1674.º do Código Civil)[768].

Não se julgue, porém, que o princípio da igualdade dos cônjuges é algo que pertence ao passado, um mero símbolo da Revolução de 25 de Abril de 1974 no Direito da Família. Na Lei n.º 16/2001, de 22 de Junho, a Lei da Liberdade Religiosa, determina-se, no art. 19.º, n.º 3, que o certificado para casamento civil sob forma religiosa não é passado sem que o conservador se tenha assegurado de que os nubentes têm conhecimento de quatro artigos do Código Civil, entre os quais se conta o art. 1671.º. A igualdade dos cônjuges, proibindo a discriminação em razão do sexo, é uma trave mestra do casamento ocidental moderno. A necessidade de reafirmar o princípio permanece hoje num contexto de pluralismo religioso, em que, por vezes, se sente a tentação de tolerar, senão legitimar, as convicções e práticas fundamentalistas, cristãs ou islâmicas, que assentam na subordinação da mulher ao marido[769]. Além disso, não é líquido o cumprimento do princípio da igualdade na generalidade dos casamentos entre pessoas de sexo diferente.

Contudo, a ligação preferencial à condição da mulher não reduz o alcance do princípio da igualdade dos cônjuges, que pode ser invocado pelo marido perante a mulher ou por uma pessoa casada com outra do mesmo sexo.

Numa das suas vertentes mais nítidas (cf. letra do art. 1671.º, n.º 1), o princípio da igualdade influi na quantificação e concretização dos deveres conjugais. Os cônjuges estão reciprocamente vinculados a situações jurídicas em igual número e com igual conteúdo, não sendo, em regra, lícita uma leitura dos deveres variável em função do género. P.e., o dever de assistência não dita a necessária afectação exclusiva da mulher às tarefas do lar e a plena isenção do marido quanto ao chamado trabalho doméstico.

Noutra vertente, o princípio implica, nos termos do art. 1671.º, n.º 2, a atribuição aos membros do casal da direcção conjunta da família.

[768] Cf. PINHEIRO, J. Duarte, *O núcleo intangível da comunhão conjugal* cit., pp. 113-120.

[769] Cf. a argumentação contrária ao princípio da igualdade dos cônjuges de PAWLOWSKI ("Die Ehe im Staat der Glaubenfreiheit", *Familie und Recht* 4/90, pp. 213-215), que é criticada por PINHEIRO, J. Duarte, *O núcleo intangível da comunhão conjugal* cit., pp. 148-149, 384-388

8. Os acordos sobre a orientação da vida em comum

I. Para assegurar o princípio da igualdade no governo da família, a lei impôs aos cônjuges a obrigação de tentarem chegar a acordo sobre a orientação da vida em comum, "tendo em conta o bem da família e os interesses de um e outro". Correspondendo a uma "obrigação de meios" inscrita no dever nominado de cooperação conjugal[770], a obrigação de tentar alcançar o acordo não deixa, por isso, de ter um grande peso, que se detecta nas consequências jurídicas da ausência de consenso. A recusa persistente e gratuita de um cônjuge em concordar com o outro quanto à direcção da família é susceptível de preencher os pressupostos do divórcio sem o consentimento daquele. Na falta de acordo dos cônjuges sobre um assunto que cabe na orientação da vida em comum, como é a fixação ou alteração da residência da família, consagra-se a possibilidade de a decisão incumbir ao tribunal (art. 1673.º, n.º 3). Destinando-se a resolver uma situação de bloqueio e a evitar a prevalência da vontade de uma das partes, a intervenção judicial numa hipótese que não é de ruptura (divórcio, separação de pessoas e bens ou separação de facto) mostra que o acordo é o único instrumento de autogoverno da família.

II. Os acordos sobre a orientação da vida em comum têm como objecto os assuntos com especial relevância familiar, p.e., a fixação da residência, a determinação do número de filhos e do momento de os ter, o modo de cumprimento dos deveres conjugais e de exercício do poder paternal. Ficam de fora os direitos de personalidade que não estejam directamente abrangidos pela relação conjugal (p.e., o direito à liberdade de actividade, cujo exercício por um cônjuge não carece, nos termos do art. 1677.º-D, do consentimento do outro), sem prejuízo de o respectivo titular estar obrigado a agir com consideração pelos interesses da sua família.

Um problema controverso é o da natureza jurídica dos acordos sobre a orientação da vida em comum[771]: são ou não verdadeiros negócios jurídicos, que vinculam os cônjuges a cumprir as obrigações convencionadas? A res-

[770] Cf., *infra*, Parte III, n.º 14. Contra, Coelho, F. Pereira/Oliveira, Guilherme de, *Curso de Direito da Família*, vol. I cit., p. 400, que promovem a obrigação de dever de acordar sobre a orientação da vida em comum a um dever pessoal dos cônjuges, a aditar aos cincos deveres referidos no art. 1672.º.

[771] Cf. Albuquerque, Pedro de, *Autonomia da vontade* cit., pp. 57-84.

posta é afirmativa, uma vez que, sendo o consenso sequência do princípio da igualdade dos cônjuges, a negação de carácter vinculativo aos acordos é incompatível com a natureza inderrogável do princípio. No entanto, os acordos sobre a orientação da vida em comum, em cuja realização é preciso atender a parâmetros distintos dos que são normalmente aplicáveis aos negócios jurídicos (cf. parte final do art. 1671.º, n.º 2), estão coerentemente submetidos a um regime particular de modificação e extinção, menos rígido do que o regime geral: não têm de ser acatados por um cônjuge sempre que determinem o sacrifício irrazoável dos seus interesses individuais ou que não prossigam o bem da família[772].

9. A tutela da personalidade no casamento e a ideia do núcleo intangível da comunhão conjugal

I. A generalidade das normas sobre os efeitos do casamento é injuntiva e, na visão do legislador, a união conjugal deve aproximar-se de uma plena comunhão de vida. Será que a relação conjugal implica a perda absoluta de liberdade pessoal das partes, condenadas a cumprir deveres de comportamento amplos e íntimos que a lei define minuciosamente? Na verdade, não. O casamento não elimina a individualidade de cada cônjuge. A própria disciplina matrimonial contempla a protecção da personalidade[773], ao indicar os interesse individuais dos cônjuges como factores a ponderar na celebração dos acordos sobre a orientação da vida em comum (art. 1671.º, n.º 2), ao consagrar expressamente o direito à liberdade de actividade profissional ou outra (art. 1677.º-D) e, sobretudo, ao prever o dever conjugal de respeito (art. 1672.º). Com o dever de respeito, reconhece-se a vigência da generalidade das situações jurídicas inerentes à dignidade da pessoa humana (o direito à integridade física, o direito à honra, o direito à privacidade, o direito à liberdade de religião e de culto, etc.) no seio da família.

Mas a preocupação de tutela da personalidade não pode chegar ao ponto de se afastarem efeitos jurídicos essenciais do casamento (*v.g.*, do dever de coabi-

[772] Mas os acordos sobre a orientação da vida em comum cuja falta fundamenta o requerimento de uma intervenção judicial (cf. art. 1673.º, n.º 3, atinente ao acordo sobre a fixação ou alteração da casa de morada da família, e art. 1901.º, n.º 2, que se refere ao acordo sobre questões de particular importância em matéria de responsabilidades parentais) só podem ser alterados ou extintos por mútuo consentimento ou decisão do tribunal.

[773] Cf. PINHEIRO, J. Duarte, *O núcleo intangível da comunhão conjugal* cit., pp. 123-134.

tação, que exige residência no mesmo local e comunhão sexual), em nome do direito à liberdade[774/775/776]. Há que encontrar um ponto de equilíbrio entre os

[774] Cf. FURGIUELE, *Libertà e famiglia*, Milão, Giuffrè, 1979, p. 169 (concretamente contra a existência do dever conjugal de habitação sob o mesmo tecto); PAWLOWSKI, *Das Studium der Rechtswissenschaft: eine Einführung in das Wesen des Rechts*, Tubinga, J.C.B. Mohr, 1969, pp. 304 e s. (o autor, adverso, em regra, a restrições de índole matrimonial às liberdades constitucionalmente previstas, considera que não tem de haver relações sexuais entre os cônjuges se um deles entender que isso colide com os seus compromissos religiosos).

[775] A particular sensibilidade do Direito Matrimonial contemporâneo à questão do exercício da actividade profissional está patente no art. 1677.º-D. Mas outras normas podem ser invocadas: o art. 1673.º, n.º 1, ao determinar que os cônjuges devem escolher de comum acordo a residência da família, atendendo, nomeadamente às exigências da sua vida profissional; o art. 1678.º, n.º 2, al. a), ao entregar a administração dos proventos do trabalho apenas ao cônjuge que os auferiu, nos regimes em que tais rendimentos são comunicáveis; o art. 1678.º, n.º 2, al. e), ao conceder a cada um dos cônjuges a administração exclusiva dos bens móveis, próprios do outro cônjuge ou comuns, por ele exclusivamente utilizados como instrumento de trabalho; o art. 1682.º, n.º 3, al. a), na parte que exige o consentimento de ambos os cônjuges para a alienação ou oneração de móveis utilizados como instrumento comum de trabalho; o art. 1731.º, ao prever, no momento da partilha familiar, uma atribuição preferencial dos instrumentos de trabalho que tiverem entrado no património comum por força do regime de bens, em benefício do cônjuge que deles necessita.

No entanto, nada justifica uma interpretação que dê prevalência a estas normas sobre outras disposições próprias do Direito Matrimonial. De facto, o casamento impõe limites ao exercício da actividade profissional, como ao exercício de qualquer outra. O direito de exercício de uma profissão não pode ser entendido de uma forma susceptível de fazer perigar o conteúdo essencial da relação conjugal. Os cônjuges têm de se esforçar por conciliar a sua vida profissional com as suas obrigações familiares. Por isso, são configuráveis hipóteses de exercício da actividade profissional em colisão com o Direito Matrimonial. É o que pode acontecer, por exemplo, se um cônjuge, contra a vontade do outro, desenvolver uma actividade que, pela sua intensidade e duração, não permita uma convivência familiar mínima; ou se ele escolher arbitrariamente condições laborais desvantajosas para o desenvolvimento da relação conjugal (cf. FURGIUELE, "Libertà di manifestazione del pensiero e famiglia", *Il diritto di famiglia e delle persone* 1976, p. 1828), *v.g.*, solicitando a transferência para um local situado numa região distante da casa de morada da família, sem que haja um motivo ponderoso (perspectiva de efectivação, de promoção, de aumento do vencimento, de melhoria de ambiente, que era mau no anterior local de trabalho, etc.).

E se após a Revisão Constitucional de 1997 (que suprimiu a referência a um dever de trabalhar, constante do art. 58.º, n.º 2, da CRP, na versão da Revisão de 1989), é menos controversa, entre nós, a existência de uma vertente negativa na liberdade de trabalho, a verdade é que também a liberdade de não trabalhar é balizada pelos deveres conjugais, mais concretamente pelo dever de assistência. Por outras palavras, nos casos em que a satisfação dos encargos familiares não seja viável sem a realização de trabalho profissional ou doméstico, o exercício de uma actividade surge não apenas como um direito mas como um dever de cada cônjuge (cf., igualmente, no direito italiano, RUSCELLO, *I rapporti personali fra coniugi*, Milão, Giuffrè, 2000, pp. 275-276).

[776] É pacífico que cada um dos cônjuges goza do direito à liberdade religiosa e que essa liberdade, tutelada pelo art. 41.º da CRP, inclui a liberdade de actuação conforme às crenças (cf. MACHADO,

direitos de personalidade e os efeitos do casamento, o que se consegue com o auxílio da ideia de núcleo intangível da comunhão conjugal[777].

II. O regime injuntivo dos efeitos do casamento não abarca pormenorizadamente todos os aspectos da vida pessoal dos cônjuges: o art. 1672.º alude aos deveres recíprocos dos cônjuges segundo uma técnica de conceitos indeterminados e não de conceitos precisos. Só os elementos que conferem identidade própria ao casamento (*v.g.*, deveres de índole sexual, com uma certa configuração), formando o núcleo intangível da comunhão conjugal, é que não podem ser derrogados pela vontade de um ou de ambos os cônjuges. A restante área pertence aos direitos individuais.

Jónatas, *Liberdade religiosa numa comunidade constitucional inclusiva: dos direitos da verdade aos direitos dos cidadãos*, Coimbra, Coimbra Editora, 1996, pp. 222, 223 e 259). Mas isto não quer dizer que seja lícita qualquer conduta de um cônjuge perante o outro, desde que fundada nas convicções religiosas do agente [cf. Pinheiro, J. Duarte, "Religião e Direito da Família", *ReDiP – Revista de Direito Público*, n.º 12, (Julho/Dezembro de 2014), pp. 99-101].
Na opinião de Pawlowski (*Methodenlehre für Juristen: Theorie der Norm und des Gesetzes; ein Lehrbuch*, 2.ª ed., Heidelberga, C.F. Müller, 1991, pp. 392 e s.), o vínculo matrimonial não pode impedir uma pessoa de viver segundo as suas próprias concepções religiosas. Consequentemente, a imposição legal de regras de conduta conjugal, baseando-se inevitavelmente num determinado padrão moral, seria inadmissível por marginalizar os comportamentos assentes num código moral diverso, que está associado a confissões religiosas minoritárias. Todavia, esta tese não tem em conta a finitude dos direitos fundamentais. Levada às suas últimas consequências, a posição do autor alemão em apreço implica a consagração de um direito geral irrestrito de "objecção de consciência", perante o qual toda e qualquer regulamentação estatal, matrimonial ou não, teria de ceder (cf. a crítica de LIPP, *Die eherechtlichen Pflichten und ihre Verletzung – ein Betrag zur Fortbildung des persönlichen Eherechts*, Bielefeld, Gieseking, 1988, pp. 36 e s.). A liberdade religiosa tem de ser exercida de modo a não atingir os direitos de terceiros, nomeadamente do parceiro conjugal; a prática religiosa não exonera uma pessoa dos seus deveres jurídicos, familiares ou outros [cf. o ac. do STJ de 16/05/2002, processo n.º02B1290 (Araújo de Barros), http://www.dgsi.pt, que, antes da entrada em vigor da Lei n.º 61/2008, de 31/10, declarou único culpado pela dissolução do casamento o cônjuge que, vivendo fanaticamente as suas convicções religiosas, violou gravemente o dever conjugal de respeito]. A conversão de uma pessoa não a autoriza a negligenciar a família nem a agir com intolerância para com o cônjuge que não partilha do mesmo entusiasmo pela sua nova crença. Sobre a articulação entre liberdade religiosa e vida matrimonial, cf. Pinheiro, J. Duarte, "Religião e Direito da Família" cit., pp. 99-101.

[777] Cf. Pinheiro, J. Duarte, *O núcleo intangível da comunhão conjugal* cit., pp. 152-162.

Secção II
Deveres dos cônjuges

10. A centralidade e dificuldade da matéria dos deveres conjugais

I. O art. 1672.º enumera os deveres recíprocos dos cônjuges: respeito, fidelidade, coabitação, cooperação e assistência. Estas situações jurídicas integram o núcleo intangível da comunhão conjugal, exprimindo, no seu conjunto, um entendimento legal da obrigação de comunhão tendencialmente plena de vida a que se vinculam as partes que contraem matrimónio. Deste modo, é clara a inderrogabilidade dos deveres conjugais, que, se já decorreria do art. 1618.º, é reforçada expressamente pelo disposto no art. 1699.º, n.º 1, al. b)[778].

A relevância dos deveres conjugais na disciplina do casamento, em geral, e dos efeitos do casamento, em particular, é bem marcada pelo legislador quando estabelece que aqueles serão referidos pelo conservador nas formalidades da celebração do casamento ou nas formalidades preliminares[779]. E a violação dos deveres conjugais permite, dentro de certos pressupostos, a obtenção imediata do divórcio por um dos cônjuges, sem a dependência de um prazo de separação de facto (cf. art. 1781.º, al. d)), e a aplicação do instituto geral da responsabilidade civil[780].

[778] Opinião algo distinta é a de CORTE-REAL, Carlos Pamplona/PEREIRA, José Silva, *Direito da Família* cit., pp. 130-131, 135-136: referindo-se à "duvidosa índole jurídica dos assim chamados deveres conjugais", o primeiro ilustre pensador das realidades jurídicas familiares afirma que "a tutela da personalidade impede a disponibilidade de situações jurídicas de cariz pessoal, para além do que possa ser consentido no artigo 81.º do Código Civil"; no casamento, haveria "injuntividade de um mero projecto coexistencial, consentâneo apenas com a aplicação dos princípios gerais do direito". Noutro texto, "Relance crítico sobre o Direito da Família", cit., p. 117, o mesmo Autor acrescenta que a imposição de deveres conjugais imperativos não é permitida pelo art. 26.º da CRP nem pela Lei n.º 61/2008 (que acabou com o divórcio-sanção baseado na culpa).

[779] Na cerimónia do casamento civil, o conservador refere os direitos e os deveres dos cônjuges, previstos na lei civil, imediatamente antes de perguntar a cada um dos nubentes se aceita o outro por consorte (art. 155.º, n.º 1, al. d), do CRC); no casamento civil sob forma religiosa, o conservador não passa o certificado para casamento sem que se tenha assegurado de que os nubentes têm conhecimento do teor do art. 1672.º (art. 19.º, n.º 3, da Lei da Liberdade Religiosa). Nada se prescreve quanto ao casamento concordatário, porque se parte do princípio que os nubentes são cabalmente informados pelo pároco acerca dos deveres matrimoniais.

[780] Cf., *infra*, Parte III, n.º 16.V.

II. Todavia, a importância dos deveres não é acompanhada por uma formulação legal precisa. Eles são enumerados por uma disposição legal, o que constitui um progresso relativamente a uma situação em que tivessem de ser extraídos, pelo intérprete, da cláusula geral da plena comunhão de vida, plasmada no art. 1577.º. Mas o elenco do art. 1672.º é feito sob a forma de uma "cascata" de conceitos indeterminados, técnica que, num clima propício à heterogeneidade valorativa, cria dúvida, incerteza e divisão doutrinária quanto ao conteúdo dos deveres conjugais[781].

Apesar de tudo, é viável uma concretização minimamente segura do conteúdo dos deveres conjugais, mediante uma utilização cuidadosa dos instrumentos comuns de preenchimento dos conceitos indeterminados: a tópica, complementada com a ponderação articulada de dados normativos fundamentais, *v.g.*, o cerne da tutela da personalidade e o núcleo intangível da comunhão conjugal, no sector em causa[782].

11. O dever de respeito

I. Num sentido mais imediato e mais restrito, o dever de respeito consiste em não lesar a honra, sendo indiscutível a ilicitude dos comportamentos de um cônjuge que atinjam a integridade moral do outro (p.e., proferir insultos verbais, fazer gestos obscenos, não cumprimentar).

II. Todavia, é unânime a atribuição de um significado mais vasto ao dever de respeito conjugal. Na orientação que tem dominado[783], o dever surge como um reflexo da tutela geral da personalidade física e moral, assegurada pelo art. 70.º, n.º 1, no domínio dos efeitos matrimoniais. Ao consagrar o dever de respeito, a lei teria pretendido acentuar que o casamento não autoriza o cônjuge a violar os direitos e liberdades pessoais do outro.

De facto, o valor deste dever advém-lhe principalmente do seu papel na afirmação da subsistência, no essencial, dos direitos de personalidade, durante o matrimónio. Só que o dever conjugal de respeito ultrapassa a esfera pes-

[781] Cf. PINHEIRO, J. Duarte, *O núcleo intangível da comunhão conjugal* cit., pp. 75-85.

[782] Cf. PINHEIRO, J. Duarte, *O núcleo intangível da comunhão conjugal* cit., pp. 108-113, 158-161.

[783] Cf. VARELA, Antunes, *Direito da Família* cit., pp. 359-365; SANTOS, Eduardo dos, *Direito da Família* cit., p. 288; COELHO, F. Pereira/OLIVEIRA, Guilherme de, *Curso de Direito da Família*, vol. I cit., pp. 409-411; SOUSA, M. Teixeira de, *O regime jurídico do divórcio*, Coimbra, Almedina, 1991, pp. 39--40.

soal, salvaguardando não apenas os direitos pessoais gerais mas também os direitos patrimoniais individuais de cada cônjuge. Afinal, o dever conjugal corresponde a uma especificação, no campo do casamento, do dever geral de respeito, figura que está originariamente ligada à discussão em torno do conceito de direito real[784].

O conteúdo do dever conjugal de respeito é, portanto, amplo. Por isso, o elenco do art. 1672.º é taxativo[785]: a extensão do dever de respeito torna inútil qualquer referência a um dever conjugal não nominado. Mais, o que se afigura necessário é reduzir o alcance do dever de respeito de modo a que os demais deveres mencionados no art. 1672.º encontrem um espaço próprio[786]. Por conseguinte, fora da sua área típica, mais restrita, que é a honra, o dever de respeito imporá obrigações que não sejam impostas pelos restantes deveres nominados[787].

III. Enquanto especificação de um dever geral, o dever conjugal de respeito encerra, porém, uma particularidade: se, por um lado, não obstante o casamento, garante a vigência dos direitos individuais, pessoais ou patrimoniais, por outro, limita o respectivo exercício em função da preservação da vida em comum. Ao cônjuge não é lícito agir sistematicamente como se estivesse sozinho. Em várias circunstâncias, o estado de casado exige a um cônjuge que seja prudente no exercício dos seus direitos gerais.

[784] Cf., nomeadamente, ASCENSÃO, José de Oliveira, *Direito Civil: Reais*, 5.ª ed., Coimbra, Coimbra Editora, 1993, pp. 597 e s. (em particular pp. 611-612) e CORDEIRO, António Menezes, *Direitos Reais*, reprint de 1979, Lex, Lisboa, 1993, n.ºs 106 e s. (em particular n.ºs 111-IV e 142-III). A doutrina alemã alude a um dever conjugal de respeito que compreende a esfera patrimonial: cf., entre outros, LÜDERITZ, *Familienrecht*, obra iniciada por Beitzke, 27.ª ed., Munique, Beck, 1999, p. 74.

[785] Contra a taxatividade do art. 1672.º, SOUSA, M. Teixeira de, *O regime jurídico do divórcio* cit., pp. 38, 39, 42 e 43.

[786] Não asseguram a autonomia dos outros deveres conjugais perante o dever de respeito, FERREIRA-PINTO (*Divórcio* p. 76), e PITÃO, França (*Sobre o divórcio: anotações aos artigos 1773.º a 1895.º-D do Código Civil*, Coimbra, Livraria Almedina, 1986, pp. 58-59), que consideram que a recusa de ter relações sexuais pode constituir uma violação simultânea do dever de respeito e do dever de coabitação.

[787] A favor do carácter residual do dever de respeito, cf. COELHO, F. Pereira/OLIVEIRA, Guilherme de, *Curso de Direito da Família*, vol. I cit., pp. 409-410, SANTOS, Eduardo dos, *Direito da Família* cit., p. 288.

12. O dever de fidelidade

I. No direito português, tem prevalecido[788] a posição que identifica o dever de fidelidade com um dever duplo de abstenção: um dever de fidelidade física, que impede o adultério, ou seja, a prática de actos sexuais com terceiro; e um dever de fidelidade moral, que impede qualquer ligação amorosa (não carnal) de um cônjuge com terceiro[789].

II. Certos autores estrangeiros atribuem outro conteúdo, mais vago e com menor conotação sexual, ao dever de fidelidade, identificando-o com um dever de devoção, dedicação, lealdade[790] ou boa fé[791]. Há também quem rejeite qualquer conexão com a abstenção de relações físicas extramatrimoniais, reconduzindo o dever de fidelidade ao "vínculo recíproco de responsabilidade dos cônjuges", enquanto a exclusividade sexual seria objecto de um dever conjugal normal, mas não necessário, resultante, por outra via, do casamento[792]. Por fim, é conhecida uma análise que sustenta que, "com a descoberta dos métodos de contracepção", o dever de abstenção de adultério teria perdido razão de ser, no pressuposto de que o mesmo visaria assegurar a conformidade entre a paternidade biológica e a paternidade presumida do marido da mãe[793].

III. A imposição aos cônjuges do dever de não ter relações sexuais com terceiro repercute-se nos direitos de liberdade e privacidade: a regra da exclusividade não permite o reconhecimento da faculdade de escolha do parceiro sexual e a relevância do adultério, numa acção de divórcio sem o consentimento do outro cônjuge (1781.º, al. d)), abre a porta a uma prova que recai

[788] Cf. VARELA, Antunes, *Direito da Família* cit., p. 343; SANTOS, Eduardo dos, *Direito da Família* cit., p. 286; COELHO, F. Pereira/OLIVEIRA, Guilherme de, *Curso de Direito da Família*, vol. I cit., pp. 411-412; SOUSA, M. Teixeira de, *O regime jurídico do divórcio* cit., p. 41; FALCÃO, Marta/SERRA, Miguel Dinis Pestana/TOMÁS, Sérgio Tenreiro, *Direito da Família* cit., pp. 65-66.

[789] P.e.: o simples namoro ou *flirt*; o envio de mensagens amorosas, por qualquer meio de comunicação. O ac. do STJ de 25/02/1987, *BMJ* 364, p. 866 (JOAQUIM FIGUEIREDO), chegou a considerar "infidelidade matrimonial de ordem moral" o facto de um dos cônjuges escrever uma peça literária em que "se imagina a copular com uma personagem desse escrito que não o seu cônjuge".

[790] Tendência dominante em Itália: cf. PINHEIRO, J. Duarte, *O núcleo intangível da comunhão conjugal* cit., pp. 184-193.

[791] Cf. HAUSER/HUET-WEILER, *Traité de Droit Civil. La famille (Fondation et vie de la famille)* 2.ª ed., Paris, LGDJ, 1993, p. 746.

[792] Cf. ALAGNA, *Famiglia e rapporti tra coniugi nel nuovo diritto*, 2.ª ed., Milão, Giuffrè, 1983, pp. 77 e s.

[793] Cf. CALAIS-AULOUY, "Pour un mariage aux effets limités", *Revue Trimestrielle de Droit Civil* 1988, pp. 255-256.

sobre aspectos íntimos da vida do alegado infractor (e do seu cúmplice). Atendendo ao seu efeito restritivo, a proibição do adultério carece de uma justificação razoável.

A proibição não se destina a evitar a concepção extramatrimonial, de forma a garantir a coincidência entre presunção de paternidade e paternidade biológica, porque vincula todos os cônjuges, e não apenas a mulher que tenha casado com uma pessoa do sexo oposto. A obrigação de exclusividade sexual decorre da imagem legal do casamento como comunhão tendencialmente plena de vida (cf. art. 1577.º) e monogâmica (cf. art. 1601.º, al. c)). Sendo entendida como uma ligação absorvente e monopolizadora, a união conjugal não se harmoniza com a prática de actos sexuais extramatrimoniais.

Detectado o fundamento da obrigação de exclusividade sexual entre cônjuges, importa acrescentar que ela está contida no dever de fidelidade. No art. 1672.º, o termo "fidelidade" é usado num contexto, respeita à relação conjugal. Numa óptica de senso comum, ser fiel ao cônjuge passa, ainda hoje, por não ter relacionamento sexual com outrem.

E o dever de fidelidade resume-se à proibição do adultério. O alegado dever de fidelidade moral está directamente associado ao dever de não "injuriar", ao domínio mais restrito do dever conjugal de respeito, onde se enquadra[794].

O adultério que é vedado pelo dever de fidelidade compreende todos os actos sexuais realizados com outra pessoa que não o cônjuge: a cópula vaginal, a cópula vulvar ou vestibular, o coito anal, o coito oral, a masturbação com intervenção de terceiro, o auxílio à masturbação, etc.

13. O dever de coabitação

I. Na perspectiva comum e clássica[795], o dever de coabitação impõe "comunhão de leito, mesa e habitação". A expressão "comunhão de leito" não tem em vista a mera partilha de uma cama, engloba a prática de actos sexuais. A alusão à "comunhão de mesa" não se confina à ideia de refeições tomadas em

[794] A construção da infidelidade moral foi importada do direito francês, ordenamento que a criou para superar a falta de consagração legal de um dever conjugal nominado de respeito: cf. PINHEIRO, J. Duarte, *O núcleo intangível da comunhão conjugal* cit., pp. 175-184, 203-206.

[795] Cf. VARELA, Antunes, *Direito da Família* cit., pp. 345 e s.; CAMPOS, D. Leite de/CAMPOS, Mónica Martinez de, *Lições de Direito da Família* cit., pp. 229-230; COELHO, F. Pereira/OLIVEIRA, Guilherme de, *Curso de Direito da Família*, vol. I cit., p. 413; SOUSA, M. Teixeira de, *O regime jurídico do divórcio* cit., p. 40; na jurisprudência, ac. do STJ de 23/04/1998, *CJ-S* 1998/2, p. 54 (NASCIMENTO COSTA).

conjunto; refere-se a uma comunhão de vida económica. Das três faces do dever de coabitação, é justamente a obrigação de comunhão de vida económica, que vincularia os cônjuges a uma partilha de recursos, que menor atenção tem suscitado. Por vezes, nem sequer é mencionada no âmbito do dever de coabitação, atitude que se percebe por força das afinidades que a referida obrigação parece ter com outros deveres conjugais nominados, *v.g.*, de cooperação e de assistência. No contexto do dever de coabitação, são a comunhão de habitação e a comunhão sexual que ostentam maior relevância.

II. Na acepção tradicional, a obrigação de comunhão de habitação exige a convivência dos cônjuges a tempo inteiro ou, pelo menos, habitual, num determinado local – a casa de morada da família. Essa ideia de convivência está subjacente ao art. 1673.º: a adopção de uma residência da família é imposta como regra[796] para que a vida quotidiana do casal aí se desenrole.

No entanto, a obrigação de comunhão de habitação, na acepção tradicional, torna-se, por vezes, pouco viável na sociedade actual, que reclama uma elevada mobilidade das pessoas por razões profissionais e que valoriza o direito à liberdade de actividade. É, nomeadamente, o que acontece se ambos os cônjuges são funcionários públicos e foram colocados em extremos opostos do país. Aliás, as razões profissionais podem estar entre os "motivos ponderosos" que, de acordo com o n.º 2 do art. 1673.º permitem a não adopção da residência da família, tanto mais que, à luz do n.º 1, os aspectos da vida profissional constituem um dos parâmetros do acordo para a fixação da casa de morada da família. De qualquer modo, vigora sempre uma obrigação de comunhão de habitação, se bem que possa assumir uma configuração particular: não sendo exequível a convivência num esquema de residência habitual, os cônjuges têm de se esforçar por desenvolver uma convivência que se aproxime o mais possível daquela (p.e., aproveitando ao máximo fins-de-semana, férias e feriados) e por eliminar os obstáculos ao afastamento do ideal legal. No exemplo dos dois funcionários públicos, é de esperar não só que se encontrem nos dias em que um deles não trabalhar, mas também que não evitem os concursos abertos para lugares numa cidade onde ambos possam residir habitualmente.[797]

[796] Regra que é garantida pela intervenção judicial, nos termos do art. 1673.º, n.º 3. O processo de fixação ou alteração da residência da família está regulado no art. 991.º do CPC.

[797] Cf., porém, *infra*, Parte IV, n.º 14 (união sem comunhão de habitação).

III. A obrigação de comunhão sexual, que vincula os cônjuges a terem relações sexuais um com o outro, é, por vezes, excluída em virtude de não resultar claramente da letra da lei[798] ou por ser incompatível com a existência do direito de liberdade sexual[799]

O argumento da pouca visibilidade legal da obrigação não procede. É natural que o legislador civil não se tenha referido concretamente à comunhão sexual, porque decidiu aludir aos deveres conjugais com recurso a conceitos indeterminados. No entanto, um dos conceitos tem um sentido que abarca aquela comunhão. Na língua portuguesa, coabitação significa prática habitual de actos sexuais com outra pessoa. E o reconhecimento de uma dimensão sexual à palavra coabitação, no art. 1672.º, é apoiado por vários indícios da regulamentação civil do casamento. São previstos requisitos de validade do casamento que assentam no aspecto sexual, como a proibição do incesto, estabelecida no art. 1602.º, als. a), c) e d). E, no art. 1829.º, que regula a presunção de paternidade de filhos, a expressão "coabitação dos cônjuges" é associada à procriação (não medicamente assistida).

Quanto ao argumento da incompatibilidade com a liberdade sexual, é de sublinhar que os direitos não são ilimitados; que as restrições traçadas pela obrigação de comunhão sexual à liberdade sexual têm por fonte o casamento, contrato em que a vontade das partes se encontra suficientemente acautelada; e que tais restrições estão longe de suprimir todas as prerrogativas inscritas no direito de liberdade sexual. Por um lado, é totalmente vedada a satisfação do débito conjugal mediante o emprego da força, pública ou privada. Por outro lado, a obrigação de comunhão sexual não é muito intensa, por força da sobrevivência dos direitos de personalidade à celebração do casamento e da necessidade de estabelecer um ponto de equilíbrio entre as exigências daqueles direitos e as dos deveres conjugais. Os cônjuges gozam de alguma liberdade sexual: pelo menos, podem decidir quando e como terão relações sexuais um com o outro. A obrigação de comunhão sexual só se entende violada após recusa sistemática, injustificada e prolongada[800].

[798] Cf. Souto Paz, *Derecho Matrimonial*, 2.ª ed., Madrid/Barcelona, Marcial Pons, 2002, p. 122, que compara o Direito Civil com o Direito Canónico.

[799] Cf. Sesta, *Lezioni di Diritto di Famiglia*, 2.ª ed., Pádua, CEDAM, 1997, pp. 108-109.

[800] Para mais pormenores, cf. Pinheiro, J. Duarte, *O núcleo intangível da comunhão conjugal* cit., pp. 297-310.

14. O dever de cooperação

I. O art. 1674.º decompõe o dever de cooperação em duas obrigações: obrigação de socorro e auxílio mútuos; obrigação de os cônjuges assumirem em conjunto as responsabilidades inerentes à vida da família que fundaram. A obrigação de socorro e auxílio mútuos pressupõe a intervenção na esfera do outro cônjuge, enquanto a segunda obrigação se refere ao domínio mais genérico da vida da família[801], tendo como beneficiários, em primeira linha, os parentes dos cônjuges e o colectivo familiar.

A obrigação de socorro e auxílio mútuos equivale ao dever de cooperação na vida do outro cônjuge. As palavras socorro e auxílio são quase sinónimas. Contudo, o primeiro termo põe a tónica numa ajuda que procura superar situações anormais e graves, de crise ou emergência do outro cônjuge, e o segundo termo sugere uma colaboração destinada a fazer face aos problemas do quotidiano[802].

Numa exemplificação mais permeável à influência francesa, a obrigação abarca o apoio do outro cônjuge na sua actividade profissional e na doença[803]. Numa formulação de sabor germânico, a obrigação de socorro e auxílio mútuos traduz-se em deveres de ajuda e protecção, relativos quer à pessoa quer ao património do outro cônjuge[804]. Como se observa, a obrigação não tem cariz exclusivamente imaterial.

Como todas as demais obrigações inseridas em deveres conjugais, a obrigação de socorro e auxílio mútuos está, naturalmente, sujeita a limites. É certo que um cônjuge tem de apoiar o outro na doença ou ajudá-lo na recuperação de um estado de toxicodependência. Mas a ninguém é exigível um comportamento heróico ou próprio de um mártir. Daí que, p.e., a alteração grave das

[801] Cf. BELEZA, Leonor, "Os efeitos do casamento", em AA.VV., *Reforma do Código Civil*, Lisboa, Ordem dos Advogados, 1981, p. 113.

[802] Cf. FERREIRA-PINTO, F. B., *Causas do divórcio*, 3.ª ed., Porto, ELCLA, 1996, p. 80; SANTOS, Eduardo dos, *Do divórcio. Suas causas, processo e efeitos*, Lisboa, AAFDL, 2003, pp. 140-141.

[803] Cf. VARELA, Antunes, *Direito da Família* cit., p. 350, tal como CARBONNIER, Jean, *Droit civil* cit., p. 473.

[804] Cf. SOUSA, M. Teixeira de, *O regime jurídico do divórcio* cit., p. 41, seguindo os ensinamentos de GERNHUBER/COESTER-WALTJEN, *Familienrecht* cit., pp. 145-146, 152-153. Os deveres de ajuda e protecção incluem, designadamente: a defesa contra actos de terceiros; o apoio psicológico para impedir o suicídio ou a prática de crimes e para alcançar a recuperação do estado de toxicodependência; a colaboração na administração dos bens próprios do outro cônjuge e a protecção dos mesmos quando se encontrem em risco.

faculdades mentais do outro cônjuge que dure há mais de um ano possa constituir fundamento de um pedido de divórcio "litigioso" (cf. art. 1781.º, al. b)).

II. A obrigação de assunção em conjunto das responsabilidades inerentes à vida familiar implica a cooperação no sustento, guarda e educação dos filhos[805], bem como o apoio a outros familiares (pais, p.e.) que estejam a cargo de um ou de outro cônjuge[806]. Ora, o artigo 1676.º, n.º 1, prevê expressamente a possibilidade do cumprimento do dever de contribuir para os encargos da vida familiar através do trabalho despendido na manutenção e educação dos filhos. Há, portanto, uma certa afinidade entre a obrigação de assunção em conjunto das responsabilidades familiares e a obrigação de contribuir para os encargos da vida familiar, que origina críticas à opção legal de autonomizar o dever de cooperação perante o dever de assistência[807]. No entanto, é preciso aceitar a letra da lei e procurar um resultado interpretativo que evite a sobreposição das duas obrigações referidas, o que tem de ser feito por razões de diferença de regime, uma vez que o artigo 1675.º, n.º 3, retira, dentro de certas condições, o carácter de reciprocidade às obrigações inscritas no dever de assistência e não àquelas que se enquadram no dever de cooperação. A intersecção evita-se tendo em conta que o artigo 1676.º, n.º 1, não obriga à manutenção e educação dos filhos; indica uma forma, entre outras, de satisfação do dever de contribuir para os encargos da vida familiar.

A obrigação de assunção em conjunto das responsabilidades familiares não se cinge à cooperação na actividade relativa aos filhos e outros familiares de um ou ambos os cônjuges. Liga-se de uma forma muito estreita ao princípio da igualdade dos cônjuges[808], impondo o respeito da regra de co-direcção da família e de decisão bilateral em matéria de orientação da vida em comum. Assim se obsta a qualquer tentativa de reduzir a eficácia do art. 1671.º, n.º 2. O preceito não pode ser visto como um derivado não vinculativo de uma eventual norma constitucional programática, formulado com a melhor das inten-

[805] Cf. Coelho, F. Pereira/Oliveira, Guilherme de, *Curso de Direito da Família*, vol. I cit., p. 416; Lima, Pires de/Varela, Antunes, *Código Civil Anotado*, vol. IV cit., art. 1674.º (4); Sousa, M. Teixeira de, *O regime jurídico do divórcio* cit., p. 42.

[806] Lima, Pires de/Varela, Antunes, *Código Civil Anotado*, vol. IV cit., art. 1674.º (4). Contra, Santos, Eduardo dos, *Do divórcio* cit, pp. 141-143, afirmando que a obrigação "não pode ter por objecto senão a prole" (nascida do casamento).

[807] Cf. Corte-Real, C. Pamplona, *Direito da Família e das Sucessões (Relatório)* cit., p. 110.

[808] Cf. Sousa, M. Teixeira de, *O regime jurídico do divórcio* cit., p. 42, e Beleza, Leonor, *Direito da Família* apontamentos das lições proferidas no ano lectivo de 1980-81, Lisboa, AAFDL, p. 87.

ções na legislação ordinária, porque o que nele se dispõe encontra abrigo num dos chamados deveres dos cônjuges.

Mas a obrigação de assunção em conjunto das responsabilidades familiares é mais rica. Vincula também os cônjuges a trabalharem para a prosperidade comum, a criarem riqueza para os dois, dando expressão a um dever de cooperação patrimonial[809].

15. O dever de assistência

I. O dever de assistência corresponde a um dever estruturalmente patrimonial, envolvendo prestações susceptíveis de avaliação pecuniária. Nele cabem duas obrigações que nunca vigoram simultaneamente e que diferem quanto ao círculo de beneficiários do cumprimento: a obrigação de prestar alimentos e a de contribuir para os encargos da vida familiar (art. 1675.º, n.º 1). A obrigação de alimentos é absorvida pela de contribuir para os encargos da vida familiar numa situação de normalidade conjugal, só adquirindo autonomia numa situação de ruptura (sem extinção do vínculo matrimonial).[810] Enquanto a obrigação de contribuir para os encargos da família vincula o cônjuge quer perante o outro quer perante os familiares a cargo dos cônjuges, o credor da obrigação conjugal de prestar alimentos é unicamente o cônjuge.

Verificando-se a ruptura da vida em comum, a obrigação de contribuir para os encargos da vida familiar converte-se numa obrigação de alimentos que vincula um cônjuge perante o outro e, se necessário, noutra obrigação de alimentos, autónoma, que incumbirá a cada um dos cônjuges relativamente aos familiares a seu próprio cargo, *v.g.*, os filhos. Embora a lei só aluda a este fenómeno de conversão nos casos em que tenha sido instaurada a curadoria definitiva (cabendo aqui ao cônjuge não separado de pessoas e bens exigir a efectivação da obrigação de alimentos à custa do património do ausente, nos termos do art. 108.º) e em que tenha sido decretada a separação de pessoas e bens (art. 1795.º-A), a obrigação de contribuir para os encargos da vida familiar pressupõe, logicamente, a existência de...vida familiar (cf. o lugar paralelo do art. 1874.º, n.º 2). A última obrigação extingue-se, portanto, em todas as hipóteses em que falta a vida em comum, nomeadamente, por haver separa-

[809] Cf. XAVIER, Rita Lobo, *Limites à autonomia privada na disciplina das relações patrimoniais entre os cônjuges*, Coimbra, Almedina, 2000, pp. 375 e 437, nota 21.

[810] Igualmente, DIAS, Cristina M. Araújo, *Uma análise do novo regime jurídico do divórcio (Lei n.º 61/2008, de 31 de Outubro)*, 2.ª ed., Coimbra, Almedina, 2009, pp. 58-59.

ção de facto (o que é confirmado pelo tratamento da situação no art. 1675.º e não no 1676.º)[811] ou por haver alteração grave das faculdades mentais de um dos cônjuges.

No entanto, convém não desenhar um contraste excessivo entre a obrigação conjugal de prestar alimentos e a obrigação de contribuir para os encargos da vida familiar. Afinal, aquela sub-roga-se a esta, substituindo-a apenas porque a última não se adequa a um vínculo matrimonial que já se não reflecte numa comunhão de vida. Isto significa que o que separa a obrigação de alimentos e o dever de contribuir para os encargos é tão-só a ausência de economia comum. De resto, a obrigação alimentar dos cônjuges aproxima-se do dever sub-rogado (como é sugerido pelo art. 2015.º). É por isso que a medida dos alimentos conjugais é diversa da medida dos alimentos gerais: não se circunscreve àquilo que seja indispensável ao sustento, habitação e vestuário, compreende tudo o que esteja de acordo com aquela que era a condição económica e social do agregado familiar, antes da separação.

Na falta da norma específica acerca da separação de facto, seriam aplicados, com adaptações, os critérios gerais que presidem à constituição da obrigação de alimentos (necessidade de uma das partes e capacidade da outra, com ponderação do anterior nível económico e social), que valem justamente para a ruptura decorrente da alteração grave das faculdades mentais de um dos cônjuges. Contudo, o legislador entendeu que a obrigação alimentar na separação de facto não pode estar dependente de razões puramente económicas. No art. 1675.º, a culpa ou imputabilidade dos cônjuges surge também como uma condição da obrigação alimentar. Se a separação de facto não for imputável a qualquer dos cônjuges ou se for imputável a ambos, qualquer um deles pode exigir alimentos ao outro. Mas se a separação de facto for imputável a um dos cônjuges, ou a ambos, a obrigação alimentar só incumbe, em princípio, ao único ou principal culpado. Apenas excepcionalmente, por considerações de equidade (que atendem sobretudo aos factores da duração do casamento e do contributo das partes para a economia do casal), o cônjuge inocente ou menos culpado pode ser obrigado a prestar a alimentos ao outro.

A regra consagrada no n.º 3 do art. 1675.º, semelhante à que foi adoptada pelo parágrafo 1.º do art. 146 do *Codice Civile*[812], constitui um corpo estranho

[811] Contra, o ac. do STJ de 16/04/1998, *CJ-S* 1998/2, p. 45 (Lúcio Teixeira), que admite a vigência da obrigação de contribuir para os encargos da vida familiar durante a separação de facto.

[812] Preceito legal italiano a que alguma doutrina atribui finalidade coerciva (enquanto meio conferido a um cônjuge para pressionar o outro, que, sem justa causa, se afastou do lar conjugal, a restabelecer a vida em comum): cf. Checchini, "Allontanamento per giusta causa o ripudio?",

num sistema que aboliu a culpa enquanto pressuposto de obtenção do divórcio (Lei n.º 61/2008, de 31 de Outubro). Não impondo a nova lei que se averigue da culpa na ruptura da vida em comum para determinar a dissolução do casamento ou para concessão de alimentos entre ex-cônjuges, o juiz é forçado a formular tal juízo na constância do matrimónio, no quadro da obrigação alimentar.

II. A obrigação de contribuir para os encargos da vida familiar, manifestação normal do dever conjugal de assistência, destina-se a ocorrer a necessidades dos membros do agregado familiar de base conjugal que vivam em economia comum. As necessidades podem ser dos cônjuges, filhos e até de outros parentes ou afins associados à mesma economia doméstica, mas nem todas se integrarão no conceito de encargos da vida familiar, que baliza o dever em apreço. Relevam apenas as necessidades que se coadunam com a condição económica e social de um determinado núcleo familiar em concreto.

Uma delimitação mais precisa, assente no critério do tipo de necessidades, afigura-se complexa. O art. 1676.º, n.º 1, traça uma conexão entre os encargos da vida familiar e o lar ou a manutenção e educação dos filhos. Deste modo, cabem certamente entre esses encargos, p.e., as despesas com a vida na residência familiar (renda ou prestação do empréstimo relativa ao imóvel, gastos com electricidade, gás, água e telefone, salário da empregada doméstica, compra de mobiliário, electrodomésticos e outros objectos para o lar, etc.) e com a alimentação, o vestuário, a higiene, a saúde e a escolaridade dos filhos. Contudo, a referência legal não é taxativa. Enquadram-se, obviamente, na categoria dos encargos da vida familiar as despesas dos cônjuges com o seu vestuário e com a sua alimentação, higiene, aparência física e saúde. Mais: abstraindo do critério do padrão de vida do casal, nem sequer se pode excluir *a priori* as "necessidades de lazer, de recreio físico e espiritual, de realização e afirmação profissional e de expressão e aquisição espiritual" de cada um dos membros da família[813]. Torna-se, por isso, patente o carácter artificial de uma qualquer tentativa de contraposição rígida entre os encargos familiares e os encargos profissionais (tanto mais que a satisfação destes proporciona, em regra, a obtenção de boa parte dos recursos que permitem a satisfação daqueles) ou individuais. O único tipo de encargos inequivocamente estranhos ao

Rivista di Diritto Civile 1981, I, p.270; Villa, "Gli effetti del matrimonio", em *Famiglia e matrimonio*, sob a direcção de Bonilini e Cattaneo, Turim, UTET, 1997, p. 206.

[813] Cf. o ac. da RL 28/05/2002, processo n.º 00110057 (Álvaro Rodrigues), http://www.dgsi.pt.

dever conjugal de contribuição acaba por ser o daqueles que colidem com a própria ideia de vida em comum, materializando uma violação de outros deveres conjugais (*v.g.*, compra de um objecto caro, destinado à decoração do lar, quando o cônjuge adquirente sabia que o mesmo atinge profundamente a sensibilidade estética do outro; despesas de alojamento num hotel com vista à prática do adultério).

III. O dever de assistência vincula reciprocamente os cônjuges só que estes não são obrigados a realizar uma prestação idêntica. De harmonia com a dimensão material do princípio da igualdade, a lei impõe uma contribuição proporcional, ajustada às possibilidades de cada um.

Daqui resulta que nem sempre é possível escapar, na prática, à difícil tarefa de quantificação da prestação que dá corpo ao dever de contribuição. Em muitos casos, é essa quantificação que permite avaliar se um cônjuge dispõe ou não de um crédito sobre o outro, quando se trata de proceder à partilha do casal ou antes, se vigorar o regime da separação (cf. art. 1676.º, n.º 3). Além disso, a quantificação é imprescindível para que o cônjuge lesado possa beneficiar do regime constante do art. 1676.º, n.º 4, e para apurar o valor da indemnização que um terceiro tem de pagar ao cônjuge lesado pela diminuição ou perda da capacidade contributiva do outro cônjuge[814].

Genericamente, a fixação do montante da contribuição que é exigível implica, a par de uma operação de identificação e de avaliação de todos os encargos da vida familiar, uma operação de avaliação da capacidade contributiva de cada cônjuge. Ora, como se disse, os encargos podem ser do tipo mais diverso e podem ser, inclusive, adversos a uma análise de cariz patrimonial. E como se isto não fosse suficiente, as formas de contribuição para ocorrer a tais encargos podem ser várias. A lei repartiu-as em duas categorias: afectação de recursos e trabalho despendido no lar ou na manutenção e educação dos filhos. Na categoria da afectação de recursos situam-se as realidades mais facilmente quantificáveis: os proventos ou ganhos do trabalho, as pensões, os dividendos, os juros, as rendas, as mais-valias decorrentes da transmissão de imóveis ou partes sociais, a disponibilização de bens próprios (p.e., um imóvel no qual é fixada a casa de morada da família). No entanto, é mais problemática uma avaliação precisa do trabalho directo de um cônjuge em prol do lar

[814] Cf., p.e., certas acções por acidente de viação intentadas pelo cônjuge da vítima, objecto dos acs. da RP de 04/04/1991, *CJ* 1991/2, p. 254 (Sampaio da Nóvoa), e da RC de 12/05/1992, *CJ* 1992/3, p.103.

ou dos filhos. Problemática mas imperiosa, dado que a referência legal a esta forma de contribuição pretende reconhecer o valor económico do trabalho doméstico e com os filhos[815].

E importa ir mais além: a alusão a um género de trabalho como uma forma de cumprir um dever que incumbe a ambos os cônjuges, de harmonia com as possibilidades de cada um, mostra que o abandono do exercício de qualquer actividade profissional por parte de um cônjuge pode acarretar uma violação do dever de assistência, nomeadamente, nos casos em que o montante da contrapartida pelo exercício daquela actividade constitua o único contributo imaginável do mesmo cônjuge para a satisfação dos encargos da vida familiar[816].

Apesar de tudo, não deixa de ser apreciável a margem de autonomia da vontade das partes no que toca à fixação do modo de cumprimento do dever em apreço. A lei não define o conceito de encargos da vida familiar, não os hierarquiza, não indica o montante que deve ser afectado a cada uma das necessidades familiares, nem impõe esta ou aquela forma de contribuição aos cônjuges. E até a prescrição da contribuição proporcional, que esteve aliada à presunção de que o cônjuge que efectuou uma contribuição superior àquilo que lhe era exigido renuncia ao direito de exigir ao outro a correspondente compensação, antes da Lei n.º 61/2008, de 31/10, parece subtrair-se à regra da injuntividade em matéria de deveres conjugais[817], dadas as dificuldades que enfrenta o cônjuge que pretender fazer valer o seu direito a compensação por contribuição excessiva[818]. A contribuição para os encargos da vida familiar é, assim, um domínio privilegiado dos acordos sobre a orientação da vida em comum.

IV. Na ausência de acordo, vigora plenamente a prescrição da contribuição proporcional, assistida da garantia estabelecida pelo art. 1676.º, n.º 4. A faculdade que é conferida a um cônjuge de obter judicialmente o cumprimento do dever de contribuição que incumbe ao outro contraria dois mitos do Direito da Família: o mito do não-intervencionismo judicial na relação conjugal, salvo em situações de ruptura da vida em comum, que é desacreditado também pelo art. 1673.º, n.º 4; e o mito da insusceptibilidade de execução específica dos deveres conjugais, incompreensível quando se depara com um dever conju-

[815] Cf. Beleza, Leonor, "Os efeitos do casamento" cit., p.110.

[816] Cf., *supra*, nota 775, *in fine*.

[817] Cf. Feiteira, Alice, *Autonomia da vontade e efeitos pessoais do casamento*, dissertação de mestrado, Faculdade de Direito da Universidade de Lisboa, 1996, pp. 114-115.

[818] Cf., *infra*, V deste número 15.

gal, como o dever de assistência, que se pode cumprir mediante a realização de prestações fungíveis.

Mas o âmbito da garantia especificamente prevista para o dever de contribuição não é irrestrito. A providência de contribuição do cônjuge para as despesas domésticas, regulada no art. 992.º do CPC, apenas tutela o cônjuge credor na medida em que o cônjuge inadimplente seja, por seu turno, titular de um crédito de rendimentos ou proventos sobre um terceiro perfeitamente identificável. É o que acontece se o cônjuge faltoso trabalhar por conta de outrem, podendo o tribunal notificar a respectiva entidade patronal para entregar directamente ao outro cônjuge a parte do vencimento necessária à satisfação da dívida periódica de contribuição para os encargos da vida familiar. Em contrapartida, a providência é, p.e., inaplicável se todos os recursos do cônjuge faltoso provierem do exercício de comércio a retalho.

V. A Lei n.º 61/2008, de 31 de Outubro, introduziu uma alteração importante no regime do dever de assistência, ao eliminar a presunção *juris tantum* de renúncia do cônjuge que contribuiu excessivamente para os encargos da vida familiar ao direito de exigir o outro a correspondente compensação (presunção que constava do art. 1676.º, n.º 2, na redacção do Decreto-Lei n.º 496/77, de 25 de Novembro).

Presentemente, o n.º 2 do art. 1676.º estabelece que se a contribuição de um dos cônjuges for consideravelmente superior ao que é devido, "porque renunciou de forma excessiva à satisfação dos seus interesses em favor da vida em comum, designadamente à sua vida profissional, com prejuízos patrimoniais importantes, esse cônjuge tem direito de exigir do outro a correspondente compensação".

A nova redacção do art. 1676.º, n.º 2, tem suscitado desenvolvimentos doutrinários[819], que são úteis, atendendo ao facto de agora ser reconhecido o direito a uma compensação, de modo muito vago e impreciso.

[819] Cf., nomeadamente, Dias, Cristina M. Araújo, *Uma análise do novo regime jurídico do divórcio* cit., pp. 66-74; Corte-Real, Carlos Pamplona/Pereira, José Silva, *Direito da Família* cit., pp. 23-24; Tomé, Maria João Romão Carreiro Vaz, "Considerações sobre alguns efeitos patrimoniais do divórcio na Lei n.º 61/2008, de 31 de Outubro: (in)adequação às realidades familiares do século XXI?", em AA.VV., *E foram felizes* cit., pp. 180-192 e "Algumas reflexões sobre a obrigação de compensação e a obrigação de alimentos entre ex-cônjuges", em AA.VV, *Estudos em Homenagem ao Professor Doutor Heinrich Ewald Hörster* cit., pp. 430-445; Dias, Cristina, "O crédito pela compensação do trabalho doméstico prestado na constância do matrimónio (a contribuição consideravelmente superior de um dos cônjuges para os encargos da vida familiar – o art. 1676.º do Código Civil)",

O preceito visa, implicitamente, valorizar a relevância do trabalho no lar, protegendo o cônjuge que, por se ter dedicado exclusiva ou predominantemente ao trabalho doméstico, não exerceu uma actividade remunerada nem progrediu na carreira.[820]

Contudo, as boas intenções do legislador não escondem o facto de este ter tomado algumas opções infelizes: p.e., o uso da expressão "renunciou" no art. 1676.º, n.º 2, numa interpretação literal, não teleológica, impediria o cônjuge que nunca exerceu qualquer profissão de exigir ao outro uma compensação[821]. Mas é sobretudo esse cônjuge que se pretende tutelar...

Problemas não faltam. Como avaliar em concreto quando se verifica uma renúncia "excessiva"? Como determinar quando é que a contribuição de um dos cônjuges foi "consideravelmente superior" à do outro? O que são "prejuízos patrimoniais importantes"?

Na opinião de uma insigne especialista do Direito Patrimonial da Família[822], os conceitos "renúncia excessiva" e "contribuição consideravelmente superior" estariam preenchidos se um dos cônjuges abdica total ou parcialmente do exercício de uma profissão remunerada para se dedicar ao trabalho de casa e com os filhos; e o conceito "prejuízos patrimoniais importantes" inspira-se no instituto do enriquecimento sem causa, havendo que efectuar a prova de que o trabalho proporcionado à família, sem retribuição, criou uma situação de desequilíbrio económico entre os cônjuges.

em AA.VV., *E foram felizes* cit., pp. 211-226; ROSA, João Guilherme Pires da, "Aspetos patrimoniais do divórcio", em AA.VV., *I Congresso de Direito da Família e das Crianças* cit., pp. 48-73; XAVIER, Rita Lobo, *Recentes alterações ao regime jurídico* cit., pp. 45-59. Na opinião da última autora, "se um dos cônjuges renuncia total ou parcialmente ao exercício de uma profissão remunerada para se dedicar ao trabalho de casa e com os filhos, a sua contribuição deverá sempre considerar-se, do ponto de vista «qualitativo», «consideravelmente superior» à do outro, por maior que seja a contribuição patrimonial do outro" (ob. cit., p. 57).

[820] Cf. DIAS, Cristina M. Araújo, *Uma análise do novo regime jurídico do divórcio* cit., pp. 67-69; XAVIER, Rita Lobo, *Recentes alterações ao regime jurídico* cit., pp. 48-49.

[821] Cf. DIAS, Cristina M. Araújo, *Uma análise do novo regime jurídico do divórcio* cit., p. 69, e "O crédito pela compensação" (citado, *supra*, na nota 819), p. 214.

[822] Cf. XAVIER, Rita Lobo, *Recentes alterações ao regime jurídico* cit., pp. 56-58, que acrescenta: "não está aqui em causa a questão de saber se o cálculo da medida de «compensação» deve abranger aquilo que normalmente se designa por «lucros cessantes», no sentido daquilo que o cônjuge deixou de ganhar com a actividade alternativa que poderia ter desenvolvido se não tivesse realizado o seu trabalho na família".

16. Características dos deveres conjugais e das situações jurídicas activas correspondentes

I. A análise precedente confirma que não é rigoroso situar os deveres dos cônjuges na área dos efeitos pessoais do casamento: o dever de respeito obriga um cônjuge a não violar os direitos patrimoniais do outro; o dever de cooperação pode acarretar colaboração na actividade profissional remunerada do outro consorte e um esforço em prol da elevação do bem-estar económico comum; o dever de assistência reflecte-se em prestações de cariz patrimonial.

II. Aos deveres a que os cônjuges estão vinculados correspondem, no lado activo, direitos subjectivos[823] e não poderes funcionais. As situações jurídicas conjugais activas constituem permissões: o seu titular é livre de as exercer. Ele não está obrigado a exigir que, p.e., o seu cônjuge lhe seja fiel. E, em caso de violação de um dever conjugal, o cônjuge afectado não tem de solicitar o divórcio nem de requerer a reparação dos danos causados pela infracção, ainda que estejam preenchidos os pressupostos do art. 1781.º, al. d), e do instituto da responsabilidade civil.

No entanto, são direitos subjectivos peculiares, não se confundindo com os direitos de crédito nem com outros direitos subjectivos centrados no interesse exclusivo dos respectivos titulares. As situações jurídicas conjugais activas são "direitos de comunhão", instrumentos concedidos para a realização da finalidade do casamento. O cônjuge titular pode optar entre o exercício ou o não exercício, mas, quando decida agir, tem de proceder de forma a criar, manter e aprofundar os laços de comunhão de vida com o outro.

III. Assentando na relação jurídica matrimonial e referindo-se a bens que são comportamentos de uma das partes, os direitos conjugais integram-se na categoria de direitos relativos que têm por objecto prestações[824]. Todavia,

[823] Adere-se aqui à definição de direito subjectivo ("permissão normativa específica de aproveitamento de um bem"), proposta por CORDEIRO, A. Menezes, *Tratado de Direito Civil Português*, vol. I, cit., n.º 294, p. 893.

[824] Sobre a problemática do objecto dos deveres conjugais, cf. PINHEIRO, J. Duarte, *O núcleo intangível da comunhão conjugal* cit., pp. 434-445, onde se contesta a tese de que os "direitos familiares pessoais não possuem um objecto", adoptada por HÖRSTER, Heinrich Ewald (*A parte geral do Código Civil português. Teoria Geral do Direito Civil*, reimpressão da ed. de 1992, Coimbra, Almedina, 2000, pp. 153 e s., 174-175, 255-256), bem como a posição que vê o cônjuge como objecto, defendida por CARNELUTTI ("Accertamento del matrimonio", *Foro italiano* 1942, IV, pp. 41-42).

como já se disse, são direitos subjectivos peculiares, especialmente marcados por uma vertente funcional comunitária, que se divisa, aliás, na técnica de consagração legal das situações jurídicas conjugais, preferencialmente como deveres recíprocos[825].

IV. Afinal de contas, os direitos conjugais formam uma espécie do género situações jurídicas familiares, pelo que não é de estranhar o que os marca – além da acentuada funcionalidade, têm carácter estatutário, durabilidade virtual e carácter *erga omnes*; são típicos, indisponíveis e gozam de uma tutela comum.

Os direitos conjugais apresentam natureza estatutária. Ligam-se ao estado de casado e subsistem, em princípio, enquanto não operar uma alteração do estado civil; isto, mesmo que haja incumprimento ou ruptura. Consequentemente, beneficiam também de durabilidade virtual. Cessam quando o estado civil muda, quando se passa a ser separado de pessoas e bens, viúvo ou divorciado.

Os terceiros estão obrigados a não contribuir para o incumprimento ou para a impossibilidade de cumprimento dos deveres dos cônjuges. A favor da oponibilidade *erga omnes* dos direitos conjugais, depõem os seguintes elementos: a finalidade comunitária dos interesses subjacentes às situações jurídicas, que justifica a preterição de interesses individuais de terceiros; a concepção do casamento como uma comunhão exclusiva entre duas pessoas (cf. arts. 1577.º e 1601.º, al. c)), que não deixa margem para uma ligação concorrente com terceiros; os casos, expressamente previstos pela lei, em que os interesses de terceiro são preteridos por causa de um casamento em que não foi parte[826].

Como se viu, os direitos conjugais são típicos. Não há deveres dos cônjuges que não estejam previstos no art. 1672.º[827]. E são direitos indisponíveis[828]. Os cônjuges apenas podem estipular validamente quanto ao modo de exercício. Não é válida, p.e., a exclusão do dever de assistência, embora seja admissível a

[825] Cf., *supra*, Introdução, n.º 10.5., *in fine*.

[826] Invalidade do segundo casamento contraído com o cônjuge bígamo (arts. 1601.º, al. c) e 1631.º, al. a)); retroacção da eficácia do registo do casamento sem ressalva dos direitos de terceiro incompatíveis com os "direitos e deveres de natureza pessoal dos cônjuges" ou até dos direitos compatíveis, se, tratando-se de registo por transcrição, esta tenha sido feita dentro dos sete dias subsequentes à celebração do casamento (art. 1670.º, n.º 2); invalidade das liberalidades feitas pelo cônjuge adúltero ao seu cúmplice (arts. 2196.º e 953.º).

[827] Cf., *supra*, Parte III, n.º 11.II.

[828] Cf., *supra*, Parte III, n.º 10.I.

definição consensual da forma de contribuição para os encargos da vida familiar, dentro de certos limites.

V. A garantia dos direitos conjugais não é propriamente frágil, atendendo à tutela comum de que beneficiam, cumulável com uma tutela especificamente familiar[829].

A tutela especificamente familiar é aquela que a lei estabelece concretamente para a violação de situações jurídicas familiares.

Na constância do matrimónio, uma violação do dever de coabitação, a separação de facto pela qual um dos cônjuges for o único ou principal culpado, é normalmente sancionada com a suspensão do dever de assistência a cargo do outro: o único ou principal culpado continua obrigado ao dever de assistência perante o cônjuge inocente ou menos culpado, mas não pode exigir a este o respectivo cumprimento (art. 1675.º, n.º 3). E em caso de violação do dever de contribuir para os encargos da vida familiar, a lei admite que seja instaurada uma acção destinada a exigir o seu cumprimento (art. 1676.º, n.º 4).

A tutela especificamente familiar opera igualmente contra terceiros. Aquele que contribuir para o incumprimento do dever de fidelidade, mediante a prática de relações sexuais com o cônjuge de outrem, é afectado pela invalidade das liberalidades que tenham sido feitas pelo cônjuge adúltero (cf. arts. 2196.º e 953.º).

Aos direitos conjugais aplica-se a garantia comum. A infracção por um cônjuge de direitos individuais, patrimoniais ou pessoais, do outro, que se inscreve numa violação do dever de respeito, é susceptível de determinar responsabilidade civil e criminal, nos termos gerais. P.e., as ofensas corporais são criminalmente puníveis e os danos causados aos bens são ressarcíveis.

[829] Antes da Lei n.º 61/2008, de 31/10, a tutela especificamente familiar era particularmente intensa: o principal meio de garantia exclusivamente familiar dos deveres conjugais consistia na regulamentação das consequências do divórcio e da separação de pessoas e bens (cf. PINHEIRO, J. Duarte, *O núcleo intangível da comunhão conjugal* cit., pp. 636-661).
Sendo decretado o divórcio litigioso (ou a separação litigiosa de pessoas e bens), a sentença declarava se tinha havido culpa de um ou de ambos os cônjuges e, na última hipótese, se a culpa de um fosse consideravelmente superior à do outro, qual deles era o principal culpado (art. 1787.º, n.º 1). A declaração de culpa pressupunha uma violação ilícita e culposa dos deveres conjugais que tivesse provocado ou aprofundado a ruptura da vida em comum. O cônjuge declarado único ou principal culpado sujeitava-se a sanções punitivas de índole patrimonial em matéria de partilha dos bens (art. 1790.º), de eficácia das liberalidades (arts. 1791.º), de responsabilidade civil pela dissolução do casamento (art. 1792.º) e de alimentos (art. 2016.º).

A violação da obrigação conjugal de prestação de alimentos permite ao credor intentar uma acção de cumprimento.

Independentemente de divórcio ou separação de pessoas e bens, a violação de deveres conjugais, incluindo deveres distintos do de respeito e de feição mais íntima, como os de fidelidade e coabitação, pode acarretar responsabilidade civil, ao abrigo das regras gerais (cf. art. 483.º e s.), como decorre claramente do art. 1792.º, n.º 1, na redacção da Lei n.º 61/2008, de 31 de Outubro[830]. Importa é que se verifiquem os pressupostos da obrigação de indemnizar. O casamento não cria uma *área de excepção*. A responsabilidade civil é um instrumento de protecção de todos os direitos subjectivos e não apenas de garantia de certos direitos, como os direitos reais, de crédito ou de personalidade.

VI. A violação de um dever conjugal predominantemente pessoal pode preencher os pressupostos da obrigação de indemnizar[831]: ilicitude, culpa, dano e o nexo de causalidade entre o facto ilícito e o dano.

Vários autores[832] contestam a viabilidade da aplicação das noções de culpa, dano e causalidade à relação conjugal.

[830] Mais ambíguo era o art. 1792.º, n.º 1, na versão anterior, do DL n.º 496/77, de 25/11, que dispunha: "O cônjuge declarado único ou principal culpado e, bem assim, o cônjuge que pediu o divórcio com o fundamento da alínea c) do artigo 1781.º, devem reparar os danos não patrimoniais causados ao outro cônjuge pela dissolução do casamento. Mesmo durante a vigência desta versão, entendemos (PINHEIRO, J. Duarte, *O núcleo intangível da comunhão conjugal* cit., p. 680) que o art. 1792.º, na parte que impunha ao cônjuge único ou principal culpado a obrigação de ressarcimento dos danos não patrimoniais decorrentes do divórcio, enquanto norma especial, não levava à recusa da indemnização por danos causados directamente pela violação dos deveres conjugais. O âmbito de regulação do preceito, colocado na subsecção dos efeitos do divórcio, circunscrevia-se aos danos causados pelo divórcio; aos demais danos eram plenamente aplicáveis as regras gerais da responsabilidade civil. Não obstante a actual redacção do art. 1792.º, n.º 1, CORTE-REAL, Carlos Pamplona, considera que os deveres conjugais "só extremadamente" podem determinar situações de responsabilidade civil (CORTE-REAL, Carlos Pamplona/PEREIRA, José Silva, *Direito da Família* cit., pp. 17-20) e que o que o "preceito sublinha não tem a ver com a culpa, que a lei erradicou, conexa com pretensas violações de deveres conjugais. Tê-lo-á, sim, com danos causados por um dos cônjuges, como se de um terceiro se tratasse, v.g. em termos de ofensas à integridade física" ("Relance crítico sobre o Direito da Família" cit. pp. 123-124).

[831] Cf. PINHEIRO, J. Duarte, *O núcleo intangível da comunhão conjugal* cit., pp. 672-677.

[832] Cf. BEHRENS, *Verschuldensfestellung nach § 1579 Nr. 6 BGB (Rechts- und sozialwissenschaftliche Analyse obergerichtlicher Rechstfindung)*, Frankfurt, Peter Lang, 1998, pp. 286 e s.; BREITHAUPT, *Die Akzeptanz des Zerrütungsprinzips des 1. EheRG*, Munique, Florentz, 1987, pp. 287 e s.; CIPPITANI, "L'addebito della separazione come remedio di carattere patrimoniale", *DFP* 1996, pp. 705 e s., *La ricerca giuridica e il Diritto di Famiglia (A proposito di un saggio di Augusto Pino)*, Milão, Giuffrè, 1998 pp. 82 e s. Jurisprudência superior alemã antiga [cf. ac. do Bundesgerichtshof de 30/1/1957,

Na verdade, as suas posições deixam a impressão de que se nega a legitimidade de tais noções não só no Direito Matrimonial como no Direito em geral. Os critérios comuns de definição da culpa são aplicáveis a todos os deveres que se baseiam na liberdade da vontade humana e que tenham um conteúdo determinável, o que sucede com os deveres conjugais. A dificuldade de delimitação dos danos indemnizáveis, em especial quando sejam não patrimoniais, verifica-se em muitas situações, e resolve-se recorrendo à concepção da causalidade adequada, adoptada no art. 563.º. São, p.e., passíveis de indemnização entre cônjuges os danos, patrimoniais e não patrimoniais, sofridos pelo marido da mãe que supunha ser o pai de uma criança nascida de relações sexuais extramatrimoniais, mantidas pelo cônjuge mulher durante o matrimónio. A recusa do nexo causal a pretexto da complexidade da relação conjugal não procede, uma vez que a causalidade enquanto categoria jurídica é forçosamente uma simplificação da realidade em todos os domínios do Direito (e não apenas no Direito Matrimonial).

Para alguns[833], o argumento da liberdade vale por si só para excluir a responsabilidade civil por violação de deveres conjugais predominantemente pessoais. Qualquer forma de pressão económica para o cumprimento seria inconcebível. No entanto, o regime da promessa de casamento (cf. art. 1594.º, n.º 1) mostra que, na área matrimonial, o "interesse na liberdade" do sujeito vinculado não tem prioridade absoluta sobre o "interesse no ressarcimento". E a constituição da obrigação de indemnizar por ilícito conjugal está longe de ser fácil: depende da prova do ilícito, da culpa[834], do dano, da gravidade do dano (sendo *não patrimonial* – cf. 495.º, n.º 1) e do nexo de causalidade.

Entscheidungen des Bundesgerichtshofs in Zivilsachen (BGHZ) 23, p. 215] opõe-se à responsabilidade civil por ilícito conjugal, invocando a extrema dificuldade da tarefa da determinação dos danos indemnizáveis, fonte potencial de "uma excepcional insegurança jurídica".

[833] Cf. D. Leite de/Campos, Mónica Martinez de, *Lições de Direito da Família* cit., p. 343, que, em nome do direito à liberdade (de divórcio), excluem a possibilidade de um cônjuge que indemnizar o outro por danos "que decorrem imediatamente e só da violação dos deveres" conjugais (mas, na p. 354, admitem já responsabilidade civil por danos que derivem da "violação do deveres decorrentes do casamento: dever de fidelidade, assistência, respeito, etc."); Fischer, anotação ao § 1353 do BGB, Leitsätze 29-30, *Leitzatzkommentar zum Familienrech*, vol. I, Hüllsmann/Klattenhoff/Runge, Verlag Recht und Praxis, Februar 1994.

[834] Embora o casamento seja um contrato, a sua especialidade obsta à aplicação da presunção constante do regime geral próprio da responsabilidade obrigacional (art. 799.º, n.º 1). O cônjuge lesado tem de demonstrar que houve culpa do outro na violação dos deveres conjugais, enquanto exigência de uma articulação ponderada de dois elementos, o cerne da tutela da personalidade individual e o núcleo intangível da comunhão conjugal, confirmada pela preocupação da liberdade no teor restritivo da responsabilidade civil por incumprimento da promessa de casamento (afastamo-nos

Por fim, a escassa tutela especificamente familiar dos deveres conjugais não contraria a responsabilidade civil comum[835]. O princípio *ne bis in idem* não é atingido, porque as sanções familiares são destituídas de natureza indemnizatória.

VII. O terceiro que contribuir para o incumprimento ou para a impossibilidade de cumprimento dos deveres conjugais não está isento de responsabilidade civil: ele está obrigado a indemnizar desde que se verifiquem os pressupostos do instituto. P.e., o "terceiro cúmplice de adultério" pode ser obrigado, solidariamente com o cônjuge participante no acto, a reparar os danos provocados ao cônjuge que foi vítima da violação do dever de fidelidade[836]; o médico que lesar a capacidade sexual de um cônjuge é susceptível de responder perante o cônjuge operado, por violação do direito à integridade física, quer perante o outro cônjuge, agora por violação do direito à coabitação sexual[837].

Aliás, é famosa a recente decisão judicial portuguesa[838] que concedeu a um cônjuge um direito a indemnização contra terceiro por danos não patrimoniais associados ao acidente de viação que levou à impotência sexual do outro. Efectivamente, "o acto ilícito de terceiro que impossibilita uma pessoa casada de ter relações sexuais viola direitos de duas pessoas que são eficazes *erga omnes*: o direito à integridade física, de que é titular a «vítima principal», e o direito de coabitação sexual, pertencente ao cônjuge da vítima da lesão corporal. Ou seja, um único acto causa simultaneamente dois danos indemnizáveis: um dano sofrido pela vítima da lesão corporal e um dano sofrido pelo seu cônjuge. E o segundo é, tal como o primeiro, um dano directo"[839].

assim do entendimento vertido em PINHEIRO, J. Duarte, *O núcleo intangível da comunhão conjugal* cit., pp. 692-699).

835 Sobre a compatibilidade do cúmulo das sanções familiares com a responsabilidade civil comum, cf. PINHEIRO, J. Duarte, *O núcleo intangível da comunhão conjugal* cit., pp. 677-692.

836 Acerca da responsabilidade civil do "terceiro cúmplice de adultério", cf. PINHEIRO, J. Duarte, *O núcleo intangível da comunhão conjugal* cit., pp. 714-729.

837 Sobre a responsabilidade civil do terceiro por situações de interferência na relação conjugal diversas da prática do adultério, cf. PINHEIRO, J. Duarte, *O núcleo intangível da comunhão conjugal* cit., pp. 729-739.

838 Ac. do STJ de 26/05/2009, proc. 3413/03.2TBVCT.S1 (PAULO SÁ), http://www.dgsi.pt.

839 PINHEIRO, J. Duarte, *O núcleo intangível da comunhão conjugal* cit., p. 737, passagem que é citada pelo acórdão identificado, *supra*, na nota 838 e por DIAS, Cristina Araújo, "Responsabilidade e indemnização por perda do direito ao débito conjugal – Considerações em torno do art. 496.º do Código Civil", *SI* n.º 329, 2012, pp. 414-415.

VIII. Em situações muito excepcionais, não é de excluir até a tutela compulsória de deveres inequivocamente pessoais, como é o caso do dever de fidelidade. É possível a utilização de meios compulsórios contra o adultério, mas, sublinhe-se, apenas na casa de morada da família[840]. Se o adultério ocorrer no lar conjugal, se o amante de um dos cônjuges se instalar na casa de morada da família, a protecção do cônjuge lesado não se confina à concessão de uma indemnização e à obtenção do divórcio. Sendo o adultério, por si só, normalmente grave, a sua realização na casa de morada da família amplia a gravidade do ilícito, legitimando uma reacção mais enérgica. Ao cônjuge ofendido é facultado o recurso a acções ou providências cautelares, para solicitar o afastamento do cúmplice do cônjuge adúltero da casa de morada da família, sob cominação de uma sanção pecuniária compulsória ou da pena aplicável ao crime de desobediência.

Secção III
Efeitos do casamento no domínio do nome, da filiação, da nacionalidade, da entrada e permanência no território português

17. O apelido dos cônjuges

O art. 1677.º, n.º 1, dispõe que cada um dos cônjuges conserva os seus próprios apelidos, mas pode acrescentar-lhes apelidos do outro até ao máximo de dois. A alteração do nome por causa do casamento constitui uma simples faculdade e não um dever. Entre nós, agora, a alteração do nome é também uma faculdade subordinada ao princípio da igualdade, podendo ser exercida por qualquer um dos cônjuges e não, como sucedia antes da Reforma de 1977 (cf. a primeira versão do artigo 1675.º do Código Civil) ou como ainda ocorre no direito italiano, apenas pelo cônjuge mulher[841].

[840] Cf. PINHEIRO, J. Duarte, *Núcleo* pp. 587 e s., em particular pp. 601-604, e "A tutela da exclusividade sexual entre os cônjuges na casa de morada da família", *Estudos de Direito da Família e das Crianças* cit., pp. 35-46.

[841] Neste aspecto, a reforma portuguesa foi até mais longe do que os ordenamentos que, globalmente, a inspiraram. Não se seguiu a referida solução italiana (cf. art. 143 *bis* do *Codice Civile*), nem a solução da reforma alemã de 1976, que era a seguinte: o § 1355 previa que de entre os apelidos do marido ou da mulher fosse escolhido o nome comum de família e que, na falta de acordo entre eles, esse nome seria o apelido do marido. O legislador português adiantou-se cerca de 15 anos. A fixação do apelido do marido como nome comum de família foi declarada incompatível com a Constitui-

Contudo, se a faculdade de alteração do nome por causa do casamento está subordinada ao princípio da igualdade, isto não significa que possa ser exercida simultaneamente por ambos os cônjuges. A razão de ser da consagração de tal faculdade implica o exercício apenas por um dos cônjuges (opinião que se sabe colidir com o entendimento corrente). Deste modo, e em observância do princípio da igualdade, as partes devem indicar por consenso qual das duas a irá exercer. Na falta de acordo, não haverá qualquer alteração do nome.

A faculdade de alteração do nome por causa do casamento representa uma excepção ao princípio da imutabilidade do nome fixado no assento de nascimento, consignado no art. 104.º, n.º 1, do CRC, carácter esse que se harmoniza com a disciplina estabelecida no art. 1677.º, n.º 2 (nega o exercício daquela faculdade a quem volte casar, conservando apelidos do cônjuge de anterior casamento). À semelhança de outras hipóteses de alteração do nome (cf. art. 1988.º), a excepção justifica-se por ser conveniente a existência de uma marca distintiva comum a todos os membros da mesma família[842]. De facto, a comunhão de apelidos tende a criar e reforçar o sentimento de pertença ao grupo familiar. A derrogação do princípio da imutabilidade do nome, por causa da celebração de um casamento, só se pode aceitar à luz do valor da integração na família. Por isso, e ao arrepio do que é, por vezes, defendido[843], não nos parece legítima uma interpretação literal do artigo 1677.º, no sentido de permitir que um ou os dois cônjuges alterem os seus nomes, sem que daí resulte um elemento identificador comum. Faz sentido admitir, por exemplo, que, por efeito do casamento, Ana Ribeiro mude o seu nome para Ana Ribeiro Silva e que António Silva mude o seu nome para António Silva Ribeiro? Ou que Ana Ribeiro mude o seu nome para Ana Silva Ribeiro, enquanto o marido mantém o nome de António Silva? O exercício da faculdade prevista pela norma em apreço tem de se traduzir numa coincidência quanto à ordem ou à disposição do apelido ou apelidos dos cônjuges.

ção da República Federal Alemã, por um acórdão de 5/3/1991 do *Bundesverfassungsgericht* (*FamRZ* 1991, p.535), e, na sequência da *Familiennamensrechtsgesetz*, de 16/12/1993, o § 1355 do BGB passou a prever que, na ausência de acordo e excepcionalmente, não será adoptado um apelido familiar comum, mantendo ambos os cônjuges os nomes que tinham à data da celebração do casamento.

[842] Diferentemente, Varela, Antunes, "Alterações legislativas do direito ao nome", *RLJ* ano 114.º (1981-1982), pp. 294-295, afirmando que a Reforma de 1977 não foi sensível ao "interesse do nome como símbolo e instrumento da unidade institucional da família".

[843] Nomeadamente por Varela, Antunes, *Direito da Família* cit., p. 366, e Corte-Real, C. Pamplona, *Direito da Família e das Sucessões (Relatório)* cit., p. 111.

A obtenção de um nome comum de família não é um valor absoluto, como o demonstra a previsão da alteração do nome, por efeito do casamento, sob a forma de uma faculdade e não de um dever, bem como da possibilidade da renúncia aos apelidos adoptados por virtude do casamento (cf. art. 104.º, n.º 2, al. d), do CRC). E o risco de confusão ou de perda de identidade não é um assunto que diga respeito apenas ao próprio titular do nome. A alteração do nome tem uma importante repercussão social. Por conseguinte, parece-nos de aplaudir a orientação que rejeita a formação do nome de família através do recurso à intercalação dos apelidos de um cônjuge ao nome do outro[844]. Apesar de procurar assegurar o carácter de faculdade recíproca à alteração do nome (por exemplo, Ana Ribeiro, recorrendo à técnica da adição, mudaria o nome para Ana Ribeiro Silva e António Silva, recorrendo à técnica da intercalação, passaria a ser conhecido como António Ribeiro Silva), o certo é que a tese da intercalação[845] acarreta uma modificação estrutural do nome fixado no assento do nascimento e, portanto, uma mudança demasiado profunda para ser reconhecida (atente-se nas dúvidas de identidade provocadas pela mudança do nome António Silva para António Ribeiro Silva). Em suma, a faculdade conferida pelo art. 1677.º só pode ser exercida por um cônjuge, e apenas por um cônjuge, que adita aos seus próprios apelidos apelidos do outro até ao máximo de dois.

18. A filiação na constância do matrimónio

I. O casamento civil não cria um dever conjugal de procriação conjunta[846]. Nos termos do art. 1577.º, o casamento visa a constituição de família, mas isso não quer dizer que o instituto tenha por finalidade a geração: a ligação entre os cônjuges é ela própria uma relação familiar (art. 1576.º). Das alusões que o regime dos deveres conjugais faz aos filhos (cf. arts. 1673.º, n.º 1, e 1676.º, n.º 1), marcadas por um espírito de protecção, não se retira uma obrigação de procriação. E tão-pouco da presunção de paternidade do marido da mãe, consagrada no art. 1826.º: basta verificar que a presunção abrange o caso de concepção antenupcial do filho nascido após o casamento.

[844] Cf. CARVALHO, Vilhena de, *O nome das pessoas e o Direito*, Coimbra, Almedina, 1989, pp. 142 e s.

[845] Propugnada por COELHO, F. Pereira/OLIVEIRA, Guilherme de, *Curso de Direito da Família*, vol. I cit., p. 427; acs. do STJ de 14/10/1997, *BMJ* 470, p. 612 (TORRES PAULO), e de 23/11/1999, *BMJ* 491, p.281 (PINTO MONTEIRO).

[846] Sem prejuízo de poder ser abusivo o exercício do direito de não procriar: cf. PINHEIRO, J. Duarte, *O núcleo intangível da comunhão conjugal* cit., pp. 300-301.

O princípio da identidade de efeitos civis entre as várias modalidades e formas de casamento[847] obsta à relevância (pelo menos, directa), na ordem estatal, da conexão que o Código de Direito Canónico estabelece entre o matrimónio católico e a procriação (cân. 1055, § 1.º).

Apesar de tudo, o casamento civil produz efeitos importantes no domínio da filiação.

II. As questões em torno da concepção de filhos (sua existência ou não, número e momento de os ter) enquadram-se no objecto do acordo sobre a orientação da vida em comum. E o não cumprimento de acordo eventualmente alcançado quanto à concepção ou contracepção é susceptível de integrar um ilícito conjugal[848].

III. Com o casamento, surge a presunção de que os filhos nascidos ou concebidos na constância do matrimónio têm como pai o marido da mãe (art. 1826.º, n.º 1). A presunção de paternidade constitui a filiação do marido da mãe, nos termos do art. 1796.º, n.º 2. A paternidade presumida do marido da mãe só pode ser destruída por acção de impugnação (cf. art. 1838.º). No entanto, a presunção cessa, sem necessidade de impugnação judicial, se a mulher casada fizer a declaração de nascimento com a indicação de que o filho não é marido (art. 1832.º, n.º 2), se o filho tiver sido concebido antes do matrimónio e a mãe ou o marido declararem no acto de registo de nascimento que o marido não é o pai (art. 1828.º) ou se o filho tiver sido concebido depois de findar a coabitação dos cônjuges, nos termos do art. 1829.º.

IV. No campo da filiação adoptiva, é conferida a faculdade de adopção conjunta às pessoas casadas uma com a outra há mais quatro anos e não separadas de pessoas e bens, se ambas tiverem mais de 25 anos (art. 1979.º, n.º 1). A adopção, plena ou restrita, de filho do cônjuge do adoptante pode ser feita por quem tiver mais de 25 anos e não está limitada pela idade do adoptante (art. 1979.º, n.ºs 2 e 5). A adopção do filho de um cônjuge[849] pelo outro representa uma excepção ao princípio da extinção das relações familiares entre o adoptado e os seus ascendentes e colaterais naturais (cf. art. 1986.º). A adop-

[847] Cf., *supra*, Parte III, n.º 6.I.

[848] Cf. Pinheiro, J. Duarte, *O núcleo intangível da comunhão conjugal* cit., pp. 300-301, nota 693.

[849] Um fenómeno crescente nas sociedades ocidentais, segundo Sottomayor, Maria Clara, "Parecer" (relativo a processo de adopção), *Temas de Direito das Crianças* cit., pp. 325-326.

ção singular de criança que não é filha de um cônjuge, feita pelo outro, constitui um vínculo de afinidade no 1.º grau da linha recta entre o adoptado e o cônjuge do adoptante, por força do art. 1986.º, n.º 1.

As pessoas de sexo diferente e mulheres casadas entre si podem recorrer a técnicas de PMA, desde que sejam maiores de idade e não tenham sido declaradas interditas ou inabilitadas por anomalia psíquica (art. 6.º da LPMA). A filiação da criança nascida graças à aplicação consentida das técnicas de PMA será fixada relativamente a ambos os membros do casal[850].

V. Uma vez estabelecida ou constituída a filiação da criança relativamente aos dois cônjuges, o exercício de todas as responsabilidades parentais pertence a ambos, na constância do matrimónio (art. 1901.º, n.º 1), e será feito de comum acordo. Na falta de acordo em questões de particular importância (acordo esse que cabe na categoria de acordos sobre a orientação da vida em comum), qualquer dos pais pode suscitar a intervenção do tribunal, nos termos do art. 1901.º, n.º 2. Quando não se trate de questão de particular importância ou para a qual a lei exija expressamente o consentimento de ambos os pais, presume-se o acordo na prática, por um só deles, de actos que integrem o exercício das responsabilidades parentais (art. 1902.º, n.º 1).

No caso de filiação estabelecida ou constituída apenas relativamente a um dos cônjuges, pode ocorrer o exercício conjunto das responsabilidades parentais por este e pelo outro cônjuge, nas condições previstas pelo art. 1904.º-A, n.ºs 1 a 3.

Estando um ou ambos os progenitores impedidos do exercício das responsabilidades parentais, é configurável decisão judicial que confira tal exercício em exclusivo ao cônjuge de um deles (cf. art. 1903.º).

VI. O interesse dos filhos tem de ser ponderado na realização da generalidade dos acordos sobre a orientação da vida em comum (cf. a referência ao "bem da família" no art. 1671.º, n.º 2), na fixação da residência da família (cf. art. 1673.º, n.º 1) e no cumprimento dos deveres de cooperação (por via da obrigação de assunção em conjunto das responsabilidades familiares, consagrada no art. 1674.º) e de contribuir para os encargos da vida familiar (cf. art. 1676.º, n.º 1).

[850] Cf., *supra*, Parte I, n.º 15.

19. Casamento, nacionalidade, entrada e permanência no território português

I. A nacionalidade portuguesa não se adquire nem se perde pelo mero facto da celebração do casamento.

A Lei da Nacionalidade (aprovada pela Lei n.º 37/81, de 3 de Outubro) prevê que o estrangeiro casado há mais de três anos com nacional português pode adquirir a nacionalidade portuguesa mediante declaração feita na constância do matrimónio (art. 3.º, n.º 1)[851]. Em regra, a declaração deve ser instruída com certidão do assento de casamento e com certidão do assento de nascimento do cônjuge português (art. 14.º, n.º 3, do Regulamento da Nacionalidade Portuguesa, aprovado pelo DL n.º 237-A/2006, de 14 de Dezembro).

O português que case com nacional de outro Estado não perde por esse motivo a nacionalidade portuguesa, salvo se, sendo também nacional de outro Estado, declarar que não quer ser português (art. 8.º da Lei da Nacionalidade). A declaração deve ser instruída com documento comprovativo da nacionalidade estrangeira do interessado (art. 30.º, n.º 3, do Regulamento da Nacionalidade Portuguesa).

As declarações de que dependem a aquisição ou perda da nacionalidade portuguesa devem constar do registo central da nacionalidade, a cargo da Conservatória dos Registos Centrais (art. 16.º da Lei da Nacionalidade).

II. A entrada e a permanência em território nacional de estrangeiro casado são reguladas pela Lei n.º 37/2006, de 9 de Agosto (sobre livre circulação e residência dos cidadãos da União Europeia e dos membros das suas famílias em território nacional), se o respectivo cônjuge for "cidadão da União", entendendo-se como "cidadão da União" o cidadão nacional de Portugal, de outro Estado membro da União Europeia, da Suíça ou de Estado parte no Acordo sobre o Espaço Económico Europeu (cf. arts. 1.º-3.º).

Genericamente, a lei em apreço estabelece um regime mais favorável ao cônjuge de "cidadão da União" (do que ao cônjuge de outro cidadão), em matéria de entrada e saída do território nacional, direito de residência ou protecção contra o afastamento do território português.

[851] O requisito dos três anos de duração do casamento foi aditado pelo art. 1.º da Lei n.º 25/94, de 19 de Agosto, na sequência de uma larga publicidade conferida pela comunicação social a casamentos celebrados por estrangeiros (*v.g.*, jogadores de futebol), com portugueses, que alegadamente teriam como único objectivo a obtenção da nacionalidade portuguesa. Aparentemente, o requisito visa dificultar a simulação absoluta.

III. A entrada e a permanência em território nacional de estrangeiro casado são reguladas pela Lei n.º 23/2007, de 4 de Julho (que aprovou o regime jurídico de entrada, permanência, saída e afastamento de estrangeiros do território nacional), se o respectivo cônjuge não for "cidadão da União".

Os arts. 98.º a 108.º da Lei n.º 23/2007, de 4 de Julho, disciplinam a autorização de residência para reagrupamento familiar. O direito ao reagrupamento familiar com o cônjuge é conferido, nomeadamente, ao cidadão estrangeiro com autorização de residência válida no território nacional, que com ele tenha vivido noutro país, que dele dependa ou que com ele coabite, e ao refugiado, reconhecido nos termos da lei (arts. 98.º, n.ºs 1 e 3, e 99.º, n.º 1, al. a)).

Secção IV
Efeitos predominantemente patrimoniais do casamento

20. Preliminares

O título da secção IV confirma a rejeição de uma dicotomia rígida que reparte os efeitos do casamento em pessoais e patrimoniais. Há, quando muito, efeitos *predominantemente* patrimoniais do casamento.

Nesta secção, são expostos primeiramente os temas das convenções antenupciais (n.º 21) e das doações para casamento (n.º 22), enquanto actos que produzem efeitos patrimoniais na relação conjugal e que só podem ser validamente praticados antes do casamento.

Segue-se a consideração do património do casal na vigência do casamento, tanto do lado do activo (n.º 23) como do lado do passivo (n.º 24). No lado do activo patrimonial, incluem-se os assuntos da titularidade, da administração e da disposição de bens. A problemática da titularidade de bens abarca os temas do regime de bens e da modificação superveniente desse regime (n.ºs 23.1. e 23.2., respectivamente). É a propósito da modificação superveniente do regime de bens que serão considerados o princípio da imutabilidade do regime de bens (que, por vezes, é ensinado no âmbito das convenções antenupciais) e o instituto da simples separação judicial de bens (que, para alguns autores[852], forma, com a separação de pessoas e bens, uma divisão autónoma, colocada entre os efeitos e a extinção do casamento).

[852] Cf., designadamente, Mendes, J. Castro/Sousa, M. Teixeira de, *Direito da Família* cit., pp. 193 e s.; Coelho, F. Pereira/Oliveira, Guilherme de, *Curso de Direito da Família*, vol. I cit., pp. 647 e s.

Uma vez apreciadas as questões relativas ao activo e ao passivo patrimonial (ou dívidas) dos cônjuges, chega a altura de estudar a matéria da partilha dos bens comuns do casal (n.º 25), que é situada na esfera dos efeitos predominantemente patrimoniais do casamento porque pode ocorrer mesmo que não haja extinção do casamento (nas hipóteses de separação superveniente de bens e de separação de pessoas e bens).

A secção encerra com o n.º 26, atinente aos contratos celebrados entre os cônjuges.[853]

21. Convenções antenupciais

21.1. Noção de convenção antenupcial

O único modo pelo qual é permitido às partes fazerem estipulações sobre regimes de bens é a convenção antenupcial. O art. 1717.º determina que, na falta de convenção antenupcial, o casamento se considera celebrado sob o regime de bens supletivo. As estipulações sobre regime de bens feitas fora de convenção antenupcial consideram-se, portanto, não escritas.

No entanto, embora seja o único meio legalmente admissível de efectuar estipulações sobre regimes de bens e tenha, normalmente, por objecto esta espécie de estipulações, a convenção antenupcial não pode ser definida como "o acordo dos nubentes sobre o regime de bens que vai vigorar no seu casamento"[854]. A convenção antenupcial não contém necessariamente cláusulas sobre regime de bens. Nada obsta à validade de uma convenção antenupcial em que se façam apenas doações para casamento (cf. art. 1756.º, n.º 1) ou certas disposições por morte (cf. art. 1700.º).

Muito menos rigoroso é o entendimento de que a convenção antenupcial é o acordo mediante o qual os nubentes regulam as relações patrimoniais que se irão estabelecer no futuro casamento[855]. Como em seguida se demonstrará,

[853] Para um balanço global vigorosamente crítico da disciplina vigente dos efeitos predominantemente patrimoniais do casamento, cf. CORTE-REAL, Carlos Pamplona/PEREIRA, José Silva, *Direito da Família* cit., pp. 161-169, que reclama um maior espaço de liberdade para as partes.

[854] Noção que é dada por SANTOS, Eduardo dos, *Direito da Família* cit., p. 295. De forma semelhante, COELHO, F. Pereira/OLIVEIRA, Guilherme de, *Curso de Direito da Família*, vol. I cit., p. 570.

[855] Cf. as noções formuladas por FERREIRA-PINTO, F. B., *Dicionário de Direito da Família* cit., p. 542, VARELA, Antunes, *Direito da Família* cit., pp. 427-428; PAIVA, Adriano Miguel Ramos de, *A comunhão de adquiridos. Das insuficiências do regime no quadro da regulação das relações patrimoniais entre os cônjuges*, Coimbra, Coimbra Editora, 2008, p. 76.

não é permitido alterar, por convenção antenupcial, regras legais sobre administração e disposição de bens do casal nem sobre dívidas dos cônjuges.

A convenção antenupcial é um negócio celebrado em vista da futura realização de um casamento, com a necessária intervenção de, pelo menos, um dos nubentes, na qualidade de parte. Dizer mais do que isto é arriscado. A convenção não é forçosamente um acordo entre os nubentes e nem sequer tem de ser um contrato[856]: pode incluir somente uma doação para casamento feita por terceiro a um dos esposados (cf. art. 1754.º) ou uma disposição testamentária feita por um esposado (cf. art. 1704.º).

Sendo celebrada em vista da futura realização de um casamento, a convenção antenupcial precede-o e caracteriza-se pela sua acessoriedade relativamente ao casamento[857]. Ao condicionar a eficácia da convenção à ulterior realização de um casamento válido, o art. 1716.º prova cabalmente que se está perante um negócio acessório do casamento. Deste modo, só integra uma verdadeira convenção antenupcial o negócio jurídico que tenha algum nexo com o futuro casamento[858]. Isto não significa que sejam nulas as cláusulas que, estando inseridas num acto denominado de convenção antenupcial, não tenham em vista a futura realização do casamento. Elas podem ser válidas. Só não estão subordinadas às regras legais específicas da convenção antenupcial.

21.2. O conteúdo da convenção antenupcial

I. No que toca ao conteúdo da convenção antenupcial, há que separar os aspectos respeitantes ao regime de bens dos demais

Em matéria de regime de bens, vigora o princípio da liberdade de estipulação (art. 1698.º). Os nubentes podem fixar livremente o regime de bens do seu casamento, quer escolhendo um dos regimes típicos quer adoptando um regime atípico. Há, porém, restrições especiais à liberdade de estipulação neste domínio: não pode ser convencionada a comunicabilidade dos bens enumerados no art. 1733.º (art. 1699.º, n.º 1, al. d)) nem dos bens objecto de

[856] Mas a maioria dos autores portugueses enquadra a convenção na figura dos contratos (cf. PAIVA, Adriano Miguel Ramos de, *A comunhão de adquiridos* cit., p. 76).

[857] Contra o uso da expressão, CORTE-REAL, Carlos Pamplona/PEREIRA, José Silva, *Direito da Família* cit.,p. 162: a convenção antenupcial "não é em rigor – nem o poderia ser face ao seu conteúdo – um acto acessório do casamento. Será um acto complementar do mesmo apenas, condicionado à sua celebração, sem que se entreveja qualquer subalternidade material ou funcional relativamente a ele".

[858] Igualmente, VARELA, Antunes, *Direito da Família* cit., p. 428, nota 1.

doações entre casados (art. 1764.º, n.º 2); o art. 1699.º, n.º 2, determina que não é admissível a escolha do regime da comunhão geral nem a estipulação da comunicabilidade dos bens referidos no art. 1722.º, n.º 1, se o casamento for celebrado por quem tenha filhos; não é permitida a fixação, total ou parcial, do regime de bens por simples remissão genérica para uma lei estrangeira, para um preceito revogado, ou para usos e costumes locais (art. 1718.º); o casamento celebrado sem precedência do processo preliminar de casamento ou por quem tenha completado sessenta anos de idade considera-se sempre contraído no regime imperativo da separação de bens (art. 1720.º, n.º 1); é proibida a adopção do regime dotal[859], nos casamentos celebrados depois de 1 de Abril de 1978 (cf. art. 180.º do DL n.º 496/77, de 25 de Novembro, que aprovou a Reforma do Código Civil).

Por força do art. 1699.º, n.º 1, al. d), o art. 1733.º, n.º 1, é, portanto, uma regra injuntiva que se aplica a todo e qualquer regime de bens e não apenas ao regime típico da comunhão geral.

O art. 1699.º, n.º 2, impõe uma proibição, quando o casamento for celebrado por quem tenha filhos, sem distinguir se os filhos são de ambos os nubentes ou de apenas um deles. Todavia, o preceito é alvo de uma interpretação restritiva dominante, consolidada[860], que considera a proibição aplicável unicamente nos casos em que haja filhos de um nubente com terceiro. No caso de os nubentes só terem descendentes comuns, será, portanto, permitida a escolha do regime da comunhão geral e a estipulação da comunicabilidade dos bens referidos no art. 1722.º, n.º 1.

II. O art. 1699.º, n.º 2, é um instrumento de tutela dos sucessíveis legitimários em vida do *de cuius*, mais precisamente dos filhos, que, a par do cônjuge figuram entre os sucessíveis legitimários prioritários, nos termos dos arts.

[859] O regime dotal estava previsto nos arts. 1738-1752.º, na versão originária do Código Civil, tendo sido revogados pelo diploma que aprovou a Reforma de 1977. O regime dotal pressupunha a constituição do dote, que podia abranger somente bens levados para o casamento pela mulher ou por ela adquiridos a título gratuito, na constância do matrimónio (cf. antigo art. 1739.º). Em princípio, os bens dotais só podiam ser onerados ou alienados "em caso de necessidade urgente ou de utilidade manifesta, mediante prévio consentimento do marido e da mulher e com autorização do tribunal" (cf. antigo art. 1746.º). Como era válida unicamente a constituição do dote a favor da mulher, a manutenção do regime dotal não se harmonizava muito bem com o princípio da igualdade dos cônjuges, consagrado pela Constituição da República Portuguesa em 1976.

[860] Cf., nomeadamente, Coelho, F. Pereira/Oliveira, Guilherme de, *Curso de Direito da Família*, vol. I cit., p. 575; parecer da PGR 55/94 (Padrão Gonçalves), de 10/11/1994, *DR* II série, n.º 91, de 18/04/1995, p. 4207.

2157.º e 2133.º, n.º 1, al. a). Segundo os defensores da interpretação restritiva, o preceito visa proteger as expectativas sucessórias dos filhos de apenas um dos nubentes perante as de outros sucessíveis legitimários prioritários deste (cônjuge do progenitor ou filhos subsequentes do progenitor com o cônjuge). Mas testemos, com exemplos, a orientação em apreço.

1.ª hipótese. *A* morre, deixando bens no valor de 180. Sobrevivem-lhe os filhos C, D e E. Valor da herança legitimária = 120 (2/3 × 180; cf. arts. 2162.º e 2159.º, n.º 2), que é dividida por cabeça (cf. arts. 2157.º e 2139.º, n.º 2). Valor das legítimas subjectivas: C = 40; D = 40; E = 40.

2.ª hipótese. *A* e B casam, tendo previamente convencionado o regime da comunhão geral de bens. No momento do casamento, os bens de *A* que iriam integrar a comunhão valiam 180, enquanto B não tinha bens comunicáveis. Suponha-se que não há qualquer variação patrimonial subsequente. *A* morre. Nesta altura, o património comum é 180 e os bens próprios de *A* e de B (enquadráveis no elenco do art. 1733.º, n.º 1) não são quantitativamente relevantes. Sobrevivem a *A* o cônjuge B e os filhos do casal, C, D e E, já nascidos no momento em que foi feita a convenção antenupcial. O valor da meação de cada cônjuge é igual a 90. O valor da herança de *A* coincide com o da meação. Na herança legitimária de *A*, avaliada em 60 (2/3 × 90; cf. art. 2159.º, n.º 1), cabe 15 a cada um dos quatro sucessíveis legitimários prioritários (arts. 2157.º, 2139.º, n.º 1). B recebe imperativamente 105 (90, enquanto cônjuge meeiro, nos termos dos arts. 1730.º, n.º 1, e 1734.º, e 15, enquanto herdeiro legitimário). Quando B falecer, C, D e E, seus legitimários prioritários, repartem entre si a herança legitimária de B, avaliada em 70 (2/3 × 105; cf. art. 2159.º, n.º 1). Como já tinham herdado de *A* uma quota no valor de 15, cada um dos filhos, C, D e E, adquire dos seus pais, por via da sucessão legitimária, um total de cerca 38,333 (15+23,333).

3.ª hipótese. Os dados iniciais da 2.ª hipótese sofrem as seguintes alterações: a *A* continua a sobreviver E, só que este é filho unicamente de *A*. Imagine-se, porém, que a estipulação convencional do regime da comunhão geral de bens entre *A* e B era válida, por não existir uma disposição legal semelhante à do art. 1699.º, n.º 2. Quando B morre, sucedem-lhe como legitimários C e D, uma vez que E é filho somente do primeiro *de cuius*. No final, cada um dos filhos de *A* com B, C e D, conseguiria, por via da sucessão legitimária dos seus pais, 50 (15, valor da legítima subjectiva na herança de *A*; e 35, valor da legítima subjectiva na herança de B). Na sucessão legitimária, E, filho de *A*, cônjuge que tinha contribuído com a totalidade dos bens que compõem o património comum, recebe 15, menos de um terço do que aquilo que obtém qualquer um dos seus meios-irmãos, graças à conjugação da cláusula de comunhão geral de bens com uma dupla sucessão.

4.ª hipótese. Os dados iniciais da 3.ª hipótese sofrem a seguinte alteração: aplica-se o art. 1699.º, n.º 2, sendo nula a cláusula que fixa o regime da comunhão geral de bens (art. 294.º). Vigorando eventualmente o regime de bens supletivo, o património comum não abarca os bens que os cônjuges levaram para o casamento (cf. art. 1722.º, n.º 1, al. a)). A herança legitimária de *A* atinge agora o valor de 120 (2/3 × 180; cf. art. 2159.º, n.º 1) e é dividida por cabeça entre B, C, D e E. Caberá a cada um deles a legítima subjectiva de 30. B falece, deixando um património de 30. São seus herdeiros legitimários C e D, mas não E, que era filho somente do primeiro *de cuius*. A legítima objectiva na herança de B, que é 20 (2/3 × 30), será dividida entre aqueles. No final, cada um dos filhos comuns, C e D, conseguiria, por via da sucessão legitimária dos seus pais, 40 (30, a título de legítima subjectiva relativamente a *A*; e 10, a título de legítima subjectiva na herança de B). É muito menor a desproporção entre o que eles adquirem por via da sucessão legitimária relativamente a E (30 para este contra 40 para cada um daqueles). E no momento da abertura da sucessão de *A*, o valor dos benefícios patrimoniais de E é igual ao de qualquer um dos outros sucessíveis legitimários prioritários (incluindo aos de B, cônjuge sobrevivo de *A*).

Em síntese, a estipulação da comunhão geral de bens afecta sobretudo a expectativa sucessória daquele que seja filho apenas de um dos nubentes (compare-se a 3.ª, em que lhe cabe 15, com a 4.ª hipótese, em que lhe cabe 30).

No entanto, a interpretação restritiva do art. 1699.º, n.º 2, que hoje predomina, funda-se no pressuposto de que as expectativas legitimárias dos filhos comuns do casal não são significativamente atingidas porque ele sucede a ambos os progenitores. Será assim? E se o progenitor que sobreviveu ao outro voltar a casar ou vier a ter um filho[861]? Recorramos novamente a exemplos.

Os dados da 2.ª hipótese sofrem as seguintes alterações: antes de falecer, B volta a casar. No momento da sua morte, B tem quatro sucessíveis legitimários prioritários: C e D e E, filhos pré-matrimoniais dele com *A*, e F, cônjuge das segundas núpcias. Quando B falecer, C, D, E e F, legitimários prioritários, repartem entre si a herança legitimária de B (70), cabendo a cada um deles 17,5. No total, cada um dos filhos, C, D e E, adquire dos seus pais, por via da sucessão legitimária, um total de 32,5 (15 + 17,5).

[861] Cf., a propósito, votos de vencido emitidos no parecer da PGR 55/94, mencionado *supra*, na nota 860, que defendem antes uma interpretação declarativa.

Veja-se agora o que sucederia na falta da estipulação de comunhão geral relativamente ao primeiro casamento. A herança legitimária de *A* vale 120 (2/3 × 180) e é dividida igualmente entre B, C, D e E. Cabe, portanto, 30 a cada um. B morre, após o segundo casamento. Sendo o património de B avaliado em 30, a legítima objectiva de 20 (2/3 × 30) é repartida por igual entre C, D, E e F. Cabe 5 a cada um. Cada um dos filhos, C, D e E, adquire dos seus pais, por via da sucessão legitimária, um total de 35 (30+5).

É verdade que o efeito conjugado da comunhão geral convencionada para o primeiro casamento com a celebração de um segundo casamento pelo progenitor que sobreviveu ao outro implica uma satisfação menor das expectativas sucessórias dos filhos comuns do casal já existentes à data da convenção antenupcial. Mas a redução resultante de um acréscimo do número de sucessíveis legitimários (cônjuge ou filhos apenas de B) não choca, porque nem sequer retira aos filhos de *A* com B a sua posição proporcionalmente vantajosa (concorrendo à sucessão legitimária dos dois progenitores, adquirem, na massa total, mais do que os outros sucessíveis legitimários de B: o cônjuge de B obtém 17,5 e cada um dos filhos de *A* com B 32,5); ora, a sua posição é bem diferente daquela que ocuparia alguém que fosse filho apenas de *A*, no caso de ser válida a estipulação de comunhão geral (cf., *supra*, 3.ª hipótese: aquele que é filho apenas de *A* obtém 15; um filho de *A* com B consegue 50).

Em conclusão, parece-nos aceitável a posição dominante, favorável a uma interpretação restritiva do art. 1699.º, n.º 2: só é vedado aos nubentes convencionarem o regime da comunhão geral ou estipularem a comunicabilidade dos bens referidos no art. 1722.º, n.º 1, se o casamento for celebrado por quem tenha filhos *de terceiro*[862].

III. A convenção antenupcial pode ter como objecto aspectos não respeitantes ao regime de bens, conexos ou não com o futuro casamento.

Em geral, é admissível a realização na convenção antenupcial de quaisquer actos ou negócios que possam constar de escritura pública, desde que pelo menos um dos nubentes figure como autor, parte ou beneficiário. Esses actos ou negócios tanto podem ser patrimoniais (p.e., compra e venda, arrendamento) como extrapatrimoniais (*v.g.*, perfilhação, declaração de maternidade).

[862] Aparentemente, a teleologia do preceito nem invalida a estipulação da comunicabilidade dos bens (referidos no art. 1722.º, n.º 1) *unicamente* do nubente sem filhos, estipulação que até poderá vir a beneficiar os filhos do outro nubente (cf. Paiva, Adriano Miguel Ramos de, *A comunhão de adquiridos* cit., p. 98).

As cláusulas insertas em escritura antenupcial que não tenham em vista o futuro casamento não estão subordinadas ao princípio da imutabilidade, consagrado no art. 1714.º, n.º 1, nem a outras regras específicas da convenção antenupcial. Inversamente, tais regras aplicam-se plenamente às cláusulas conexas com o casamento, salvo previsão em contrário.

No conteúdo da convenção antenupcial não respeitante ao regime de bens, mas conexo com o matrimónio que se irá celebrar, avultam as disposições por morte e as doações para casamento.

Ao abrigo do disposto nos arts. 1699.º, n.º 1, al. a), e 1700.º, n.º 1, a convenção pode incluir a instituição de herdeiro ou a nomeação de legatário, desde que seja feita por qualquer dos esposados ou em favor de qualquer um deles. O art. 1700.º, n.º 2, permite também cláusulas acessórias de reversão ou fideicomissárias (que, à luz do art. 1707.º, são livremente revogáveis a todo o tempo pelo autor da liberalidade). Não é considerada lícita a inclusão de outras disposições por morte. Os arts. 1701.º-1706.º pormenorizam a regulamentação das liberalidades *mortis causa* admissíveis na convenção antenupcial, que será estudada na disciplina de Direito das Sucessões. Adiante-se, entretanto, que a ideia do *favor matrimonii* ou favorecimento matrimonial levou o legislador a estabelecer um regime excepcional em matéria sucessória. De facto, são admitidos pactos sucessórios designativos na convenção antenupcial (cf. arts. 1701.º, 1702.º, 1703.º e 1705.º), quando a regra geral proíbe a sucessão contratual (cf. art. 2028.º, n.º 2). E, na convenção antenupcial, em que intervêm várias pessoas, podem ser inseridas disposições testamentárias (cf. art. 1704.º), o que constitui um desvio ao princípio do carácter singular do testamento (princípio cuja configuração resulta da letra e da *ratio* do art. 2181.º).

As doações para casamento são doações feitas a um dos esposados, ou a ambos, em vista do seu casamento (art. 1753.º, n.º 1). Só podem ser realizadas na convenção antenupcial (art. 1756.º, n.º 1). Serão, adiante[863], alvo de especial atenção.

Abstraindo das disposições por morte e das doações para casamento, é escassa a relevância do conteúdo da convenção antenupcial em aspectos conexos com o casamento que não incidam sobre a matéria da titularidade dos bens do casal. É permitido estipular que a partilha se faça segundo regras distintas das do regime de bens adoptado (cf., p.e., art. 1719.º). É já possível uma regulamentação consensual de assuntos importantes da vida matrimonial, como o local de residência da família ou a forma de contribuição para os encargos

[863] Cf., *infra*, Parte III, n.º 22.

da vida familiar. No entanto, a autoregulamentação alcançada subordina-se às regras próprias dos acordos sobre a orientação da vida em comum[864]. Por conseguinte, não é imutável.

Na verdade, são significativas as restrições à liberdade de estipulação convencional no campo dos efeitos do vínculo matrimonial (e até do vínculo de filiação). O art. 1699.º, n.º 1, al. b), obsta à alteração dos direitos ou deveres, quer paternais, quer conjugais. Tem-se, nomeadamente, por não escrita uma cláusula mediante a qual um dos nubentes autoriza o outro a ter relações sexuais com terceiro, na constância do matrimónio. O art. 1699.º, n.º 1, al. c), proíbe a modificação das regras sobre administração dos bens do casal. Por identidade ou maioria de razão, não é admissível a alteração das regras sobre disposição. Afinal, a disposição de bens ou constitui um acto de administração ordinária ou um acto de administração extraordinária. Por fim, apesar do silêncio do art. 1699.º, também o regime legal das dívidas não é susceptível de modificação convencional. As regras sobre dívidas pertencem ao estatuto patrimonial imperativo do casamento, o que decorre do art. 1618.º, n.º 2, conjugado com a integração sistemática das dívidas no capítulo dos efeitos do casamento, antes das convenções antenupciais[865]. E, independentemente do art. 1618.º, n.º 2, a alteração das regras sobre dívidas permitiria contornar o regime da administração e disposição de bens do casal.

IV. É válida a convenção antenupcial sob condição ou a termo (art. 1713.º, n.º 1). Deste modo, é admissível a estipulação da vigência sucessiva de regimes de bens para um mesmo casamento. Os esposados podem, p.e., convencionar que o regime de bens adoptado é o da separação, nos primeiros cinco anos

[864] Cf., *supra*, Parte III, n.º 8.II.

[865] Para DIAS, Cristina M. Araújo, *Do regime da responsabilidade por dívidas dos cônjuges. Problemas, críticas e sugestões*, Coimbra, Coimbra Editora, 2009, p. 677, o art. 1699.º, n.º 1, al. b), "impede os cônjuges de modificar os deveres que lhes são impostos para protecção de terceiros, nomeadamente proíbe-os de alterarem o regime da responsabilidade por dívidas". Este entendimento (que leva a ilustre professora da Escola de Direito do Minho a admitir alterações convencionais que favoreçam a posição dos credores do casal: cf., *infra*, nota 1001) enfrenta duas dificuldades: a atribuição de um sentido à expressão "deveres conjugais" (constante do mencionado art. 1699.º, n.º 1, al. b)), que não coincide com o resultante dos arts. 1672.º e 1577.º (os deveres conjugais relacionam-se com a ideia de plena comunhão de vida, que surge como finalidade do casamento, e não com a tutela de credores das pessoas casadas); a absolutização do interesse dos credores no regime das dívidas dos cônjuges (interesse que, embora preponderante, não exclui a posição do cônjuge que contraiu a dívida: de outro modo, qualquer dívida contraída por um cônjuge responsabilizaria sempre ambos os cônjuges e solidariamente, o que não acontece).

de casamento; o regime da comunhão de adquiridos, nos cinco anos subsequentes; e o regime da comunhão geral, a partir do décimo ano de casamento.

A previsão da convenção sob condição ou a termo não limita o alcance do princípio da imutabilidade, em virtude de as eventuais mudanças resultarem não de um acordo posterior à celebração do casamento, mas de cláusulas acessórias constantes da própria convenção.

Por força do art. 1713.º, n.º 2, é afastada a regra da retroacção dos efeitos do preenchimento da condição à data da conclusão do negócio (cf. art. 276.º), em relação a terceiros[866]. Por natureza, a verificação do termo não tem efeito retroactivo.

A incerteza associada à cláusula condicional torna aconselhável a introdução de uma norma que contemple a obrigatoriedade do registo civil do preenchimento da condição[867].

21.3. A capacidade para celebrar convenções antenupciais

O art. 1708.º regula somente a capacidade para intervir em convenções antenupciais *na qualidade de esposado ou nubente*. Outras são as normas aplicáveis à capacidade do terceiro outorgante: *v.g.*, as normas gerais, se o terceiro pretende doar, ou as normas da capacidade testamentária, se pretende testar.

De harmonia com a máxima "habilis ad nuptias, habilias ad pacta nuptialia", a capacidade para outorgar na qualidade de esposado é definida pelo art. 1708.º, n.º 1, com base na capacidade matrimonial e não na capacidade genérica de exercício: têm capacidade para celebrar convenções antenupciais aqueles que têm capacidade para contrair casamento. Dada a não coincidência entre a capacidade matrimonial e a capacidade genérica de exercício (cf. arts. 122.º e s. *versus* arts. 1600.º e s.), é reconhecida capacidade de gozo para realizar convenções antenupciais a indivíduos desprovidos de capacidade genérica de exercício (menores com 16 e 17 anos, interditos ou inabilitados por motivo distinto de anomalia psíquica) e é negada capacidade de gozo para celebrar

[866] Para delimitação do conceito de terceiros, é, neste contexto, atendível o disposto no art. 1711.º, n.º 2.

[867] COELHO, F. Pereira/OLIVEIRA, Guilherme de, *Curso de Direito da Família*, vol. I cit., p. 589, sugerem que tal facto deva ser averbado ao assento de casamento para produzir efeitos em relação a terceiros, nos termos do art. 70.º, n.º 1, al. h), do CRC. No entanto, nem esse preceito nem o art. 1.º, al. e), do mesmo diploma, impõem o registo do preenchimento da condição. As referidas normas registais têm em vista unicamente as alterações do regime de bens convencionado, não abrangendo, portanto, as modificações que sejam consequência do que foi convencionado.

as mesmas convenções a indivíduos dotados de capacidade genérica de exercício (dementes notórios que não tenham sido interditos ou inabilitados por anomalia psíquica e pessoas que estejam casadas).

A outorga de convenção antenupcial sem a correspondente capacidade de gozo tem como consequência a nulidade, nos termos gerais[868].

O art. 1708.º, n.º 2, não atribui capacidade de exercício para celebrar convenções antenupciais a todos aqueles que beneficiam de capacidade específica de gozo. Os menores de 16 e 17 anos, bem como os interditos ou inabilitados por motivo distinto de anomalia psíquica, carecem de autorização dos respectivos representantes ou assistentes legais (a expressão "representantes" é usada em sentido lato no art. 1708.º, n.º 2; em rigor, os inabilitados não são representados mas assistidos por um curador). Observa-se, assim, uma discrepância entre a capacidade de exercício para participar como esposado numa convenção antenupcial e a capacidade matrimonial de exercício: os referidos interditos e inabilitados não precisam de autorização para contrair matrimónio (cf. arts. 1604.º, al. *a*), e 1619.º).

Na falta de suprimento da incapacidade de exercício, aplica-se o art. 1709.º: a convenção antenupcial celebrada por um nubente que, carecendo de capacidade específica de exercício, interveio sem a autorização dos seus representantes ou assistentes legais, é anulável, como é normal nos casos de actos praticados pessoal e livremente por quem não tinha a necessária capacidade de exercício. A anulabilidade só pode ser invocada pelo incapaz, pelos seus herdeiros ou por aqueles a quem competia conceder a autorização, dentro do prazo de um ano a contar do acto de casamento. A convenção convalida-se se o casamento vier a ser celebrado após a cessação da incapacidade.

Havendo incapacidade de exercício, o regime da anulabilidade da convenção antenupcial demarca-se do regime geral da anulabilidade em três aspectos (cf. arts. 287.º e 288.º): aos representantes ou assistentes legais do incapaz é conferida legitimidade para invalidar a convenção, independentemente de se encontrarem ou não no círculo de pessoas em cujo interesse a lei estabelece a anulabilidade; o prazo de um ano é contado a partir da data do casamento e não a partir do momento em que cessa a incapacidade (e o primeiro prazo pode terminar antes do segundo); a anulabilidade é sanável mediante a celebração do casamento depois de finda a incapacidade e não apenas mediante confirmação.

[868] Cf. PINTO, C. Mota, *Teoria Geral do Direito Civil*, 10.ª reimpressão da 3.ª ed. (1985), Coimbra, Coimbra Editora, 1996, n.º 50 I, p. 215 ("a incapacidade negocial de gozo provoca a nulidade dos negócios jurídicos respectivos").

21.4. Forma e registo da convenção

I. O art. 1710.º, na redacção que lhe foi dada pelo DL n.º 163/95, de 13 de Julho, dispunha que as convenções antenupciais só eram válidas se fossem celebradas por escritura pública ou por auto lavrado perante o conservador do registo civil. No entanto, o preceito tinha de ser conjugado com o art. 189.º do CRC, na versão então vigente, que previa a convenção antenupcial lavrada por meio de auto unicamente quando se pretendesse estipular um dos regimes tipo de bens do casamento. Deste modo, havia uma relação entre a forma e o conteúdo admissível da convenção. As convenções antenupciais cujo conteúdo se não circunscrevesse à escolha de um dos regimes típicos de bens tinham de ser realizadas por escritura pública: era, p.e., indispensável a escritura antenupcial para que fosse válida a doação para casamento ou a fixação de um regime atípico.

Entretanto, o DL n.º 324/2007, de 28 de Setembro, alterou as referidas disposições legais, eliminando as restrições ao conteúdo permitido na convenção efectuada nas conservatórias do registo civil. Actualmente, o art. 1710.º determina que as convenções antenupciais são válidas se forem celebradas por declaração prestada perante o funcionário do registo civil ou por escritura pública; e o art. 189.º do CRC já não limita o âmbito material das convenções feitas por declaração prestada na conservatória. Ou seja, hoje pode celebrar-se qualquer convenção antenupcial nas conservatórias do registo civil[869]. A escolha de um regime típico de bens, as estipulações sobre regimes atípicos e as doações para casamento, p.e., podem ser incluídas em convenção cuja forma seja a escritura pública ou a declaração prestada perante o funcionário do registo civil.

Os acordos de revogação ou modificação da convenção antenupcial (feitos antes da celebração do casamento) estão subordinados a idênticos requisitos de forma (art. 1712.º, n.º 2). Isto é, exige-se declaração prestada perante o funcionário do registo civil ou escritura pública.

II. A convenção antenupcial está sujeita a registo civil obrigatório (art. 1.º, n.º 1, al. e), do CRC). O registo faz-se por menção no texto do assento de casamento, se a convenção for lavrada por auto ou se a certidão da escritura antenupcial for apresentada até a celebração do casamento, ou por averba-

[869] Cf. Coelho, F. Pereira/Oliveira, Guilherme de, *Curso de Direito da Família*, vol. I cit., p. 591.

mento ao mesmo assento, quando a certidão da escritura tenha sido apresentada após a celebração do matrimónio (art. 190.º do CRC).

O registo é condição legal da eficácia da convenção antenupcial perante terceiros: as convenções só produzem efeitos em relação a estes depois de efectuado o registo (art. 1711.º, n.º 1). Em regra, o registo não tem efeito retroactivo perante terceiros. Vai neste sentido o art. 191.º, n.º 1, do CRC, ao prescrever que a convenção que tenha por objecto a fixação do regime de bens ou a sua alteração só produz efeitos em relação a terceiros a partir da data do registo. Contudo, referindo-se ao casamento católico, o art. 191.º, n.º 2, do CRC, estabelece que os efeitos do registo da convenção lavrado simultaneamente com a transcrição do casamento retroagem, perante terceiros, à data da celebração do casamento, desde que este tenha sido transcrito dentro dos sete dias imediatos. Estando claramente marcada pela disciplina do art. 1670.º, n.º 2, a solução ajusta-se igualmente ao casamento civil celebrado por forma religiosa.

Independentemente do registo, a convenção antenupcial é oponível entre as partes (art. 1711.º, n.º 1, *a contrario*), entendendo-se por partes os cônjuges, os outorgantes na escritura de convenção antenupcial que não intervieram na qualidade de esposados e os herdeiros de uns e outros (cf., quanto aos herdeiros, o disposto no art. 1711.º, n.º 2).

De acordo com o art. 1711.º, n.º 3, o registo civil da convenção antenupcial não dispensa o registo predial dos factos a ele sujeitos (p.e., das doações de imóveis constantes da convenção). A falta do necessário registo predial obstará à oponibilidade do facto perante terceiros (cf. art. 5.º do CRPr). Nesta situação, a eficácia *extra partes* implica um duplo registo.

As regras sobre requisitos de publicidade registal, ora expostas, aplicam-se a todas as convenções antenupciais, incluindo as que revogam ou modificam uma convenção anterior (cf. art. 1712.º, n.º 2).

21.5. Revogação e modificação da convenção

I. O regime da revogação ou modificação da convenção antenupcial não é uniforme: antes da celebração do casamento, vigora o princípio geral da modificação ou extinção por mútuo consentimento dos contraentes (art. 1712.º, n.º 1); após a celebração do casamento, vigora o princípio da imutabilidade (art. 1714.º, n.º 1).

No período anterior ao casamento, a revogação ou modificação da convenção antenupcial depende do consentimento de todas as pessoas que nela outorgaram ou dos respectivos herdeiros (cf. art. 1712.º, n.º 1). Contudo, entre nós, ao contrário do que vem previsto no art. 1396, al. 1 do *Code civil* (que considera inválida a alteração ou revogação da convenção antenupcial, efectuada antes do casamento, se não tiver sido prestado o "consentimento simultâneo" de todos os que nela outorgaram), a falta de intervenção de alguma das pessoas que outorgaram na primeira convenção – noutra qualidade que não a de esposado, entenda-se – não implica a irrelevância total da convenção revogadora ou modificadora. Dentro da lógica inerente à máxima "utile per inutile non vitiatur", ao outorgante na convenção anterior assiste apenas o direito de resolver as cláusulas da nova convenção que lhe digam respeito (cf. art. 1712.º, n.º 3).

II. O art. 1714.º, n.º 1, determina que, depois da celebração do casamento, não é permitida a revogação ou modificação da convenção antenupcial nem a alteração do regime de bens legalmente fixado, a não ser nos casos previstos na lei. A razão de ser da regra da proibição é evitar que um cônjuge, por causa do ascendente psicológico ou afectivo do outro[870], aceite alterações que o prejudiquem sob o ponto de vista patrimonial. O princípio da imutabilidade não tem como fundamento a natureza das convenções antenupciais enquanto pactos de família. Quando é normal que os esposados sejam os únicos sujeitos da convenção, não se pode propriamente afirmar que se está perante um acordo que, regulando assuntos que ultrapassam o interesse dos nubentes, é insusceptível de ser modificado exclusivamente pela vontade destes. Além disso, o princípio da imutabilidade obsta à modificação do regime de bens que vigorar supletivamente, abarcando, portanto, situações em que nem sequer foi celebrada convenção antenupcial. O princípio em apreço também não encontra a sua justificação na tutela de terceiros. Se o intuito fosse acautelar a posição de terceiros, seria excessivo impor a regra da imutabilidade: bastaria estatuir que as alterações à convenção ou ao regime de bens legalmente fixado só produzem efeitos a partir da data do respectivo registo.

Já se tem procurado[871] fundar a imutabilidade num princípio mais geral que proíbe o enriquecimento injustificado de um cônjuge à custa do outro. Nesta perspectiva, a imutabilidade constitui a principal concretização do princípio

[870] Cf. COELHO, F. Pereira/OLIVEIRA, Guilherme de, *Curso de Direito da Família*, vol. I cit., pp. 582-583; VARELA, Antunes, *Direito da Família* cit., pp. 432-433; LIMA, Pires de/VARELA, Antunes, *Código Civil Anotado*, vol. IV cit., art. 1714.º (2).

[871] Cf. XAVIER, Rita Lobo, *Limites à autonomia* cit., nomeadamente, pp. 125, 128, 177 e 422.

da equidade nas relações patrimoniais emergentes do casamento, surgindo como uma "garantia radical e preventiva do equilíbrio patrimonial, tal como inicialmente definido entre os cônjuges". No entanto, a explicação não é totalmente convincente: por que motivo se deve pensar que a disciplina patrimonial que vigora no momento da celebração do casamento se ajusta melhor à equidade do que aquela que as partes pretendem acordar em momento subsequente? A lei consagra a prevalência da disciplina inicial, independentemente de um juízo relativo de equidade. Se assim é, a imutabilidade só pode radicar na ideia de que, após o casamento, se torna difícil um exercício autêntico da autonomia privada na relação entre os cônjuges.

A interdição de alterações posteriores à celebração do casamento abarca fundamentalmente o regime de bens, os pactos sucessórios e as doações para casamento. Contudo, a lei estabelece excepções ao princípio da imutabilidade quanto a cada uma dessas matérias. De acordo com o art. 1715.º, n.º 1, als. b), c) e d), são admitidas mudanças do regime de bens inicial pela simples separação judicial de bens, pela separação de pessoas e bens e "em todos os demais casos, previstos na lei, de separação de bens na vigência da sociedade conjugal"[872]. E os pactos sucessórios feitos por terceiro a esposado ou por esposado a terceiro são revogáveis (cf. art. 1715.º, n.º 1, al. a)), tal como as doações para casamento feitas por terceiro (o art. 1758.º impede unicamente a revogação das doações para casamento feitas por esposado).

21.6. Invalidade e caducidade da convenção

I. À convenção antenupcial aplicam-se as regras gerais sobre invalidade dos negócios jurídicos. Há, porém, que ressalvar o disposto no art. 1709.º, que estabelece um regime especial para a incapacidade de exercício. As cláusulas da convenção que não respeitem as restrições do art. 1699.º ou outros preceitos legais injuntivos são nulas, nos termos do art. 294.º. No entanto, entre as cláusulas nulas importa destacar aquelas pelas quais os nubentes "pretendem modificar os efeitos do casamento, ou submetê-lo a condição, a termo ou à preexistência de algum facto", que se têm por não escritas (art. 1618.º, n.º 2). As cláusulas "não escritas" nunca determinam a invalidade de toda a convenção e são insusceptíveis de conversão, o que representa um desvio par-

[872] Para maiores desenvolvimentos sobre a modificação superveniente do regime de bens, cf., *infra*, Parte III, n.º 23.2.

cial ao que é preceituado no art. 292.º e um afastamento total da disciplina do art. 293.º.

II. À luz do art. 1716.º, a convenção antenupcial caduca se o casamento não for celebrado dentro de um ano, ou, se tendo-o sido, vier a ser declarado nulo ou anulado. Os dois casos de caducidade ilustram bem o carácter acessório da convenção antenupcial relativamente ao casamento.

No entanto, graças ao princípio da boa fé, a não celebração do casamento no prazo de um ano e a declaração de nulidade ou anulação do casamento não implicam inevitavelmente a ineficácia da convenção. Ressalvando o disposto em matéria de casamento putativo, o artigo 1716.º reconhece expressamente um limite ao funcionamento da regra tradicional de que o acessório segue o regime do principal, na hipótese de invalidade do casamento. Se ambos os cônjuges tiverem contraído de boa fé o casamento anulado ou declarado nulo, a convenção é plenamente eficaz até ao trânsito em julgado da sentença de anulação ou até ao registo, por averbamento, da declaração de nulidade pelos tribunais e repartições eclesiásticas (cf. art. 1647.º, n.ºs 1 e 3). Se apenas um dos cônjuges tiver contraído casamento de boa fé, só esse cônjuge pode analogamente invocar a eficácia, p.e., das cláusulas da convenção relativas ao regime de bens e a liberalidades entre esposados – mas não das cláusulas em que o mesmo possua a qualidade de beneficiário de liberalidades feitas por terceiro (cf. art. 1647.º, n.º 2).

Apesar do silêncio da lei, o princípio da boa fé é susceptível ainda de obstar à caducidade da convenção, na eventualidade de o casamento não ser celebrado dentro do prazo de um ano[873].

[873] Cf. ac. do STJ de 19/04/2001, processo n.º 01A398 (Miranda Gusmão), http://www.dgsi.pt, a cuja orientação aderimos. As partes tinham celebrado convenção antenupcial, em que se convencionou o regime da comunhão geral de bens; decorridos mais de dois anos foi celebrado o respectivo casamento e registada a referida convenção, sem que ninguém se tivesse apercebido da situação de caducidade; só após o divórcio é que um dos cônjuges detectou e levantou o problema. Perante tais elementos, o tribunal superior decidiu que a partilha devia ser feita de acordo com o registo da convenção antenupcial (isto é, segundo o regime da comunhão geral de bens e não da comunhão de adquiridos), atendendo à boa fé dos cônjuges relativamente à eficácia da convenção antenupcial registada, na constância do matrimónio. A argumentação do aresto afasta frontalmente o caminho do abuso do direito, preferindo uma construção assente na boa fé tabular. É o registo, a presença da fé pública registal, que dita a tutela da confiança dos interessados na vigência da convenção.

22. Doações para casamento

22.1. Noção e espécies

I. A doação para casamento é "a doação feita a um dos esposados, ou a ambos, em vista do seu casamento" (art. 1753.º, n.º 1). Traduz-se numa doação em sentido técnico (cf. art. 940.º), não se confundindo com as chamadas "prendas para casamento", donativos conformes aos usos sociais, que estão subordinadas, nomeadamente, ao disposto nos arts. 1592.º e 1593.º[874]. Sendo feita em vista do casamento, a doação em apreço tem como causa jurídica o casamento, do qual depende (cf. art. 1760.º, n.º 1, al. *a*))[875].

II. Segundo o critério da qualidade do doador (cf. art. 1754.º), há duas espécies de doações para casamento: doações entre esposados, que são feitas por um dos esposados ou pelos dois reciprocamente; e doações de terceiro, que podem ser feitas por terceiro a um ou a ambos os esposados.

Segundo o critério do momento da eficácia (cf. art. 1755.º), as doações para casamento podem ser *inter vivos* ou *mortis causa*. Nas primeiras, o efeito de transmissão da propriedade da coisa ou da titularidade de outro direito produz-se em vida do doador; nas segundas, por morte do doador. Salvo estipulação em contrário, as doações para casamento relevam como doações *inter vivos* e produzem os seus efeitos a partir da celebração do casamento. As doações para casamento *mortis causa* enquadram-se na categoria dos pactos sucessórios designativos e figuram entre as raras excepções ao princípio da proibição da sucessão contratual (cf. art. 2028.º, n.º 2).

Os critérios são cumuláveis, pelo que é possível encontrar doações para casamento, *mortis causa* ou *inter vivos*, entre esposados ou feitas por terceiro.

[874] Cf. LEITÃO, Luís de Menezes, *Direito das Obrigações*, vol. III, *Contratos em especial*, 10.ª ed., Coimbra, Almedina, 2015, p. 197.

[875] Cf. LIMA, Pires de/VARELA, Antunes, *Código Civil Anotado*, vol. IV cit., art. 1753.º (3 e s.); LEITÃO, Luís de Menezes, *Direito das Obrigações* cit., p. 201; BARBOSA, Paula, *Doações entre cônjuges (Enquadramento jus-sucessório)*, Coimbra, Coimbra Editora, 2008, pp. 127-128, nota 234. Diferentemente, COELHO, F. Pereira/OLIVEIRA, Guilherme de, *Curso de Direito da Família*, vol. I cit., p. 554: as doações para casamento estão sujeitas a uma condição imprópria, a condição legal suspensiva da futura celebração de um casamento.

22.2. Regime

I. O regime específico das doações para casamento é formado pelos arts. 1753.º a 1760.º. As doações para casamento *mortis causa* estão subordinadas ainda ao que se dispõe nos arts. 1701.º a 1703.º (cf. art. 1755.º, n.º 2). Nos termos do art. 1753.º, n.º 2, as regras gerais relativas às doações (arts. 940.º a 979.º) aplicam-se, subsidiariamente, a todas as espécies de doações para casamento.

O regime especial das doações para casamento consagra desvios ao regime geral das doações que são motivadas pela ideia do *favor matrimonii*. Pretende-se promover a celebração de casamentos e a conservação dos vínculos matrimoniais constituídos. No entanto, não é tangida a liberdade matrimonial, nem são ofendidos os bons costumes. Não se trata de remunerar a prestação do consentimento para casar. A doação para casamento serve para remover eventuais obstáculos patrimoniais à decisão nupcial. Como é sabido, é difícil desenvolver uma vida a dois sem recursos económicos ou sem a perspectiva de os vir a obter; e, por vezes, a disparidade de condições materiais entre potenciais cônjuges é dissuasora do casamento.

Os sinais do favorecimento matrimonial que preside às doações para casamento divisam-se, nomeadamente, na admissibilidade das doações por morte (em regra proibidas pelo art. 946.º, n.º 1), no art. 975.º, al. a), no art. 1757.º, nas restrições à revogação (cf., *infra*, III) e nas causas de caducidade conexas com o próprio casamento (cf., *infra*, IV).

Ao abrigo do art. 975.º, al. a), a doação para casamento não é revogável por ingratidão do donatário. A chamada revogação por ingratidão do donatário não é uma revogação em sentido técnico, mas uma forma de resolução que tem de ocorrer necessariamente por via judicial.

O art. 1757.º contém uma norma supletiva que prevê a incomunicabilidade dos bens objecto de doação entre esposados, em qualquer regime de bens; a qualidade, própria ou comum, dos bens doados por terceiros será, naturalmente, a que resultar da aplicação das regras do regime de bens que vigorar para o casamento.

Não obstante o princípio do *favor matrimonii*, o art. 1759.º sujeita as doações para casamento às regras de redução por inoficiosidade aplicáveis às doações comuns.

II. As doações para casamento só podem ser feitas em convenção antenupcial (art. 1756.º, n.º 1), celebrada quer por escritura pública quer por declaração prestada perante o funcionário do registo civil (art. 1710.º, na ausência de qualquer restrição imposta pela actual versão do art. 189.º do CRC).

A consequência da inobservância desta forma é estabelecida no art. 1756.º, n.º 2. As doações entre vivos não são inválidas: estão totalmente subordinadas ao regime geral das doações, não se aplicando o regime próprio das doações para casamento. Em contrapartida, as doações por morte são nulas enquanto tais, podendo, quando muito, relevar como disposições testamentárias, nos termos do art. 946.º, n.º 2.

Dada a integração formal nas convenções antenupciais, às doações para casamento são também subsidiariamente aplicáveis as normas das convenções, que prevalecem, aliás, sobre as normas gerais das doações. Deste modo, a capacidade do esposado para fazer doações para casamento é regulada pelos arts. 1708.º e 1709.º[876]; tais doações só produzem efeitos em relação a terceiros depois de registadas as respectivas convenções (art. 1711.º, n.º 1); antes da celebração do casamento, todas as doações em vista do mesmo são revogáveis nos termos do art. 1712.º.

III. Após a celebração do casamento, o regime de revogação das doações é diversificado. As doações para casamento feitas por terceiro seguem o regime geral da revogação por mútuo consentimento, plasmado no art. 406.º, n.º 1[877]. Para obstar à produção de um resultado equivalente a uma revogação unilateral, é vedado ao autor de doações *mortis causa* prejudicar o donatário por actos gratuitos de disposição (cf. art. 1701.º, n.º 1). No caso de doação *mortis causa* de bem determinado (legado contratual), não havendo o necessário consenso para a revogação, é possível ao doador conseguir uma conversão do objecto da liberalidade, com a autorização do donatário, nos termos do art. 1701.º, n.ºs 1 e 2.

As doações entre esposados, *mortis causa* ou *inter vivos*, são irrevogáveis por força do art. 1758.º. O fundamento da irrevogabilidade é idêntico ao da imutabilidade das convenções (cf., *infra*, Parte III, n.º 23.2.): evitar que um cônjuge (o donatário), por causa do ascendente psicológico ou afectivo do outro (o doador), aceite alterações que o prejudiquem sob o ponto de vista patrimonial.

Todavia, vigora para todas as doações para casamento (entre esposados, feitas por terceiros, entre vivos ou por morte)[878] um regime distinto quanto às

[876] Cf. LIMA, Pires de/VARELA, Antunes, *Código Civil Anotado*, vol. IV cit., art. 1753.º (11).

[877] Cf. LIMA, Pires de/VARELA, Antunes, *Código Civil Anotado*, vol. IV cit., art. 1758.º (2).

[878] Cf. LIMA, Pires de/VARELA, Antunes, *Código Civil Anotado*, vol. IV cit., art. 1700.º (6).

cláusulas de reversão e fideicomissárias. Tais cláusulas, que podem ser apostas às doações para casamento nos termos do art. 1700.º, n.º 2, são livremente revogáveis a todo o tempo pelo autor da liberalidade (art. 1707.º).

IV. A lei estabelece casos especiais de caducidade.

O art. 1760.º, n.º 1, al. a), prevê a caducidade das doações em vista de um casamento que não foi celebrado dentro de um ano ou que veio a ser declarado nulo ou anulado. Ao mesmo tempo, ressalva o disposto em matéria de casamento putativo (cf. arts. 1647.º e 1648.º). Assim, se o casamento que foi celebrado dentro de um ano vier a ser declarado nulo ou anulado, havendo boa fé de ambos os cônjuges, a doação é sempre eficaz; havendo boa fé de um só, a doação feita por terceiro ou por cônjuge de boa fé caduca, enquanto a doação feita por cônjuge de má fé não caduca.

O art. 1760.º, n.º 1, al. b), impõe a caducidade da doação para casamento se ocorrer divórcio ou separação de pessoas de bens, quando o donatário tenha sido considerado único ou principal culpado. Se a doação tiver sido feita por terceiro a ambos os esposados ou os bens doados tiverem entrado na comunhão, o art. 1760.º, n.º 2, estatui que a caducidade atinge apenas a parte do cônjuge declarado único ou principal culpado no divórcio ou separação. Estas duas disposições, que ainda figuram na redacção do Decreto-Lei n.º 496/77, de 25 de Novembro, estão de harmonia com o disposto pelo art. 1791.º, na redacção do mesmo diploma[879]. Delas resulta que não há nem uma caducidade total nem uma transferência do benefício patrimonial que cabia ao cônjuge declarado único ou principal culpado para o cônjuge inocente ou menos culpado. Contudo, a Lei n.º 61/2008, de 31 de Outubro, aboliu a declaração do cônjuge culpado no divórcio e modificou o art. 1791.º, cujo n.º 1 prevê presentemente a pura e simples perda dos benefícios recebidos em vista do casamento por estipulação anterior ao casamento, na sequência do divórcio, independentemente da culpa que possa ser ter cabido ao beneficiário na ruptura da vida em comum. O n.º 2 admite que o autor da liberalidade determine

[879] O art. 1791.º, na versão de 1977, estabelecia:
"1. O cônjuge declarado único ou principal culpado perde todos os benefícios recebidos ou que haja de receber do outro cônjuge ou de terceiro, em vista do casamento ou em consideração do estado de casado, quer a estipulação seja anterior quer posterior à celebração do casamento.
"2. O cônjuge inocente ou que não seja o principal culpado conserva todos os benefícios recebidos ou que haja de receber do outro cônjuge ou de terceiro, ainda que tenham sido estipulados com cláusula de reciprocidade; pode renunciar a esses benefícios por declaração unilateral de vontade, mas havendo filhos do casamento, a renúncia só é permitida em favor destes."

que o benefício perdido pelo cônjuge, na sequência do divórcio, reverta para os filhos do casamento.

Por conseguinte, há uma incompatibilidade entre o que consta no art. 1760.º, n.º 1, al. b), e n.º 2, na versão de 1977, com o que se estatui no art. 1791.º, alterado em 2008, o que implica a revogação tácita dos dois primeiros preceitos pelo último. Ou seja, agora, com o divórcio, caducam sempre as doações para casamento, sem prejuízo de o bem doado puder reverter para os filhos do casamento, por vontade do doador (art. 1791.º, na versão resultante da Lei n.º 61/2008, de 31 de Outubro).

O art. 1703.º, n.º 1, prevê uma causa de caducidade que se aplica exclusivamente às doações para casamento *mortis causa*: morte do donatário antes do doador. Se, porém, a doação for feita por terceiro e ao doador sobreviverem descendentes do donatário, nascidos do casamento, o art. 1703.º, n.º 2, afasta a caducidade, determinando que estes serão chamados a suceder nos bens doados, em lugar do donatário. Trata-se do único exemplo de direito de representação na sucessão contratual, que se explica pelo princípio do *favor matrimonii*. Os descendentes beneficiários são os que nasceram do casamento conexo com a doação[880].

23. Efeitos do casamento no campo do activo patrimonial

23.1. O regime de bens

23.1.1. Noção

Em sentido amplo, o regime de bens designa o complexo de normas relativas aos efeitos do casamento que se produzam, no plano patrimonial, durante a subsistência do vínculo matrimonial e não estejam estreitamente ligados à disciplina dos deveres dos cônjuges[881]. Neste contexto, é costume distinguir entre regime patrimonial primário ou efeitos gerais patrimo-

[880] A delimitação do círculo de beneficiários do direito de representação na doação *mortis causa* afigura-se, pois, constitucionalmente adequada. Juízo diferente merece a terminologia utilizada pelo art. 1703.º, n.º 2: a expressão "descendentes legítimos" colide com a interdição do uso de designações discriminatórias relativas à filiação (cf. art. 36.º, n.º 4, da CRP).

[881] Cf. GERNHUBER/COESTER-WALTJEN, *Familienrecht* cit., p. 350 (conceito de "eheliches Güterrecht").

niais e regime patrimonial secundário ou efeitos especiais patrimoniais do casamento[882].

O regime patrimonial primário cobriria as regras sobre administração e disposição dos bens do casal, bem como as regras da responsabilidade por dívidas. O regime patrimonial secundário respeitaria às regras sobre a titularidade dos bens. As regras do regime patrimonial primário seriam injuntivas, enquanto que as do regime patrimonial secundário seriam supletivas.

A divisão é algo artificial porque, se é certo que o regime patrimonial primário é tendencialmente injuntivo, há também regras injuntivas no âmbito do regime patrimonial secundário, como é o caso do art. 1720.º.

Aqui será adoptada a acepção mais restrita. O regime de bens é o conjunto de regras cuja aplicação define a titularidade sobre os bens do casal. Isto é, respeita às regras que permitem saber se um bem pertence ao património comum, ao património de um cônjuge ou ao património do outro. É, aliás, esta a noção subjacente ao uso legal da expressão "regime de bens", como se pode ver, nitidamente, a partir do art. 1717.º.

Posto isto, passa-se a tratar dos regimes de bens em sentido estrito. Ao contrário do que é frequente[883], o tema será estudado antes daquele que corresponderia ao chamado regime patrimonial primário, porque é essencial para a compreensão deste último. De facto, a aplicação de muitas das normas sobre administração, disposição e dívidas pressupõe a qualificação do regime de bens que vigora para o casamento e a determinação da natureza (comum, própria de um cônjuge ou própria de outro) de certos elementos do activo patrimonial (cf., patentemente, os arts. 1678.º, 1681.º, 1682.º, 1682.º-A, n.º 1, 1683.º, n.º 2, 1685.º, 1693.º, n.º 2, 1694.º, 1695.º, 1696.º e 1697.º).

23.1.2. Classificações

I. Os regimes de bens podem ser agrupados segundo duas grandes classificações.

[882] Cf. Corte-Real, C. Pamplona, *Direito da Família e das Sucessões (Relatório)* cit., pp. 85 e 111; Coelho, F. Pereira/Oliveira, Guilherme de, *Curso de Direito da Família*, vol. I cit., p. 433.

[883] Cf., nomeadamente, Mendes, J. Castro/Sousa, M. Teixeira de, *Direito da Família* cit., p. 123; Coelho, F. Pereira/Oliveira, Guilherme de, *Curso de Direito da Família*, vol. I cit., p. 433; Varela, Antunes, *Direito da Família* cit., p. 371; Sousa, Rabindranath Capelo de, *Direito da Família e das Sucessões – Relatório* cit., pp. 124-125.

A primeira classificação contrapõe os regimes típicos aos atípicos. Os regimes típicos são os que se enquadram num dos tipos previstos na lei. Os regimes atípicos são os demais. No direito português actual, os regimes típicos de bens são os que estão regulados nos arts. 1721.º-1736.º: comunhão de adquiridos, comunhão geral e separação de bens.

A segunda classificação divide os regimes em convencionais, supletivos e imperativos. Os regimes convencionais de bens são aqueles que podem ser fixados pelas partes. A estipulação do regime de bens tem de ser feita em convenção antenupcial e, em princípio, pode consistir quer na escolha de um regime típico quer na fixação de um regime atípico (cf. art. 1698.º). Os regimes supletivos são aqueles que vigoram na falta de uma estipulação válida e eficaz das partes. No direito português, ao abrigo do disposto no art. 1717.º, o regime supletivo é o da comunhão de adquiridos. Assinale-se, porém, que, para os casamentos celebrados até 31 de Maio de 1967, o regime supletivo é o da comunhão geral (art. 15.º do DL n.º 47.344, de 25 de Novembro de 1966, que aprovou o Código Civil)[884]. Os regimes imperativos são aqueles que vigoram num casamento mesmo contra a vontade das partes.

O art. 1720.º, n.º 1, indica duas situações em que vigora o regime imperativo da separação de bens: casamento celebrado sem precedência do processo preliminar de casamento ou por quem tenha completado sessenta anos de idade. Nestas hipóteses, além de se excluir a existência de bens comuns, é nula a doação entre casados (art. 1762.º). Todavia, é válida a doação entre esposados, entre aqueles que pretendendo casar ainda não o fizeram (art. 1720.º, n.º 2), e a posição sucessória do cônjuge sobrevivo não é afectada pelo facto de ter contraído casamento sob o regime imperativo da separação de bens (os arts. 2133.º, n.º 3, e 2317.º, al. d), afastam unicamente o chamamento do cônjuge separado de pessoas e bens).

[884] Nem todos os ordenamentos afins ou próximos do nosso têm consagrado regimes supletivos comunitaristas. O direito alemão, p.e., adoptou um regime separatista (o "Güterstand der Zugewinngemeinschaft" ou "regime da participação nos adquiridos", cujas regras são estabelecidas nos §§ 1363-1390 BGB). A opção portuguesa por um regime supletivo comunitarista é criticada por CORTE-REAL, C. Pamplona, *Direito da Família e das Sucessões (Relatório)* cit., pp. 113-115, que vê na comunhão de adquiridos uma fonte de complexidades e "impasses em matéria de gestão patrimonial", especialmente por força da sua conjugação com a disciplina matrimonial da administração, disposição e dívidas. PAIVA, Adriano Miguel Ramos de, *A comunhão de adquiridos* cit., declara que, na escolha do regime supletivo, a dúvida surge entre a comunhão de adquiridos e a separação de bens, sendo hoje pacíficas as vantagens daquela comunhão sobre a comunhão geral (pp. 134-135); e adiante conclui que "a comunhão de adquiridos, considerada no quadro do sistema de organização patrimonial entre nós vigente, é indiferente a uma partilha materialmente justa" (p. 352).

De qualquer modo, o regime matrimonial em apreço é aquele que mais restringe a possibilidade de obtenção de vantagens económicas por via da celebração do casamento. No regime típico, voluntário, da separação de bens, a ausência de meação coexiste com a permissão da transferência, a título gratuito, de bens do património próprio de um cônjuge para o património próprio do outro. Por este motivo, a imposição legal da separação de bens é entendida como um instrumento dissuasor do casamento por interesse económico. Contudo, por um lado, é um instrumento limitado, em virtude de não implicar uma regulamentação sucessória menos favorável para o cônjuge sobrevivo[885]. P.e., numa situação de casamento contraído entre uma pessoa de vinte e outra de oitenta anos de idade, em que *o de cuius* seja o cônjuge mais velho, o cônjuge sobrevivo pode adquirir a totalidade do património do cônjuge falecido, se não concorrer com outros sucessíveis legitimários prioritários (cf. arts. 2141.º e 2158.º), ou dois terços, se, tendo sido designado herdeiro da quota disponível, concorrer com um filho do *de cuius* (cf. arts. 2159.º, n.º 1, 2157.º e 2139.º, n.º 1). Por outro lado, a *ratio* apontada ao regime imperativo da separação de bens – combate ao *casamento-negócio* – torna algo discutível a sujeição ao mesmo do casamento celebrado sem a precedência do processo preliminar de casamento (a não ser que se trate de casamento urgente *in articulo mortis*).

Mas o art. 1720.º não é imune a outras críticas. A sujeição ao regime imperativo do casamento celebrado por quem tenha completado sessenta anos de idade funda-se na suspeita de que o consentimento do outro nubente é determinado por motivações económicas, partindo do pressuposto de que uma pessoa com sessenta ou mais anos de idade tem, em regra, pouco tempo, e pouca qualidade, de vida. No entanto, tal pressuposto não se adequa à realidade actual portuguesa, pelo que o art. 1720.º, n.º 1, al. b), ao negar a um casal a faculdade de escolha do regime de bens por causa da idade de um dos nubentes, enfrenta dificuldades de harmonização com o princípio da igualdade (art. 13.º da CRP)[886].

II. Os regimes típicos de bens são três: comunhão de adquiridos, comunhão geral e separação. No regime da comunhão de adquiridos, a regra é a

[885] Cf. Corte-Real, C. Pamplona, "Os efeitos sucessórios do casamento", em AA.VV., *Direito da Família e Política Social*, Porto, Publicações Universidade Católica, 2001, p. 57, que detecta, neste ponto, um "ilogismo" da lei.

[886] Cf. Coelho, F. Pereira/Oliveira, Guilherme de, *Curso de Direito da Família*, vol. I cit., pp. 561-562, que questionam a constitucionalidade do art. 1720.º, n.º 1, al. b) quer perante o art. 13.º da CRP quer perante o art. 26.º da CRP.

de que são bens comuns o produto do trabalho dos cônjuges e os bens adquiridos por eles na constância do matrimónio a título oneroso (cf. arts. 1724.º e 1722.º, n.º 1, al. *a)* e *b)*). Todos os demais bens tendem a ser próprios. No regime da comunhão geral, são bens comuns todos os que a lei não considere incomunicáveis (cf. art. 1732.º). Deste modo, tendem a ser comuns bens que, em regra, são próprios no regime da comunhão de adquiridos, como os bens que os cônjuges tinham ao tempo da celebração do casamento e aqueles que eles venham a adquirir posteriormente a título gratuito. No regime da separação, não há bens comuns. Todos os bens são próprios de um ou de outro cônjuge. Como se diz no art. 1735.º, cada um dos esposados conserva o domínio de todos os seus bens presentes e futuros.

III. No entanto, no regime típico da separação, pode haver bens que pertençam em compropriedade a ambos os cônjuges (cf. art. 1736.º, n.º 2). O bem que pertencer em compropriedade apenas aos cônjuges não é um bem comum, mas um bem que numa parte é próprio de um deles e que noutra parte é próprio do outro. Ou melhor, a qualificação incide sobre as quotas dos dois comproprietários, que serão tidas como bens próprios. Assim, se os nubentes convencionarem, p.e., que um imóvel comprado por um deles antes do casamento pertencerá em compropriedade a ambos, a estipulação é, isoladamente, compatível quer com o regime típico da comunhão de adquiridos (cf. art. 1722.º, n.º 1, als. *a)* e *c)*) quer com o regime típico da separação, mas não com o da comunhão geral de bens.

23.1.3. A comunhão conjugal de bens

I. A comunhão conjugal de bens e a compropriedade são contitularidades de natureza distinta. A comunhão conjugal de bens corresponde a uma contitularidade de mão comum ou uma comunhão germânica[887]. Enquanto a compropriedade tem na base uma pluralidade de direitos da mesma espécie que recaem sobre o mesmo bem, os sujeitos da comunhão conjugal são titulares de um único direito sobre o chamado bem comum. Por vezes, afirma-se[888]

[887] Rejeitam a qualificação, que é dominante na doutrina, *Lições de Direito da Família* cit., pp. 255-256. Para os ilustres professores, a comunhão conjugal é uma simples compropriedade, porque se extingue com a morte de um dos cônjuges, ao passo que o património colectivo, de tipo germânico ou anglo-saxónico, subsiste enquanto existir um dos titulares.

[888] Cf. Coelho, F. Pereira/Oliveira, Guilherme de, *Curso de Direito da Família*, vol. I cit., p. 596.

que a compropriedade é uma comunhão por quotas, ao passo que a comunhão conjugal seria uma comunhão sem quotas. Contudo, a comunhão conjugal não se caracteriza pela ausência de quotas. Cada cônjuge tem necessariamente uma quota na comunhão, que é designada por meação nos bens comuns (cf., nomeadamente, as referências nos arts. 1685.º, n.º 1, 1696.º, n.º 1, e 1730.º, n.º 2). O que confere à comunhão conjugal a natureza de contitularidade de mão comum é antes o regime da respectiva quota. Ao contrário da quota na compropriedade (cf. art. 1408.º, n.º 1), um cônjuge não pode dispor válida e eficazmente da sua meação nos bens comuns, enquanto não cessar a própria comunhão patrimonial, nos termos que a lei prevê. O art. 690.º exclui a hipoteca da meação dos bens comuns do casal. O art. 1730.º, n.º 2, permite doações por conta da meação e não doações da própria meação. No quadro das normas sobre actos de disposição dos bens do casal, somente o n.º 1 do art. 1685.º se refere à meação nos bens comuns e para admitir a prática de actos cuja eficácia seja posterior à dissolução do casamento. Por fim, embora o art. 1696.º, n.º 1, preveja a responsabilidade subsidiária da meação nos bens comuns pelas dívidas incomunicáveis, a meação nunca é penhorada ou vendida para pagamento de dívidas. Como resulta dos arts. 740.º-742.º do CPC, a penhora recai sobre bens concretos.

Tão importante quanto o regime da quota, na argumentação relativa à natureza jurídica, é o facto de a comunhão conjugal subsistir enquanto se não verificar uma das situações legalmente estabelecidas de cessação das relações patrimoniais dos cônjuges ou separação superveniente de bens, seguida por uma partilha[889]. Por conseguinte, não é suficiente uma simples manifestação de vontade das partes para pôr termo à contitularidade. Já na compropriedade, a contitularidade cessa com a divisão de coisa comum, que pode ser exigida, a todo o tempo, por qualquer dos consortes, a não ser que haja uma cláusula de indivisão (art. 1412.º). Essa divisão é feita amigavelmente ou nos termos da lei do processo (art. 1413.º, n.º 1).

A comunhão conjugal demarca-se da compropriedade em outros aspectos. As quotas na comunhão conjugal são idênticas (50-50): os sujeitos participam por metade no património comum, sendo nula qualquer estipulação em sentido diverso (art. 1730.º, n.º 1). Na compropriedade, os direitos dos consortes podem ser quantitativamente diferentes (cf. art. 1403.º, n.º 1). As regras de administração e disposição dos bens em contitularidade variam: arts. 1678.º a

[889] Cf., *infra*, Parte III, n.º 25.

1687.º, para a comunhão conjugal; arts. 1406.º, 1407.º, 1408.º, n.ºs 1 e 2, para a compropriedade.

Apesar do que separa as figuras, há regras sobre a comunhão conjugal que, pela sua *ratio*, são aplicáveis à compropriedade entre cônjuges: *v.g.*, o art. 1699.º, n.º 1, al. d). O propósito do art. 1699.º, n.º 1, al. d), é assegurar a um cônjuge a titularidade exclusiva de certos bens, o que obsta, portanto, a uma contitularidade de tipo romano que os abranja.

Além de constituir uma contitularidade de tipo germânico, a comunhão conjugal é um património de afectação especial, na medida em que se destina preferencialmente à satisfação de determinadas dívidas, as dívidas que responsabilizam ambos os cônjuges (cf. art. 1695.º, n.º 1). No entanto, não se trata de um património autónomo, porque, por um lado, os bens próprios podem também ser usados para pagar essas dívidas (cf. art. 1695.º), e, por outro lado, os bens comuns podem ser destinados à satisfação de dívidas da exclusiva responsabilidade de um dos cônjuges (cf. art. 1696.º).

II. A estipulação ou aplicação de um regime de comunhão acaba, na maior parte dos casos, por levar ao enriquecimento patrimonial de um dos cônjuges, sem que, porém, se possa aplicar as regras das liberalidades em sentido técnico, *v.g.*, das doações. P.e., no momento do casamento, Ana tem bens no valor de 100 e Bento no valor de 20. Adoptaram previamente um regime de bens e divorciaram-se pouco depois do casamento. Se o regime convencionado tiver sido o da separação, a situação patrimonial de cada um deles será provavelmente idêntica, antes do casamento e depois da dissolução do vínculo matrimonial. Se o regime convencionado tiver sido o da comunhão geral e se se abstrair da existência de bens incomunicáveis, provavelmente Ana terá direito a bens no valor de 60 (menos 40 do que tinha antes do casamento) e Bento a bens em igual valor (mais 40 do que tinha).

Na hipótese de o casamento se dissolver por morte, vigorando um regime de comunhão, o enriquecimento patrimonial de um dos cônjuges pode ser ainda superior, porque o cônjuge sobrevivo será simultaneamente meeiro dos bens comuns do casal e herdeiro da meação e dos bens próprios do falecido. Retomemos o último exemplo, introduzindo a seguinte alteração: Ana falece um dia depois do casamento. Sobrevivem-lhe os pais e o cônjuge. Enquanto cônjuge meeiro, Bento tem direito a bens no valor de 60; enquanto herdeiro legal, obterá bens no valor de 40, isto é dois terços da meação de Ana (cf. arts. 2133.º, n.º 1, al. b), 2142.º, 2157.º e 2161.º, n.º 1). O património de Bento aumenta subitamente de 20 para 100. A demonstração torna visível alguma desarticulação legal entre o regime matrimonial de bens e o regime sucessório instituído[890].

Outro é o significado da estipulação da compropriedade entre cônjuges. A constituição da compropriedade depende de um contrato oneroso ou gratuito. Se um bem pertencente exclusivamente a um cônjuge passar, sem qualquer contrapartida do outro, a pertencer em compropriedade a ambos os cônjuges, tendem a aplicar-se as regras da doação. O enriquecimento patrimonial decorrente da compropriedade é ponderado para efeitos de cálculo da herança legitimária (cf. art. 2162.º) e vale, normalmente, como preenchimento antecipado da legítima subjectiva do cônjuge beneficiado[891]. A expectativa sucessória de eventuais filhos de apenas um dos nubentes não será prejudicada. Por isso, o art. 1699.º, n.º 2, não obsta a uma estipulação de compropriedade entre cônjuges que abarque os seus bens presentes[892].

23.1.4. O regime da comunhão de adquiridos

I. O regime da comunhão de adquiridos vigora como regime convencional ou supletivo, desde que se não esteja perante uma das situações de regime imperativo da separação de bens (cf. art. 1720.º, n.º 1). Vigora como regime convencional quando tenha sido adoptado pelos nubentes em convenção antenupcial. Vigora como regime supletivo, relativamente aos casamentos celebrados depois de 31 de Maio de 1967 (cf. art. 15.º do DL n.º 47.344, de 25 de Novembro de 1966, que aprovou o Código Civil), na falta de convenção ou no caso de caducidade, invalidade ou ineficácia da mesma (art. 1717.º). As normas da comunhão de adquiridos estão previstas nos arts. 1722.º a 1731.º e são idênticas para o regime convencional e para o regime supletivo.

II. O art. 1724.º é uma disposição central do regime da comunhão de adquiridos. Nos termos da al. a), o produto do trabalho faz parte da comunhão. Alguns autores invocam o preceito para defender que têm natureza comum

[890] Cf. crítica de Corte-Real, C. Pamplona, "Os efeitos sucessórios do casamento" cit., pp. 56-57.

[891] Em regra, imputam-se na quota indisponível as doações feitas pelo *de cuius* ao seu cônjuge [cf. Corte-Real, C. Pamplona, *Direito da Família e das Sucessões*, vol. II, *Sucessões*, Lisboa, Lex, 1993, pp. 248, nota 327, 307-310; Pinheiro, J. Duarte, *O Direito das Sucessões Contemporâneo*, 4.ª reimpressão (da edição de 2011), Lisboa, AAFDL, 2016, pp. 344-348].

[892] Em contrapartida, o art. 942.º, n.º 1, aplicável directamente ou por analogia, obsta à constituição da compropriedade de bens futuros (*v.g.*, dos que são referidos no art. 1722.º, n.º 1, al. b)) por contrato gratuito.

"os bens adquiridos em substituição de salários, como as pensões de reforma, os complementos de reforma resultantes de aforros de salários, por exemplo, através de planos-poupança-reforma, e as indemnizações, por qualquer causa, que tenham na sua base uma intenção de compensar a diminuição ou capacidade de ganho"[893]. Contudo, do art. 1699.º, n.º 1, al. d), decorre a incomunicabilidade dos bens mencionados: a pensão e os complementos de reforma constituem direitos estritamente pessoais, que são exceptuados da comunhão pelo art. 1733.º, n.º 1, al. c), parte final; as indemnizações ou capitais de seguros que visam compensar a perda de capacidade para o trabalho são bens próprios, nos termos do art. 1733.º, n.º 1, als. d) e e). Quando muito e dentro da lógica que preside aos arts. 1722.º, n.º 2, 1726.º, n.º 2, 1727.º e 1728.º, n.º 1, o cônjuge estará obrigado a compensar o património comum, se, para obter as referidas prestações, tiver contribuído com bens comuns, p.e., com parte do seu salário.

A al. b) do art. 1724.º integra na comunhão "os bens adquiridos pelos cônjuges na constância do matrimónio, que não sejam exceptuados por lei". Isto quer dizer que, em regra, são comuns os bens adquiridos, a título oneroso, pelos cônjuges na constância do matrimónio. De facto, o art. 1722.º, n.º 1, al. b), exceptua da comunhão os bens que os cônjuges adquiram depois do casamento por sucessão ou doação. Contudo, os bens havidos por meio de doação ou deixa testamentária de terceiro entram na comunhão, desde que não integrem a legítima[894], se o autor da liberalidade tiver determinado a sua comunicabilidade; e entende-se que o doador ou testador pretende estipular a comunicabilidade quando a liberalidade for feita em favor dos dois conjuntamente (art. 1729.º). São necessariamente próprios os bens doados por um cônjuge ao outro (art. 1764.º, n.º 2). Salvo estipulação em contrário, os bens doados por um esposado ao outro não se comunicam (art. 1757.º).

São ainda bens próprios, porque igualmente exceptuados por lei da comunhão, os bens que cada um dos cônjuges tiver ao tempo da celebração do casamento (art. 1722.º, n.º 1, al. a)); os bens adquiridos na constância do matrimónio

[893] Cf. COELHO, F. Pereira/OLIVEIRA, Guilherme de, *Curso de Direito da Família*, vol. I cit., p. 639. A favor da qualificação do direito à pensão de reforma como bem comum, à luz quer da al. a) quer da al. b) do art. 1724.º, cf. especificamente TOMÉ, Maria João, *O direito à pensão de reforma enquanto bem comum do casal*, Coimbra, Coimbra Editora, 1997, em particular pp 224-299.

[894] Não integram a legítima os bens doados ou deixados por conta da quota disponível ou em substituição da legítima (cf. PINHEIRO, J. Duarte, *Legado em substituição da legítima*, Lisboa, Edições Cosmos, 1996, p. 285). Estão a coberto do princípio da intangibilidade da legítima, sendo necessariamente próprios os bens que forem objecto de doações prioritariamente imputáveis na quota indisponível ou legados por conta da legítima.

anterior, por virtude de direito próprio anterior (art. 1722.º, n.º 1, al. c)), os bens sub-rogados no lugar de bens próprios (art. 1723.º); os bens adquiridos maioritariamente com dinheiro ou bens próprios de um dos cônjuges (cf. art. 1726.º, n.º 1); a parte adquirida em bens indivisos pelo cônjuge que dele for comproprietário fora da comunhão (art. 1727.º); os bens adquiridos por virtude da titularidade de bens próprios, que não possam considerar-se como frutos destes (art. 1728.º, n.º 1); e os bens que constam do elenco do art. 1733.º, n.º 1 (aplicável a qualquer regime de bens por força do art. 1699.º, n.º 1, al. d))[895].

De notar que, havendo dúvidas sobre a natureza dos bens móveis, presume-se que são comuns (art. 1725.º).

III. O art. 1722.º, n.º 2, procede a uma enumeração meramente exemplificativa de bens que se consideram adquiridos na constância do matrimónio, por virtude de direito próprio anterior, sem prejuízo da compensação eventualmente devida ao património comum. Esta compensação é, aliás, devida sempre que a aquisição de bens qualificados como próprios não tenha sido efectuada inteiramente à custa do património próprio do adquirente (cf. arts. 1726.º, n.º 2, 1727.º e 1728.º, n.º 1).

[895] No capítulo do arrendamento para habitação, o RAU, aprovado pelo DL n.º 321-B/90, de 15 de Outubro, estabelecia no seu art. 83.º que, fosse qual fosse o regime matrimonial, a posição do arrendatário não se comunicava ao cônjuge. A Lei n.º 6/2006, de 27 de Fevereiro, pôs fim a este estatuto peculiar do arrendamento habitacional, ao introduzir um art. 1068.º, em que se determina, indistintamente, que o direito do arrendatário se comunica ao seu cônjuge, nos termos gerais e de acordo com o regime de bens vigente. O direito do arrendatário habitacional passa a poder ser integrado na comunhão de bens. Se, por exemplo, os cônjuges casarem no regime da comunhão de adquiridos, o direito do arrendatário habitacional será bem próprio quando o contrato de arrendamento tiver sido celebrado antes do casamento, por força do art. 1722.º, n.º 1, al. a). Mas já será bem comum, quando o contrato de arrendamento for posterior, nos termos do art. 1724.º, al. b).
Segundo as normas transitórias e finais do NRAU (arts. 26.º, 28.º e 59.º), a solução do novo art. 1068.º aplica-se aos contratos de arrendamento celebrados antes da entrada em vigor do NRAU (que foi aprovado pela dita Lei n.º 6/2006, de 27 de Fevereiro). Conjugando-se o referido art. 26.º do NRAU com o art. 12.º (do CC), o disposto no art. 1068.º compreende os contratos de arrendamento antigos, quando o casamento tenha sido celebrado após a entrada em vigor do NRAU, e os contratos de arrendamento novos, quando o casamento tenha sido celebrado antes da entrada em vigor do NRAU. Contudo, o art. 1068.º não parece aplicar-se aos contratos de arrendamentos antigos, quando o casamento tenha sido contraído antes da entrada em vigor do NRAU. Neste caso, já se encontrava consolidada a natureza do direito do arrendatário: bem próprio deste e nunca bem comum, seja qual for o regime matrimonial de bens. Admitir a aplicação do art. 1068.º não excluiria uma mudança da natureza do bem, o que colide com a presunção de que a lei retroactiva não afecta os efeitos já produzidos pelos factos que a mesma lei se destina a regular (art. 12.º, n.º 1, do CC).

A enumeração do art. 1722.º, n.º 2, engloba: os bens adquiridos em consequência de direitos anteriores ao casamento sobre patrimónios ilíquidos[896] partilhados depois dele (al. a)); os bens adquiridos por usucapião fundada em posse que tenha o seu início antes do casamento (al. b)); os bens comprados antes do casamento com reserva de propriedade (al. c)); e os bens adquiridos no exercício do direito de preferência fundado em situação já existente à data do casamento (al. d))[897]. Embora não estejam incluídos no elenco cabem também na categoria dos bens adquiridos por virtude de direito próprio anterior, nomeadamente, os bens adquiridos depois do casamento por causa de negócios aleatórios celebrados antes dele (p.e., o dinheiro de um boletim do Euromilhões registado antes do casamento, mas premiado depois); e os bens adquiridos por força de uma condição, ou termo, verificada durante o casamento, que foi inserida num contrato celebrado anteriormente.

Não é pacífica a qualificação dos bens adquiridos depois do casamento, em cumprimento de contrato-promessa anterior. Para alguma jurisprudência[898], só seriam próprios no caso de ter sido atribuída eficácia real ao contrato-promessa. Mas não vemos motivo para distinguir. O art. 1722.º, n.º 2, al. d), não o faz quanto ao direito de preferência, que pode ter carácter obrigacional ou real. Dada a manifesta afinidade entre o pacto de preferência e o contrato-promessa, pensamos que os bens adquiridos depois do casamento, em cumprimento de contrato-promessa anterior, cabem na previsão do art. 1722.º, n.º 1, al. c)[899], independentemente de o contrato-promessa ter sido ou não dotado de eficácia real.

[896] *V.g.*, heranças indivisas.

[897] Na perspectiva de XAVIER, Rita Lobo ("Bem adquirido por cônjuge casado no regime da comunhão de adquiridos em cumprimento de contrato-promessa de compra e venda celebrado antes do casamento", *Lex Familiae* n.º 2, 2004, pp. 10-12), justifica-se uma interpretação restritiva do art. 1722.º, n.º 2, al. d): seriam próprios os bens adquiridos no exercício do direito de preferência, somente quando os pressupostos concretos desse exercício (decisão de venda do obrigado à preferência e notificação do titular do direito para preferir) se tivessem verificado antes do casamento. Todavia, a ilustre professora parte do princípio de que o direito de preferência apenas nasce com a verificação concreta dos pressupostos de exercício definidos no pacto ou na norma que prevê a obrigação de dar preferência. Ora, uma coisa é a constituição do direito de preferência, outra é o regime do respectivo exercício. O direito é atribuído pelo pacto de preferência ou pela norma que o prevê; já existe antes de o obrigado à preferência tomar a decisão de vender.

[898] Cf. ac. da RL de 08/02/2001, *CJ* 2001/1, p. 111 (FREITAS CARVALHO); ac. do STJ de 27/04/2005, proc. 05A838 (SILVA SALAZAR), http://www.dgsi.pt.

[899] Igualmente, PAIVA, Adriano Miguel Ramos de, *A comunhão de adquiridos* cit., pp. 159-160. Com posição distinta, XAVIER, Rita Lobo ("Bem adquirido por cônjuge casado no regime da comunhão de adquiridos em cumprimento de contrato-promessa" cit., pp. 5-16), que não recorre ao art. 1722.º,

IV. O art. 1723.º prevê situações de sub-rogação real, directa ou indirecta, atribuindo a qualidade de bens próprios aos bens adquiridos por meio de troca directa com bens próprios de um dos cônjuges (al. a)); ao preço dos bens próprios alienados (al. b)); e aos bens adquiridos ou às benfeitorias "feitas com dinheiro ou valores próprios de um dos cônjuges, desde que a proveniência do dinheiro ou valores próprios seja devidamente mencionada no documento de aquisição, ou em documento equivalente, com intervenção de ambos os cônjuges" (al. c)).

É particularmente polémica a consequência da falta de menção documental da natureza própria dos meios utilizados na aquisição de outros bens. Um sector sustenta que os bens adquiridos com dinheiro ou valores próprios seriam então comuns, nos termos do art. 1724.º, al. b), cabendo ou não ao cônjuge adquirente um crédito de compensação sobre o património comum[900]. Considerando que a exigência da menção documental visa acautelar os interesses de terceiros credores, na falta de tal menção, outro sector não exclui o carácter próprio dos bens, na relação entre os cônjuges[901] ou quando a atribuição desse carácter não afecte interesses de terceiros[902].

n.º 1, al. c), para resolver o problema da qualificação do bem adquirido em cumprimento de um contrato-promessa anterior ao casamento: será próprio o bem em causa se tiver sido adquirido com dinheiro ou valores próprios de um dos cônjuges, desde que a proveniência do dinheiro ou valores seja devidamente mencionada no contrato definitivo, com intervenção de ambos os cônjuges (art. 1723.º, al. c)); de outra forma, será comum (art. 1724.º, al. b)). Contudo, a recusa de aplicação do art. 1722.º, n.º 1, al. c), assenta na ideia de que o direito sobre o bem emerge do contrato prometido e não do contrato-promessa. Importa, porém, sublinhar que a aquisição é consequência do cumprimento de um contrato que conferiu um direito à celebração do contrato definitivo.

900 Cf. LIMA, Pires de/VARELA, Antunes, *Código Civil Anotado*, vol. IV cit., art. 1723.º (4) (sem crédito de compensação); XAVIER, Rita Lobo, *Limites à autonomia* cit., pp. 367-368 (com crédito de compensação); parecer do Conselho Técnico da Direcção-Geral de Registos e Notariado, respeitante ao processo n.º R.P. 174/2000-DSJ-CT (SILVA PEREIRA), *BRN* 2/2001, Fevereiro de 2001, pp. 36-42 (com crédito de compensação); ac. do STJ de 29/05/2014, proc. n.º 530/12.1TBCHV-B.P1.S1 (FERNANDO BENTO); ARAÚJO, Cristina, "Bens sub-rogados no lugar de bens próprios – omissão no título aquisitivo das menções constantes do art. 1723.º. alínea c), do Código Civil – Ac. de Uniformização de Jurisprudência n.º 12/2015, de 2.7.2015, Proc. 899/10.2TVLSB.L2.S1", *CDP* n.º 51, 2015, pp. 83-85 (com crédito de compensação).

901 Cf. MENDES, J. Castro/SOUSA, M. Teixeira de, *Direito da Família* cit., p. 170.

902 Cf. COELHO, F. Pereira/OLIVEIRA, Guilherme de, *Curso de Direito da Família*, vol. I cit., p. 611; CID, Nuno de Salter, "Desentendimentos conjugais e divergências jurisprudenciais", *Lex Familiae* n.º 7, 2007, pp. 12-14; acs. do STJ de 14/12/1995, *BMJ* 452, p. 437 (MIRANDA GUSMÃO), de 24/09/1996, *BMJ* 459, p. 459 (CARDONA FERREIRA), de 15/05/2001, *CJ-S* 2001/2, p. 75 (SILVA PAIXÃO), de 24/10/2006, *CJ-S* 2006/3, p. 92 (JOÃO CAMILO), e 12/2015 (FONSECA RAMOS), de 02/07/2015, *DR* I série, de 13/10/2015, pp. 8915 e s.. Na sequência de recurso para uniformização

A segunda orientação parece ser a mais ajustada. O art. 1723.º, al. c), ao fazer depender de um requisito formal a qualificação como próprios dos bens adquiridos ou das benfeitorias feitas com dinheiro ou valores próprios de um dos cônjuges, tem em vista exclusivamente a protecção de terceiros. De facto, a disciplina do preceito não se adequa ao plano das relações entre cônjuges.

Admitir que um bem adquirido com dinheiro ou valores próprios seja considerado um bem comum apenas por ter faltado a menção da proveniência do dinheiro ou dos valores no documento de aquisição equivale a admitir uma transferência, a título gratuito, de um património próprio para o património comum que nem sequer é susceptível de ser entendida como uma doação válida.

A simples ausência de menção não pode ser entendida como uma liberalidade que tivesse por objecto o dinheiro ou os valores aplicados e, ainda que o pretendesse ser, não observaria os requisitos da doação entre casados, porque os bens objecto de doação entre cônjuges nunca se comunicam (cf. art. 1764.º, n.º 1). Além disso, defender que a ausência de menção da proveniência do dinheiro ou valores próprios implique pura e simplesmente a qualificação como bem comum do bem adquirido seria especialmente gravoso na relação entre cônjuges, dado que, ao contrário da doação entre casados (cf. art. 1765.º), a transferência patrimonial ocorrida nem sequer poderia ser revogada unilateralmente pelo cônjuge a quem pertencia o dinheiro ou os valores aplicados na aquisição do bem.

Para eliminar tal iniquidade não basta invocar, sem mais e sistematicamente, o direito de compensação do cônjuge "empobrecido" relativamente ao património comum. É que a tutela compensatória só opera subsidiariamente. Isto é, o direito de compensação só surge, no caso em apreço, se houver razões que obstem à qualificação do bem que foi adquirido com bens ou valores próprios de um cônjuge como bem próprio desse mesmo cônjuge. Ora, no plano estrito da relação entre os cônjuges, não se detecta um motivo que afaste de modo consistente a natural aplicação do princípio da sub-rogação

de jurisprudência, o último acórdão decidiu: "Estando em causa apenas os interesses dos cônjuges, que não os de terceiros, a omissão no título aquisitivo das menções constantes do art. 1723.º, c) do Código Civil, não impede que o cônjuge, dono exclusivo dos meios utilizados na aquisição de outros bens na constância do casamento no regime supletivo da comunhão de adquiridos, e ainda que não tenha intervindo no documento aquisitivo, prove por qualquer meio, que o bem adquirido o foi apenas com dinheiro ou seus bens próprios; feita essa prova, o bem adquirido é próprio, não integrando a comunhão conjugal".

real (subjacente aos arts. 692.º, n.º 1, 794.º e 1723.º), independentemente de ter, ou não, havido menção de proveniência.

Contudo, os interesses dos cônjuges não são os únicos que merecem protecção no Direito Patrimonial da Família. Os interesses de terceiros são relevantes, como decorre dos arts. 1670.º, n.º 2, 1711.º, n.º 1, e 1713.º, n.º 2, bem como do regime legal das dívidas dos cônjuges. São aliás apenas esses interesses que podem justificar a exigência formal do art. 1723.º, al. c), e a correlativa preterição do interesse do cônjuge proprietário do dinheiro ou dos valores aplicados, confinado à titularidade de um direito de compensação sobre o património comum (que só é satisfeito depois dos direitos de terceiros credores).

Com a imposição do requisito da menção de proveniência, o preceito visa, nomeadamente, proteger o terceiro que beneficia de um crédito, hipotecário ou não, garantido pelo património comum do casal ou pela meação do cônjuge que não era titular do dinheiro ou dos valores aplicados na aquisição (cf. arts 1695.º, n.º 1, e 1696.º, n.º 1), e que confiou legitimamente na natureza comum do bem adquirido, devido à regra geral aplicável aos bens adquiridos pelos cônjuges na constância do matrimónio (art. 1724.º, al. b)) e ao carácter não directo da sub-rogação a que respeita o art. 1723.º, al. c).

Tudo ponderado, é de concluir que, se não for afectado o interesse de terceiros, o bem adquirido será próprio[903]. No caso de estar em risco a posição de terceiros, sem que nenhum deles tenha intervido na escritura de rectificação, o bem adquirido será comum, restando ao cônjuge o direito a uma compensação sobre o património comum.

V. O art. 1726.º, n.º 1, dispõe que os bens adquiridos em parte com dinheiro ou bens próprios de um dos cônjuges e noutra parte com dinheiro ou bens comuns revestem a natureza da mais valiosa das duas aplicações. O raciocínio aduzido quanto ao art. 1723.º, al. c), é aplicável por maioria de razão às situações de bens adquiridos com o recurso a dinheiro ou bens próprios numa percentagem superior a 50%. Assumindo estes bens a qualidade de próprios, é devida uma compensação ao património comum (art. 1726.º, n.º 2).

O art. 1726.º não resolve o problema da qualificação do bem que seja adquirido em 50% com bens comuns e em 50% com bens próprios. Assim, o bem

903 Parcialmente contra, Paiva, Adriano Miguel Ramos de, *A comunhão de adquiridos* cit., pp. 191-197: o bem será próprio desde que o cônjuge adquirente consiga provar, por qualquer meio, que o bem foi adquirido à custa do seu património próprio, independentemente de estarem em causa interesses de terceiros; essa qualificação do bem como próprio somente não será oponível aos terceiros que confiaram legitimamente que o bem pertencia à comunhão.

será comum, por força do art. 1724.º, al. b), beneficiando o cônjuge que contribuiu com bens próprios de um crédito de compensação sobre o património comum, nos termos gerais[904].

O art. 1728.º, n.º 1, qualifica como próprios os bens adquiridos por virtude da titularidade de bens próprios, que não possam considerar-se frutos destes. Por interpretação *a contrario* do preceito em apreço e por aplicação do art. 1724.º, al. b), os frutos dos bens próprios são bens comuns.

O art. 1728.º, n.º 2, apresenta quatro exemplos de bens adquiridos por virtude da titularidade de bens próprios, que não são tidos como frutos destes: as acessões (al. a)); os materiais resultantes da demolição ou destruição de bens (al. b)); a parte do tesouro adquirida pelo cônjuge na qualidade de proprietário (al. c)); os prémios de amortização de títulos de crédito ou de outros valores mobiliários próprios de um dos cônjuges, bem como os títulos ou valores adquiridos por virtude de um direito de subscrição àqueles inerente (al. d)).

23.1.5. O regime da comunhão geral de bens

O regime da comunhão geral de bens vigora como regime convencional, a não ser nos casos em que seja aplicável o art. 1720.º, n.º 1, ou 1699.º, n.º 2. Vigora como regime convencional quando tenha sido validamente adoptado pelos nubentes em convenção antenupcial. Vigora ainda como regime supletivo, relativamente aos casamentos celebrados até 31 de Maio de 1967 (cf. art. 15.º do DL n.º 47.344, de 25 de Novembro de 1966, que aprovou o Código Civil). As normas da comunhão geral de bens estão previstas nos arts. 1722.º a 1731.º e são idênticas para o regime convencional e para o regime supletivo (cf. art. 15.º do DL n.º 47.344).

No regime da comunhão geral de bens, o património comum é constituído por todos os bens dos cônjuges que não sejam exceptuados por lei (art. 1732.º). Naturalmente, o património comum é mais extenso do que na comunhão de adquiridos. De qualquer modo, não se pode afirmar que o regime da comunhão geral implica inexistência de bens próprios. Não integram a massa patrimonial comum os bens referidos no art. 1733.º, n.º 1; os bens doados por

[904] Cf. Coelho, F. Pereira/Oliveira, Guilherme de, *Curso de Direito da Família*, vol. I cit., p. 619. Contra Lima, Pires de/Varela, Antunes, *Código Civil Anotado*, vol. IV cit., art. 1726.º (2): "Na hipótese de as duas prestações revestirem igual valor, terão os bens adquiridos de ser considerados em parte como próprios, e na parte restante como comuns."

um cônjuge ao outro (art. 1764.º, n.º 2); e os bens doados por um esposado ao outro, salvo estipulação convencional em contrário (art. 1757.º).

O elenco de bens incomunicáveis estabelecido pelo art. 1733.º, n.º 1, abarca: os bens doados ou deixados, ainda que por conta da legítima, desde que a liberalidade seja feita com cláusula de incomunicabilidade (al. a)); os bens doados ou deixados com a cláusula de reversão ou fideicomissária, a não ser que a cláusula tenha caducado (al. b)); o usufruto, o uso ou habitação e demais direitos estritamente pessoais[905] (al. c)), as indemnizações devidas por factos verificados contra a pessoa de cada um dos cônjuges ou contra os seus bens próprios (d))[906]; os seguros vencidos em favor da pessoa de cada um dos cônjuges ou contra os seus bens próprios (e))[907]; os vestidos, roupas e outros objectos de uso pessoal e exclusivo de cada um dos cônjuges, bem como os seus diplomas e a sua correspondência (f))[908]; as recordações de família de diminuto valor económico (g))

Contudo, são bens comuns os frutos dos bens incomunicáveis e as benfeitorias realizadas nestes bens (art. 1733.º, n.º 2).

Nos restantes aspectos, são aplicáveis, com as necessárias adaptações, as disposições relativas à comunhão de adquiridos (art. 1734.º). Deste modo, em matéria de composição das massas patrimoniais, o regime da comunhão geral de bens está subordinado também às regras dos arts. 1723.º, 1725.º, 1726.º, 1727.º e 1728.º.

23.1.6. O regime da separação de bens

O regime da separação vigora como regime imperativo ou convencional. Vigora como regime imperativo nos casos previstos no art. 1720.º, n.º 1. Vigora como regime convencional fora desses casos e quando tenha sido adoptado

905 Os direitos estritamente pessoais são aqueles que são constituídos *intuitu personae*: *v.g.*, o direito à pensão de reforma, ao benefício da renda vitalícia (cf. arts. 1238.º-1244.º), o direito moral de autor (como resulta do art. 1678.º, n.º 2, al. b), o direito patrimonial de autor pode ser comum), o direito a descontos, em função da idade ou profissão.

906 Enquadram-se nos bens incomunicáveis as indemnizações por acidentes de trabalho.

907 Cabem nestes seguros aqueles que se destinam a cobrir o risco da perda de capacidade de trabalho.

908 A expressão "objectos de uso pessoal e exclusivo" não abrange os instrumentos do trabalho, cuja ligação ao exercício da actividade profissional de um dos cônjuges não os converte em bens imperativamente incomunicáveis (cf. o art. 1731.º, que admite o ingresso dos instrumentos de trabalho no património comum da comunhão de adquiridos).

pelos nubentes na convenção antenupcial. Os arts. 1735.º e 1736.º aplicam-se quer ao regime imperativo quer ao regime convencional da separação de bens. As diferenças de regulamentação produzem-se no campo das doações entre casados: são válidas no regime convencional, nulas no regime imperativo (cf. art. 1762.º).

No regime típico da separação de bens, não há bens comuns. Os bens pertencem a um cônjuge, em propriedade exclusiva, ou a ambos, em compropriedade.

O art. 1736.º, n.º 1, permite a estipulação convencional de cláusulas de presunção sobre a propriedade dos bens móveis, com eficácia extensiva a terceiros, determinando que a presunção será ilidível mediante prova em contrário. O art. 1736.º, n.º 2, fixa a presunção legal de que os bens móveis pertencem em compropriedade aos dois cônjuges, sempre que haja dúvidas sobre a propriedade exclusiva.

Havendo bens, móveis ou imóveis, que pertençam em compropriedade a ambos os cônjuges, qualquer um deles pode pôr termo à comunhão romana a todo o tempo, salvo se houver uma cláusula de indivisão (arts. 1412.º e 1413.º).

O art. 1735.º prescreve que os cônjuges podem dispor livremente dos seus bens próprios. No entanto, em certas hipóteses, a prática de actos de disposição de bens próprios pelo respectivo titular carece do consentimento do outro cônjuge (cf. arts. 1682.º, n.º 3, al. *a*), 1682.º-A, n.º 2, e 1682.º-B).

Na verdade, nem mesmo no regime da separação existe uma total independência patrimonial. Os cônjuges casados sob o regime da separação estão obrigados a "um mínimo de comunhão de vida patrimonial"[909]. Além de enfrentarem restrições à liberdade de disposição dos bens próprios, instituídas em prol do grupo familiar, os cônjuges estão reciprocamente vinculados aos deveres de cooperação e de assistência, respondem ambos em certos casos por dívidas que foram contraídas por um só deles (cf. arts. 1691.º e 1695.º, n.º 2), e é concebível que a administração dos bens próprios de um cônjuge seja exercida em exclusivo pelo outro (cf. art. 1678.º, n.º 2, als. *e*), *f*) e *g*)).

23.1.7. Regimes atípicos

I. Os regimes atípicos são aqueles que se demarquem, em algum aspecto, de um dos regimes previstos no Código Civil.

[909] Cf. XAVIER, Rita Lobo, *Limites à autonomia* cit., pp. 374-376.

Basta, p.e., que os nubentes digam que todos os bens serão próprios, com excepção de um bem presente, que será comum; ou, o que é o mesmo, que declaram adoptar o regime da separação de bens, acrescentando que o bem x é um bem comum. As partes não adoptaram nenhum dos três regimes típicos: não se trata do regime típico da separação de bens, incompatível com a previsão de um bem comum; não se está perante o regime típico da comunhão geral de bens, porque a generalidade dos bens serão próprios; nem perante o regime típico da comunhão de adquiridos, em virtude de se ter implicitamente excluído a comunicabilidade de bens adquiridos a título oneroso.

Os regimes atípicos têm de ser fixados em convenção antenupcial, que tanto pode ser celebrada por escritura pública como por declaração prestada perante o funcionário do registo civil (art. 1710.º), e estão submetidos às restrições comuns ao princípio da liberdade de estipulação em matéria de regime de bens[910]. O art. 1699.º, n.º 1, al. d), não impede a adopção de um regime atípico de comunhão em que sejam próprios os frutos dos bens incomunicáveis (o n.º 2 do art. 1733.º não reveste carácter imperativo).

As manifestações possíveis de regimes atípicos são inúmeras. Convém, no entanto, destacar um regime que, sendo atípico entre nós, é típico e supletivo no ordenamento alemão: o regime da participação nos adquiridos ou "Güterstand der Zugewinngemeinschaft" (cf. §§ 1363-1390 BGB)[911], que trataremos muito simplificadamente. Não há bens comuns neste regime, mas, no momento da extinção do casamento, é assegurada aos cônjuges uma participação por igual no valor correspondente à diferença entre o património inicial e o património final do casal (contabilizando-se, ficticiamente, como património inicial os bens entretanto adquiridos a título gratuito). P.e., à data da celebração do casamento, o património de A estava avaliado em 100 e o património de B em 50. Na altura do divórcio, o património de A valia 150 e o património de B 120. A diferença entre valor do património inicial e final ("Zugewinn") é de 50, no caso de A, e de 70, no caso de B. Como B obteve uma maior valorização patrimonial do que A (70-50 = 20), o último tem um crédito ("Zugewinnausgleich") sobre o primeiro correspondente à metade daquilo em que a valorização patrimonial obtida por B excede a que foi conseguida por A (20/2 = 10).

Apesar da inexistência de bens comuns, o regime da participação nos adquiridos demarca-se do regime típico da separação de bens. No regime típico

[910] Cf., *supra*, Parte III, n.º 21.2.I.

[911] Cf. Gernhuber/Coester-Waltjen, *Familienrecht* cit., pp. 367 e s.

da separação, os cônjuges têm direito somente aos seus bens próprios; no momento da extinção do casamento, não é reconhecida qualquer compensação por o património de um cônjuge se ter valorizado mais do que o outro, na constância do matrimónio.

O regime da participação nos adquiridos é um regime atípico de separação susceptível de combinar as vantagens do regime típico da separação com as do regime da comunhão de adquiridos. A falta de bens comuns reduz o número de situações em que se torna exigível o consentimento de ambos os cônjuges para a prática de actos de administração e disposição, o que facilita as relações patrimoniais de cada cônjuge com terceiros. A concessão de um crédito que visa a igualação dos acréscimos patrimoniais ajusta-se a um princípio de equidade: no casamento, há sempre uma comunhão de vida patrimonial; e a vivência conjugal influencia os ganhos patrimoniais individuais (p.e., o cônjuge que mais se dedica às tarefas do lar dá ao outro tempo adicional para o exercício de uma actividade remunerada)[912]. Houve já um sinal de preferência pelo regime da participação nos adquiridos, manifestado pelos juristas portugueses, quando no período final da administração portuguesa, a legislação de Macau consagrou esse regime como supletivo (art. 1579.º do Código Civil de Macau, aprovado em 1999)[913].

II. Tendo sido fixado um regime atípico, sem que a convenção antenupcial resolva, directamente ou por remissão para um regime típico, o problema da titularidade de todos os bens do casal, aplicam-se, primeiro, as regras gerais sobre a interpretação dos negócios jurídicos (arts. 236.º e 238.º) e, depois, as regras da comunhão de adquiridos naquilo em que a convenção for omissa. Não é apenas o regime da comunhão de adquiridos em bloco que é supletivo; a supletividade estende-se à generalidade das normas da comunhão de adquiridos que determinam a titularidade dos bens. Se, p.e., os nubentes adoptaram um regime atípico, limitando-se a estipular que o imóvel *y*, levado para

[912] Não se pense, porém, que o regime da participação nos adquiridos só apresenta vantagens. Por razões didácticas, não falámos das dificuldades em torno da delimitação do património inicial e do património final nem das complicações que envolve o cálculo do "crédito para igualação dos lucros". No Brasil, em que a participação nos adquiridos, ou "participação final nos aqüestos" é um regime típico (cf. arts. 1672-1686 do respectivo Código Civil), diz-se que tal regime está "fadado ao esquecimento e ao banimento pelo total desuso, por sua difícil operacionalidade" (cf. MADALENO, Rolf, *Curso de Direito de Família* cit, p. 801).

[913] O regime está regulado nos arts. 1581.º a 1600.º do Código Civil de Macau. Cf. ADRIANO PAIVA, "Breves notas sobre o regime da participação nos adquiridos vigente no Direito de Macau", *Lex Familiae* n.º 5, 2006, pp. 65 e s.

o casamento é comum, a natureza dos demais bens é apurada com base nos arts. 1722.º e s. Por conseguinte, será comum o produto do trabalho dos cônjuges (art. 1724.º, al. *a*)).

A consagração do princípio da liberdade em detrimento do princípio da tipicidade, no domínio do regime de bens, levanta dúvidas que ultrapassam a questão da titularidade dos bens do casal[914]. No campo da disciplina legal dos actos de disposição, certas soluções variam consoante o regime de bens seja o de separação ou outro (cf. arts. 1682.º-A, n.º 1, e 1683.º, n.º 2). No campo da disciplina legal das dívidas, importa também saber se o regime de bens vigente é o de separação ou outro (cf. arts. 1691.º, n.º 1, al. *d*), 1695.º, n.º 2, e 1697.º, n.º 1) e até se é o da comunhão geral ou outro (cf. art. 1691.º, n.º 2). Ora, a aplicação ou não destas disposições não é problemática se se estiver perante um dos três regimes típicos de bens. Mas como proceder se o regime de bens convencionado não coincidir com um dos tipos previstos no Código Civil?

A *ratio* dos arts. 1682.º-A, n.º 1, e 1683.º, n.º 2[915], ajuda-nos a concluir acerca da disciplina que cabe aos actos de disposição, nos regimes atípicos: no caso de alienação ou oneração de imóvel, o consentimento conjugal só é dispensado se estiver em causa um imóvel próprio cujos frutos sejam igualmente bens próprios; no caso de repúdio, o consentimento comum deixa de ser exigido se, por força do regime matrimonial adoptado, tanto os bens adquiridos por via sucessória como os respectivos frutos forem tidos como bens próprios.[916]

No campo das dívidas, as normas que aludem especificamente a um regime típico de bens são analogicamente aplicáveis aos regimes atípicos em que predomine a componente do regime típico que é referido[917]. P.e., se as partes convencionaram que haveria um bem comum e apenas um, a responsabilidade dos cônjuges por dívidas comunicáveis será parciária, por analogia com o disposto no art. 1695.º, n.º 2.

[914] Cf. a ampla apreciação de HENRIQUES, Sofia, *Estatuto patrimonial dos cônjuges. Reflexos da atipicidade do regime de bens*, Coimbra, Coimbra Editora, 2009, pp. 281 e s.

[915] Cf., *infra*, Parte III, n.º 23.4.3. 23.4.4.

[916] Outra é a tese de HENRIQUES, Sofia, *Estatuto patrimonial dos cônjuges* cit., pp. 308-318 (propõe que se pondere, para a inclusão na excepção do art. 1682.º-A, n.º 1, o grau de atipicidade da convenção antenupcial).

[917] Sobre a concretização da disciplina dos regimes atípicos de bens, cf. P. L. PAIS DE VASCONCELOS, "Convenções antenupciais atípicas", *SI* n.ºs 256/258, 1995, pp. 339 e s. Segue, para os arts. 1691.º, n.º 1, al. d), 1695.º, n.º 2, e 1697.º, n.º 1), solução idêntica à que defendeu para o art. 1682.º-A, n.º 1, HENRIQUES, Sofia, *Estatuto patrimonial dos cônjuges* cit., pp. 342-350 (cf., *supra*, nota 916).

23.2. A modificação superveniente do regime de bens

I. O princípio da imutabilidade do regime de bens.

O art. 1714.º, n.º 1, consagra o princípio da imutabilidade do regime de bens, ao determinar que, depois da celebração do casamento, não é permitida a revogação ou modificação da convenção antenupcial nem a alteração do regime de bens legalmente fixado, a não ser nos casos previstos na lei.

As excepções à regra que veda a modificação do regime de bens inicial são escassas, figurando no art. 1715.º, n.º 1, als. b), c) e d): simples separação judicial de bens, separação de pessoas e bens e "os demais casos, previstos na lei, de separação de bens na vigência da sociedade conjugal". Todas as figuras representam situações de separação superveniente de bens que serão adiante consideradas[918].

O cariz limitado das excepções ao princípio da imutabilidade no campo do regime de bens revela a rigidez da solução portuguesa. Porque o princípio visa a protecção de um cônjuge perante o outro, teria sido razoável permitir a modificação consensual do regime de bens sempre que se verificasse judicialmente não haver risco de prejuízo patrimonial para qualquer um deles. *De iure condendo*, é preferível o sistema da mutabilidade por acordo sujeito a homologação judicial[919]. Aliás, a manutenção do regime de bens pode até afectar o interesse de ambos os cônjuges. Se, p.e., eles casaram no regime da comunhão de adquiridos e um deles pretende dedicar-se à actividade comercial, os bens comuns e os bens próprios de qualquer um dos sujeitos podem responder pelas dívidas contraídas no exercício do comércio (cf. arts. 1691.º, n.º 1, al. d), e 1696.º, n.º 1). Mas se fosse admissível a passagem para o regime da separação, estaria ao dispor das partes um instrumento apto a limitar a responsabilidade pelas dívidas futuramente contraídas no exercício do comércio aos bens pertencentes exclusivamente ao cônjuge comerciante. Deste modo, entendemos que foi mais feliz a opção do legislador brasileiro, que, no art. 1639, § 2.º, do

[918] A simples separação judicial de bens e os casos de separação superveniente de bens distintos daquela e da separação de pessoas e bens são apreciados ainda no n.º 23.2., em II e III, respectivamente. Atendendo ao seu alcance mais amplo, a separação de pessoas e bens é analisada à parte, *infra*, no n.º 28 desta Parte III.

[919] PAIVA, Adriano Miguel Ramos de, *A comunhão de adquiridos* cit., pp. 122-123, insurge-se também contra o nosso sistema de imutabilidade rígido, só que, por descrer da idoneidade do controlo judicial para salvaguardar o interesse da família e evitar situações fraudulentas em benefício de terceiros, propugna a abolição total da imutabilidade. Já DIAS, Cristina M. Araújo, *Alteração do estatuto patrimonial dos cônjuges e a responsabilidade por dívidas*, Coimbra, Almedina, 2012, pp. 87-88, se revela partidária da mutabilidade com um sistema de publicidade que acautele interesses de terceiros.

respectivo Código Civil, permite a alteração de bens, "mediante autorização judicial em pedido motivado de ambos os cônjuges, apurada a procedência das razões invocadas e ressalvados os direitos de terceiros".[920]

Uma questão polémica é a de saber se o princípio da imutabilidade do regime de bens que foi consagrado no direito português impede apenas a modificação dos critérios de composição das massas patrimoniais dos cônjuges[921] ou também os negócios que acarretem transferência de bens concretos de uma massa para outra[922]. Ora, a comprovada rigidez do princípio em apreço seria agravada se lhe fosse atribuído um sentido amplo. Deve, portanto, considerar-se que a imutabilidade não proíbe os negócios que afectem a qualificação de bens concretos como comuns, como próprios de um cônjuges ou próprios do outro. Tais negócios serão válidos, na falta de disposição em contrário (como a do art. 1714.º, n.º 2). Outra interpretação traduz-se numa forte restrição ao princípio geral da autonomia privada que não tem apoio na letra do art. 1714.º. A lei não veda a celebração de todos os contratos com repercussões na qualificação de um bem concreto. Refere-se somente à compra e venda e a certos contratos de sociedade entre os cônjuges.

II. A simples separação judicial de bens[923].

A simples separação judicial de bens constitui uma hipótese de separação superveniente de bens que se traduz numa modificação da relação matrimonial, apresentando carácter necessariamente litigioso: a separação só pode ser decretada em acção intentada por um dos cônjuges contra o outro (art. 1768.º).

A simples separação judicial de bens tem por fundamento o perigo de um cônjuge "perder o que é seu pela má administração do outro cônjuge" (art. 1767.º). A acção destina-se, portanto, a proteger os bens comuns ou os bens próprios do cônjuge autor.

[920] No entanto, MADALENO, Rolf, *Curso de Direito de Família* cit, p. 717, alerta para o perigo da referida disposição legal brasileira, susceptível de "servir como porta de acesso à fraude e ao engodo da credulidade conjugal".

[921] Posição defendida por COELHO, F. Pereira/OLIVEIRA, Guilherme de, *Curso de Direito da Família*, vol. I cit., pp. 577-581.

[922] Opinião de VARELA, Antunes, *Direito da Família* cit., pp. 433-434, LIMA, Pires de/VARELA, Antunes, *Código Civil Anotado*, vol. IV cit., art. 1714.º (4), e XAVIER, Rita Lobo, *Limites à autonomia* cit., pp. 135-138.

[923] Cf. MENDES, J. Castro/SOUSA, M. Teixeira de, *Direito da Família* cit., pp. 193-195; COELHO, F. Pereira/OLIVEIRA, Guilherme de, *Curso de Direito da Família*, vol. I cit., pp. 649-655; VARELA, Antunes, *Direito da Família* cit., 538-541; LIMA, Pires de/VARELA, Antunes, *Código Civil Anotado*, vol. IV cit., arts. 1767.º-1771.º.

A legitimidade para intentar a acção de simples separação judicial de bens incumbe, normalmente, só ao cônjuge lesado (art. 1769.º, n.º 1, 1.ª parte). Se o cônjuge lesado estiver inabilitado, a acção pode ser intentada por ele, ou pelo curador com autorização judicial (art. 1769.º, n.º 3). Se estiver interdito, a acção só pode ser intentada, em nome dele, pelo respectivo representante legal; ou unicamente por algum parente na linha recta ou até ao terceiro grau da linha colateral, se o representante legal for o outro cônjuge (art. 1769.º, n.ºs 1, 2.ª parte, e 2).

O art. 1770.º, n.º 1, menciona os efeitos da simples separação judicial de bens: sem prejuízo do disposto em matéria de registo, o regime matrimonial passa a ser o da separação, procedendo-se à partilha do património comum.

Mas os efeitos da simples separação não são apenas esses. A separação resultante é mais estrita do que uma separação convencional ou imperativa de bens. O fundamento é evitar a perda do que pertencia a um cônjuge por má administração do outro. Deste modo, surge também um obstáculo à administração exclusiva do cônjuge tido como "mau administrador" relativamente aos bens próprios do outro: com a simples separação judicial de bens, fica excluída a aplicação das als. e) e f) do art. 1678.º, n.º 2 (mas não da al.g): cf., *infra*, Parte III, n.º 23.3.1.)[924].

A simples separação judicial de bens é irrevogável (art. 1771.º), estatuição compreensível porque há a possibilidade de serem restaurados os poderes de administração do réu mediante contrato de mandato conjugal, que é livremente revogável pelo mandante.

III. Outros casos de "separação de bens na vigência da sociedade conjugal"[925].

O art. 1715.º, n.º 1, al. d), alude a outros casos de separação superveniente de bens, além da simples separação judicial de bens e da separação de pessoas e bens, que são:

a) A ausência na fase de curadoria definitiva (cf. art. 108.º).
b) A ausência na fase da morte presumida (cf. art. 115.º).
c) A separação de meações decretada no âmbito de uma execução (cf. art. 740.º do CPC). A separação de meações decretada no âmbito de uma execução ocorre quando a execução tenha sido movida contra um

[924] Contra, Paiva, Adriano Miguel Ramos de, *A comunhão de adquiridos* cit., pp. 249-250, escrevendo que "as regras sobre administração manter-se-ão intactas".

[925] Cf. Lima, Pires de/Varela, Antunes, *Código Civil Anotado*, vol. IV cit., art. 1772.º.

só dos cônjuges, ou seja numa situação de dívida incomunicável; além disso, é preciso que tenham sido penhorados bens comuns do casal por conta da dívida incomunicável e que o outro cônjuge tenha requerido a separação. No caso de requerimento em que se pede a separação, a execução fica suspensa até à partilha; o processo para a partilha de bens, neste caso especial, vem estabelecido no art. 81.º do RJPI.

d) A separação de bens decretada na sequência da declaração de insolvência de um ou de ambos os cônjuges (cf. art. 141.º, n.º 1, al. b), do CIRE, sobre a insolvência de um cônjuge; e os arts. 264.º-266.º do CIRE, relativos à insolvência de ambos os cônjuges). O art. 81.º do RJPI regula também este processo de separação.

Neste conjunto de quatro casos, observa-se a disciplina comum resultante do art. 1772.º: mudança para o regime da separação; admissibilidade da partilha do património comum; e irrevogabilidade da separação superveniente.

23.3. A administração dos bens do casal

23.3.1. A titularidade dos poderes de administração

I. O art. 1678.º fixa os poderes de administração dos bens do casal que cabem a cada um dos cônjuges. A respectiva disciplina não é, porém completa: para determinar a legitimidade de cada um dos cônjuges no que toca à prática de actos de administração que constituam simultaneamente actos de disposição, é imprescindível uma consulta dos arts. 1682.º a 1683.º. Contudo, o art. 1678.º não deixa de ser muito importante: regula inteiramente os actos de administração que se não enquadrem na categoria de actos de disposição; condiciona, em regra, a validade dos actos de alienação ou oneração dos bens móveis do casal; e influi sobre a qualificação das dívidas dos cônjuges (cf. arts. 1691.º, n.º 1, al. c), e 1692.º, als. a) e b)).

Por força do art. 1699.º, n.º 1, al. c), a alteração das regras sobre administração dos bens do casal não pode ser objecto de convenção antenupcial, elemento que leva alguma doutrina[926] a concluir pelo carácter imperativo do art. 1678.º. Não obstante isto, o próprio art. 1678.º, na al. g) do seu n.º 2, admite que um dos cônjuges administre os bens próprios do outro cônjuge, se este

[926] Cf. Coelho, F. Pereira/Oliveira, Guilherme de, *Curso de Direito da Família*, vol. I cit., p. 434.

lhe conferir por mandato esse poder, estatuição que, portanto, confere às partes um meio de afastarem a regra geral de administração dos bens próprios (cf. art. 1678.º, n.º 1). Este preceito tem afinal um sentido amplo, concedendo aos cônjuges a faculdade de estipularem por mandato revogável uma qualquer regra de administração, ainda que diversa da que resultaria de todo o restante art. 1678.º (incluindo o n.º 1, as als. *a)* a *f)* do n.º 2, e o n.º 3). Consequentemente, é preferível falar de uma *supletividade condicionada* à celebração de um mandato livremente revogável (cf. art. 1170.º). O que o legislador quis proibir com o art. 1699.º, n.º 1, al. c), foi somente uma alteração *irrevogável* das regras da administração previstas no art. 1678.º[927], dado as estipulações em convenção antenupcial estarem subordinadas ao princípio da imutabilidade (cf. art. 1714.º, n.º 1).

II. As regras gerais em matéria de administração dos bens do casal encontram-se nas extremidades do art. 1678.º, enquanto as excepções se situam no meio, o que parece ser manifestação de uma técnica legislativa menos feliz. O n.º 1 do art. 1678.º estabelece que compete a cada um dos cônjuges a administração dos seus bens próprios, regra geral que não suscita grandes dificuldades de aplicação, exigindo unicamente ao intérprete uma indagação prévia acerca da qualidade dos bens, com base no regime de bens que vigora para o casamento em causa, e a verificação de que não ocorre concretamente uma das excepções consagradas no n.º 2. O mesmo não se pode dizer da regra geral prevista para a administração dos bens comuns do casal, que impõe ao intérprete uma tarefa complementar e que pode originar bloqueios e actos contraditórios, no plano das relações patrimoniais dos cônjuges.

Em teoria, são configuráveis quatro sistemas de administração dos bens comuns[928]: um primeiro, discriminatório, entrega a administração apenas a um dos cônjuges (normalmente o marido); outro confere separadamente a cada um dos cônjuges a administração de uma certa massa de bens, por exemplo, cada cônjuge administra os bens que por sua via entraram na comunhão; um terceiro obriga à intervenção de ambos os cônjuges para a prática de actos sobre os bens comuns (sistema de gestão de mão comum); um último permite que qualquer dos cônjuges sozinho pratique tais actos (sistema de gestão por representação mútua). A regra geral de administração dos bens comuns,

[927] Assim, COELHO, F. Pereira/OLIVEIRA, Guilherme de, *Curso de Direito da Família*, vol. I cit., p. 435, apesar de insistirem na imperatividade do art. 1678.º.
[928] Cf. BELEZA, Leonor, "Os efeitos do casamento" cit., p. 122.

instituída no art. 1678.º, n.º 3, opta pelo terceiro ou pelo quarto sistema, em função do critério do tipo de administração. Cada um dos cônjuges tem legitimidade para a prática de actos de administração ordinária ordinária, mas os restantes actos só podem ser praticados com o consentimento de ambos os cônjuges[929]. Isto é, a gestão será conjunta ou de mão comum, se se tratar de acto de administração extraordinária; a gestão será disjunta ou de representação mútua, quando se trate de acto de administração ordinária. Deste modo, a legitimidade de um cônjuge para praticar sozinho actos de administração relativamente a bens comuns do casal depende, em princípio, da natureza do acto à luz de uma classificação que contrapõe a administração ordinária à administração extraordinária.

A administração ordinária corresponde à gestão normal. Normalmente, são dados como exemplos de administração ordinária os actos que, não alterando a substância da coisa, se destinam à sua frutificação ou conservação (p.e., pintura de uma casa de que os cônjuges são proprietários e pretendem arrendar; reparação do automóvel). Os demais actos enquadrar-se-iam tendencialmente na categoria da administração extraordinária. Todavia, qualquer concepção rígida se afigura falível: um simples acto de conservação pode traduzir-se num acto de administração extraordinária (*v.g.*, a reparação de um automóvel já bastante usado que implique uma despesa superior ao valor comercial do bem em apreço).

O que releva é a normalidade ou não da gestão, requisito que tem de ser avaliado com base em vários aspectos, nomeadamente, a frequência com que o acto tende em geral a ser praticado, as condições económicas do casal em concreto e o grau de repercussão do acto na esfera jurídica dos cônjuges. Será, p.e., um acto de administração ordinária a compra de géneros alimentares necessários à subsistência da família, a preços de mercado. No entanto, mandar pintar a casa de morada da família de dez em dez anos pode representar um acto de administração extraordinária para um casal que vive em dificuldades económicas[930]. Além disso, o próprio impacto jurídico do acto tem de ser ponderado. É, p.e., um acto de administração extraordinária a contratação de uma mulher-a-dias com o propósito de assegurar a limpeza da residência da

[929] Ao consentimento exigido pelo art. 1678.º, n.º 3, aplica-se o art. 1684.º: cf., *infra*, Parte III, n.º 23.4.6.

[930] Aludindo justamente a esta hipótese, cf. CAMPOS, D. Leite de/CAMPOS, Mónica Martinez de, *Lições de Direito da Família* cit., pp. 279-280, que define os actos de administração ordinária como "aqueles que visam a conservação ou frutificação da coisa e que podem ser efectuados pelo casal sem sacrifício económico e sem recurso às suas reservas financeiras".

família. Apesar de visar a satisfação de um encargo normal da vida familiar, o meio utilizado é particularmente vinculativo (a celebração, na qualidade de entidade patronal, de um contrato de trabalho com terceiro, figura cuja estabilidade é distinta, p.e., da de um contrato de prestação de serviços) e autoriza a actuação de terceiro num espaço onde habitualmente se desenrola a vida íntima de cada um dos dois cônjuges.

As dificuldades suscitadas pelo art. 1678.º, n.º 3, não terminam com o enquadramento de um acto no campo da administração ordinária ou extraordinária. O regime correspondente à qualificação do acto dá azo a problemas práticos: uma vez que um só cônjuge tem legitimidade para a prática de um acto de administração ordinária relativamente a bens comuns, é possível que os dois cônjuges, por desavença, conluio ou simples desconhecimento, pratiquem actos incompatíveis (p.e., venda de uma mesma colheita a pessoas diferentes); como cada cônjuge isoladamente carece de legitimidade para a prática de actos de administração extraordinária, o desentendimento entre os membros do casal pode impedir uma gestão patrimonial independente de intervenção judicial. Atendendo a isto, talvez tivesse sido preferível adoptar como regra geral, relativamente aos bens comuns, o sistema da administração separada (consagrado excepcionalmente na lei actual: cf. primeiras alíneas do art. 1678.º, n.º 2).

No entanto, o regime geral efectivamente escolhido pelo legislador não pode ser subvertido, alargando-se *contra legem* o núcleo de excepções à regra geral. As soluções dos problemas têm de ser encontradas dentro do quadro legal: no caso de actos de administração ordinária incompatíveis, prevalecerá o acto praticado em primeiro lugar, porque o respectivo agente dispunha de todos os poderes necessários para o praticar; no caso de administração extraordinária por um cônjuge sem o consentimento do outro, o acto será válido somente se o cônjuge que o praticar tiver obtido o suprimento judicial desse consentimento (cf. art. 1684.º, n.º 3) ou se tiver entrado na administração com conhecimento e sem oposição expressa do outro (*aparência de mandato*).

III. Nas excepções às regras gerais sobre administração dos bens do casal estão compreendidas excepções especificamente aplicáveis à administração dos bens comuns e excepções às duas regras gerais sobre administração dos bens do casal. Comecemos pelas excepções unicamente à regra geral da administração dos bens comuns.

A administração ordinária de uma participação social em sociedade comercial que constitua bem comum cabe somente àquele cônjuge que tenha celebrado o contrato de sociedade ou, no caso de aquisição posterior ao contrato, àquele por quem a participação tenha vindo ao casal. É o que resulta, conjugadamente, dos n.ºs 2 e 3 do art. 8.º do CSC, ao determinarem que será considerado como sócio apenas o cônjuge que estiver naquelas condições, mas que o cônjuge do sócio não será impedido de exercer a administração, nos termos da lei civil, quando este se encontrar impossibilitado, por qualquer causa, de a exercer[931].

Em contrapartida, o art. 8.º do DL n.º 248/86, de 25 de Agosto, e as quatro primeiras alíneas do art. 1678.º, n.º 2, introduzem excepções mais profundas à disciplina do artigo 1678.º, n.º 3, conferindo a um dos cônjuges poderes exclusivos de administração quer ordinária *quer extraordinária*.

O art. 8.º do referido decreto-lei estabelece que "a administração do estabelecimento individual de responsabilidade limitada compete ao seu titular, ainda que seja casado e, por força do regime matrimonial de bens, o estabelecimento pertença ao património comum do casal".

De acordo com a al. a) do n.º 2 do art. 1678.º, o produto do trabalho é administrado pelo cônjuge que o aufere. Só que o preceito, referindo-se aos proventos de trabalho que sejam comuns por força do regime de bens que vigora no casamento, não exonera o cônjuge que os recebe do cumprimento do dever conjugal de assistência. Por conseguinte, ele é livre de aplicar os seus rendimentos do trabalho como entender mas só depois de ter realizado a contribuição para os encargos da vida familiar ou a prestação de alimentos a que eventualmente esteja vinculado[932]. Aliás, o art. 1676.º, n.º 4, é bastante elucidativo quanto a isto. Mais: a existência do dever de assistência impõe, em geral, um limite ao exercício dos poderes de administração ou disposição que a lei atribui, em diversas situações, exclusivamente a um dos cônjuges.

Nos termos da al. b) do art. 1678.º, n.º 2, cada um dos cônjuges administra os seus direitos *patrimoniais* de autor que se integrem na comunhão de bens.

[931] Segundo XAVIER, Rita Lobo, o legislador teria pretendido excluir a participação social da regra de administração ordinária disjunta para evitar o risco de perturbação da vida societária ("Reflexões sobre a posição do cônjuge meeiro em sociedades por quotas", suplemento XXXVIII do *BFDUC*, 1993, p. 92). Posteriormente, XAVIER, Rita Lobo ("Participação social em sociedade por quotas integrada na comunhão conjugal e tutela dos direitos do cônjuge e do ex-cônjuge do sócio", em AA.VV., *Nos 20 anos do Código das Sociedades Comerciais. Homenagem aos Profs. Doutores A. Ferrer Correia, Orlando de Carvalho e Vasco Lobo Xavier*, Coimbra, Coimbra Editora, 2008, pp. 1002-1006) recorda e frisa que o desvio às regras gerais respeita unicamente à administração ordinária, batendo-se contra a prática de dispensar o consentimento do cônjuge meeiro do sócio para a realização de "actos sociais de disposição".

[932] Cf., analogamente, CARBONNIER, Jean, *Droit civil* cit., p. 503.

Embora, a alínea fale genericamente de direitos de autor, os direitos morais de autor, enquanto exemplo de bens incomunicáveis por força da lei (cf. art. 1733.º, n.º 1, al. c), parte respeitante aos direitos estritamente pessoais), estão subordinados ao regime do art. 1678.º, n.º 1.

A al. c) do n.º 2 do art. 1678.º determina que a cada um dos cônjuges compete a administração dos bens comuns por ele levados para o casal ou posteriormente adquiridos a título gratuito, bem como dos sub-rogados em lugar deles. Nesta categoria de bens sub-rogados cabem os bens adquiridos por meio de troca directa ou indirecta e o preço dos bens alienados. O conceito de sub-rogação é, portanto, similar ao que consta do art. 1723.º. E o espírito da al. c) do n.º 2 do artigo 1678.º compreende ainda os rendimentos dos bens aí indicados, por um argumento de igualdade de razão com a al. a), que menciona os rendimentos do trabalho, e pelo facto de o art. 1696.º, n.º 2, mandar responder os rendimentos dos bens comuns levados para o casal ou posteriormente adquiridos a título gratuito pelas dívidas incomunicáveis do titular dos bens de que provêm, a par de outros bens comuns referidos no mesmo número cuja administração cabe sempre exclusivamente a este cônjuge[933].

A primeira parte da al. d) do n.º 2 do art. 1678.º confere a um só dos cônjuges a administração dos bens que tenham sido doados ou deixados a ambos os cônjuges, com exclusão da administração do outro, bens que são, normalmente, comuns no regime da comunhão de adquiridos (art. 1729.º, n.º 1) e no regime da comunhão geral (art. 1732.º). A segunda parte da al. d) ressalva a hipótese de se tratarem de bens doados ou deixados por conta da legítima. A gestão dos bens atribuídos nessas condições é regulada pelo art. 1678.º, n.º 1 (caso dos bens atribuídos no regime da comunhão de adquiridos, que são próprios por força do art. 1729.º, n.º 2), ou pelo art. 1678.º, n.º 3 (caso dos bens atribuídos na comunhão geral, que são comuns nos termos do art. 1732.º). A ressalva nega, assim, eficácia à estipulação do autor da liberalidade que pretendia afastar o sucessível da administração dos bens que se destinam a preencher a respectiva legítima[934]. Estando marcada pelo princípio da intangibilidade da legítima, a segunda parte da al. d) não se aplica ao legado em

[933] Cf. BELEZA, Leonor, "Os efeitos do casamento" cit., pp. 124-125.

[934] Mas a ressalva implica uma desarticulação entre as regras familiares e as sucessórias, como é explicado por CORTE-REAL, C. Pamplona, *Direito da Família e das Sucessões (Relatório)* cit., p. 38: "Basta lembrar que o testamento só é aberto após a morte do autor da sucessão e que o regime de administração pode ficar eventualmente indefinido até esse momento, para além de que a doação ou a deixa podem vir a exceder a legítima, ou a ser imputadas nesta mesmo não sendo feitas por conta, o que também só após a abertura da sucessão será averiguável".

substituição da legítima, que assume a natureza de legado testamentário cuja aceitação impede a aquisição da herança legal[935]. Ou seja, são administrados em exclusivo por um dos cônjuges os bens legados a ambos os cônjuges com exclusão da administração do outro, se tiverem sido legados em substituição da legítima desse outro cônjuge.

IV. As restantes alíneas do n.º 2 do art. 1678.º prevêem excepções quer à regra geral sobre a administração dos bens próprios quer à regra geral sobre a administração dos bens comuns. Embora apenas o texto da alínea e) se refira expressamente às duas categorias de bens, não há motivo para restringir a solução das als. f) e g) aos bens próprios. As duas últimas alíneas abrangem também os bens comuns, por maioria de razão. Aliás, no que toca à alínea g), basta ter em conta o proémio do n.º 2 do artigo 1681.º, que admite a possibilidade de a administração por um dos cônjuges dos bens comuns se fundar em mandato.

A al. e) do n.º 2 do art. 1678.º exprime a relevância do interesse profissional no Direito Matrimonial. A cada um dos cônjuges incumbe a administração dos bens móveis, comuns ou próprios do outro, por ele exclusivamente utilizados como instrumento de trabalho. O legislador pretende assegurar ao cônjuge o livre uso dos seus instrumentos de trabalho. Mas o interesse profissional não é um valor absoluto[936]. Por um lado, a al. e) não se aplica aos bens imóveis[937]. Por outro lado, o início da utilização exclusiva por um cônjuge de um bem móvel que lhe não pertença ou que lhe não pertença totalmente carece de autorização do outro cônjuge, que é titular do bem próprio ou contitular do bem comum. A passagem do bem de uma situação em que a administração

[935] Cf. PINHEIRO, J. Duarte, *Legado em substituição da legítima* cit., pp. 285, 291 e 293

[936] Cf., *supra*, nota 775.

[937] Hesitamos quanto à aplicação da alínea ao estabelecimento comercial, que é proposta por COELHO, F. Pereira/OLIVEIRA, Guilherme de, (*Curso de Direito da Família*, vol. I cit., pp. 442-444), porque a lei tende a subordinar o estabelecimento comercial ao regime dos imóveis e não ao dos bens móveis com carácter corpóreo (cf. art. 1682.º-A). Não subscreve tal hesitação, DIAS, Cristina M. Araújo, *Do regime da responsabilidade por dívidas dos cônjuges* cit., p. 560, nota 1001, que, concorda com Pereira Coelho/Guilherme de Oliveira.
Na opinião de XAVIER, Vasco ("Se pode o cônjuge do empresário, ao abrigo do artigo 1678.º, n.º 3, intervir na gestão do estabelecimento mercantil, quando este seja um bem comum do casal", *Revista de Direito e Estudos Sociais* 1982), a administração do estabelecimento comercial que seja bem comum do casal cabe sempre exclusivamente ao cônjuge empresário, afastando o art. 1677.º-D a regra do art. 1678.º, n.º 3. A liberdade de exercício da profissão está, porém, sujeita a restrições, não podendo ser assegurada à custa de património que é, em parte, alheio.

incumbe somente ao outro cônjuge ou em que a administração é conjunta ou disjunta para um regime em que a administração cabe por inteiro ao cônjuge que o usar como instrumento de trabalho não pode depender de uma atitude unilateral tomada por este[938]. Tem de resultar da celebração de um acordo sobre a orientação da vida em comum. Consequentemente, o início consensual da utilização exclusiva de um bem móvel, próprio do outro ou comum, como instrumento de trabalho não determina uma atribuição irreversível de poderes amplos de administração ao cônjuge que os utiliza por parte do outro cônjuge. Em certas condições, o acordo que permitiu a afectação especial do bem pode ser unilateralmente revogado[939].

A atribuição de poderes de administração a um cônjuge nos termos al. f) do n.º 2 do art. 1678.º só se verifica quando estejam cumulativamente preenchidos dois pressupostos: impossibilidade de exercício da administração dos bens pelo outro cônjuge e falta de procuração bastante para a administração desses bens.

O impedimento do exercício da administração dos bens deve ter um carácter de permanência ou durabilidade que justifique a transferência dos poderes[940]. Quando a impossibilidade seja meramente temporária ou eventual, não se aplica a alínea em apreço, mas o art. 1679.º. E também não se aplica a mesma alínea, mas o art. 1649.º, n.º 2, se a impossibilidade do exercício da administração pelo cônjuge decorrer da sanção prevista para a violação da al. a) do artigo 1604.º[941].

A lei especifica duas causas de impossibilidade não meramente temporária do exercício da administração por um cônjuge: a ausência em lugar remoto e a ausência em lugar não sabido: é preciso que "a não presença por estar em lugar longínquo seja com certa permanência que torne inviável ou absurdamente dispendiosa e imprática a administração a tal distância e que não permita, portanto, esperar pelo regresso do ausente"[942]. Quanto à ausência em lugar não sabido, trata-se da ausência em sentido técnico (o conceito é idên-

[938] Cf. Coelho, F. Pereira/Oliveira, Guilherme de, *Curso de Direito da Família*, vol. I cit., pp. 439-440. Parcialmente contra, Paiva, Adriano Miguel Ramos de, *A comunhão de adquiridos* cit., pp. 247-258, afirmando que "não será sempre assim, sob pena de um cônjuge poder injustamente impedir o outro de exercer a sua profissão".

[939] Cf., *supra*, Parte III, n.º 8.II.

[940] Cf., na legislação anterior à Reforma de 1977, Cardoso, A. Lopes, *A administração dos bens do casal*, Coimbra, Livraria Almedina, 1973, pp. 53-54.

[941] Cf., *infra*, I.e).

[942] Cardoso, A. Lopes, *A administração dos bens do casal* cit., p. 32.

tico ao que consta do art. 89.º, n.º 1). Por isso, coloca-se o problema da conjugação do disposto na al. e) do n.º 2 do art. 1678.º com a previsão do instituto da curadoria provisória.

Em nossa opinião, a instauração da curadoria provisória afasta as regras específicas da administração dos bens do casal. A curadoria provisória confere maior protecção ao ausente casado: os poderes individuais de administração são mais restritos (cf. art. 94.º) e o curador provisório está obrigado a prestar contas (cf. o art. 95.º, n.º 1, que contrasta com o art. 1681.º, n.º 1). Ora, na hierarquia legal, a tutela do ausente prevalece sobre a eventual conveniência na atribuição de poderes amplos de administração ao cônjuge do ausente, tanto mais que a existência de "procuração bastante" é suficiente para impedir tal atribuição. E acresce a isto o facto de outra posição, que privilegie a aplicação da al. e) do n.º 2 do art. 1678.º perante o mecanismo da curadoria provisória, tornar dificilmente compreensível a necessidade de se admitir o deferimento da curadoria ao próprio cônjuge do ausente (cf. art. 92.º, n.º 1)[943].

Mas o impedimento do exercício da administração por um cônjuge que legitima a administração pelo outro pode dever-se a outro motivo que não a ausência em lugar remoto ou não sabido, *v.g.*, uma situação susceptível de fundamentar interdição ou inabilitação (cf. arts. 138.º e 152.º) e o cumprimento de pena de prisão. Note-se, porém, que, tendo sido decretada a interdição ou a inabilitação do cônjuge impossibilitado de exercer a administração, deixa de ser aplicável o n.º 2 do art. 1678.º. Prevalece o regime que oferece maiores garantias de protecção do interesse do incapaz (o da tutela ou curatela)[944].

Para concluir a análise da al. f), resta clarificar o sentido do segundo pressuposto. Se um cônjuge se encontrar impossibilitado de exercer a administração dos seus bens próprios ou dos bens comuns, a transferência dos poderes de gestão para o outro opera unicamente se não tiver sido conferida a terceiro "procuração bastante" para a administração desses bens. E aqui procuração bastante será aquela que torna dispensável a transferência, total ou parcial,

[943] Por estas razões, não se pode apoiar CARDOSO, A. Lopes, *A administração dos bens do casal* cit., p. 30, para quem "só haverá lugar à nomeação de curador ao ausente casado quando o cônjuge presente não proveja, com perigo para os bens (e futuramente para os sucessíveis) à administração deles".

[944] No entanto, é algo distinta a perspectiva de LIMA, Pires de/VARELA, Antunes, ao sustentarem que o cônjuge do interdito, nomeado tutor, exerce os poderes típicos do cônjuge administrador, não estando obrigado à inventariação prévia dos bens do interdito nem à prestação de contas (*Código Civil Anotado*, vol. IV cit., art. 1678.º (10)).

de poderes de gestão para o outro cônjuge. Isto é, os poderes do procurador não podem ser menores do que os que cabem a um cônjuge administrador[945]. Designadamente, a procuração que conceda ao representante meros poderes de administração ordinária sobre um bem próprio do cônjuge ausente em lugar remoto não obsta ao exercício legítimo da administração ordinária e extraordinária pelo outro cônjuge, relativamente àquele bem. Uma solução diversa seria pouco plausível. A atribuição de poderes de administração extraordinária ao procurador corresponde a uma interpretação abusiva da vontade do constituinte. A atribuição de tais poderes ao cônjuge do ausente, cabendo ao procurador o exercício de poderes de gestão normal, embate na lógica: ao cônjuge seria *proibido o menos e permitido o mais*.

Após a simples separação judicial de bens, são inaplicáveis as als. e) e f) do art. 1678.º, n.º 2[946].

Ao contrário de todas as alíneas anteriores do n.º 2 do art. 1678.º, a al. g) não confere necessariamente a um cônjuge poderes de administração ordinária e extraordinária. Ao cônjuge mandatário cabem os poderes que o outro lhe conferir através do contrato de mandato (cf. art. 1681.º, n.º 2, 1.ª parte). No caso de mandato geral, estão apenas compreendidos os actos de administração ordinária (cf. art. 1159.º, n.º 1). E a al. g) demarca-se das demais alíneas do art. 1678.º, n.º 2, noutro aspecto: enquanto estas conferem a um dos cônjuges a titularidade exclusiva da administração, a al. g) não impede que as partes estipulem uma co-administração sobre um bem próprio[947].

V. A violação do disposto no art. 1604.º, al. a) origina uma excepção ao princípio da *administração intraconjugal* dos bens do casal, subjacente a todos os números do art. 1678.º. Se o menor de 16 ou 17 anos casar sem a autorização dos pais ou do tutor, ou o respectivo suprimento, a administração dos bens que ele tiver ao tempo da celebração do casamento ou dos bens que venha a adquirir posteriormente a título gratuito, que não caiba no âmbito do art. 127.º, n.º 1, incumbe, até à maioridade, aos seus representantes legais (cf. art. 1649.º). Até à maioridade, tais bens não podem ser administrados por nenhum dos cônjuges. Antes disso, e quanto aos mesmos bens, não será invocável nenhum dos preceitos contidos no art. 1678.º.

[945] Identicamente, Beleza, Leonor, "Os efeitos do casamento" cit., pp. 127-128.

[946] Cf., *supra*, Parte III, n.º 23.2.II.

[947] Cf. Coelho, F. Pereira/Oliveira, Guilherme de, *Curso de Direito da Família*, vol. I cit., p. 436: "se é permitido ceder a totalidade dos poderes de administração, também é lícito ceder parte deles".

23.3.2. Regime do exercício da administração conjugal

I. O art. 1681.º estabelece um regime especial de exercício da administração conjugal que cobre quatro situações: administração ao abrigo do disposto nas als. a) a f) do n.º 2 do art. 1678.º; administração fundada em mandato (art. 1678.º, n.º 2, al. g)); administração fundada numa aparência de mandato; entrada na administração de bens comuns ou bens próprios do outro cônjuge, sem poderes e com oposição expressa desse outro cônjuge. No entanto, após uma análise cuidada de todo o artigo, é possível extrair uma disciplina para outras situações, *v.g.*: administração ao abrigo do disposto nos n.ºs 1 e 3 do art. 1678.º; gestão dos respectivos bens próprios sem poderes, havendo oposição expressa do cônjuge administrador; prática de actos de administração sem poderes, não havendo conhecimento do cônjuge administrador.

II. O n.º 1 do art. 1681.º dispensa o cônjuge que administrar bens comuns ou bens próprios do outro, ao abrigo do disposto nas als. a) a f) do n.º 2 do art. 1678.º, da obrigação de prestação de contas, a que está normalmente vinculado um administrador de bens alheios (cf. arts. 95.º, 465.º, al. c), 1944.º e 2093.º, n.º 1) e sujeita-o a responsabilidade civil apenas no que toca aos danos resultantes da prática de actos dolosos de gestão. O *tratamento de favor* do cônjuge administrador é justificado com o argumento da paz familiar[948]. Nesta medida, a solução legal de *imunidade relativa* é criticável[949], por identificar denegação de tutela com ausência de conflitualidade. É razoável supor que as relações entre duas partes melhorem só porque a lei ignora a existência de um litígio entre ambas? É crível que o sacrifício injusto, não compensado, do interesse patrimonial de um dos cônjuges, imputável à negligência do outro, contribua para a manutenção da *harmonia doméstica*? Além disso, está longe de ser positivo o sinal que a lei dá à generalidade dos casais. Numa lógica de prevenção de situações de conflitualidade material, afigura-se mais pertinente sujeitar expressamente cada um dos cônjuges a um dever de especial diligência

[948] Cf. LIMA, Pires de/VARELA, Antunes, *Código Civil Anotado*, vol. IV cit., art. 1681.º (3): convém limitar a possibilidade de serem intentadas acções de indemnização entre os cônjuges porque elas afectam a vida em comum das partes.

[949] Também contesta a irresponsabilidade do cônjuge administrador, HÖRSTER, H. E., "A respeito da responsabilidade civil dos cônjuges entre si" cit., p. 119; PAIVA, Adriano Miguel Ramos de, *A comunhão de adquiridos* cit., pp. 270-273; DIAS, Cristina M. Araújo, *Do regime da responsabilidade por dívidas dos cônjuges* cit., pp. 571-572.

no exercício da administração de bens comuns ou próprios do outro do que determinar que ele não responde por actos negligentes.

Como se já não bastasse a imunidade nos casos de ilícito negligente, alguma jurisprudência defende que a responsabilidade civil do cônjuge administrador não abarca as omissões intencionais[950]. Ora, apesar da letra do n.º 1 do art. 1681.º, que fala apenas em "actos praticados", esta orientação é, com a devida vénia, inadmissível[951]. Por um lado, retira ao preceito boa parte da sua razão de ser. A hipótese de uma atitude negativa deliberadamente prejudicial do cônjuge administrador é mais frequente do que a prática efectiva de actos de administração intencionalmente ruinosos[952]. Por outro lado, não tem em conta o facto de uma possível atitude abstencionista, tomada pelo cônjuge administrador com o intuito de prejudicar o outro ou o casal, violar um dever de agir, imposto pelo dever conjugal de cooperação, violação que, nos termos gerais, atribui à omissão o carácter de elemento constitutivo da obrigação de indemnizar (cf. art. 486.º).

III. Segundo o art. 1681.º, n.º 2, a administração por um dos cônjuges dos bens comuns ou próprios que se fundar num contrato de mandato celebrado entre eles está subordinada às regras do mesmo. Por força deste preceito, o cônjuge cuja legitimidade para administrar decorrer de um mandato que lhe foi conferido pelo outro está submetido ao regime geral da responsabilidade civil obrigacional (cf. arts. 798.º e 799.º). Ou seja, esse cônjuge pode ser obrigado a indemnizar o outro pela prática de actos (ou omissões) meramente culposos. Detecta-se, portanto, uma discrepância na regulamentação da garantia do exercício regular da administração conjugal, que reforça a necessidade de abolir a imunidade do cônjuge que administrar bens ao abrigo do disposto nas als. a) a f) do n.º 2 do art. 1678.º, actualmente concedida pela lei em casos de conduta negligente.

Todavia, não se julgue que as regras do mandato são integralmente aplicáveis ao mandato conjugal. O próprio art. 1681.º, n.º 2, estabelece uma norma supletiva que restringe algumas das obrigações típicas de um mandatário – a obrigação de prestar contas e de entregar o saldo eventualmente resultante do

[950] Cf. ac. do STJ de 10/07/1990, processo n.º 077916 (Jorge Vasconcelos), http://www.dgsi.pt.

[951] Igualmente, Cardoso, A. Lopes, *A administração dos bens do casal* cit., p. 301, considerando que a exclusão da responsabilidade pelas abstenções intencionais viola o espírito da lei; e Dias, Cristina M. Araújo, *Do regime da responsabilidade por dívidas dos cônjuges* cit., p. 568.

[952] Cf. Cruz, Braga da, "Capacidade patrimonial dos cônjuges (Anteprojecto dum título do futuro Código Civil)", *BMJ* 69 (1957), p. 367.

exercício do mandato (art. 1161.º, als. d) e e)). Se não houver estipulação em contrário, tais obrigações vinculam o cônjuge que administrar em virtude de mandato só relativamente a actos praticados durante os últimos cinco anos, limitação temporal que se compreende no contexto do "ambiente normal de confiança entre os cônjuges"[953] mas que o acordo das partes não pode ampliar. Como resulta do teor da 2.ª parte do n.º 2 do art. 1681.º, é válida unicamente a convenção que adopte um regime mais próximo do que cabe ao mandatário comum.

O mandato conjugal é livremente revogável, ainda que tenha sido conferido também no interesse do mandatário ou de terceiro, o que se desvia do que é prescrito no art. 1170.º, n.º 2. A livre revogabilidade do mandato que conferir a um dos cônjuges poderes para administrar os bens comuns ou próprio do outro decorre da proibição de estipulações que modifiquem de modo irreversível as regras sobre administração dos bens do casal (cf. art. 1699.º, n º 1, al. c)). Fazer depender a revogação do mandato do acordo do mandatário ou de terceiro poderia implicar a perda definitiva dos poderes de administração que a lei reconheceu originariamente ao cônjuge mandante.[954]

Atendendo ao dever de cooperação que vincula reciprocamente as partes[955], o mandato presume-se gratuito[956], mesmo que tenha por objecto actos que o mandatário pratique por profissão, o que não se harmoniza inteiramente com o disposto no art. 1158.º, n.º 1.

As dúvidas gerais em torno do carácter consensual ou formal do contrato de mandato[957] não se colocam quanto ao mandato conjugal, que só releva enquanto tal desde que seja reduzido a escrito[958]. Ao enquadrar a prática de actos de gestão "sem mandato escrito" no plano da administração conjugal

[953] Cf. Dias, Cristina, "Responsabilidade civil e direitos familiares conjugais (pessoais e patrimoniais)", *SI* n.ºs 286/288, 2001, p. 365.

[954] Dada a livre revogabilidade do mandato conjugal, não parece ser possível a existência das indemnizações previstas no art. 1172.º (cf. Dias, Cristina M. Araújo, *Do regime da responsabilidade por dívidas dos cônjuges* cit., p. 555).

[955] Cf., *supra*, Parte III, n.º 14.I.

[956] Posição distinta é de Coelho, F. Pereira/Oliveira, Guilherme de, *Curso de Direito da Família*, vol. I cit., p. 442, que excluem a onerosidade do mandato, estendendo a proibição legal da compra e venda entre cônjuges, não separados de pessoas e bens, aos restantes contratos onerosos. Todavia, a restrição à liberdade contratual consagrada pelo art. 1714.º, n.º 2, apresenta carácter excepcional, o que obsta a uma extensão analógica (cf., *infra*, Parte III, n.º 26.2.III).

[957] Cf. Gomes, J. Costa,"Contrato de mandato", em *Direito das Obrigações*, 3.º vol., sob a coordenação de Menezes Cordeiro, 2.ª ed., Lisboa, AAFDL, 1991, pp. 288 e s.

[958] Cf. Ataíde, Rui, *A responsabilidade do "representado" na representação tolerada (Um problema de representação sem poderes)*, Lisboa, AAFDL, 2008, pp. 73-74.

de facto, o art. 1681.º, n.º 3, exige de modo indirecto que o mandato conjugal assuma forma escrita.

IV. Nos termos da primeira parte do art. 1681.º, n.º 3, a administração exercida por um cônjuge que age sem poderes legais ou contratuais para o efeito, mas com conhecimento e sem oposição expressa do outro cônjuge[959], está subordinada ao regime da administração conjugal fundada num contrato de mandato. A figura não corresponde a um mandato tácito[960], porque ela tem lugar apesar do silêncio ou até da oposição tácita do outro cônjuge. Trata-se de uma manifestação específica da tutela da confiança de terceiro na legitimidade do cônjuge que praticar actos de gestão, confiança que é protegida em virtude de não haver oposição expressa, cognoscível, do outro cônjuge, e de o homem comum presumir que a acção de um cônjuge se baseia num acordo realizado entre ambos os membros do casal.[961]

À administração conjugal fundada na aparência de um mandato são aplicáveis, com as devidas adaptações, as regras da administração conjugal fundada num contrato de mandato, nomeadamente as que se referem à responsabilidade civil, à prestação de contas, à entrega do saldo e à extensão dos poderes de gestão. Mas este último ponto carece de uma observação complementar. Em princípio, o mandato aparente não atribui mais poderes do que aqueles que, na falta de estipulação, seriam conferidos pelo mandato conjugal (cf. o art. 1159.º, invocável *ex vi* do art. 1681.º, n.º 2, primeira parte). Ou seja, a legitimidade do "mandatário aparente" está confinada ao perímetro da administração ordinária, salvo prova de que o conhecimento e a falta de oposição expressa do outro cônjuge também compreendem o início da actividade gestória extraordinária[962].

[959] Especificamente sobre o tema, cf. ATAÍDE, Rui, "Regime e natureza jurídica da administração conjugal «de facto»", em AA.VV., *Estudos em Homenagem ao Prof. Doutor Martim de Albuquerque*, vol. II, Lisboa, Faculdade de Direito da Universidade de Lisboa, 2010.

[960] Como foi demonstrado por ATAÍDE, Rui, *A responsabilidade do "representado"* cit, pp. 75 e s., e "Regime e natureza jurídica da administração conjugal" cit., pp. 724-727.

[961] Distinto é o entendimento de ATAÍDE, Rui, "Regime e natureza jurídica da administração conjugal" cit., pp. 731 e s., que fala de uma relação de confiança entre os cônjuges, digna de tutela legal por ter como finalidade primária "suprir uma inércia potencialmente lesiva do património familiar".

[962] Contra ATAÍDE, Rui (*A responsabilidade do "representado"* cit., pp. 71-72, e "Regime e natureza jurídica da administração conjugal" cit., pp. 686-690), que reconhece ao cônjuge que administrar bens com base na aparência de um mandato poderes de administração ordinária e extraordinária.

V. É ilegítima a actuação do cônjuge que entrar na administração dos bens próprios do outro ou de bens comuns cuja gestão lhe não caiba, com oposição directa do outro cônjuge (que tanto pode ser manifestada verbalmente como por escrito). Neste caso, a segunda parte do n.º 3 do art. 1681.º determina que o cônjuge administrador responde como um possuidor de má fé. Isto é, ele tem de indemnizar o outro cônjuge pela perda ou deterioração dos bens administrados, ainda que não tenha agido culposamente (art. 1269.º *a contrario*), e pelo valor dos frutos que deixou de obter por culpa sua e que um proprietário diligente teria obtido (art. 1271.º).

VI. Não obstante o silêncio do art. 1681.º, o cônjuge que administrar bens ao abrigo do disposto nos n.ºs 1 e 3 do art. 1678.º não está isento de responsabilidade civil. A administração dos bens próprios com base na regra geral do n.º 1 do art. 1678.º é susceptível de causar danos ao outro se colidir com o dever de assistência a que o cônjuge administrador está vinculado, em qualquer regime de bens, ou se implicar uma frutificação inferior à que um proprietário diligente poderia ter obtido, nos regimes típicos de comunhão ou nos regimes atípicos em que os frutos dos bens próprios integrem o património comum. E a administração disjunta dos bens comuns realizada com base na regra geral do n.º 3 do art. 1678.º pode causar maiores danos. De qualquer modo, por igualdade de razão com a hipótese de administração ao abrigo do disposto nas als. a) a f) do n.º 2 do art. 1678.º, sujeita à disciplina do art. 1681.º, n.º 1, a constituição da obrigação de indemnizar exige sempre a existência de dolo da parte do cônjuge que tenha a administração por força do n.º 1 ou do n.º 3 do art. 1678.º.

O cônjuge que entrar na administração de bens próprios cuja gestão cabia ao outro, por os utilizar exclusivamente como instrumento de trabalho (art. 1678.º, n.º 1, al. e)), quando se verifique a oposição expressa deste último e não haja fundamento para a revogação unilateral do acordo sobre a afectação dos bens, incorre em responsabilidade civil pelos danos causados, nos termos gerais. Solução idêntica vale para o cônjuge que praticar actos de administração, sem poderes e sem o conhecimento do cônjuge a quem competia a administração. No entanto, se a acção do cônjuge preencher os requisitos da gestão de negócios, geral ou conjugal[963], há que observar o que se estabelece no art. 466.º.

[963] Sobre a gestão de negócios conjugal, cf., *infra*, Parte III, n.º 23.3.3.

VII. O art. 1687.º é omisso quanto à validade dos actos de administração que, não constituindo simultaneamente actos de disposição, violem as regras legais sobre a legitimidade para administrar (e que, obviamente, não sejam lícitos à luz da figura geral da gestão de negócios ou da previsão que permite a um cônjuge tomar providências administrativas). Como resulta do seu n.º 1, o art. 1687.º trata apenas dos actos de disposição e não de outros actos de administração.

Aos actos de simples administração praticados sem legitimidade para o efeito é analogicamente aplicável a disciplina estabelecida pelo art. 1687.º: todos serão anuláveis (nos termos dos n.ºs 1 a 3 deste último artigo, com eventuais adaptações), com excepção daqueles que respeitem a bens próprios do outro cônjuge, que serão nulos (nos termos do art. 1687.º, n.º 4)[964].

23.3.3. Providências administrativas

O cônjuge que não tem a administração dos bens pode tomar medidas de carácter administrativo relativamente aos mesmos, enquanto gestor de negócios, nos termos dos arts. 464.º e s. ou nos termos do art. 1679.º. De facto, o art. 1679.º corresponde a uma manifestação particular da figura da gestão de negócios no campo das relações patrimoniais dos cônjuges, aplicando-se desde que um cônjuge não esteja autorizado a intervir na gestão dos bens à luz do art. 1678.º– p.e., numa situação em que, se revelando urgente a reparação do telhado de uma casa para evitar a entrada da chuva, o cônjuge a quem incumbia a administração do imóvel se ausentou por dois dias.

No plano dos pressupostos, a gestão de negócios conjugal demarca-se quer da administração fundada na al. f) do art. 1678.º, n.º 2, quer da gestão de negócios geral. Se, tal como sucede no referido preceito do art. 1678.º, a gestão de negócios conjugal exige que o outro cônjuge esteja impossibilitado de exercer a administração, o certo é que a impossibilidade em questão no art. 1679.º

[964] De modo aparentemente diverso, quanto a todos os actos patrimoniais realizados pelo cônjuge não administrador, VARELA, Antunes, *Direito da Família* cit., p. 383, ao afirmar que o acto praticado pelo cônjuge não administrador será nulo e não apenas anulável, no caso de se não verificar algum dos pressupostos que legitimam a adopção de providências administrativas. Igualmente, DIAS, Cristina M. Araújo, *Do regime da responsabilidade por dívidas dos cônjuges* cit., p. 594. Com o devido respeito, pensamos que o art. 1687.º indicia que a categoria da nulidade é reservada para os actos de um cônjuge que interfiram na esfera patrimonial exclusiva do outro. Acrescente-se que parece demasiado violenta a solução da nulidade dos actos de pura e simples administração praticados sem legitimidade, em especial se os actos incidirem sobre os bens próprios do cônjuge agente.

é temporária, eventual ou transitória. E, diferentemente do que ocorre com a gestão de negócios geral, as providências administrativas da gestão conjugal só podem ser tomadas se do retardamento destas puderem resultar prejuízos. Ou seja, a figura do art. 1679.º destina-se apenas a evitar que o dono do negócio sofra prejuízos, restrição a que não está sujeita a figura geral da gestão de negócios, que permite ao gestor qualquer actuação no interesse do dono do negócio (designadamente, uma actuação que vise a obtenção de vantagens).

Também no plano dos efeitos, a gestão de negócios conjugal tem uma configuração própria. O cônjuge que administrar bens ao abrigo do disposto na alínea f) do art. 1678.º, n.º 2, não é obrigado a prestar contas da sua administração e só responde pelos actos intencionalmente praticados em prejuízo do casal ou do outro cônjuge, mas aquela obrigação recai já sobre o gestor conjugal, que, além disso, incorre em responsabilidade civil pela prática de actos meramente culposos (cf. arts. 465.º, al. c), 466.º, n.º 1, e 1681.º, n.º 1 e n.º 3, segunda parte). À semelhança do que ocorre com a figura geral da gestão de negócios (cf. art. 471.º), a gestão conjugal pode ser representativa ou não. Todavia, no caso de gestão conjugal representativa, o teor do art. 1679.º aponta para a produção de efeitos das providências administrativas na esfera jurídica do cônjuge dono do negócio, independentemente de uma manifestação de vontade subsequente deste. O negócio celebrado pelo outro cônjuge em seu nome vincula-o ainda que não tenha havido ratificação (à gestão representativa comum aplica-se o art. 268.º). E, se a gestão conjugal for não representativa, a responsabilização do cônjuge que é dono do negócio por uma dívida decorrente da adopção de providências administrativas pode ocorrer mesmo que ele não tenha assumido a dívida (ao arrepio do disposto nos arts. 471.º e 1181.º). A dívida contraída na constância do matrimónio pelo cônjuge não administrador, em proveito comum do casal e nos limites da sua actuação enquanto gestor de negócios conjugal, responsabiliza ambos os cônjuges[965].

[965] Cf., no aspecto das dívidas, Coelho, F. Pereira/Oliveira, Guilherme de, *Curso de Direito da Família*, vol. I cit., p. 482, que, no contexto da interpretação do art. 1691.º, n.º 1, al. c), equiparam o cônjuge que toma licitamente providências administrativas àquele que actua nos limites dos seus poderes de administração. Contra, Dias, Cristina M. Araújo, *Do regime da responsabilidade por dívidas dos cônjuges* cit., p. 230, nota 425: a actuação do cônjuge ao abrigo do art. 1679.º não lhe confere poderes de administração, pelo que não se pode assumir que ele seja cônjuge administrador para efeitos do art. 1691.º, n.º 1, al. c).

23.3.4. Contas bancárias singulares

I. Sem ressalvar as disposições legais contíguas sobre administração e disposição, o art. 1680.º determina que um cônjuge pode constituir e movimentar livremente contas singulares. Qual o fundamento do preceito? Por um lado, reconhecer a cada um dos cônjuges um direito de liberdade contratual específica[966]. O casamento não retira ao cônjuge o direito de ser parte num contrato de conta bancária. Por outro lado, o preceito tenta facilitar o comércio bancário, dispensando o Banco do ónus de averiguar se a constituição e a movimentação da conta se ajustam às regras patrimoniais do casamento[967]. No interesse do Banco, os actos de constituição e movimentação da conta serão válidos e não responsabilizam aquele perante o cônjuge do titular ou perante os credores do casal, ainda que colidam efectivamente com as prescrições de índole matrimonial.

Seja como for, todos os direitos e interesses têm limites. O art. 1680.º consagra uma regra de administração, não interferindo no domínio da titularidade dos bens. Se for depositado dinheiro comum (p.e., correspondente ao produto do trabalho no regime da comunhão de adquiridos), o depósito não atribui ao crédito de restituição, que assiste ao titular nominal da conta perante o Banco, a natureza de bem próprio.[968]

As contas bancárias não podem ser encaradas como uma *micro-zona franca*, completamente imune à aplicação das regras jusfamiliares gerais sobre actos dos cônjuges. Tão-pouco é de aceitar a exclusão absoluta da eficácia externa destas regras[969]. Normalmente, o art. 1680.º significará que os eventuais desvios às regras conjugais de administração e disposição, consubstanciados através

[966] Cf., no direito francês, o que escreve MARTIN ("L' indépendance bancaire des époux", *Recueil Dalloz Sirey* 1989, *Chroniques*, pp. 135-136) sobre o art. 221 do *Code civil*, semelhante ao nosso art. 1680.º.

[967] Cf. LIMA, Pires de/VARELA, Antunes, *Código Civil Anotado*, vol. IV cit., art. 1680.º (2).

[968] Cf. ac. do STJ de 23-01-2014, proc. n.º 262/06.0TBVRS.E1.S1 (OLIVEIRA VASCONCELOS), http://www.dgsi.pt: o dinheiro parte do património conjugal e depositado em conta solidária do casal que venha a ser transferido para conta singular de um dos cônjuges não passa, por isso, a ser bem próprio deste.

[969] Sobre a relação entre o Direito Bancário e o Direito Matrimonial, cf. PINHEIRO, J. Duarte, "Operações bancárias e casamento", *Estudos de Direito da Família e das Crianças* cit., pp. 105-132, nomeadamente a p. 115, na qual se escreve: "Havendo uma situação localizada de colisão entre as normas de um ramo e as normas de outro, importará resolver o conflito através de uma ponderação dos valores específicos subjacentes e de modo a minimizar o sacrifício de uma ou ambas as disciplinas em apreço".

do mecanismo de uma conta bancária, terão um relevo circunscrito à esfera interna dos cônjuges: poderá, p.e., ser detectada a violação de um dever de respeito que, pela sua gravidade, fundamente um pedido de divórcio litigioso, ou que, pelos danos causados, constitua o cônjuge titular da conta em responsabilidade civil perante o outro.

Mas, em certos casos, repugna insistir na tutela do interesse do Banco, negando a oponibilidade a este das regras patrimoniais do casamento. Por outras palavras, as regras jusfamiliares gerais prevalecem se o Banco agiu com má fé psicológica, isto é, se, p.e., sabia que o cônjuge titular da conta depositava dinheiro cuja administração lhe não pertencia; as regras jusfamiliares gerais prevalecem também se um cônjuge alegar que o saldo existente resulta do depósito de fundos cuja administração lhe competia e não ao titular da conta. Note-se, porém, que a oponibilidade das regras patrimoniais do casamento dependerá, nestes casos, do recurso à via judicial, pois o art. 1680.º parece obrigar os Bancos a não reconhecerem, em princípio, outra legitimidade quanto às contas singulares que não a dos respectivos titulares.

II. A protecção efectiva dos direitos patrimoniais de um cônjuge, na sua relação com o outro, depende de uma informação completa acerca da situação dos bens do casal e dos actos respeitantes a estes. Como é óbvio, uma pessoa só está em condições de reagir contra um acto ilícito se tiver conhecimento da sua prática.

Cada um dos cônjuges é obrigado, nos termos gerais, a informar o outro acerca da existência da conta singular, do seu saldo e dos seus movimentos, e a apresentar os correspondentes documentos (cf. arts. 573.º e 575.º). Contudo, a eficácia da obrigação de informação e de apresentação de documentos está muito condicionada pela cooperação que o titular nominal da conta se mostra a disposto a prestar. Por conseguinte, a prestação de informação pelo banco afigura-se mais fiável. Mas o art. 78.º do RGICSF[970] sujeita as instituições de crédito a um dever de sigilo sobre factos ou elementos atinentes às relações da instituição com os seus clientes, sigilo que abarca os nomes dos clientes, as contas de depósito e seus movimentos e outras operações bancárias.

Como o art. 79.º do RGICSF consagra um sistema fechado de excepções ao dever de segredo bancário, há a tentação de pensar que os bancos podem e devem até negar-se a revelar factos ou elementos acerca da conta singular

[970] Aprovado pelo DL n.º 298/92, de 31 de Dezembro. As últimas alterações aos arts. 78.º e 79.º do RGICSF foram introduzidas pelo DL n.º 157/2014, de 24 de Outubro.

que sejam requeridas pelo cônjuge do titular nominal, com o fundamento de que a informação só pode ser prestada mediante autorização do cliente, que seria apenas a pessoa em nome da qual está a conta, ou quando seja aplicável uma disposição legal que expressamente limite o dever de segredo. E para reforçar a bondade da solução chega-se a afirmar que: "a instituição de crédito pode presumir – e tanto lhe bastará – que a conta só é comum quando aberta em nome de ambos os cônjuges e só nessa hipótese incluirá os dois no círculo da confidência"[971].

A jurisprudência superior não se tem conformado com este pensamento, que, em última análise, atinge largamente o alcance prático do Direito patrimonial da família. Mas tem seguido os mais variados caminhos para conjugar a disciplina do sigilo bancário com o Direito da Família: a sugestão de que o sigilo é irrelevante quando possa funcionar como um instrumento de fraude à lei[972]; a utilização do arrolamento das contas bancárias[973]; a utilização do suprimento do consentimento conjugal[974]; a ideia de que o cônjuge do titular nominal da conta, casado num regime da comunhão, é um "cliente", para efeitos de dispensa do sigilo bancário[975]. O último caminho, devidamente explorado, afigura-se ser o mais convincente. Mostrando-se duvidosa a coincidência entre a titularidade nominal da conta e a titularidade efectiva do saldo, o Banco tem de prestar informações ao cônjuge do titular nominal da conta singular. Até prova em contrário, o cônjuge é cliente do Banco em sentido material e não terceiro; ele beneficia de uma presunção de contitularidade dos bens móveis, vigente quer nos regimes de comunhão quer, normalmente, no regime da separação de bens (cf. arts. 1725.º, 1734.º e 1736.º, n.º 2).

971 Cf. Freitas, Costa, "O sigilo bancário", *Boletim da Ordem dos Advogados* 1983/Out., p. 12.

972 Cf. ac. da RL de 23/11/93, processo n.º 0068571 (Pinto Monteiro), http://www.dgsi.pt.

973 Cf. ac. da RL de 22/10/96, processo n.º 008471 (Lino Pinto), http://www.dgsi.pt, argumentando que o arrolamento não viola a legislação sobre sigilo bancário, porque a decisão cautelar não obriga necessariamente o Banco a prestar esclarecimentos sobre o conteúdo concreto da conta bancária.

974 Cf. ac. do STJ de 19/04/1995, processo n.º 085948 (Santos Monteiro), http://www.dgsi.pt, que, tendo em conta o art. 79.º, n.º 1, do RGICSF, que permite à instituição de crédito revelar factos ou elementos das relações do cliente com a instituição mediante autorização do cliente, defende que o cônjuge do titular nominal das contas bancárias interessado em obter informação dos bancos acerca destas tem de suprir judicialmente a autorização do outro cônjuge, ao abrigo do disposto no art. 1684.º, n.º 3. Mas, como explicam Coelho, F. Pereira/Oliveira, Guilherme de, *Curso de Direito da Família*, vol. I cit., pp. 552-553, a doutrina do aresto é forçada, por o suprimento do consentimento conjugal se adequar somente às situações em que um negócio seria inválido sem a participação dos dois cônjuges.

975 Cf. ac. da RP de 15/09/1992, processo n.º 9250198 (Gonçalves Vilar), http://www.dgsi.pt.

23.4. Disposição dos bens do casal[976]

23.4.1. Poderes de disposição

Em primeiro lugar, há que separar os poderes de disposição em vida dos poderes de disposição por morte; o art. 1685.º refere-se aos poderes de disposição por morte. No âmbito dos poderes de disposição em vida, é preciso contrapor os poderes de disposição sobre móveis aos poderes de disposição sobre imóveis. Dentro dos poderes de disposição sobre móveis, há regras para a generalidade dos bens móveis e regras específicas para o estabelecimento comercial. Dentro dos poderes de disposição sobre imóveis, há que distinguir as regras aplicáveis à generalidade dos imóveis daquelas que incidem sobre a casa de morada da família. À margem desta análise dos poderes de disposição em razão da qualidade, móvel ou imóvel, dos bens, é de referir também o poder de disposição relativamente ao direito de aceitar ou rejeitar aquisições a título gratuito.

23.4.2. Poderes de disposição em vida sobre a generalidade dos bens móveis

O art. 1682.º regula quaisquer actos de alienação ou oneração sobre a generalidade dos bens móveis.

O conceito de oneração adoptado pelo art. 1682.º é amplo: não se circunscreve à constituição de direitos reais de gozo menores ou de direitos reais de garantia; inclui todas as situações que acarretem uma limitação das faculdades associadas à titularidade de um direito preexistente, p.e., a locação e o comodato de bens.

Nem todos os bens móveis estão subordinados ao regime do art. 1682.º. À universalidade de direito que constitui o estabelecimento comercial aplica-se o disposto no art. 1682.º-A, embora a alienação ou oneração dos elemen-

[976] Cf. MENDES, J. Castro/SOUSA, M. Teixeira de, *Direito da Família* cit., pp. 133-140; COELHO, F. Pereira/OLIVEIRA, Guilherme de, *Curso de Direito da Família*, vol. I cit., pp. 452-476; VARELA, Antunes, *Direito da Família* cit., pp. 386-396; LIMA, Pires de/VARELA, Antunes, *Código Civil Anotado*, vol. IV cit., arts. 1682.º-1687.º; CAMPOS, D. Leite de/CAMPOS, Mónica Martinez de, *Lições de Direito da Família* cit., pp. 262-265; CORTE-REAL, C. Pamplona, *Direito da Família e das Sucessões (Relatório)* cit., pp. 111-113; DIAS, Cristina M. Araújo, *Do regime da responsabilidade por dívidas dos cônjuges* cit., pp. 595-644.

tos materiais que o compõem não deixe de estar submetida ao disposto no art. 1682.º, se for efectuada sem prejudicar a aptidão funcional do estabelecimento.

O art. 1682.º, n.ºs 1 e 2, estabelece a regra geral em matéria de disposição de bens móveis: a legitimidade para dispor tende a coincidir com a legitimidade para administrar.

O art. 1682.º, n.º 2, não refere a al. g) do art. 1678.º, n.º 2, porque os poderes de disposição que cabem ao cônjuge mandatário serão os que constam do contrato de mandato (cf. art. 1681.º, n.º 2, 1.ª parte); na ausência de especificação, o mandatário apenas poderá realizar actos de disposição que não ultrapassem a esfera da administração ordinária.

O art. 1682.º, n.º 3, contém excepções ao princípio da coincidência do âmbito dos poderes de disposição com o dos poderes de administração, que o n.º 2 liga especificamente à administração conjugal baseada no art. 1678.º, n.ºs 1 e 2, als. a) a f).

No art. 1682.º, n.º 3, al. a), faz-se referência aos "móveis utilizados conjuntamente por ambos os cônjuges na vida do lar", expressão cujo sentido é preciso fixar.

Numa interpretação literal, a norma não tem em vista, designadamente, o fogão instalado na casa de morada da família usado apenas por um dos cônjuges. Noutra opinião, basta que os bens "pertençam ao quadro normal da vida familiar", o que acontece, p.e., com o automóvel habitualmente usado pela família nas suas deslocações e passeios[977]. Na nossa modesta perspectiva, nenhuma das posições parece ser inteiramente satisfatória. Como é óbvio, a interpretação literal conduz a resultados pouco aceitáveis. E a outra interpretação, baseando-se num conceito amplíssimo de lar, alarga desmesuradamente, a possibilidade de ilegitimidades conjugais e, naturalmente, de entraves ao comércio jurídico.

A 1.ª parte do art. 1682.º, n.º 3, al. a), destina-se a evitar que as condições materiais de vida no lar conjugal sejam alteradas por acto unilateral de um dos cônjuges. Assim sendo, cabem no preceito os bens móveis que desempenhem algum papel na habitação familiar. O bem tem de se encontrar na casa de morada da família e tem de estar ao serviço de, pelo menos, um dos membros do agregado familiar que aí residem (não forçosamente um dos cônjuges).

[977] A última tese não repugna a COELHO, F. Pereira/OLIVEIRA, Guilherme de, *Curso de Direito da Família*, vol. I cit., p. 463.

A alienação ou oneração dos móveis mencionados no art. 1682.º, n.º 3, al. a), carece do consentimento de ambos os cônjuges, ainda que se trate de acto de administração ordinária[978] (não é feita a ressalva constante da letra dos arts. 1682.º, n.º 1, e 1682.º, n.º 3, al. b)).

Um cônjuge pode dispor, a título gratuito, de móveis comuns de que tenha a administração, nos termos das als. a) a f) do art. 1678.º, n.º 2, sem o consentimento do outro, a não ser que os móveis tenham a utilização referida no art. 1682.º, n.º 3, al. a). Todavia, apesar de ser válido, o acto de disposição traduz um empobrecimento do património comum, que se produz sem que tenha havido acordo do outro cônjuge. Por isso, será abatida metade do valor dos bens alienados ou da diminuição do valor dos bens onerados na meação do cônjuge disponente, salvo se se tratar de doação remuneratória ou de donativo conforme aos usos sociais (art. 1682.º, n.º 4).

23.4.3. Poderes de disposição em vida sobre a generalidade dos bens imóveis e sobre o estabelecimento comercial

O art. 1682.º-A regula os actos de disposição em vida de imóveis e de estabelecimento comercial, abstraindo das regras sobre administração dos bens do casal e não distinguindo consoante o bem seja próprio ou comum.

Para efeitos de disposição do estabelecimento comercial e de todos os imóveis, com excepção da casa de morada da família, é exigido o consentimento de ambos os cônjuges a não ser que entre eles vigore o regime da separação de bens[979].

A exigência do consentimento de ambos os cônjuges para a disposição de imóvel ou estabelecimento comercial próprio, nos regimes de comunhão, deve-se à natureza que assumem os frutos de bens próprios: são bens comuns, nos termos dos arts. 1724.º, al. b), 1728.º, n.º 1, *a contrario*, e 1733.º, n.º 2. Ao restringir a faculdade de disposição de certos bens próprios, o art. 1682.º-A procura evitar a perda ou limitação da fonte de benefícios presumivelmente apreciáveis que, uma vez existentes, ingressam no património comum.

A simples promessa de disposição de imóveis ou de estabelecimento comercial não carece de consentimento, não suscitando dúvidas a validade do contrato-promessa, sem eficácia real, através do qual apenas um cônjuge

[978] Igualmente, Vasconcelos, Pedro Leitão Pais de, *A autorização* cit., p. 406.

[979] Sobre a situação nos regimes atípicos, cf., *supra*, Parte III, n.º 23.1.7.

se tenha vinculado a vender um imóvel próprio ou comum, seja qual for o regime matrimonial de bens[980].

Também não estão sujeitos ao art. 1682.º-A, n.º 1, os actos de disposição de bens que não pertencem nem ao património próprio nem ao património comum dos cônjuges. É o que acontece com as alienações realizadas pelo cônjuge titular de uma sociedade comercial de construção e venda de imóveis[981].

Em compensação, é incerto que se dispense o consentimento conjugal na hipótese de exercício directo da actividade empresarial[982] e na outorga da partilha da herança de que façam parte bens imóveis[983].

23.4.4. Poderes de disposição sobre a casa de morada da família

A casa de morada da família é um bem imóvel com uma especial dignidade. É a sede da vida familiar, o local de cumprimento da obrigação de comunhão de habitação; em suma, o espaço privilegiado de realização da comunhão conjugal. É isto que justifica a tutela particular que decorre, em vida, do art. 1682.º-A, n.º 2, e do art. 1682.º-B, e a que decorre, por morte de um dos cônjuges, do art. 2103.º-A[984].

Em qualquer regime de bens, a disposição da casa de morada da família carece do consentimento de ambos os cônjuges (art. 1682.º-A, n.º 2).

[980] Cf. DIAS, Cristina M. Araújo, *Do regime da responsabilidade por dívidas dos cônjuges* cit., pp. 601-603 e "A especialidade do consentimento conjugal na alienação de imóvel próprio", *CDP* n.º 15, pp. 65-66.

[981] Cf. MENDES, J. Castro/SOUSA, M. Teixeira de, *Direito da Família* cit., p. 133.

[982] Cf. o acórdão do STJ de 06/04/1995, processo n.º085544 (COSTA SOARES), http://www.dgsi.pt, que defende a necessidade do consentimento na venda de imóveis que integrem o objecto de uma empresa singular que se dedica à venda de prédios edificados; contra tal limitação dos poderes de disposição do empresário da construção civil, cf. Vasco Xavier/Henrique Mesquita, "Sobre o art. 1682.º-A, n.º 1, al. a), do Cód. Civil: desnecessidade do consentimento do cônjuge do empresário para a alienação de imóveis que se integre no objecto da empresa", *RDES* 1982, COELHO, F. Pereira/OLIVEIRA, Guilherme de, *Curso de Direito da Família*, vol. I cit., pp. 455-456, e DIAS, Cristina M. Araújo, *Do regime da responsabilidade por dívidas dos cônjuges* cit., pp. 606-607.
No Brasil, o legislador sentiu a necessidade de resolver expressamente a questão no art. 978 do Código Civil: "O empresário casado pode, sem necessidade de outorga conjugal, qualquer que seja o regime de bens, alienar os imóveis que integrem o patrimônio da empresa ou gravá-los de ônus real".

[983] Com razão, CID, Nuno de Salter, "Desentendimentos conjugais e divergências jurisprudenciais" (3.ª Parte), *Lex Familiae* n.º 9, 2008, pp. 13-21, que prescinde do consentimento para a partilha hereditária, contestando, assim, uma orientação seguida por grande número de notários e conservadores do registo predial, pelo menos, desde 1994.

[984] Sobre tal assunto, cf. a obra fundamental de CID, Nuno de Salter, *A protecção da casa de morada da família no Direito português*, Coimbra, Almedina, 1996.

Se o imóvel em que foi fixada a residência da família não pertencer aos cônjuges, mas a terceiro, que o arrendou a um dos cônjuges, a disposição da posição jurídica de arrendatário da casa de morada da família depende sempre do consentimento conjugal (art. 1682.º-B), solução que se afigura extensível, por analogia, ao comodato[985].

O cônjuge que não é nem proprietário nem arrendatário da casa de morada de família é titular de um direito de utilização da mesma, susceptível de ser tutelado por todos os meios processuais necessários (nomeadamente, possessórios)[986].

Dadas as implicações de regime, é crucial o problema da qualificação de um imóvel como casa de morada da família.

Essa qualificação resulta do acordo, expresso ou tácito, dos cônjuges ou de decisão judicial, nos termos do art. 1673.º.

Atendendo às consequências (restritivas) que acarreta para o comércio jurídico, a qualificação como casa de morada da família só pode recair sobre um bem[987].

Não há casa de morada da família, no caso da separação de pessoas e bens, porque os cônjuges não estão reciprocamente vinculados ao dever de coabitação (cf. art. 1795.º-A).

23.4.5. Poderes de disposição em vida quanto ao direito de aceitar ou rejeitar aquisições a título gratuito

Um cônjuge não carece do consentimento do outro para aceitar doações, heranças e legados (art. 1683.º, n.º 1).

Nos regimes de comunhão[988], o assentimento do cônjuge do sucessível que pretenda repudiar é indispensável (cf. art. 1683.º, n.º 2), ainda que os bens

[985] Cf. CID, Nuno de Salter, *A protecção da casa* cit., p. 229; MAGALHÃES, David, "O artigo 1682.º-B do Código Civil como restrição à autonomia individual dos cônjuges", *Lex Familiae* n.º 7, 2007, p. 109.

[986] Assim, CASANOVA, Salazar, "Tutela do direito à utilização da casa de morada de família", *Lex Familiae* n.º 3, 2005, pp. 117-126.

[987] Opinião relativamente diversa é a de CID, Nuno de Salter, *A protecção da casa* cit., p. 32: "embora admitamos abertamente a possibilidade da existência simultânea, relativamente a uma mesma família, de mais de uma residência subsumível ao conceito jurídico de 'casa de morada da família', suscita-nos as maiores reservas um entendimento a favor da aplicabilidade indiscriminada e simultânea às mesmas de todas as regras vigentes sobre a matéria". Cf. também, do mesmo Autor, "A atribuição da casa de morada da família", em AA.VV., *E foram felizes* cit., p. 236.

[988] Sobre a situação nos regimes atípicos, cf., *supra*, Parte III, n.º 23.1.7.

(móveis ou imóveis) objecto da sucessão nunca viessem a ingressar no património comum (cf., nomeadamente, art. 1722.º, n.º 1, al. *b)*). Mais uma vez, o legislador teve em consideração a natureza comum dos frutos dos bens próprios, nos regimes da comunhão.

Todavia, não se exige o assentimento do cônjuge daquele que deseje rejeitar uma proposta de doação, *inter vivos* ou *mortis causa*.

23.4.6. Consentimento conjugal[989]

O consentimento releva enquanto condição de validade e enquanto condição de responsabilização patrimonial de um cônjuge. Enquanto condição de validade, opera no plano dos actos de administração (art. 1678.º, n.º 3) e de disposição *lato sensu* (arts. 1682.º, n.ºs 1 e 3, 1682.º-A, 1682.º-B e 1683.º, n.º 2). Enquanto condição de responsabilização patrimonial de um cônjuge, revela-se no domínio das disposições a título gratuito de móveis comuns (art. 1682.º, n.º 4) e das dívidas (arts.1691.º, n.º 1, al. *a)*, e 1692.º, al. *a)*).

O consentimento só adquire relevância legal se for *especialmente* conferido para cada acto[990], através da forma exigida para a procuração (art. 1684.º, n.ºs 1 e 2).

O consentimento pode ser judicialmente suprido, havendo injusta recusa, ou impossibilidade, por qualquer causa, de o prestar (art. 1684.º, n.º 3). O suprimento do consentimento conjugal segue um processo especial, regulado nos arts. 1000.º e 1001.º do CPC. Apenas o consentimento que constitua condição de validade da prática de um acto é susceptível de suprimento.

[989] Cf., especificamente, VASCONCELOS, Pedro Leitão Pais de, *A autorização* cit., pp. 388-428.

[990] Cf. DIAS, Cristina, "A especialidade do consentimento" cit., pp. 68-72: afirmando que "a especialidade consiste fundamentalmente na individualização concreta do tipo do acto que se consente", a autora concorda com o acórdão que anota (ac. do STJ de 28/03/2006, proferido no processo 393/06, relatado por JOÃO CAMILO e publicado na mesma revista *CDP* n.º 15, p. 62). Isto é, preencheria o requisito da especialidade o consentimento do marido que declara autorizar a mulher "a vender a quem, pelo preço e sobre as condições que entender, quaisquer prédios, parte de prédios ou direitos prediais, mesmo quinhões hereditários, que sejam seus bens próprios, designadamente nos concelhos de Vila Nova de Gaia e Gondomar". A especialidade do consentimento não significa que o mesmo tenha de ser expresso (cf. VASCONCELOS, Pedro Leitão Pais de, *A autorização* cit., p. 417).

23.4.7. Ilegitimidades conjugais

O art. 1687.º estabelece as consequências da violação de algumas disposições legais relativas aos actos de disposição *inter vivos*.

Os actos de alienação ou oneração de bens comuns ou de bens próprios do cônjuge disponente praticados contra o disposto nos arts. 1682.º, n.ºs 1 e 3, 1682.º-A, 1682.º-B, e 1683.º, n.º 2, são anuláveis (art. 1687.º, n.º 1).

O direito de anulação incumbe ao cônjuge que não deu o consentimento ou aos seus herdeiros (art. 1687.º, n.º 1), podendo ser exercido nos seis meses subsequentes à data em que o requerente teve conhecimento do acto, mas nunca depois de decorridos três anos sobre a sua celebração (art. 1687.º, n.º 2). No entanto, em caso de disposição de móvel não sujeito a registo feita apenas por um dos cônjuges, quando é exigido o consentimento de ambos, a anulabilidade não pode ser oposta ao adquirente de boa fé (art. 1687.º, n.º 3).

Os actos de alienação ou oneração de bens próprios do outro cônjuge praticados "sem legitimidade" (para alienar ou onerar, subentenda-se), estão sujeitos às regras dos arts. 892.º a 904.º (art. 1687.º, n.º 4).[991]

No entanto, o art. 1687.º não se refere a todos os actos patrimoniais *inter vivos* que violem disposições legais. Efectivamente, o art. 1687.º nada estatui sobre os actos de administração de bens que, não constituindo simultaneamente actos de disposição, violem as regras legais sobre a legitimidade para administrar[992] (e que, obviamente, não sejam lícitos à luz da figura geral da gestão de negócios ou da previsão que permite a um cônjuge tomar providências administrativas); nem sobre os actos de disposição de bens móveis praticados por um cônjuge que nem sequer tinha poderes para os administrar (cf. art. 1682.º, n.º 2) ou que excedam os poderes conferidos por mandato ao cônjuge administrador.

Ora, aos actos não previstos é analogicamente aplicável a disciplina estabelecida pelo art. 1687.º. Todos serão anuláveis (nos termos dos n.ºs 1 a 3, com eventuais adaptações), com excepção dos actos de simples administração dos

[991] Diferentemente, DIAS, Cristina M. Araújo, *Do regime da responsabilidade por dívidas dos cônjuges* cit., p. 640, que entende que são nulos nos termos do art. 1687.º, n.º 4, "os actos mais graves, ou seja, os casos em que um dos cônjuges aliena ou onera bens próprios do outro cônjuge quando, além de não ser o dono, não tem poderes administrativos sobre o bem (caso detenha poderes administrativos, mesmo tratando-se bem próprio do outro, a sanção é a anulabilidade – art. 1687.º, n.º 1)".

[992] Como as do art. 1678.º.

bens próprios do outro cônjuge, praticados por quem não tenha legitimidade para administrar, aos quais se aplicará analogicamente o art. 1687.º, n.º 4[993].

23.4.8. Poderes de disposição por morte

O art. 1685.º reconhece a cada um dos cônjuges o direito de dispor livremente por acto *mortis causa* dos seus bens próprios e da sua meação no património comum.

Mas, no que respeita ao património comum, a plena liberdade de disposição *mortis causa* limita-se, normalmente, à metade ideal que cabe a cada cônjuge. A liberalidade *mortis causa* que tenha por objecto coisa certa e determinada do património comum vale precisamente com esse objecto só nos casos indicados pelo art. 1685.º, n.º 3.

24. Efeitos do casamento no campo do passivo patrimonial[994]

24.1. Legitimidade dos cônjuges para contrair dívidas

Qualquer um dos cônjuges tem legitimidade para contrair dívidas sem o consentimento do outro (art. 1690.º, n.º 1).

24.2. Responsabilidade dos cônjuges pelas dívidas contraídas

I. O princípio geral, que resulta do Direito das Obrigações, é de que só responde pela dívida quem a contraiu. No regime patrimonial do casamento,

[993] Recorde-se que o preceito se aplica directamente à disposição dos bens próprios do outro cônjuge praticados sem legitimidade para dispor, tenha ou não o disponente legitimidade para praticar actos de mera administração. No sentido da aplicação analógica do n.º 1 do art. 1687.º, quando seja violado o disposto na 2.ª parte do art. 1678.º, n.º 3, Vasconcelos, Pedro Leitão Pais de, *A autorização* cit., pp. 424-428.

[994] Cf. Mendes, J. Castro/Sousa, M. Teixeira de, *Direito da Família* cit., pp. 140-155; Coelho, F. Pereira/Oliveira, Guilherme de, *Curso de Direito da Família*, vol. I cit., pp. 476-503; Varela, Antunes, *Direito da Família* cit., pp. 396-422; Lima, Pires de/Varela, Antunes, *Código Civil Anotado*, vol. IV cit., arts. 1690.º-1697.º; Campos, D. Leite de/Campos, Mónica Martinez de, *Lições de Direito da Família* cit., pp. 281-293; Corte-Real, C. Pamplona, *Direito da Família e das Sucessões (Relatório)* cit., pp. 112-113; Dias, Cristina M. Araújo, *Do regime da responsabilidade por dívidas dos cônjuges* cit. (em particular, pp. 154-397), *Compensações devidas pelo pagamento de dívidas do casal (da correcção do regime actual)*, Coimbra, Coimbra Editora, 2003, pp. 44-91, e *Alteração do estatuto patrimonial dos cônjuges* cit. (*supra*, nota 919), pp. 13-50.

este princípio sofre algumas derrogações por força da cláusula geral de plena comunhão de vida que se projecta na vida patrimonial dos cônjuges, ainda que vigore entre eles o regime da separação de bens. A lei prevê situações em que uma dívida contraída por um cônjuge responsabiliza também o outro e, portanto, ambos os cônjuges. Esta dívida designa-se por comunicável ou comum e pode existir ainda que os cônjuges estejam casados no regime da separação de bens. A dívida que só responsabiliza o cônjuge diz-se incomunicável ou própria.

Atendendo ao princípio geral respeitante à responsabilidade subjectiva pelas dívidas, seria de esperar que o legislador se limitasse a enumerar os casos de dívidas comunicáveis contraídas por apenas um dos cônjuges. Não foi esse o procedimento legislativo. Estabeleceu-se um articulado que contém um elenco geral de dívidas comunicáveis e um elenco geral de dívidas incomunicáveis, um regime especial para dívidas que oneram doações, heranças ou legados e outro para as dívidas que oneram bens certos e determinados. O articulado podia ser tecnicamente mais perfeito, não faltando remissões de um elenco geral para o outro e de ambos os elencos gerais para partes do aludido regime especial.

II. A determinação da responsabilidade dos cônjuges pelas dívidas é, por vezes, condicionada pelo momento em que foram contraídas (cf., p.e., o art. 1691.º, n.º 1, al. *c*), que só se aplica às dívidas contraídas na constância do matrimónio). De acordo com o art. 1690.º, n.º 2, para efeitos de responsabilização dos cônjuges, as dívidas têm a data do facto que lhes deu origem.

III. O art. 1691.º contém um elenco geral de dívidas comunicáveis. São da responsabilidade de ambos os cônjuges: as dívidas contraídas, antes ou depois da celebração do casamento, pelos dois cônjuges, ou por um deles com o consentimento do outro (n.º 1, al. *a*)); as dívidas contraídas por qualquer dos cônjuges, antes ou depois da celebração do casamento, para ocorrer aos encargos normais da vida familiar (n.º 1, al. *b*)); as dívidas contraídas na constância do matrimónio pelo cônjuge administrador, em proveito comum do casal e nos limites dos seus poderes de administração (n.º 1, al. *c*)); as dívidas contraídas por qualquer dos cônjuges no exercício do comércio, salvo se se provar que não foram contraídas em proveito comum do casal, ou se vigorar entre eles o regime de separação (n.º 1, al. *d*)); as dívidas contraídas antes do casamento por qualquer dos cônjuges, em proveito comum do casal, se eles vierem a casar no regime da comunhão geral de bens (n.º 2).

Algo tautologicamente, o art. 1691.º, n.º 1, al. e), diz que são da responsabilidade de ambos os cônjuges as dívidas consideradas comunicáveis nos termos do art. 1693.º, n.º 2. Quebrando a sua lógica repetitiva, o art. 1691.º não alude, porém, às dívidas que onerem bens comuns, nos termos do art. 1694.º, n.º 1.

O art. 1691.º, n.º 1, al. a), limita-se a reproduzir o princípio geral de Direito das Obrigações.

O art. 1691.º, n.º 1, al. b), aplica-se quando estejam reunidas duas condições: a dívida deve ter sido contraída para ocorrer aos encargos da vida familiar e esses encargos devem ser normais.

Recorde-se o que se disse a propósito do dever de assistência – o conceito de encargos da vida familiar abrange todas as necessidades dos cônjuges, filhos, outros parentes (ou afins) a cargo dos cônjuges, ditadas pelo padrão de vida do agregado familiar. Não é, pois, legítimo resumi-los às despesas do lar, embora estas constituam um bom exemplo.

A dívida deve ter sido contraída para ocorrer aos encargos normais da vida familiar. A normalidade é aferida pelo critério do valor. A dívida tem de ser pequena, relativamente ao padrão de vida do casal, podendo ser ou não corrente ou periódica. Deste modo, a aquisição de um automóvel, embora frequente, pode corresponder a um encargo da vida familiar, mas não a um encargo normal da vida familiar de um casal médio.

A aplicação do art. 1691.º, n.º 1, al. c), depende da verificação cumulativa dos seguintes pressupostos: dívida contraída na constância do matrimónio; dívida contraída pelo cônjuge administrador e nos limites dos seus poderes de administração; dívida contraída em proveito comum do casal.

Por força da referência que o preceito faz à administração, se a dívida estiver conexionada com um bem, é preciso averiguar se o cônjuge que a contraiu tinha legitimidade à luz do art. 1678.º ou podia praticar as providências administrativas a que alude o art. 1679.º[995].

Na perspectiva da referida al. c) do n.º 1 (e do n.º 2), é exigível o proveito comum do casal, que segundo o art. 1691.º, n.º 3, não se presume, excepto nos casos em que a lei o declarar[996].

Uma dívida é contraída em proveito comum do casal, por um lado, quando o cônjuge que a contraiu pretendia obter um benefício conjunto para o casal,

[995] Cf., *supra*, Parte III, n.º 23.3.3., *in fine*.

[996] Cf., designadamente, o ac. da RL de 07/02/2006, *CJ* 2006/1, p. 94 (Espírito Santo), que, por este motivo, julgou que era insuficiente a simples alegação de que um empréstimo, concedido para aquisição de um veículo por um cônjuge, reverteu em proveito comum do casal.

benefício que tanto pode ser material como imaterial; por outro lado, é preciso que esse benefício fosse provável, de acordo com as regras da experiência, no momento em que a dívida foi contraída. Entende-se maioritariamente que o proveito comum em questão tem de ser directo.

O art. 1691.º, n.º 1, al. d), tem de ser complementado com o disposto no art. 15.º do CCom, que dispõe: "As dívidas comerciais do cônjuge comerciante presumem-se contraídas no exercício do seu comércio".

A maioria da doutrina defende que o regime do art. 1691.º, n.º 1, al. d), só se aplica às dívidas comerciais integradas no exercício habitual do comércio do cônjuge comerciante.[997]

IV. O art. 1692.º contém um elenco geral de dívidas incomunicáveis que tem de ser delimitado por exclusão de partes (cf. as als. *a)* e *b)* do art. 1692.º, que ressalvam n.ºs e alíneas do art. 1691.º). Todavia, uma coisa parece ser relativamente certa: as dívidas provenientes de crimes são sempre incomunicáveis.

O art. 1692.º remete para uma disposição legal especial (cf. al. *c)*), sem chegar a consagrar um elenco completo de dívidas incomunicáveis (falta a referência ao art. 1693.º, n.º 1).

V. Dívidas que oneram aquisições a título gratuito.

As dívidas que oneram aquisições a título gratuito (doações, heranças ou legados) são da exclusiva responsabilidade do cônjuge aceitante, a não ser que, por força do regime de bens adoptado (comunhão geral ou um dado regime atípico), os bens adquiridos ingressem no património comum, hipótese em que aquelas dívidas serão da responsabilidade de ambos os cônjuges (art. 1693.º).

A estatuição da responsabilidade exclusiva do cônjuge aceitante não é condicionada pelo facto de a aceitação (da proposta de doação, da herança ou do legado) ter sido ou não efectuada com o consentimento do outro.

A comunicabilidade das dívidas que oneram aquisições a título gratuito não impede o direito que tem o cônjuge de impugnar o cumprimento das dívidas com o fundamento de que o valor dos bens não é suficiente para a liquidação das mesmas.

Para efeitos do art. 1693.º, dívidas que oneram aquisições a título gratuito são aquelas que estão em ligação estreita com os bens adquiridos a título gra-

[997] Sobre a articulação do Código Civil com o Código Comercial em matéria de responsabilidade por dívidas dos cônjuges, cf., em particular, DIAS, Cristina M. Araújo, *Do regime da responsabilidade por dívidas dos cônjuges* cit., pp. 249-264, 426-488.

tuito. É o caso das dívidas do *de cuius*, que constituem encargos da herança (cf. art. 2068.º), e das dívidas que resultam de um encargo modal aposto a uma doação ou a um legado.

Como resulta daqui, a referência à oneração, no campo das dívidas dos cônjuges, não é utilizada em sentido técnico; de outro modo, apenas se teria em vista a oneração traduzida em direitos reais de garantia (p.e., penhor ou hipoteca).

VI. Dívidas que oneram bens certos e determinados.

O art. 1694.º fixa a responsabilidade dos cônjuges pelas dívidas que oneram bens certos e determinados, prevendo que as dívidas que onerem bens comuns são da responsabilidade de ambos os cônjuges, "quer se tenham vencido antes, quer depois da comunicação dos bens" (n.º 1); e que as dívidas que onerem bens próprios de um dos cônjuges são da sua responsabilidade, "salvo se tiverem como causa a percepção dos respectivos rendimentos e estes, por força do regime aplicável, forem considerados comuns" (n.º 2).

O art. 1694.º adopta o sentido técnico do termo oneração, salvo na parte em que alude ao vencimento da dívida antes ou depois da comunicação dos bens. Nessa parte, o art. 1694.º, n.º 1, visa a tutela de um credor que não beneficiava de uma garantia especial. P.e., *A*, solteiro, tem uma dívida para com *T*; todo o património de *A* responde pela dívida. Se *A* casar em regime da comunhão geral, esse património será quase na totalidade comum; no entanto, o credor *T* não perde a sua garantia patrimonial; pelo contrário, o anterior património de *A* responderá, enquanto património comum, acrescido de outros bens comuns.

Mas, abstraindo do caso descrito, para haver oneração, é indispensável uma ligação estreita entre o bem e a dívida, sob pena de os arts. 1691.º e 1692.º ficarem quase totalmente privados de sentido. Não basta, portanto, que um bem tenha sido comprado sem que tenha sido feito o pagamento do respectivo preço.

A ressalva do art. 1694.º, n.º 2, tem especialmente em vista dívidas de imposto sobre o rendimento de bens.

VII. Concurso aparente de normas.

O que acontece se uma dívida se enquadrar, à primeira vista, numa hipótese dos elencos gerais de dívidas e numa hipótese de dívidas que oneram aquisições a título gratuito e bens certos e determinados, sendo o regime associado a uma hipótese e a outra contraditório?

P.e.: *A* e *B* casaram-se no regime da separação de bens; na constância do matrimónio, *A* contraiu uma dívida para financiar a realização de obras num imóvel que lhe pertence, mas que constitui a casa de morada de família, tendo a dívida sido garantida por uma hipoteca sobre o imóvel a cuja beneficiação se destina a quantia mutuada. Se se aplicar o art. 1691.º, n.º 1, al. c), a dívida será comunicável. À luz do art. 1694.º, n.º 2, será incomunicável.

No caso mencionado, aplica-se o art. 1694.º, n.º 2.

A regulamentação dos arts. 1693.º e 1694.º é especial relativamente à dos arts. 1691.º e 1692.º (se se esquecer o que vem disposto no art. 1691.º, n.º 1, al. e), e no art. 1692.º, al. c)). Em defesa dessa especialidade, pode invocar-se uma coligação de duas ordens de argumentos: o regime das dívidas dos cônjuges (perante terceiros) é animado pelo valor da tutela de terceiros, a par do valor da justiça interna do casal, e a disciplina dos arts. 1693.º e 1694.º protege melhor os credores de dívidas que têm uma ligação estreita com certos bens (a tais credores interessa a satisfação preferencial do seu crédito à custa do bem onerado); na falta de uma hierarquização que lhes fosse favorável, os arts. 1693.º e 1694.º dificilmente teriam algum sentido útil.

24.3. Bens que respondem pelas dívidas dos cônjuges

I. Bens que respondem por dívidas comunicáveis.

Nos termos do art. 1695.º, n.º 1, pelas dívidas comunicáveis respondem os bens comuns do casal e, na falta ou insuficiência deles, solidariamente, os bens próprios de qualquer dos cônjuges.

Prevê-se aqui a responsabilidade subsidiária dos bens próprios de qualquer dos cônjuges, segundo um esquema de solidariedade. Neste aspecto, o art. 1695.º demarca-se da regra geral de Direito das Obrigações, que é a da responsabilidade conjunta ou parciária por dívidas que recaem sobre várias pessoas (cf. art. 513.º).

A responsabilidade pelas dívidas comunicáveis é justamente parciária no regime da separação de bens. De acordo com o art. 1695.º, n.º 2, o património próprio de cada cônjuge responde pela parte da dívida que lhe incumbe (normalmente 50%)[998].

[998] A parte de cada cônjuge não é necessariamente de 50%, como é bem sublinhado por COELHO, F. Pereira/OLIVEIRA, Guilherme de, *Curso de Direito da Família*, vol. I cit., pp. 492-493: "ao menos quando as dívidas visaram ocorrer aos encargos normais da vida familiar, a responsabilidade de cada cônjuge deve corresponder à medida do seu dever de contribuir para os encargos, nos termos do art. 1676.º, n.º 1, isto é, na proporção das possibilidades de cada um".

II. Bens que respondem por dívidas incomunicáveis.

Pelas dívidas da exclusiva responsabilidade de um dos cônjuges respondem os bens próprios do cônjuge devedor e, subsidiariamente, a sua meação nos bens comuns (art. 1696.º, n.º 1).

Certos bens comuns podem responder com os bens próprios do cônjuge devedor, a título principal, imediatamente, nos termos do art. 1696.º, n.º 2.[999]

A meação, que responde subsidiariamente, nunca é penhorada ou vendida para pagamento das dívidas. Como resulta dos arts. 740.º-742.º do CPC ou são penhorados bens concretos comuns ou ocorre uma situação legalmente admissível de separação superveniente de bens na constância do matrimónio (sendo penhorados bens que eram comuns antes da partilha e que depois se tornaram propriedade exclusiva do cônjuge devedor).[1000]

III. O regime das dívidas é indisponível (cf., *supra*, Parte III, n.º 21.2.III, *in fine*), pelo que não são válidas as estipulações entre terceiros e os cônjuges que, contra o disposto nos arts. 1695.º e 1696.º, excluam a responsabilidade subsidiária de bens ou substituam a responsabilidade parciária pela solidária[1001].

A violação do impedimento estabelecido no art. 1604.º, al. a)[1002] isenta certos bens de responsabilidade pelas dívidas dos cônjuges: durante o período da menoridade do cônjuge que casou sem ter obtido a autorização dos pais ou o respectivo suprimento, os bens que ele levou para o casamento ou que adquiriu posteriormente a título gratuito não respondem pelas dívidas que foram contraídas por um ou ambos os membros do casal (art. 1649.º, n.º 2, 2.ª parte).

Sobre a responsabilidade pelas dívidas dos cônjuges nos regimes atípicos: cf., *supra*, Parte III, n.º 23.1.7.

[999] Contra, DIAS, Cristina M. Araújo, *Do regime da responsabilidade por dívidas dos cônjuges* cit., pp. 352-353: o credor pode requerer a penhora dos bens próprios e desses bens comuns, mas os bens comuns só serão penhorados se os bens próprios do cônjuge devedor forem insuficientes. Todavia, o mencionado art. 1696.º, n.º 2, ao estatuir que certos bens comuns (indicados nas alíneas) *respondem ao mesmo tempo* que os bens próprios do cônjuge devedor, não parece legitimar este entendimento.

[1000] Para uma análise da disciplina do art. 825.º do anterior CPC, correspondente aos arts. 740.º-742.º do actual, cf. DIAS, Cristina M. Araújo, *Do regime da responsabilidade por dívidas dos cônjuges* cit., pp. 397-425, PINTO, Rui, "Execução civil de dívidas – Novas reflexões sobre um velho problema", *Revista do CEJ*, n.º 14, 2010, pp. 25-46.

[1001] Contra, COELHO, F. Pereira/OLIVEIRA, Guilherme de (*Curso de Direito da Família*, vol. I cit., p. 492) e DIAS, Cristina M. Araújo (*Do regime da responsabilidade por dívidas dos cônjuges*, cit., p. 702), que admitem a validade da solidariedade convencional nas dívidas comunicáveis que responsabilizam cônjuges casados no regime da separação de bens.

[1002] Cf., *supra*, Parte III, n.º 23.3.1.V.

24.4. Compensações devidas pelo pagamento das dívidas do casal

I. No campo dos efeitos predominantemente patrimoniais do casamento, a compensação é o meio de prestação de contas da transferência de valores entre os patrimónios do casal – o património comum e os dois patrimónios próprios dos cônjuges. A compensação aparece como um crédito de um património comum perante o património próprio de um dos cônjuges, de um património próprio de um dos cônjuges perante o património comum ou de um património próprio de um cônjuge perante o património do outro[1003].

O art. 1697.º disciplina as compensações devidas pelo pagamento de dívidas do cônjuge, impondo regras destinadas a repor a justiça patrimonial interna do casal, eventualmente atingida pelo resultado da aplicação dos arts. 1695.º e 1696.º.

II. Quando por dívidas comunicáveis tenham respondido os bens de um só deles, este torna-se credor do outro pelo que haja satisfeito, além do que lhe cabia pagar (art. 1697.º, n.º 1, 1.ª parte). Há, portanto, um crédito do património do cônjuge que satisfez a dívida, que será pago pela meação do outro cônjuge no património comum e, a título subsidiário, pelo património próprio do cônjuge obrigado à compensação (cf. art. 1689.º, n.º 3).

O crédito de compensação por causa do pagamento de dívidas que responsabilizam ambos os cônjuges só é exigível no momento da partilha dos bens do casal, a não ser que vigore o regime da separação (art. 1697.º, n.º 1, 2.ª parte).

III. Quando por dívidas incomunicáveis tenham respondido os bens comuns indicados no art. 1696.º, n.º 2, surge um crédito do património comum perante o património do cônjuge devedor, a tomar em conta no momento da partilha (art. 1697.º, n.º 2).

IV. Não vigorando o regime da separação, o crédito de compensação pelo pagamento de dívidas do casal só é exigível no momento da partilha, o que pode ocorrer muito tempo depois constituição daquele crédito.

No entanto, a lei não prevê expressamente a actualização do crédito de compensação, no momento da partilha, o que representa uma lacuna, a inte-

[1003] Invocando doutrina estrangeira, DIAS, Cristina M. Araújo (*Compensações devidas pelo pagamento de dívidas do casal* cit., p. 127 e *Do regime da responsabilidade por dívidas dos cônjuges* cit., p. 784) contesta o uso do termo "compensação" para a transferência de valores entre os patrimónios próprios. No entanto, como decorre do art. 1697.º, a terminologia legal portuguesa não é tão restritiva.

grar por aplicação analógica do que é estatuído no art. 2029.º, n.º 3, para as tornas devidas na partilha em vida, e no art. 2109.º, n.º 3, para as doações sujeitas a colação (disposições que revelam a existência de um regime geral de actualização nas situações de partilha)[1004]. Isto é, a compensação deve actualizar-se com base no índice de preços (art. 551.º).

25. A partilha dos bens comuns do casal[1005]

25.1. Noção e pressupostos

A partilha é o acto pelo qual se põe termo à indivisão de um património; na comunhão conjugal, visa a atribuição definitiva aos cônjuges dos bens comuns, através do preenchimento das respectivas meações.

Na comunhão conjugal, a partilha implica duas ordens de pressupostos: existência de bens comuns; cessação das relações patrimoniais entre os cônjuges ou separação superveniente de bens.

Só há partilha se houver bens comuns. Portanto, se vigorar o regime típico da separação de bens, não há partilha. Aqui, como noutros regimes, pode haver bens em compropriedade. Todavia, os bens em compropriedade não são objecto de partilha; a forma adequada para pôr termo a esta comunhão de tipo romano é a divisão (de coisa comum).

O art. 1689.º, n.º 1, associa a partilha à cessação das relações patrimoniais entre os cônjuges. A cessação das relações patrimoniais abrange a dissolução do casamento, a declaração de nulidade ou anulação do casamento e a separação de pessoas e bens.

A dissolução do casamento ocorre por morte de um cônjuge; divórcio; segundo casamento do cônjuge do ausente, celebrado após a declaração de morte presumida do ausente; e, apenas na hipótese de casamento católico, dispensa do casamento rato e não consumado.

[1004] Cf. Dias, Cristina M. Araújo, *Compensações devidas pelo pagamento de dívidas do casal* cit., pp. 209 e s.; "Das compensações pelo pagamento de dívidas do casal (o caso especial da sua actualização)", em AA.VV., *Escritos de Direito das Famílias* cit., pp. 75-94; e *Do regime da responsabilidade por dívidas dos cônjuges* cit., pp. 863 e s. A fundamentação motiva reservas de Coelho, F. Pereira/Oliveira, Guilherme de, *Curso de Direito da Família*, vol. I cit., p. 517.

[1005] Coelho, F. Pereira/Oliveira, Guilherme de, *Curso de Direito da Família*, vol. I cit., pp. 503-528; Lima, Pires de/Varela, Antunes, *Código Civil Anotado*, vol. IV cit., arts. 1688.º-1689.º; Xavier, Rita Lobo, *Limites à autonomia* cit., pp. 264-300; Mealha, Esperança, *Acordos conjugais para partilha dos bens comuns*, Coimbra, Almedina, 2004; Paiva, Adriano Miguel Ramos de, *A comunhão de adquiridos* cit., pp. 299-328.

À dissolução por morte aplicam-se regras particionais duplas: regras de índole familiar e regras de índole sucessória. A partilha sucessória, que será estudada no Direito das Sucessões, é precedida, logicamente, pela partilha familiar; é desta última que estamos agora a tratar.

A ausência na fase da morte presumida determina igualmente uma partilha sucessória, eventualmente precedida por uma partilha familiar (se houver bens comuns).

Nas hipóteses de declaração de nulidade ou anulação do casamento, as eventuais estipulações das partes em matéria de regime de bens ou com relevo particional feitas na convenção antenupcial são, em princípio, irrelevantes, a não ser que os dois cônjuges estejam de boa fé ou que essas estipulações sejam invocadas pelo cônjuge de boa fé.

Não havendo cessação de relações patrimoniais entre os cônjuges, pode ocorrer a partilha nos casos de separação superveniente de bens (cf., *supra*, Parte III, n.º 23.2.II e III).

25.2. O contrato-promessa de partilha e a partilha, antes da cessação das relações patrimoniais dos cônjuges ou da separação superveniente de bens

I. Será admissível, ainda na constância do matrimónio, a celebração de um contrato-promessa de partilha dos bens comuns ou até de um contrato de partilha?

O art. 1689.º só alude à partilha a propósito da cessação das relações patrimoniais entre os cônjuges, resultando de outras disposições que a partilha é admissível também em casos legalmente previstos de separação superveniente de bens. O princípio da imutabilidade do regime de bens (art. 1714.º) obsta à validade da partilha dos bens comuns do casal, efectuada fora dos casos consagrados na lei. De facto, a partilha modifica o estatuto dos bens, tornando próprios bens que antes eram comuns.

II. No entanto, predomina actualmente, quer na doutrina quer na jurisprudência, a tese da validade da partilha e do contrato-promessa de partilha (antes da cessação das relações patrimoniais dos cônjuges ou da separação superveniente de bens).

Tem-se defendido a validade da partilha e do contrato-promessa de partilha, subordinados à condição suspensiva da procedência de um divórcio, com o argumento de que tais actos não violam o princípio da imutabilidade do regime de bens, porque, antes do trânsito em julgado da sentença do divórcio, os bens comuns do casal continuam a ser comuns[1006].

III. Salvo o devido respeito, trata-se de uma visão algo formal do princípio da imutabilidade. O art. 1714.º destina-se a proteger o cônjuge de um eventual ascendente psicológico do outro, resultante da existência de uma comunhão de vida entre ambos. Dentro desta lógica, a imutabilidade não impede apenas a partilha do património comum que produza efeitos na constância do matrimónio; afasta também a vinculatividade de qualquer acordo relativo a essa partilha, realizado entre os cônjuges numa altura em que vivem em comum.

O princípio da imutabilidade não justifica, porém, a proibição da celebração de partilha sob condição suspensiva ou de contrato-promessa, após a ruptura da vida em comum entre os cônjuges, nomeadamente na pendência de uma acção de divórcio[1007].

Mas a validade da partilha sob condição suspensiva ou do contrato-promessa não depende exclusivamente da observância do princípio da imutabilidade. Se, por um lado, é certo que a instauração de uma acção de divórcio afasta, em princípio, a ideia de uma ligação próxima entre os cônjuges que permitiria a um deles influenciar decisivamente a actuação negocial do outro, por outro lado, não se pode ignorar a presença de eventuais obstáculos ao exercício livre e esclarecido da vontade das partes no momento da ruptura da vida em comum. A situação de crise matrimonial não favorece a racionalidade e a serenidade. Em algumas hipóteses, um acordo qualquer é formalizado unicamente porque uma das partes "quer esquecer o mais depressa possível tudo o que se passou". Noutras hipóteses, um cônjuge apenas participa numa determinada partilha sob condição suspensiva, ou num dado contrato-promessa de partilha dos bens comuns, para assegurar a colaboração do outro cônjuge no processo de divórcio por mútuo consentimento.

O legislador é sensível às dificuldades que se colocam ao exercício da autonomia privada no momento da ruptura da vida em comum. É, por isso, que os acordos patrimoniais que devem acompanhar o requerimento do divórcio por mútuo consentimento, na conservatória do registo civil, estão sujeitos a

[1006] Cf. Oliveira, Guilherme de, "Sobre o contrato-promessa de partilha de bens comuns", em *Temas de Direito da Família* cit., p. 259 e p. 272, nota 31; igualmente, o acórdão do STJ de 23/03/1999, *BMJ* 485, p. 423 (Martins da Costa), e de 22/02/2007, *CJ-S* 2007/1, p. 81 (Custódio Montes). Contra, os acórdãos do STJ de 26/5/1993, processo n.º 083628 (José Magalhães), e de 12/06/1997, processo n.º 97B051 (Joaquim de Matos), ambos em http://www.dgsi.pt.

[1007] Cf. Xavier, Rita Lobo, *Limites à autonomia* cit., pp. 271 e s.

homologação e não relevam se não acautelarem suficientemente os interesses de um dos cônjuges ou dos filhos (cf. art. 1778.º). Há, portanto, uma suspeição da lei relativamente à equidade das estipulações dos cônjuges, que recomenda a exclusão da validade dos acordos para os quais a lei não consagre a possibilidade e a necessidade de um controle externo da conformidade do respectivo conteúdo com o interesse de cada um dos cônjuges.

25.3. A situação dos bens no período que decorre entre a cessação das relações patrimoniais dos cônjuges, ou separação superveniente de bens, e a partilha

Com a cessação das relações patrimoniais dos cônjuges, ou a separação superveniente de bens conjugais, termina a comunhão matrimonial de bens.

Enquanto não ocorrer a partilha, os bens que antes integravam o património comum continuarão em contitularidade, mas a contitularidade não será já a de mão comum ou de tipo germânico.

Passou-se a uma contitularidade de tipo romano. Em que variante – na variante da compropriedade ou na variante em que se enquadra a herança indivisa?

A posição adoptada condiciona a regulamentação. Se se atribuir a esta contitularidade a natureza de compropriedade, serão aplicadas regras da compropriedade, entre o fim da comunhão conjugal patrimonial e a partilha; caso contrário, regras da indivisão hereditária.

A natureza da nova contitularidade aproxima-se da da indivisão hereditária: a cessação da indivisão entre os cônjuges faz-se também através de partilha (e não de divisão de coisa comum) e há uma certa autonomia patrimonial (na medida em que o património comum responde por um certo tipo de dívidas).

Na fase que precede a partilha, a alienação da chamada meação do cônjuge seguirá o regime da alienação de quota da herança (arts. 2124.º e s.) e não da alienação da quota em compropriedade (art. 1408, *v.g.*, n.º 3).

Paralelamente, o passivo contraído após a dissolução do casamento está, por analogia, sujeito ao disposto no art. 2097.º (que regula a responsabilidade da herança indivisa).[1008]

[1008] Cf. DIAS, Cristina M. Araújo, *Do regime da responsabilidade por dívidas dos cônjuges* cit., pp. 919-925.

25.4. Formas de partilha

A partilha pode fazer-se fora do inventário ou mediante processo de inventário, consoante haja ou não acordo dos cônjuges.

A partilha extrainventário de património comum que não compreenda bens imóveis não está sujeita à observância de uma forma especial (art. 219.º).

A partilha extrainventário de bens do casal de que façam parte coisas imóveis pode ser feita por escritura pública; por documento particular autenticado (art. 22.º, al. f), do DL n.º 116/2008, de 4 de Julho); "no âmbito do processo de separação de pessoas e bens ou de divórcio por mútuo consentimento, ou posteriormente, ou ainda na sequência de qualquer processo de divórcio" (art. 272.º-A, n.ºs 1 e 3, do CRC).

O acordo de partilha do património comum alcançado pelos cônjuges no âmbito do processo de divórcio, ou de separação de pessoas e bens, por mútuo consentimento produz efeitos uma vez homologado pela decisão que decreta o divórcio ou a separação (art. 272.º-A, n.ºs 4, 5 e 8, do CRC).[1009]

Sobre o inventário para partilha dos bens comuns: cf. art. 79.º do RJPI (que manda aplicar os termos gerais desse regime jurídico, com algumas particularidades, devidas sobretudo à possibilidade de mediação); e art. 1770.º, n.º 2.

25.5. As operações da partilha

I. A partilha em sentido amplo desdobra-se em três operações: cálculo do valor do património comum; cálculo do valor das meações; preenchimento das meações.

Ao longo de todas as operações, tem de ser assegurado o respeito da regra imperativa da participação por metade no activo e no passivo da comunhão (cf. art. 1730.º, n.º 1)[1010].

O art. 272.º-A, n.º 7, estabelece que a partilha pode incluir a celebração de um contrato de mútuo e de outros contratos de crédito e de financiamento celebrados por instituições de crédito, e respectivas garantias, "bem como

[1009] Cf. a Portaria n.º 1594/2007, de 17 de Dezembro, que regulamenta a partilha do património conjugal nas conservatórias do registo civil (em particular, arts. 5.º-11.º).

[1010] Opinião diferente tem Xavier, Rita Lobo, *Limites à autonomia* cit., pp. 523-524, que circunscreve o carácter imperativo da regra aos regimes típicos de comunhão. *De iure contituendo,* Paiva, Adriano Miguel Ramos de, *A comunhão de adquiridos* cit., pp. 324-328, acha que a participação por metade deveria ter sempre cariz supletivo.

outros negócios jurídicos, nos termos definidos por portaria do membro do Governo responsável pela área da justiça".

II. Cálculo do valor do património comum.

O cálculo do valor do património comum implica a determinação do valor do activo e a dedução do passivo.

No quadro da determinação do valor do activo comum, o primeiro passo é o relacionamento dos bens que estão sujeitos à partilha conjugal – os bens comuns.

Como bens comuns são relacionados todos os direitos integrados no património comum, incluindo os direitos de crédito correspondentes às compensações devidas pelos cônjuges ao património comum (cf. parte final do art. 1689.º, n.º 1).

As compensações devidas pelos cônjuges ao património comum compreendem: as compensações devidas pelo pagamento de dívidas incomunicáveis, reguladas no art. 1697.º, n.º 2; as compensações pela aquisição de bens próprios à custa do património comum, referidas, p.e., nos arts. 1722.º, n.º 1, 1726.º, n.º 2, 1727.º, 1728.º, n.º 1, *in fine*; e, em geral, as compensações devidas ao património comum por qualquer transferência injustificada de valores, p.e., uma despesa com um bem próprio que seja paga com dinheiro comum.

Todas as compensações (e não apenas as relativas ao pagamento de dívidas incomunicáveis) são actualizadas com base no índice de preços (art. 551.º), por aplicação analógica dos arts. 2029.º, n.º 2, e 2109.º, n.º 3.

A cada um dos bens comuns será atribuído o respectivo valor e serão somados os valores de todos esses bens.

III. Para saber que bens são comuns importa atender ao regime que vigorou durante o casamento.

Todavia, pode acontecer que a partilha se faça segundo um regime distinto do que vigorou durante o casamento: é o que a lei expressamente prevê nos arts. 1719.º e 1790.º.

Os cônjuges podem, na convenção antenupcial, estipular outras situações de partilha sob regime diverso do regime de bens escolhido para o casamento. Assim será, p.e., admissível estabelecer que o regime de bens é o da comunhão de adquiridos mas que, no caso de divórcio, a partilha se fará segundo o regime da separação de bens.

A regra de que a partilha se fará de acordo com o regime de bens que vigorou no casamento é supletiva. Sendo uma regra que se repercute sobre a titularidade dos bens, após a partilha, tem uma natureza similar à das regras que definem os regimes de bens. Recorde-se que vigora um princípio de liberdade em matéria de fixação do regime de bens, consagrado no art. 1698.º.

O art. 1719.º não tem carácter excepcional, constituindo antes um exemplo de exercício da liberdade de escolha do regime de bens segundo o qual se fará a partilha. Há, porém, uma restrição imposta por lei: a de que serão salvaguardados os direitos de terceiro na liquidação do passivo, como resulta do art. 1719.º, n.º 2, aplicável analogicamente a outras hipóteses de estipulação de partilha segundo o regime diverso do que vigorou para o casamento. A restrição funda-se na tutela da confiança de terceiros que contratam com os cônjuges.

A Lei n.º 61/2008, de 31 de Outubro, introduziu mais uma restrição, ao modificar o art. 1790.º, que, actualmente, prevê, de modo imperativo, que "em caso de divórcio, nenhum dos cônjuges pode na partilha receber mais do que receberia se o casamento tivesse sido celebrado segundo o regime da comunhão de adquiridos", preceito aplicável à separação de pessoas e bens (art. 1794.º). Isto é, a partilha será feita segundo o regime da comunhão de adquiridos ainda que se estipule na convenção antenupcial que o regime vigente é o da comunhão geral e que, havendo divórcio, a partilha se fará segundo este regime.

IV. Dedução do passivo comum.

Após a soma do valor total dos bens comuns relacionados, será abatido o passivo comum.

Primeiramente, são relacionadas e deduzidas as dívidas do património comum perante terceiros (cf. art. 1689.º, n.º 2).

Segue-se a consideração das dívidas do património comum perante os cônjuges, em que se incluem as dívidas entre cônjuges e as dívidas do património comum ao património próprio de um dos cônjuges.

As dívidas de um cônjuge perante o outro (cf. art. 1689.º, n.º 3) podem ser, nomeadamente: dívidas de indemnização; dívidas de compensação por contribuição indevida para os encargos da vida familiar, nos termos do art. 1676.º, n.º 3; dívidas de compensação pelo pagamento de dívidas comunicáveis, nos termos do art. 1697.º, n.º 1; dívidas por disposição de bens comuns a título gratuito, nos termos do art. 1682.º, n.º 4.

Excepcionalmente, as dívidas entre cônjuges por disposição de bens comuns a título gratuito, nos termos do art. 1682.º, n.º 4, não são contabilizadas no passivo comum (cf., *infra*, V).

As dívidas do património comum perante os cônjuges abarcam ainda as dívidas de compensação do património comum perante um património próprio[1011] (cf. art. 1726.º, n.º 2).

Para evitar o êxito de conluios fraudulentos dos cônjuges que prejudiquem o interesse de terceiros credores, as dívidas do património comum perante os cônjuges são liquidadas em último lugar.[1012]

V. Cálculo do valor das meações.

Depois de apurado o valor do património comum, acha-se o valor da respectiva metade, que é igualmente o valor de cada uma das meações dos cônjuges.

Tendo havido disposição de bens comuns a título gratuito, nos termos do art. 1682.º, n.º 4, metade do valor dos bens doados é abatido à meação do cônjuge disponente e somado à meação do outro cônjuge. Para este efeito, por aplicação analógica do art. 2109.º, n.º 1, considera-se o valor que os bens doados tiverem à data da verificação do facto que originar a partilha (cessação das relações patrimoniais entre os cônjuges ou separação superveniente de bens).

VI. Preenchimento das meações.

Achado o montante das meações, procede-se ao preenchimento das mesmas.

Na operação de preenchimento das meações, é normalmente atendível o acordo dos cônjuges (dentro ou fora do processo de inventário), que podem: designar bens do património comum que hão-de compor, no todo ou em parte, as respectivas meações; indicar bens comuns, para que, no todo ou em parte, sejam objecto de sorteio entre eles; decidir na venda total ou parcial dos bens comuns e na distribuição do produto da alienação entre eles.

Não tendo havido acordo dos cônjuges (no processo de inventário), ocorre a adjudicação dos bens, mediante proposta fechada ou negociação particular (arts. 50.º e 51.º do RJPI)

Nos casos de partilha decorrente de separação de meações decretada no âmbito de uma execução ou de declaração de insolvência, o art. 81, n.º 1, al. c), do RJPI, confere ao cônjuge do executado ou insolvente o direito de escolher

[1011] Que, à semelhança das demais compensações, têm de ser actualizadas com base no índice de preços.

[1012] Contra, DIAS, Cristina M. Araújo, *Do regime da responsabilidade por dívidas dos cônjuges* cit., pp. 888-890: as compensações devidas pela massa comum a um dos cônjuges são efectuadas antes do pagamento a terceiros credores.

os bens com que há-de ser formada a sua meação, reconhecendo aos credores a faculdade de reclamarem contra essa escolha.

O art. 1731.º prevê, quanto aos instrumentos de trabalho de cada um dos cônjuges que tiverem entrado no património comum por força do regime de bens, uma atribuição preferencial na partilha dos bens do casal, que parece ter carácter supletivo.

Nada obsta à estipulação de atribuições preferenciais na partilha do património comum, desde que seja efectuada por convenção antenupcial.

Se o montante dos bens do património comum atribuídos, a título particional, a um dos cônjuges for superior ao da respectiva meação, assiste ao outro o direito de lhe exigir o pagamento de tornas no valor correspondente ao excesso.

26. Os contratos entre cônjuges

26.1. As doações entre casados[1013]

I. Requisitos das doações; natureza dos bens doados.

As doações entre casados regem-se pelos arts. 1761.º a 1766.º e, subsidiariamente, pelas regras dos arts. 940.º a 979.º, atinentes ao contrato de doação (art. 1761.º).

Apesar de nada se dizer de semelhante ao art. 1759.º, as doações entre casados estão obviamente sujeitas a redução por inoficiosidade, nos termos dos arts. 2168.º e s.

As doações entre cônjuges só não são válidas quando vigore imperativamente o regime da separação de bens (art. 1762.º). Ou seja, nas situações do art. 1720.º, n.º 1. Se, p.e., o regime da separação de bens tiver sido convencionado, será válida a doação entre casados.

O princípio da validade da doação entre casados, que contrasta com a proibição-regra da compra e venda entre cônjuges, consagrada no art. 1714.º, n.º 2, justifica-se por duas razões:

[1013] Cf. MENDES, J. Castro/SOUSA, M. Teixeira de, *Direito da Família* cit., p. 177; COELHO, F. Pereira/OLIVEIRA, Guilherme de, *Curso de Direito da Família*, vol. I cit., pp. 538-545; LIMA, Pires de/VARELA, Antunes, *Código Civil Anotado*, vol. IV cit., arts. 1761.º-1766.º; CORTE-REAL, C. Pamplona, *Direito da Família e das Sucessões (Relatório)* cit., p. 114; XAVIER, Rita Lobo, *Limites à autonomia* cit., 195-221; LEITÃO, Luís de Menezes, *Direito das Obrigações* cit., pp. 202-204; BARBOSA, Paula, *Doações entre cônjuges* cit., pp. 137-148; PAIVA, Adriano Miguel Ramos de, *A comunhão de adquiridos* cit., pp. 278-292.

a) Ao contrário da compra e venda que, se fosse genericamente válida entre cônjuges, estaria sujeita ao princípio da revogabilidade apenas por mútuo consenso, a doação entre casados é sempre revogável unilateralmente (art. 1765.º, n.º 1). A transferência patrimonial, a título gratuito, é reversível.
b) A doação entre casados, na falta de estipulação em contrário, vale como antecipação da quota que cabe ao cônjuge enquanto sucessível, por força do mecanismo da imputação de liberalidades (que será estudado no Direito das Sucessões).

A doação de bens móveis só vale como doação entre casados sendo feita por documento escrito (art. 1763.º, n.º 1, que se demarca do art. 947.º, n.º 2, preceito em que se estabelece que a doação de coisas móveis acompanhada da tradição da coisa doada não depende de formalidade alguma externa).

A doação entre casados de bens imóveis realiza-se por escritura pública ou documento particular autenticado, nos termos gerais (art. 947.º, n.º 1, na redacção do Decreto-Lei n.º 116/2008, de 4 de Julho, aplicável por força do art. 1761.º).

O art. 1763.º, n.º 2, proíbe que os cônjuges façam doações recíprocas no mesmo acto, proibição que, no entanto, não se aplica "às reservas de usufruto nem às rendas vitalícias a favor de sobrevivente, estipuladas, umas e outras, em doação dos cônjuges a terceiro" (art. 1763.º, n.º 3).

Só podem ser doados bens próprios do doador (art. 1764.º, n.º 1). A doação entre cônjuges de bens comuns é inválida.

Os bens doados serão sempre bens próprios do donatário (art. 1764.º, n.º 2). Há aqui, portanto, uma situação de bens incomunicáveis que não consta do elenco do art. 1733.º, n.º 1.

II. Revogação das doações.

As doações entre cônjuges são livremente revogáveis pelo doador (art. 1765.º).

A faculdade de revogação unilateral, que não se transmite aos herdeiros do doador (art. 1765.º, n.º 2), é irrenunciável e pode ser exercida a todo o tempo pelo autor da liberalidade (art. 1765.º, n.º 1).

Não sendo doações, aos donativos entre casados, p.e., prendas de aniversário, não se aplica o regime da livre revogação pelo disponente.

Ao contrário das doações para casamento, as doações entre casados são susceptíveis de revogação por ingratidão do donatário, nos termos dos arts. 970.º e s., aplicáveis por força do art. 1761.º.

Vigorando o princípio da livre revogabilidade pelo doador, a revogação por ingratidão pode interessar quando o donatário tiver cometido contra o doador o crime de homicídio ou quando por qualquer causa o tiver impedido de revogar a doação (cf. art. 976.º, n.º 3), já que a faculdade de livre revogação não se transmite aos herdeiros do doador, como se referiu.

III. Caducidade das doações.

O art. 1766.º, n.º 1, prevê três hipóteses de caducidade da doação entre casados: não sobrevivência do donatário ao doador (al. a)); invalidade do casamento (al. b)); divórcio ou separação de pessoas e bens por culpa do donatário, se este for considerado único ou principal culpado (al. c)).

As duas últimas situações de caducidade são comuns ao regime das doações para casamento.

O art. 1766.º, n.º 1, al. c), impõe a caducidade da doação entre casados se ocorrer divórcio ou separação de pessoas de bens, quando o donatário tenha sido considerado único ou principal culpado. Esta disposição, que ainda figura na redacção do Decreto-Lei n.º 496/77, de 25 de Novembro, está de harmonia com o disposto no art. 1791.º, na redacção do mesmo diploma[1014]. Delas resulta que não há nem uma caducidade total nem uma transferência do benefício patrimonial que cabia ao cônjuge declarado único ou principal culpado para o cônjuge inocente ou menos culpado.

Contudo, a Lei n.º 61/2008, de 31 de Outubro, aboliu a declaração do cônjuge culpado no divórcio e modificou o art. 1791.º, cujo n.º 1 prevê presentemente a pura e simples perda dos benefícios recebidos em consideração do estado de casado independentemente da culpa que possa ter cabido ao beneficiário na ruptura da vida em comum. O n.º 2 admite que o autor da liberalidade determine que o benefício perdido pelo cônjuge, na sequência do divórcio, reverta para os filhos do casamento.

Por conseguinte, há uma incompatibilidade entre o que consta no art. 1766.º, n.º 1, al. c), na versão de 1977, com o que se estatui no art. 1791.º, alterado em 2008, o que implica a revogação tácita do art. 1766.º, n.º1, al. c), pelo art. 1791.º. Ou seja, agora, com o divórcio, caducam sempre as doações entre casados, sem prejuízo de o bem doado puder reverter para os filhos do casamento, por vontade do doador (art. 1791.º, na versão resultante da Lei n.º 61/2008, de 31 de Outubro).

[1014] O texto do art. 1791.º, na versão de 1977, encontra-se reproduzido, *supra*, na nota 879.

Em princípio, para a doação produzir efeitos, o donatário tem de sobreviver ao doador, aspecto que reforça a ideia de que a doação constitui tendencialmente uma antecipação da quota do donatário na herança do doador (cf., *supra*, I.).

Se o donatário falecer antes do doador, a doação não caduca quando o autor confirmar a liberalidade nos três meses subsequentes à morte do beneficiário. Nesta circunstância, o bem doado integrará o *relictum* da herança do donatário.

Se o casamento vier a ser declarado nulo ou anulado, a doação entre casados não caduca se ambos os cônjuges estiverem de boa fé ou se o donatário for o único cônjuge de boa fé (cf. art. 1766.º, n.º 1, al. b)).

26.2. Outros contratos entre os cônjuges[1015]

I. Compra e venda.

O art. 1714.º, n.º 2, proíbe a compra e venda entre os cônjuges, excepto quando estes se encontrem separados de pessoas e bens.

Além desta excepção, a doutrina[1016] admite também a validade da compra e venda entre casados que não estejam separados de pessoas e bens quando se tratar de venda executiva. Na venda executiva, prevalece o maior preço oferecido, pelo que não tem razão de ser a proibição da compra e venda entre cônjuges.

A razão de ser da proibição da compra e venda entre cônjuges é evitar que os cônjuges façam um ao outro, sob a aparência de vendas, verdadeiras doações que não estariam sujeitas ao regime da livre revogabilidade das doações entre casados, por força das dificuldades inerentes à prova da simulação.

II. Sociedade.

O art. 1714.º, n.º 2, impede a celebração de contratos de sociedade entre os cônjuges, excepto quando estes se encontrem separados de pessoas e bens. O art. 1714.º, n.º 3, considera lícita a participação dos dois cônjuges na mesma

[1015] Cf. MENDES, J. Castro/SOUSA, M. Teixeira de, *Direito da Família* cit., pp. 160-165, 176-179; COELHO, F. Pereira/OLIVEIRA, Guilherme de, *Curso de Direito da Família*, vol. I cit., pp. 528-538, 545-553; VARELA, Antunes, *Direito da Família* cit., pp. 434-443; LIMA, Pires de/VARELA, Antunes, *Código Civil Anotado*, vol. IV cit., art. 1714.º; CORTE-REAL, C. Pamplona, *Direito da Família e das Sucessões (Relatório)* cit., p. 114; XAVIER, Rita Lobo, *Limites à autonomia* cit., pp. 222-263, 301-340, 577 e s.; PAIVA, Adriano Miguel Ramos de, *A comunhão de adquiridos* cit., pp. 292-297.

[1016] Cf. COELHO, F. Pereira/OLIVEIRA, Guilherme de, *Curso de Direito da Família*, vol. I cit., p. 547.

sociedade de capitais. O art. 8.º, n.º 1, do CSC prevê: "É permitida a constituição de sociedades entre cônjuges bem como a participação destes em sociedades, desde que só um deles assuma responsabilidade ilimitada.". Esta última disposição, relativamente permissiva, refere-se directamente às sociedades comerciais mas é também aplicável às sociedades civis sob forma comercial, nos termos do art. 1 º, n.º 3, do CSC.

A conjugação das disposições citadas obriga a que se façam algumas distinções.

Estando os cônjuges separados de pessoas e bens, não há restrições à constituição de ou participação em sociedades: eles podem, nomeadamente, ser sócios de uma sociedade civil sob forma civil, de uma sociedade em nome colectivo e de uma sociedade em comandita na qual ambos sejam sócios comanditados.

Na situação (que é, de longe, a mais comum) em que os cônjuges não estão separados de pessoas e bens, há que contrapor as sociedades civis sob forma civil às restantes.

Não é admissível a constituição entre cônjuges de sociedades civis sob forma civil nem a participação de ambos numa sociedade com esta natureza e forma.

Já no que toca às sociedades comerciais e civis sob forma comercial, é permitida a sua constituição entre cônjuges e a participação deles na mesma sociedade desde que se trate de uma sociedade por quotas, de sociedade anónima ou de uma sociedade em comandita na qual nenhum dos cônjuges, ou só um deles, seja sócio comanditado (ou seja, quando nenhum dos cônjuges ou apenas um deles assumir responsabilidade ilimitada).

III. Contratos a título oneroso não mencionados no art. 1714.º, n.º 2.

Em geral, são válidos os contratos entre os cônjuges que não sejam proibidos pelo art. 1714.º, n.º 2.

É lícita a dação em cumprimento feita pelo cônjuge ao seu consorte (art. 1714.º, n.º 3) e a dação é uma causa de extinção das obrigações, incluindo das obrigações constituídas por contrato.

As restrições à liberdade contratual por força da condição conjugal constituem excepções ao princípio geral da autonomia privada, pelo que, na interpretação dessas regras excepcionais, é de adoptar-se o sentido menos restritivo da liberdade contratual dos cônjuges. E parece claramente vedada a analogia. Isto significa que a proibição da compra e venda entre cônjuges não é extensível a outros contratos onerosos.

Por conseguinte, os cônjuges podem celebrar entre si contratos de comodato, de mútuo, de arrendamento e de trabalho.

Por vezes, a possibilidade da celebração destes contratos suscita reservas, nos regimes da comunhão. P.e., um contrato de trabalho pressupõe a remuneração do trabalhador pela entidade patronal; ora, pode acontecer que o dinheiro utilizado para pagar ao trabalhador seja comum e que, uma vez recebido, continue a ser comum. E no caso do arrendamento pode acontecer algo de semelhante. Se o bem locado for próprio, o produto do arrendamento é fruto de bem próprio, portanto comum. Quando o bem arrendado for comum, o bem é arrendado por ambos os cônjuges a um só e o cônjuge tem de pagar uma renda que reverte para o património comum; todavia, pode acontecer que o dinheiro usado pelo arrendatário fosse já bem comum. Há, pois, dificuldades de enquadramento conceptual dos contratos em questão; em regimes de comunhão, a sua onerosidade afigura-se incerta.

De qualquer modo, as estipulações devem relevar; afinal, são admissíveis a doação (de bens próprios) e o mandato (que confira poderes sobre bens próprios ou comuns) entre casados.

Mas as situações contratuais de onerosidade duvidosa, nos regimes de comunhão, estarão subordinadas ao regime particular da doação e do mandato entre os cônjuges, sendo reconhecida a prerrogativa de livre revogação ao cônjuge que permite ao outro o aproveitamento exclusivo de um bem.

IV. As contas colectivas.

São muito populares as contas solidárias entre cônjuges[1017], contas em que cada um dos contitulares pode, sozinho, realizar movimentos que afectem a totalidade do saldo.

Essas contas criam uma situação de contitularidade diferente daquela que é permitida no regime da separação de bens ou daquela que define os regimes de comunhão. Recorde-se que no regime da separação a lei admite a compropriedade; na compropriedade, um consorte, sozinho, só pode dispor da sua quota. Nos regimes de comunhão, a comunhão conjugal significa que, fora das situações estabelecidas no art. 1682.º, n.º 2, a disposição de um só bem comum carece do consentimento de ambos os cônjuges.

O art. 1680.º, que só se refere às contas singulares, é analogicamente aplicável às contas colectivas: os cônjuges podem livremente constituir contas

[1017] Sobre as contas solidárias entre cônjuges, cf., designadamente, PINHEIRO, J. Duarte, "Operações bancárias e casamento", *Estudos de Direito da Família e das Crianças* cit., pp. 127-131.

colectivas de que ambos sejam titulares e podem movimentá-las de acordo com as regras bancárias. Não há motivo para estabelecer solução oposta, quando a conta singular entre cônjuges suscita igualmente dificuldades de articulação com o Direito patrimonial da família.

No entanto, a liberdade de constituição e movimentação não pode, nem no caso das contas singulares nem no caso das contas colectivas, subverter a disciplina legal do estatuto patrimonial do casamento, que será plenamente aplicável nas relações entre cônjuges[1018] e oponível, dentro de certas condições, a terceiros, incluindo os próprios Bancos.

Secção V
Efeitos do casamento em situações de ruptura da vida em comum

27. A separação de facto[1019]

27.1. Noção de separação de facto

Tradicionalmente, a doutrina não confere autonomia à matéria da separação de facto, preferindo seguir a orientação legal que reconduz a separação de facto a uma das causas de divórcio litigioso ou sem consentimento de um dos cônjuges (cf. art. 1781.º, al. *a*)).

No entanto, a separação de facto tem uma importância que ultrapassa o seu impacto no domínio das causas do divórcio. Um casal pode viver separado de facto durante anos sem que venha a ser decretado o divórcio ou a separação de pessoas e bens, pelos mais diversos motivos: crença no restabeleci-

[1018] Cf. ac. da RP de 26/10/2009, *CJ* 2009/4, p. 200 (Marques Pereira), em que se sustenta que o levantamento de quantias de contas solidárias por qualquer dos cônjuges só poderá ser considerado válido e legítimo se respeitar as regras conjugais de administração e disposição de bens do casal; e ac. do STJ de 22/02/2011, proc. n.º 1561/07.9TBLRA.C.1.S.1. (Sebastião Póvoas), http://www.dgsi.pt, no qual se conclui que pode incorrer em responsabilidade civil o cônjuge que levantar a totalidade do saldo de conta solidária do casal sem mandato para administração da metade, pertencente ao outro cônjuge.

[1019] Cf. Coelho, F. Pereira/Oliveira, Guilherme de, *Curso de Direito da Família*, vol. I cit., pp. 725-731; Varela, Antunes, *Direito da Família* cit., pp. 500-502; Lima, Pires de/Varela, Antunes, *Código Civil Anotado*, vol. IV cit., arts. 1675.º, 1781.º; Campos, D. Leite de/Campos, Mónica Martinez de, *Lições de Direito da Família* cit., pp. 339-340, 319-320; Barbosa, Paula, "A separação de facto e seus efeitos jurídicos no sistema jurídico português – a evolução legislativa", em AA.VV., *Escritos de Direito das Famílias* cit., pp. 95-106.

mento da vida em comum; inércia; aversão aos formalismos de modificação ou extinção do vínculo matrimonial; desejo de evitar um litígio formal. Dois cônjuges podem viver separados de facto até à morte de um deles. Só então a morte dissolverá o casamento.

O art. 1782.º, n.º 1, define separação de facto, no âmbito do divórcio litigioso, definição que é genericamente válida e que não se demarca da que consta do art. 1675.º, n.º 2.

A separação de facto verifica-se quando se preencham dois elementos, um objectivo e outro subjectivo. O elemento objectivo é a falta de vida em comum dos cônjuges, a ausência de coabitação. O elemento subjectivo consiste no propósito de não restabelecer a vida em comum, numa disposição interior de não retomar a coabitação; esse propósito tanto pode ser de ambos os cônjuges como de só um deles.

Para haver separação de facto é imprescindível a reunião dos dois referidos elementos. É por isso que não há separação de facto quando se verifique somente o elemento objectivo, quando, p.e., os cônjuges não vivam em comum porque um deles foi colocado, para exercer funções públicas, numa localidade distante da casa de morada da família. Em contrapartida, pode haver separação de facto, ainda que os cônjuges morem na mesma casa. Basta que não convivam um com o outro e que um deles não pretenda vir a restabelecer a vida em comum. Basta que não tenham comunhão de leito, que não tomem refeições juntos, que, em geral, evitem a companhia um do outro.

27.2. Efeitos da separação de facto

I. Divórcio e separação de pessoas e bens.

A separação de facto constitui fundamento do divórcio por ruptura da vida em comum, nos termos das al. a) do art. 1781.º, aplicável à separação de pessoas e bens *ex vi* do art. 1794.º.

II. Dever de assistência.

A ausência da vida em comum inerente à separação de facto leva à conversão da obrigação de contribuir para os encargos da vida familiar em obrigação de prestar alimentos (cf., *supra*, Parte III, n.º 15.I)[1020].

[1020] No entanto, cf. o ac. da RE de 14/06/2007, *CJ* 2007/3, p. 257 (Mata Ribeiro): por um lado, o aresto aparenta estar em desacordo com a terminologia "contribuir para os encargos da vida familiar", quando se está perante uma situação de separação de facto, "em que concretamente não

Se a separação de facto for imputável a um dos cônjuges, ou a ambos, a obrigação de alimentos só incumbe, em princípio, ao único ou principal culpado; a obrigação pode, porém, ser imposta pelo tribunal, por motivos de equidade, ao cônjuge inocente ou menos culpado, "considerando, em particular, a duração do casamento e a colaboração que o outro cônjuge tenha prestado à economia do casal" (art. 1675.º, n.º 3).

III. Filiação.

Cessa a presunção de paternidade do marido da mãe se o nascimento do filho ocorrer passados trezentos dias depois da data que a sentença, proferida em acção de divórcio, de separação de pessoas e bens ou em outro processo[1021], fixar como a da cessação da coabitação (art. 1829.º, n.º 1 e n.º 2, al. b)).

A separação de facto já não impede o acesso à PMA dos cônjuges (art. 6.º, n.º 1, da LPMA, na redacção da Lei n.º 17/2016, de 20 de Junho).[1022]

As regras de exercício das responsabilidades parentais previstas para o divórcio, para a separação de pessoas e bens e para a invalidade do casamento são aplicáveis aos cônjuges separados de facto (art. 1909.º).

IV. Restantes aspectos.

A ausência da vida em comum inerente à separação de facto obsta à aplicação do art. 1691.º, n.º 1, al. b)[1023].

A separação de facto há mais de um ano permite que seja válida a doação ou a disposição testamentária a favor de quem o autor da liberalidade casado cometeu adultério (art. 2196.º, n.º 2, al. a), aplicável às doações *ex vi* do 953.º e objecto de uma interpretação sistemática e teleológica).

existe vida familiar"; por outro lado, adere à visão da jurisprudência (*v.g.*, do ac. STJ de 16/04/1998, *CJ-S* 1998/2, p. 45, relatado por Lúcio Teixeira) que reconhece ao cônjuge separado o direito de exigir a entrega directa da parte dos rendimentos ou dos proventos do outro cônjuge, ao abrigo do n.º 3 do art. 1676.º, na redacção do DL n.º 496/77, de 25/11 (correspondente ao n.º 4 do artigo, na versão ora em vigor).

[1021] O art. 1829.º aplica-se analogicamente a sentenças que, tendo sido proferidas fora do processo de divórcio ou separação, fixem o termo da coabitação (cf. Coelho, F. Pereira/Oliveira, Guilherme de, *Curso de Direito da Família*, vol. II cit., pp. 102-103).

[1022] Na versão originária, o art. 6.º, n.º 1, da LPMA, estabelecia que só podiam recorrer às técnicas de PMA "as pessoas casadas que não se encontrem separadas judicialmente de pessoas e bens ou separadas de facto".

[1023] Contra, Dias, Cristina M. Araújo, *Do regime da responsabilidade por dívidas dos cônjuges* cit., pp. 948-971: na separação de facto, as circunstâncias do caso concreto podem impor a comunicabilidade da dívida ao abrigo do art. 1691.º, n.º 1, al. b).

O art. 2196.º, n.º 1, determina que é nula a disposição a favor do cúmplice do testador adúltero. A al. a) do n.º 2, na redacção do Decreto-Lei n.º 496/77, de 25 de Novembro, exclui a nulidade se os cônjuges estavam "separados de facto há mais de seis anos, à data da abertura da sucessão".

O art. 1781.º, al. a), na redacção do mesmo diploma, incluía a separação de facto por seis anos consecutivos entre os fundamentos objectivos de divórcio litigioso. Há uma ligação entre o prazo de separação do facto constante do art. 2196.º, n.º 2, al. a), e aquele que figura no art. 1781.º, al. a). Sempre se entendeu que quando a separação de facto integra uma causa objectiva do divórcio não há motivo para excluir a validade da liberalidade feita pelo cônjuge em favor da pessoa com quem cometeu adultério. Ora, após a Lei n.º 61/2008, de 31 de Outubro, a separação de facto por mais de um ano é uma causa objectiva de divórcio sem o consentimento de um dos cônjuges.

Havendo extinção do vínculo matrimonial, o prazo internupcial começa a contar a partir da data de início da separação de facto (isto é, da cessação da coabitação entre os cônjuges) fixada na sentença de divórcio (art. 1605.º, n.º 4).

V. No demais, vigoram os efeitos comuns do casamento.

Os cônjuges separados de facto continuam vinculados aos deveres dos cônjuges, exceptuado o dever de assistência, no caso previsto no art. 1675.º, n.º 3. O dever de coabitação, p.e., não cessa por não estar a ser cumprido.

As regras sobre administração, disposição, dívidas (com excepção do art. 1691.º, n.º 1, al. b))[1024] e regime de bens perduram.

São, nomeadamente, aplicáveis as regras que limitam os poderes de disposição sobre a casa de morada da família (arts. 1682.º-A, n.º 2, e 1682.º-B). A eventual existência de residências separadas não significa que o imóvel onde antes ambos residiam tenha perdido a qualidade de casa de morada da família, porque o fim dessa qualificação depende de acordo dos cônjuges, de decisão judicial ou de separação de pessoas e bens. E, à primeira vista, a separação de facto não se afigura suficiente para desencadear as estatuições dos arts. 1105.º e 1793.º[1025].

[1024] Para BARBOSA, Paula, "A separação de facto" cit., pp. 105-106, após a separação de facto, "dificilmente se conseguirá invocar proveito comum dos cônjuges numa perspectiva moral, que não patrimonial", o que diminui o âmbito de aplicação do art. 1691.º, n.º 1, al. c).

[1025] Contra, COELHO, F. Pereira/OLIVEIRA, Guilherme de, *Curso de Direito da Família*, vol. I cit., p. 762: sendo a lei omissa, seria razoável a extensão dos arts. 1105.º e 1793.º à separação de facto. Nas palavras dos ilustres professores, "vê-se mal que estas disposições se apliquem ao caso de ruptura da união de facto e não se apliquem ao de separação de facto dos cônjuges; o argumento de que neste

Com a entrada em vigor do NRAU, o cônjuge separado de facto que resida no locado beneficia plenamente da transmissão por morte do direito a arrendamento para habitação de que era titular o outro cônjuge (art. 1106.º, n.º 1, al. *a*); e art. 57.º, n.º 1, al. *a*), da Lei n.º 6/2006, de 27/2)[1026].

Por fim, o cônjuge sobrevivo separado de facto mantém a qualidade de sucessível legal do *de cuius* (arts. 2133.º e 2157.º), o que é pouco aceitável quando a separação durar há mais de um ano (por constituir causa de divórcio, de extinção do facto designativo, que é o vínculo matrimonial, antes da abertura da sucessão)[1027].

VI. Dada a imperatividade dos efeitos legais do casamento, os acordos entre cônjuges separados de facto estão limitados na sua eficácia e validade.

Todavia, as violações das regras matrimoniais subsequentes à separação de facto, em especial, se a separação de facto durar, p.e., mais de um ano (duração que constitui pressuposto da obtenção do divórcio com causas objectivas por um dos cônjuges, ainda que haja oposição do outro), apresentam um carácter tendencialmente menos grave do que teriam iguais violações das regras matrimoniais se fossem praticadas por um dos cônjuges, havendo convivência comum. É assim que, p.e., certas situações de adultério, subsequentes a uma separação de facto que dura há mais de um ano, podem não encerrar uma censurabilidade tal que justifique reacção sancionatória no campo da responsabilidade civil e da tutela do dever de fidelidade na casa de morada da família.

caso, mas não naquele, os cônjuges podem pedir o divórcio não parece decisivo, pois a lei não deve forçá-los a divorciarem-se". No entanto, há um factor de dúvida: a sujeição da separação de facto ao regime dos arts. 1105.º e 1793.º, que abarca o reconhecimento pleno dos acordos de cônjuges separados de facto quanto à utilização da casa de morada de família, equivale a uma dispensa do dever de coabitação, que a lei civil não permite à margem da separação de pessoas e bens.

[1026] Anteriormente, a lei negava, no art. 85.º, n.º 1, al. *a*), do RAU, esse benefício ao cônjuge separado de facto. Contudo, certa corrente defendia uma interpretação restritiva do preceito, à luz da qual a separação de facto não impedia a transmissão do arrendamento quando tivesse sido o cônjuge arrendatário a abandonar o local arrendado, continuando a viver neste o outro cônjuge (cf., nomeadamente, ac. da RL de 20/2/2001, *CJ* 2001/1, p. 132).

[1027] Cf., p.e., art. 1830 do Código Civil brasileiro, que não reconhece direitos hereditários legais ao cônjuge sobrevivo separado de facto há mais de dois anos, salvo prova de que essa convivência se tornara impossível sem culpa do viúvo/viúva.

28. A separação de pessoas e bens[1028]

28.1. Noção e natureza da separação de pessoas e bens

I. A separação de pessoas e bens é um instituto que modifica o vínculo matrimonial, extinguindo as relações patrimoniais e o dever de coabitação entre os cônjuges.

II. Modalidades e causas da separação de pessoas e bens.

Como resulta do art. 1794.º, boa parte do regime do divórcio é aplicável à separação de pessoas e bens.

Por conseguinte, a separação de pessoas e bens pode ser por mútuo consentimento ou sem consentimento de um dos cônjuges (cf. art. 1773.º). Daí que não seja actualmente rigorosa a terminologia "separação judicial de pessoas e bens": a separação de pessoas e bens por mútuo consentimento não é necessariamente decretada pelo tribunal.

As causas da separação de pessoas e bens sem o consentimento de um dos cônjuges são as mesmas do divórcio sem o consentimento de um dos cônjuges (art. 1781.º), ao abrigo do referido art. 1794.º.

III. A separação de pessoas e bens enquanto instituto alternativo ao divórcio.

Perante uma situação de crise matrimonial, os cônjuges tanto podem requerer a separação de pessoas e bens como o divórcio. Ou seja, podem requerer o divórcio sem que tenha havido prévia separação de pessoas e bens.

O art. 1795.º, n.º 2, mostra até que a lei prefere o divórcio à separação de pessoas e bens: se um cônjuge requerer o divórcio e o outro a separação de pessoas e bens, a sentença deve decretar o divórcio se ambos os pedidos procederem.

[1028] Cf. MENDES, J. Castro/SOUSA, M. Teixeira de, *Direito da Família* cit., pp. 195-197; COELHO, F. Pereira/OLIVEIRA, Guilherme de, *Curso de Direito da Família*, vol. I cit., pp. 655-674; VARELA, Antunes, *Direito da Família* cit., pp. 532-538, 515-519; LIMA, Pires de/VARELA, Antunes, *Código Civil Anotado*, vol. IV cit., arts. 1794.º-1795.º-D; CAMPOS, D. Leite de/CAMPOS, Mónica Martinez de, *Lições de Direito da Família* cit., pp. 325-329.

28.2. Efeitos da separação de pessoas e bens

I. Efeitos relativamente aos deveres conjugais.

A separação de pessoas e bens afecta dois deveres conjugais (cf. art. 1795.º-A): o dever de coabitação, que se extingue (pelo que deixa de haver uma casa de morada da família); e o dever de assistência, que ou se extingue ou assume a configuração de obrigação de alimentos a cargo de um dos cônjuges (neste último caso, cf. n.ºs 1, 2 e 3 do art. 2016.º, aplicáveis por força do n.º 4).

Os restantes deveres (respeito, fidelidade e cooperação) subsistem.

Mas o incumprimento destes deveres, incluindo o de fidelidade, tem pouca relevância. A Lei n.º 61/2008, de 31 de Outubro, revogou o n.º 3 do art. 1795.º-D, que permitia a conversão imediata da separação de pessoas e bens em divórcio, a requerimento de um cônjuge, se o outro tivesse cometido adultério. Agora, havendo adultério, o cônjuge que se sente lesado tem de aguardar até que tenha decorrido um ano sobre o trânsito em julgado da sentença ou despacho que tiver decretado a separação de pessoas e bens (cf. nova versão do 1795.º-D, n.º 1). Como antes, não há impedimento à protecção da união de facto formada por um cônjuge separado de pessoas e bens com terceiro (cf. art. 2.º, al. c), da LUF).

II. Efeitos no domínio do nome e da filiação.

Os efeitos da separação de pessoas e bens no domínio do nome são distintos dos que estão estabelecidos para a situação de divórcio: o cônjuge que acrescentou ao seu nome apelidos do outro conserva-os (art. 1677.º-B, n.º 1), podendo ser privado judicialmente do seu uso unicamente quando esse uso "lese gravemente os interesses morais do outro cônjuge ou da sua família" (art. 1677.º-C).

No domínio da filiação, observe-se que cessa a presunção de paternidade do marido da mãe se o nascimento do filho ocorrer passados trezentos dias depois da conferência de separação de pessoas e bens por mútuo consentimento ou da data de citação do réu para a separação de pessoas e bens litigiosa ou sem o consentimento de um dos cônjuges (art. 1829.º, n.º 1, n.º 2, als. a)[1029] e b)). A separação de pessoas e bens já não impede o acesso à PMA

[1029] Apesar da alusão da al. a) à primeira conferência, releva agora a data daquela que é agora a única conferência (cf., *supra*, Parte I, 6.4.III).

dos cônjuges.[1030]. Em matéria de regulação do exercício das responsabilidades parentais sobre filhos comuns, aplicam-se as mesmas regras do divórcio, isto é, os arts. 1905.º e 1906.º.

III. Efeitos predominantemente patrimoniais.

Quanto aos bens, a separação de pessoas e bens produz os efeitos que produziria a dissolução do casamento (art. 1795.º-A, 2.ª parte), mais precisamente da dissolução por divórcio.

Cessam, para o futuro, as relações patrimoniais entre os cônjuges: extingue-se a comunhão conjugal de bens; deixam de ser aplicáveis as regras de administração e disposição dos bens do casal, assim como as regras sobre dívidas dos cônjuges; são permitidos os contratos de compra e venda e sociedade entre os cônjuges, sem restrições (cf. art. 1714.º, n.º 2).

O direito ao arrendamento para habitação é transmissível *inter vivos*, entre cônjuges, nos termos do art. 1105.º.

Aquele que está separado de pessoas e bens não tem o direito de suceder como herdeiro legal do seu cônjuge (arts. 2133.º, n.º 3, e 2157.º), nem o direito à indemnização por danos não patrimoniais, no caso de morte do consorte (art. 496, n.º 2). Contudo, ao contrário do que acontecia no âmbito do RAU[1031], havendo morte de um dos cônjuges separados de pessoas e bens, o outro beneficia da transmissão do arrendamento para habitação, se residir no locado (art. 1106.º, n.º 1, al. a); art. 57.º, n.º 1, al. a), da Lei n.º 6/2006, de 27 de Fevereiro, que aprovou o NRAU).

Aplica-se, em geral, o regime dos efeitos patrimoniais do divórcio (*v.g.*, arts. 1789.º-1793.º), por força do art. 1794.º.

28.3. Causas de cessação da separação de pessoas e bens

I. A separação de pessoas e bens termina pela reconciliação dos cônjuges ou pela dissolução do casamento (art. 1795.º-B).

[1030] Na versão originária, o art. 6.º, n.º 1, da LPMA, estabelecia que só podiam recorrer às técnicas de PMA "as pessoas casadas que não se encontrem separadas judicialmente de pessoas e bens ou separadas de facto". A restrição desapareceu na redacção em vigor, dada pela Lei n.º 17/2016, de 20 de Junho.

[1031] O art. 85.º, n.º 1, al. a), entretanto revogado, previa que o arrendamento para habitação não caducava por morte do primitivo arrendatário ou daquele a quem tiver sido cedida a sua posição contratual, se lhe sobrevivesse "cônjuge não separado judicialmente de pessoas e bens ou de facto".

II. Reconciliação.

Os cônjuges podem a todo o tempo restabelecer a vida em comum e o exercício pleno dos direitos e deveres conjugais (art. 1795.º-C, n.º 1).

Com a reconciliação, volta a vigorar o regime inicialmente fixado para o casamento. O art. 1715.º não permite que passe a vigorar o regime de bens que as partes agora pretendam escolher.

A reconciliação determina o reinício da presunção de paternidade (art. 1830.º, al. a)), que cessara nos termos das als. a) e b) do art. 1829.º, n.º 2.

A reconciliação de cônjuges separados de pessoas e bens é da exclusiva competência da conservatória do registo civil (art. 12.º, n.º 1, al. a), do DL n.º 272/2001, de 13 de Outubro) e efectua-se com base em acordo declarado por aqueles e homologado pelo conservador (art. 13.º, n.º 1, do DL n.º 272/2001, de 13 de Outubro), independentemente de a separação ter sido decretada no tribunal ou na conservatória. Tendo a separação sido decretada no tribunal, o conservador envia certidão da decisão que homologou o acordo de reconciliação para o respectivo processo judicial (art. 13.º, n.º 2, do DL n.º 272/2001, de 13 de Outubro). E é esta decisão que deve ser oficiosamente registada (art. 1795.º-C, n.º 3, *in fine*).[1032]

Os efeitos da reconciliação produzem-se a partir da homologação desta pelo conservador, sem prejuízo da aplicação, com as necessárias adaptações, do disposto nos arts. 1669.º e 1670.º (art. 1795.º-C, n.º 4), que regulam os efeitos do registo do casamento.

III. Dissolução do casamento.

A separação de pessoas e bens pode terminar pela dissolução do casamento, o que abrange quer a morte quer o divórcio.

A separação de pessoas e bens pode ser convertida em divórcio a todo o tempo, mediante requerimento de ambos os cônjuges (art. 1795.º-D, n.º 2).

Decorrido um ano sobre o trânsito em julgado da sentença ou da decisão do conservador que decretou a separação de pessoas e bens, sem que os cônjuges se tenham reconciliado, qualquer deles pode requerer a conversão da separação em divórcio (art. 1795.º-D, n.º 1, adaptado em razão da competência do conservador do registo civil em matéria de separação de pessoas e bens).

[1032] Isto é, a letra dos n.ºs 2 e 3 do art. 1795.º-C está em grande parte prejudicado pelo teor dos arts. 12.º, n.º 1, al. a), e 13.º do DL n.º 272/2001, de 13 de Outubro.

O processo de conversão da separação de pessoas e bens em divórcio é especificamente regulado pelos arts. 5.º, n.º 1, al. e), 6.º e 7.º a 11.º do DL n.º 272/2001, de 13 de Outubro.

IV. A Lei n.º 61/2008, de 31 de Outubro, encurtou o prazo para efeitos de conversão unilateral da separação de pessoas e bens em divórcio (art. 1795.º-D, n.º 1). Antes, dois anos; agora, apenas um ano.

Naturalmente, por força da abolição da declaração de culpa no divórcio, o n.º 4 do art. 1795.º-D foi expressamente revogado.

Será que a conversão constitui a única forma de obtenção do divórcio, após a separação de pessoas e bens?

Antes da lei de 2008, alguma doutrina[1033] considerava que, após a separação de pessoas e bens, qualquer um dos cônjuges podia intentar a todo o tempo uma acção de divórcio autónoma, nos termos gerais. Entre os argumentos aduzidos por essa doutrina contava-se a necessidade de sancionar, mediante a declaração de culpa, um cônjuge que tivesse assumido comportamentos censuráveis para com o outro, durante a separação de pessoas e bens, e a ideia de que não parecia correcto admitir a permanência do vínculo matrimonial até se atingir o período exigido para efeitos de conversão unilateral, quando um cônjuge tivesse assumido tais comportamentos, p.e., comportamentos de violência para com o outro.

Outra era a minha opinião, pelas razões que se encontram expostas em edição anterior[1034].

Ora, mantenho tal opinião, mas com base noutros argumentos. É verdade que a lei de 2008 pretende facilitar o mais possível a dissolução por divórcio e que revogou o n.º 3 do art. 1795.º-D (preceito que permitia a um cônjuge requerer a conversão, em qualquer altura, se o outro tivesse cometido adultério). No entanto, a Lei revela um espírito genericamente adverso à intervenção judicial, diminuiu para metade o prazo exigido para a conversão unilateral e aboliu a declaração de culpa no divórcio.

Por isto, parece-me que a opção pela separação de pessoas e bens em vez do divórcio corresponde a um risco assumido pelas partes: o de manter formalmente o vínculo matrimonial até à altura em que se possa con-

[1033] Coelho, F. Pereira/Oliveira, Guilherme de, *Curso de Direito da Família*, vol. I, 4.ª ed., Coimbra, Coimbra Editora, 2008, pp. 574-580; Varela, Antunes, *Direito da Família* cit., pp. 533, nota 1, e 538; Lima, Pires de/Varela, Antunes, *Código Civil Anotado*, vol. IV cit., art. 1795.º-D (2).

[1034] Pinheiro, J. Duarte, *O Direito da Família Contemporâneo*, Lisboa, AAFDL, 2008, pp. 599-600.

verter a separação em divórcio. Na pior das hipóteses, haverá que esperar um ano a contar da sentença ou do despacho. Os comportamentos violentos ou outros eventualmente ocorridos nesse período são tal como aqueles que foram praticados na constância do matrimónio ou após o divórcio sancionáveis nos termos gerais – mediante os mecanismos de responsabilidade criminal ou civil.

Salvo melhor reflexão, a conversão constitui a única forma de obtenção do divórcio, após a separação de pessoas e bens.[1035]

[1035] Já na vigência das alterações introduzidas pela Lei n.º 61/2008, de 31 de Outubro, contra Coelho, F. Pereira/Oliveira, Guilherme de, *Curso de Direito da Família*, vol. I, 5.ª ed., 2016 cit., pp. 672-674.

Capítulo III
Extinção do vínculo matrimonial[1036]

29. Enunciado

A extinção do vínculo matrimonial pode assumir duas formas: retroactiva, que corresponde à invalidade do casamento; não retroactiva que se identifica com a dissolução do casamento e abrange, nomeadamente, a dissolução por morte e por divórcio.

Secção I
Invalidade do casamento[1037]

30. Valores negativos do casamento civil

30.1. Enunciado

Os valores negativos do casamento civil (celebrado por forma civil ou por forma religiosa) são dois: inexistência e anulabilidade (cf. art. 1627.º).

[1036] Cf. COELHO, F. Pereira/OLIVEIRA, Guilherme de, *Curso de Direito da Família*, vol. I cit., pp. 675-676; VARELA, Antunes, *Direito da Família* cit., pp. 469-472.

[1037] Cf. MENDES, J. Castro/SOUSA, M. Teixeira de, *Direito da Família* cit., pp. 91-97, 109-113; COELHO, F. Pereira/OLIVEIRA, Guilherme de, *Curso de Direito da Família*, vol. I cit., pp. 351-366; VARELA, Antunes, *Direito da Família* cit., pp. 285-305; LIMA, Pires de/VARELA, Antunes, *Código Civil Anotado*, vol. IV cit., arts. 1625.º-1648.º, em particular 1647.º e 1648.º; CAMPOS, D. Leite de/CAMPOS, Mónica Martinez de, *Lições de Direito da Família* cit., pp. 197-205; CORTE-REAL, C. Pamplona, *Direito da Família e das Sucessões (Relatório)* cit., p. 107.

A inexistência é qualificada como invalidade pela lei matrimonial (cf. art. 1627.º *a contrario*), contra o que se ensina em Teoria Geral do Direito Civil.

A nulidade é um desvalor exclusivo do casamento católico.

30.2. Inexistência

I. Causas de inexistência do casamento.

As causas de inexistência são unicamente as que figuram no art. 1628.º (cf. art. 1627.º, que consagra o princípio da tipicidade na sua parte final): celebração de casamento não urgente perante quem não tinha competência para o acto (al. a)); não homologação de casamento urgente (al. b)); celebração de casamento em que tenha faltado a declaração da vontade de um ou de ambos os nubentes, ou do procurador de um deles (al. c)); celebração de casamento por intermédio de procurador, depois de terem cessado os efeitos da procuração, ou quando esta não tenha sido outorgada por quem nela figura como constituinte, ou quando seja nula por falta de concessão de poderes especiais para o acto ou de designação expressa do outro nubente (al. d)).

A Lei n.º 9/2010, de 31 de Maio, revogou a al. e) do art. 1628, que considerava juridicamente inexistente do casamento contraído entre pessoas do mesmo sexo.

O art. 1629.º restringe o âmbito da causa de inexistência constante do art. 1628.º, al. a), ao determinar que não se considera juridicamente inexistente "o casamento celebrado perante quem, sem ter competência funcional para o acto, exercia publicamente as correspondentes funções, salvo se ambos os nubentes, no momento da celebração, conheciam a falta daquela competência".

II. Regime da inexistência do casamento.

A inexistência do casamento é invocável a todo o tempo por qualquer pessoa, independentemente de declaração do tribunal (art. 1630.º, n.º 2).

A inexistência exclui a produção de quaisquer efeitos jurídicos do casamento, incluindo os putativos (art. 1630.º, n.º 1).

Os que contraíram casamento inexistente podem voltar a casar com terceiros sem estarem obrigadas ao respeito do prazo internupcial.

30.3. Anulabilidade

I. Causas de anulação do casamento

Tendo em conta o art. 1627.º, não há outras causas de anulabilidade do casamento além das especificadas na lei.

O art. 1631.º enuncia três grupos de causas de anulabilidade: impedimento dirimente; falta ou vícios da vontade; e ausência de testemunhas, quando a presença das mesmas seja exigidas por lei.

Sobre os impedimentos dirimentes, cf., *supra*, Parte III, n.º 3.2.2.

Sobre o que a lei designa como falta ou vícios da vontade, cf., *supra*, Parte III, n.º 3.3.3.

Sobre a necessidade de testemunhas na celebração do casamento, cf., *supra*, Parte III, n.º 4.2.II.

II. Regime da acção de anulação.

O casamento só pode ser anulado mediante sentença em acção especialmente intentada para esse fim (art. 1632.º). Antes disso, a anulabilidade não é invocável para nenhum efeito, judicial ou extrajudicial.

O art. 1633.º, n.º 2, exclui a aplicação ao casamento do disposto no art. 287.º, n.º 2 (preceito que, na Parte Geral, admite a arguição da anulabilidade do negócio que não estiver cumprido, sem dependência de prazo, tanto por via de acção como por via de excepção).

Os arts. 1639.º a 1642.º determinam a legitimidade para intentar a acção de anulação, em função da causa de anulabilidade que é invocada.

Os arts. 1643.º-1646.º prevêem os prazos da acção de anulação do casamento, também em função da causa de anulabilidade invocada.

O n.º 1 do art. 1633.º aponta situações em que se considera sanada a anulabilidade do casamento.

Recorde-se que o regime da acção de anulação já foi considerado a propósito dos requisitos de fundo e de forma do casamento civil (cf., *supra*, Parte III, n.ºs 3.2.2, 3.3.3., 3.3.4. e 4.2.II).

III. Efeitos da anulação.

A anulação implica a cessação dos efeitos do casamento, com carácter retroactivo (arts. 289.º, n.º 1, e 1688.º). Tudo se passa, em princípio, como se o casamento não tivesse sido celebrado.

As partes do casamento anulado podem voltar a casar com outrem, mas têm de observar o prazo internupcial (arts.1604.º, al. b), e 1605.º).

As disposições testamentárias feitas por um cônjuge em benefício do outro caducam (art. 2317.º, al. d)).

31. A nulidade do casamento católico

I. A nulidade é um desvalor exclusivo do casamento católico, que não pode ser inexistente nem anulado (cf. art. 1625.º e respectiva interpretação sistemática; art. 16.º da Concordata entre a República Portuguesa e a Santa Sé, de 2004).

II. A declaração de nulidade compete aos tribunais eclesiásticos, que aplicam Direito Canónico.

O CDC disciplina a declaração de nulidade do casamento católico e fixa as respectivas causas (cf. câns. 1073 e s., 1671 e s.).

III. De acordo com o art. 16.º, n.º 1, da Concordata de 2004, e com o art. 1626.º (na versão actual, introduzida pelo DL n.º 100/2009, de 11 de Maio), as decisões das autoridades eclesiásticas que declarem a nulidade do casamento produzem efeitos civis, a requerimento de qualquer das partes, após revisão e confirmação, nos termos do direito português, pelo competente tribunal do Estado português.

É assim afastada a solução que antes vigorava no nosso ordenamento: as decisões de nulidade das autoridades eclesiásticas eram transmitidas ao tribunal da Relação territorialmente competente, que as tornava executórias, sem necessidade de revisão e confirmação (cf. art. 1626.º, n.º 1, na redacção de 1966).[1038]

No processo de revisão e confirmação, o tribunal do Estado português verifica se as decisões de nulidade são autênticas, se dimanam do tribunal competente, se respeitam os princípios do contraditório e da igualdade e se não

[1038] Contra a situação anterior de livre produção de efeitos das decisões eclesiásticas em Portugal, independentemente de qualquer controlo, cf. Silva, Paula Costa e, *A jurisdição nas relações entre Portugal e a Santa Sé (os Regulamentos (CE) N. 1347/2000 e N. 2201/2003 e a Concordata)*, Coimbra, Coimbra Editora, 2004, pp. 45 e s. Sobre o tema dos efeitos civis das decisões eclesiásticas matrimoniais em Portugal (antes e depois da Concordata de 2004) e no Brasil (que celebrou uma Concordata com a Santa Sé em 2008), cf. Silva, Paula Costa e/Geraldes, João de Oliveira, "As concordatas e o impacto político dos sistemas de reconhecimento das decisões eclesiásticas em matéria matrimonial", *Revista de Processo*, ano 35, n.º 179, Janeiro 2010, Brasil, Editora Revista dos Tribunais, pp. 109-137.

colidem, nos resultados, com os princípios da ordem pública internacional do Estado português (art. 16.º, n.º 2, da Concordata de 2004).

Após revisão e confirmação das decisões eclesiásticas, estas são averbadas aos assentos de casamento (art. 7.º, n.º 3, do CRC). Os efeitos da nulidade do casamento católico são idênticos aos da anulação do casamento civil.

IV. O reconhecimento de efeitos civis às sentenças de nulidade do casamento católico dos tribunais eclesiásticos pode originar uma contradição com os efeitos da sentença de divórcio decretada pelo tribunal estatal.[1039]

Não se verificando a excepção de caso julgado, um casamento católico dissolvido por divórcio pode vir a ser declarado nulo. Ora, o regime dos efeitos patrimoniais do divórcio e da nulidade não coincidem. Para além da hipotética produção de eficácia putativa (cf. o número seguinte) pelo casamento que foi declarado nulo, o art. 1790.º, sobre a partilha dos bens do casal, institui um regime específico para o casamento dissolvido por divórcio (ou separação de pessoas e bens).

Falta uma norma que permita resolver a questão, afigurando-se necessária uma intervenção legislativa destinada a prevenir a assinalada divergência de efeitos.

32. Casamento putativo

32.1. Noção e natureza jurídica

O casamento putativo é o casamento anulado ou declarado nulo que produz efeitos, como se fosse válido, normalmente, até ao trânsito em julgado da sentença de anulação ou até ao averbamento no registo civil da decisão de nulidade (cf. art. 1647.º, n.ºs 1 e 3).

O instituto não se aplica aos casamentos inexistentes (cf. art. 1630.º, n.º 1, última parte).

Constituindo uma excepção à regra do art. 289.º, o casamento putativo assume a natureza de um "facto material, que se revela pela aparência dum casamento, e a que a lei atribui efeitos análogos aos desse acto"[1040].

[1039] Cf. MARTINS, Rosa, "O reconhecimento da sentença de nulidade do casamento católico dos tribunais eclesiásticos em Portugal – a possível contradição dos seus efeitos civis com os da sentença de divórcio dos tribunais do Estado", em AA.VV., *Família, consciência* cit., pp. 241-273.

[1040] LIMA, Pires de, *O casamento putativo no Direito Civil português*, Coimbra, Coimbra Editora, 1929, p. 27.

32.2. Requisitos gerais do casamento putativo

Os requisitos gerais do casamento putativo são três (arts. 1630.º, n.º 1, e 1647.º): a) existência do casamento; b) anulação do casamento civil ou declaração de nulidade do casamento católico; c) casamento contraído de boa fé pelo menos por um dos cônjuges.

Nos termos do art. 1648.º, n.º 1, considera-se de boa fé o cônjuge que tiver contraído o casamento na ignorância desculpável do vício causador da nulidade ou anulabilidade, ou cuja declaração de vontade tenha sido extorquida por coacção física ou moral. O preceito consagra, portanto, um conceito híbrido de boa fé: "ignorância desculpável do vício..." (boa fé subjectiva ética) ou declaração de vontade extorquida por coação física ou moral (boa fé objectiva).

A boa fé dos cônjuges presume-se e o seu conhecimento compete aos tribunais do Estado português, mesmo que se esteja perante casamento católico que foi declarado nulo (art. 1648.º, n.ºs 2 e 3).

O facto de não ser requisito geral da eficácia putativa a boa fé de terceiros, mas a boa fé de pelo menos um dos cônjuges, mostra que o instituto do casamento putativo visa a protecção das partes que contraíram o casamento, e não a protecção de terceiros[1041].

32.3. Regime geral de eficácia putativa

I. O regime geral de eficácia putativa encontra-se previsto nos arts. 1647.º e 1648.º[1042], variando em razão do número de cônjuges de boa fé, ambos ou um deles.

II. Boa fé de ambos os cônjuges.

O casamento anulado ou declarado nulo, quando contraído de boa fé por ambos os cônjuges, produz os seus efeitos em relação aos cônjuges e a terceiros (art. 1647.º, n.ºs 1 e 3).

III. Boa fé de apenas um dos cônjuges.

Se apenas um dos cônjuges tiver contraído o casamento de boa fé, só ele pode recorrer ao instituto geral do casamento putativo, havendo, porém, que

[1041] Cf., porém, a interpretação algo distinta de CORDEIRO, A. Menezes, *Da boa fé no Direito Civil*, Coimbra, Almedina, 1985, § 18.º, n.º 49, IX-X, pp. 505-508.

[1042] É para este regime que remetem as ressalvas dos arts. 1716.º, 1760.º, n.º 1, al. a), e 1766.º, n.º 1, al. b).

distinguir a eficácia do casamento que é oponível ao outro cônjuge daquela que se produz perante terceiros (cf. art. 1647.º, n.ºs 2 e 3).

O cônjuge de boa fé pode invocar, perante o cônjuge de má fé, todos os efeitos do casamento.

O cônjuge de boa fé pode invocar, perante terceiros, os efeitos do casamento que "sejam mero reflexo das relações havidas entre os cônjuges" (efeitos decorrentes das relações directamente estabelecidas entre os cônjuges: *v.g.*, direitos sucessórios do cônjuge sobrevivo; regime jusmatrimonial dos actos de administração, disposição e dívidas[1043]).

O cônjuge de boa fé não pode invocar, perante terceiros, a subsistência do vínculo de afinidade ou da doação para casamento feita por terceiro, por se estar perante efeitos emergentes de relações directas entre os cônjuges e terceiros.

Apesar da letra do art. 1647.º, n.º 2, que confere ao cônjuge de boa fé a faculdade de ele se arrogar dos "benefícios do estado matrimonial", o cônjuge de boa fé que invocar para si os efeitos favoráveis do estado matrimonial fica sujeito aos efeitos desfavoráveis do casamento. O estatuto do cônjuge que contrai um casamento inválido não pode ser mais vantajoso do que o estatuto do cônjuge que contrai um casamento válido[1044].

IV. Como se sabe, o segundo casamento celebrado por pessoa que ainda esteja casada é inválido (arts. 1601.º, al. *c*), e 1631.º, al. *a*)).

No entanto, sendo configuráveis situações de bigamia em que, pelo menos, um dos cônjuges do segundo casamento esteja de boa fé, o instituto do casamento putativo obsta ao carácter absoluto do princípio da monogamia. Ou seja, é possível pensar em situações de eficácia simultânea de dois ou mais casamentos contraídos pela mesma pessoa.

A invalidade do segundo casamento não exclui pretensões patrimoniais do segundo cônjuge que esteja de boa fé (nomeadamente, porque o primeiro casamento só veio a ser registado depois de ter sido celebrado o segundo ou porque o segundo cônjuge foi coagido a casar pelo próprio consorte ou por terceiros), que, por vezes, concorrem com as pretensões patrimoniais do primeiro cônjuge do bígamo[1045]. Se os dois casamentos foram contraídos segundo

[1043] Diferentemente, quanto ao regime dos actos de disposição, MENDES, J. Castro/SOUSA, M. Teixeira de, *Direito da Família* cit., pp. 112-113.

[1044] Cf. VARELA, Antunes, *Direito da Família* cit., pp. 302-303.

[1045] Cf. PINHEIRO, J. Duarte, "Poligamia e uniões paralelas" cit., pp. 64-66. De outra forma, GUILHO, Pierre, que, em nota a uma decisão judicial francesa (Lyon, 21-5-1974, *Recueil Dalloz* 1975.9), exclui uma aplicação do instituto do casamento putativo que restrinja os direitos do primeiro cônjuge.

um regime de comunhão, ambos os cônjuges do bígamo têm direito a uma meação que pode incluir os bens levados para o casamento ou adquiridos, na constância do matrimónio, a título gratuito pelo bígamo. Por exemplo, *A* casou, no regime da comunhão geral, com *B* e, a seguir, com *C*, sem que o primeiro casamento tivesse sido dissolvido. Em ambos os casos, o único bem relevante que integra a comunhão é o imóvel *x*, que *A* tinha já na altura do primeiro casamento e mantinha no momento em que celebrou o segundo. O imóvel foi avaliado em 100. A meação de *A* é quantificada em 50. A outra meação, estimada em 50, será repartida entre *B*, enquanto parte de um casamento válido, e *C*, enquanto cônjuge de boa fé num casamento inválido[1046]. Algo de semelhante acontece se *A* morrer antes de transitar em julgado a sentença de anulação do segundo casamento. Concorrem à respectiva sucessão os dois cônjuges[1047], com direitos iguais.

32.4. Casos especiais de eficácia putativa

I. Presunção de paternidade.

Ao abrigo do art. 1827.º, a anulação ou declaração de nulidade do casamento, ainda que contraído de má fé por ambos os cônjuges, não exclui a presunção de que o pai é o marido da mãe. Isto é, não se exige o requisito da boa fé para a produção do efeito do casamento que consiste na presunção de paternidade.

Estabelecida ou constituída a paternidade do marido da mãe, as regras aplicáveis ao exercício das responsabilidades parentais, no caso de declaração de nulidade ou anulação do casamento, são as mesmas que estão previstas para o caso de divórcio ou separação de pessoas e bens (arts. 1905.º e 1906.º).

II. Alimentos.

Tendo sido declarado nulo ou anulado o casamento, o art. 2017.º determina que o cônjuge de boa fé conserva o direito de alimentos após o trânsito em julgado da decisão respectiva.

[1046] Dependendo actualmente a vigência do regime da comunhão geral de bens da celebração de uma convenção antenupcial, há que atender ao art. 1716.º, que, ao apontar a invalidade do casamento como um dos casos de caducidade da convenção, ressalva o disposto em matéria de casamento putativo.

[1047] O segundo cônjuge, por força do instituto do casamento putativo ou por força do decurso do prazo de anulação, que é até seis meses depois da dissolução do casamento (cf. art. 1643.º, n.º 1, al. c)).

Aqui a especialidade reside no facto de a eficácia putativa do casamento ultrapassar a data do trânsito em julgado da sentença de anulação ou do averbamento no registo civil da decisão de nulidade.

III. Nacionalidade.

O art. 3.º, n.º 2, da Lei da Nacionalidade estabelece que a declaração de nulidade ou anulação do casamento não prejudica a nacionalidade adquirida pelo cônjuge que o contraiu de boa fé.

Deste modo, depara-se com um desvio ao que é prescrito no art. 1647.º, n.º 2: embora a nacionalidade corresponda a uma relação directamente estabelecida entre o cônjuge e o Estado, um cônjuge pode invocar a nacionalidade portuguesa adquirida em caso de casamento, ainda que seja o único que tenha contraído de boa fé o casamento que foi anulado ou declarado nulo.

Secção II
Dissolução por morte[1048]

33. Efeitos da dissolução por morte

I. A cessação da generalidade dos efeitos do casamento.

A morte de um dos cônjuges acarreta a cessação da generalidade dos efeitos pessoais e patrimoniais do casamento (art. 1688.º), que opera para o futuro. Deste modo, pode proceder-se à partilha dos bens do casal (cf., *supra*, Parte III, n.º 25).

O cônjuge sobrevivo pode casar, após o decurso do prazo internupcial (arts. 1604.º, al. b), e 1605.º).

II. Efeitos do casamento não afectados pela morte do cônjuge.

Apesar da extinção do casamento, as relações de afinidade que ligam o cônjuge sobrevivo aos parentes do outro subsistem (art. 1585.º, segunda parte).

O cônjuge sobrevivo que tiver acrescentado ao seu nome apelidos do outro conserva-os (art. 1677.º-A, primeira parte). Contudo, o viúvo pode perder

[1048] Cf. MENDES, J. Castro/SOUSA, M. Teixeira de, *Direito da Família* cit., pp. 182-183; COELHO, F. Pereira/OLIVEIRA, Guilherme de, *Curso de Direito da Família*, vol. I cit., pp. 677-678; CAMPOS, D. Leite de/CAMPOS, Mónica Martinez de, *Lições de Direito da Família* cit., pp. 330-331.

os apelidos do cônjuge falecido em duas situações: segundas núpcias, se não declarar até à celebração do novo casamento que pretende conservar tais apelidos (art. 1677.º-A, segunda parte)[1049]; privação judicial do uso do nome, a pedido dos descendentes, ascendentes e irmãos do cônjuge falecido, "quando aquele uso lese gravemente os interesses morais" da família do defunto.

III. Atribuição de direitos e prerrogativas ao cônjuge sobrevivo.

Com a morte do cônjuge, cabem ao outro os seguintes direitos e prerrogativas:

a) O direito de suceder como herdeiro legal do *de cuius*, se não estiver separado de pessoas e bens (arts. 2133.º, n.º 1, alíneas a*)* e b*)*, n.º 3, e 2157.º).
b) O direito a ser alimentado pelos rendimentos dos bens deixados pelo falecido, que é conhecido como apanágio do cônjuge sobrevivo (art. 2018.º).
c) O direito à transmissão por morte da posição de arrendatário habitacional que pertencia ao *de cuius*, se, no momento da morte, o cônjuge sobrevivo residia no locado, independentemente de estar ou não separado de pessoas e bens ou de facto (art. 1106.º, n.º 1, a*)*; art. 57.º, n.º 1, al. a*)*, da Lei n.º 6/2006, de 27 de Maio)[1050].
d) A atribuição preferencial, na partilha, do direito de habitação da casa de morada de família e do direito de uso do respectivo recheio (arts. 2103.º-A a 2103.º-C).
e) O direito à indemnização por danos não patrimoniais sofridos com a morte da vítima, se não estiver separado de pessoas e bens (art. 496.º, n.º 2).
f) A legitimidade para requerer providências preventivas ou atenuantes da ofensa à memória do cônjuge falecido (arts. 71.º, n.º 2, 73.º, 75.º, n.º 2, 76.º, n.º 2, e 79.º, n.º 1).

[1049] A declaração de que pretende conservar os apelidos deve ser prestada perante o conservador, em auto, no processo do novo casamento (art. 104.º, n.º 7, do CRC).

[1050] Note-se que antes da entrada em vigor da Lei n.º 6/2006, de 27 de Fevereiro, que aprovou o NRAU, outra era a orientação legal: o benefício da transmissão era conferido unicamente ao cônjuge do arrendatário que não estivesse separado de pessoas e bens ou de facto (art. 85.º, n.º 1, al. a*)*, do RAU). Em vez da transmissão, a morte do arrendatário pode desencadear a concentração do arrendamento no cônjuge sobrevivo: cf. Pinheiro, J. Duarte, "A morte do arrendatário", em AA.VV., *Estudos em Homenagem ao Prof. Doutor Martim de Albuquerque*, vol. I, Faculdade de Direito da Universidade de Lisboa, Lisboa, 2010, pp. 916-917.

g) O exercício exclusivo das responsabilidades parentais sobre os filhos menores do casal (art. 1904.º, n.º 1).[1051]
h) Eventual exercício das responsabilidades parentais sobre os filhos menores do cônjuge falecido (art. 1904.º, n.º 2).

Secção III
Divórcio

34. Generalidades[1052]

34.1. Noção de divórcio; evolução histórica do respectivo regime

I. O divórcio é uma causa de dissolução do casamento decretada pelo tribunal ou pelo conservador do registo civil, a requerimento de um ou dos dois cônjuges.

II. Até 1910, o divórcio não era admitido. O Código Civil de 1867 previa unicamente o instituto da separação de pessoas e bens (arts. 1204.º e s.).

A história portuguesa da legislação do divórcio começa pouco depois da instauração da República, com a publicação do Decreto de 3 de Novembro de 1910, conhecido como Lei do Divórcio.

Ao longo de toda a história lusitana do divórcio, que conta agora mais de 100 anos, observa-se um ponto em comum: a consagração do princípio do divórcio directo. Isto é, embora admitindo o instituto da separação judicial de pessoas e bens, o legislador, em regra, não faz depender a concessão do divórcio de uma prévia separação de pessoas e bens. Os pressupostos do divórcio

[1051] Ou a titularidade exclusiva das responsabilidades parentais sobre os filhos menores do cônjuge falecido, quando ele as exercesse em conjunto com o cônjuge sobrevivo, nos termos do art. 1904.º-A.

[1052] Cf. MENDES, J. Castro/SOUSA, M. Teixeira de, *Direito da Família* cit., pp. 184-185; PINHEIRO, J. Duarte, *O ensino do Direito da Família contemporâneo (contém adenda de actualização, relativa à Lei n.º 61/2008, de 31/10)*, Lisboa, AAFDL, 2008, pp. 40-41, 50-51, 94-99; COELHO, F. Pereira/OLIVEIRA, Guilherme de, *Curso de Direito da Família*, vol. I cit., pp. 679-695; VARELA, Antunes, *Direito da Família* cit., pp. 473-488, 507-509; LIMA, Pires de/VARELA, Antunes, *Código Civil Anotado*, vol. IV cit., art. 1773.º; CAMPOS, D. Leite de/CAMPOS, Mónica Martinez de, *Lições de Direito da Família* cit., pp. 331-332; CORTE-REAL, C. Pamplona, *Direito da Família e das Sucessões (Relatório)* cit., pp. 115-116; SOUSA, M. Teixeira de, *O regime jurídico do divórcio* cit., pp. 1-8, 10-21; OLIVEIRA, Guilherme de, "A nova lei do divórcio" cit., pp. 5-7; SANTOS, Eduardo dos, *Do divórcio* cit., pp. 145--153; FIALHO, António José, *Guia prático do divórcio* cit., pp. 6-9.

e da separação de pessoas e bens são, normalmente, idênticos, cabendo aos cônjuges optar por uma das duas soluções.

A Lei do Divórcio de 1910 é uma das leis mais liberais do mundo da época, em matéria de dissolução de casamento. O diploma fixa um sistema em que o divórcio tanto pode ser concedido por via litigiosa como por mútuo consentimento. E o divórcio litigioso podia ser decretado quer por causas subjectivas (por exemplo, adultério), quer por causas objectivas (por exemplo, separação de facto).

Todavia, no início da II Guerra Mundial, é assinada a Concordata de 1940 entre Portugal e a Santa Sé, que proíbe o divórcio para os casamentos católicos que viessem a ser celebrados futuramente, o que representa uma substancial viragem na concepção do sistema de dissolução do casamento. Note-se que entre 1940 e 1975 a esmagadora maioria da população portuguesa (cerca de 90%) contraiu casamento segundo o rito da Igreja Católica.

O Código Civil de 1966, na sua versão originária, manteve a proibição do divórcio no caso de casamento católico celebrado após a Concordata de 1940; e restringiu fortemente a faculdade de divórcio, no caso de casamento civil, abolindo o divórcio por mútuo consentimento e o divórcio litigioso com base em causas objectivas.

Em 25 de Abril de 1974 ocorre a chamada "Revolução dos Cravos", que, à semelhança de outro preponderante momento político do século XX português (que foi a instauração da República), teve profundas repercussões no regime do divórcio.

No ano seguinte, em 1975, é assinado o Protocolo Adicional à Concordata de 1940, que permitiu que, daí em diante, pudesse requerido o divórcio tanto nos casamentos civis como nos casamentos católicos.

Em 1977 verifica-se a Reforma do Código Civil, que estabelece os traços essenciais do regime que irá vigorar em Portugal durante mais de 30 anos. Na versão da Reforma, o Código Civil consagra duas modalidades de divórcio: o divórcio por mútuo consentimento e o divórcio litigioso. O divórcio litigioso pode ser decretado com fundamento em causas subjectivas (violação grave de deveres conjugais) ou em causas objectivas (*v.g.*, separação de facto). No divórcio litigioso, o juiz deve declarar a culpa dos cônjuges, quando a haja. A declaração de um dos cônjuges como único ou principal culpado da ruptura da vida em comum tem para ele consequências patrimoniais negativas no domínio da partilha, das doações e dos alimentos.

Entre a Reforma de 1977 e 2008, o regime do divórcio foi alterado três vezes (Decreto-Lei n.º 163/95, de 13 de Julho, Lei n.º 47/98, de 10 de Agosto, e Decreto-Lei n.º 272/2001, de 13 de Outubro). Deste modo, nas vésperas da entrada em vigor da Lei n.º 61/2008, de 31 de Outubro, o divórcio por mútuo consentimento, que corresponde a cerca de 90% do total dos divórcios, podia ser requerido pelos cônjuges a todo o tempo (e, portanto, no próprio dia do casamento) e era decretado pelo conservador do registo civil.

A lei de 2008 modifica substancialmente o desenho do divórcio litigioso (em sentido restrito), agora designado como "divórcio sem consentimento de um dos cônjuges". O divórcio litigioso, ou sem consentimento, é requerido com fundamento em causas objectivas amplas ("qualquer facto que mostre a ruptura definitiva do casamento"), perdendo autonomia a violação culposa de deveres conjugais; além disso, deixa de haver declaração de culpa dos cônjuges, pelo que o comportamento das partes na constância do matrimónio é, em geral, tido como irrelevante na determinação dos efeitos da dissolução do casamento.[1053]

34.2. Modalidades de divórcio

I. São duas as principais classificações de modalidades de divórcio. Uma primeira classificação contrapõe o divórcio por mútuo consentimento ao divórcio sem consentimento de um dos cônjuges, com base no critério da vontade das partes. Outra, opõe o divórcio judicial ao administrativo, atendendo à entidade competente para decretar a dissolução do casamento.

II. A primeira classificação é inequivocamente a mais relevante: expressamente mencionada no art. 1773.º, n.º 1, condiciona a competência das entidades estatais.

O divórcio por mútuo consentimento é requerido na conservatória do registo civil por ambos os cônjuges, de comum acordo, ou no tribunal se os cônjuges não acompanharem o requerimento de divórcio com todos os acordos que são exigidos nos termos do art. 1775.º, n.º 1 (art. 1773.º, n.º 2).

O divórcio por mútuo consentimento pode ser: por mútuo consentimento quanto à dissolução do casamento e quanto a matérias complementares; e litigioso quanto a matérias complementares.

[1053] De assinalar a evolução estatística do número de divórcios por 100 casamentos em Portugal nas últimas cinco décadas: 1,1 em 1960; 0,6 em 1970; 8,1 em 1980; 12,9 em 1990; 30,0 em 2000; e 68,9 em 2010 (Base de Dados PORDATA, http://www.pordata.pt. Consulta de 20/06/2016).

O divórcio sem consentimento de um dos cônjuges é requerido no tribunal por um dos cônjuges contra o outro, com fundamento em determinada causa (art. 1773.º, n.º 3), correspondendo a um divórcio litigioso em sentido restrito.

Se houver acordo dos cônjuges, o divórcio sem consentimento dos cônjuges pode ser convertido em divórcio por mútuo consentimento (cf. art. 1774.º, n.º 2).

III. O regime do divórcio litigioso em sentido amplo (que abarca o divórcio sem mútuo consentimento quanto à dissolução ou/e quanto a matérias complementares) pode ter por base o princípio da culpa (modelo francês) ou o princípio da ruptura (modelo alemão, após 1976).

Inspirando-se no princípio da culpa, a lei faz depender a obtenção de divórcio litigioso por parte de um cônjuge de uma violação culposa dos deveres conjugais pelo outro ou/e sujeita o cônjuge a quem é imputável a consequências patrimoniais negativas no campo da dissolução do casamento.

Inspirando-se no princípio da ruptura, o legislador regula, em regra, os pressupostos e os efeitos do divórcio sem o consentimento de um dos cônjuges, abstraindo da questão da responsabilidade na ruptura.

IV. Seguindo a outra classificação, o divórcio será judicial ou administrativo, conforme seja decretado pelo tribunal ou pela conservatória do registo civil.

Como resulta do que se afirmou anteriormente, o divórcio por mútuo consentimento é tendencialmente administrativo. Se o requerimento de divórcio por mútuo consentimento for acompanhado pelos acordos acessórios exigidos, o divórcio será requerido na conservatória. Contudo, se esses acordos não forem homologados ou aprovados pela entidade estatal competente, o processo será remetido ao tribunal, ao qual competirá decretar o divórcio (art. 1778.º).

Havendo consenso quanto ao pedido de divórcio, mas divergência relativamente aos assuntos que deviam ser objecto de acordo entre as partes, o divórcio por mútuo consentimento terá de ser requerido no tribunal.

O divórcio litigioso em sentido amplo (divórcio por mútuo consentimento que abarca unicamente o pedido de dissolução, e não todas as matérias complementares, e divórcio sem o consentimento de um dos cônjuges) é necessariamente judicial: só pode ser requerido no e decretado pelo tribunal.

34.3. O direito ao divórcio

I. À luz do art. 36.º, n.º 2, da CRP, é admissível a dissolução por divórcio de qualquer casamento, seja qual for a modalidade ou a forma do acto. O divórcio pode ser requerido por quem tenha celebrado casamento civil por forma civil, casamento civil religioso ou casamento católico.

II. Características do direito ao divórcio.

O direito ao divórcio enquadra-se na categoria dos direitos potestativos: consiste no poder de produzir determinado efeito jurídico, que é a extinção da relação matrimonial.

O direito ao divórcio tem carácter pessoal (cf. art. 1785.º, n.ºs 1 e 3): pertence aos cônjuges enquanto tais, pelo que, em regra, é intransmissível e tem de ser exercido por eles próprios.

Ao arrepio do princípio da intransmissibilidade, é admitida somente a possibilidade de a acção de divórcio poder ser continuada pelos herdeiros do autor para efeitos patrimoniais, se o cônjuge autor falecer na pendência da causa (art. 1785.º, n.º 3).

O princípio do exercício pessoal do direito ao divórcio conhece várias excepções: o requerimento do divórcio por mútuo consentimento pode ser assinado por procuradores dos cônjuges (cf. proémio do art. 1775.º, n.º 1); mediante autorização do conselho de família, o representante legal do cônjuge interdito pode intentar, em nome deste, a acção contra o outro cônjuge (art. 1785.º, n.º 2, 1.ª parte); se o representante legal daquele que pode pedir o divórcio for o próprio cônjuge, mediante autorização do conselho de família, a acção pode ser intentada por qualquer por qualquer parente na linha recta ou até ao terceiro grau da linha colateral do interdito (art. 1785.º, n.º 2, 2.ª parte); na tentativa de conciliação em processo de divórcio sem consentimento do outro cônjuge, admite-se a representação das partes por mandatários especiais, quando elas estejam ausentes do continente ou da ilha onde correr o processo (art. 931.º, n.º 1, do CPC); o mesmo acontece na conferência em processo de divórcio por mútuo consentimento (art. 995.º, n.º 2, do CPC, e art. 14.º, n.º 8, do DL n.º 272/2001, de 13 de Outubro).

Por fim, o direito ao divórcio é irrenunciável. A irrenunciabilidade do direito decorre da sua conexão com a liberdade matrimonial e a tutela da personalidade: o divórcio permite a reaquisição da capacidade matrimonial e põe fim a um compromisso com alcance amplo no plano pessoal.

35. Divórcio por mútuo consentimento[1054]

35.1. Pressupostos

O divórcio por mútuo consentimento pressupõe que ambos os cônjuges estejam de acordo quanto à dissolução do casamento (art. 1773.º, n.º 2).

O respectivo requerimento pode ser apresentado a todo o tempo, não sendo exigido um período mínimo de duração do casamento (proémio do art. 1775.º, n.º 1).

35.2. Processo

I. No início do processo de divórcio[1055], a conservatória do registo civil ou o tribunal devem informar os cônjuges sobre a existência e os objectivos dos serviços de mediação familiar (art. 1774.º).

II. As regras processuais do divórcio por mútuo consentimento encontram-se nos arts. 1775.º a 1778.º-A; arts. 271.º-274.º do CRC; art. 14.º do DL n.º 272/2001, de 13 de Outubro; arts. 994.º a 999.º do CPC.

O processo de divórcio por mútuo consentimento varia consoante corra na conservatória do registo civil ou no tribunal.

III. O divórcio por mútuo consentimento pode ser instaurado na conservatória do registo civil, mediante requerimento assinado pelos cônjuges ou seus procuradores, acompanhado pelos documentos enumerados no art. 1775.º,

[1054] Cf. MENDES, J. Castro/SOUSA, M. Teixeira de, *Direito da Família* cit., pp. 185-187; XAVIER, Rita Lobo, *Recentes alterações ao regime jurídico* cit., pp. 14-23; DIAS, Cristina M. Araújo, *Uma análise do novo regime jurídico do divórcio* cit., pp. 29-36; COELHO, F. Pereira/OLIVEIRA, Guilherme de, *Curso de Direito da Família*, vol. I cit., pp. 695-717; VARELA, Antunes, *Direito da Família* cit., pp. 511-515; LIMA, Pires de/VARELA, Antunes, *Código Civil Anotado*, vol. IV cit., arts. 1775.º-1778.º; CAMPOS, D. Leite de/CAMPOS, Mónica Martinez de, *Lições de Direito da Família* cit., pp. 335-337; SOUSA, M. Teixeira de, *O regime jurídico do divórcio* cit., pp. 25-32; OLIVEIRA, Guilherme de, "A nova lei do divórcio" cit., pp. 7-12; SANTOS, Eduardo dos, *Do divórcio* cit., pp. 125-127, 133-136, 260-264; FIALHO, António José, *Guia prático do divórcio* cit., pp. 9-23.

[1055] Por lapso, o art. 1774.º diz "antes do início". Sobre a mediação familiar no processo de divórcio, cf. XAVIER, Rita Lobo, "Mediação familiar e contencioso familiar: articulação da actividade de mediação com um processo de divórcio", em AA.VV., *Estudos em homenagem ao Prof. Doutor Jorge de Figueiredo Dias*, vol. IV, Coimbra, Coimbra Editora, 2010, pp. 1139-1143; e CRUZ, Rossana Martingo, *Mediação familiar* cit., pp. 160-164.

n.º 1: relação especificada dos bens comuns, acordo sobre a partilha ou pedido de elaboração do mesmo; certidão da sentença judicial que tiver regulado o exercício das responsabilidades parentais ou acordo sobre o exercício das responsabilidades parentais quando existam filhos menores e não tenha previamente havido regulação judicial; acordo sobre a prestação de alimentos ao cônjuge que deles careça; acordo sobre o destino da casa de morada de família; certidão da escritura da convenção antenupcial, caso tenha sido celebrada.

Caso outra coisa não resulte dos documentos apresentados, entende-se que os vários acordos neles contidos se destinam tanto ao período da pendência do processo como ao período posterior (art. 1775.º, n.º 2; art. 272.º, n.º 2, do CRC, e art. 994.º, n.º 2, do CPC).

Recebido o requerimento, o conservador informa os cônjuges da existência dos serviços de mediação familiar (art. 14.º, n.º 3, 1.ª parte, do DL n.º 272/2001, de 13 de Outubro).

Mantendo os cônjuges o propósito de se divorciarem, o conservador convoca os cônjuges para uma conferência, em que verifica o preenchimento dos pressupostos legais e aprecia os acordos que foram apresentados pelas partes com o requerimento de divórcio (art. 1777.º, n.º 1, 1.ª parte). O desenrolar do processo depende, nos termos dos arts. 1777.º e 1778.º, do juízo que merecerem esses acordos. Para formular tal juízo, o conservador pode determinar a prática de actos e a produção de prova eventualmente necessária.

Se os acordos apresentados acautelarem suficientemente os interesses de ambos os cônjuges e dos filhos, o conservador homologa os acordos e decreta o divórcio; no caso contrário, o conservador convida os cônjuges a alterar os acordos. Se forem efectuadas as modificações necessárias para salvaguardar o interesse de ambos os cônjuges, o conservador homologa os acordos e decreta o divórcio, procedendo-se ao correspondente registo. Não sendo efectuadas tais modificações, a homologação é recusada e o processo de divórcio é integralmente remetido para o tribunal.

As decisões proferidas pelo conservador do registo civil no divórcio por mútuo consentimento produzem os mesmos efeitos das sentenças judiciais sobre idêntica matéria.

Da decisão do conservador cabe recurso para o tribunal da Relação (art. 274.º, n.º 1, do CRC).

IV. Se for apresentado pelos cônjuges acordo sobre o exercício das responsabilidades parentais, a tramitação do processo de divórcio por mútuo consentimento na conservatória será distinta (cf. art. 1776.º-A; art. 14.º, n.º 4 e s., do DL n.º 272/2001, de 13 de Outubro).

O processo é enviado ao Ministério Público para que se pronuncie sobre o acordo (no prazo de 30 dias), antes da conferência de divórcio.

Se o Ministério Público considerar que o acordo acautela devidamente os interesses dos menores ou se o acordo tiver sido alterado pelos cônjuges nos termos indicados pelo Ministério Público, será marcada a conferência.

O conservador não pode então recusar a homologação do acordo. Com o divórcio, é homologado o acordo.

Se o Ministério Público propuser alterações ao acordo que não forem acatadas pelos cônjuges, o processo é remetido ao tribunal, caso as partes mantenham o propósito de se divorciarem.

V. O divórcio por mútuo consentimento é requerido no tribunal, se os cônjuges não o acompanharem de algum dos acordos previstos no art. 1775.º, n.º 1[1056]. Nesta hipótese, a tramitação é regulada especificamente pelo art. 1778.º-A.

Recebido o requerimento, os cônjuges são informados da existência dos serviços de mediação familiar (por aplicação analógica do art. 14.º, n.º 3, 1.ª parte, do DL n.º 272/2001, de 13 de Outubro). Em seguida, o juiz aprecia os acordos que os cônjuges tiverem apresentado, convidando-os a alterá-los se esses acordos não acautelarem os interesses de algum deles ou dos filhos. O juiz deve ainda promover o acordo dos cônjuges quanto a assuntos mencionados no art. 1775.º, n.º 1, que dividam as partes.

Depois, o juiz procede à fixação das consequências do divórcio, ponderando a vontade comum dos cônjuges no campo dos efeitos da dissolução do casamento.

Com vista à apreciação dos acordos apresentados e da fixação das consequências do divórcio sobre as quais não haja consenso entre as partes, o juiz pode determinar a prática de actos e a produção da prova eventualmente necessária.

Por fim, o divórcio é decretado pelo juiz, procedendo-se ao respectivo registo.

[1056] No entanto, a mera falta de acordo sobre a partilha ou pedido de elaboração do mesmo não constitui motivo para obstar a que o divórcio por mútuo consentimento seja instaurado na conservatória, como resulta do teor do art. 1775.º, n.º 1, al. a).

VI. O processo de divórcio por mútuo consentimento pode correr no tribunal, ainda que tenha sido requerido na conservatória ou tenha sido instaurado como divórcio sem consentimento de um dos cônjuges.

Recorde-se que o processo de divórcio por mútuo consentimento requerido na conservatória é remetido para o tribunal nos casos em que as partes insistam em apresentar acordos que não acautelem devidamente os interesses de ambos os cônjuges e dos filhos menores (cf. arts. 1776.º-A e 1778.º).

E o divórcio sem consentimento de um dos cônjuges pode ser convertido em divórcio por mútuo consentimento, nos termos do art. 1779.º, que prosseguirá no tribunal.

36. Divórcio sem consentimento de um dos cônjuges (ou divórcio litigioso em sentido restrito)[1057]

36.1. Causas

No domínio das causas, a Lei n.º 61/2008, de 31 de Outubro, introduziu as seguintes alterações: abolição do divórcio fundado na violação culposa dos deveres conjugais[1058]; encurtamento dos prazos para concessão do divórcio

[1057] Cf. MENDES, J. Castro/SOUSA, M. Teixeira de, *Direito da Família* cit., pp. 187-191; CORTE-REAL, Carlos Pamplona/PEREIRA, José Silva, *Direito da Família* cit., pp. 20-22, 179-186; PINHEIRO, J. Duarte, *O ensino do Direito da Família contemporâneo* cit., pp. 416-417; XAVIER, Rita Lobo, *Recentes alterações ao regime jurídico* cit., pp. 23-30; DIAS, Cristina M. Araújo, *Uma análise do novo regime jurídico do divórcio* cit., pp. 36-41; COELHO, F. Pereira/OLIVEIRA, Guilherme de, *Curso de Direito da Família*, vol. I cit., pp. 717-743; VARELA, Antunes, *Direito da Família* cit., pp. 488-506, 509-511; LIMA, Pires de/VARELA, Antunes, *Código Civil Anotado*, vol. IV cit., arts. 1779.º-1787.º; CAMPOS, D. Leite de/CAMPOS, Mónica Martinez de, *Lições de Direito da Família* cit., pp. 337-344; Duarte Pinheiro, O núcleo 614-620, 636-647; CORTE-REAL, C. Pamplona, *Direito da Família e das Sucessões (Relatório)* cit., pp. 115-116; SOUSA, M. Teixeira de, *O regime jurídico do divórcio* cit., pp. 33-102; OLIVEIRA, Guilherme de, "A nova lei do divórcio" cit., pp. 12-16; FIALHO, António José, *Guia prático do divórcio* cit., pp. 24-37.

[1058] O art. 1779.º, na redacção do DL n.º 496/77, de 25 de Novembro, estabelecia:
"1. Qualquer dos cônjuges pode requerer o divórcio se o outro violar culposamente os deveres conjugais, quando a violação, pela sua gravidade ou reiteração, comprometa a possibilidade da vida em comum.
"2. Na apreciação da gravidade dos factos invocados, deve o tribunal tomar em conta, nomeadamente, a culpa que possa ser imputada ao requerente e o grau de educação e sensibilidade moral dos cônjuges."

fundado em causas objectivas[1059]; e consagração de uma causa geral objectiva (nova versão do art. 1781.º, al. d)).

O divórcio sem consentimento de um dos cônjuges implica o preenchimento de uma das situações enumeradas no art. 1781.º: separação de facto[1060] por um ano consecutivo (al. a)); alteração das faculdades mentais do outro cônjuge, quando dure há mais de um ano e, pela sua gravidade, comprometa a possibilidade de vida em comum (al. b)); ausência, sem que do ausente haja notícias, por tempo não inferior a um ano (al. c)); quaisquer outros factos que, independentemente da culpa dos cônjuges, mostrem a ruptura definitiva do casamento (al. d)).

Na causa geral objectiva, correspondente a "quaisquer outros factos que mostrem a ruptura definitiva do casamento" cabem as violações graves de deveres conjugais, *v.g.*, traduzidas em violência doméstica (que contraria o dever recíproco de respeito).[1061]

Após a Lei n.º 9/2010, de 31 de Maio, que permitiu o casamento civil entre pessoas do mesmo sexo, a mencionada causa geral objectiva pode enquadrar uma mudança de sexo feita por um dos cônjuges na constância do matrimónio.[1062]

36.2. Processo

I. A legitimidade na acção de divórcio é disciplinada pelo art. 1785.º.

[1059] O art. 1781.º, na versão da Lei n.º 47/98, de 10/8, enunciava as seguintes causas de divórcio litigioso: separação de facto por três anos consecutivos ou apenas por um ano, se o divórcio for requerido por um dos cônjuges sem oposição do outro; alteração das faculdades mentais, quando dure há mais de três anos e, pela sua gravidade, comprometa a possibilidade de vida em comum; ausência, sem que do ausente haja notícias, por tempo não inferior a dois anos.

[1060] O art. 1782.º, n.º 1, define separação de facto. Esta problemática foi já tratada, *supra*, na Parte III, n.º 27.1.

[1061] É ainda relevante como facto comprovativo da ruptura o próprio comportamento processual das partes, isto é, aquilo que é dito nos articulados da acção de divórcio por um e pelo outro cônjuge (cf. Passinhas, Sandra, "O novo figurino do divórcio em Portugal após a Lei n.º 61/2008. Em particular, a relevância do comportamento processual das partes no divórcio sem consentimento do outro cônjuge", em AA.VV., *I Congresso de Direito da Família e das Crianças* cit., pp. 31-36). Na óptica de Cordeiro, António Menezes, "Divórcio e casamento na I República: questões fracturantes como arma de conquista e de manutenção do poder pessoal?", *ROA* 2012, p. 83, "com a Lei n.º 61/2008, de 31 de Outubro, um dos cônjuges pode obter o divórcio sem o consentimento do outro, ainda que falte qualquer justificação objectiva".

[1062] Cf. ainda, *infra*, n.º 40.

Nos termos do n.º 1, o divórcio litigioso pode ser requerido por qualquer dos cônjuges, a não ser que tenha como fundamento a alteração das faculdades mentais ou a ausência do cônjuge, hipóteses em que a legitimidade assiste apenas ao outro cônjuge.

Estando interdito o cônjuge que pode pedir o divórcio, tem legitimidade para intentar a acção o seu representante legal, com autorização do conselho de família; quando o representante legal seja o outro cônjuge, a acção pode ser intentada, em nome do ofendido, por qualquer parente deste na linha recta ou até ao terceiro grau da linha, mediante autorização do conselho de família.

Se uma ou ambas partes falecerem na pendência da causa, a acção pode ser continuada pelos herdeiros do autor ou contra os herdeiros do réu, mas exclusivamente para efeitos patrimoniais (n.º 3 do art. 1785.º), entre os quais se destaca a exclusão da sucessão legal.

II. Na sequência da revogação do art. 1786.º pela Lei n.º 61/2008, de 31 de Outubro, a acção de divórcio não caduca.

III. Tramitação do processo.

O divórcio litigioso, ou sem consentimento do outro cônjuge, segue uma forma de processo especial, submetida ao disposto nos arts. 931.º e 932.º do CPC.

Não obstante a natureza do divórcio, o consenso entre as partes é particularmente favorecido.

Ao receber o requerimento de divórcio, o tribunal informa o cônjuge que pretende a dissolução do casamento sobre a existência e os objectivos dos serviços de mediação familiar (cf. art. 1774.º).

No processo de divórcio, há uma tentativa de conciliação dos cônjuges (art. 1779.º, n.º 1; art. 931.º, n.º 1, do CPC). Se a tentativa de conciliação não resultar, o juiz tentará obter o acordo dos cônjuges para o divórcio por mútuo consentimento (art. 1779.º, n.º 2; art. 931.º, n.º 2, do CPC). Na falta de acordo para o divórcio por mútuo consentimento, o juiz procurará obter o acordo dos cônjuges quanto aos alimentos, quanto à regulação do exercício das responsabilidades parentais e quanto à utilização da casa de morada de família (art. 931.º, n.º 2, do CPC). Em qualquer altura do processo, é admissível a conversão do divórcio litigioso em divórcio por mútuo consentimento (art. 1779.º, n.º 2; art. 931.º, n.º 3, do CPC).

36.3. Apreciação do sistema português de causas de divórcio sem consentimento de um dos cônjuges (ou divórcio litigioso em sentido restrito)

I. O carácter misto do sistema português.

Um sistema de divórcio litigioso em sentido restrito pode seguir o modelo de divórcio sanção, de divórcio-constatação da ruptura do casamento (ou de divórcio-falência) e de divórcio-remédio.

No modelo de divórcio-sanção, o divórcio pressupõe um acto ilícito e culposo de um cônjuge e pretende ser uma sanção para esse acto; por conseguinte, só pode ser requerido pelo cônjuge inocente.

No modelo de divórcio-constatação da ruptura do casamento, a concessão do divórcio exige um estado de vida conjugal intolerável e pretende pôr fim a essa situação; qualquer um dos cônjuges pode requerer o divórcio, independentemente do seu maior ou menor contributo para o estado de crise matrimonial.

No modelo de divórcio-remédio, o divórcio pressupõe também um estado de vida conjugal intolerável, mas essa situação é causada, com ou sem culpa, por um dos cônjuges, e o divórcio visa permitir ao outro cônjuge que se liberte do casamento; o divórcio só pode ser requerido pelo cônjuge afectado pela crise matrimonial que não provocou.

O sistema português actual de divórcio litigioso constitui um sistema misto, que combina os modelos de divórcio-constatação da ruptura e de divórcio-remédio (cf. art. 1785.º, n.º 1).

Antes da entrada em vigor da Lei n.º 61/2008, de 31 de Outubro, o sistema português era igualmente misto, mas combinava três modelos: divórcio-sanção (cf. art. 1779.º, na redacção anterior, introduzida em 1977), divórcio-constatação da ruptura e divórcio-remédio.

II. A mudança que se verificou, em 2008, no campo dos pressupostos do divórcio, no sentido do reforço do princípio da ruptura, é de aplaudir: não fazia sentido a manutenção do divórcio fundado em violação de deveres conjugais. Havendo impossibilidade de vida em comum, o divórcio deve ser decretado porque o casamento está destituído de funcionalidade.

No entanto, isso não significa que os cônjuges não devam ser responsabilizados pelo facto de terem contribuído para a dissolução do casamento: o ilícito conjugal deve ser sancionado no plano dos efeitos específicos do divórcio (mediante cláusulas de equidade) e através do instituto da responsabilidade civil.

III. Outro aspecto da Lei n.º 61/2008, de 31 de Outubro, que merece ser referido, consiste na redução do âmbito do conceito de divórcio litigioso. Anteriormente, a noção de divórcio litigioso incluía as situações em que as partes, pretendendo ambas a dissolução do casamento, não estivessem de acordo quanto a outras matérias, conexas com os efeitos do divórcio. Agora, inclui-se, a nosso ver correctamente, tais situações no campo do divórcio judicial por mútuo consentimento (cf., *supra*, Parte III, n.º 35.2.V).

37. Efeitos do divórcio[1063]

37.1. O princípio da equiparação do divórcio à dissolução por morte

O art. 1788.º consagra o princípio de que o divórcio tem juridicamente os mesmos efeitos da dissolução por morte.

Por conseguinte, o divórcio determina a cessação da generalidade dos efeitos pessoais e patrimoniais do casamento (art. 1688.º), que opera para o futuro (com as ressalvas apontadas imediatamente, *infra*, no n.º 37.2.).

O divórcio permite a partilha dos bens do casal (cf., *supra*, Parte III, n.º 25).

O cônjuge divorciado pode voltar a casar, após o decurso do prazo internupcial (arts. 1604.º, al. b), e 1605.º).

37.2. Oponibilidade dos efeitos do divórcio

A disciplina varia consoante estejam em causa efeitos predominantemente pessoais, efeitos predominantemente patrimoniais *inter partes* ou efeitos patrimoniais perante terceiros.

[1063] Cf. MENDES, J. Castro/SOUSA, M. Teixeira de, *Direito da Família* cit., pp. 191-192; CORTE-REAL, Carlos Pamplona/PEREIRA, José Silva, *Direito da Família* cit., pp. 17-20, 22-23, 179-186; PINHEIRO, J. Duarte, *O ensino do Direito da Família contemporâneo* cit., pp. 417-418; XAVIER, Rita Lobo, *Recentes alterações ao regime jurídico* cit., pp. 31-59; COELHO, F. Pereira/OLIVEIRA, Guilherme de, *Curso de Direito da Família*, vol. I cit., pp. 743-803; VARELA, Antunes, *Direito da Família* cit., pp. 519-532; LIMA, Pires de/VARELA, Antunes, *Código Civil Anotado*, vol. IV cit., arts. 1788.º-1793.º; CAMPOS, D. Leite de/CAMPOS, Mónica Martinez de, *Lições de Direito da Família* cit., pp. 345-360; Duarte Pinheiro, O núcleo 636-638, 648-661, e "O direito do arrendatário face ao casamento e ao divórcio", em AA.VV., *Centenário do nascimento do Prof. Doutor Paulo Cunha*, Coimbra, Almedina, 2012, pp. 482-489; SOUSA, M. Teixeira de, *O regime jurídico do divórcio* cit., pp. 103-125; OLIVEIRA, Guilherme de, "A nova lei do divórcio" cit., pp. 16-22, 29-31; FIALHO, António José, *Guia prático do divórcio* cit., pp. 38-50.

Os efeitos predominantemente pessoais do divórcio produzem-se a partir do trânsito em julgado da sentença ou do despacho do conservador que decretar o divórcio (arts. 1789.º, n.º 1, 1.ª parte, e 1776.º, n.º 3).

A cessação dos efeitos predominantemente patrimoniais do casamento entre partes produz-se, por retroacção, à data da apresentação do requerimento de divórcio (art. 1789.º, n.º 1, 2.ª parte, e lógica do art. 1776.º, n.º 3).

Se a separação de facto entre os cônjuges estiver provada no processo judicial, qualquer deles pode requerer que os efeitos do divórcio (predominantemente patrimoniais entre eles ou predominantemente pessoais) produzam efeito, por retroacção, à data que a sentença fixará como sendo a do início daquela separação (art. 1789.º, n.º 2).

No entanto, os efeitos patrimoniais do divórcio só podem ser opostos a terceiros a partir da data do registo do divórcio (arts. 1789.º, n.º 3, e 1776.º, n.º 3).

37.3. Explicitação dos efeitos específicos do divórcio

I. Há excepções à tendencial equiparação dos efeitos do divórcio aos da morte (referida, *supra*, n.º 37.1.). O divórcio produz, p.e., as seguintes consequências específicas: a afinidade que ligava cada um dos cônjuges aos parentes do outro cessa (art. 1585.º, *a contrario*); o ex-cônjuge não pode conservar os apelidos do outro, salvo consentimento deste ou autorização do tribunal (cf. art. 1677.º-B)[1064]; nenhum dos cônjuges pode na partilha (familiar) receber mais do que receberia se o casamento tivesse sido celebrado segundo o regime da comunhão de adquiridos (art. 1790.º)[1065]; cada cônjuge perde todos

[1064] O consentimento do ex-cônjuge pode ser prestado por documento autêntico ou autenticado, termo lavrado em juízo ou declaração perante o funcionário do registo civil (sobre o regime e natureza deste consentimento: cf. Vasconcelos, Pedro Leitão Pais de, *A autorização*, 2.ª ed., Coimbra, Almedina, 2016, pp. 385-388); o pedido de autorização judicial do uso dos apelidos do ex-cônjuge pode ser deduzido no próprio processo de divórcio ou num processo específico, mesmo depois de o divórcio ter sido decretado.

[1065] Solução imposta pela Lei n.º 61/2008, de 31/10, que é tida por duvidosa pelos limites que coloca à autonomia privada, cf. Dias, Cristina M. Araújo, *Uma análise do novo regime jurídico do divórcio* cit., pp. 26-27. Na perspectiva de Xavier, Rita Lobo, *Recentes alterações ao regime jurídico* cit., p. 35 (reiterada no artigo "Regime de comunhão geral de bens e partilha subsequente ao divórcio à luz do novo artigo 1790.º do Código Civil", em AA.VV, *Estudos em Homenagem ao Prof. Doutor José Lebre de Freitas*, vol. I, Coimbra, Coimbra Editora, 2013, p. 552), "esta estatuição não poderá afectar os bens que entraram no património comum até à entrada em vigor da lei; só pode aplicar-se àqueles que casaram segundo este regime depois da sua entrada em vigor e, quanto aos cônjuges que casaram anteriormente em tal regime, quando muito, só poderá excluir do património comum a partilhar os benefícios recebidos ou que haja de receber do outro cônjuge ou de terceiro, em vista do casamento ou em consideração do estado de casado (art. 1791.º), incluindo os correspondentes a disposições testamentárias feitas por um cônjuge em benefício do outro (cf. art. 2317.º, al. d)); o ex-cônjuge perde o direito de suceder como herdeiro legal do outro (cf. arts. 2133.º, n.º 3, e 2157.º).

A isto acresce a subordinação a uma disciplina distinta das matérias do exercício das responsabilidades parentais, da obrigação de alimentos e do destino da casa de morada de família, nas quais tem alguma relevância o acordo das partes manifestado no processo de divórcio por mútuo consentimento (cf., *supra*, Parte III, n.º 35.2.).

II. Sobre o regime de exercício das responsabilidades parentais em caso de divórcio, cf., *supra*, Parte I, n.º 24.2.

III. Embora o art. 2009.º, n.º 1, al. a), determine que o ex-cônjuge que careça de alimentos tem direito a obtê-los do outro, o art. 2016.º, n.º 1, ao prever que "cada cônjuge deve prover à sua subsistência, depois do divórcio", afigura-se algo restritivo na delimitação desse direito.[1066]

Nos termos do art. 2016.º, n.º 2, qualquer dos cônjuges tem direito a alimentos, independentemente do tipo de divórcio, isto é, seja por mútuo consentimento ou sem o consentimento de um dos cônjuges.

O direito em apreço pode ser negado por razões manifestas de equidade (art. 2016.º, n.º 3)[1067].

Beneficiando um ex-cônjuge do direito de alimentos perante o outro, importa fixar o montante da prestação.

os bens que nele ingressaram após a data do início da vigência da lei". Segundo PEDRO, Rute, "A partilha do património comum do casal em caso de divórcio – Reflexões sobre a nova redacção do art. 1790.º do Código Civil", em AA.VV., *Estudos em Homenagem ao Prof. Doutor Carlos Ferreira de Almeida*, vol. III, Coimbra, Almedina, 2011, p. 473, "há boas razões para se considerar que a aplicação da norma do artigo 1790.º aos casamentos constituídos anteriormente à sua entrada em vigor possa ser desconforme à Constituição da República Portuguesa por violação do princípio da protecção da confiança dos cidadãos e da segurança jurídica".

[1066] Da conjugação dos dois preceitos "resulta o carácter reabilitador da obrigação de alimentos como efeito do divórcio" (cf. TOMÉ, Maria João Romão Carreiro Vaz, "Reflexões sobre a obrigação de alimentos entre ex-cônjuges", em AA.VV., *Textos de Direito da Família para Francisco Pereira Coelho* cit., pp. 599-603): a obrigação deve ser temporária, destinando-se a permitir a transição do ex-cônjuge credor para a independência económica".

[1067] *V.g.*, se for muito chocante atribuir tal direito a um ex-cônjuge que violou gravemente deveres conjugais (cf. XAVIER, Rita Lobo, *Recentes alterações ao regime jurídico* cit., pp. 44-45).

Na fixação do montante dos alimentos, o tribunal deve tomar em conta a duração do casamento, a colaboração prestada à economia do casal, a idade e estado de saúde dos cônjuges, as suas qualificações profissionais e possibilidades de emprego, o tempo que terão de dedicar, eventualmente, à criação de filhos comuns, os seus rendimentos e proventos, um novo casamento ou união de facto e, de modo geral, todas as circunstâncias que influam sobre as necessidades do cônjuge que recebe os alimentos e as possibilidades do que os presta (art. 2016.º-A, n.º 1).

O novo casamento ou a união de facto que o tribunal deve tomar em conta, para efeitos de fixação do montante dos alimentos, é o/a do ex-cônjuge devedor de alimentos, e não o/a do ex-cônjuge credor de alimentos. Se o ex-cônjuge credor de alimentos contrair novo casamento ou iniciar união de facto, o seu direito a alimentos cessa por força do art. 2019.º (na versão da Lei n.º 23/2010, de 30 de Agosto).

É muito controverso o problema do âmbito do direito de alimentos. Antes da Lei n.º 61/2008, de 31 de Outubro, conheciam-se três respostas: limitação ao que é indispensável ao sustento, habitação e vestuário; manutenção do nível de vida a que estava habituado o ex-cônjuge enquanto durou o casamento; preservação de um nível de vida razoável, acima do que é indispensável para a sobrevivência e abaixo daquele que era o padrão de vida do casal. A lei de 2008, ao aditar ao Código Civil o art. 2016.º-A, afastou a segunda solução. Efectivamente, o n.º 3 deste artigo prescreve que "o cônjuge credor não tem o direito de exigir a manutenção do padrão de vida de que beneficiou na constância do matrimónio"[1068]. Todavia, não esclarece se o direito de alimentos deve garantir o que é indispensável ou assegurar um nível de vida razoável. A última orientação parece ser a mais adequada[1069].

Formalmente incluído num preceito contido no regime da fixação do montante dos alimentos entre ex-cônjuges, o n.º 3 do art. 2016.º-A ultrapassa este domínio, ao formular uma hierarquia entre obrigações de alimentos com diferentes credores: a obrigação em benefício de um filho do cônjuge devedor prevalece sobre a obrigação em favor do ex-cônjuge.

[1068] Discorda da disposição, por entender que princípios de equidade justificam, em determinadas circunstâncias, a manutenção do padrão de vida matrimonial, TOMÉ, Maria João Romão Carreiro Vaz, "Reflexões sobre a obrigação de alimentos entre ex-cônjuges cit., pp. 604-605.

[1069] Cf. COELHO, F. Pereira/OLIVEIRA, Guilherme de, *Curso de Direito da Família*, vol. I cit., pp. 774-776.

O art. 555.º, n.º 2, do CPC, admite a dedução do pedido tendente à fixação do direito a alimentos nos processos de divórcio sem consentimento de um dos cônjuges.

IV. Não obstante a eliminação da declaração do cônjuge culpado, efectuada pela Lei n.º 61/2008, de 31 de Outubro, é lamentável que se não tenha aproveitado a oportunidade para proceder a uma revogação expressa do art. 1933.º, n.º 1, al. f).

O preceito estabelece que não podem ser tutores os divorciados e separados judicialmente por sua culpa. A conservação desta norma foi fruto de um mero lapso do legislador da Reforma de 1977: a tutela está sujeita aos princípios gerais do poder paternal (art. 1935.º, n.º 1), sendo patente que, desde aquela reforma, a disciplina das responsabilidades parentais, assenta no interesse da criança e não na culpa na separação ou no divórcio (cf. art. 1905.º).

V. A eliminação da declaração do cônjuge culpado não significa a rejeição da aplicação do instituto geral da responsabilidade civil entre cônjuges; pelo contrário.

O art. 1792.º, na redacção da Lei n.º 61/2008, de 31 de Outubro, determina, no n.º 1, que "o cônjuge lesado tem o direito de pedir a reparação dos danos causados pelo outro cônjuge, nos termos gerais da responsabilidade civil[1070] e nos tribunais comuns". Foi assim peremptoriamente rejeitada a teoria clássica da fragilidade da garantia[1071].

O n.º 2 do mesmo artigo obriga o cônjuge que obteve o divórcio com fundamento na alteração das faculdades mentais do outro cônjuge a reparar os danos não patrimoniais causados ao requerido pela dissolução do casamento.

[1070] Era o que já defendíamos antes da entrada em vigor da lei de 2008, cf. PINHEIRO, J. Duarte, *Núcleo* pp. 662 e s.

[1071] Claramente, HÖRSTER, Heinrich Ewald, "A responsabilidade civil entre os cônjuges", em AA.VV., *E foram felizes* cit., pp. 108-110; e BARBOSA, Mafalda Miranda, "Família e responsabilidade civil" cit., p. 78. Contra, CORTE-REAL, Carlos Pamplona/PEREIRA, José Silva, *Direito da Família* cit., pp. 17-20, 182-183, que, não obstante a nova redacção do art. 1792.º, sustentam a tendencial inviabilidade da reparação dos danos provocados pela violação dos deveres conjugais. Já OLIVEIRA, Guilherme de, "A nova lei do divórcio" cit., p. 21, aceita apenas a responsabilidade civil por violação de deveres conjugais se esta for acompanhada pela prática de outros factos ofensivos dos direitos de personalidade. Tal interpretação enfrenta, porém, algumas dificuldades (indicadas por XAVIER, Rita Lobo, "Direito ao divórcio, direitos recíprocos dos cônjuges e reparação dos danos causados: liberdade individual e responsabilidade no novo regime do divórcio", em AA.VV., *Estudos em Homenagem ao Professor Doutor Heinrich Ewald Hörster* cit., pp. 509-511).

Mas o n.º 2 demarca-se do n.º 1 não só quanto à redução do âmbito da obrigação de indemnizar, mas também por impor que o pedido de reparação dos danos deve ser deduzido na própria acção de divórcio.

VI. Uma das questões mais importantes em caso de divórcio é o destino da casa de morada de família, pelo que se justifica o seu tratamento em número específico.

37.4. O destino da casa de morada da família

I. Há que distinguir a situação em que a casa de morada de família pertence a um dos cônjuges ou a ambos (como bem comum ou em compropriedade) daquela situação em que a casa está arrendada.

II. Se os cônjuges viviam em casa pertencente a um deles ou pertencente a ambos, na sequência de divórcio, o direito de nela habitar poderá vir a ser atribuído exclusivamente àquele que não era proprietário do imóvel ou que era somente um dos contitulares, através da formação de uma relação de arrendamento.

A relação de arrendamento pode ser constituída por acordo ou sentença. As partes podem acordar que a casa seja arrendada ao cônjuge que não era proprietário ou exclusivo proprietário. O conteúdo do contrato será estipulado pelos cônjuges, dentro dos limites das normas aplicáveis ao arrendamento para habitação.

Na falta de acordo entre os cônjuges divorciados quanto ao destino da casa pertencente a um deles ou a ambos em contitularidade, é aplicável o disposto no art. 1793.º.

O tribunal pode dar de arrendamento a um dos cônjuges, a seu pedido, a casa onde residia o casal, quer essa seja própria do outro quer pertença em contitularidade a ambos, considerando, nomeadamente, as necessidades de cada um deles e o interesse dos filhos do casal. Não haverá então um contrato de arrendamento, mas uma criação forçada, por sentença, de uma relação de arrendamento para habitação.

O conteúdo da relação de arrendamento entre os ex-cônjuges, por exemplo, o montante da renda e a responsabilidade pelos encargos de condomínio, será definido por sentença, com fundamento em critérios de equidade similares aos que levaram à constituição do arrendamento. Isto significa que voltarão a ser cruciais os aspectos da situação patrimonial dos cônjuges e dos interesses dos filhos. Por conseguinte, será frequente que o valor da renda que venha a ser fixado fique aquém ou muito aquém do valor de mercado[1072].

Como resulta do art. 1793.º, n.º 2, o arrendamento forçado pode ser resolvido pelo tribunal, a requerimento do senhorio, que é também o ex-cônjuge, quando circunstâncias supervenientes o justifiquem (*v.g.*, aumento substancial do nível de vida do arrendatário, degradação acentuada da condição económica do senhorio, filhos que atingiram a maioridade e deixaram de viver na casa arrendada).

Por maioria de razão, o valor da renda, ou a repartição da responsabilidade pelos encargos de fruição das partes comuns, pode ser alterado pelo tribunal, a requerimento do senhorio, quando factos supervenientes o justifiquem.

III. Pode acontecer que a casa de morada de família esteja arrendada a um dos cônjuges. Em tal caso, a matéria é regulada no art. 1105.º.

O art. 1105.º, n.º 1, prevê que, incidindo o arrendamento sobre a casa de morada de família, o seu destino é, na hipótese de divórcio, decidido por acordo dos cônjuges, podendo estes optar pela transmissão ou pela concentração a favor de um deles. Verifica-se a transmissão se o direito de arrendatário habitacional que pertencia exclusivamente a um deles passa a pertencer exclusivamente ao outro; verifica-se a concentração se o arrendamento habitacional era bem comum do casal e passa a ter como titular exclusivo um dos ex-cônjuges.

Na falta de acordo quanto à transmissão do arrendamento, o art. 84.º, n.º 2, do RAU, atribuía ao tribunal poder para decidir, tendo em conta quaisquer razões atendíveis, entre as quais se indicava a situação patrimonial dos cônjuges, as circunstâncias de facto relativas à ocupação da casa, o interesse dos filhos, a culpa imputada ao arrendatário na separação ou divórcio e o facto de ser o arrendamento anterior ou posterior ao casamento. O art. 1105.º, n.º 2, confere igualmente ao tribunal o poder para decidir quanto ao destino da casa arrendada, mas socorre-se de uma enumeração exemplificativa menos pormenorizada. Na falta de acordo, tem-se em conta a necessidade de cada um dos cônjuges, os interesses dos filhos e outros factores relevantes. A alteração con-

[1072] Além disso, note-se, que, se a casa estiver em contitularidade, o valor da renda será apurado tendo em conta unicamente a quota ou meação na casa do ex-cônjuge, ou cônjuge separado, não arrendatário.

firma a orientação doutrinária e jurisprudencial que conferia à necessidade de cada um dos cônjuges e aos interesses dos filhos o cariz de critérios principais.

Nos termos do art. 1105.º, n.º 3, o acordo homologado pelo juiz, ou pelo conservador do registo civil, ou a decisão judicial sobre a titularidade do direito do arrendatário são notificados oficiosamente ao senhorio.

IV. Há que observar a disciplina processual.

Se se tratar de divórcio por mútuo consentimento administrativo, o destino da casa de morada de família é definido por acordo das partes que carece de ser homologado pelo conservador do registo civil (cf. art. 14.º do DL n.º 272/2001, de 13 de Outubro).

Quando se tratar de divórcio por mútuo consentimento judicial ou sem consentimento de um dos cônjuges, é preciso atender aos circunstancialismos que envolvem o pedido de atribuição da casa de morada de família.

Se o pedido de atribuição se cumular com outro no âmbito da mesma acção judicial ou constituir incidente ou dependência de acção pendente, o art. 5.º, n.º 2, do DL n.º 272/2001, de 13 de Outubro, remete para a tramitação do Código de Processo Civil, isto é, para o art. 990.º deste Código. Se, por exemplo, estiver pendente acção de divórcio, o pedido de atribuição da casa é deduzido por apenso a esta. O pedido de atribuição também pode ser deduzido em acção subsequente de regulação do exercício das responsabilidades parentais, tanto mais que o interesse dos filhos é um dos factores mais relevantes na decisão do destino da casa de morada de família.

Se o pedido de atribuição da casa de morada de família se não cumular com outro no âmbito da mesma acção judicial nem constituir incidente ou dependência de acção pendente, segue-se o "procedimento tendente à formação de acordo das partes", previsto nos arts. 7.º-10.º do DL n.º 272/2001, de 13 de Outubro.[1073].

O procedimento inicia-se com o requerimento de uma das partes, que deve ser apresentado em qualquer conservatória do registo civil (art. 6.º, n.º 1, do DL n.º 272/2001, de 13 de Outubro). Não havendo oposição da outra parte, o conservador, depois de verificado o preenchimento dos pressupostos legais, declara a procedência do que foi requerido. Tendo havido oposição e verificada a impossibilidade de acordo, o processo será remetido ao tribunal, onde será tomada a decisão.

[1073] Contudo, o art. 990.º, n.º 4, do CPC determina que o pedido de atribuição é deduzido por apenso se tiver corrido acção de divórcio ou separação.

V. A formação e a transmissão do arrendamento a favor do ex-cônjuge apresentam natureza quase-alimentar.

A constituição e a extinção da relação forçada de arrendamento habitacional, bem como a determinação do montante da renda e a repartição da responsabilidade pelos encargos de fruição das partes comuns, orientam-se sobretudo pelo critério da necessidade da casa e da situação patrimonial dos interessados. Daí que não seja descabido aproximar, até certo ponto, a obrigação que recai sobre o senhorio de assegurar ao arrendatário o gozo da casa locada de uma obrigação de alimentos. Por outras palavras, a eventual diferença para menos entre o valor das prestações a cargo do arrendatário ex-cônjuge e o valor que incumbiria, em circunstâncias idênticas, a outro arrendatário, parece equivaler a uma prestação alimentar a cargo do senhorio.

E essa diferença para menos equivalerá a uma prestação alimentar a cargo do senhorio, ainda que tenha havido um contrato de arrendamento entre os ex-cônjuges. E isto porque, em última análise, na falta de acordo, poderia haver constituição forçada do arrendamento.

Sendo a necessidade da casa arrendada o critério principal da transmissão *inter vivos* e litigiosa do arrendamento, paralelamente, a transmissão *inter vivos* do arrendamento poderá estar associada a uma espécie de prestação alimentar a cargo do transmitente e a favor do transmissário, se e na medida em que a renda da casa esteja abaixo do valor da renda de mercado. Repare-se que as necessidades habitacionais de quem não permanece na residência do casal poderão ter de ser supridas com a celebração de um contrato de arrendamento sobre outra casa, cuja renda tenderá a ser a de mercado, normalmente superior em termos relativos àquela que o outro tem de pagar.

Assim sendo, pode levantar-se a hipótese de serem analogicamente aplicáveis certas regras respeitantes à obrigação de alimentos, como os arts. 2012.º, 2014.º e 2019.º. Será impensável a cessação judicial da posição de arrendatário de que beneficiava um ex-cônjuge, graças a uma transmissão ou constituição do arrendamento, se, na casa arrendada não residirem filhos do casal, e ele entretanto se casar com terceiro, passar a viver em união de facto ou atentar contra a vida daquele que foi o seu cônjuge? Essa cessação teria como consequência a restauração do direito do transmitente ou da plenitude do direito de propriedade do ex-cônjuge.

A adaptação jusfamiliar das regras do arrendamento parece justificar-se também noutras situações. Suponha-se uma relação de arrendamento entre ex-cônjuges, que teve por objecto a casa de morada de família que pertencia, exclusivamente ou em contitularidade, a um deles. Se a relação de arrendamento foi fixada com prazo certo, pode extinguir-se, antes do prazo fixado, por caducidade, a requerimento do senhorio, quando circunstâncias supervenientes o justifiquem, nos termos do art. 1793.º, n.º 2, aplicável, directamente ou por analogia, ao arrendamento que tem por fonte uma decisão judicial ou um contrato. E se se tratar de arrendamento com duração indeterminada, a extinção da relação locatícia não está totalmente sujeita ao regime dos arts. 1099.º e s. Com base na lógica do referido art. 1793.º, n.º 2, é configurável a cessação do arrendamento habitacional a qualquer momento por força de uma modificação superveniente do jogo de interesses que levou à formação da relação locatícia. E a natureza quase-alimentar desta relação entre ex-cônjuges condiciona o exercício da chamada faculdade de denúncia livre pelo senhorio, consagrada pelo art. 1101.º, al. c), para os contratos novos (cf. art. 26.º, n.º 4, al. c), do NRAU). A eficácia da denúncia pelo ex-cônjuge, que é senhorio, mediante comunicação ao arrendatário com antecedência não inferior a cinco anos sobre a data em que pretenda a cessação fica prejudicada se as necessidades de cada um dos cônjuges e dos filhos colidirem com a extinção do arrendamento na data pretendida.

VI. Prosseguindo nesta orientação, é atendível o pedido unilateral de modificação de acordos sobre o destino da casa de morada da família, depois de homologados pelo conservador do registo civil ou pelo tribunal, com fundamento em circunstâncias supervenientes (cf. art. 2012.º). Nesse sentido, vai alguma doutrina e jurisprudência anterior a 2008[1074], argumentando que tais acordos foram conseguidos no âmbito de processos de jurisdição voluntária, pelo que as homologações estão sujeitas ao preceito que permite a alteração das resoluções proferidas nos processos de jurisdição voluntária com fundamento em circunstâncias supervenientes (artigo 1411.º, n.º 1, do anterior CPC, correspondente ao artigo 988.º, n.º 1, do actual CPC).

O n.º 3 do art. 1793.º, na versão da Lei n.º 61/2008, de 31 de Outubro, pôs fim a eventuais dúvidas, no que respeita à casa de morada de família que pertencia a um ou a ambos os cônjuges. Naquele preceito se prescreve que o regime fixado, quer por homologação do acordo dos cônjuges, quer por decisão do tribunal, pode ser alterado nos termos gerais da jurisdição voluntária.

[1074] Cf. Coelho, F. Pereira/Oliveira, Guilherme de, *Curso de Direito da Família*, vol. I, 4.ª ed., Coimbra, Coimbra Editora, 2008., pp. 688-689; Cid, Nuno de Salter, "A alteração do acordo sobre o destino da casa de morada da família", em AA.VV, *Comemorações dos 35 anos* cit., pp. 275 e s.; o próprio autor das lições, Pinheiro, J. Duarte, "O direito do arrendatário face ao casamento e ao divórcio", cit. (texto elaborado com base em comunicação proferida em 2007),.pp. 488-489.

O processo aplicável ao pedido de alteração do acordo será, com devidas adaptações, o que regula o pedido de atribuição da casa de morada[1075].

37.5. Apreciação do regime português dos efeitos do divórcio

I. A Lei n.º 61/2008, de 31 de Outubro, pôs fim à declaração de culpa no divórcio e às consequências patrimoniais negativas associadas a tal declaração, o que nos parece ser positivo, uma vez que o regime português anterior de sanção do ilícito conjugal mediante os efeitos do divórcio (arts. 1790.º a 1792.º e 2016.º, na redacção do DL n.º 496/77, de 25 de Novembro[1076]) padecia de rigidez e aleatoriedade.

Tão-pouco nos suscita crítica a solução do novo texto do art. 1792.º, n.º 1. Identifica-se com a modificação que propúnhamos, "uma alteração clarificadora, que, repudiando abertamente a tese da fragilidade da garantia, contribua para uma utilização mais efectiva dos meios comuns de tutela entre os cônjuges"[1077].

Todavia, a Lei n.º 61/2008, de 31 de Outubro, não centrou a regulamentação jusfamiliar das consequências da dissolução do casamento na equidade[1078], mostrando-se algo insensível à relevância da actuação culposa de um dos cônjuges e à repercussão do divórcio na condição económica das partes. O regime anterior rígido e aleatório de efeitos do divórcio, centrado na culpa, foi substituído por outro regime rígido e aleatório, que, em geral, trata de forma idêntica os cônjuges, ainda que um deles tenha violado de modo sistemático e patente o princípio da boa fé, e despreza as legítimas expectativas da parte que mais tenha investido na relação conjugal. É o que se retira de uma lei-

[1075] Cf. Coelho, F. Pereira/Oliveira, Guilherme de, *Curso de Direito da Família*, vol. I, 5.ª ed., 2016 cit., p. 767.

[1076] O cônjuge *declarado único ou principal culpado* não podia na partilha receber mais do que receberia se o casamento tivesse sido celebrado segundo o regime da comunhão de adquiridos (art. 1790.º); perdia todos os benefícios recebidos ou que houvesse de receber do outro cônjuge ou terceiro, em vista do casamento ou em consideração do estado de casado (art. 1791.º, n.º 1); devia reparar os danos não patrimoniais causados ao outro cônjuge pela dissolução do casamento (art. 1792.º, n.º 1); e só excepcionalmente tinha direito a exigir alimentos ao outro (art. 2016.º, n.º 2).

[1077] Pinheiro, J. Duarte, *O ensino do Direito da Família Contemporânea*, cit., p. 98.

[1078] A equidade é referida somente no novo texto do art. 2016.º, n.º 2, no qual se prevê que o direito a alimentos entre ex-cônjuges ou cônjuges separados de pessoas e bens pode ser negado "por razões manifestas de equidade".

tura das novas versões dos arts. 1790.º, 1791.º e 2016.º, bem como do novo art. 2016.º-A.[1079]

É pena que o legislador português não tenha estudado com atenção o direito alemão, habitualmente apontado como um exemplo de ordenamento que substituiu o princípio da culpa pelo da ruptura na regulamentação das consequências do divórcio. O BGB não consagrou um modelo cego, meramente declarativo da destruição de quaisquer efeitos do casamento ou impeditivo da constituição de outros efeitos relacionados com a preexistência do vínculo matrimonial. Prevê-se, por exemplo, que o ex-cônjuge beneficie da chamada "compensação de pensões" ("Versorgunsausgleich", § 1587). Tal compensação visa colocar aqueles que foram membros de um mesmo casal numa posição idêntica quanto às expectativas e direitos à pensão de reforma e de incapacidade profissional. Ao ex-cônjuge com expectativas e direitos de valor inferior cabe, como compensação, metade da diferença existente relativamente ao valor das expectativas e direitos do outro ex-cônjuge. Além disso, são muitas as disposições legais do Código Civil alemão sobre consequências do divórcio que assentam em cláusulas de equidade. É o que acontece para impedir a aplicação do regime de bens que vigorou no casamento, no momento da dissolução deste (§ 1381); bem como para conferir, limitar ou negar o direito a alimentos entre ex-cônjuges (cf. §§ 1576 e 1579).

II. A escassa preocupação da Lei n.º 61/2008, de 31 de Outubro, com a tutela do investimento da confiança no projecto matrimonial torna-se visível no confronto entre a disciplina legal do divórcio e a da invalidade do casamento (mais precisamente, do casamento putativo).

O cônjuge que tiver contraído de boa fé um casamento inválido pode ter uma posição mais favorável do que o cônjuge divorciado. Efectivamente, se as partes tiverem convencionado o regime da comunhão geral, a partilha será feita segundo esse regime na sequência da invalidação do casamento, se tal for solicitado pelo cônjuge de boa fé (cf. parte final do art. 1716.º), mas de acordo

[1079] Em caso de divórcio, *nenhum* dos cônjuges pode na partilha receber mais do que receberia se o casamento tivesse sido celebrado segundo o regime da comunhão de adquiridos (art. 1790.º); e *cada cônjuge* perde os benefícios recebidos ou que haja receber do outro cônjuge ou de terceiro, em vista do casamento ou em consideração do estado de casado (art. 1791.º, n.º 1). A nova lei procura sobretudo destacar o carácter excepcional e limitado dos alimentos pós-matrimoniais, afirmando que "cada cônjuge deve prover à sua subsistência depois do divórcio" (art. 2016.º, n.º 1) e que, havendo alimentos, "o cônjuge credor não tem o direito de exigir a manutenção do padrão de vida de que beneficiou na constância do matrimónio" (art. 2016.º-A, n.º 3).

com o regime da comunhão de adquiridos, se houver divórcio e ainda que isso prejudique o cônjuge que se empenhou profunda e prolongadamente no casamento (cf. art. 1790.º); as liberalidades feitas em vista do casamento ou em consideração do estado de casado que beneficiam o cônjuge que tiver contraído de boa fé o casamento inválido subsistem (cf. arts. 1760.º, n.º 1, al. a), e 1766.º, n.º 1, al. b)), mas caducam em qualquer caso de divórcio (cf. art. 1791.º); e o direito a alimentos do cônjuge que tiver contraído de boa fé (cf. art. 2017.º) o casamento inválido não enfrenta as limitações de igual direito em hipótese de divórcio (cf. arts. 2016.º e 2016.º-A).

Secção IV
Outros casos de dissolução do casamento, além da morte e do divórcio[1080]

38. Enunciado

Há outros casos de dissolução do casamento, além da morte e do divórcio: a dissolução do casamento pela celebração de novo casamento, após a declaração de morte presumida, e a dispensa do casamento rato e não consumado.

Com a entrada em vigor da Lei n.º 9/2010, de 31 de Maio, a mudança de sexo na constância do matrimónio deixou de ser caso autónomo de dissolução do casamento.

39. Celebração de novo casamento, após a declaração de morte presumida

A declaração de morte presumida não dissolve o casamento (cf. art. 115.º).

Após a declaração de morte presumida, o cônjuge do ausente, casado civil ou catolicamente, pode contrair novo casamento: cf. 1.ª parte do art. 116.º. Por lapso do legislador, o art. 116.º permite a celebração de novo casamento apenas ao cônjuge do ausente casado civilmente, o que contraria o disposto no art. 36.º, n.º 2, da CRP.

[1080] Cf. Mendes, J. Castro/Sousa, M. Teixeira de, *Direito da Família* cit., pp. 49-50, 182-184; Coelho, F. Pereira/Oliveira, Guilherme de, *Curso de Direito da Família*, vol. I cit., pp. 240-241, 302-304, 677, 803-806, 199; Varela, Antunes, *Direito da Família* cit., pp. 233-236; Campos, D. Leite de/Campos, Mónica Martinez de, *Lições de Direito da Família* cit., pp. 329-330.

Sendo estranha a tese da bigamia legal[1081], porque demasiado adversa aos dados do nosso sistema, a única explicação plausível[1082] é a seguinte: a declaração de morte presumida torna o casamento do ausente dissolúvel; no momento em que o cônjuge do ausente contrai novo casamento, dissolve-se o anterior.

Se o ausente regressar, ou houver notícias de que era vivo quando foram celebradas as novas núpcias, considera-se o primeiro casamento dissolvido por divórcio à data da declaração de morte presumida (segunda parte do art. 116.º).

Se o ausente não regressar, considera-se o primeiro casamento dissolvido por morte à data da declaração de morte presumida.

Se se provar que o ausente morreu antes de ser celebrado o segundo casamento, o primeiro casamento dissolveu-se à data do óbito.

40. Mudança de sexo: de causa atípica de dissolução do casamento a possível fundamento de divórcio

I. Na versão originária do art. 1628.º, o casamento contraído por duas pessoas do mesmo sexo era inexistente (al.*e*)).

Mas a lei não previa a inexistência do casamento contraído por duas pessoas de sexo diferente quando uma delas venha a mudar de sexo, na sequência de uma operação cirúrgica.

A doutrina discutia então as consequências de mudança de sexo sobre o vínculo matrimonial. Em edição anterior destas lições[1083], assumiu-se a seguinte posição:

Atendendo ao princípio da tipicidade das causas de inexistência (cf. art. 1627.º), é difícil defender que se está perante uma situação de inexistência superveniente. Tanto mais que quem defende a posição da inexistência superveniente[1084] considera que o casamento do transexual mantém todos os efeitos que produziu desde a data em que foi celebrado até ao trânsito em julgado da sentença que reconheceu a mudança de sexo. Ou seja, os efeitos dessa alegada inexistência superveniente coincidem com os da dissolução do casamento e não com os da inexistência propriamente dita (cf. art. 1630.º, n.º 1).

[1081] Sustentada por VARELA, Antunes, *Direito da Família* cit., p. 235.

[1082] Cf. COELHO, F. Pereira/OLIVEIRA, Guilherme de, *Curso de Direito da Família*, vol. I cit., pp. 302-304.

[1083] PINHEIRO, J. Duarte, *O Direito da Família Contemporâneo*, Lisboa, AAFDL, 2009, pp. 670-671.

[1084] *[nota adaptada da edição de 2009]* Cf. COELHO, F. Pereira/OLIVEIRA, Guilherme de, *Curso de Direito da Família*, vol. I, 4.ª ed., Coimbra, Coimbra Editora, 2008, pp. 206-207; CAMPOS, D. Leite de, *Lições de Direito da Família e das Sucessões*, 2.ª ed., Coimbra, Almedina, 1997, p. 185.

Estando em causa um elemento característico da noção de casamento no direito português actual, não se afigura aceitável entender que o casamento subsiste, salvo pedido de divórcio, pelo que resta concluir que a mudança de sexo constitui uma causa de dissolução do casamento.[1085]

Para ocorrer a dissolução do casamento por transexualidade é necessário que a mudança de sexo tenha sido reconhecida por sentença judicial.

A dissolução do casamento por transexualidade produz os seus efeitos a partir da data da mudança de sexo, fixada na sentença, e não a partir da data do trânsito em julgado da sentença.

A sentença que reconhece a mudança de sexo é suficiente para se obter a produção do efeito de extinção do vínculo matrimonial, não sendo exigível uma acção destinada a declarar a dissolução do casamento.

II. Entretanto, a Lei n.º 9/2010, de 31 de Maio, permitiu o casamento civil entre pessoas do mesmo sexo, tendo alterado o art. 1577.º e revogado a al. e) do art. 1628.º.

Tendo a diversidade de género deixado de ser um elemento característico da noção de casamento, a mudança de sexo na constância do matrimónio perdeu autonomia enquanto causa de dissolução. Aliás, o art. 70.º, n.º 1, al. i), do CRC, na redacção dada pela Lei n.º 7/2011, de 15 de Março, prevê que ao assento de casamento seja especialmente averbada "a mudança de sexo de qualquer dos cônjuges e a correspondente mudança de nome próprio, desde que haja consentimento do outro cônjuge".[1086]

No caso de mudança de sexo de uma das partes na constância do matrimónio, o facto é susceptível de ser invocado por um dos cônjuges como fundamento de divórcio, independentemente de o casamento ter sido contraído entre pessoas do mesmo sexo ou de sexo oposto, desde que esteja preenchido o disposto no art. 1781.º, al. d).

1085 *[nota da edição de 2009]* Contra a extinção do casamento por mudança de sexo, CORTE-REAL, Carlos Pamplona/PEREIRA, José Silva, *Direito da Família* cit., pp. 136-137, insistindo que o casamento "é um instituto aberto a quaisquer duas pessoas que projectem (ou reconheçam ter vivido) uma comunhão de vida".

1086 O aspecto é destacado por CORTE-REAL, Carlos Pamplona/PEREIRA, José Silva, *Direito da Família* cit., pp. 102-103. Sobre a mudança de sexo, em geral e após a Lei n.º 7/2011, de 15 de Março (que criou o procedimento de mudança de sexo e de nome próprio no registo civil), cf. PAMPLONA CORTE-REAL, obra citada, pp. 97-110, e PINHEIRO, J. Duarte, "Igualdade e transexualidade", em *Estudos de Direito da Família e das Crianças* cit, pp. 347-348.

41. Dispensa do casamento rato e não consumado

I. A dispensa do casamento rato e não consumado corresponde a uma causa particular de dissolução do casamento católico, que é regulada nos câns. 1142 e 1697 a 1706 do CDC.

A dispensa é concedida a pedido de ambos os cônjuges ou de um só deles, mesmo contra a vontade do outro; pressupõe um casamento rato e não consumado, bem como uma justa causa para a dissolução.

Por casamento rato entende-se aquele que foi validamente celebrado (cân. 1061, § 1, do CDC).

Casamento não consumado é aquele em que não houve cópula entre os cônjuges (cân. 1061, § 1, do CDC). A consumação tem no casamento católico um papel que não tem no casamento civil. Só depois de consumado é que o casamento católico é indissolúvel.

II. A dispensa do casamento rato e não consumado é reconhecida no art. 1625.º e no art. 16.º da Concordata entre a República Portuguesa e a Santa Sé, de 2004.

O reconhecimento estatal da eficácia da dispensa do casamento rato e não consumado suscita questões de constitucionalidade similares às da matéria da nulidade do casamento católico.

PARTE IV

DIREITO CONVIVENCIAL[1087]

[1087] Bibliografia sobre união de facto: MENDES, J. Castro/SOUSA, M. Teixeira de, *Direito da Família* cit., pp. 13-17; CORTE-REAL, Carlos Pamplona/PEREIRA, José Silva, *Direito da Família* cit., pp. 81-95, 145-157, 170-173, 187-189; COELHO, F. Pereira/OLIVEIRA, Guilherme de, *Curso de Direito da Família*, vol. I, 5.ª ed., 2016 cit., pp. 55-110; VARELA, Antunes, *Direito da Família* cit., pp. 26-34; LIMA, Pires de/VARELA, Antunes, *Código Civil Anotado*, vol. IV cit., art. 1576.º, e vol. V cit., 2020.º; CAMPOS, D. Leite de/CAMPOS, Mónica Martinez de, *Lições de Direito da Família* cit., pp. 25-28; CORTE-REAL, C. Pamplona, *Direito da Família e das Sucessões (Relatório)* cit., pp. 104-105, e "Anexo ao Relatório Preliminar da Faculdade de Direito da Universidade de Lisboa" cit., pp. 50-52, 53, 55, 57-58; PITÃO, França, *Uniões de facto e economia comum*, 3.ª ed., 2011 cit.; OLIVEIRA, Guilherme de, "Notas sobre a Lei n.º 23/2010, de 30 de Agosto (Alteração à Lei das Uniões de Facto)", Lex Familiae n.º 14, 2010, pp. 139-153; CARVALHO, Telma, "A união de facto" cit., pp. 221-255; ALMEIDA, Geraldo da Cruz, *Da união de facto. Convivência* more uxorio *em Direito Internacional Privado*, Lisboa, Edição de Pedro Ferreira, 1999, pp. 63-108, 163-218, 352-353, 356-357; CID, Nuno de Salter, *A comunhão de vida à margem do casamento: entre o facto e o Direito*, Coimbra, Almedina, 2005, pp. 497-749; COELHO, F. Brito Pereira, "Os factos no casamento e o direito na união de facto: breves observações", em AA.VV., *Textos de Direito da Família para Francisco Pereira Coelho* cit., pp. 77-106; XAVIER, Rita Lobo, "A união de facto e a lei civil no ensino de Francisco Manuel Pereira Coelho e na legislação atual", em AA.VV., *Textos de Direito da Família para Francisco Pereira Coelho* cit., pp. 679-690, e "O «estatuto privado» dos membros da união de facto", *SI* n.º 338, 2015, pp. 283-316.

Capítulo I
Constituição da união de facto[1088]

1. Noção de união de facto

I. A união de facto[1089] identifica-se com a convivência de duas pessoas em condições análogas às dos cônjuges ou com uma coabitação, na tripla vertente de comunhão de leito, mesa e habitação.

A definição de união de facto constante do art. 1.º, n.º 2, da LUF, não é a mais adequada, por reconduzir a união de facto a uma situação de convivência há mais de dois anos, quando o período de tempo em apreço não é elemento caracterizador da união de facto e sim da união de facto protegida.

Não há dúvida de que o fenómeno da união de facto se tornou socialmente mais visível nos últimos anos. No entanto, em Portugal como noutros países, é difícil apurar ao certo a percentagem de pessoas que vivem em união de facto.[1090].

[1088] Cf., em especial, COELHO, F. Pereira/OLIVEIRA, Guilherme de, *Curso de Direito da Família*, vol. I cit., pp. 55-64, 67-73, 74-79; CARVALHO, Telma, "A união de facto" cit., pp. 227-229, 237-248; PITÃO, França, *Uniões de facto* cit., pp. 19-99.

[1089] No Brasil, fala-se de "união estável", que é, porém, uma figura com impacto estatístico e efeitos muito superiores aos da união de facto portuguesa, tendo também uma natureza distinta ("entidade familiar"). Sobre a união estável, cf., designadamente, DIAS, Maria Berenice, *Manual de Direito das Famílias* cit., pp. 173-204; MADALENO, Rolf, *Curso de Direito de Família* cit, pp. 1065-1154.

[1090] Os censos portugueses socorrem-se de uma contraposição ambígua entre "casamento registado" e "casamento não registado". O número de "casados sem registo" foi 194.315 no censo de 1991, o primeiro a contemplar tal contraposição, e de 729.832 no censo de 2011 (cerca de 3,7 vezes

II. A união de facto distingue-se do casamento, no plano da constituição, dos efeitos e da extinção. A união de facto forma-se logo que os sujeitos vivam em coabitação, não sendo necessária uma cerimónia ou qualquer outra forma especial. A lei não prevê direitos e deveres que vinculem reciprocamente os membros da união de facto, nem estabelece regras próprias em matéria de administração e disposição de bens ou de dívidas. E a ligação entre os companheiros dissolve-se pela mera vontade de uma das partes, sem que se exija uma intervenção estatal ou um especial formalismo.

A união de facto é uma figura que se demarca também do chamado concubinato duradouro, a que alude o art. 1871.º, n.º 1, al. c). Na união de facto, há comunhão de leito, mesa e habitação; no concubinato duradouro, não há comunhão de mesa e habitação, verificando-se apenas um relacionamento sexual estável.

Por fim, a união de facto é diversa da convivência em economia comum. Nos termos do art. 2.º, n.º 1, da LEC, entende-se por economia comum a situação de pessoas que vivam em comunhão de mesa e habitação. Ou seja, à convivência em economia comum falta o elemento da comunhão sexual.

III. Os processos de jurisdição voluntária relativos a situações de uniões de facto competem ao tribunal de comarca (art. 80.º, n.º 1, da LOSJ). A competência é exercida, mais precisamente, pelas secções de família e menores deste tribunal (art. 123.º, n.º 1, al. b), da LOSJ), quando existam.

2. Modalidades de união de facto

Há que destacar duas classificações de modalidades de uniões de facto: uma primeira opõe a união de facto heterossexual à homossexual; a outra, divide as uniões de facto em protegidas e não protegidas.

A união de facto heterossexual é aquela que é composta por membros de sexo diferente, enquanto a união de facto homossexual é formada por pessoas do mesmo sexo.

mais), ao passo que o número de "casados com registo" foi 4.817.662 e 4.902.026, respectivamente (Elementos retirados da Base de Dados PORDATA, disponível em http://www.pordata.pt e consultada em 18/08/2013). Ou seja, em 2011, o número de "casados com registo" era cerca de 6,7 vezes superior ao número de "casados sem registo".
Para uma perspectiva sócio-demográfica da união de facto, em que se compreende a falibilidade dos dados retirados das estatísticas demográficas e dos censos, cf. CID, Nuno de Salter, *A comunhão de vida* cit., pp. 371-495 (em especial, pp. 439-455, sobre o censo de 2001).

Ao abrigo do art. 3.º, n.º 3, da LUF, conjugado com a Lei n.º 2/2016, de 29 de Fevereiro, qualquer disposição em vigor tendente à atribuição de direitos ou benefícios fundados na união de facto é aplicável tanto à união de facto heterossexual como à homossexual, com ressalva do disposto no art. 6.º, n.º 1, da LPMA (acesso à PMA apenas de casais compostos ou por pessoas de sexo diferente ou por mulheres).[1091]

A união de facto protegida é aquela que goza das medidas de protecção previstas na LUF.

3. Requisitos da união de facto protegida

I. Só goza das medidas de protecção previstas na LUF a união de facto que preencha, cumulativamente, dois requisitos: a) duração superior a dois anos; b) inexistência dos impedimentos estabelecidos no art. 2.º da LUF.

II. A LUF regula a situação jurídica de duas pessoas que vivam em união de facto há mais de dois anos (art. 1.º, n.º 2, da mesma lei).

O requisito temporal da união de facto protegida cria uma dúvida: o prazo de dois anos tem ou não de decorrer consecutivamente?

Forma-se uma união de facto, os seus membros separam-se passado um ano e reconciliam-se um mês depois. Com a separação, o prazo suspende-se ou interrompe-se? O ano inicial de convivência em união de facto soma-se ou não ao período de coabitação subsequente à reconciliação? Parece que o prazo tem de voltar a ser contado desde o início, a partir da data da reconciliação. Se numa certa data deixou de haver comunhão de habitação porque um dos membros da união de facto revelou o propósito de não a restabelecer, a ligação extingue-se por vontade de uma das suas partes, ao abrigo do art. 8.º, n.º 1, al. b), da LUF. A reconciliação não renova a união de facto, origina uma nova união com os mesmos membros da anterior.

Se os membros da união de facto deixarem de coabitar, sem que haja da parte de qualquer um deles o propósito de pôr fim à comunhão de habitação, o prazo suspende-se. P.e.: forma-se a união de facto; um ano depois, por motivos exclusivamente profissionais, um dos membros tem de passar a residir em localidade distante da residência comum do casal. Aqui a falta de coabitação

[1091] Ao alterar o art. 7.º da LUF, a Lei n.º 2/2016, de 29 de Fevereiro, prejudicou a ressalva desse artigo que é feita pela letra do art. 3.º, n.º 3, também da LUF.

não representa ruptura da ligação. Logo que as partes retomem a vida em comum, volta a correr o prazo que é condição da união de facto protegida; e o ano anterior à situação de afastamento involuntário será incluído.

III. O art. 2.º da LUF enumera as circunstâncias que obstam à aplicação dos efeitos próprios de uma união de facto protegida: a) idade inferior a 18 anos à data do reconhecimento da união de facto; b) demência notória, mesmo nos intervalos lúcidos, e interdição ou inabilitação por anomalia psíquica, salvo se a demência se manifestar ou a anomalia se verificar em momento posterior ao do início da união de facto; c) casamento não dissolvido, salvo se tiver sido decretada a separação de pessoas e bens; d) parentesco na linha recta ou no 2.º grau da linha colateral ou afinidade na linha recta; e) condenação anterior de uma das pessoas como autor ou cúmplice por homicídio doloso, consumado ou tentado, contra o cônjuge do outro.

Os impedimentos à relevância da protecção jurídica da união de facto correspondem aos impedimentos matrimoniais dirimentes que estavam tipificados no Código Civil antes da Lei n.º 137/2015, de 7 de Setembro, com duas alterações: uma quanto ao impedimento do vínculo (art. 1601.º, al. c)), uma vez que é atribuída protecção à união de facto composta por uma pessoa casada quando ela esteja separada de pessoas e bens (art. 2, al. c), da LUF), e outra quanto ao impedimento da idade, exigindo-se idade superior à nupcial.

Não constitui obstáculo à união de facto protegida a relação anterior de responsabilidades parentais, aditada ao elenco de impedimentos matrimoniais dirimentes relativos pela dita Lei n.º 137/2015, de 7 de Setembro- Ou seja, beneficia de protecção jurídica, por exemplo, a união de facto integrada por filho do ex-companheiro do outro membro, ainda que este tenha exercido responsabilidades parentais sobre o novo companheiro, nos termos do art. 1904.º-A.

IV. A LUF aponta como seu objecto, no art. 1.º, n.º 1, a regulação das medidas de protecção das uniões de facto, definindo, no n.º 2, a união de facto como a "situação jurídica de duas pessoas". Por conseguinte, não se aplica à união de facto composta por mais de dois membros.

Mas a LUF nada diz expressamente sobre a vigência simultânea de duas ou mais uniões de facto. No art. 2.º, al. c), só se indica, como obstáculo à produção de efeitos jurídicos da união de facto, o casamento não dissolvido do companheiro. A união de facto de uma pessoa não é referida como impedimento à relevância de uma união posterior entre essa pessoa e terceiro. Nos termos do art. 8.º, n.º 1, uma união de facto dissolve-se com o falecimento de um dos companheiros, por vontade de um dos seus membros ou com o casamento de um deles. Isto é, determina-se expressamente que o casamento posterior extingue a união de facto. No entanto, não se prescreve que uma união de facto se extingue pela constituição de outra união por um dos seus membros. E a hipótese de uma pessoa constituir uma união de facto com alguém e a seguir com outrem não significa que a iniciativa de formação da segunda união se confunda com uma vontade de dissolver a primeira. Essa pessoa pode querer ter duas uniões de facto simultâneas e viver realmente como membro de duas uniões de facto com companheiros diferentes, que ignoram a situação real e supõem que as ausências, mais ou menos prolongadas, do parceiro se justificam por motivos meramente profissionais.

Contudo, não é concebível que o legislador tenha abdicado do princípio da monogamia quando estão em causa somente uniões de facto. Há dois elementos que revelam a necessidade de a união de facto ser única (originária ou sucessiva) para alcançar relevância.

O primeiro elemento consiste no propósito que o legislador teve de regular a união de facto tendo em conta a semelhança social da ligação com a união matrimonial, que está sujeita ao princípio da monogamia. O segundo elemento decorre do uso da expressão "em condições análogas dos cônjuges" para definir, no art. 1.º, n.º 2, da LUF, união de facto, expressão que pressupõe uma vivência íntima exclusiva entre duas pessoas.

Não obstante isto, num ordenamento em que a bigamia pode desencadear o funcionamento do instituto do casamento putativo, afigura-se algo violento negar ao companheiro de boa fé a protecção civil da união de facto, muito aquém da que cabe em Portugal ao casamento, em nome do princípio da monogamia. Nas hipóteses de duas ou mais uniões de facto integradas por um mesmo membro, os companheiros de boa fé devem poder solicitar a protecção que foi instituída a pensar na união de facto única. E o mesmo se diga quando está em causa pessoa de boa fé unida de facto a um companheiro casado e não separado de pessoas e bens.

Seja como for, a ausência de um sistema de registo organizado para as uniões de facto permite, na prática, que os seus membros obtenham plena protecção, p.e. na transmissão do arrendamento para habitação, independentemente de ter sido ou não respeitado o princípio da monogamia e de os membros das uniões estarem ou não de boa fé.

V. Como se articula a imposição da ausência de impedimentos com o requisito do prazo mínimo de dois anos? Na versão originária da LUF[1092], em que a idade inferior a 16 anos de idade integrava um obstáculo à existência de união de facto protegida, defendeu-se que o prazo de dois anos se podia começar a contar a partir do momento da coabitação, ainda que nesta altura se verificasse o impedimento da idade[1093]. P.e., constituía-se uma união de facto formada por um membro que fez 14 anos de idade. O prazo de 2 anos contava-se a partir da data da coabitação, passando a união de facto a ser protegida quando o menor completasse 16 anos. Não haveria que esperar até aos 18 anos. Isto porque, em rigor, a LUF não determinava que a união de facto durasse há mais de dois anos sem os impedimentos previstos no art. 2.º; o que importava é que esses impedimentos se não verificassem no momento em que viesse a ser formulada a pretensão de eficácia da união protegida.

A Lei n.º 23/2010, de 30 de Agosto, que modificou o art. 2.º da LUF, resolveu expressamente o problema da articulação entre dois impedimentos e o prazo mínimo de dois anos (cf. als. a) e b) do mencionado art. 2.º). O impedimento da idade (agora, idade inferior a 18 anos) releva na data do reconhecimento da união de facto (isto é, na altura em que se invoca a eficácia da união de facto protegida), não obstando, por conseguinte, à contagem do dito prazo a partir da altura em que o membro da união de facto complete os 16 anos. No impedimento da demência ou da interdição ou inabilitação por anomalia psíquica, interessa o momento do início da união de facto: o prazo de dois anos não começa a correr se a demência ou a anomalia se verificarem na data do início da coabitação; o prazo não é interrompido, nem se suspende, se a demência ou a anomalia forem posteriores ao começo da convivência análoga à dos cônjuges.

No que toca aos restantes impedimentos previstos no art. 2.º da LUF, é de pensar que os que figuram nas als. c) e d), enquanto subsistirem, não permitem a contagem do prazo indispensável para que se possa falar de uma união de facto protegida; e que o impedimento da condenação (al. e)) só releva se a sentença condenatória tiver transitado em julgado antes de terem decorrido dois anos após o início da coabitação.

[1092] A Lei n.º 23/2010, de 30 de Agosto, alterou o corpo e as três primeiras alíneas do art. 2.º da LUF, que anteriormente estabelecia: *São impeditivos dos efeitos jurídicos decorrentes da presente lei: a) Idade inferior a 16 anos; b) Demência notória, mesmo nos intervalos lúcidos, e interdição ou inabilitação por anomalia psíquica; c) Casamento anterior não dissolvido, salvo se tiver sido decretada separação judicial de pessoas e bens.*

[1093] Contra, Carvalho, Telma, "A união de facto" cit., p. 241, entendendo que a contagem do prazo só se podia iniciar na ausência de impedimento da idade mínima (de 16 anos).

VI. A questão da prova dos requisitos.

À pessoa que pretenda beneficiar do regime da união de facto protegida cabe a prova de que vive ou viveu em união de facto há mais de dois anos. Na falta de disposição legal ou regulamentar em contrário, a prova faz-se nos termos gerais (cf. art. 2.º-A, n.º 1, da LUF). Por vezes, é feita mediante declaração emitida pela junta de freguesia da residência do interessado, na qual se comprova que ele viveu ou vivia com outro em união de facto durante um determinado período de tempo. Neste caso, exige-se a junção àquele documento de "declaração de ambos os membros da união de facto, sob compromisso de honra, de que vivem em união de facto há mais de dois anos, e de certidões de cópia integral do registo de nascimento de cada um deles" (art. 2.º-A, n.º 2, da LUF). O n.º 5 do art. 2.º-A da LUF prescreve que as falsas declarações são penalmente puníveis.

Sublinhe-se, porém, que o documento emitido pela junta de freguesia não é "inexpugnável"[1094]: qualquer interessado em afastar a aplicação do regime da união de facto protegida pode demonstrar que o facto não é verdadeiro, porque a união de facto não existiu ou porque não teve lugar durante o período mencionado na declaração.

A prova de que a união de facto infringe um dos impedimentos previstos no art. 2.º da LUF ou viola o princípio da monogamia compete àquele contra quem é invocada a eficácia da união de facto protegida, por força do art. 342.º, n.º 2.

No entanto, na falta de previsão análoga à do art. 1603.º, os impedimentos à união de facto protegida que constam do art. 2.º, al. d), da LUF, só relevarão se se fundarem em filiação legalmente constituída.

[1094] A tal documento não é conferido valor probatório acrescido (cf. XAVIER, Rita Lobo, "A união de facto e lei civil no ensino de Francisco Manuel Pereira Coelho e na legislação atual", em AA.VV., *Textos de Direito da Família para Francisco Pereira Coelho* cit., pp. 681-683, e "O «estatuto privado» dos membros da união de facto", *SI* n.º 338, 2015, pp. 298-300).

Capítulo II
Efeitos da união de facto[1095]

4. Efeitos gerais da união de facto

I. Possibilidade de benefício das medidas de protecção da convivência em economia comum.

O art. 1.º, n.º 3, da LEC, dispõe que a coabitação em união de facto não constitui facto impeditivo das medidas de protecção das pessoas que vivam em economia comum. Paralelamente, o art. 3.º, n.º 2, da LUF estabelece que nenhuma das normas constantes do diploma prejudica a aplicação de qualquer outra disposição legal ou regulamentar tendente à protecção de uniões de facto ou de situações de economia comum.

Os membros de uniões de facto não protegidas (p.e., membros de união de facto compostas por uma pessoa casada que esteja meramente separada de facto do seu cônjuge) podem invocar o regime da convivência em economia comum protegida, se estiverem preenchidos os requisitos desta figura.

Aos membros das próprias uniões de facto protegidas assiste igual faculdade. É certo que o regime da união de facto protegida é mais favorável do que o da convivência em economia comum, mas pode haver um interesse (subjectivo ou objectivo) atendível na invocação da protecção própria do último instituto.

[1095] Cf., em especial, Coelho, F. Pereira/Oliveira, Guilherme de, *Curso de Direito da Família*, vol. I cit., pp. 73-74, 79-91; Carvalho, Telma, "A união de facto" cit., pp. 248-253; Pitão, França, *Uniões de facto* cit., pp. 101-167, 259-271, 315-321.

II. Repercussões da união de facto no domínio da filiação dccorente de acto sexual e de PMA.

O art. 1871.º, n.º 1, al. c), institui uma presunção *iuris tantum* de paternidade do filho concebido na constância da união de facto, relevante no âmbito da acção de investigação.

As técnicas de PMA podem ser utilizadas em benefício de membros de união de facto compostas por mulheres ou pessos de sexo diferente (art. 6.º, n º 1, da LPMA, na redacção da Lei n.º 17/2016, de 20 de Junho[1096]). A filiação da criança nascida graças à aplicação consentida das técnicas de PMA será fixada relativamente a ambos os membros do casal[1097].

Constituída a filiação relativamente a ambos os progenitores unidos de facto, as responsabilidades parentais serão plenamente exercidas pelos dois (art. 1911.º, n.º 1, na redacção da Lei n.º 61/2008, de 31 de Outubro, que prescinde da declaração do casal perante o funcionário do registo civil no sentido do exercício conjunto, anteriormente exigida pelo n.º 3 do art. 1911.º).

Em caso de dissolução da união de facto por morte, as responsabilidades parentais incumbirão, em regra, ao companheiro sobrevivo (cf. arts. 1911.º, n.º 1, e 1904.º).

É possível o exercício conjunto das responsabilidades parentais pelo único progenitor da criança e pelo seu companheiro, nos termos do art. 1904.º-A.

Em caso de morte ou impedimento do único progenitor da criança, o exercício das responsabilidades parentais poderá caber ao companheiro, por decisão judicial (arts. 1903.º e 1904.º).

Havendo dissolução por ruptura de união de facto em que vigorasse o exercício conjunto das responsabilidades parentais (à luz do art. 1911.º, n.º 1, ou do art. 1904.º-A, n.º 1), aplicam-se, no essencial, as regras sobre responsabilidades parentais no caso de divórcio (cf. arts. 1911.º, n.º 2, 1905.º, 1906.º e 1904.º-A, n.º 5).

III. A regra da subordinação ao regime comum (não matrimonial).

As disposições legais sobre efeitos do casamento não se aplicam em bloco à união de facto.[1098]

[1096] A versão originária do art. 6.º, n.º 1, da LPMA só permitia o uso das técnicas de PMA aos membros de união de facto heterossexual protegida.

[1097] Cf., *supra*, Parte I, n.º15.

[1098] Cf. Corte-Real, Carlos Pamplona/Pereira, José Silva, *Direito da Família* cit., p. 153, na falta de um desenho legal distinto, "ter-se-á que buscar aplicações pontuais por transposição" do regime do casamento à união de facto.

À aplicação em bloco opõe-se, por um lado, o direito de celebrar casamento, na vertente negativa de direito de não casar, e, por outro lado, o princípio de que a um acto com efeitos profundos numa esfera jurídica deve estar associada uma forma que permita à pessoa interessada reflectir sobre a decisão que vai tomar.

O direito de não casar impede que se trate uma pessoa que não contraiu matrimónio como se estivesse casada.[1099]

O carácter informal da constituição da união de facto não é suficiente para desencadear todas as consequências de um casamento. O casamento, recorde-se, é celebrado solenemente perante um funcionário do registo civil ou perante um sacerdote e é precedido por um processo – o processo preliminar de casamento, que se inicia com um documento em que os nubentes declaram pretender casar.

Não fica, porém, excluída a possibilidade de aplicação analógica à união de facto de *algumas* normas próprias da união conjugal.

A união de facto está tendencialmente sujeita ao regime geral, *v.g.*, de Direito das Obrigações, Direitos Reais e Direito da Personalidade.

IV. A lei não impõe aos membros da união de facto deveres análogos aos que vinculam reciprocamente os cônjuges (cf. art. 1672.º).

Os membros da união de facto estão naturalmente vinculados ao dever geral de respeito, que é mais intenso sempre que existe uma relação de intimidade, proximidade ou dependência entre as pessoas.

Contudo, os membros da união de facto não estão sujeitos aos deveres jurídicos específicos dos cônjuges. A fidelidade, a coabitação, a cooperação e a assistência são, quando muito, deveres morais ou éticos dos membros da união de facto.

Nada obsta, porém, a que surja entre os membros da união de facto uma obrigação de alimentos, distinta daquela que cabe no dever de assistência. Poderá haver entre os companheiros uma obrigação natural de alimentos, subordinada às normas dos arts. 402.º a 404.º; ou até uma obrigação de alimentos judicialmente exigível, desde que as partes tenham celebrado validamente um negócio jurídico com esse objectivo (cf. art. 2014.º, n.º 1).

Na constância da união de facto, as prestações patrimoniais espontâneas efectuadas por qualquer uma das partes para satisfazer as necessidades da vida

[1099] Cf., designadamente, CID, Nuno Salter, "Sobre o direito de não contrair casamento", em AA.VV., *Família, consciência* cit., pp. 290-291.

em comum presumem-se feitas em cumprimento de uma obrigação natural de alimentos, pelo que, em regra, o autor da prestação não pode exigir ao companheiro a restituição do que prestou (cf. art. 403.º).

Em caso de morte ou lesão corporal daquele que prestava alimentos ao companheiro, no cumprimento de uma obrigação natural ou judicialmente exigível, o beneficiário tem direito a indemnização, nos termos do art. 495.º, n.º 3.

V. A lei não estabelece, para a união de facto, regras semelhantes às do casamento em matéria de regimes de bens, administração, disposição e dívidas, pelo que tais regras não são, em princípio, aplicáveis à união de facto.

No entanto, é analogicamente aplicável à união de facto o art. 1691.º, n.º 1, al. b)[1100], que institui a comunicabilidade das dívidas contraídas para ocorrer aos encargos normais da vida familiar. A norma em apreço destina-se a tutelar a confiança de terceiro. Para um terceiro que desconhece a ausência de matrimónio, a união de facto não se distingue da união conjugal. E estando em causa dívidas de pequena monta, não lhe é exigível que apure se a aparência de união conjugal corresponde ou não à realidade.

VI. A relevância dos chamados contratos de coabitação.

Qual a relevância dos contratos mediante os quais as partes estipulam para a relação de união de facto, já constituída ou a constituir, um regime semelhante ao que vigora para o casamento?

Se o contrato tiver por objecto deveres conjugais específicos, como o de fidelidade, ele será inválido nesta parte pelos mesmos motivos que levam à recusa da aplicação em bloco dos efeitos legais do casamento à união de facto.

Mas, como decorre do art. 2014.º, n.º 1, será possível a constituição negocial de uma obrigação de alimentos, que se não confunde com a obrigação de fonte legal que se inclui no dever conjugal de assistência.

Se o contrato de coabitação tiver por objecto matérias de regimes de bens, administração, disposição e dívidas, as cláusulas serão válidas em tudo o que se conforme com as regras de direito comum.

[1100] Contra, Dias, Cristina M. Araújo, *Do regime da responsabilidade por dívidas dos cônjuges* cit., pp. 1011 e s.

A estipulação de um regime de comunhão de bens levanta dúvidas quanto à sua validade, dada a excepcionalidade da contitularidade de mão comum no nosso ordenamento (cf. art. 1404.º).[1101]

As cláusulas de administração e disposição de bens próprios que imponham a necessidade do consentimento do outro membro da união de facto serão inválidas, por afectarem interesses de terceiros.

As cláusulas sobre dívidas serão válidas na medida em que ampliem a protecção que, nos termos gerais, assiste aos credores, e desde que não sejam usurárias para um dos membros da união de facto (cf. art. 282.º).

Se o contrato de coabitação tiver por objecto a regulamentação de direitos associados à cessação da união de facto, as cláusulas serão válidas se, p.e., não contrariarem medidas legais de protecção da união de facto, com carácter imperativo, não limitarem significativamente a liberdade na ruptura e não violarem a proibição de pactos sucessórios.

5. Efeitos específicos da união de facto protegida

I. Efeitos de Direito não civil da Família.

À luz do art. 3.º da LUF, os membros da união de facto protegida têm direito a: a) Protecção da casa de morada de família; b) Beneficiar do regime jurídico de férias, faltas, licenças e preferências na colocação dos trabalhadores da Administração Pública previsto para os cônjuges destes; c) Beneficiar do regime jurídico de férias, feriados, faltas e licenças, emergente do contrato de trabalho, aplicável ao cônjuge; d) Beneficiar do regime do imposto sobre o rendimento das pessoas singulares estabelecido para os sujeitos passivos casados e não separados de pessoas e bens; e) Protecção na eventualidade de morte do beneficiário, pela aplicação do regime geral da segurança social; f) Prestações por morte resultante de acidente de trabalho ou doença profissional; g) Pensão de preço de sangue e por serviços excepcionais e relevantes prestados ao País.

Ora, abstraindo da al. a), todos os efeitos da união de facto que foram enumerados se inserem no âmbito do Direito não civil (Direito da Função Pública, Direito do Trabalho, Direito Fiscal e Direito da Segurança Social). Ou seja, a esmagadora maioria dos efeitos da união de facto protegida que a

[1101] Admite a validade de tal estipulação, sem reservas, COELHO, F. Brito Pereira, "Os factos no casamento e o direito na união de facto" cit., pp. 95-96, nota 41.

lei indica como tais não cabem no Direito civil da Família. Em comparação com o casamento, a eficácia civil da união de facto protegida é, aliás, muito escassa: as manifestações mais significativas de relevância civil da ligação em apreço verificam-se no momento de cessação (motivo por que serão estudadas, *infra*, na Parte IV, n.ºs 7 e 8) e estão associadas à casa de morada de família e aos alimentos.[1102]

II. Efeitos no domínio da nacionalidade, da entrada e permanência no território português.

A Lei da Nacionalidade (aprovada pela Lei n.º 37/81, de 3 de Outubro) prevê que pode adquirir a nacionalidade portuguesa mediante declaração o estrangeiro que viva em união de facto há mais de três anos com nacional português, após reconhecimento judicial dessa relação (art. 3.º, n.º 3).

Em regra, a declaração de vontade de aquisição da nacionalidade deve ser instruída com certidão da sentença judicial, com certidão do assento de nascimento do companheiro português e com a declaração deste, prestada há menos de três meses, que confirme a manutenção da união de facto (art. 14.º, n.º 4, do Regulamento da Nacionalidade Portuguesa, aprovado pelo DL n.º 237-A/2006, de 14 de Dezembro).

A entrada e a permanência em território nacional de estrangeiro que viva em união de facto "constituída nos termos da lei" são reguladas pela Lei n.º 37/2006, de 9 de Agosto (sobre livre circulação e residência dos cidadãos da União Europeia e dos membros das suas famílias em território nacional), se o respectivo companheiro for "cidadão da União", entendendo-se como "cidadão da União" o cidadão nacional de Portugal, de outro Estado membro da União Europeia, da Suíça ou de Estado parte no Acordo sobre o Espaço Económico Europeu (cf. arts. 1.º-3.º).

Genericamente, a lei em apreço estabelece um regime mais favorável ao companheiro de "cidadão da União" (do que ao companheiro de outro cidadão), em matéria de entrada e saída do território nacional, direito de residência ou protecção contra o afastamento do território português.

[1102] Cf. Pinheiro, J. Duarte, "Existe algum modelo de organização jurídica das uniões íntimas no Direito de Língua Portuguesa?", em AA.VV., *I Congresso do Direito de Língua Portuguesa*, sob a coordenação de Jorge Bacelar, Coimbra, Almedina/Instituto de Direito Público, 2010, p. 285: "até agora, o Direito Português tem sido o mais tímido dos Direitos de língua portuguesa no reconhecimento de efeitos jurídicos à união de facto, o que talvez se deva ao entendimento de que se trata de figura pouco necessária num território em que existe e tem existido um número suficiente de pessoas com competência para celebrar o casamento (funcionários do registo civil, párocos, ministros do culto)".

A entrada e a permanência em território nacional de estrangeiro que viva em união de facto são reguladas pela Lei n.º 23/2007, de 4 de Julho (que aprovou o regime jurídico de entrada, permanência, saída e afastamento de estrangeiros do território nacional), se o respectivo companheiro não for "cidadão da União".

Os arts. 98.º a 108.º da Lei n.º 23/2007, de 4 de Julho, disciplinam a autorização de residência para reagrupamento familiar, no caso de união de facto "devidamente comprovada nos termos da lei" (art. 100.º, n.º 1, al. *a*)). O direito ao reagrupamento familiar com o companheiro é conferido, nomeadamente, ao cidadão estrangeiro com autorização de residência válida no território nacional, que com ele tenha vivido noutro país, que dele dependa ou que com ele coabite, e ao refugiado, reconhecido nos termos da lei (arts. 98.º, n.ºs 1 e 3, e 100.º, n.º 2).

III. Adopção.

O art. 7.º da LUF reconhece às pessoas que vivam em união de facto protegida (independentemente do sexo dos companheiros, na sequência de alteração introduzida pela Lei n.º 2/2016, de 29 de Fevereiro) o direito de adopção conjunta, em condições análogas às previstas no art. 1979.º, isto é: mais de 25 anos de idade e duração da ligação superior a quatro anos; ou, se o adoptando for filho do companheiro, idade mínima de 25 anos, bastando que a união de facto dure há mais de dois anos.

Capítulo III
Cessação da união de facto[1103]

6. Causas de cessação da união de facto

O art. 8.º, n.º 1, da LUF, prevê três causas de dissolução da união de facto protegida: a morte de um dos membros (al. *a)*); a ruptura (al. *b)*), por vontade de um ou de ambos os companheiros; e o casamento de um dos unidos de facto (al. *c)*), com o outro ou com terceiro.

Uma quarta causa é a reconciliação de um membro da união de facto casado, separado de pessoas e bens, com o respectivo cônjuge. A reconciliação põe fim à separação de pessoas e bens, implicando o restabelecimento da vida em comum entre os contraentes do casamento e de todas as situações jurídicas conjugais (art. 1795.º-C, n.º 1), o que é incompatível com a subsistência da união de facto protegida (cf. art. 2.º, al. *c)*, da LUF).

A morte, a ruptura e o casamento de um unido de facto com o outro são causas de extinção comuns à união de facto protegida e não protegida.

Para a dissolução da união de facto por ruptura, basta a manifestação de vontade de um dos seus membros, sem que se exija intervenção estatal ou especial formalismo. A declaração judicial a que alude o art. 8.º, n.º 2, da LUF, não é condição da cessação da união de facto, mas de efectivação dos direi-

[1103] Cf., em especial, COELHO, F. Pereira/OLIVEIRA, Guilherme de, *Curso de Direito da Família*, vol. I cit., pp. 91-110; CARVALHO, Telma, "A união de facto" cit., pp. 249-252; PITÃO, França, *Uniões de facto* cit., pp. 169-216, 227-269, 277-281.

tos que são legalmente conferidos a um companheiro no caso de ruptura de uma união protegida.

O art. 2.º-A da LUF regula a prova da cessação da união protegida. No caso de ruptura, a cessação da união pode provar-se por declaração emitida pela junta de freguesia competente, que terá de ser acompanhada por certidões de cópia integral do registo de nascimento de cada um dos membros da união de facto e por declaração de honra, subscrita por ambos ou por um deles, em que se diga que viveram em união de facto há mais de dois anos e em que se indique a data em que a ligação terminou (n.º 3). No caso de cessação por morte, a prova pode efectuar-se por declaração emitida pela junta de freguesia, na qual se atesta que o interessado residia há mais de dois anos com o falecido, à data da morte, documento que deverá ser acompanhado de declaração do interessado, sob compromisso de honra, de que vivia em união de facto com o falecido há mais de dois anos, à mesma data, de certidão de cópia integral do registo de nascimento do interessado e de certidão do óbito do falecido (n.º 4). As falsas declarações são penalmente puníveis (n.º 5).

7. A liquidação dos interesses patrimoniais

I. A liquidação dos interesses patrimoniais no caso de ruptura é tida como um dos aspectos da maior relevância nas relações dos companheiros entre si[1104].

Para certa doutrina[1105], cessada a união de facto, "cada um dos sujeitos da relação tem direito a participar na liquidação do património adquirido pelo esforço comum", devendo essa liquidação fazer-se "de acordo com os princípios das sociedades de facto quando os respectivos pressupostos se verifiquem".

Na jurisprudência, havendo património adquirido pelo esforço comum, admite-se que a respectiva liquidação seja feita de harmonia com as regras

[1104] Cf. ALMEIDA, Geraldo da Cruz, *Da união de facto* cit., p. 213.

[1105] Alude a esta tese, COELHO, Pereira, "Casamento e família no direito português" (texto de conferência proferida em 17/10/1984), em AA.VV., *Temas de Direito da Família*, Ciclo de conferências no Conselho Distrital da Ordem dos Advogados, Coimbra, Livraria Almedina, 1986, p. 17. Segundo, ALMEIDA, Geraldo da Cruz, *Da união de facto* cit., p. 214, a mencionada posição parecia ser a dominante em 1999 na doutrina portuguesa.

do instituto do enriquecimento sem causa[1106] ou com os princípios das sociedades de facto[1107].

Contudo, a ausência de finalidade lucrativa da comunhão de vida em que se traduz a união de facto[1108] opõe-se ao uso da construção da sociedade de facto. Por conseguinte, a composição dos interesses patrimoniais em conflito assentará no instituto do enriquecimento sem causa. É, p.e., este mecanismo que poderá tutelar a posição do membro da união de facto que entregou dinheiro seu para que o outro interviesse como adquirente no contrato de compra e venda de um imóvel ou automóvel.[1109]

II. Seja como for, é preciso ter em conta que a coabitação cria confusão quanto à titularidade de bens móveis não sujeitos a registo (*v.g.*, o recheio da casa). Não se conseguindo demonstrar a propriedade exclusiva de um dos membros da união de facto, entende-se, por presunção natural ou judicial, que esses bens pertencem em compropriedade (e em quotas iguais) aos membros, pelo que qualquer um deles poderá requerer a divisão da coisa comum (cf. arts. 1412.º e 1413.º).[1110]

8. Efeitos específicos da cessação da união de facto protegida

8.1. Efeitos da cessação por morte

I. Com a morte de um membro da união de facto, cabem ao outro os seguintes benefícios: direito a alimentos e às prestações por morte previstas na LUF; direitos sobre a casa de morada da família e o respectivo recheio; e direito a uma indemnização por danos não patrimoniais.

[1106] Cf. ac. do STJ de 08/05/1997, *CJ-S* 1997/2, p. 81 (Sampaio da Nóvoa); ac. da RL de 28/04/2016, proc. 6157/08. 5TBCSC.L1-6 (Deus Correia), em http://www.dgsi.pt.

[1107] Cf. ac. do STJ de 09/03/2004, proc. 04B11 (Ferreira Girão), e ac. da RL de 04-02-2010, proc. 94/2002.L1-8 (Prazeres Pais), em http://www.dgsi.pt.

[1108] Cf. a observação certeira de Carvalho, Telma, "A união de facto" cit., p. 234, que, porém atribui à união de facto uma finalidade alternativa discutível.

[1109] Cf., a propósito, de aquisição de imóvel, Coelho, Francisco Brito Pereira, "Dissolução da união de facto e enriquecimento sem causa. Supremo Tribunal de Justiça, Acórdão de 20 de Março de 2014, Processo 2152/09.5 TBBRG.G1.S1", *RLJ* ano 145.º (2015-2016), n.º 3995, 2015, pp. 113-125.

[1110] Com entendimento algo distinto, Xavier, Rita Lobo, "O «estatuto privado» dos membros da união de facto" cit., pp. 309-310: a aplicação do regime de compropriedade implicará, em regra, a intervenção de ambos os membros da união de facto no acto de aquisição do bem.

II. O direito a alimentos.

O membro sobrevivo da união de facto protegida que careça de alimentos pode exigir alimentos da herança do companheiro falecido (art. 2020.º, n.º 1, na redacção da Lei n.º 23/2010, de 30 de Agosto[1111]).

Este crédito de alimentos perante a herança extingue-se se não for exercido nos dois anos subsequentes à data da morte do autor da sucessão (art. 2020.º, n.º 2), cessando ainda se o alimentado contrair casamento, iniciar nova união de facto "ou se tornar indigno do benefício pelo seu comportamento moral" (art. 2019.º, na redacção da Lei n.º 23/2010, de 30 de Agosto, aplicável nos termos do art. 2020.º, n.º 3).[1112]

O regime anterior às alterações introduzidas pela Lei n.º 23/2010, de 30 de Agosto, afigurava-se particularmente discutível em dois pontos: ao fazer depender o direito de exigir alimentos à herança do membro da união de facto falecido da impossibilidade de o companheiro sobrevivo os obter do cônjuge ou ex-cônjuge; e ao determinar que tal direito cessava se o respectivo titular casasse, nada estabelecendo se ele, em vez de casar, passasse a viver em união de facto.

III. O direito a outras prestações.

O art. 3.º, n.º 1, da LUF confere ao membro da união de facto protegida o direito às seguintes prestações por morte do companheiro: pensão de sobrevivência e subsídio de morte (al. e)); prestações por morte resultante de acidente de trabalho ou doença profissional (al. f)); pensão de preço de sangue e por serviços excepcionais e relevantes prestados ao País (al. g)).

O art. 6.º da LUF, na versão originária, que visava regular o acesso às prestações por morte, suscitou alguma controvérsia no que toca às prestações gerais (pensão de sobrevivência e subsídio por morte). Até ao Decreto-Lei n.º 153/2008, de 6 de Agosto, o debate desenvolveu-se em torno de dois aspec-

[1111] Na redacção do DL n.º 496/77, de 25 de Novembro, o art. 2020.º, n.º 1, dispunha que "aquele que, no momento da morte de pessoa não casada ou separada judicialmente de pessoas e bens, vivia com ela há mais de dois anos em condições análogas às dos cônjuges, tem o direito de exigir alimentos da herança do falecido, se os não puder obter nos termos das alíneas a) a d) do art. 2009.º".

[1112] Assumindo a natureza de encargo da herança, o direito a alimentos do companheiro sobrevivo deve ser satisfeito antes das dívidas do falecido, mas depois do conjunto dos legados [cf. Duarte Pinheiro, *O Direito das Sucessões Contemporâneo*, 4.ª reimpressão (da edição de 2011), Lisboa, AAFDL, 2016, pp. 455-456].

tos: ónus de alegação e prova de requisitos; número de acções a intentar pelo companheiro sobrevivo (uma ou duas[1113]).

O art. 2.º do Decreto-Lei n.º 153/2008, de 6 de Agosto, ao alterar o art. 3.º[1114] do Decreto-Regulamentar n.º 1/94, de 18 de Janeiro, tornou claro que a atribuição das prestações ficava dependente de apenas uma acção judicial.

Manteve-se, porém, a dúvida quanto à invocação e demonstração de requisitos em juízo[1115]. Dominou a opinião[1116] de que aquele que pretendia ter acesso às prestações gerais precisava de alegar e provar o seguinte: que carecia de alimentos; que vivia em união de facto há mais de dois anos com o falecido, não casado ou separado de pessoas e bens; e que não podia obter os alimentos necessários do cônjuge, ex-cônjuge, dos parentes na linha recta, dos irmãos, nem da herança do companheiro falecido.

A Lei n.º 23/2010, de 30 de Agosto, mudou esta problemática: haverá uma acção judicial e apenas se a entidade responsável pelo pagamento das prestações por morte entender que existem fundadas dúvidas sobre a existência da união de facto (art. 6.º, n.º 2, da LUF, na redacção desta lei de 2010[1117]); e, na eventualidade de ser intentada a acção, o membro sobrevivo da união de facto terá unicamente de demonstrar que vivia em união de facto há mais de dois anos (uma vez que o art. 2020.º foi alterado, como se referiu, e agora o art. 6.º, n.º 1, da LUF confere o direito às prestações por morte "independentemente da necessidade de alimentos")[1118].

[1113] Cf. Marques, J. P. Remédio, *Algumas notas sobre alimentos* cit., pp. 264-271.

[1114] Na nova redacção do art. 3.º, o n.º 1 estabeleceu que a obtenção das prestações por morte implicava uma sentença judicial que reconhecesse ao beneficiário "o direito de alimentos ou, na falta ou insuficiência de bens da herança, a qualidade de titular do direito a alimentos, nos termos do disposto no artigo 2020.º do Código Civil"; enquanto o n.º 2 previa que, para efeitos do disposto no número anterior, a acção declarativa devia ser intentada também contra a instituição de segurança social competente para a atribuição das prestações.

[1115] Cf. o enunciado de Rosa, Pires da, "Ainda a união de facto e a pensão de sobrevivência", *Lex Familiae*, n.º 5, 2006, pp. 111-112.

[1116] Cf. Coelho, F. Pereira/Oliveira, Guilherme de, *Curso de Direito da Família*, vol. I, 4.ª ed., 2008, Coimbra, Coimbra Editora, pp. 88-90; Cid, Nuno de Salter, *A comunhão de vida* cit., pp. 672-673, nota 325.

[1117] O n.º 3 consagra uma excepção ao n.º 2 do art. 6.º que suscita dúvidas (cf. Xavier, Rita Lobo, "A união de facto e a lei civil" cit., p. 685).

[1118] "A alteração que a Lei n.º 23/2010, de 30 de Agosto, introduziu na Lei n.º 7/2011, de 11 de Maio, sobre o regime de prestações sociais em caso de óbito de um dos elementos da união de facto beneficiário do sistema de Segurança Social, é aplicável também às situações em que o óbito do beneficiário ocorreu antes da entrada em vigor do novo regime" (Ac. de Uniformização de Juris-

IV. Os direitos sobre a casa de morada da família pertencente ao companheiro falecido.[1119]

Em caso de morte do membro da união de facto proprietário da casa de morada de família, o membro sobrevivo goza de direito real de habitação, pelo prazo de cinco anos, sobre a casa de morada de família, e direito de preferência na sua venda, "durante o tempo em que a habitar por qualquer título" (art. 5.º, n.ºs 1 e 9, da LUF).

Se a união de facto tiver começado há mais de cinco anos antes da morte, o direito de habitação é conferido por tempo igual ao da duração da união (art. 5.º, n.º 2, da LUF).

Excepcionalmente, e por motivos de equidade, o tribunal pode prorrogar o prazo de atribuição do direito de habitação "considerando, designadamente, os cuidados dispensados pelo membro sobrevivo à pessoa do falecido ou a familiares deste, e a especial carência em que o membro sobrevivo se encontre, por qualquer causa" (art. 5.º, n.º 4, da LUF).

O direito de habitação não é conferido ao membro sobrevivo se este tiver casa própria na área do respectivo concelho da casa de morada de família ou nos concelhos limítrofes, se a casa de morada se situar nas áreas dos concelhos de Lisboa ou Porto (art. 5.º, n.º 6, da LUF). O direito caduca se o interessado não habitar a casa por mais de um ano, salvo se a falta de habitação for devida a força maior (art. 5.º, n.º 5, da LUF).

Esgotado o prazo em que beneficiou do direito de habitação, o membro sobrevivo tem o direito de permanecer no imóvel na qualidade de arrendatário, nas condições gerais de mercado, e tem direito a permanecer no local até à celebração do respectivo contrato, salvo se os proprietários satisfizerem os requisitos legalmente estabelecidos para a denúncia do contrato de arrendamento para habitação, pelos senhorios, com as devidas adaptações (art. 5.º, n.º 7, da LUF). Na falta de acordo sobre as condições do contrato entre o membro sobrevivo da união de facto e os proprietários do imóvel, o tribunal pode fixá-las, ouvidos os interessados (art. 5.º, n.º 8).

prudência 3/2013, relatado por ABRANTES GERALDES; de 15/03/2012, *DR* I série, de 15/01/2013, pp. 182 e s.). Sobre o assunto, cf. anotações de SOUSA, M. Teixeira de, "Regime da união de facto e aplicação da lei no tempo – Ac. do STJ de 6.7.2011, Proc. 23/07" e "De novo sobre o regime da união de facto e a aplicação da lei no tempo – Ac. de Uniformização de Jurisprudência n.º 3/2013, de 15.3.2012, Rev. 772/10", *CDP* n.º 36, pp. 50-61, e n.º 42, pp. 27-35, respectivamente.

1119 Cf., nomeadamente, PEDRO, Rute Teixeira, "Breves reflexões sobre a proteção do unido de facto quanto à casa de morada de família propriedade do companheiro falecido", em AA.VV., *Textos de Direito da Família para Francisco Pereira Coelho* cit., pp. 317 e s.

Com a Lei n.º 23/2010, de 30 de Agosto, os direitos de habitação e preferência são atribuídos ao companheiro sobrevivo tenham ou não sobrevivido descendentes do *de cuius* e são objecto de um legado que é legitimário, e não legítimo[1120]. Anteriormente, esgotado o prazo do direito real de habitação, o companheiro sobrevivo perdia o direito de permanecer no imóvel correspondente à casa de morada de família. Com a Lei n.º 23/2010, de 30 de Agosto, o companheiro sobrevivo adquire o direito de continuar a habitar no imóvel, mas na qualidade de arrendatário.

Se os membros da união de facto fossem comproprietários da casa de morada de família, o membro sobrevivo mantém a sua posição de comproprietário, que nunca perdeu, após a cessação do prazo de direito de habitação que onerava a quota integrada na herança do falecido.

V. Direito de uso do recheio da casa de morada de família pertencente ao companheiro falecido.

É conferido ao membro sobrevivo da união de facto o direito de uso do recheio da casa de morada de família pertencente ao falecido, pelo prazo de cinco anos ou por prazo igual ao da duração da união de facto, se esta tiver durado mais de cinco anos (art. 5.º, n.ºs 1 e 2, da LUF).

O direito de uso caduca, e o respectivo prazo pode ser prorrogado, nos mesmos termos que o direito de habitação sobre a casa de morada de família (ainda art. 5.º da LUF, n.ºs 4 e 5).

Se os membros da união de facto fossem comproprietários do recheio da casa de morada de família, o membro sobrevivo mantém a sua posição de comproprietário, que nunca perdeu, após a cessação do prazo de direito de uso do recheio que onerava a quota integrada na herança do falecido.

VI. Direito ao arrendamento para habitação da casa antes arrendada ao companheiro falecido.

Na redacção actual, resultante da Lei n.º 31/2012, de 14 de Agosto, o n.º 1 do art. 1106.º dispõe:

[1120] Na versão originária da LUF, a matéria era regulada no art. 4.º. O n.º 2 deste artigo excluía a atribuição dos direitos de habitação e de preferência se ao falecido tivessem sobrevivido descendentes com menos de um ano ou que com ele convivessem há mais de um ano e pretendessem habitar a casa; ou se o *de cuius* tivesse feito disposição testamentária em contrário. Prefere qualificar o legado como *forçoso*, e não legitimário, PEDRO, Rute Teixeira, "Breves reflexões sobre a proteção do unido de facto" cit., pp. 343 e 346.

O arrendamento para habitação não caduca por morte do arrendatário quando lhe sobreviva:

a) Cônjuge com residência no locado;
b) Pessoa que com ele vivesse em união de facto há mais de um ano;
c) Pessoa que com ele vivesse em economia comum há mais de um ano.

Além disso, a Lei n.º 31/2012, de 14 de Agosto introduziu um novo preceito, com o n.º 2: "Nos casos previstos nas alíneas b) e c) do número anterior, a transmissão da posição de arrendatário depende de, à data da morte do arrendatário, o transmissário residir no locado há mais de um ano".

O que significa isto?

Na vigência da versão anterior, suscitou-se dúvida relativamente à transmissão por morte do arrendamento habitacional no caso de morte de companheiro ou convivente em economia comum. Não era claro o que se exigia em matéria de duração das relações e da residência no locado[1121].

Agora, a lei faz depender a transmissão em benefício de companheiro ou de convivente em economia comum do preenchimento dos seguintes requisitos cumulativos no momento da morte do arrendatário: duração da relação há mais de um ano e tempo de residência do sobrevivo no locado superior a um ano.

Ora, o requisito da duração de relação fica aquém do requisito geral de eficácia de protecção da união de facto e da convivência em economia comum, que, nos termos das Leis n.ºs 6 e 7/2001, de 11 de Maio, se traduz num mínimo de dois anos, enquanto a lei de arrendamento se contenta com um ano. É algo que pode ser compreensível na estrita perspectiva do regime jurídico do arrendamento urbano, mas que é estranho numa lógica de construção consistente das figuras da união de facto e da convivência da economia comum. Estas figuras produzem efeitos relativamente escassos e um dos mais importantes está associado à transmissão por morte do arrendamento habitacional. Qual o sentido de fixar um requisito geral de protecção, se um dos mais fortes efeitos positivos não se encontra sujeito a tal requisito?

Por conseguinte, há um desvio ao regime geral de protecção da união de facto e de convivência em economia comum. No entanto, é apenas este desvio que ocorre. No demais, aplica-se, em minha opinião, o que se dispõe sobre requisitos gerais, *v.g.*, o art. 2.º da LUF, sobre impedimentos à protecção da união de facto. Por exemplo: os membros são irmãos ou um deles está casado

[1121] Cf. PINHEIRO, J. Duarte, "A morte do arrendatário" cit., pp. 918-922.

e não se separou de pessoas e bens. Não se verifica a transmissão por morte, ainda que a união de facto dure há mais de um ano e o membro sobrevivo resida há mais de um ano no locado.

Todavia, tal como acontecia na vigência do RAU, o requisito de convivência no locado não deve ser encarado rigidamente: não se pede uma convivência física contínua no locado, chega uma convivência normal, compatível com ausências temporárias justificadas (p.e., compatível com ausências motivadas por férias, por internamento hospitalar ou por viagens profissionais).

VII. A transmissão por morte do arrendamento habitacional nos contratos celebrados antes do NRAU é regulada pelos arts. 57.º, 26.º, n.º 2, e 28.º, da Lei n.º 6/2006, de 27 de Fevereiro.

Ao abrigo do disposto no art. 57.º, n.º 1, al. b), do NRAU, na redacção da Lei n.º 31/2012, de 14 de Agosto, o arrendamento para habitação não caduca por morte do primitivo arrendatário quando lhe sobreviva "pessoa que com ele vivesse em união de facto há mais de dois anos, com residência no locado há mais de um ano".

Uma comparação entre o teor do art. 57.º, n.º 1, alínea b), do NRAU e o do art. 1106.º, n.º 1, alínea b), do Código Civil permite identificar atitude flutuante do legislador de arrendamento quanto a um dos requisitos gerais de protecção da união de facto: nos contratos antigos, exige-se o requisito geral da duração mínima de dois anos da relação; nos outros, não.

Em paralelo com o que se defendeu relativamente ao art. 1106.º, só beneficia da transmissão por morte do arrendamento habitacional o membro sobrevivo da união de facto *protegida* (isto é, desde que não haja um dos impedimentos constantes do art. 2.º da LUF.

VIII. O arrendamento habitacional decorrente de transmissão por morte em benefício do membro da união de facto está, em regra, limitado, por natureza, ao período de duração do direito real de habitação que existiria se o falecido fosse proprietário do imóvel onde se encontrava instalada a casa de morada de família (a um período máximo de cinco anos, ainda que o falecido fosse titular de um direito de arrendamento de duração indeterminada): cf., *infra*, Parte IV, n.º 8.2.II.e).

IX. O art. 496.º, na versão originária, não incluía o membro sobrevivo da união de facto entre os beneficiários do direito à indemnização por danos não patrimoniais, no caso de morte da vítima.

O ac. do TC 275/2002, de 19/06/2002[1122], julgou inconstitucional, "por violação do artigo 36.º, n.º 1, da Constituição, conjugado com o princípio da proporcionalidade, a norma do n.º 2 do art. 496.º do Código Civil na parte em que, em caso de morte da vítima, exclui a atribuição de um 'direito de indemnização por danos não patrimoniais' pessoalmente sofridos pela pessoa que convivia com a vítima em situação de união de facto, estável e duradoura, em condições análogas às dos cônjuges".

Todavia, a fundamentação do mencionado aresto não era convincente, por se basear na ideia de que a união de facto era uma relação jurídica familiar[1123]. E jurisprudência posterior, do próprio Tribunal Constitucional e do Supremo Tribunal de Justiça, considerou que não era materialmente inconstitucional a norma do art. 496.º, n.º 2, interpretada no sentido de que o membro da união de facto estava excluído da sua previsão[1124].

A Lei n.º 23/2010, de 30 de Agosto, alterou o art. 496.º, atribuindo ao membro sobrevivo da união de facto o mencionado direito à indemnização, em concurso com os filhos ou outros descendentes do falecido (cf. os n.ºs 2 e 3 da versão do art. 496.º em vigor).

X. Comparação com os efeitos civis da extinção por morte do vínculo matrimonial.

O membro sobrevivo da união de facto beneficia de alguns direitos e prerrogativas que são idênticos ou semelhantes aos que cabem ao viúvo:

[1122] *DR* II série, 24/7/2002, p. 12.896 (Mota Pinto).

[1123] Cf., *infra*, Parte IV, n.ºs 11-12. Uma análise pormenorizada e muito crítica do aresto é feita por Cid, Nuno de Salter, *A comunhão de vida* pp. 526-544. Em contrapartida, para Cordeiro, A. Menezes (*Tratado de Direito Civil* português, vol. II, *Direito das Obrigações*, tomo III, Coimbra, Almedina, 2010, p. 519), o mesmo acórdão se encontrava "no bom caminho", por rejeitar a concepção restritiva do art. 496.º, n.º 2. O Professor Catedrático da Clássica de Lisboa explica que tal concepção "não faz já muito sentido, para mais numa época em que a família perde terreno, quer na sociedade, quer na própria lei". E acrescenta o seguinte: "caso a caso o tribunal deverá verificar quem, de facto, sofre com a morte da vítima, sendo de ter em conta a posição do companheiro de muitos anos; a própria doutrina cristã o exige!".

[1124] Cf. acs. do TC 86 e 87/2007, ambos de 06/02/2007 e relatados por Mota Pinto, processos n.ºs 26/2004 e 995/2005, respectivamente, http://www.tribunalconstitucional.pt. O ac. do STJ de 04/12/2003, processo 03B3825 (Oliveira Barros), em http://www.dgsi.pt, desvaloriza o ac. do TC 275/2002 com as seguintes palavras: "tirado sobre um caso de homicídio doloso", "tem, confessadamente, a marca da gravidade extrema do ilícito", e "vem, pois, com uma faceta de casuísmo que o debilita como precedente jurisprudencial".

a) O direito a exigir alimentos da herança do companheiro falecido (art. 2020.º), que tem um certo paralelo com o apanágio do cônjuge sobrevivo (art. 2018.º).
b) O direito à transmissão por morte do arrendamento habitacional (art. 1106.º; art. 57.º da Lei n.º 6/2006, de 27 de Fevereiro).
c) Os direitos de habitação e de preferência na venda da casa de morada de família, bem como o direito de uso de recheio pertencente ao companheiro falecido (art. 5.º, n.ºs 1 e 9, da LUF), que configuram um certo paralelo com as atribuições preferenciais do cônjuge sobrevivo (arts. 2103.º-A a 2103.º-C).
d) O direito a indemnização por danos não patrimoniais sofridos com a morte do companheiro, que assiste igualmente ao cônjuge do falecido (art. 496.º).
e) O direito a constituir uma nova união de facto que, após dois anos, venha a ser protegida (o cônjuge sobrevivo pode voltar a casar, após o decurso do prazo internupcial).
f) O exercício exclusivo das responsabilidades parentais sobre os filhos menores do casal ou do companheiro falecido (art. 1904.º, na redacção da Lei n.º 137/2015, de 7 de Setembro, e art. 1911.º, n.º 1).

Apesar de tudo, as consequências da dissolução da união de facto estão muito aquém das que decorrem da dissolução por morte do vínculo matrimonial:

a) Havendo casamento, a morte extingue a sujeição a um regime inerente ao *status* ou estado de casado (art. 1688.º), que se exprime, designadamente, na vinculação aos chamados deveres dos cônjuges e em soluções que se demarcam das que são impostas pelas regras comuns em matéria de titularidade de bens, prática de actos de administração e disposição, dívidas e validade dos contratos; na união de facto, a morte de um dos companheiros não implica a cessação de um regime similar, até porque o mesmo nem sequer chegou a vigorar.
b) O cônjuge sobrevivo tem o direito de suceder como herdeiro legal (arts. 2133.º, n.º 1, alíneas *a)* e *b)*, n.º 3, e 2157.º); o companheiro sobrevivo não pode ser herdeiro legal do *de cuius*, beneficiando de meros legados legais que têm por objecto a casa de morada de família e o respectivo recheio (art. 5.º da LUF).
c) O cônjuge pode requerer providências preventivas ou atenuantes da ofensa à memória do cônjuge falecido (arts. 71.º, n.º 2, 73.º, 75.º, n.º 2,

76.º, n.º 2, e 79.º, n.º 1); ao membro da união de facto não é reconhecida legitimidade para requerer essas providências.

8.2. Efeitos da cessação por ruptura ou casamento de um dos membros da união de facto com terceiro

I. A morte não é a única causa de extinção da união de facto (cf., *supra*, Parte IV, n.º 6).

A união de facto pode dissolver-se com o casamento de um dos membros (art. 8.º, n.º 1, c), da LUF).

Se os companheiros casarem um com o outro, a relação passará a ser regulada pelo Direito Matrimonial.

Mas interessa em especial o regime da extinção da união de facto por ruptura ou vontade por um dos seus membros, regime que também é aplicável se um dos membros da união de facto casar com outrem que não o companheiro ou se o companheiro casado e não separado de pessoas e bens se reconciliar com o respectivo cônjuge.

A dissolução por ruptura terá de ser judicialmente declarada quando se pretendam fazer valer direitos que dependam daquela e tal declaração judicial deve ser proferida na acção em que os direitos reclamados são exercidos, ou em acção que siga o regime processual das acções de estado (art. 8.º, n.ºs 2 e 3, da LUF).

II. Os efeitos principais que a lei associa à ruptura da união de facto referem-se à casa de morada de família.

Neste contexto, vale, com algumas adaptações, muito do que se escreveu sobre o destino da casa de morada de família no caso de divórcio.

Há que distinguir a situação em que a casa de morada de família pertence a um dos cônjuges ou a ambos (como bem comum ou em compropriedade) daquela situação em que a casa está arrendada.

III. Se os membros da união de facto viviam em casa pertencente a um deles ou pertencente, em compropriedade, a ambos, na sequência da separação, o direito de nela habitar poderá vir a ser atribuído exclusivamente àquele que não era proprietário do imóvel ou que era somente um dos comproprietários, mediante a constituição de uma relação de arrendamento.

A relação de arrendamento pode ser constituída por acordo ou sentença.

As partes podem acordar que a casa seja arrendada ao companheiro que não era proprietário ou exclusivo proprietário.

Na falta de acordo entre os membros da união de facto separados quanto ao destino da casa pertencente a um deles ou a ambos em compropriedade, rege o art. 4.º da LUF, no qual se prevê que é aplicável o disposto no art. 1793.º, com as necessárias adaptações.

O tribunal pode dar de arrendamento a um dos membros da união de facto, a seu pedido, a casa onde residia o casal, quer essa seja própria do outro quer pertença em compropriedade a ambos, considerando, nomeadamente, as necessidades de cada um deles e os interesses dos filhos comuns do casal ou dos filhos de apenas um dos membros da união de facto.

IV. Após a separação, se o casal residia em casa arrendada a um dos membros da união de facto, aquele que não é arrendatário ou que não é o único arrendatário pode vir a adquirir o direito exclusivo de habitar nessa casa, graças ao mecanismo de transmissão *inter vivos* do direito de arrendamento.

A transmissão da posição de arrendatário faz-se por acordo ou sentença.

O art. 4.º da LUF prevê que, em caso de separação, é aplicável o disposto no art. 1105.º, com as necessárias adaptações.

Por força do art. 1105.º, n.º 3, a transmissão do arrendamento por acordo do casal tem de ser homologada pelo juiz e deve ser notificada oficiosamente ao senhorio[1125], notificação que também se estende à transferência do arrendamento por decisão judicial.

V. Tendo em conta o disposto no art. 8.º, n.º 3, da LUF, o membro da união de facto que precise de intentar uma acção para fazer valer os direitos que lhe são conferidos pelo art. 4.º da LUF pode ter de cumular o pedido de transmissão do direito de arrendamento para o não arrendatário ou de cons-

[1125] Muito menos rigoroso, Pitão, França, *Uniões de facto* cit., pp. 194-196. Alegando que a exigência de homologação (pelo conservador ou pelo juiz) do acordo quanto ao destino da casa de morada da família só faz sentido para o divórcio e para a separação de pessoas e bens, situações que estão necessariamente condicionadas por uma decisão externa, o ilustre jurista considera ser suficiente que os companheiros procedam à notificação judicial avulsa do senhorio, nos termos do art. 261.º do CPC anterior (que corresponde, com alterações, ao artigo 256.º do CPC actual), "com vista a ser por este reconhecido como arrendatário aquele que não constava do título de arrendamento, com base no próprio acordo que eles celebraram entre si". No entanto, a defesa de um menor rigor formal para a transmissão do arrendamento na união de facto traduz-se numa vantagem objectiva que é conferida a um ex-membro da união de facto, em contraste com a lógica do sistema, que confere uma tutela nunca inferior ao ex-cônjuge.

tituição do direito de arrendamento com o de declaração judicial de dissolução da união de facto por separação, sendo aquele pedido dependência deste.

As razões aduzidas para sustentar o cariz quase-alimentar da formação e da transmissão do arrendamento a favor do cônjuge adequam-se à constituição e à transmissão do arrendamento a favor do companheiro, o que tem implicações de regime: cf., *supra*, Parte III, n.º 37.4.V.)).[1126]

VI. O direito de arrendamento, adquirido por via originária ou derivada pelo outro membro da união de facto, na sequência de ruptura, está, em regra, limitado, por natureza, ao período máximo de duração do direito real de habitação que caberia ao membro sobrevivo da união de facto se o imóvel pertencesse ao falecido (cf. art. 5.º, n.ºs 1 e 2, da LUF), ainda que se trate da transmissão de um arrendamento de duração indeterminada. Por conseguinte, é, por exemplo, algo discutível a decisão judicial de constituição forçada do arrendamento por prazo superior a cinco anos, a não ser que o período adicional se funde no interesse dos filhos ou em motivos de equidade similares aos que figuram no art. 5.º, n.º 4, da LUF.

A defesa do mencionado limite temporal ao direito de arrendamento que seja atribuído ao membro da união de facto por transmissão ou constituição forçada impõe-se por um princípio de coerência sistemática. Como se lê no art. 5.º da LUF, em caso de morte do membro da união de facto que era proprietário da casa de morada de família, o membro sobrevivo tem direito real de habitação, por um dado prazo, sobre a mesma. Nesta situação, em que não há litígio entre os membros da união de facto e em que não estão em jogo interesses de um terceiro senhorio, a lei entendeu conferir ao membro sobrevivo um direito de gozo da casa circunscrito. Seria contraditório que, havendo transmissão ou constituição forçada do arrendamento, em que são afectados os interesses do senhorio ou do membro da união de facto que é proprietário do bem, a restrição ao direito de propriedade da casa pudesse ultrapassar o horizonte temporal ditado para a hipótese de morte do companheiro que fosse proprietário do imóvel.

[1126] Curiosamente, o primeiro texto publicado em que sustentámos a tese da natureza quase-alimentar da formação e da transmissão do arrendamento ocupava-se da união de facto: PINHEIRO, J. Duarte, "O arrendamento urbano e a união de facto", em AA.VV., *Estudos Jurídicos e Económicos em Homenagem ao Prof. Doutor António de Sousa Franco*, vol. II, Coimbra, Coimbra Editora, 2006, pp. 456-457.

VII. Comparação com os efeitos civis da dissolução do casamento por divórcio.

Há efeitos do divórcio que são paralelos aos da ruptura da união de facto, p.e., quanto à casa de morada (como se viu, *supra*, em II.), ao exercício das responsabilidades parentais (art. 1911.º, n.º 2) e à possibilidade de formação de uma nova união (o ex-cônjuge pode casar, uma vez decorrido o prazo internupcial; o companheiro que se separou pode constituir outra união de facto que, dois anos depois, se venha a enquadrar na categoria das uniões protegidas).

No entanto, o divórcio produz efeitos relevantes que não apresentam correspondência na ruptura da união de facto: o divórcio extingue a sujeição a um regime inerente ao *status* ou estado de casado (art. 1688.º) que se exprime, designadamente, na vinculação aos chamados deveres dos cônjuges e em soluções que se demarcam das que são impostas pelas regras comuns em matéria de nome, titularidade de bens, prática de actos de administração e disposição, dívidas e validade dos contratos. Ora, na união de facto, a ruptura não implica a cessação de um regime similar, até porque o mesmo nunca chegou a vigorar.

Além disso, o ex-cônjuge que careça de alimentos tem direito a obtê-los do outro (cf. arts. 2009.º, n.º 1, al. a), e 2016.º, n.º 2), direito que não é conferido ao ex-companheiro perante o outro.

Capítulo IV
A convivência em economia comum[1127]

9. Noção e modalidades de convivência em economia comum

I. O entendimento da convivência em economia comum.

A convivência em economia comum[1128] corresponde a uma comunhão de mesa e habitação entre duas ou mais pessoas (cf. art. 2.º da LEC).

O art. 2.º, n.º 1, da LEC, adita outros elementos (prazo de dois anos e estabelecimento de uma vivência em comum de entreajuda ou partilha de recursos), que, porém, respeitam somente à convivência em economia comum protegida. Logo no art. 3.º, al. b), da LEC ("convivência por prestação de actividade laboral para com uma das pessoas com quem viva em economia comum"), o legislador admite que haja convivência em economia comum (que não será protegida) sem "entreajuda ou partilha de recursos". E a doutrina considera que a comunhão de mesa e habitação por período inferior a dois anos beneficia do regime consagrado em normas que se refiram à convivência em economia comum, a não ser que estas exijam uma duração mínima de dois anos[1129].

Em rigor, os cônjuges que não estão separados e os membros da união de facto também vivem em economia comum. Contudo, de agora em diante, a

[1127] Cf. Coelho, F. Pereira/Oliveira, Guilherme de, *Curso de Direito da Família*, vol. I, 5.ª ed., 2016 cit., pp. 113-117; Pitão, França, *Uniões de facto* cit., pp. 285-319.

[1128] No Brasil, Dias, Maria Berenice, *Manual de Direito das Famílias* cit., p. 55, usa o termo "família anaparental" para exprimir esta realidade.

[1129] Cf. Coelho, F. Pereira/Oliveira, Guilherme de, *Curso de Direito da Família*, vol. I cit., p. 97.

expressão "convivência em economia comum" será usada para abarcar as restantes manifestações de comunhão de mesa e habitação.

II. Os processos de jurisdição voluntária relativos a situações de economia comum competem ao tribunal de comarca (art. 80.º, n.º 1, da LOSJ). A competência é exercida, mais precisamente, pelas secções de família e menores deste tribunal (art. 123.º, n.º 1, al. b),da LOSJ), quando existam.

III. São duas as principais classificações de modalidades de convivência em economia comum: a primeira separa a convivência em economia comum protegida da não protegida; a segunda classificação contrapõe a convivência em economia comum familiar à não familiar.

A convivência em economia comum protegida é aquela que goza das medidas de protecção previstas na LEC, tendo, para o efeito de preencher, cumulativamente, os seguintes requisitos: a) duração superior a dois anos (art. 2.º, n.º 1, da LEC); b) vivência com entreajuda ou partilha de recursos (art. 2.º, n.º 1, da LEC; o requisito leva à exclusão da protecção das situações de economia comum indicadas nas als. *a)* e *b)* do artigo subsequente); c) existência de pelo menos um membro que seja maior de idade (art. 2.º, n.º 2, da LEC); d) convivência que não esteja "relacionada com a prossecução de finalidades transitórias" (art. 3.º, al. *c)*, da LEC); e) integração livre de todos os membros no grupo (cf. art. 3.º, al. *d)*, da LEC).

A convivência em economia comum será familiar ou não familiar, conforme os membros do grupo estejam ou não unidos por laços familiares (*v.g.*, de parentesco ou afinidade).

Ex. de convivência em economia comum familiar: agregado composto por irmãos que continuam a viver em comunhão de mesa e habitação, após a morte de progenitores comuns. Ex. de convivência em economia comum não familiar: um médico, um professor, um advogado, um mediador imobiliário, sem laços familiares entre si, vivem na mesma casa, situada na zona onde todos exercem as respectivas profissões; dividem as despesas relativas à casa, jantam juntos e cumprem um esquema de rotação no desempenho das tarefas domésticas.

A classificação é especialmente relevante nos Estados Unidos[1130], onde só a convivência em economia comum familiar goza de protecção federal; a convivência em economia comum não familiar ("communal family") goza, quando muito, de protecção em alguns Estados federados.

[1130] Cf. WEISBERG, D. Kelly, *Family Law* cit., pp. 97-98.

Em contrapartida, a distinção tem escasso relevo no direito português, uma vez que a LEC não nega protecção à convivência em economia comum não familiar.

A classificação aflora, porém, em outros diplomas: na Lei de Protecção (que, no art. 46.º, n.º 2, consagra a susceptibilidade de a comunhão de mesa e habitação formada *por parentes* funcionar como família para efeitos de aplicação da medida de acolhimento familiar); no NRAU (cujo art. 57.º, tendo em vista os contratos anteriores à entrada em vigor do NRAU, admite a transmissão por morte no arrendamento da habitação em benefício unicamente de conviventes que sejam parentes ou afins do arrendatário falecido); e no Código Civil (que, no art. 1106.º, disciplina a transmissão por morte do arrendamento para habitação, favorecendo o convivente que seja parente ou afim do arrendatário falecido em detrimento dos restantes conviventes).

10. Efeitos específicos da convivência em economia comum protegida

I. Efeitos de Direito não civil da Família.

O art. 4.º, n.º 1, da LEC, estende à convivência em economia comum protegida os benefícios do regime não civil do casamento quanto a férias, faltas e licenças e preferência na colocação dos funcionários da Administração Pública (al. a)); a férias, feriados e faltas, por efeito do contrato individual de trabalho (al. b)); e ao imposto de rendimento das pessoas singulares (al. c)).

O art. 4.º, n.º 2, da LEC, estabelece que, quando a convivência em economia comum integrar duas ou mais pessoas, os benefícios previstos nas als. a) e b) do n.º 1 do artigo em causa só podem ser exercidos, em cada ocorrência, por uma delas. No entanto, é difícil controlar o respeito desta regra na falta de um sistema de registo organizado para as convivências em economia comum.

II. Os efeitos civis da convivência em economia comum protegida resumem-se essencialmente à tutela da casa de morada comum (art. 4.º, als. d) e e), da LEC).

Em caso de morte da pessoa proprietária da casa de morada comum, as pessoas que com ela tenham vivido em economia comum têm direito real de habitação, pelo prazo de cinco anos, sobre aquela casa, e direito de preferência na sua venda, também pelo mesmo prazo (art. 5.º, n.º 1, da LEC).

Mas estes direitos não serão atribuídos quando se verifique uma das situações indicadas no art. 5.º, n.ºs 2 e 3, da LEC: sobrevivência ao proprietário de parentes na linha recta que com ele vivessem há pelo menos um ano e pretendam continuar a habitar a casa; disposição testamentária do proprietário em contrário; e sobrevivência de descendentes menores que, não coabitando com o proprietário, demonstrem ter absoluta carência de casa para habitação própria.

No caso de morte do membro da convivência em economia comum que era arrendatário da casa de morada comum, um dos membros sobrevivos pode beneficiar da transmissão por morte do arrendamento para habitação, nos termos do art. 1106.º.

A posição de arrendatário transmite-se para a pessoa que convivesse com o arrendatário em economia comum há mais de um ano e residisse no locado também há mais de um ano (na falta de cônjuge ou de membro de união de facto protegida, em condições de beneficiar da transmissão).

Neste domínio, o desvio quanto à duração da relação (um ano, em vez de dois anos) é o único que se observa em matéria de requisitos gerais de protecção da convivência em economia comum (cf., *supra*, Parte IV, n.º 8.1.VI.).

Tendo sobrevivido ao arrendatário vários conviventes em economia comum que preencham os requisitos legais da transmissão, a prioridade na aquisição do arrendamento cabe, sucessivamente, ao parente do arrendatário, ao parente mais próximo, ao parente mais velho, ao afim, ao afim mais próximo, ao afim mais velho, ou, na falta de parentes ou afins, àquele que for o mais velho.

O arrendamento habitacional decorrente de transmissão por morte está, em regra, limitado, por natureza, a um período máximo de cinco anos, ainda que o falecido fosse titular de um direito de arrendamento de duração indeterminada (cf. argumentação aduzida, *supra*, Parte IV, n.º 8.2.V. para a união de facto).

III. Comparação com os efeitos da união de facto protegida.

No domínio do Direito da Função Pública, do Direito do Trabalho e do Direito Fiscal, a lei confere benefícios idênticos à convivência em economia protegida e à união de facto protegida (cf. art. 4.º, n.º 1, als. a*)*, b*)* e c*)*, da LEC; art. 3.º, n.º 1, als. b*)*, c*)* e d*)*, da LUF).

No entanto, outros efeitos não civis são exclusivos da união de facto (art. 3.º, n.º 1, als. e*)*, f*)* e g*)*, da LUF): pensão de sobrevivência e subsídio de morte; prestação por morte resultante de acidente de trabalho ou doença profissional; e pensão de preço de sangue e por serviços excepcionais e relevantes prestados ao País.

Na convivência em economia comum como na união de facto, é assegurada protecção da casa de morada de comum pertencente ou arrendada a um dos membros que tenha falecido. Essa protecção é, porém, maior para a união de facto: na convivência em economia comum, os direitos de habitação e preferência não serão atribuídos se ao proprietário falecido sobreviverem descendentes ou ascendentes que com ele convivessem há mais de um ano e pretendam habitar a casa, se houver disposição testamentária do *de cuius* em contrário ou "no caso de sobrevivência de descendentes menores que não coabitando com o falecido demonstrem ter absoluta carência de casa para habitação própria" (art. 5.º, n.ºs 2 e 3, da LEC); os prazos dos direitos de habitação e preferência conferidos ao membro sobrevivo da união de facto podem ser superiores aos dos que se atribuem ao convivente em economia comum; esgotado o prazo do direito de habitação, o companheiro sobrevivo tem o direito a permanecer no imóvel na qualidade de arrendatário; e o membro sobrevivo da união de facto precede o convivente em economia comum na ordem dos beneficiários da transmissão por morte do arrendamento habitacional (art. 1106.º).

Não há transmissão *inter vivos*, nem constituição forçada do arrendamento na hipótese de cessação da convivência em economia comum, em contraste com o que ocorre se se verificar ruptura da união de facto.

Por fim, os direitos de exigir alimentos à herança do falecido e de usar o recheio da casa de morada, reconhecidos ao companheiro, não são atribuídos ao convivente.

Capítulo V
Natureza jurídica da união de facto e da convivência em economia comum[1131]

11. A união de facto enquanto figura que se aproxima mais da convivência em economia comum do que da união conjugal

I. Aspectos de configuração e de eficácia que aproximam a união de facto da convivência em economia comum.

A afinidade jurídica entre a união de facto e a convivência em economia comum é maior do que aquela que se verifica entre a primeira e a união conjugal[1132].

Tal como a convivência em economia comum, a união de facto pressupõe "comunhão de mesa e habitação".

Tal como na união de facto, exige-se um prazo de dois anos para que a convivência em economia comum beneficie de medidas de protecção.

[1131] Cf., em especial, COELHO, F. Pereira/OLIVEIRA, Guilherme de, *Curso de Direito da Família*, vol. I cit., pp. 64-67, 113-114; CARVALHO, Telma, "A união de facto" cit., pp. 223-226, 229-237; PITÃO, França, *Uniões de facto* cit., pp. 31, 38-40, 56-57; COELHO, F. Brito Pereira, "Os factos no casamento e o direito na união de facto" cit., pp. 77-83.

[1132] Contra, CORTE-REAL, Carlos Pamplona/PEREIRA, José Silva, *Direito da Família* cit., pp. 188-189, que defendem que a união de facto é "um verdadeiro casamento informal", e afirmando que "quer em termos de relacionamento interpessoal, quer em termos de tutela por extinção de uma situação de economia comum, não é extrapolável qualquer situação de específica analogia *legis*, quer com o casamento, quer com a união de facto".

E alguns efeitos da convivência em economia comum protegida são idênticos ou semelhantes aos da união de facto protegida.

Aliás, a LEC e a LUF partem do princípio de que não há incompatibilidade entre os regimes das duas figuras (cf. art. 1.º, n.º 2, da LEC, e art. 3.º, n.º 2, da LUF).

II. Semelhança social e distância jurídica entre o casamento e a união de facto.

É limitada qualquer aproximação entre o casamento e a união de facto com recurso ao elemento coabitação.

É certo que, ao invés da convivência em economia comum, a união de facto exige comunhão sexual e só é protegida se for composta por apenas duas pessoas.

Mas a coabitação não é, em nenhuma das suas três vertentes (comunhão de mesa, leito e habitação), objecto de um dever jurídico na união de facto.

O que é característico do casamento é o compromisso jurídico de coabitação. Existe casamento ainda que as respectivas partes não vivam em comum. No entanto, é inconcebível uma união de facto sem coabitação efectiva.

Tanto a convivência em economia comum como a união de facto pressupõem a existência de uma comunhão entre os seus membros, mas não obrigam a uma vida em comum[1133].

12. A união de facto e a convivência em economia comum protegidas enquanto relações parafamiliares

I. A não recondução da união de facto e da convivência em economia comum à categoria das relações jurídicas familiares.

A união de facto e a convivência em economia comum não são, por enquanto, relações jurídicas familiares.

A constituição ou, pelo menos, a extinção de uma relação jurídica familiar por facto distinto da morte implica um acto de uma autoridade estatal (con-

[1133] Contudo, a ausência de um dever jurídico de comunhão não obsta a uma eventual responsabilidade civil entre membros da união de facto ou convivência em economia comum por ruptura desconforme à boa fé objectiva. Os direitos de liberdade conhecem limites. Cf., designadamente, Mendes, J. Castro/Sousa, M. Teixeira de, *Direito da Família* cit., p. 17: "a ruptura injustificada de uma união de facto pode originar um dever de indemnização de certos danos patrimoniais, pelo menos quando essa ruptura contraria a situação de confiança induzida na contraparte e atinge o investimento de confiança feito por esta parte na permanência da união".

servador do registo civil ou juiz) ou de autoridade equivalente (funcionário de facto, pároco ou ministro do culto). Por isso, a durabilidade virtual representa um elemento essencial das relações familiares.

Actualmente, união de facto e a convivência em economia comum constituem-se e extinguem-se livremente, sem que se imponha uma intervenção estatal ou equiparada. E nem a aplicação das medidas de protecção das pessoas que vivam em economia comum ou das uniões de facto depende de um acto de registo das figuras em causa.

II. A natureza parafamiliar da união de facto e da convivência em economia comum protegidas.

A união de facto e a convivência em economia comum protegidas são relações parafamiliares, por preencherem o critério da similitude mínima com as relações familiares.

Por um lado, a união de facto e a convivência em economia comum traduzem-se *de facto* numa comunhão de vida análoga à que *de iure* é exigida entre sujeitos das relações familiares. Na união de facto, há uma comunhão de leito, mesa e habitação, que é objecto de um dever a que estão vinculados os membros da união conjugal. Na convivência em economia comum, verifica-se uma comunhão de mesa e habitação entre duas ou mais pessoas que estabeleceram entre si "uma vivência em comum de entreajuda ou partilha de recursos", situação que cabe em obrigações impostas pela ligação entre cônjuges e entre pais e filhos menores.

Por outro lado, a união de facto e a convivência em economia comum protegidas têm de durar há mais de dois anos, requisito que introduz o paralelo que é possível com a durabilidade tendencial das relações jurídicas familiares, e, ao se extinguirem, produzem um efeito civil de protecção de residência, parecido com o quc é originado pela dissolução do casamento.

13. A união de facto e a convivência em economia comum protegidas enquanto relações emergentes de actos jurídicos

I. Afastamento da qualificação como simples factos jurídicos.

A união de facto e a convivência em economia comum protegidas são mais do que simples factos jurídicos. As medidas legais de protecção são conferidas em consideração da vontade que as partes manifestam de viver em comunhão.

Neste sentido, veja-se o art. 3.º, al. d), da LEC, que exclui a protecção da convivência em economia comum quando algum dos conviventes se encontre submetido a situação de coacção física ou psicológica ou atentatória da autodeterminação individual. O preceito aplica-se, por maioria de razão, à união de facto, que consiste numa comunhão mais ampla e íntima.

A possibilidade de um menor que não tenha completado 16 anos de idade integrar uma convivência em economia comum protegida (cf. art. 2.º, n.º 2, da LEC) não colide com a exigência de carácter voluntário. A incapacidade de exercício do menor que careça de suficiente maturidade para decidir quanto à adesão ou permanência no agregado convivencial é suprida pela acção do respectivo representante legal.

II. Afastamento da qualificação como contratos.

Em contrapartida, a união de facto e a convivência em economia comum protegidas não apresentam natureza contratual.

Os membros da união de facto e da convivência em economia comum não podem validamente vincular-se a um dever jurídico de comunhão análogo ao que vigora em certas relações familiares.

As medidas de protecção são conferidas aos membros da união de facto e de convivência em economia comum, independentemente de a sua aplicação ter sido ou não pretendida pelas partes no momento em que a relação se constituiu ou no momento em que a relação perfez dois anos.

Tendo em conta que as medidas de protecção são os efeitos essenciais da união de facto e da convivência em economia comum protegidas, o aspecto referido é decisivo para rejeitar a contratualidade. No casamento, cujo carácter negocial é controverso, a validade da constituição do vínculo é, pelo menos, susceptível de ser prejudicada se os nubentes não queriam submeter-se aos efeitos essenciais do acto que praticaram (cf. art. 1635.º, al. d)).

III. A união de facto e a convivência em economia comum protegidas enquanto actos jurídicos reais ou materiais.

A união de facto e a convivência em economia comum protegidas são relações emergentes de actos jurídicos em sentido estrito, mais precisamente de actos reais ou materiais[1134].

[1134] Recorde-se que os actos jurídicos em sentido estrito se repartem em actos quase negociais ou declarativos (subdividindo-se em declarações não negociais de vontade e declarações de ciência) e actos reais ou materiais: cf. Cordeiro, A. Menezes, *Tratado de Direito Civil Português*, vol. II, cit., n.º 37, pp. 114-115; Vasconcelos, Pedro Pais de, *Teoria Geral do Direito Civil* cit., pp. 359-360.

Na constituição e no desenvolvimento da união de facto e da convivência em economia comum protegidas, os respectivos membros assumem comportamentos voluntários, cuja voluntariedade é suficiente para que se produzam os efeitos legais de protecção. Esses comportamentos não têm de ter conteúdo comunicativo, nem finalidade declarativa. O que releva é somente a vida em comum de companheiros e conviventes durante mais de dois anos, a prática ao longo de mais de dois anos de um conjunto de actos intencionais que identifique uma comunhão entre os sujeitos. Para o Direito, é indiferente que os sujeitos digam ou deixem de dizer que vivem ou querem viver em comunhão.

Dado o seu carácter parafamiliar, a união de facto e a convivência em economia comum protegidas são figuras rebeldes às qualificações marcadamente obrigacionais. É, p.e., notória a dificuldade de enquadrá-las no seio das relações contratuais de facto[1135].

[1135] Cf. a análise de CARVALHO, Telma, "A união de facto" cit., pp. 233-237), bem elucidativa dos obstáculos que surgem às tentativas de aproximação da união de facto a uma relação contratual de facto. Apesar de tudo, há ilustres professores que admitem a qualificação como relação contratual de facto: assim, MENDES, J. Castro/SOUSA, M. Teixeira de, *Direito da Família* cit., p. 14.

Capítulo VI
União sem comunhão de habitação (LAT)?

14. A união sem comunhão de habitação

A união conjugal e a união de facto não são as únicas formas de organização da vida em comum íntima. Há uma terceira forma: a união sem comunhão de habitação[1136] – *LAT* (*Living Apart Together*). Aqui as partes decidem residir habitualmente em locais distintos, sem abdicar de outros elementos que permitem identificar a existência de um casal: comunhão sexual, fidelidade e entreajuda. Verifica-se um propósito bilateral de vida a dois, mas as partes não residem nem pretendem residir no mesmo local.[1137]

O legislador regula o casamento, a união de facto, o divórcio, a separação. Talvez tivesse sido conveniente apontar um caminho que estivesse entre *o tudo e o nada*, contemplando a hipótese de união sem comunhão de habitação.

A união sem comunhão de habitação pode, designadamente, surgir como *derradeira experiência* prévia ao divórcio ou como *primeira experiência* posterior ao divórcio.

[1136] Também designada como vida comum, ou em comum, sem coabitação.

[1137] Na actual configuração legal do casamento, a ausência de uma residência comum constitui um ilícito, uma excepção ou um sinal de ruptura (cf. artigos 1672.º, 1673.º, 1781.º, alínea a), e 1782.º). O propósito de vida em comum dos membros do *LAT*, casados entre si, não permite confundir a figura com a separação de facto. E, não sendo as partes casadas entre si, o facto de não viverem sob o mesmo tecto não permite que se fale de união de facto.

Enquanto derradeira experiência, o modelo da união sem comunhão de habitação assumido entre cônjuges é susceptível de prevenir um conflito, ou uma intensificação do conflito, no seio do casal, e de assegurar a motivação para uma atitude de respeito recíproco e entreajuda, com impacto eventualmente positivo quer na relação matrimonial quer na relação dos progenitores com os filhos.

Enquanto primeira experiência posterior ao divórcio, o modelo da união sem comunhão de habitação adoptado entre uma pessoa divorciada e terceiro é susceptível de prevenir *actos impulsivos de substituição* do ex-cônjuge por outrem, que têm consequências na relação entre os adultos envolvidos e na situação dos filhos dos pais divorciados.

Numa época de pluralismo jusfamiliar, não serão bem-vindos sinais de *abertura não radical*? O que impede a recepção legal de uma união sem comunhão de habitação, beneficiando de um estatuto próprio[1138]?

[1138] Que incluiria a possibilidade de a figura ser constituída entre cônjuges, por suspensão consensual do dever de coabitação (hoje proibida à luz dos artigos 1618.º, 1672.º e 1699.º, n.º 1, alínea b)).

BIBLIOGRAFIA

AA.VV., *Comemorações dos 35 anos do Código Civil e dos 25 anos da Reforma de 1977*, vol. I, *Direito da Família e das Sucessões*, Coimbra, Coimbra Editora, 2004.

AA.VV., *Cross Currents (Family Law and Policy in the US and England)*, obra dirigida por Sanford N. Katz, John Eekelaar e Mavis Maclean, Oxford/Nova Iorque, Oxford University Press, 2000.

AA.VV., *Direito da Infância, da Juventude e do Envelhecimento*, Coimbra, Coimbra Editora, 2005.

AA.VV., *E foram felizes para sempre...? Uma análise crítica do novo regime jurídico do divórcio*, coordenação de Maria Clara Sottomayor e Maria Teresa Féria de Almeida, Coimbra, Coimbra Editora, 2010.

AA.VV., *Escritos de Direito das Famílias: uma perspectiva luso-brasileira*, sob a coordenação de Maria Berenice Dias e Jorge Duarte Pinheiro, Porto Alegre, Magister, 2008.

AA.VV., *Estudos em Homenagem ao Professor Doutor Heinrich Ewald Hörster*, sob a coordenação de Luís Couto Gonçalves, Coimbra, Almedina, 2012.

AA.VV., *Estudos em Homenagem a Rui Epifânio*, sob a coordenação de Armando Leandro e Laborinho Lúcio, Coimbra, Almedina, 2010.

AA.VV., *Família, consciência, secularismo, religião*, Coimbra, Wolters Kluwer/Coimbra Editora, 2010.

AA.VV., *Il diritto delle relazione affettive (Nuove responsabilità e nuovi danni)*, sob a direcção de Paolo Cendon, vol. I, Pádua, CEDAM, 2005.

AA.VV., *I Congresso de Direito da Família e das Crianças (A criança e a família no colo da lei – as causas não se medem aos palmos)*, sob a coordenação de Paulo Guerra, Coimbra, Almedina, 2016.

AA.VV., *Temas de Direito da Filiação*, Lisboa, AAFDL, 1994.

AA.VV., *Textos de Direito da Família para Francisco Pereira Coelho*, sob a coordenação de Guilherme de Oliveira, Imprensa da Universidade de Coimbra, 2016.

AA.VV., *Tratado de Direito das Famílias*, sob a coordenação de Rodrigo da Cunha Pereira, Belo Horizonte (Brasil), IBDFAM, 2015.

AA.VV., *Volume comemorativo dos 10 anos do curso de pós-graduação "Protecção de Menores – Prof. Doutor F.M. Pereira Coelho"*, Coimbra, Centro de Direito da Família/Coimbra Editora, 2008.

AGUILAR, Francisco, "O princípio da dignidade da pessoa humana e a determinação da filiação em sede de procriação medicamente assistida", *RFDUL* 2000, pp. 655-713.

ALBUQUERQUE, Pedro de, *Autonomia da vontade e negócio jurídico em Direito da Família (ensaio)*, Lisboa, Centro de Estudos Fiscais, 1986.

ALMEIDA, Geraldo da Cruz, *Da união de facto. Convivência* more uxorio *em Direito Internacional Privado*, Lisboa, Edição de Pedro Ferreira, 1999.

ALMEIDA, J. C. Moitinho de, "Efeitos da filiação", em AA.VV., *Reforma do Código Civil*, Lisboa, Ordem dos Advogados, 1981, pp. 137-167.

ARAÚJO, Fernando, *A procriação assistida e o problema da santidade da vida*, Coimbra, Almedina, 1999.

ASCENSÃO, José de Oliveira, "A Lei n.º 32/06, sobre procriação medicamente assistida", *ROA* 2007, pp. 977-1006.

ASCENSÃO, José de Oliveira, *O Direito. Introdução e teoria geral*, 13.ª ed., Coimbra, Almedina, 2005.

ASCENSÃO, José de Oliveira, "Procriação assistida e Direito", em AA.VV., *Estudos em Homenagem ao Professor Doutor Pedro Soares Martínez*, vol. I, Coimbra, Almedina, 2000, pp. 645-676.

ATAÍDE, Rui, *A responsabilidade do "representado" na representação tolerada (Um problema de representação sem poderes)*, Lisboa, AAFDL, 2008.

ATAÍDE, Rui, "Regime e natureza jurídica da administração conjugal «de facto»", em AA.VV., *Estudos em Homenagem ao Prof. Doutor Martim de Albuquerque*, vol. II, Lisboa, Faculdade de Direito da Universidade de Lisboa, 2010, pp. 673--740.

AZEVEDO, Luís Eloy, "O Direito da procriação entre a ordem e o caos", *RMP*, n.º 90, Abril/Junho de 2002, pp. 91-112.

BARBOSA, Mafalda Miranda, "Família e responsabilidade civil: uma relação possível? Brevíssimo apontamento", *Lex Familiae* n.º 20, 2013, pp. 61-81.

BARBOSA, Paula, *Doações entre cônjuges (Enquadramento jus-sucessório)*, Coimbra, Coimbra Editora, 2008.

BELEZA, Leonor, "Os efeitos do casamento", em AA.VV., *Reforma do Código Civil*, Lisboa, Ordem dos Advogados, 1981, pp. 91-135.

BOLIEIRO, Helena/GUERRA, Paulo, *A criança e a família – uma questão de Direito(s). Visão prática dos principais institutos do Direito da Família e das Crianças e Jovens*, Coimbra, Coimbra Editora, 2.ª ed., 2014.

CAMPOS, D. Leite de, "A procriação medicamente assistida heteróloga e o sigilo sobre o dador – ou a omnipotência do sujeito", em AA.VV., *Estudos de Direito da Bioética*, vol. II, sob a coordenação de José de Oliveira Ascensão, Coimbra, Almedina, 2008, pp. 73-86 (=*ROA* 2006, pp. 1017 e s.).

CAMPOS, D. Leite de/CAMPOS, Mónica Martinez de, *Lições de Direito da Família*, 3.ª ed., Coimbra, Almedina, 2016.

CAPELO, Maria José, "A reforma processual e as acções de filiação", em AA.VV., *Comemorações dos 35 anos* cit., pp. 743--761.

CARBONNIER, Jean, *Droit civil*, tomo 2, *La famille, l'enfant, le couple*, 21.ª ed., Paris, PUF, 2002.

CARDOSO, A. Lopes, *A administração dos bens do casal*, Coimbra, Livraria Almedina, 1973.

CARDOSO, A. Lopes, "Procriação humana assistida: alguns aspectos jurídicos", *ROA* 1991, pp. 5-27.

CARVALHO, Telma, "A união de facto: a sua eficácia jurídica", em AA.VV., *Comemorações dos 35 anos* do Código Civil cit., pp. 221-255.

CID, Nuno de Salter, *A comunhão de vida à margem do casamento: entre o facto e o Direito*, Coimbra, Almedina, 2005.

CID, Nuno de Salter, *A protecção da casa de morada da família no Direito português*, Coimbra, Almedina, 1996.

CLEMENTE, Rosa, *Inovação e modernidade no Direito de Menores (A perspectiva da Lei de Protecção de Crianças e Jovens em Perigo)*, Coimbra, Coimbra Editora, 2009.

COELHO, F. Pereira, *Filiação*, lições policopiadas, Coimbra, 1978.

COELHO, F. Pereira/OLIVEIRA, Guilherme de, *Curso de Direito da Família*, com a colaboração de Rui Moura Ramos, vol. I, *Introdução. Direito Matrimonial*, 5.ª ed., Coimbra, Imprensa da Universidade de Coimbra, 2016, e vol. II, *Direito da Filiação*, tomo I, *Estabelecimento da Filiação. Adopção*, Coimbra, Coimbra Editora, 2006.

COELHO, F. Brito Pereira, "Os factos no casamento e o direito na união de facto: breves observações", em AA.VV., *Textos de Direito da Família para Francisco Pereira Coelho* cit., pp. 77-106.

CORDEIRO, A. Menezes, *Tratado de Direito Civil Português*, 4.ª ed., Coimbra, Almedina vol. I, 2012, e vol. II, 2014.

CORTE-REAL, C. Pamplona, "Anexo ao Relatório Preliminar da Faculdade de Direito da Universidade de Lisboa", em Ministério da Justiça (Gabinete de Política Legislativa e Planeamento), *Reforma do Direito Civil. Relatórios Preliminares elaborados ao abrigo do Protocolo celebrado entre o Gabinete de Política Legislativa e Planeamento do Ministério da Justiça e as Faculdades de Direito da Universidade de Coimbra, da Universidade de Lisboa, da Universidade Católica Portuguesa e da Universidade Nova de Lisboa*, Coimbra, Almedina, 2005, pp. 49-68.

CORTE-REAL, C. Pamplona, *Direito da Família e das Sucessões (Relatório)*, Lisboa, Lex, 1996.

CORTE-REAL, C. Pamplona, "Os efeitos familiares e sucessórios da procriação medicamente assistida (P.M.A)", em AA.VV., *Estudos em Homenagem ao Prof. Doutor Inocêncio Galvão Telles*, vol. I, Coimbra, Almedina, 2002, pp. 347-366.

CORTE-REAL, C. Pamplona, "Os efeitos sucessórios do casamento", em AA.VV., *Direito da Família e Política Social*, Porto, Publicações Universidade Católica, 2001, pp. 55-63.

CORTE-REAL, Carlos Pamplona/PEREIRA, José Silva, *Direito da Família. Tópicos para uma reflexão crítica*, 2.ª ed., Lisboa, AAFDL, 2011.

CORTE-REAL, Carlos Pamplona, "Relance crítico sobre o Direito da Família português", em AA.VV., *Textos de Direito da Família para Francisco Pereira Coelho* cit., pp. 107-130.

CRUZ, Rossana Martingo, *Mediação familiar – Limites materiais dos acordos e o seu controlo pelas autoridades*, Coimbra, Coimbra Editora, 2011.

DIAS, Cristina M. Araújo, *Compensações devidas pelo pagamento de dívidas do casal (da correcção do regime actual)*, Coimbra, Coimbra Editora, 2003.

DIAS, Cristina M. Araújo, *Do regime da responsabilidade por dívidas dos cônjuges. Problemas, críticas e sugestões*, Coimbra, Coimbra Editora, 2009.

DIAS, Cristina M. Araújo, *Uma análise do novo regime jurídico do divórcio (Lei n.º 61/2008, de 31 de Outubro)*, 2.ª ed., Coimbra, Almedina, 2009.

DIAS, Maria Berenice, *Manual de Direito das Famílias*, 9.ª ed., São Paulo, Editora Revista dos Tribunais, 2013.

DINIS, J. S. Sousa, "Procriação assistida: questões jurídicas", *CJ* 1993/4, pp. 7-13.

DUARTE, David, "Perspectivas constitucionais da família", em AA.VV., *Traços da família portuguesa*, Direcção-Geral da Família, 1994, pp. 77-112.

DUARTE, Maria de Fátima, *O poder paternal. Contributo para o estudo do seu actual regime*, reimpr. da ed. de 1989, Lisboa, AAFDL, 1994.

DUARTE, Tiago, *"In vitro veritas?" – A procriação medicamente assistida na Constituição e na lei*, Coimbra, Almedina, 2003.

FACULDADE DE DIREITO DA UNIVERSIDADE DE COIMBRA / CENTRO DE DIREITO DA FAMÍLIA, *2.ª Bienal de Jurisprudência. Direito da Família*, Coimbra, Coimbra Editora, 2005.

FACULDADE DE DIREITO DA UNIVERSIDADE DE COIMBRA / CENTRO DE DIREITO DA FAMÍLIA, *3.ª Bienal de Jurisprudência. Direito da Família*, Coimbra, Coimbra Editora, 2008.

FACULDADE DE DIREITO DA UNIVERSIDADE DE COIMBRA / CENTRO DE DIREITO DA FAMÍLIA, *4.ª Bienal de Jurisprudência. Direito da Família*, Coimbra, Coimbra Editora, 2009.

FALCÃO, Marta/SERRA, Miguel Dinis Pestana/TOMÁS, Sérgio Tenreiro, *Direito da Família. Da teoria à prática*, 2.ª ed., Coimbra, Almedina, 2016.

FEITEIRA, Alice, "Princípios informadores do estabelecimento da filiação no Direito da Família", em AA.VV., *Temas de Direito da Filiação* cit., pp. 207-262.

FERREIRA-PINTO, F. B., *Dicionário de Direito da Família e de Direito das Sucessões*, Lisboa, Livraria Petrony, 2004.

FIALHO, António José, *Guia prático do divórcio e das responsabilidades parentais*, com a colaboração científica de Manuel José Aguiar Pereira e Helena Bolieiro, Lisboa, Centro de Estudos Judiciários, 2012.

GERNHUBER/COESTER-WALTJEN, *Familienrecht*, 6.ª ed., Munique, Beck, 2010.

GERSÃO, Eliana, "Adopção – Mudar o quê?", em AA.VV., *Comemorações dos 35 anos do Código Civil* cit., pp. 833-849.

GOMES, Ana Sofia, *Responsabilidades parentais*, 3.ª ed., Lisboa, Quid Juris?, 2012.

GOMES, Carla Amado, "Filiação, adopção e protecção de menores. Quadro constitucional e notas de jurisprudência", *Lex Familiae* n.º 8, 2007, pp. 15-39.

GOMES, Rui Sá, "O novo regime da adopção", em AA.VV., *Temas de Direito da Filiação* cit., pp. 63-155.

GUERRA, Paulo, *Lei de Protecção de Crianças e Jovens em Perigo anotada*, Coimbra, Almedina, 2016.

GUIMARÃES, Maria de Nazareth Lobato, "Alimentos", em AA.VV., *Reforma do Código Civil*, Lisboa, Ordem dos Advogados, 1981, pp. 169-217.

HENRIQUES, Sofia, *Estatuto patrimonial dos cônjuges. Reflexos da atipicidade do regime de bens*, Coimbra, Coimbra Editora, 2009.

HERRING, Jonathan, *Family Law*, 6.ª ed., Harlow (Inglaterra), Pearson, 2013.

HÖRSTER, H. E., "A respeito da responsabilidade civil dos cônjuges entre si (ou A doutrina da «fragilidade da garantia» será válida?)", *SI* n.ºs 253/255, 1995, pp. 113-124.

LAROCHE-GISSEROT, F., "L'adoption ouverte (open adoption) aux États-Unis: règles, pratiques, avenir en Europe", *RIDC* 1998/4, pp. 1095-1123.

LEANDRO, Armando, "Poder paternal: natureza, conteúdo, exercício e limitações. Algumas reflexões de prática judiciária", em AA.VV., *Temas de Direito da Família*, Conferências no Conselho Distrital do Porto da Ordem dos Advogados, Coimbra, Almedina, 1986, pp. 111-164.

LEITÃO, Luís de Menezes, *Direito das Obrigações*, vol. III, *Contratos em especial*, 10.ª ed., Coimbra, Almedina, 2015.

LIMA, Pires de/VARELA, Antunes, *Código Civil Anotado*, Coimbra, Coimbra Editora, vol. IV, arts. 1576.º a 1795.º, 2.ª ed., 1992, e vol. V, arts. 1796.º a 2023.º, 1995.

MADALENO, Rolf, *Curso de Direito de Família*, 5.ª ed., Rio de Janeiro, Editora Forense, 2013.

MARIANO, João Cura, "O Direito da Família na jurisprudência do Tribunal Constitucional português", *Julgar* n.º 21, 2013, pp. 27-45.

MARQUES, J. P. Remédio, *Algumas notas sobre alimentos (devidos a menores)*, 2.ª ed., Coimbra, Coimbra Editora, 2007.

MARQUES, J. P. Remédio, "O prazo de caducidade do n.º 1 do artigo 1817.º do Código Civil e a cindibilidade do estado civil: o acórdão do Plenário do Tribunal Constitucional n.º 24/2012. A (in) constitucionalidade do artigo 3.º da Lei n.º 14/2009 e a sua aplicação às ações pendentes na data do seu início de vigência, instauradas *antes* e *depois* da publicação do Acórdão n.º 23/2006", em AA.VV., *Textos de Direito da Família para Francisco Pereira Coelho* cit., pp. 161-218.

MARQUES, J. P. Remédio, "O regime jurídico da procriação medicamente assistida em Portugal e a utilização dos embriões – notas breves", em AA.VV., *Parentalidade. Análise psicojurídica*, sob a coordenação de Ivone Maria Candido Coelho de Sousa, Curitiba, Juruá, 2009, pp. 31-58.

MARTINS, João Zenha, "O novo regime jurídico da adopção na encruzilhada reformista do Direito da Família e dos Menores", em AA.VV., *Estudos em Memória do Professor Doutor António Marques dos Santos*, vol. I, Coimbra, Almedina, 2005, pp. 713-751.

MARTINS, J. P. Fazenda, "Impugnação e impugnabilidade da perfilhação", em AA.VV., *Temas de Direito da Filiação* cit., pp. 7-61.

MARTINS, Rosa, *Menoridade, (in)capacidade e cuidado parental*, Coimbra, Coimbra Editora, 2008.

MENDES, J. Castro/SOUSA, M. Teixeira de, *Direito da Família*, Lisboa, AAFDL, 1990/1991.

MIRANDA, Jorge/MEDEIROS, Rui, *Constituição Portuguesa anotada*, tomo I, *Introdução Geral. Preâmbulo. Artigos 1.º a 79.º*, 2.ª ed., Coimbra, Wolters Kluwer/Coimbra Editora, 2010.

MOREIRA, Sónia, "A autonomia do menor no exercício dos seus direitos", *SI*, n.º 291, 2001, pp. 159-194.

OLIVEIRA, Guilherme de, "A nova lei do divórcio", *Lex Familiae* n.º 13, 2010, pp. 5-32.

OLIVEIRA, Guilherme de, "Caducidade das acções de investigação", *Lex Familiae* n.º 1, 2004, pp. 7-13 = AA.VV., *Comemorações dos 35 anos* cit., pp. 49-58.

OLIVEIRA, Guilherme de, *Critério Jurídico da Paternidade*, reimpr. (da ed. de 1983), Coimbra, Almedina, 2003.

OLIVEIRA, Guilherme de, *Estabelecimento da Filiação*, Coimbra, Almedina, 1991.

OLIVEIRA, Guilherme de, *Mãe há só uma (duas): O contrato de gestação*, Coimbra, Coimbra Editora, 1992.

OLIVEIRA, Guilherme de, *Temas de Direito da Família*, 2.ª ed., Coimbra, Coimbra Editora, 2001.

OTERO, Paulo, *Personalidade e identidade pessoal e genética do ser humano: um perfil constitucional da bioética*, Coimbra, Almedina, 1999.

PAIVA, Adriano Miguel Ramos de, *A comunhão de adquiridos. Das insuficiências do regime no quadro da regulação das relações patrimoniais entre os cônjuges*, Coimbra, Coimbra Editora, 2008.

PEDRO, Rute Teixeira, "Breves reflexões sobre a proteção do unido de facto quanto à casa de morada de família propriedade do companheiro falecido", em AA.VV., *Textos de Direito da Família para Francisco Pereira Coelho* cit., pp. 307-346.

PEREIRA, André Gonçalo Dias, *Direitos dos pacientes e responsabilidade* médica, Coimbra, Coimbra Editora, 2015.

PEREIRA, Joana Cabral, "Considerações sobre o artigo 1839.º, n.º3, do Código Civil (Implicações ético-jurídicas da inseminação artificial heteróloga)", *SI* n.º 292, 2002, pp. 151-175.

PIMENTA, J. da Costa, *Filiação*, 4.ª ed., Lisboa, Petrony, 2001.

PINHEIRO, J. Duarte, "A tutela da personalidade da criança na relação com os pais", *SI* n.º 338, 2015, pp. 5-21.

PINHEIRO, J. Duarte, *Estudos de Direito da Família e das Crianças*, Lisboa, AAFDL, 2015.

PINHEIRO, J. Duarte, "A morte do arrendatário", em AA.VV., *Estudos em Homenagem ao Prof. Doutor Martim de Albuquerque*, vol. I, Faculdade de Direito da Universidade de Lisboa, Lisboa, 2010, pp. 915-928.

PINHEIRO, J. Duarte, *Legado em substituição da legítima*, Lisboa, Edições Cosmos, 1996.

PINHEIRO, J. Duarte, "O direito do arrendatário face ao casamento e ao divórcio", em AA.VV., *Centenário do nascimento do Prof. Doutor Paulo Cunha*, Coimbra, Almedina, 2012, pp. 477-494.

PINHEIRO, J. Duarte, *O ensino do Direito da Família contemporâneo (contém adenda de actualização, relativa à Lei n.º 61/2008, de 31/10)*, Lisboa, AAFDL, 2008.

PINHEIRO, J. Duarte, *O núcleo intangível da comunhão conjugal (Os deveres conjugais sexuais)*, Coimbra, Almedina, 2004.

PINHEIRO, J. Duarte, "Poligamia e uniões paralelas", em AA.VV., *Escritos de Direito das Famílias* cit., pp. 55-74.

PINHEIRO, J. Duarte, "Religião e Direito da Família", *ReDiP – Revista de Direito Público* n.º 12, 2014, pp. 89-101.

PITÃO, França, *Uniões de facto e economia comum*, 3.ª ed., Coimbra, Almedina, 2011.

RAMIÃO, Tomé d'Almeida, *A adopção – Regime jurídico actual*, 2.ª ed., Lisboa, Quid Juris?, 2007.

RAMIÃO, Tomé d'Almeida, *Lei de Protecção de Crianças e Jovens em Perigo Anotada e Comentada*, 6.ª ed., Lisboa, Quid Juris?, 2010.

RAPOSO, Vera Lúcia, *De mãe para mãe. Questões legais e éticas suscitadas pela maternidade de substituição*, Coimbra, Coimbra Editora, 2005.

REGO, Carlos Lopes do, "O ónus da prova nas acções de investigação da paternidade: prova directa e indirecta do vínculo de filiação", em AA.VV., *Comemorações dos 35 anos do Código Civil* cit., pp. 781-790.

REIS, Rafael Luís Vale e, *O direito ao conhecimento das origens genéticas*, Coimbra, Coimbra Editora, 2008.

RIBEIRO, Geraldo Rocha, *A protecção do incapaz adulto no Direito português*, Coimbra, Coimbra Editora, 2010.

RIBEIRO, Jorge Martins, *O direito do homem a rejeitar a paternidade de filho nascido contra a sua vontade. A igualdade na decisão de procriar*, Coimbra, Coimbra Editora, 2013.

RODRIGUES, Hugo Manuel Leite, *Questões de particular importância no exercício das responsabilidades parentais*, Coimbra, Coimbra Editora, 2011.

SANTOS, Eduardo dos, *Direito da Família*, 2.ª ed., Coimbra, Almedina, 1999.

SANTOS, Eduardo dos, *Do divórcio. Suas causas, processo e efeitos*, Lisboa, AAFDL, 2003.

SILVA, N. Ascensão, *A constituição da adopção de menores nas relações privadas internacionais: alguns aspectos*, Coimbra, Coimbra Editora, 2000.

SILVA, Paula Costa e, "A realização coerciva de testes de ADN em acções de estabelecimento da filiação", em AA.VV., *Estudos em Homenagem à Professora Dou-*

tora Isabel de Magalhães Collaço, Coimbra, Coimbra Editora, 2002, pp. 577-599.

SILVA, Paula Martinho, *A procriação artificial. Aspectos jurídicos*, Lisboa, Moraes, 1986.

SILVA, Tomás Oliveira e, *Filiação. Constituição e extinção do respectivo vínculo*, Coimbra, Almedina, 1989.

SOTTOMAYOR, Maria Clara, "A adopção singular nas representações sociais e no Direito", *Lex Familiae* n.º 1, 2004, pp. 41-50= em AA.VV., *Abandono e adopção*, Coimbra, Almedina, 2005, pp. 203-219.

SOTTOMAYOR, Maria Clara, "A nova lei da adopção", em AA.VV., *Abandono e adopção*, Coimbra, Almedina, 2005, pp. 113-128.

SOTTOMAYOR, Maria Clara, *Exercício do poder paternal*, Porto, Publicações Universidade Católica, 2003.

SOTTOMAYOR, Maria Clara, "Qual é o interesse da criança? Identidade biológica *versus* relação afectiva", em AA.VV., *Volume comemorativo dos 10 anos*" cit., pp. 23-60.

SOTTOMAYOR, Maria Clara, "Quem são os «verdadeiros» pais? Adopção plena de menor e oposição dos pais biológicos", *Direito e Justiça* 2002/1, pp. 191-241= em AA.VV., *Abandono e adopção*, Coimbra, Almedina, 2005, pp. 53-103.

SOTTOMAYOR, Maria Clara, *Regulação do exercício das responsabilidades parentais nos casos de divórcio*, 6.ª ed., Coimbra, Almedina, 2016.

SOTTOMAYOR, Maria Clara, *Temas de Direito das Crianças*, Coimbra, Almedina, 2014.

SOUSA, Miguel Teixeira de, "Do direito da família aos direitos familiares", em AA.VV., *Textos de Direito da Família para Francisco Pereira Coelho* cit., pp. 553-572.

SOUSA, M. Teixeira de, *O regime jurídico do divórcio*, Coimbra, Almedina, 1991.

SOUSA, Rabindranath Capelo de, *Direito da Família e das Sucessões – Relatório sobre o programa, o conteúdo e os métodos de ensino de tal disciplina*, Coimbra, Coimbra Editora, 1999.

SOUSA, R. Capelo de, *O direito geral de personalidade*, Coimbra, Coimbra Editora, 1995.

TERRÉ/FENOUILLET, *Droit civil. Les personnes. La famille. Les incapacités*, 6.ª ed., Paris, Dalloz, 1996.

TOMÉ, Maria João Romão Carreiro Vaz, "Reflexões sobre a obrigação de alimentos entre ex-cônjuges", em AA.VV., *Textos de Direito da Família para Francisco Pereira Coelho* cit., pp. 573-623.

VARELA, Antunes, "A inseminação artificial e a filiação perante o Direito Português e o Direito Brasileiro", *RLJ* ano 127.º (1994-95), n.º 3843, p. 162 (início), e ano 128.º (1995-96), n.º 3853, p. 101 (fim).

VARELA, Antunes, *Direito da Família*, vol. I, 5.ª ed., Lisboa, Livraria Petrony, 1999.

VASCONCELOS, Pedro Leitão Pais de, *A autorização*, 2.ª ed., Coimbra, Almedina, 2016.

VASCONCELOS, Pedro Pais de, *Teoria Geral do Direito Civil*, 8.ª ed., Coimbra, Almedina, 2015.

VILALONGA, J. M. Dias, "Declaração de maternidade e perfilhação: Contributo para um estudo comparativo dos dois institutos", em AA.VV., *Temas de Direito da Filiação* cit., pp. 157-206.

XAVIER, Rita Lobo, "A união de facto e a lei civil no ensino de Francisco Manuel Pereira Coelho e na legislação atual", em AA.VV., *Textos de Direito da Família para Francisco Pereira Coelho* cit., pp. 653-691.

XAVIER, Rita Lobo, *Ensinar Direito da Família*, Porto, Publicações Universidade Católica, 2008.

XAVIER, Rita Lobo, *Limites à autonomia privada na disciplina das relações patrimoniais entre os cônjuges*, Coimbra, Almedina, 2000.

XAVIER, Rita Lobo, "O «estatuto privado» dos membros da união de facto", *SI* n.º 338, 2015, pp. 283-316.

XAVIER, Rita Lobo, *Recentes alterações ao regime jurídico do divórcio e das responsabilidades parentais (Lei n.º 61/2008, de 31 de Outubro)*, Coimbra, Almedina, 2009.

WEISBERG, D. Kelly, *Family Law*, 3.ª ed., Nova Iorque, Aspen, 2011.

ÍNDICE

PARTE I – DIREITO DA FILIAÇÃO

PARTE II – DIREITO TUTELAR

PARTE III – DIREITO MATRIMONIAL